记忆的性别：农村妇女和中国集体化历史

The Gender of Memory:
Rural Women and China's Collective Past

【美】贺萧（Gail Hershatter）◎著
张赟◎译

人民出版社

【美】贺 萧（Gail Hershatter）

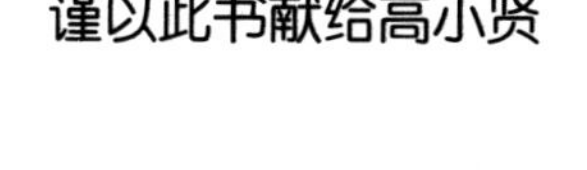

谨以此书献给高小贤

致 谢

本书写成用了十五年。十五年，对一个人的生命来说，是一段不短的时光。由于这在某种程度上是一本关于记忆的书，在此完稿之际，作为作者，我似乎也有必要回顾一下过去。过去的十五年间，时局世事、我的家庭生活以及我的日常工作节奏都发生了变更。我可以说出这些时间变化并将它们纳入不同类别：断裂、积淀、进展、滑坡、危机、里程碑、日常。当我试图想象该如何记述这段时间，该如何回答那些我毫无顾忌地抛给我的受访者们的各种问题时，我简直一筹莫展！与此同时，我也再一次为他们的叙述能力和耐心所深深折服，他们是我要首先感谢的人。

本书的研究得以完成，归功于高小贤敏锐的学术触觉、旺盛的求知欲、全情的投入以及卓绝的能力。我至今仍然惊叹当初能找到她是多么幸运，惊叹她居然愿意用十年的时间陪伴我走访陕西农村，并应对这其中的所有困难。我们的研究完全建立在互相合作的基础上，我们始于 1992 年的所有学术探讨不仅给我的人生带来了极大的乐趣，也给我带来了最为美妙的学习体验。但对于本书中所表述的一切观点，皆由我负责。虽然高小贤现在大部分时间和精力都倾注在了她管理的陕西妇女研究会上（http：//www.westwomen.org），她也计划利用我们共同的访谈材料撰写一本著作，我期待读到她的著作，谨以本书献给她。

尽管我自己在本书的材料上花了不下数千个小时，这个漫长的过程却使我更加确信，历史学者从来都不是单枪匹马地工作。在中国，陕西省妇联提供了慷慨的帮助，陕西省档案馆的工作人员也为我查找资料给予了大量帮助。宁焕霞（1996 年）、王国红（1997 年）、赵晨（1999 年）、杨晖（2001

年）、于文（2004 年）以及彭竟平（2006 年）为我们记录访谈内容、辨认和破译访谈笔记提供了无比宝贵的援助。在我们 1997 年的行程中，王国红自己也进行了访谈。高丹竹 2004 年陪同我对 G 村进行了回访。赵宇共是不竭的信息源泉——从上溯至新石器时代的陕西地方民俗和历史到如何为我们的受访者取化名，都可以从他那里得到帮助。金一虹帮我安排了造访中国第二历史档案馆（南京）的相关事宜。杨笛和李亚琴馆员为我寻找资料提供了协助。

本书的研究在加州大学环太平洋研究项目（Pacific Rim Research Program）（1994 年至 1996 年）和亨利·鲁斯基金会的中美合作研究项目（US-China Cooperative Research Program）（1995 年至 2001 年）的资助下完成。我在 2000 至 2001 年的研究和写作得到了以下机构的研究资助：加州大学校长人文研究资助（President's Research Fellowship in the Humanities）、美国国家人文基金会（National Endowment for the Humanities），以及蒋经国基金会的资深学者研究资助。2000 年，我获得了加州大学圣克鲁兹分校研究委员会提供的特别研究补助金。约翰·西蒙·古根海姆基金会、斯坦福大学行为科学高等研究中心提供的研究资助，以及圣克鲁兹分校提供的学术休假使我得以于 2007 至 2008 年间完成本书的初稿。在斯坦福大学行为科学研究中心的一年，我有幸与众多杰出的学者工作。感谢向我推荐这些研究资助金项目的学者们：卜正民（Timothy Brook）、柯文（Paul Cohen）、曼素恩（Susan Mann）、彭慕兰（Kenneth Pomeranz）以及青安娜（Anna Tsing）。在斯坦福大学行为科学研究中心期间，我有幸加入了 Paula Findlen、Sarah Maza、Katie Trumpener 和 Julie Hochstrasser 举办的一个写作小组，虽然我们各自都无法从对细节的执着中抽离出来。在这一年的写作中，Fred Turner 和 Marie Luhrman 也热情地参与了我们的谈话。

如果没有软件天才 Randall Stross 开发的“手写日记”（Notetaker）软件，本书搜集的大量材料无疑只会是一堆杂乱无章的信息。Randall Stross 还完整阅读了本书的手稿，并提出了极有见地的修改意见。James Clifford、艾华（Harriet Evans）、韩起澜（Emily Honig）、曼素恩、彭慕兰、罗丽莎（Lisa

Rofel）也阅读了书稿。他们是我所能希冀的最佳阅读阵容。他们鼓励和督促我，使我免于犯下许多错误，并让我彻底重写全书成为可能。当他们意见出现分歧时，我是那个决定取舍的人。他们均不对我的决定负责，但无论从学术还是私交而言，我都从他们身上受惠良多。

感谢费侠莉（Charlotte Furth）、蔡九迪（Judith Zeitlin）、Andrew Jones、Barbara Rogoff 和 Sheila Namir 告诉我那些远非我专业领域内的研究资料。在本书成型的这些年间，我身边一直围绕着愿意与我对话，并阅读一些章节初稿的朋友和同事们。我要特别感谢 Wendy Brown、Judith Butler、Christopher Connery、Tony Crowley、Carla Freccero、柯临清（Christina Gilmartin）、季家珍（Joan Judge）、柯瑞佳（Rebecca Karl）、Helene Moglen、David O'Connor、Mary Scott、Marilyn Young 以及王政。

这项研究计划进行了多年，许多曾经是我研究助手的研究生现在都已走向他们自己的工作岗位。感谢姜进（Jin Jiang）、孙晓萍（Xiaoping Sun）、康文庆（Wenqing Kang）、Lyn Jeffery 和莫亚军（Yajun Mo）等人的专业协助。戴震（Alexander Day）和 Miriam Gross 对本书的原始材料提供了宝贵的建议。陈欣欣（Angelina Chin）、陈珮珊（Shelly Chan）、安娜看得啦（Ana Candela）、朱立仪（Nellie Chu）、戴震、胡芳瑜（Fang Yu Hu），康文庆、Sarah Mak，莫亚军、Amanda Shuman、Jeremy Snow、孙晓萍、戴杰明（Jeremy Tai）、Christina Wong 和 J. Dustin Wright 这些我以前和现在的学生们帮我厘清思路，让我清楚该讲述什么以及如何去讲述。他们中的一些人还阅读了整本书稿，并试图委婉地告诉我哪些地方可能不对。

我曾在四大洲的许多场合面向不同的观众对本书的部分内容作过演讲和报告。我希望，那些盛情邀请过我的人和机构以及那些重要的对话者们，能够原谅我无法在此对他们一一表达谢意。以下诸位的富有洞见的评论让我尤为受益。他们是：白凯（Kathryn Bernhardt）、杜赞奇（Prasenjit Duara）、伊维德（Wilt Idema）、翁爱华（Aihwa Ong）、裴宜理（Elizabeth Perry）、Carl Riskin、石瑞（Charles Stafford）、Mark Swislocki、宋汉理（Harriet Zurndorfer）。

本书的地图虽未描绘指明具体村庄，却指出了各个村庄所在的大致位置（译注：关于地图，参见英文原文，译文从缺）。感谢包弼德（Peter Bol）、Guoping Huang，尤其是已故的施雅坚（G. William Skinner）。他们对空间的远见卓识和对制图的热情让我们许多人受惠。

感谢加州大学出版社的 Takashi Fujitani 将本书纳入他编辑的“亚太现代丛书”（Asia Pacific Modern Series）。感谢我那坚忍的编辑 Sheila Levine（这是我跟 Sheila 的第二次合作）耐心地等待我完稿。当我将一份过厚的书稿交给他们时，他们并没有表现出气馁和惊讶，而是温和地建议我将篇幅缩短。本书的印行工作，要感谢 Kate Marshall 和 Jacqueline Volin 的照看和引导，也要感激 Chalon Emmons 让最后的编辑工作成为一件令人愉悦的事情。

这么多年来，我的家人给予了我最大程度的支持，同时也不断地分散我的注意力，不断地挑战我。感谢 Hershatter 家族的成员 Evelyn、Richard、Mary Jane、Nancy、Bruce、和 Andrea 一直以来的鼓励。当我刚开始本书的研究工作时，我的孩子们 Sarah Fang、Zachary Fang、Jordan Hauer-Laurencin 和 Maya Hauer-Laurencin 还在上小学。现在他们都已长大成人，但依然是我快乐的源泉。感谢 David Fang、范善刚（Sankong Fang）和 Sonia Garces 亲情般的友情。最后，感谢 Mercedes Grace Laurencin 在我们共同生活中给予我的爱、鼓励和无尽的快乐。

本书的部分内容曾在以下期刊和书籍中发表：

“The Gender of Memory：Rural Chinese Women and the 1950s”（记忆的性别：中国农村妇女和 20 世纪 50 年代），发表于期刊 Signs 第 28 卷第 1 期（2002 年），第 43—70 页。（版权所有：芝加哥大学出版社）

“Local Meanings of Gender and Work in Rural Shaanxi in the 1950s”（性别和工作在 20 世纪 50 年代陕西农村的地方意义），收入 Barbara Entwisle 和 Gail E. Henderson 主编，《Re-Drawing Boundaries：Work，Household，and Gender in China》（伯克利：加州大学出版社，2000 年），第 79—96 页。（版权所有：加州大学出版社）

“Making the Visible Invisible：The Fate of “the Private” in Revolutionary

China"(使可见的成为不可见的："私"领域在革命中国的命运)，收入吕芳上主编：《无声之声：近代中国的妇女与家庭（1600—1950)》(台北：中央研究院，中国近代史研究所，2003 年)，第 257—281 页。(版权所有：台湾中央研究院中国近代史研究所)

"Virtue at Work：Rural Shaanxi Women Remember the 1950s"(美德的作用：陕西农村妇女记忆 20 世纪 50 年代)，收入 Bryna Goodman 和 Wendy Larson 主编，《Gender in Motion：Divisions of Labor and Cultural Change in Late Imperial and Modern China》(Rowman & Littlefield 出版社，2005 年)，第 309—328 页。(版权所有：Rowman & Littlefield 出版公司)

"Birthing Stories：Rural Midwives in 1950s China"(生育的故事：20 世纪 50 年代中国的农村接生员)，收入 Jeremy Brown 和 Paul G. Pickowicz 主编，《Dilemmas of Victory：The Early Years of the People's Republic of China》(哈佛大学出版社，2007 年)，第 337—358 页。(版权所有：the President and Fellows of Harvard College)

"Forget Remembering：Rural Women's Narratives of China's Collective Past"(忘记忆起：农村妇女讲述中国的集体化过去)，收入 Ching Kwan Lee 和 Guobin Yang 主 编，《Re-envisioning the Chinese Evolution：The Politics and Poetics of Collective Memories in Reform China》(Woodrow Wilson Center 出版社和斯坦福大学出版社，2007 年)，第 69—92 页。(版权所有：the Woodrow Wilson International Center for Scholars)

"Getting a Life：The Production of 1950s Women Labor Models in Rural Shaanxi"(重获生命：20 世纪 50 年代陕西农村妇女劳动模范的产生)，收入胡缨（Hu Ying）和季家珍主编，《Beyond Exemplar：Women's Biography in Chinese History》(伯克利：加州大学 Global，Area，& International Archive 出版，2011 年)，第 36—51 页。(版权所有：加州大学出版社)

中文版作者序

《性别记忆：农村妇女与中国集体化历史》这本书的简体中文版终于和读者见面了，我很高兴。中国农村妇女的故事对理解中国现代史十分关键，但她们的故事既不为世人熟知，也没有留下多少文字记录。如今，许多能够开口讲述1949年以前和新中国成立初期生活的妇女正逐渐离世，很快，我们将无法再获得她们的口述史。从20世纪90年代中期开始，我有幸能够访谈一些陕西农村妇女。尽管这些农村妇女的故事并不是中国农村历史的全部，毕竟各地的历史不尽相同，但她们的故事却是这其中的一部分。我由衷希望：这本书能够启发大家在这一代人渐行渐远之前，尽力抢救她们的故事。

我要向我的研究合作伙伴高小贤女士表达一如既往的、最深挚的感谢。她的友谊极大地丰富了我的人生。没有她，我永远都无法有机会跟这些妇女交谈。现在，我和她还经常对当年访谈的内容和意思进行讨论，我依然从中获益良多。书中的任何错漏，都由我负责。

我也要感谢复旦大学历史学系孙沛东教授为此书付梓所做出的不懈努力。她倾注的热情、积极的倡议以及对细节的一丝不苟，都十分鼓舞人心。本书的责任编辑武丛伟一直以来都积极回应和关心此书的出版，我很感激她的敬业精神。我要向本书的译者张赟表示深切的谢意。她花了大量的时间苦苦钻研我的文字。我们密切的工作关系以及那些关于翻译的对话，让我对她的智识、耐心和周详的思虑十分赞叹和感激。

在这个简体中文版中，有几章经过了删节处理。译文中凡标有星号（*）之处皆表明有删减或改动。有兴趣了解更多本书信息的读者，可以直接进入我的网站 https://gailhershatter.sites.ucsc.edu 进行访问。

贺　萧

美国圣克鲁斯

2016 年 11 月

目　录

导　言

1938 年，张朝凤五岁。母亲在外出一个月后返回家中。朝凤跟父母、祖父母以及从河南一路乞讨来到陕西的饥民们住在一起。她有一个哥哥，妹妹则在出生不久之后就被送人。随后母亲离家去给一户人家的孩子当乳母挣钱。

朝凤的母亲揣着一个月的工钱——全部是清脆崭新的法币，高兴地把朝凤叫到跟前。朝凤握着蓝色的票子，将它们举到房里唯一的油灯下，想看得更仔细些。太近了，“呼”地一声，钞票着火了。①

对于六十多年前的这件事，朝凤叙述得极为简略。尽管这个故事被极度轻描淡写且拥有灼炙的意象，它却敞开了一个让倾听者自行去想象的结尾。朝凤没有赘述细节，也没有说明当钱烧起来时她自己有什么样的反应，她亦没有去猜测母亲当时眼看着自己一个月的劳动成果——在送走第三个孩子之后才得以挣到的钱——化为灰烬后是什么感想。

朝凤在叙述中已经提及，钞票烧毁之后过了三四年，母亲因无法养活她，以四十斗小麦的价钱将她卖给一户人家做童养媳。不过，她并没有将烧毁的钱和她八岁便永远离开家乡去另一个遥远的地方这个事实划上什么因果联系。这个故事孤零零地在一份长达 22 页的中文访谈稿中占据着三行多一点的空间：一个母亲的归来，瞥了一眼的蓝票子，一束蹿起的火焰。

---

① 2001 年与张朝凤的访谈。她生于 1934 年，按中国的年龄算法，小孩出生即为一岁，那么 1938 年朝凤应为五岁。

记忆所在之处

记忆可以是生动、炽热和短暂的。让听者不安的是朝凤的故事里那种感官的直接性和未言明的毁灭性。我们可以很容易地将燃烧的钞票视为朝凤童年最严重的创伤，一个决定了她此后命运的事件，一个她生平自述的起始点。然而，我们只是在偶然以及顺带的情况下，才得以听到这个故事。

张朝凤一开始并没有谈论这件事。我和我的合作研究者高小贤去采访她是因为村干部们告诉我们她曾经是童养媳，1949 年解放之后，她离了婚，和一个自己选择的男人结了婚，并在 1958 年被选为村妇女主任。① 我们本来是去听一个八岁即被卖的女孩如何成长为一个革命积极分子的故事。当朝凤讲述那个故事时，我并非很巧妙地打断了她，问了她出生时家中有几口人这样一个事实性的问题。“六口人，”她说，“爷爷，奶奶，爸爸，我妈，哥和我，”接着她顿了顿，像是突然记起了什么似的，“还有一个妹妹给了人家。”然后便是钞票着火的事。

这个故事对朝凤的意义依然隐晦不明。她讲这个故事时未带任何特别的情感，也没有停下来对故事作任何评论，紧接着她便继续诉说家里是如何贫困。一个历史学者也无法从这瞬息即逝的记忆里抽取出更多关于宏大经济背景的信息。朝凤的粗心之举到底损失了多少钱？一个小孩能拿的纸币可以是一张，也可以是一卷，她的措词并没有对此作出区分。在 20 世纪 30 年代末，多家银行发行的蓝色纸币可能在陕西流通。② 朝凤没有具体描述在钱着火的一瞬间她看见的是什么样的纸币。作为一个五岁的孩子，她不可能知道

---

① 很多学者都避免使用“解放”一词，因为它表示一种彻底的积极变革。我在本书使用这一词，因为它依旧是中国村民们用来回忆和阐释自己过去的语言的一部分。

② 当时流通的蓝色钞票的图片，见 http：//aes.iupui.edu/rwise/banknotes/china/chio79_f.jpg；http：//aes.iupui.edu/rwise/banknotes/china/ChinaP73-10Yuan-1934-donated_f.jpg；http：//aes.iupui.edu/rwise/banknotes/china/ChinaP218d-10Yuan-1936_f.jpg；http：//aes.iupui.edu/rwise/banknotes/china/ChinaP460-50Cents-1936_f.jpg。

1938 年一个陕西农村乳母的工钱是多少，也没有任何书面记录为我们提供答案。[①] 更有可能的是，这个细节——如果我们确实掌握了细节的话——根本无法让我们估量朝凤家在失去这些工钱后还维持了多久。[②] 朝凤的家当时安在一座废弃的破庙里，村里其他地方挤满了从河南逃荒来的难民。祖父和父亲寻找打短工的活计，母亲有时为别人摘棉花，每摘一斤原棉可以换取四个馒头。[③] 没有活干的季节，她就带着孩子们外出乞讨。我们需要知道成年人找到工作的概率有多大，要向当地政府缴多少杂税，地方的粮食市场如何运行，以及新抵异乡的外来家庭可以获得怎样的短工收入。而朝凤无论是在当时还是在后来被卖给别人抚养时，年纪都非常小，她很可能从来都不知道这些。

朝凤的记忆无法让我们重新去捕捉一个孩子失去的世界，或是一个历史学者失落的社会，然而它却给了我们其他东西：出人意料。朝凤为我们引入了许多由 20 世纪 50 年代党和国家提供的主题，但她的故事（第四章会有更详细的记录），使这些主题变得混乱、复杂，有时甚至与它们脱轨。例如，她确实成为了一个革命积极分子和村里首批党员中的一员，然而她犹豫了数年，才最终跟那个虐待成性的童养媳丈夫离婚。她带着痛苦忆起这个决定，并非为这段婚姻而痛苦——她的丈夫常年离家在外工作，跟她在一起的时间极少——而是因为她与婆婆的关系极为亲密。党和国家提供的那些简单的从压迫走向解放的故事不一定是虚假或者方向错误的，但这些故事还不够。

---

① 20 世纪 30 年代中期，西安一家纺织工厂的妇女一月约可挣 9 元钱，可能跟该省农村全天候在家纺织的妇女挣的一样，但似乎没有人记录过当时乳母的工钱为多少（弗美尔 [Vermeer] 1988 年，第 335、334—345 页）。

② 1941 年，西安的西北农学院对关中二十四县农村家庭的生活费用所作的调查显示，战时的通货膨胀增加了 1936 年至 1941 年间的家庭支出；粮食支出增加了八倍多，燃料支出增加了近六倍。该调查算出 1936 年的年平均生活费用为 321.9 元；到 1941 年，这个数字上升到了 2139.5 元。有关详细的开支细目及讨论，见弗美尔 1988 年，第 410—411 页。

③ 一斤为 0.5 千克。

我将朝凤对自己生平的记述称之为一个足够好的故事。[①] 我所说的一个足够好的故事并不能让我们对过去有一个完整的理解，但它出人意料并且引发思考，根据聆听者的不同需求而朝不同方向放出线索。一个足够好的故事可供再阐释；可以被编织进许多更大的叙事里。聆听朝凤及其他陕西农村妇女们的故事，并关注这些妇女们的叙述如何互相强化或互为矛盾，这种做法本身并不能让我们去构建历史，然而这些足够好的故事确实可以帮助我们思考如下问题，即我们对中国早期农村社会主义历史的讲述为什么不够好，哪里不够好。

缺失的历史

1996 年，我和高小贤开始在关中和陕南的村庄搜集农村老年妇女记忆的生活史。高小贤土生土长于陕西，是省妇联研究办的主任和陕西妇女理论婚姻家庭研究会的秘书长。自从在 1992 年的一次会议上相识后，我们就一直谈论社会主义体制下中国农村的生活是多么不为世人所知晓，而中国新兴的妇女研究领域又是如何大多只致力于对城市的研究。我们希望在衰老和死亡湮没这些农村妇女之前，引出她们对 20 世纪 50 年代的叙述报道。

对我这样一个生活在美国的中国历史学者而言，这项研究计划在某种程度上是为了填补我教学大纲的一个空白。我教授 20 世纪的中国史，志在

① 一个“足够好的故事”唤起的是一个虽然有点异想天开但并非完全是随意拈来的概念：“足够好的母亲。”这个概念由唐纳德·温尼考特（Donald Winnicott）在 20 世纪中期提出。在温尼考特的理念中，一个足够好的母亲并不总是完全满足她孩子的需求，但她的爱护足以让孩子健康成长——跟过度关心孩子的母亲不同，后者总是面面俱到，没有留给孩子任何精神空间去发展个性。（阿布兰［Abram］和尤尔曼［Hjulmand］2007 年，第 220—221 页对这一概念提供了简要的解释。感谢 Shila Namir 告诉我这条信息）。类似地，一个足够好的故事为开放式的阐释和模棱两可提供了足够的发展空间，而不是展现一种无缝隙的、已经完成了的叙述，这种叙述仅仅是对听故事的人已经知道的东西进行了强化。本书并不是温尼考特式的研究，但我发现在考量故事的生命时，温尼考特的概念很有帮助，也就是说，“足够好”到让我将之纳入思考。

囊括多种不同的声音和研究方法。在教授有关20世纪50年代的历史时，我每年都会搜寻新材料为教学所用。在中华人民共和国成立后的十年间，国家发动了一系列雄心勃勃的运动，力图对土地所有权、婚姻、组织工作、个人的自我理解、个人的社区和个人的过去等方方面面进行重塑。而官方关于这些运动的记录则往往是一张简单而乏味的清单：婚姻法、土地改革、思想改造、抗美援朝、三反五反、初级农业生产合作社、高级农业生产合作社、百花齐放、反右运动、人民公社、“大跃进”。官方的声音主导着这些史料，宣称国家的空间终于得以稳固：边疆已被修整，归入版图并得到保卫；党和国家均衡地管理国家内部，对领土有着全面的管辖。这种文件还为我们假设了一种可称为“运动时间”的新时间。这种新时间将1949年之前的历史与“解放前”这个词划分开来，并将国家运动与大众对这些运动的参与作为衡量当前的标准。① 这些运动中的每一项都相继经历了被发布、宣传、遮蔽、修正和废止的过程。聚焦的都是运动的目标，而非运动实施的不均衡和带来的意想不到的社会影响。关于这些由国家发起的运动的描述基本上千篇一律，只在地方人事部门、社区摩擦的具体根源以及（近来多有讨论的）领导的失误程度等方面有差别。

这些运动在城市权力中心以外的影响依旧没有得到很好的理解。② 海外的社会学者们有时用难民访谈来弥补官方记录的不足，他们的学术研究着墨更多的必定是城市而非农村。③ 最终，城市知识分子们一些长篇累牍的回忆

① 有关国家和政治对空间和时间的使用，见伯亚林（Boyarin）1994年之二；鲁兹（Rutz）1992年；维德里1992年。魏台玉（[Tyrene White] 2006年，第7—8页）生动描述了运动是如何起作用的。

② 然而，也有极其有助益的研究50年代和60年代初农村的著作，包括米尔道尔（Myrdal）1967年；舒尔曼（Schurmann）1968年；杨庆堃1969年；许慧文1980年、1990年；傅礼门（Friedman）等1991年；韩丁（Hinton）1997年；戴瑞福（Thaxon）2008年；陈佩华、赵文词和安戈2009年。

③ 傅高义（[Vogel] 1971年）、李侃如（[Lieberthal] 1980年）和苏黛瑞（[Solinger]）讨论了50年代的地方政治和社区的各个方面。近来凭借在中国城市的访谈进行的研究包括何荣宗2004年、2006年。

录也加入这类研究，这些回忆录详细叙述了他们如何最初对革命持谨慎乐观的态度，到后来遭遇越来越多的挫败，最后为国家拒斥并在 1957 年被列为右派分子的过程。但即使加上了他们辛酸的声音，这些运动框架之外的 50 年代在很大程度上依旧是一块毫无特色的历史地域。*

尽管农民占总人口百分之八十之多，他们在这场社会主义建设的大戏中却被归入跑龙套角色的范畴。① 从文字印迹来看，农民在 50 年代对土地划分投入了极大的热情，几年后为了土地集体化几乎无条件地放弃了获得的土地。他们抵制 1950 年的《婚姻法》并减弱了其效力。他们曾热切地参与到“大跃进”早期的活动中，砸碎炉灶并捐献出全部家当用来在后院炼钢，结果在“三年困难时期”大批地挨饿。这些国家措施在当时是如何被理解，尤其是如何被远离国家宣传中心的地区以及农村的妇女所理解——这些方面的信息远比文字记载的资料更难获取。

和全国大部分农村一样，在 20 世纪中期的陕西农村，妇女既是革命性变革的对象也是行为的主动者。随着 1949 年共产主义的胜利，中共政权对农村的社会关系以及理解这些关系所使用的类别范畴进行了迅捷有力的重组。这些类别范畴中有一项便是社会性别。当工作组在 50 年代初重新分配土地并计算配额时，他们将妇女算作是完全的家庭成员。当 1950 年的《婚姻法》对结婚和离婚作出新规定时，国家宣布停止买卖童养媳，并宣扬妇女挣脱包办婚约和终止受丈夫虐待的婚姻的事例。国家支持的扫盲运动吸引了妇女入“冬学”，公共医疗运动将受过无菌分娩技术训练的接生员送到农村。随着农业集体化的展开，大的工作组将妇女吸纳为劳动者。有关土改、婚姻改革和集体化的早期报道都强调妇女如何积极参与这些运动，并表明农村妇女解放后的生活与解放前判若云泥，无法相提并论。然而，在这一系列的农村重组和剧变中，农村妇女的声音，她们如何回应这些国家运动，她们的日

① 中国研究领域的读者会意识到，用“farmer”还是“peasant”并不是一个简单的词语选择问题。有关这一问题的简要概述，见柯文（Cohen）2005 年，第 60—74、312—314 页。本书中，我有时用“peasant”指那些中国 1949 年后从事农业活动的人，当时此词对应的中文——“农民”意指农业从事者们，是一个集体的政治主体——开始广泛被使用。

常生活在多大程度上受到50年代政策的影响——这些问题依旧陷于沉寂之中。在文字记载中，作为国家主人翁的“妇女”形象随处可见。然而，在偶尔表现出对解放和集体化的热情以外，还拥有个人历史的有名姓的妇女却并不多见。

从20世纪70年代开始，海外的女性主义学者便带着批判的眼光去看待革命对妇女（包括农村妇女）带来的后果。这些研究聚焦在国家对社会性别改革的有限构想上，着重点主要是恩格斯关于妇女应该成为家庭之外的有偿劳力的理论。学者们指出，国家容忍妇女婚后居住在男方家，导致妇女在母家和夫家都处于从属地位；国家在面对地方抵抗或者需要顺从其他当务之急时，乐于将社会性别平等轻描淡写或者将其置于其他当务之急之后；国家对集体的建构是以男性亲属关系网络为基础的。与早前关于国家运动的报道相似，这些关于妇女的学术研究必然依赖国家资料并且试图去考量全国范围内的变化。① 即使作者们带着怀疑的态度去审视这些材料，他们也不自觉地将国家发布的政策视为主题。农村妇女主要是以被动员者的形象出现在这些研究中。作为国家特定干预行为（集体化、1950年的《婚姻法》）的热情拥护者，她们的声音亦清晰可辨，尽管她们担任的是公式化和常规性的角色。但她们是如何参与政府政策和地方社会实践，并如何在参与的过程中重塑自身——这些信息则更难以获取。

有关20世纪50年代的社会文化历史——生活的纹理质地和细微差别，国家革命早期的感觉、意义和地方痕迹——仍然晦暗不明。作为一个已经在有关城市工人阶级、20世纪80年代女性、娼妓的研究书籍中运用过口头叙述的中国史学者，② 我担忧有关那段历史的可能的资料——铭记那些年的人们的声音——会很快变得难以获取。去发现在农村妇女身上发生了什么的唯

---

① 受篇幅限制，不能完整详细地阐述这些观点。在讨论50年代农村妇女的英文研究材料中，最重要的有安德思（Andors）1983年；克罗尔（Croll）1980年；达文（Davin）1976年；戴玛瑙（Diamond）1975年；约翰逊（Johnson）1983年；史黛西（Stacey）1983年。沃尔夫（Wolf）1985年在评价整个农业集体化时期，谈到了性别平等的问题。

② 贺萧1986年、1997年；韩起澜、贺萧1988年。

一途径就是去采访那些在20世纪90年代中期还在世的妇女们，本项研究计划也开始于那个时候。“发生了什么”的问题则从一开始就与另一个问题缠绕在一起，即她们在时隔四十多年以后以及在历经这期间的种种事件之后，还记得什么？这期间的事件必然地改变了50年代所被赋予的意义。

我的研究合作者高小贤关注的问题既有重叠又有不同。她于1948年生于西安，对陕西农村非常了解。她童年有部分时间在陕西农村的祖母家度过，并在“文革”时期以“下乡青年”的身份返回到那里。她系历史学与统计学出身，也对口述史研究感兴趣。到90年代时，她在妇联及一个新的非政府组织的工作让她参与到设计以妇女为中心的农村发展项目中去。她很快认识到，80年代的第一个十年农村改革深刻地受到50年代集体主义的影响。社区基础设施、街坊邻里动态、家庭关系、宅居与遗产继承模式、社会性别分工、个体欲望：所有这些都曾在集体化时期被重塑过，并为后来的经济改革创造了可能。她认识到只有将要改变的环境考虑进去，才能制定出良好的发展政策。她认定，探询集体化时代是如何塑造了妇女的生活与劳动便是一个很好的起始点。在本科学习历史期间，她曾对妇女在家庭纺织中长期发挥的作用等问题感兴趣，然而这些问题虽被提出，却没有得到解答。

由于本项研究，我和高小贤各自展开了面向不同读者的写作计划。她打算利用从我们共同的调研中所获得的材料写一本中文著作：记录过去50年间农村妇女劳动和再生产劳动的历史。我们的研究兴趣在一系列核心问题上达成一致。如果我们将一个被双重边缘化的群体——农村妇女——放置在我们对50年代的探索的中心，那么对于国家政策产生的影响以及地方对这些政策的吸纳和重组，我们可以了解多少呢？如果我们依据一个农村社区作为有利点，并认识到农村各个地区差别甚大，那么诸如土地改革、合作社、集体化以及“大跃进”等50年代的国家运动对农村的妇女工作又有何影响呢？解放前，什么样的工作被认为是体面并且吸引妇女们的，这些工作在50年代又发生了什么变化？农村的妇女生活是如何发生改变的？谁是主要的活动积极分子，她们在地方上的事件中有多重要？妇联扮演了怎样的角色？地方领导层是如何发展的？妇女工作的变化如何影响家庭经济、家务劳动、性、婚姻以及育儿？社会张力的最大根源是什么？妇女对自身、她们与娘家的关系以及她们与夫家的联系的看法发生了什么变化呢？她们是如何将自己的生活与她们的母亲和（外）祖母们的生活进行比较的呢？她们从当下回顾50年代，是如何将当时生命中发生的变故与后来的变化作出比较呢？历史学家琼·凯莉（Joan Kelly）曾在一篇著名的文章中问道："女性有文艺复兴吗?"① 如果她书写的是中国而非欧洲，那么她也许会问，中国妇女有没有发起革命？如果有，是什么时候并以何种方式发起的呢？

研究计划

以上是我们着手去回答的问题。从1996年到2006年这十年间，我和高小贤搜集了72位妇女的生活史。② 除了一位妇女之外，其他人在接受访谈时都已经年逾六十，很多都是年近八十或更年长。在1949年中华人民共和国成立时，她们都已经记事或者成年，其中的大多数对30年代和40年代有全面深刻的记忆。她们中有几个在50年代和60年代还获得过全国或地方劳动模范的荣誉。有些是地方上的积极分子，有些担任过负责组织妇女劳动力的村一级干部，有的曾当过接生员。其他的则因为家庭情况或者个人偏好或者两者兼有的缘故，并未积极参与政治生活。她们中大多数人都像朝凤一样，在结婚数年前即被送到未来丈夫的家里。高小贤除了认识她在妇联工作期间曾见过的劳动模范以外，并不认识其余的妇女。但她和我们所访问的妇女们有时却发现，她们都在妇联的关系网络中有共同的熟人。这样的网络是妇联在陕西农村半个世纪的工作中产生的。

我们的受访对象大部分都居住在四个村庄中的某一个。渭南县的B村以及合阳县的G村位于以"关中"而闻名的陕西中部地区。关中——本意为"四关之中"，是沿渭河流域的一块狭长地带。渭河沿水平方向以西安为

① 凯莉1984年。

② 参看附录中受访者的完整名单。我们分别有一套访谈的录音带和访谈的文字整理稿；我们打算在双方都完成了以这些材料为依托的写作计划后，将这些材料对研究者们公开。

大致中心将陕西一分为二。南郑县的T村和丹凤县的Z村，地处陕西省下三分之一处的陕南（陕西南部）。陕南坐落在秦岭的南端，关中则地处秦岭以北。陕南的作物和气候更接近四川北部地区，而不同于陕西其他地区。关中和陕南皆有土壤肥沃和景色优美的地区，然而近几个世纪以来，整个陕西省都很贫穷，甚至到了21世纪初，陕西与中国改革时期繁荣的东部沿海城市之间仍有天渊之别。

与陕西北部地区很不一样的是，我们所走访的村庄并未当过中国共产党的战时总部，因此在1949年前，共产党没有在这些村庄中的任何一个长期驻扎过。[①] 这些村庄在1949年前几十年也几乎没有受到中共延安总部活动的影响。直到1949年年中，八路军（当地依旧这样称呼）经过村庄，村民们才知道共产党。40年代，延安的妇女们在党的号召下被动员去参加劳动和政治活动，但是关中和陕南地区妇女劳动的变化却直到50年代才发生。

我们对其中的两个村进行过两次探访，并在三年后回访了G村的妇女，十年后回访了B村的妇女。我们对数个村子的老年妇女的成年子女们进行了采访。我们与曾在50年代参加过妇联组织工作并在农村长时间待过的妇女进行了交谈。为了理解妇女的记忆是否以及怎样不同于男人的记忆，我们访谈了一小部分的男人。他们与这些妇女同村，在集体化时期担任过村干部。我们发现在各方面都有令人惊奇的性别差异，从他们的时间感和对政治事件的叙述到他们与母亲的关系。我们采访的男人们比妇女们更严密地遵循着官方用语和历史分期，并极少开口谈论关于他们自己的事情。然而我们的男性样本有限——在我们采访的村庄，与妇女们情况不同的是，年过七十还健在且条理清晰的男人则并不多。男人们的缺席提醒我们这些资料的短暂

① 共产党的地下势力则又是另外一回事。比如，见渭南地区地方志编纂委员会1996年，第101—106、108—109、114—116页；南郑县地方志编纂委员会1990年，第13—16页。南郑县一些靠近但不包括T村的部分在1935年初建立了苏维埃政府，短暂并成功地为1932年末至1935年中期间川陕边区革命根据地的成立贡献了力量。有关川陕根据地——曾一度为仅次于江西中央革命根据地的第二大根据地——的历史，见林超1982年；《川陕革命根据地史料选集》1986年；温贤美1987年。

性，让我们的研究工程变得更紧迫。

我们询问发生在妇女身上的一系列变革：田野劳作、家庭劳动、育儿和婚姻——在这些带有明显社会性别指向的领域中，妇女的记忆经历不同于男人的记忆经历。社会性别的劳动分工在整个50年代的农村地区持续发生变化，尽管一些妇女原有的家庭经济活动减少，但她们依然被带入前所未有的广阔的活动领域。然而，由于社会性别化工作的具体内容不断变更，性别差异本身依旧是组织农村生活的核心原则，并为干部和普通村民所接受。①

本书要问的是，从地方层面上看，社会主义是什么？为了谁？社会性别在社会主义的形成过程中起了什么作用？第一章“框架”介绍地点的重要性、档案馆资料的不完备之处、访谈的不可预见性以及记忆的可塑性。接下来的章节勾画出妇女们一生中所历经的各种身份：难民、领导、积极分子、农民、接生员、母亲、模范、劳动者、叙述者。这些章节遵循着大致的时间顺序：“家里没人”是1949年前的故事，“寡妇”和“积极分子”以新中国成立初期为背景，“农民”是50年代中期，“接生员”和“母亲”（最难界定的时间框架）是从50年代到70年代，“模范”和“劳动者”是从50年代末至60年代初，“叙述者”是从1996年到2006年——访谈的时间。

第二章“家里没人”探讨妇女们对混乱的民国时期和1949年共产党的到来的童年记忆。她们讲述自己作为穷人的孩子、难民、童养媳和农民如何在社会上流动并得不到保护。在当时的社会，女子出现在家庭以外的活动范围被视为伤风败俗。本章描述了后来成为劳模的难民山秀珍的流浪冒险经历和遭受的可怕伤害。此章追问的是，虽然那种说妇女在革命前困囿于家的故事明显不准确，但为何此类故事仍旧有着持久不衰的生命力？

第三章“寡妇（或领导的美德）”以50年代初期的全国土改运动和互助组的成立为背景。本章检视国家通过指派干部到乡村去长期居住以发展地方村领导所作出的尝试。我们可以将这些干部看成是国家支持的社区组织者。此章探索本地妇女与来自城市的年轻妇女组织者之间的互动关系。后者在对

① 有关社会性别劳动分工，见沃尔夫1985年；杰华（Jacka）1997年。

前者进行挨家挨户的动员工作的同时，还要忙于应对她们自己留在城里的孩子需要照顾的问题。

“寡妇”与第四章和第八章一起略加改造了提摩西·米切尔（Timothy Mitchell）对他所称的“国家效应”的讨论：各种各样的工作需要被安置去实现一个激进的、变革型的国家的效应，这个国家被称为“社会”的东西相脱离，并高居其上。① 本章跨越我们通常在国家和社会之间划分的模糊不清、流动不定以及不断被重塑的边界。一方面，我们探寻国家机器之间的区别是什么；另一方面，我们在牢记国家规范的同时，探索更为分散的国家势力、国家意识以及自我的塑造等论题。在一个普遍认为国家在中国农村扩张的时期，国家意识是从哪里产生以及怎样产生？如何得以保持、被内在化或被扩展以囊括以前未曾涉及的人群？通过探索国家的偶然性、不均衡性，以及使国家看起来自然且持久的许多无休止的人力劳动和日常劳作，我们便能够严肃地看待国家，而不是将其视为理所当然。20 世纪 50 年代，“国家”不再是一个外部的、无关紧要的存在，而是常常化身为一个熟悉的邻人，如妇女领导、积极分子或劳动模范。② 本章集中讲述曹竹香——一个年轻的农村寡妇被组织招纳并成为领导和劳模的故事。竹香的寡妇身份以及她拒绝再嫁的行为契合了农村的德行观念，并以复杂矛盾的方式增强了她在地方上的威望。在讲述自己的故事时，她从各色各样的革命及其革命前的体裁中借用有关贤德女子的概念。尽管竹香德行无亏，但她在土地改革和集体化初期不稳定的政治背景下却遭受了当领导的风险。

第四章“积极分子”，考量的是由年纪较小一些的农村妇女们讲述的为实施 1950 年《婚姻法》而进行的大规模运动的故事。50 年代的适婚妇女们

---

① 米切尔 1991 年、1999 年。

② 乔纳森·伯亚林（[Jonathan Boyarin] 1994 年之一：第 ix 页）将国家描述为“各个团体在面对他们自己的“知情人身份”、面对他们在等级内部掌控的职位、面对他们对地理疆域的控制时争夺合法性而产生的一个极为偶然的人工产物”。有关使国家与社会之间有一个简单分界线的概念变得复杂化的中国领域内的研究著作，见许慧文 1988 年；傅礼门等 1991 年；傅礼门等 2005 年；戴茂功（Diamant）2000 年；戴茂功、陆思礼（Lubman）和欧博文（O’ Brien）2005 年；裴宜理（Perry）1994 年；马太（Dutton）2005 年。

被动员去成为有文化和有政治觉悟的典范。她们生活在一个模糊不清的区域，在这个区域里，国家目标、乡村习俗以及亲属纽带缠绕在一起，其错综复杂程度远非文字资料所能传达。本章着手处理以下议题：政治活动对这些年轻妇女的吸引力；她们通过唱歌、跳舞和参加会议如何对乡村空间的重塑产生影响；她们对婚姻法运动投入甚多，却常常疏于打理自己的家务；少数几个妇女为离婚而作出的痛苦抉择。幼时曾烧毁钞票的朝凤即是这群妇女中的一个，她与婆婆的亲密关系比跟丈夫的要难以割舍得多。

第五章“农民”开启的讨论将会贯穿本书剩下的部分：妇女开始全职从事集体化农耕及其对妇女个人、家庭和农村集体带来的影响。对党和国家的有关当局而言，动员妇女是社会主义经济发展的一个必要组成部分。对妇女而言，新的组织工作带来了一种非常复杂的经历：愉悦的社交、经济及身体上的压力，曾是家庭收入重要来源的纺织逐渐不被重视。在妇女的酬劳该如何计算上的冲突，以及她们记忆的关于何为公平、何为不公平的划分标准皆表明，尽管妇女工作的内容发生了改变，社会性别化的劳动分工依旧持续存在。

第六章“接生员”将一系列不断被丰富并肆意流传的关于生孩子如何危险的故事与国家运动宣扬的安全、卫生的接生实践进行对照。在全国各地农村，卫生局和妇联发起的培训农村新式接生员和复训旧产婆的运动，对产妇和婴儿的死亡率产生了巨大的影响。另一项效果稍逊的举措是设立可以集中分娩的“接生站”。20 世纪 50 年代之后，技术熟练、在家接生的农村接生员仍然受到尊敬，得到政府部门的认可并为产妇们所信赖。然而，不符合或者有时与明确的科学进步的说法相抵触的故事仍持续困扰着个别接生员。接生员依旧是一种模棱两可的并常常容易受到伤害的形象，徘徊在生与死的边缘。

第七章“母亲”探讨的是接生员们帮忙实现的婴儿存活率上升所带来的预想不到的后果。妇女们进入全职农事活动的背后是晚清的文字中时常讨论的家务活的问题，然而这些讨论为新的革命话语所阻断。农村妇女们除了每天至少要腾出一部分时间在田里辛苦劳作以挣取工分外，还要负责做饭、缝衣、纳鞋底和保障家里一群孩子的安全。国家在集体化时期对家庭这个领域关注很少。发起的运动都是号召家庭要融洽，要抵制封建主义，要为集体工作。当需要妇女在田里劳作时，国家政策对农忙时节的托儿小组给予了一定的关注。集体劳动是唯一一种国家认可和看重的妇女劳动形式，家务劳动变得不受重视，并被打发到夜间去完成。本章要问的是，这个潜沉在历史地表的领域[①]在经历深刻的变革时发生了什么？如果国家话语并未记录这些变革，而是将它们视为既成事实，那么我们又能从何处去追寻这些变革的踪影呢？由于国家并没有提供一套语言去描述妇女所做的大部分工作，她们便求助于妇女深夜埋头做针线活这一古老的关于美德的喻说。国家需要妇女从事家务劳动和生育尽管没有在集体化时期的语言中得到清晰表达，却存留在当代妇女们的回忆录中。她们描述了自己的美德、坚韧的精神和所遭受的苦难，对是否喜欢当母亲这一问题则言辞闪烁或者缄口不谈。让这一代妇女精疲力竭地生养孩子的经历意味着，当 1979 年独生子女政策颁布的时候，她们往往是这项政策最热情的拥护者。她们负责动员更年轻的、在一个不同的时代成长起来的农村妇女去节育。

第八章“模范”由两部分组成：妇女们如何负责植棉，以及少数几个在全国和地方上闻名的妇女劳动模范如何进入公众视野。国家有关部门选择并宣扬这些劳动模范们，她们的活动亦被呈现出来为更广大的公众效仿。这些劳动模范自身是集体的产物：她们为妇联的干部们所指认、培训和书写，并积极地参与创造自己的事业。在这个极其缜密的甄选和宣扬这些楷模的过程中，留下了罕见的、有名有姓的农村妇女的生活档案。然而，由于无论是这些档案还是个人的记忆都缺乏对内在性的记录，任何企图从传记的模式去理解这些妇女的生活的努力都会失败。这向我们提出了两个重要问题：这些妇女劳动模范们在多大程度上能通过国家提供的词语来了解自己？就像阅读现代传记的读者们通常会做的那样，我们要求传记的主角们拥有并透露出明显

---

① 这里指的是一本中国女性主义文学评论的奠基之作：孟悦和戴锦华的《浮出历史地表》(*Voices Emerging into the Foreground of History*)(1989 年；有时译作 *Emerging from the Horizon of History*)。

的内在生命是否合适？

第九章“劳动者”探讨的是，在“大跃进”以及“三年自然灾害”时期，国家的运动时间与家庭的内部时间之间千丝万缕的联系。“大跃进”运动旨在对农村生活的各个方面进行重组，分配村民们去修建水坝、炼钢、增加作物产量。不断扩大的乌托邦式的计划承诺把妇女从家务劳动中解脱出来，使她们的劳动能够专门为这些新的工程服务。雄心勃勃的文件展示了这样一幅愿景图：孩子在托儿所得到照料、集体大食堂准备好食物给人们吃、碾米及缝制衣裳都靠机器、妇女分娩以及产后的护理工作从家中转移到工作人员齐备的接生站。这些计划大部分都没有得到完全的展开，其中得以开展的一项举措——大食堂——变成了饥饿和“大跃进”策略失败的同义词。“大跃进”运动的惨败成为近来一些全国性和地方性研究的主题，① 这些研究详尽并且令人印象深刻，然而其中大部分的材料都未提及“大跃进”使陕西的农业女性化程度加深这一问题。除陕西外，“大跃进”或许还加深了其他地方农业女性化的程度。早在近些年剧烈的经济改革发生之前，许多男人就已经离开基本的农耕工作。从 20 世纪 50 年代末到 80 年代集体化时期结束，妇女的田间劳动以及这种劳动促成的国家资源的累积，都是构成国家经济策略的重要组成部分。后来的经济改革也是以这些经济策略为基础的。

最后一章“叙述者”转向妇女在经济改革时期对集体化时期生活的追忆性叙述，探讨仍在进行的有关革命、批判和后共产主义忆旧情绪等议题的跨学科和跨地域讨论。本章追溯那些通常都被分开来研究的各个时期之间的关联：解放前（1949 年）、社会主义建设时期和市场社会主义时期，并说明这些时期之间存在累积叠加、相似之处和转变——这些都无法轻易地投映到传统的历史地标上。妇女们中的大多数都守寡或者照料生病的丈夫，与成年的子女们和新的经济秩序都有着复杂的关系。在这种新的秩序中，她们成了多余的存在。她们在农村度过人生最后的日子，村里身强力壮的年轻人则已前往国内沿海城市或国外去务工谋生。在这些被掏空的村庄里，除了偶尔一

① 本书第九章的注脚考察了代表这类研究的主要文献资料。

两个废弃的集体食堂外，没有留下任何历史遗迹或记忆的场所。这些妇女们讲述过去的时候，没有任何人在身边想听她们的故事或者了解那个她们曾经生活的但如今几乎没有留下任何物质和话语痕迹的世界。① 她们塑造了一种进步的叙事，将自己描述成女德的典范，在有关集体化时期的故事、记忆和制度都逐渐消失和不被重视的时代讲述她们的故事。这些年老的农村妇女们讲述自己的过去，对获得当下的关注提出了有力的要求。②

---

① 严海蓉（2003 年）将这些村庄的状态称作是“农村的幽灵化”。诺哈（Nora）1996、1997、1998、2001 年对此作了经典的讨论。

② 正如韩起澜（1997 年，第 140 页）所评论的那样，“任何对生活史进行的特定解读都是个人及当下的产物”。

第一章　框　架

20 世纪 50 年代的陕西农村，无论在何处，社会性别都是一条重要的差异轴线。即使是标准的、有社会性别指向的行为的内容发生变更时，这种情形也依旧如此。但社会性别本身与地点的具体所指及世代之间的差异缠绕在一起。其他主题也与社会性别一样，切割、有时还打破了那种严格将妇女纳入特定的角色和有序发展的时间的分类法。本章对以下许多故事进行架构并关注其中的四个主题：地点的重要性、档案的局限性、聆听者和讲述者的独特性以及记忆带有社会性别指向的特质。

地点："一切社会主义都带有地方性"

在我们所采访的每一个地方，我们都力求理解社会主义的特定意义，特别是对那些记得 1949 年之前的时期但成年后的大部分时间都在集体化时期度过的妇女来说，社会主义有何特定意义。各地在大小、男女比例、作物、社区规范、领导力，以及容易接近程度等各方面存在的差异（见表 1），时刻都在提醒我们，"中国"是一种组织我们的教学、写作和理解历史及当代政治的方式。在漫长的 50 年代，治理这些村庄的党和国家正在力图使"中国"处处同等、均匀划一，并让国家的势力触及每一个村庄，尽管与此同时国家也在对城市与农村生活之间的差异进行体制化。国家之所以强有力，部分是因为它成功地深入到了农村地区，依靠的手段则主要是发动地方群众，而非动员上层。已故的美国众议院议长小提普・奥尼尔（Tip O'Neil）曾说过一句名言，"一切政治都带有地方性"。那么，我们一直以来谈论"中国”的习惯亦遮蔽了一切社会主义都带有地方性的程度。即使是一个中央集权的国家颁布的最具指示性的法令，也必须在各种各样的环境下被贯彻实施，由当地干部根据特定情境对法令作出阐释、修订、强调以及改变。无论在何处，国家政策的实施都取决于地理环境、事先的社会安排及当地的具体特色。

表 1 一份 1940 年的民国政府报告提供的四个村所在县的人口统计数字

县	户数	总人口	男性人口	女性人口	男女比例
渭南	49607	226255	112743	113512	99
合阳	32942	143627	72840	70786	100
南郑	52740	275384	145215	130169	111
山阳	31226	140151	75901	64250	118

Z 村在清代和民国时期隶属于山阳县。1949 年以后，丹凤县设立，Z 村即成为丹凤县的一部分。一份 1951 年的丹凤县报告显示：该县总人口为 163141 人，其中男性人口为 85451 人，女性人口为 77690 人。（民政厅 198–381［1951 年］，陕西省档案馆，第 139—146 页）。有关渭南和合阳县在民国期间的边界变化问题，参见渭南地区地方志编纂委员会 1996 年，第 19—21 页。

资料来源：陕西省民政厅 1940 年，未注明页码。

各个村之间的地理环境和气候亦不尽相同。B 村和 G 村所在的关中地区以旱地培植小麦和棉花为主。干旱是主要的自然灾害形式。陕南兼有水稻栽种地区（T 村）和多山地区（Z 村），容易遭受洪灾，尽管也有干旱问题。有关在本书讨论的时期内 Z 村的洪灾问题，参见《陕西省丹凤县水利志》1990 年，第 53—54、58—62 页；关于干旱问题，见第 70—73 页。

例如，渭南县的 B 村坐落在渭河以南几公里的关中棉花种植区，每家每户都紧挨在一起，对邻里之间的家长里短了如指掌。T 村则情况相反，T 村位于靠近四川边界的南郑县——陕南一个产大米和茶叶的地区，村里的房舍散布在稻田和山路之间。① 在 B 村所处的关中地区，人们常说陕南——T 村所在地——的女人们性生活放荡，分散在邻居们无法看住她们的地方。陕西丹凤县西南的 Z 村靠近河南，村里住在市集中心的人家则看不起那些住在山里的人家（说他们“又穷又落后”），住在山里的也瞧不起那些住在市集里的（说他们是“肮脏的商贩，不是诚实的庄稼人”）。Z 村坐落在陕南东部边缘丹河和银花河汇聚的地方，一直以来都是桐油、核桃、板栗和草药等山

① T 村简报，1997 年。

货的交易中心。[①] 合阳县的 G 村，位于近黄河的关中东北部边缘地带，黄河的另一边则是邻省山西。深邃的峡谷在松散的黄土地上刻画出 G 村的地貌。棉花种植方式、本土纺织、随处可见的当地戏剧以及一直以来水资源的匮乏都影响了当地的家庭经济和社会交往模式。[②]

还有一组受访对象是按组织而非地理位置联系到一起的：20 世纪 50 年代被派去跟农村妇女一起工作的妇联干部。她们虽已退休，却依然认为提升妇女的地位十分重要。尽管提高妇女地位曾是全国各部门力图实现的目标，但陕西妇联对贯彻这个目标投入了最大、最持久的热情。和我们采访的大部分农村妇女不一样的是，妇联干部身居带薪岗位，在各地间奔波辗转，并要经常应对由自己常年不在家而引起的各种家庭状况。和农村妇女们一样，她们谈起过去的时候，强调的都是她们如何尽职尽责地辛苦工作。她们在记忆中寻找建立集体化、特别是扩大妇女地位的事业，这项事业曾经塑造了她们的成年生活，但现在却遭到公众的怀疑或漠视。

在社会主义的头几年，来自上层的国家当局发布的诸如“公有化”“勿将婚姻看成商品交易”“放弃副业（如纺织），为集体工作”等指令由党和国家各种各样的行动者们进行传播，抵达各式各样的社会土壤并产生多重效果。通过重新安排空间和重新校准时间，国家效应通过地方上的关系和习俗得以实现，并被地方上的理解所固定。历史学者们很容易想起的词语如“农村”“革命”以及一些政府运动的名字，都是制定顺序的装置，被强加到各

---

① 陕西省丹凤县交通局 1990 年，第 7 页；Z 村简报，1999 年。

② 2001 年，G 村有 600 户，2700 口人。该村位于金水河下游地区、武帝山脚下，金水河为黄河支流。截至 2001 年，该村耕种的平地为 7705 亩，近大坝的坡地 2000 亩，沿河的土地为 200 亩（G 村简报，2001 年）。一亩为六分之一英亩。弗美尔（Vermeer）1988 年，第 227—228 页简要描述了关中平原灌溉区（包括 B 村）与干旱的丘陵地区（包括 G 村）之间的差别。有关 1910 年代的合阳，见台克满（Teichman）1921 年，第 80 页。关于 20 世纪 30 年代棉花种植的重要性，见顾执中 1932 年，第 195 页。当时合阳县与邻省山西有很紧密的经济联系，并主要出口棉花和草药（第 201 页）。有关 1949 年后共产党在该县的主要措施，见中共合阳县委组织部 2000 年。关于 B 村和 G 村所在的渭南地区从 40 年代到 90 年代物质生活（服饰、饮食、居住、交通、节日）的概述，见渭南地区地方志编纂委员会 1996 年，第 769—778 页。

种大相径庭的环境之中。接下来的章节并非呈现四个独立的个案研究，而是从我们采访的所有村庄中提取材料，但每章的故事都保留了各地在地理环境、社会关系和有社会性别指向的工作上的具体特点，以提醒我们20世纪50年代的中国并非铁板一块。

档　案

历史学者并不能自己选择在何种条件下写作。如果时代久远并且研究对象已逝，我们唯有依靠文字记载和实物器皿。如果能够与见证或者是参与了过去事件的人进行交谈，并想仅仅通过询问和记录就使"不可见的变为可见的"——这样的研究计划虽具诱惑性，却不切实际。口述资料和文字材料一样都是支离破碎的，两者中任何一个都不会完全可靠。这两种资料都对本项研究计划至关重要，这并不是因为两者结合到一起便为我们提供了一份关于过去的确定性记录，而是因为每种资料都在特定情况下产生，并携带着这种特定情况的印迹。不同类型的材料之间相互冲撞、忽视或打断彼此。意识到这点对精心刻画一个"足够好的"但又不会消弭这种不协调的嘈杂之音的故事非常关键。

尽管有关20世纪50年代陕西农村的档案记录看似广泛且深入，但我们需要清醒地认识到，这些记录对我们关注的问题其实帮助甚微。① 有关集体化时期的出版物——政府通告、报章报道、20世纪末叫"地方志"的地方史概略（与历史上的方志一样）——为我们提供了大量有关国家运动时间和内容的细节。当我们清楚这些资料是如何编纂而成的时候，它们极为有用，比如从跟妇联官员的交谈中，我们明白了有关劳模丰功伟绩的故事如何得以发表，50年代长期驻留农村的妇联干部又是如何从中进行协助的。

在使用村、县、省的档案馆材料时，我们格外留意所保存资料的分类

---

① 最近有些被德里达1995年的《档案狂热》启发或激发的关于档案资料（archives）和档案（the archive）的激烈讨论，见布拉德利（Bradley）1999年；奥斯本（Osborne）1999年；斯蒂德曼（Steedman）1998年、2002年。

和排序：指令、动员令、述职报告以及大量的内部备忘录。陕西省档案馆的文件干得最清楚的一件事是追踪政府活动的特定线路。① 按事件发生的时间划分这些材料是一项组织原则，但比这一原则更重要的是按等级划分。举例来说，如果主题是政府部门下达的有关《婚姻法》的指令，那么很容易首先找到中央政府的文件，然后是地区政府的，② 再后来是省、县等政府的。这些档案文件清晰记录了各级政府产生的公文，而对一份公文发出后产生什么了效果的记录却没那么清楚。和所有档案馆资料一样，需要跳开文档本身的逻辑才能搜集到各级政府之间的互动的信息。

国家的档案分类使其力求要管理的对象变得支离破碎，有时还掩盖了党和国家本身的运作方式。民政厅关注包含《婚姻法》在内的许多事务，但厅里的文件却对与《婚姻法》同时进行的扫盲课未作任何评论。扫盲课和《婚姻法》是影响50年代初期农村年轻妇女生活的两项最重要的制度，而妇女的阅读能力可以让她们有法律意识——但这些都无关紧要。农业厅负责农业技术方面的事务，于是从长达数千页有关“大跃进”的文件中，我们可以了解到每个县每亩棉田用了多少吨肥料。但这些文件对公社大食堂却只字未提，尽管当时陕西省的农民都应该是在大食堂吃饭的。这些资料中没有出现任何有关社会生活的持续报道，有的不过是一系列折射人们活动的政府棱镜。尽管所有的档案资料可能都是这种情况，但考虑到党和国家在集体化时期曾制定明确目标要创造新社会和面向新的社会主体，如农民和妇女，并要

---

① 陕西省档案馆收藏了来自省政府各主要部门的文件。档案文件以手工缝制成书，并按政府部门分类（民政厅、农业厅、卫生厅、妇联），有时也按政策举措分类（《婚姻法》），各个部门内部按时间分类。这些书本有些被归为永久保管一类，有些则属于长期保管一类。已经不清楚为何一份文件属于这本书而不是另一本，但这样的区分意味着关于某一特定主题的文件——例如贯彻《婚姻法》的运动——分散在许多文档中。

北京的主管部门下发指令，省级则向县市各级下达报告打探消息，报告未准备就绪时便对各县市实行威逼；省级亦传达上一级的指令，制定出各县实施这些指令的方向。报告也会往上呈递。当好几个部门都关心同一项事务（比如《婚姻法》）时，横向传递的情况也会发生。各个部门要么发表联合通知，要么互相保留各自文件的复件。

② 新中国成立初期，陕西属于西北局的一部分。

通过集体对农村的社会和经济生活进行整体变革，那么没有社会生活方面的报道就尤为让人惊讶。

在对“大跃进”之后的“三年困难时期”进行研究时，社会生活被支离破碎地纳入官僚式记录的情况就变得尤其显著。当时中国农民的绝望被完整记录在档；尽管所有报道皆表明陕西绝非受灾最严重的省，但民政厅 1962 年到 1963 年的文档充斥着由干旱、洪水、虫害等引起的骚动事件。① 书写这些文件的纸张的质量凸显出里面的内容：印有各个政府机构名字的奶白色光滑纸张被换成了类似鸡蛋盒的灰纸。然而，最令人震惊的是，这些文件中出现的紧急困境与同一时期农业厅档案记录的振奋人心的产棉会议的报道没有丝毫联系。学者们已经深入研究了这一时期中央政府的决策与地方现实之间的断裂。然而这里的情况似乎是，即使有部门要求提供物资救助，各部门之间在横向层面上的沟通也可能已被割裂，或者至少没有被党和国家的档案管理员们捕捉到。带着农村妇女问题进入档案的历史学者将会深切体会到党和国家的议程与她自己关注的问题有何不同。

聆 听 者

口头叙述是我们仅有的关于中国早期农村社会主义各方面的报道，它们也让本书的形成成为可能。② 正如要了解档案材料是在什么特定情况下产生的一样，我们也需留意这些口头叙述是在什么样的语境下被我们听到和收

---

① 自 1959 年起，中央政府向陕西省政府下发紧急命令，要求省政府调查各地区的受灾程度，包括受影响的耕地、灾难类型、死亡的人数和牲畜数以及其他许多指数。省民政局向各个地区索要报告。汉中地区发了一份用密码写成的电报，翻译成文字的意思是，该地区大部分正遭水灾。其他各县递交估算报告说成千上万的群众没有足够的粮食或棉衣过冬。

② 阿敏（[Amin] 1995 年，第 4 页）为我们提供了有益的警示：“想要从口述历史中发现与档案记录完全不同的材料的希望是很渺茫的。但对我而言，问题不在于使地方上的记忆与权威的记载相对立：历史学家们进入过去的方式是非常有问题的，记忆和记载之间的关系也是如此；将问题都展示出来似乎增强了获得一种更加精妙细微的叙述、一种更加浓重的描绘的可能性。”

集起来的。

在众多语境因素中，不应忘记我的外国人身份这一因素。1996 年 8 月，我在田野调查笔记中写下第一句话：“回想我如何费尽周折来到这里的经历，既让人懂得谦逊，又让人觉得不耐烦。”在我抵达前，我和高小贤商讨我们想去采访的地方的模样：这个地方要有一个劳动模范，这个地方的妇女要在种棉花和纺织上发挥过重要作用，这个地方还要远离任何城市中心。凭借对陕西农村的精准了解，她联系到区县妇联跟她同一级别的干部，与她们讨论决定一个村庄。地方妇联然后从县政府获得许可——这个过程一般都比较顺利，但也会因意外因素而受阻。例如，在 1997 年的夏天，有几个县就不愿意接待我们，因为当时香港正在回归祖国。这些远离香港的地方官员们并不确定一个外国人在举国欢庆的时刻到场是否合适。

我们从来没有从西安直接去过一个村庄。我们总是途经区政府或者县政府（有时两个都经过），停下来拜访当地官员、受到接待，并带一两个妇联的干部随同我们进村。我将此看成是合法性不断累积和叠加的过程。这样一来，当我们一车人驶进村的时候，所有相关人员都知道我们为何在那里、他们在多大程度上对我们负有责任。

我们的到来经常被拿来为当地所用。在我们抵达 T 村的前一天，妇联花了三百块钱修一条被雨水毁坏的路。[①]B 村的领导欢迎我们，部分是因为他们认为自己村里的劳模是当地无可争议的骄傲。为了欢迎我们的到来，他们号召村民们拖走了一大堆垃圾。他们非常清楚让有史以来第一个外国人到村里住上几周能够带来什么实际好处。他们问县交通局：“在外国人来之前修好那条进村的路，这不是个很好的主意吗?”当我们在去 B 村的途中停下来跟县政府官员吃午饭时，我看到一个县妇联来的女人不断巧妙地向一个县外事办公室的官员请求，希望我待在村里期间供电能够持续。那个官员保证会打电话给发电厂，向对方解释我们的“特殊情况”。由于我们在村里待的那一段时间平均气温接近 38℃，持续供电让村里的人们都可以用电扇，让

① T 村的简报，1997 年。

我觉得自己还稍微有点用处。①

人们能轻松自如地迎接我们并跟我们交谈是多方面作用的结果：高小贤在省妇联的地位、她在农村地区的多年工作经验，以及我们的到来得到了官方批准这一事实。和大量有关中国的文字中弥漫的不期而遇的浪漫恰恰相反，如果我是单独一个人出现，或高小贤陪同我的时候没有事先通知并得到批准，那么有可能跟我们谈话的人们就会更加谨慎和防范。我们一般都是对妇女进行单独访问，有时也用成对或小组访谈的形式。感兴趣的邻居们，主要是小孩子们，有时在附近游荡，他们更多的是想看我一眼，而不是来听我们做访谈，但不到一天左右这种好奇心就减少了。我很少引导提问，尽管我也积极地插话，在访谈的时候和访谈之间向高小贤请教，并在很多个夜晚都与她一边散步一边苦苦思索白天的谈话。开始一项访谈的时候，我有限的方言水平并不是唯一让我踌躇不前的原因。我们想让和我们谈话的老年妇女们处于放松的状态，所以（虽然我就在她们眼前并且远非沉默）不会去不断地提醒她们这样的场合是如何史无前例，这似乎是更为谨慎的做法。通常，过了大约一个钟头之后，我的外国面孔似乎已不重要。

但这并不代表我的外国面孔已被遗忘。在一次访谈中，我们问一个叫乔引娣的妇女有关50年代初期她和丈夫在新疆东北部生活那几年的事情。我用中文问她："你有没有同维族人打过交道?"她明显听懂了我的话，因为她直接就用中文回答了我："也接触。外族人和我说话都不懂。边上也有汉族人懂，给我译，其实还在一块儿那个，见了面你一笑，他一笑就招呼哩。我不懂他们说啥，他们也不懂我说啥。要人译。就像你说话时也要人译一样。"②

---

① 对于另一个请求——村干部们不断地暗示我是否能够帮忙给各色各样的当地企业拉投资这一请求——我却无法满足。到了1999年，当外商投资的发展项目开始进入中国农村时，地方上对外国人也有了更多的期许，开口询问的就不仅是干部了。我和高小贤像往常一样待在一户农家，我们的女房东找到我们，希望我们能够为当地的医院买一些医疗设备，资助她在屋前的院子养一大群猪，并为她开澡堂提供资金。每一年我都因无法拿出企业资金或无法让村民们理解我并没有那方面的人脉关系而感到越来越为难，尽管我也明白这说明了当地环境的转变，而这些转变跟我几乎没有什么关系。

② 与乔引娣的访谈，2001年。

几年之后，当我再次回到一个村庄的时候，不止一次地发现我的照片与这些妇女们家人的照片一起被珍藏在玻璃相框里。2006年在曹竹香家里，我们在一份4月26日的县报上看到了一则关于她和山秀珍的报道。报道称，曹竹香的名声很大，大到连一位美国记者都于1998年来采访了她，还将她的故事写进一本叫《中国妇女》的书里。那个“美国记者”其实是1996年的我，你们现在手里拿着的便是我当时正在写的书。（正如高小贤曾说的那样，从这点可以看出档案资料是如何误导人们的）

因此我从未忘记，作为外国人的我在很大程度上都依赖于我的合作者高小贤以及其他很多人：当地的政府官员；高小贤从她在西安的同僚中招募的笔录员（有一次行程中，她的大女儿也在其中），这些笔录员写下和录下我们谈话的内容，并在每次访谈之后花好几个小时和我认真核对；村里的妇女干部们为我们安排住宿的家庭、找人为我们做饭；当地的抄写员耐心地将方言口语翻译成书面文字，产生了达数百页纸的手写中文采访稿（直到几年后才有计算机中文处理技术）。写下来的文字稿无论如何忠实，都不会跟口头叙述完全一样；它们无法传递出语调或节奏上的细微差别，而这些差别在与受访者当面交谈时却很明显，也至少可以部分地保存在录音磁带中。但是，如果没有这些文字稿，我便远不能确定我是否理解了我们在四个不同村庄遇到的四种陕西方言。

在陕西做访谈使那种——至少对我而言——把外来的研究者看成是隐蔽的旁观者，或看成是一个无所不能的调查者，能够独自应对研究工作方方面面的观点变得滑稽可笑。这些在本书被重新讲述的故事无法与收集它们的混乱、复杂的特定情境分离开来，也无法与让我明白自己所作所为的支持机构相脱离。审视我在哪些方面依赖他人，又在哪些方面同周遭的环境密不可分，而不是试图忽略这些方面，是让人振奋亦是必要的训练。①

---

① 人类学者们和历史学者们已就与此相关的两难困境作了发人深思的研究，比如，见王斯福（Feuchtwang）1998年；寇普爱因（Kopijn）1998年；威斯维斯瓦朗（Visweswaran）1994年。雅绍克（Jaschok）和水镜君讨论了类似的涉及一个中国研究者和一个非中国研究者的共同研究计划中的动态关系。

我们抵达每个村庄后引起的喧闹从来不会持久。地方官员有其他事情要做，没有人对我们去听的那些老年妇女们漫长的故事感兴趣。偶尔会有一些突然的官方活动打断我们在村里的生活。某天早上，一群从县电视台来的人突然来到T村要拍摄一组访谈，随行的还有好几级官员，一共有21人，但我们却基本上被晾在一边。在Z村，本来就算县里的官员想来看望我们，他们也无法成行：我们来了之后，那条从四十公里以外的县政府进村的道路在一次暴雨中被冲垮了。[①] 对当地农民简单呼作“上面”来的官员而言，农村并非他们喜欢逗留的地方。没有任何一个身居官位的人来听过我们的访谈，带我们去见具体的访问对象（除非我们提出请求），也没有任何官员告诉老年妇女要说什么，或记录她们说了什么。我们的受访者毫不掩饰她们对国家政策、过去和当下的批评，也愿意将她们与家庭成员、邻居和官员的矛盾和盘托出。我们受益于一种常见的现象：人们会选择对一个外人说出他们不会对隔壁邻居说的事情，因为一个短居的外人是不会将他们的秘密对当地人讲的。许多人都将“有记录备案”的讲述理解为一项重要的活动。每个人都以各种方式表明他们对谈话持严肃认真的态度。

本书行走在历史学和人类学之间的方法论边界，并为作者提出各种伦理上和实践上的两难困境。历史学者致力于展示资料来源，通过将研究对象固定在时间和地点上从而为他们设立独特的情境。对于非精英妇女在历史记载中被抹去这种情况，许多历史学者感到有义务将之恢复原貌，尽管在这里谁让谁“发出声音”是一个复杂的问题。[②] 对比之下，人类学者则不透露他们资料的出处，通过民族志式的描述，而非直接命名的方式，为研究对象设立独特的情境和共同的文化预设。[③] 在中国农村进行田野调查，除了学科实践之间的差异之外，还要算上不确定性：某个时候某级权力部门的官方批准紧接着就可能被令人不安的指控推翻。说出还是不说出受访妇女和她们社区

① 陕西省丹凤县交通局1990年，第7页给出了这段路程的距离。此路于1966年沿一条人行小径的路线修建而成。本书描述的主要事件都发生在1966年之前。

② 贺萧1997年，第一章。

③ 达德里（[Dudley] 1998年）对口述史和民族志各自不同的做法作了深刻的讨论。

的名字？虽然我们征得了受访妇女的同意，可以在书中用她们的原话和名字，但是不确定性来了：她们知道自己同意的是什么吗？书的出版以及这些故事的快速流传散播会不会反过来给她们或她们亲人所在的地区带来困扰、政治麻烦或个人痛苦呢？这些都是留给我们要去考察的问题。我们也想尊重她们关于自己成就的陈述。我们想了解，那些前妇女劳模或积极分子们是如何渴望利用从前事迹中遗存下来的贫乏社会资本，公开为自己争取回生命的价值。

经过多年的讨论，我们决定隐去各个村庄的名称，用大写的英文字母来替代。除非是公众人物，比如劳模曹竹香、山秀珍和张秋香，其他妇女的名字都一律用化名。曹竹香在地方上很有名，张秋香则全国闻名；大量发表的文件和档案材料——有些引录在本书中——证实了她们的名气。与她们的访谈记录补充和丰富了文字资料的不足，并且应该不会给她们和她们的社区带来问题。尽管如此，如果我认为故事的具体内容会给这些妇女或者她们的亲人带来烦扰，我有时便更改或回避故事中的名字。

叙述和记忆

口头叙述既是社会也是个人的产物。我们采访过的村庄，关于我们的信息不断地在村里流传，先接受访谈的妇女免费给后来的受访者提建议，告诉她们我们对什么有兴趣，后接受访谈的妇女则抱怨先前的受访者歪曲了她们的形象，如此等等。我明显的外国人的特征，以及高小贤作为一个为政府支持的“群众”组织工作的城市女性的身份，都在一些具体的方面影响了我们的访谈。我们对交流中有这种影响因素的地方投入了大量的关注。然而，对许多受访者来说最重要的是，有人对她们那长久以来被忽视的故事感兴趣，且她们还有机会跟这个人交谈。①

在我们第一次访谈前，对于想知道的事情，我和高小贤除了各自拟有清单外，也一起列了清单。由于我们想了解每个妇女将哪些事情看作是重要

① 三本研究中国妇女的口述史的著作是杜芳琴 1998 年；李小江 2003 年；张晓 1997 年。

的，所以并没有在开始一次访谈时给太多提示。[①] 我们通常都是简短地介绍一下我们的研究项目，让每个妇女陈述自己的生活，并对她们开始说的事情进行跟进。一些妇女讲的都是些标准的“解放前吃苦，解放后享福”的故事。其他的则语无伦次地东拉西扯，不知道这个问题是跟她们年老体弱、对访谈感到紧张有关，还是跟我们没有解释清楚有关。还有一些其他的情况：一个妇女一坐下便热情洋溢、滔滔不绝地讲述一些困扰她自己的、很可能跟20世纪50年代没有直接关系的事情，比如成年儿子待她不好、几年前死去的孩子、“文革”期间受到的屈辱、80年代做生意失败等等。即使这个妇女讲述的关于50年代的故事是清晰并具体的，她也经常中断故事，不断提及自己生活的艰辛和遭受的苦难，弄出了一堆将50年代同其后的时代、最后又同当前的忧思都搅和到一起的杂芜的陈述。我们通常都跟随讲述者的叙述，同时试图扩展有关20世纪50年代的问题的范围，从而尽可能地引出最丰富的陈述。有时我们也问自己，我们所谓的不要强加分类的做法，是否其实是在强行施加一个大的分类请求：当妇女们并不习惯于从她们的生活中创造出一个叙事结构时，我们却要求她们要这样做。由于高小贤也是一个外人（虽然是不同意义上的外人），我们将我们对所访村庄的不同视角来检验受访者的叙述，这种三角交叉检定法使我们获益良多。随着我们不断地讨论和争论我们学到了什么以及怎样组织谈话，我们提的问题也在不断地变化。这就意味着，没有哪两次访谈的结构是一模一样的，虽然它们有许多相似的地方。关于访谈的哪些部分被选录进本书的问题，我尽量做到忠实于原内容，但是有时我也对摘录的内容进行重排或编辑，以消除重复，增加可读性。我意识到，口头叙述重复和饱含情感的特质，以及一个故事的节奏、重点和声调，都会在转换成文字形式的过程中遗失。要在叙述者的身体和现场表现力都缺席的情况下传递出访谈的强度和基调，则不仅需要关注故事读起来怎样，还要关注它曾经听起来怎样。

记忆不是“真相”的储藏室；正如法国历史学家雅克·勒高夫（Jacques

① 欧克里（[Oakley]，1981年）对将访谈妇女作为一种女性主义实践作了讨论。

Le Goff）所说，记忆不只需要建立印迹，还需要对这些印迹进行重读。① 随着叙述者活跃地创造新的意义，记忆似乎也在任何需要的时候被重新创造。必须不断地重新排列人们对所记得的事情的理解，记忆的色彩才有可能会改变。② 每一种叙述都会带来遗失，因为当记忆被再次开启和重新放置时，它已经远离了感官经验和讲述者先前对一个事件的理解。然而与此同时，每一种记忆都是一种创造——未必是全新的发明（尽管也有），却是过去的事件与现时的特定情况汇集的产物。亚里桑德罗·波特利（Alessandro Portelli）写道，对历史学者而言，口述资料的价值“不在于它们保存过去的能力，而在于记忆所能引起的变化。这些变化揭示出叙述者如何企图理解过去并为他们的生活赋予一种形式”。③ 人们所记忆的事情是历经持续修改、重述、发明，有时是小心防守的沉默后的产物。这些都帮助塑造了所说的内容。④

---

① 勒高夫（Le Goff）1992 年，第 52 页。

② 一个认知心理学家小组写道，讲述本身即塑造记忆：“通过语言详述事件的做法会影响事件在记忆中如何被组织，或在将来如何被忆起。”（彭尼贝克［Pennebaker］、巴纳斯克［Banasik］1997 年，第 7—8 页）。

③ 波特利 1991 年，第 52 页。

④ 心理研究学者们、历史学者们、文学研究学者们、人类学者们和其他此处不能一一赘述的学者专家们产生了浩瀚的关于记忆和口头叙述的著述文字。对本研究有助益的著述包括布洛克（Bloch）1996 年；范西纳 1965 年、1985 年；彭尼贝克、巴纳斯克 1997 年；波特利 1991 年、1997 年、1998 年、2003 年；阿敏 1995 年；波汉侬（Bohannon）、西蒙斯（Symons）1992 年；布朗（Brown）、库里克（Kulik）2000 年；康纳顿（Connerton）1989 年；康威（Conway）1997 年；克鲁伊申克（Cruikshank）等 1990 年；王斯福 2000 年；葛里尔（Grele）1991 年；哈肯（Haaken）1998 年；希思（Heehs）2000 年；霍奇金（Hodgkin）、莱德斯通（Radstone）2003 年；胡伊森（Huyssen）1995 年；科瓦克（Kovács）1992 年；兰姆伯克（Lambek）1996 年；拉森（Larsen）1992 年；聂尔瑟（Neisser）1998 年、2000 年之一、2000 年之二；聂尔瑟、哈西（Harsch）1992 年；聂尔瑟、利比（Libby）2000 年；帕塞里尼 1987 年；佩里利（Perelli）1994 年；皮勒摩（Pillemer）1998 年、2000 年；莱德斯通、霍奇金 2003 年；史华兹（Schwarz）2003 年；森格（Singer）1997 年；戴瑞福（Thaxton）1997 年；敦金（Tonkin）1992 年；沃茨 2002 年；怀特（White）、米舍尔（Miescher）、科恩（Cohen）2001 年；怀特（White）1998 年。关于沉默，见威斯维斯瓦朗 1994 年；怀特 2000 年之一、2000 年之二；帕塞里尼 2003 年；波兰特—麦考密克（Pohlandt-McCormick）2000 年。

在回答我们的问题、或在选择什么该说和什么不该说的过程中，妇女们可能只记住了有关自己的某一方面。反过来，由于我们提问的时候所知不够，她们可能忽略了一些对她们的人生非常重要的事。一次，我们对G村一位妇女进行了长时间的访谈，询问关于她在50年代离婚的事情，获得了十分丰富的信息。几天后我们得知，她和很多朋友都是那个时代热心的戏剧表演者。我们将她们召集到一起，问她为什么之前没有向我们提及戏剧的事情，她答道："你们没有问到的我都没讲。"[①] 尽管一个讲述者的阐释可能根深蒂固，亦可能被精心打磨过，但它们仍然产生于某个具体时刻，面向特定的听者。[②] 每当一个妇女回答或忽略我们的问题，告诉一些我们并没有询问的事情的时候，她不但是在创造她自己的故事来回应我们，同时也是与家人、邻居、生者以及逝者一起创造这个故事。这常常是一个诉说新苦旧怨、终结未了之事或抚平旧痛新伤的机会。

在听这些农村妇女故事的时候，我经常感叹这些故事受到的"污染"：它们被妇女们依据当下的忧虑讲述出来。或许，一个历史学者想要一种对过去的"纯粹"的报道是可以被原谅的。然而，简·范西纳（Jan Vansina）毫不客气地提醒我们，这种纯粹"从来未在任何社会出现，或许只会出现在职业的历史学者当中。所有的信息都有某种跟当下相关的意图，否则它们就不会在当下被讲述"。[③] 对此，莫里斯·哈布瓦赫在20世纪20年代更为诗意地写道：

我们保存着对自己生活的各个时期的记忆，这些记忆不停地再现；通过它们，就像是通过一种连续的关系，我们的认同感得以终生长存。但正是因为这些记忆是一种重复，正是因为在我们生活的不同时期，这些记忆依次不

---

① 与雷彩娃的访谈，2001年。范西纳（1985年，第62—63页）写道："研究者也应该认识到，人们做什么和要求什么通常会引起他们工作的整个社区或社会的兴趣。人们谈论它们，形成舆论，制造关于它们的谣言，有时甚至还会讨论如果被问这问那时该说些什么。哪怕访谈是保密的——虽然在很多文化中往往不可能——受访者也会被别人热切地询问有关采访的内容。正如研究者会向其他学者汇报一样，受访者也会报告给他的朋友们。"

② 波特利1991年、1997年、1998年对这些问题进行了令人生畏的、有说服力的延伸讨论。

③ 范西纳1985年，第91—92页。亦见胡伊森1995年，第3页。

断地卷入到非常不同的观念系统当中，所以，记忆已经失去了曾经拥有的形式和外表。这种记忆并非是动物化石中保存完好的脊椎，可以凭之就能重建包含它们的整体。人们不如把它们比作在某些罗马剧场里找到的那些安置在里面的石头，在非常古老的建筑中，这些石头被用作原材料。它们是不是年代古老，并不能通过它们的形式和外表来判定，而只能通过它们仍旧显示出已被磨蚀的古老特征的痕迹的这么一个事实来判定。①

本书既关注被“磨蚀的痕迹”，也关注这些痕迹现今支撑的新建筑。本书的形成受到两方面张力相互作用的影响：一方面是叙述时间和记忆的顺序，另一方面则是历史本身有序化发展的习惯。本书并非绝望于 20 世纪 50 年代故事叙述中的矛盾及不连贯之处，而是提问我们能从这些矛盾中学到什么。② 路易斯·怀特（Luise White）在描写 20 世纪非洲吸血鬼故事盛行的现象时，重新界定了叙述“错误”这个问题：“这些故事中的不准确之处也罕见地成了真实可信的历史材料：它们为历史学者提供了一种像说书人那样看世界的方式，这样的世界脆弱并且充斥着不合理的关系。”③

因此，口头叙述在特定的情境下产生，被我们的农村受访对象参差不齐地记录下来、选择性地记忆并巧妙地利用成对动荡不安的现状的隐晦评注。在当下讲述的关于过去的口头叙述之所以需要被看成当下的历史，正是在于这些叙述易变的特质，在于它们种种漂离旧有意义、寻求新意义的方式。口头叙述通过漂离和寻找新的落脚之处以适应新形势。这里的挑战并不

---

① 哈布瓦赫 1992 年，第 47 页。

② 波特利（1991 年，第 199、256 页）提醒我们：“口述史学家们将谣言、舆论、信仰、价值判断甚至谬误都视作口头材料具有独特用处的一部分……矛盾之处以及控制这些矛盾的文字策略透露出许多关于文化态度和权利关系的信息。”他继续道，“这就是为何更正确的说法是‘叙述’和‘叙述者’、而不是‘见证’和‘信息提供者’……‘叙述’表明意识到了文字组织、固有歧义和语言言外之意的作用，这些只有在丧失大量信息为代价的前提下，才不会那么模棱两可、含糊不明。而‘叙述者’则突出了说话者的在场。”（第 256 页）

③ 怀特 2000 年之一，第 5 页。木克尔（Mueggler）2007 年在处理鬼故事时并没有用“不准确”这个词——或许是因为人类学者不会像历史学者那样为准确性的问题所困扰。

是去固定一种意义或阐释，而是留意激发这些不断变动的意义和阐释的诱因。认识到农村老年妇女们如何在口头叙述中回击或者回避了如“农村社会主义”这样宏大的国家工程至关重要。与此同时，我亦试图动摇那些宏伟的女性主义修复性议题。比如，在我成长为历史学者的过程中，一个宏大的女性主义修复性议题是：关注妇女生活，使“不可见的成为可见的”。

本书既依据文字记载去关注口头叙述，亦依据口头叙述去关注文字记载。通过比照另一个人的叙述去阅读某个人的叙述，比照另一个社群的叙述去阅读某个社群的叙述，比照人数少得多的在世男人的叙述中去阅读妇女的叙述。这样的研究计划不但展现了常见的组织上的难题，还要求要同时留意国家的和个体的时间，而不是假设这两者是完全分离的。本书既关注那些隐藏了情绪或者缺乏情感的叙述，也关注那些扣人心弦的故事；既关注叙述中的谎言和静默无声，也留意其中激昂的事实论断。更重要的是，本书要求我们尊重口述资料的局限性和遇到死胡同的情形——虽不情愿，但我们必须认识到：妇女的声音没有为隐藏的历史提供直接线索，口头叙述跟其他任何可获得的、关于过去的片断一样，都受到了“污染”。我们要对这种“污染”培养兴趣且保持尊重。最后，我坦承本书凝聚了我作为一个聆听者、写作者和教师的历史关怀：我希望这些故事变得重要起来，让读者忘不了，并让人们对“大历史”有不一样的观感。

运用口头叙述的人们有时对它们的功能作出区分：要么运用它们去获取具体的信息，要么用它们去关注叙述的结构、省略、静默、不透明之处和谎言——实质上是进行文本细读。本书同时兼顾这两种功能。通过从访谈中挖掘信息，我寻找这些彼此间素不相识的妇女们所重复的共同主题；我也着迷于故事讲述中那些呈现了美好、痛苦和清晰度的独特时刻。接下来的章节既关注（我们的和她们的）困惑与不安，也关注那些情况，即妇女们告诉一些我们没有问并认为无须知道的事情的情况。

记忆的社会性别

记忆有社会性别吗？如果有的话，它看起像什么？听起来又像什么？我们如何知道是叙述者的社会性别，而不是她们的农村身份、个人境况或一系列其他因素，影响了我们所听到的故事？影响了我们对一个事件是否值得记忆和讲述所作的评断？在20世纪50年代中国农村，记忆能对我们说出什么样的、关于社会性别作为一条权力、差异、依恋、不满和集体的轴线的故事？记忆或许没有社会性别；这样的提法将社会性别假定为一成不变，而不是一套不断变动的社会和象征关系。但记忆是一个社会过程，受到不容忽视的、性别的社会差异的影响。①

在谈论50年代时，妇女回忆的事件跟男人回忆的事件有交叠重合，但前者并不是对后者的简单复制。这不奇怪，国家有面向妇女的特定政策。劳动分工不断变化，既受到国家运动，也受到地方预期的影响，并继续对哪些任务适合男人、哪些任务适合妇女作出区分。即使同处一家，女孩和妇女的日常生活也跟男孩及男人的不一样。如果不牢记社会性别，我们便无法看到妇女的劳动（包括被认可的和未被察觉的劳动）是如何塑造了毛泽东时代的社会主义建设进程。

相比男人的故事，我们从妇女那里听到的故事跟国家运动时间的关系更为疏远。妇女们在四十多年后的访谈中忆起她们的生活时，以各种不同的方式重复或改变、挪用或推翻、忽略或放大了运动时间。当然，并不是所有妇女都以同样的方式记忆；个体之间、社群之间的差异很重要，她们参与政治的程度也同样重要。但当男人们几乎都按教科书般规范的顺序，向我们列举一系列的政治变革时，妇女们却更有可能会弄混公历年份，更改事件的顺

① 其他地方对社会性别和记忆、社会性别的记忆、记忆中的社会性别等议题及相关议题作出的重要讨论，见帕塞里尼1987年；海姆密尔顿（Hamilton）2003年；勒德斯朵夫（Leydesdorff）、帕塞里尼、汤普森（Thompson）1996年；布鲁克尔（Brücker）1996年；皮斯切特利（Piscitelli）1996年；怀特2004年；泰2001年之二。

序或名字。这样的重组不应该被理解为错误，而应理解为对带有社会性别特征和指向的过去的阐释。

国家话语提供的最为明显的时间分界线是“解放前”和“解放后”。20 世纪 40 年代末和 50 年代初的土改时期，妇女被动员去“诉苦”，叙述和解释她们童年和年轻时经历的苦难。她们还被组织加入扫盲班和互助小组。通过这些新做法，妇女被鼓励将她们的记忆和个人故事放进“解放前的苦难”和“解放后的机会”这两个类别中去。用来表示 1949 年国家权力变更的“解放”一词很快成了中国农村地区日常用语的一部分，使用这个词本身也暗含了对事件的一种特定理解。将“解放”作为一个人生命中的路标意味着，要同时将这个人的记忆纳入对解放进步的个人叙述和集体叙述中。*

然而，像所有霸权词汇一样，“解放”一词也被迫与原定的语境相脱离，并以意想不到的方式被运用。例如在官方的国家词语中，“旧社会”是指 1949 年中华人民共和国成立以前的任何时候，“解放”代表了“新社会”的开始。有些妇女依照国家话语用“旧社会”一词去指 20 世纪 40 年代。有些则说旧社会持续了更长的时间。她们用“旧社会”一词表达对集体化时期艰难处境的惋惜之情，这种处境与当下改革开放带来的富足形成对照。相比我们访谈的男人，这种将国家时间“记错”的情况在我们访谈的妇女中更常见。①

在农村地区，运动时间的聚焦点是农业生产如何被重组进日益壮大的集体中。标志性的运动有土改、互助组、粮食统购统销、初级生产合作社、高级生产合作社、“大跃进”。这些运动对男人和女人们的日常生活都产生了深刻的影响，但大部分男人按照运动来叙述他们的记忆（妇女劳模有时也这

① “旧社会”和“新社会”两个词语并非由共产主义的党和国家首创，尽管这两个词在 1949 年后被广泛使用。它们亦见于 1947 国民党一本面向青年人的教科书中。书中一篇关于提升女子地位的课文写道：“在旧的社会，男子与女子的地位是不平等的，因此两者在法律前亦不平等。在新的社会里，女子可参加社会活动，享受与男子相同的权利和义务。”（《青年成人用国民常识课本》[下] 1947 年，第 3 页）

样做)，而一般妇女组织她们过去故事的方式却很不一样。她们可能记得运动的名称，却会更改它们的顺序或内容。这种情形本身通常表明了她们的哪些记忆是重要的。

例如，所有我们访问的妇女们都知道“大跃进”这个词，却没有人会在讲述自己故事的时候用这个词。她们没有把“大跃进”看成是一个统一的、全国性的现象；她们为运动时间创造了一个地方版本，把“大跃进”分解成对她们有意义的组成部分。她们说起“我们炼钢的时候”或“我们吃集体食堂的时候”——其实说的是当时的一项政策措施：人们砸碎家里的炉子、铁锅用来炼钢，吃公共食堂的大锅饭，每天必须工作以换取食物。连续几个月的吃喝之后，接踵而来的是一场由政府引发的持续数年的大饥荒。这种分解表明，虽然国家政策对农村生活产生了深刻的影响，但决定什么被记忆或被遗忘的，并不是与之相关的国家发展目标，而是家庭的组织方式和社会性别的劳动分工所带来的变化。*

社会性别不能解释所有这些滑移和重组的形式。但运动时间中的里程碑事件在男人的故事中的地位比在妇女的故事中重要得多。我们访谈的男人大多担任过会计、簿记员或队长等村职。他们更自如地转换代码，更少谈及孩子，对政治生活里的运动时间记得更完整——或许是因为他们更全面地参与了运动时间。大多数妇女的生活与国家工程发生关联的方式跟男人们的很不同。妇女们似乎并没有像男人们那样完全地吸收国家话语，而是对其进行了明显的挪用和修改。直接地说，农村妇女在她们的个人叙述中命名了一种时间，这种时间不同于农村男人们的时间。

要超越运动时间的框架去书写关于 20 世纪 50 年代的历史，需要考虑到运动时间带来的专门用语和巨大变化。但也必须提问，什么是农村妇女们善于铭记的，什么又是她们学会了遗忘的。国家时间和其他理解时间的方式共存。婚姻时间区分了妇女早年在娘家的生活和嫁进新家后的生活。妇女们按照阴历月份回忆一些重要的事件。抚养孩子及由此带来的特定需求也是记忆的一个主要标记。运动时间明显有助于组织集体化时期妇女的记忆，却没有完全囊括这些记忆。有一个地区（第九章会详述），妇女们起初好像忘记了集体化时期的最后二十年——我将这种记忆模式称作“时间的皱褶”。① 依据多重时间来进行思考是很有必要的，尽管这会让热衷于排序的历史学者们感到不舒服。这些多重的时间互相重叠、交织，并在横向层面上受到社会性别、婚姻、政治行动和年龄的影响。静默、对时间的省略和爆发性的记忆是创伤之后的结果吗？还是去政治化的结果？抑或是极度疲惫和忙于日常劳动的痕迹？

妇女用一种独特的方式记忆：按她们孩子出生的年份标记时间，这些年份则是依照十二生肖（鼠年、牛年等等）来排列的。我们没有从男人那里听到这样的记忆方法。妇女们搞不清或记不住集体化时期的事件，却能准确地说出她们每个孩子出生那年的生肖。十年后的 2006 年，我们让 B 村的三个妇女根据生肖去组织事件发生的顺序。我们准备了十二生肖的图画，在旁边标明公历年份，让她们把过去几年讲过的事情再向我们描述一遍。有些是全国性的事件，如建立合作社；有些则是当地的，比如，一次，一个满怀嫉妒的破坏者企图败坏曹竹香的名声，便往他自己卖的豆腐上撒盐，并告诉大家这些不能吃的豆腐是曹竹香的合作社做的。当我们说出每个事件的名字，每个妇女都能把这些事件跟她孩子出生的时间对应起来。当我们给出十二生肖时，一系列“我不记得是什么时候”的回答就转化成了确定的大事年表。

这种记忆和语言分离的情况，以及根据孩子出生年份去记忆历史的倾向，都不是“自然”生发的。② 我们一开始便提供了生肖的图画。高小贤评论道，同有关我们访谈的其他许多情形一样，“如果我们没有问，我不确定她们会不会自己用这个方法。她们不可能这么准确地说出自己的时间感。我们用这种方法帮她们把故事纳入不同的时刻”③。然而，我们选择提供生肖正是因为之前多年的访谈经验告诉我们，当妇女们被问起孩子出生的年份时，她们的回答都非常肯定，但我们问起公历年份时，她们都茫然不知，这种情形只对最活跃的妇女干部例外。这种分歧反映了“男性”和“女性”是如何

---

① 这个说法来自伦格尔（L’Engle）1975 年；有关进一步的讨论，见第九章。

② 关于这些相关问题的讨论，见盖普特（Gupta）1994 年。

③ 我本人 2008 年 11 月 6 日与高小贤的交流。

被加以区别地进行理解，他们的标准任务（包括那些跟孩子相关的任务）又是如何程度不均地在国家政策中被提及、在地方上被假设。

妇女们有特定的描述她们过去行动的方式，她们有时借用的是最近的革命英雄的形象。许多人都告诉我们乡村生活在各方面发生的巨大变化。受到 50 年代早期婚姻法运动的鼓舞，她们中有些要么挣脱了父母包办的婚约，要么终止了已有的婚姻；有些则坚持主张自己选择丈夫。她们从“冬学”中学习识字，受训为新式接生员，担任妇女干部。她们全都参与了集体化的过程，经历了“大跃进”的热潮和困难，并长期和其他妇女一起在田里劳动，有些还成为了劳模。简而言之，她们青年时期的生活在可察觉的日常层面上带着国家政策指令的印记。她们认为自己不同于自己的母亲，且比母亲更幸运。她们中许多都将 50 年代与她们的童年时期进行对比：50 年代她们能在公共空间内活动，而童年时期能活动的空间和拥有的物质条件都十分有限。

不过，“诉苦”故事核心中戏剧性爆发的情形并没有出现在这些妇女的陈述中。相反，她们在讲述中不断地进行自我评定，不断说明自己无论在 1949 年之前还是之后，抑或是新近的改革开放时期，都不曾改变过：“我没封建过”；“我一直都很能干”；“我努力让家庭和睦”；“我是个有原则的人”；“我一直都很好心”。① 或以一种没那么积极乐观的口吻说道：“我的生活在集体化时期很苦很惨，现在和解放前都很苦很惨。”这些故事中反复出现的主题借用了革命前女德的概念，对新近的革命提供的关于自我的范畴进行改造，并与之紧密交织在一起。② 妇女们强调的一些品质——勤劳、能干、能够灵巧地处理人际关系——都借用了“好女人”这一持久的文化概念，虽然这些品德发生的地点和社会场所都不再限于家庭中，并且还可能被用于服务集体。

“可怜”这一品质，尽管其本身不是什么美德，却是受压迫阶级的一个

---

① 有关受访者如何将自己展现为具有固定的身份，见帕塞里尼（Passerini）1987 年，第 4、17、21、27—28 页。

② 她们对自己美德的叙述并非集中在守贞上（虽然她们有时亦提及）。从这个方面而言，她们不同于帝国晚期和民国时期地方志或传记中常见的恪守妇道的贞妇。

公认的特点，因此这种品质可用来联合具有革命美德的人。然而，在这些妇女们的故事中，“可怜”还暗含了其他的东西，即对国家和家庭没有认识到这些故事讲述者们作出的有美德的牺牲的一种隐晦的批判。

如果访谈是在 1955 年（或 1975 年、1930 年）进行，那么妇女们是否会使用相同的美德词汇？这我无从知晓。我也无法追溯她们在其他时候对自己的评价，并将这些评价跟新闻报章或政策指令的词汇，或者跟运动话语的不同强度进行比较。由于农村妇女通常没有留下任何文字记载，而时间旅行也不是历史学者的工具，对于这套词汇在整个被认为是分界的 1949 年，乃至在整个中华人民共和国的历史中的时间性问题，我所知的远少于我想知道的。美德是否在改革的困难时期再次流行还是一直都在？如果一直都在，又有哪些细微的差别和改变？这些都是令人烦恼和不能确定的问题。

或许，妇女的叙述能够如此轻易地偏离常规的国家用语，是因为集体化时期的革命话语尽管详细规定了妇女应该是什么、做什么，却没有言及妇女在关键领域的日常生活。整个集体化时期，妇女被敦促外出到地里劳作，为社会主义建设做贡献。渐渐地，她们发现自己不得不这样做，以挣取足够的工分来养家。在家中，她们被告知要促进和谐的家庭关系。然而，除了那次短暂、灾难性的集体大食堂的试验外，家务劳动仍牢牢固定在家里，只是偶尔才在国家文件中被说成是注定要在共产主义的未来消失的残余。妇女们可能不记得 50 年代及以后集体化的顺序，却清楚地记得在 70 年代初通电之前，她们在昏暗的灯光下熬夜为家人织布和缝衣制鞋的日子。70 年代之前，国家在降低婴儿死亡率上十分成功，加上基本不关注计划生育，使得这些家庭中小孩的数量激增，孩子的母亲亦疲惫不堪。为孩子做衣裳的劳动刚好在家庭时间里展开，这在革命的中国农村是得不到公开表达的。

当妇女回忆起这些活动时，国家词汇毫无帮助；仅仅对家务活动进行描绘也不足以说明新的、妇女们现在正在其中从事那些家务活动的具有挑战性的环境。那么，妇女们不得已而去诉诸一种更古老的语言表达，即有关妇德的语言，这或许不会让人讶异。这套有关妇德的语言可以从数千年来地方记载的通俗故事、戏剧和古典著作里的故事中找到，并在乡村演出以及（新近的）电视和录像中流传散播。在精心叙述自我在集体化时期的形象时——诸如她们曾是怎样的人、如何对待他人、别人又是如何对待她们的，等等——她们经常讲到怎样才算是一个好女人，以及作为一个好女儿、好媳妇、好妻子和好母亲，应该如何得体地处理和家庭成员的关系。她们最经常挂在嘴边的美德就是勤劳、注重和谐的社会关系、能干——这些都与一个妇女干部或者劳动模范该有的品质相合。但是政治上并不那么活跃的妇女也把这些品质纳入到对自我的描述中去。在搜寻故事和讲故事的语言的时候，妇女通过陈述那些明显不同于男人品行的美德来界定自己。甚至是在妇女展现英勇革命行为的逸事中：如深夜开完政治会议后，勇敢地大步走回家，跳进洪水泛滥的地里救庄稼，彻夜扬谷，等等，这样的美德也是一股潜流。这里的悖论是，试图积极改造妇女行为的、革命的国家语言——社会主义模范女公民的语言——在这些故事中却如此彻底地让位于一套更柔韧的、古老得多的关于妇女美德的话语。

老年妇女们在一个她们的寿命、自我理解和经济上的脆弱性都为社会性别所塑造的时刻，叙述她们的童年、青少年和中年时期。生于 20 世纪前十年和 30 年代间的关中和陕南的妇女承受了不止一次翻天覆地的变化，并有时从这些变化中获益。她们的故事凸显出，在跨越几十年的政治变革后，什么是她们认为自己所拥有的经久不衰的美德、所取得的重要成绩以及心中所深怀的不满。她们在混乱的时代中长大成人，她们童年的故事中充斥着土匪和士兵（两者并非总是可以辨别）带来的身体和性的威胁，并不时穿插着逃离饥荒和人贩子的情节。她们成年后的大部分工作时间都是在各种集体中度过，她们对那个时期的记述包含了各种故事线：个人的成就、周期性的组织混乱和对社区的不满、照顾一大家子人穿衣吃饭等让人麻木的家务事。

21 世纪初期，距离经济改革已有 25 年之久，“集体记忆”在对一段共有时间的叙述中得以形成，通过一系列共同的习俗被唤起，并在与其他习俗的交流中得到进一步完善。① 更直白地说，正是一个生命在集体、社会形态内的记忆，使日常工作、政治、人际交往有了框架。如果回忆集体化的过去需要将自身放入集体的视角，那么妇女必须将她们自己放置到与一个团体的相互关系中去。虽然那个团体已不复存在，但她们却曾在其中度过了青年时代和成年后的大部分日子。

我们访谈的妇女必须接纳一部复杂的政治史。她们在国民党政权下度过童年，这个政权遭到了中华人民共和国创立者们的彻底批判。* 集体化既需要强大的干劲，又需要每天高强度的工作。集体化解体二十年之后，妇女们在回忆这些成就的时候已然非常清楚，集体化所承诺的经济上的富足并未实现。② 她们回想起来，那些年里充斥的皆是无休止的田野劳作、家务活和生孩子。使事情变得更为复杂的是，正如最后一章所考察的那样，年老的农村妇女们认为自己从随后的改革开放中受益，但同时也在其中居于不利地位。

虽然这些妇女们很少直接表露出对国家政策的不满，但她们说自己不但具备美德，还能满足国家和家庭的要求；当缺乏来自国家和家庭的支持和关注时，她们亦能应对一切。这些妇女用公认的美德一类的词语去建构一个记忆的自我，并坚称无论在什么情况下，她们的品德都不会改变，这些做法

① 哈布瓦赫（1992 年，第 38 页）解释：“人们在阅读一些关于记忆的心理学论文时会惊诧不已，因为这些论文将人们视作孤立的存在……然而，人们通常正是在社会之中才获得了他们的记忆的。也正是在社会中，他们才能够回忆、识别和对记忆进行定位……在多数情况下，我们只有在为了回答他人的问题，或者回答我们设想他们可能会提出的问题时，才会诉诸记忆……在多数情况下，我之所以回忆，正是因为别人刺激了我；他们的记忆帮助了我的记忆，我的记忆借助了他们的记忆……正是在这个意义上，存在着一个所谓的集体记忆和记忆的社会框架；从而，我们的个体思想将自身置于这些框架内，并汇入到能够进行回忆的记忆中去。”有关集体记忆，见伯亚林（Boyarin）1994 年之二，第 26 页；克兰（Crane）1997 年；康菲诺（Confino）1997 年；彭尼贝克（Pennebaker）1997 年；沃茨（Wertsch）2002 年。

② 有关其他地方的后社会主义记忆，见玛莉思娃（Malysheva）和贝尔托（Bertaux）1996 年；斯加尔坦斯（Skultans）1998 年；泰（Tai）2001 年之一；肯纳夫（Kaneff）2004 年；沃茨 2002 年。

与更广阔的政治变革形成了鲜明对比。她们对这种政治变革有各种不同的看法。有的认为变革太快、太彻底了，有的则表示，变革还不够快或不够彻底。

虽然妇女们认为，与过去的集体化时代相比，当前经济改革时期的生活要好得多，要从事的劳动也少得多，但她们在讲述过去的时候，还是对自己曾经的能力满怀自豪。她们现在已失去这些能力。她们的故事中也充满了对儿子儿媳的怨怼之情，他们不理解也不珍视她们过去的牺牲，亦不会回报她们。得不到明确的赡养，感情上遭到的背叛，有时甚至受到明目张胆的虐待——当下的这些处境总是影响着她们的记忆，影响着她们面对带着同情的局外人时的讲述。她们的记忆可能是短暂的，注定很快要消逝，每一次在一个已无法辨认它们曾经重要性的当下被讲述，这些记忆引起的共鸣都不一样。在巨大的冷漠面前，老年农村妇女们在当下讲述的故事变成了一种“顶撞”，一种对具有社会性别特征和指向的记忆的公然肯定。

这也让我们回到了中国妇女，特别是农村妇女是否有过革命这个问题。她们生活和理解的空间和时间在50年代经历了深刻的重组和排序，从这层意义上来说，答案是肯定的。然而，社会性别以特殊的、具体的方式，对她们的革命进行了塑造。她们的革命也不被理解为一种一成不变的人类财产，而是一系列实践的总和。这些实践被革命政策选择性地提及、忽略。这些资料要求我们关注其中的各种信息，那就是，曾服务于革命的美德如何在方方面面对革命以及革命的后代们提出了批评。与社会性别相关的记忆对我们讲述一个有关中国新近过去的、“足够好”的故事至关重要。

第二章 家里没人

大山沟里的死亡

山秀珍12岁时，父母把她送去跟未来的公婆一起住。[①] 当时是20年代中期，陕西省正遭大旱。秀珍的父母担心一旦她未来的丈夫饿死，她会嫁不出去。他们盘算着秀珍丈夫家能养大她就更好了。如果将来两个年轻人都能活下来，他们俩就可以正式成亲。

秀珍未来的丈夫是家中唯一的孩子，家离礼泉县秀珍的父母家北屯30里（约十英里）远。[②] 大多数年轻姑娘都不会嫁到离父母这么远的地方去，但这两家都信基督教。[③] 早在几年前，这门亲事就由李媒婆撮合成了，她一个劲地说董家有多么多么好。然而就在秀珍快要去跟公婆一起住时，她哥哥去了一趟山里换粮食，回来之后便满腔怒火。他对秀珍的母亲说："你这下把你娃给瞎啦，给瞎啦（注：不好），一下给到顶天寺西北山上！"

当秀珍的母亲把她送到新家时，心里充满了歉疚和悔恨。"咋把女子给到这高山上去了。连门都没有，没有，烂窑窑子弄个笆笆子一黑挡在门上，

---

① 官方资料说山秀珍生于1913年。见渭南地区农业合作史编委会编1993年，第512页；中国人民政治协商会议陕西省潼关县委员会文史资料委员会1999年，卷首插画，第3页；张如云、张自强、赵国玺1992年，第13页。如不另加说明，所有关于山秀珍的信息均来自我们1997年与她的访谈。

② 张如云、张自强、赵国玺1992年，第14页。

③ 1911年，美国基督教协同会派了两位瑞典新教传教士到礼泉县并建立了两座教堂，一座在县城，另一座在秀珍的家乡北屯。然而，一直到20世纪40年代末，全县也只有约400名新教徒和650名天主教徒（礼泉县地方志编纂委员会1999年，第888—889页）。

光有个锅。”[①] 然而，她还是依照承诺把秀珍留在了那里。

当干旱加剧变成饥荒，悲剧降临到两家头上。秀珍的父亲死了。哥哥应征加入国民党军队并在第二次逃跑时被射杀。在那之后不久，他的妻子也死了。只剩下秀珍的母亲一个人离家去乞讨。当时全县一半以上的人都死了或者逃了。河流和井水都枯竭了，庄稼都旱死了，地里什么也不能种。依旧一滴雨也没有。[②]

到了 1929 年，这场让秀珍提早成亲的大旱已经迫使整个关中和陕南地区近八十万人离开家乡去寻找食物。[③] 饥荒的第二年，全省超过七百万人受到影响，到了是年年底，仅关中地区就有三百万人死亡。[④] 当时，国民党政

① 如今的北屯为礼泉县东部边界的一个乡，距西安西北部 35 公里。从该县的地形图上确实可以看到北屯北部高山耸立。现在这一整个地区归咸阳市管辖（陕西省地图册 1991 年，第 5—6 页；礼泉县地方志 1999 年，卷首插画地图）。

② 1925 年初，礼泉县雨水很少，夏天的收成不足。但最严重的干旱始于 1928 年。据县志记载，1929 年夏和秋颗粒无收：“日毙饥民累百盈千，赤野千里，卖儿卖女，四散逃荒。”全县 129000 人口中有 66000 人死亡或逃离。干旱一直持续到 1930 年，雪上加霜的是，1931 年爆发的霍乱又致使 5000 人死亡。1932 年和 1933 年，干旱仍旧持续（礼泉县地方志编纂委员会 1999 年，第 148、293 页）。从 1928 年到 1933 年，救济机构分发粮食、种子、面粉、衣物和救济款，但据说大部分都被政府官员和商人挪用（第 753 页）。

③ 夏明方 2000 年，第 90 页。从 1912 年到 1948 年间，陕西有记载的灾害大小共 1233 起，包括洪灾、旱灾、虫灾、风暴、雹灾、冰冻、地震、时疫，以及其他灾害（从暴风雪到矿井灾害和山体崩塌）。在这些灾害中，旱灾 569 起、洪灾 346 起（第 34 页）。一份 1936 年关于各省的农民为何都在 1931 年和 1933 年间离开家乡的调查显示，有两大原因致使陕西农民背井离乡，一是自然灾害（34.6%）；二是“土匪”，当地战争也包含在内（28.5%；第 101 页）。弗美尔（[Vermeer] 1988 年，第 30—31 页）写道，关中的农业几乎都只靠降雨，干旱是导致饥荒的最主要原因。干旱甚至延及陕南那些通常易发洪水的地区（陕西省丹凤县水利志编纂组 1990 年，第 70 页）。有关 1876 年至 1879 年华北的大旱灾和饥荒及对陕西尤其是关中地区的影响，见何汉威 1980 年。陕西 1898 年至 1901 年间的大旱灾和饥荒致使约二百万人死亡，见尼可尔斯（Nichols）1902 年，第 228—241 页。有关渭南地区从上古时期至 1989 年的旱灾、水灾和雹灾简史，见渭南地区地方志编纂委员会 1996 年，第 743—751 页。有关对 20 世纪 30 年代陕西灾害的同时期报道，见《西北向导》1936 年，第 9 期（6 月 21 日），第 32 页；第 15 期（8 月 21 日），第 221—226 页。

④ 夏明方 2000 年，第 90 页；曹树基 2005 年，第 23 页。大旱蔓延至甘肃、绥远、陕西、河北、察哈尔、热河、河南。1929 年，中西救济会（Sino-Western Relief Association）报道

府在关中地区几乎没有什么实际势力。军阀们已经侵吞了农民大部分的储备粮，也没有地方政府安排提供救援物资。①1929 年，一家主要报纸报道了一则骇人的事件，说陇县有个饥饿的父亲将 12 岁的女儿吃掉了。陇县位于甘肃省的边界上，距离秀珍家乡西北部一百六十里。第二年，涌现了大量关于陕西饥民吃道路旁尸体或把新葬的死人挖出来吃的报道。② 河床干涸，马车皆可由河道通行，庄稼旱死在地里，在陕南，饿疯了的乡民们把树皮都剥光了。③ 饥荒迅速对西安的北部和西部产生了严重影响，④ 随着饥荒的加剧，山秀珍并不是唯一一个远嫁的年轻姑娘。⑤ 与更小一些的女孩相比，到了适婚年龄的女孩更幸运，前者经常被卖掉、遗弃或杀死。⑥

而与此同时的大山深处，秀珍在 15 岁的时候正式成亲了。比她大 9 岁的丈夫⑦ 离家去找工作。身患绝症的公公躺在炕上要一碗面水子喝，但家里却一颗粮食也没有。尽管这件事已经过去了近七十年，秀珍回忆起当时的情

说有六百万人死亡（方德万［Van de Ven］2003 年，第 131 页）。1932 年，潼关一个地方上的仕绅对一个外来者说，大干旱导致许多人都将女人和女孩卖到陕西以外，很可能会影响该省的男女比率（并暗示也会影响男人的婚姻前景；郭步陶 1932 年，第 52 页）。

① 弗美尔 1988 年，第 28—38、45—46 页对这种情况作了全面的讨论。

② 夏明方 2000 年，第 410 页。《大公报》最先报道了这些事件。

③ 南郑县地方志编纂委员会 1990 年，第 141 页。

④ 弗美尔 1988 年，第 34、408 页。弗美尔还引用了一份 1938 年对关中的调查，调查显示，陕西省的北部和西部地区在很多方面落后于东部和中部地区：缠足率、男女比例，北部和西部的死亡率依然很高，教育覆盖率也更低（尽管两个地区受教育妇女的人数都极少：东部 2.9%，西部 0.1%）。蒋捷（音译）《关中农村人口调查》，《西北农林》第 3 期（1938 年 7 月）：第 53—54、102、126、156 页，引自弗美尔 1988 年，第 408、508 页注 74。

⑤ 同样生于礼泉县但比山秀珍小十岁的杨惠娥，七岁就被卖到了两百里外合阳县的一户人家。1929 年，未来的全国劳模张秋香被父母从泾阳县东嫁到了渭南。未来的地方劳模鲁桂兰，被父亲放在箩筐里用扁担从兴平挑到了咸阳，最后八岁便成了童养媳。她的嫂子也是一个难民，被她丈夫家从路边拾了回来（与杨惠娥［2001 年］、张秋香［1996 年］、鲁桂兰［1996 年］的访谈）。

⑥ 大饥荒结束后，1936 年在关中进行的两份调查显示，男女比例在一些地区达到了 118.5∶100，大饥荒年间出生的年龄段的人高达 129∶100。弗美尔（1988 年，第 32—33 页）概括了这两项调查的结果。

⑦ 张如云、张自强、赵国玺 1992 年，第 14 页。

景依然两眼含泪："我看他不大行啦，不行啦那咋弄，没有得啥嘛，你说你小娃家你都逃走了，你把当家（注：老人即父母亲）没关到坟里头，天理何容你呢嘛？"秀珍从邻居家借了一些铜钱，[①] 往返50里去一个有市集的村里买了一把小麦，用碾子碾碎，竹筛筛好，做成面水子。"我说：'大，我给你端的面水子，你喝上一点点。大！大！'不会说话啦，心里知道，眼泪沽漉沽漉的（注：眼泪在眼眶里打转）（哭），没喝，没喝，到黑了就死了（注：黑了指晚上）。"过了好长一段时间，秀珍的丈夫才返回家中买棺材葬了他。

第二年，秀珍的婆婆在附近一个沟沟里走亲戚时病倒了。等秀珍得到消息翻过山的时候，她婆婆已经死了。秀珍又捎口信给丈夫让他买一副棺材回家。"搞的（注：凑和）买一副板抬到那儿去，把我妈就在那看的一入殓，回来挖了个坑坑子一埋，这下对了。"秀珍当时17岁，饥荒正进入第五个年头。她完成了照顾公婆的责任并体面地安葬了他们。

秀珍和丈夫动身离家，首先去她的娘家。能逃的都逃走了，她娘家的房子已经废弃无人住。夫妻俩继续前行，沿路乞讨。没有人要雇人手。春节来了又走了，礼泉县依然被大雪覆盖。其他人警告秀珍夫妇说，如果他们俩想要穿过秦岭，会活不下来。但秀珍知道，如果不走他俩会饿死。

陕西农村妇女讲述的1949年之前的故事受到20世纪50年代早期中共干部组织和鼓动的公开"诉苦"做法的影响。通常都是国家干部让贫农和妇女在公开场合进行诉苦，旨在瓦解地方上层的权力，让新政权获得支持。诉苦的目的在于动员听众，让他们对什么是许可的以及什么是可行的有新的认识。[②] 诉苦意在通过叙述的行为，把讲述者从一个接受悲苦命运的人，改造成一个超越这种命运并走向更美好将来的人。诉苦故事就其定义来说，是对特定的压迫者进行指责和揭发，更笼统地说，是对压迫者所在和统治的"旧

① 张如云、张自强、赵国玺1992年，第15页。

② 韩丁（Hinton）1997年；安德训（Anagnost）1997年，第28—44页；马兰安（Mclaren）2000年；郭于华、孙立平2002年。

社会”进行谴责。① 诉苦的故事往往在 1949 年共产党到来（即“解放”）后结束，因为“解放”宣告了农村人民尤其是农村妇女苦难生活的结束和新生活的开始。②

诉苦不仅在这个特殊的政治时期出现。这种做法在集体化时期每隔一段时间就会再来那么一次。诉苦的叙述传统并没有从中国人民的社会生活中消失。这些传统持续对那些曾经诉过苦或曾听过别人诉苦的人的记忆及自我看法产生影响。诉苦已经变成了某个年龄阶段的妇女谈论她们早年生活和过去自我的一种方式。

本章首先记述解放 50 年后的故事是如何讲述“苦难”的。20 世纪 30 至 40 年代陕西农村生活极不稳定——政治掠夺、物资匮乏、全面的战争——都对妇女和女孩有特殊的影响。妇女们谈到逃荒、家里家外的劳作、家里失去亲人的痛苦以及来自猖獗的土匪和士兵的残暴行为。以山秀珍的叙述为试金石，本章的报道延伸触及四个村庄的妇女们讲述的故事。本章追问，如果我们严肃对待这些流动的妇女的详细记述，我们能对妇女们 1949 年前的生活，以及解放在哪些方面改变了、哪些方面没有改变这些妇女的生活等问题有什么了解？

诉苦故事的核心是一个悖论。妇女们经常强调，封建的社会规范把她们禁锢在家庭内，还称这种禁锢是她们苦难的根源。然而，她们关于解放前数十年的故事中却尽是东奔西走的细节：逃离饥荒、在田地里劳作、到市集上去卖纱和布、惊慌失措地逃到田地里和山洞里以躲避强盗。这些故事的细节削弱了诉苦的故事主线，也动摇了党和国家关于革命使妇女得以摆脱家庭的压迫禁锢、可以外出自由活动这一论断。尽管如此，诉苦故事道出了一个

---

① 诉苦与一些革命前的题材有重要联系。马兰安（2000 年）将诉苦与哭嫁作了比较；我们也可以从女人公开抱怨或表达愤怒如“骂街”（明恩溥［Smith］1894 年）追溯出诉苦的源头。非常感谢曼素恩向我提示后两者的相似性。

② 描述了陕西关中的解放前时期及其对一个特定家庭的影响的经典小说是柳青的《创业史》（1996 年，第 1—18 页），英译为 *Builders of a New life*（1977 年，第 1—19 页）。亦见陈忠实 1993 年。

更大的真相，那就是妇女是怎样理解革命对她们产生的影响的。在革命赋予她们的历史情境中，她们常常将自己放置到壮烈的、引人注目的场景中，放到大事件的中心位置。但她们直到很久以后，才充分理解这些大事件的意义。在她们的故事中，她们变成了革命中不可或缺的主角。

可以诉说的苦难

在妇女们的诉苦故事中，有两个词反复出现："恓惶"和"封建"。"恓惶"（陕西方言）是一个妇女们经常用来描述她们的童年和家庭境况的词——食不果腹、衣不蔽体、患病、被卖、面临危险、亲人丧亡。诉苦的做法提供了一种模式，而非脚本。丧失亲人的故事十分个人化且详细具体，甚至时隔半个世纪之后，感情上依然难以让人叙述或者倾听。说一个人的过去"恓惶"，便给了这个人在混乱和战争中度过的童年及少年时代一种秩序。它为原本可能无法言说的创伤提供了一种发声的语言：① 所爱之人的死亡和消失，亲人的亡故及分离，来自亲近之人或是陌生人的虐待、性侵犯，还有如下的危险：匪患、征兵、疾病、可以瞬间摧毁一个家庭的意外或让全家人慢慢死亡的饥饿。

"恓惶"被用来描绘妇女、男人和孩子所受的苦难，但"封建"却总是被用来描述女孩和妇女的状况。她们将以下针对妇女的规定和准则统统称为封建：要裹脚（通常由母亲裹），要在父母挑选的时间嫁给父母挑选的人，要恭顺地侍奉丈夫和公婆，不要插手家里的财务，最重要的是要一直待在家里。妇女们记得自己如何躲在家里，远离别人的视线。一个村的一个妇女

---

① 费修珊（Felman）和劳德瑞（Laub）（1992 年）详述对二次世界大战大屠杀幸存者们进行的精神分析研究时，描述了叙述此前并未得以发声的创伤性事件的困难之处，因为这些创伤性的事件被经历为"排山倒海的惊吓"（第 57 页），而非一个已知的事件。据劳德瑞描述，幸存者们害怕叙述这些事件会使它们以一种难以忍受的方式被重新经历。虽然大屠杀和 1949 年前中国农民历经的苦难之间有明显的历史差异，但至少有一点相类似：叙述难以承受的失却的能力为"重新占有"（第 91 页）经历提供了可能性。因此，诉苦应被视作是一种具有深刻转化性的做法，而不是一种程式化的政治表演。

说："那往日那女子坐到楼上做活咧。"而事实上，那个村的房子根本没有楼上，只有一个很浅的储藏室。"都不到……底下都不叫见。"① 家庭暴力和社会成规把她们束缚在家里："男人生气打女人，女人生气男人打。"② 年长的妇女是把关人，母亲让十几岁的女儿躲开别人的视线；婆婆允许儿媳回娘家探亲。③ 如果局面变得难堪，那么一个女人唯一的办法是："吃点烟，再喝点醋就死了。"④

妇女们用一句俗谚和一则逸闻——两者都是来自1949年后的事后描述——来概括这种束缚在家的情形。俗谚大意是："再好的婆娘围着锅台转，男的再差走州过县。"⑤ 逸闻讲述的是，一户人家只有一个女人在家，每当有人走近这户人家、问是否有人在家时，这个女人都会回答"家里没人"。农村妇女们在讲述自己的时候并没有说起这个逸事，但她们的女儿却用这个趣闻来概括她们母亲在1949年前愚昧无知的状态。妇联的干部们也提到，当她们在1949年和1950年挨家挨户开展动员妇女的活动时，妇女们也处于这样一种蒙昧状态。⑥ 讲故事的人总是将束缚在家的寓意说得很清楚：禁锢在家意味着妇女自己或者别人都不把她当人看。妇女在更广阔的社会中没有任何地位。

如"恓惶"一样，"封建"一词并不是只存在于解放前；我们在关于解

---

① 与何改珍的访谈，1999年。

② 与庄小霞的访谈，1996年。

③ 与何改珍（1999年）、张秋香的访谈（1996年）。

④ 与庄小霞的访谈，1996年。鲁桂兰（1996年访谈）也提到了吞鸦片自尽。

⑤ 曹竹香（1996年）、庄小霞（1996年）、王梅花（1996年）、王妮兰（2006年）、何改珍（1999年）、刘真西（男，2006年）等在与我们的访谈中也说到了这句俗谚。妇女属于家庭空间这个观点也体现在对男人和女人的称呼上。妇女通常被称为"屋里人"，这种说法在汉语中很常见。但关中地区，尤其是渭南县和合阳县的方言里也将男人称作"外前人"或"外天人"（合阳县志编纂委员会1996年，第805页；渭南县志编纂委员会1987年，第794页），渭南地区地方志编纂委员会将"外前人"注解为"丈夫"。我们访谈的妇女们经常用这些称呼。

⑥ 王梅花（1996年访谈）、刘招凤（1996年访谈）、王妮兰（2006年访谈）都说到了这则逸闻。

放后社会的故事里，特别是有关对年老的公婆或落后丈夫的态度时，会发现“封建残余”这样的词。然而，不像“恓惶”，“封建”一词总是处在不断被取代的过程。故事说，解放后妇女不再被束缚在家里。革命赐予了她们另一种独特的人格：她们能安全地进入非家庭领域，为经济做贡献并主动参与政治。出去开会和上班、在田地里劳作、对选择自己的婚姻伴侣有发言权、成为妇女干部或劳模——这一切都取决于她们在乡村的空间里活动，有时甚至超越这个空间的能力。

诉苦故事暗含了一种强有力的解释，并暗示了20世纪初的可怕苦难的终结。如果把这些故事看成一个类型，则它们都有相同的叙事弧：“恓惶”是问题，“封建”是问题的根源，“解放”是解决方案。然而，虽然这个公式化的提法很有力，但这些故事的细节传递出的信息通常比这个叙事弧透露出的信息要更为复杂。尽管诉苦的故事线强有力，但它却几乎没有突出那些使农村妇女“恓惶”的重要构件：身强力壮的男性亲属的缺席，带威胁的陌生男人的存在；喜欢压榨的国家官员，国家并未提供任何救济；要求妇女几乎只靠她们自己的劳动谋生，并为孩子提供吃穿。“恓惶”并不总是像故事讲述者说的那样，只属于解放前的过去。它有力地描述了集体化时期生活的某些方面，妇女在谈当下的改革时代时也频繁地用到这个词。本章探讨20世纪20—30和40年代的“恓惶”状态，但有关这个问题的讨论并未结束。随后的章节会讨论妇女们将她们在1949年后的生活理解为“恓惶”的时期。

与此同时，“封建”以及有关妇女长期被束缚在家的故事套路却总是与妇女们讲述的故事细节相矛盾。山秀珍辗转各地的经历表明，三四十年代的女子通常并不被束缚在家庭空间内。她们在混乱的外部世界奔波流离，不过这种身体上的流动性并不意味着解放和摆脱束缚，而是意味着艰辛、危险、抛头露面和羞耻。很多妇女都记得，她们童年的部分时间都是在逃荒的路上度过的。有些则永远离家，被卖给不那么拮据窘迫的人家当“童养媳”。抚养一个“童养媳”的代价要比娶一个成年媳妇小得多。

那些在母家度过了少年时代的女孩们许多都回忆说家里当时并没有壮年男子。她们的父亲和兄弟们有些死了，有些远离家乡找活计，有些则被军阀或国民党的军队强行抓壮丁，有些为了逃避征兵消失了，有些则加入了中国共产党的游击队。妇女和女孩们只得自谋生计，并不得不“外出”去耕种、出售她们的纺织品、乞讨，或以其他方式竭力勉强度日。女孩和妇女们对关中和陕南地区的家庭经济贡献巨大，她们通常成了家里唯一的经济支柱。她们有些工作（主要是纺织生产）在家里进行，但只有家庭条件较好且男人又在家的妇女们能够奉行这种隐居在家的模式。隐居在家代表着一种贫穷的妇女无法获得的特权。

在诉苦的叙事中，有一道明亮的分割线将“恓惶”和“封建”的状态与人的状态区分开来，那就是“解放”。这个词通常指各个地方共产党的到来，更广泛意义上是指 1949 年中华人民共和国的建立。同样地，故事的细节使故事线变得复杂。对大多数妇女而言，她们一开始并不认为共产党部队的到来跟之前经常来的其他军队有什么区别。直到后来，社会变得稳定、有秩序，共产党的到来才被记忆为“解放”。

逃 荒

“那秦岭冰轹子哟，把多少哎哟都滑的，一走一绊子，一走一个尻子墩（注：摔倒在地上），我那小着也结实，一天也就是在那个山里跑的锻炼，身体也好，也结实，我 12 岁啦就担水哩，我也没栽。

翻过秦岭一直是那碥碥路（注：险峻的山路），不敢走咧，没有宽路么，就顺着走，晚上也没处住，我那一晚上在阿达（注：那儿）住着呢，连碎碎一点地方都没有。

那是正月二十几，我就在那统身沟那边，雪特别厚，晚上也没有月亮，那个大水呼呼的不敢走咧，晚上都在一个庙里住着哩。我摸哩（注：摸索）半路上，那儿有个台台（注：台阶），就把那台台上的雪一扑簌（注：扫），我也不知道那儿住的是谁，黑了都在那儿住着哩。第二早儿起来，那个角角那个老婆：唉哟（哭）我连我妈就抱在一块（哭）。唉！不敢提历史，连我妈抱一块娘们（注：母亲及儿女）才见面啦，娘家就丢（注：没有）我妈啦，就丢我啦，就我俩啦。”①

经历了与母亲不经意的重逢之后，借着晨曦，秀珍才头一次看清楚了她们的临时床铺。

“一个台台你说那是个啥，一个人死了在板（注：棺材）里头装着哩，在那个厝（注：放）着哩，外面用薄薄一点泥泥着哩（注：棺材外面裹着一层薄泥），三个活人就在那死人上面睡了一晚上。

我第二早儿起来，转黑了没处睡，南山没有庙，没有烂窑窑子，烧木炭的窑，那到黑了没有人了，我老汉、我妈、我三个悄悄地到那烧木炭那窑钻一晚上，早儿起来早早就起来了，让人见了那就不得了，那儿人最封建，南边人（注：陕南人）南山人最信神信鬼啦。

我一辈子也没烧过香，我没给神庙里烧过，没烧过香，我没烧过，我不信。有啥神哩嘛，啥鬼哩嘛，都是人，人，做好事就是神；做坏事抢人（注：抢人东西），抢人、偷人就是鬼。”

回顾往事，秀珍强烈反对有关鬼神的封建观念。大饥荒迫使她在各种奇特的地方过夜，那个时候，她的基督教信仰让她在见到棺材和阴森可怖的窑洞时得以保持镇定。但在讲述故事的过程中，秀珍把几十年的时间压缩到一块，直接从鬼神跳到耶稣再跳到共产主义。她解释说她信基督教是因为家里人都信：“我母亲信教，我婆家我母亲也信，为啥我没给庙里的神烧过香，基本上我不信它（笑），那时候就信耶稣，信主，给那家后，我就跟上我母亲一天听礼拜。”

“解放后啦，我有一点疑问，我说想到，这社会就是个活天堂，只要是社会主义国家，社会就是个活天堂。我因是这个（注：相信中国共产党）我就加入中国共产党。”

“我经常就想，没有共产党就没有新中国，②没有新中国也没有我，娘、婆两家子活 60 岁就是高寿，我活 80 岁，这还不是（注：就是）党给二次生

① 一篇由中国的官员写的、比我们的访谈早五年的采访说，秀珍与母亲是先在淳化的一座庙里重逢，然后才翻越秦岭（张如云、张自强、赵国玺 1992 年，第 15 页）。

② 这是毛泽东时代一句很流行的口号，也是一首歌的名称。

命嘛。”

对秀珍来说很重要的一点是，尽管她的信仰和她对“封建”的理解在不断发生变化，她自己的性格却没有改变。她思想的转变——从基督徒到共产主义者——并没有让她否定曾经的自己。“也好像过去，我也不会封建。”她说这句话的时候，是解释自己结婚时没有索要耳环的事。“人说旧社会那时候封建呢，咱没封建过。”她讲述的生活包括了个人的英勇功绩和让人无法想象的社会变革——她自己就经历了从一个逃荒的难民变成被毛主席接见的劳动模范的过程。她的叙述提到，整个世界都发生了变化——妇女从一个被封建主义束缚的世界走向一个由共产党积极塑造的世界——而秀珍自己的性格却始终如一。① 通过戏剧化的场景——其中不乏寒冷、饥饿、黑暗、鬼魂及亲情的救赎力量，她讲道，早在世界接受和认可她之前，她就已经表明了自己大无畏的勇气并愿意挑战已有的信仰。似乎世界是追赶她的脚步到达了解放，而不是解放改造了她。“咱没封建过。”这句话所呈现出来的连贯性以及它所表达出来的自我意识，让秀珍得以将自己较远的和最近的过去联系起来，去接纳诉苦的故事主线，却不会认为自己为封建主义所摧残。确实是受压迫，但并没有被摧残。对于一个认同革命的妇女来说，这是很重要的区别——但这也使人们对典型的身处幽闺的妇女形象产生了疑问。在那种形象中，妇女只有在共产党到来之后，才得以“迈出家门”。

然而，在30年代初期，加入中国共产党对秀珍来说依旧是很遥远的事。年轻强壮的身体和结婚后苦日子的磨炼让她能够徒步穿越秦岭并坚强地活下

① 克罗尔（Croll）1996年指出，来自中国上层精英家庭中的妇女在自传中也用了自述的模式来作为一种反抗。卢萨·帕塞里尼（[Luisa Passerini] 1987年，第61页）在对都灵工厂工人的研究中发现，固定的身份认同“可以被视为是口头叙述中自我表述的一个具体特征”。亚历桑德罗·波特利（[Alessandro Portelli] 1993年，第53、61、118—130页）在对工人的采访中也发现，叙述者们有时将过去的自己和现在的自己区分开来，有时在“我一直有斗争精神”（第127页）这类陈述中提供一条“稳定和持久的脉络”（第126页）。诉苦故事看起来适合用来去讲述戏剧化的性格转变，但事实上固定的身份认同的陈述在我们的访谈中更常见。

来。她还要负责让母亲也活下来。“一起到南山，我妈老啦跑不了，我老汉是个小伙子，他不理，就是我一天要的养活哩，我要下那菜啥我都吃啦，要一点面面子（注：面粉）放大到河坝支个锅做一点饭叫我妈吃。”他们三个终于走到了秦岭南麓的柞水。在一个废弃的猪圈里住了三个月后，一个曾施舍过他们的好心妇人帮他们在一个富足的余姓地主家找到了活干。

秀珍从来没有见过这样的人家，主人在七个县都有租收。① 主人家的女人们都戴着镯子，穿着缀银的鞋子。她母亲帮这家人看孩子，秀珍则负责缝衣制鞋、碾粮食、上山割猪草，换来一天两顿玉米粥。② 为了满足余家的苛刻要求，秀珍完善了针线功夫并得到主人家的褒奖，说她的针线活做得比之前的那个女孩要好。

不会再濒临饿死的边缘了，余家也从来不打她。但秀珍把这段时期说成是她生命中没有什么人格的一段时期。“我装聋子，装哑巴，装瞎子，你骂我，我就装聋子没听着。看着啥事情不平不等，想说话不敢说，就不说了，装瞎子，看着那事情做的香脑子通不过（注：接受不了），那你只有眼窝挤下（注：眼睛闭住），就这样在他屋里奴了三年。”

当秀珍听说礼泉和咸阳又有了雨下的时候，她跟余家说想要回家。这时地主余家已经替秀珍和她丈夫盖好了两间茅草房，并安排她去一个姓方的村长家工作。她怀疑余家想让方将她的丈夫收为养子——方的独子是个聋子。她跟丈夫说，如果不快点走，他们可能永远也回不了家了。“我想这不对，我还有我屋里呢，我（注：我们）年馑不遭了，我还有我老人呢，我还

---

① 根据土地改革时期收集的数据，1949 年，秀珍家乡礼泉县十八万人中只有约三千人（或二百四十户家庭）被划为地主，四千人（或三百户家庭）被划为富农。平均每个地主占有的土地达到了 13 亩，而贫农、下中农（四千多户家庭，九万多人）的平均土地占有量为两亩多一点。一万多户家庭中的三万七千多名中农占有的耕地超过 50%。地主和富农仅占总人口的 4%，但他们却占有约 30% 的耕地（礼泉县地方志 1999 年，第 294 页）。然而，由于地主的人数很少，秀珍不太可能跟地主家庭有太多接触。

② 据一份已发表的对她的采访报道，她为地主家的小妾做饭和针线活，她的丈夫则为地主家干农活，她母亲给小妾的嫂子跑腿办事（张如云、张自强、赵国玺 1992 年，第 16 页）。

有我先祖呢；我不能就在这丧了良心。”方家不愿放他们走，但是秀珍向他保证说她只是想回家看看。

当秀珍和家人返回到礼泉娘家的时候，发现以前住了五百户人家的村子现在只剩下二十个人。一百多座房子也没有了，被路过的逃荒难民或落脚的人拆毁了，正慢慢地消失。在那个基本被废弃的村庄被频繁出没的强盗土匪骚扰了一年后，他们逃到了到上韩的山区——那个地方处在秀珍的娘家和婆家的中间地段。1936 年，秀珍产下了第一个孩子，一直到 1947 年，她又生下四个孩子，但是没有一个活到了成年。

1935 年左右，在秀珍从余姓地主家回来后住在上韩的时候，她看到共产党八路军一小队战士牵着骆驼经过。他们走得很快，留下一堆红红绿绿、贴得到处都是的标语，标语写着“抗日救国”。这些士兵没有停下来，也没去任何人家里，但是秀珍很害怕。她把粮食都收好，一直等到他们过去。这是她第一次见到共产党。

到 1938 年年初，秀珍一家又搬到了陕西东部边缘的潼关县的太要。这里是她丈夫家的祖籍。在他父母搬到西边的顶天寺之前，他祖父母曾住在这里。秀珍和丈夫在太要联络上了一帮亲戚。① 对他们来说，因为跟亲戚们有联系，潼关比秀珍那饱受蹂躏的娘家村庄更安全。但潼关那时是陕西是最危险的几个地方之一。日本军队正猛烈向中国北部进攻，就在黄河北边的邻省山西扎营。② 秀珍到达潼关两天后，日军很快就穿过黄河，轰炸了潼关火车站和去西安的路，想要在陕西建立据点。很多人和牲畜都丧生了。③ 作为回应，整个 1938 年国民党军队都聚集在黄河南岸，轮换固守，隔着风陵渡发

---

① 潼关县受到干旱的重创，许多农民都逃走了。到 1933 年中，一个经过潼关的旅人发现，大部分农民都回来了（顾执中、陆诒 1937 年）。1938 年，由于日军侵略邻省山西引起人口流动，潼关县的人口扩增到了 60877 人，比民国元年增长了近 57%（《潼关卷》1997 年，第 37 页）。

② 《潼关卷》1997 年，第 15 页。

③ 秀珍给出的日期非常具体，但她在阴历和农历之间来回穿梭，有时并未说明她用的是哪个。她说她是第一个月的 29 日到达潼关的，轰炸发生于第二个月的第一天。当地方志说轰炸的日期是 2 月 28 日。

起进攻并阻止日军渡河的企图。① 日军没有占领潼关，但是占领了潼关的周边地区。而国民党军队的纪律问题和他们的物资供应需求让当地百姓的日子十分难过。②

秀珍的丈夫很快应征入伍，当了一个传令兵，她和年老的母亲则在丈夫的老家安定下来。（直到多年后的“文化大革命”期间，秀珍才知道她和家人为了获得这块土地要付出多么惨痛的代价）她也租了一些土地。她母亲不久后就死了。对秀珍来说，最急迫的问题是如何支撑下去并养活五个孩子。她丈夫在这段时期很少回家，秀珍是家里唯一的劳动力。

裹脚和农活

山秀珍将近十岁的时候，她母亲才开始帮她裹脚，但秀珍父亲一直反对这种做法，后来秀珍终于在 11 岁的时候放了脚。第二年嫁进山里时，她很庆幸自己有一对天足。“不是这两个脚（注：没缠的脚）你敢说你还咋（注：大脚走路方便）。像我这年龄人的脚像这大儿，这大儿（用手示意约有三寸），就这么大儿，我是大脚，人说脚大没人要，婆家见不得，那我这就到婆家屋里去，我婆家大也没嫌过我，我老汉也没嫌过我，我就这净脚（注；没穿鞋袜），净脚就在那地里做活，山里跑，在北山上一天吆牛，担柴，到山里割柴、担柴，那天日我曳犁、曳耙、曳耱，还曳辘轴碾场（注：用于放农作物的场地），把这儿（注：肩膀处）用根绳绊住，把这儿都勒得红红的，勒得乌青（注：紫色）。”

生在 20 世纪头 20 年的女人，小脚仍旧被看成是出身优越的标志和

---

① 《潼关卷》1997 年，第 15—16 页。有关这些战役的更多细节，见潼关县志编纂委员会 1992 年，第 18 页；郭润宇 1992 年，第 266—67 页。

② 1949 年以前，潼关县人口密度最大的年份是 1938 年，每平方公里 136.8 人。潼关因地处关隘，进入山西或陕西都要经过此地，据一份地方志载，潼关的人口流动极为频繁，尤其是历史上每临战事，守关将士、流亡难民、政界要员、商贾等多在此处入口和出关（《潼关卷》1997 年，第 53、54 页）。其他我们访谈了大量妇女的县——渭南、南郑、丹凤、合阳——没有直接受到日本人的袭击。

未来理想儿媳妇的一个特征。脚裹得很早很紧——有个妇女称之为“真缠脚”——是有钱人家的专利。后来的劳模曹竹香解释道：“唉，真正的把脚缠小的哪能也都是有钱家，讲那小脚小金莲么。咱这一段农村家里没人的，也缠脚呢，可不是那么碎（注：小），财东家讲究小脚，做的那花鞋在茶碗里放呢。”① 这些有钱人家的女人们都幽居深闺。

如果穷人家的女孩也裹脚，她们裹脚时的年纪要比有钱人家女孩裹脚时的年纪大。贫困和家庭灾难常常战胜了社会习俗。后来也成为劳模、出生于1908年② 的张秋香就从来没有裹过脚。她说：“后此没有妈了，没人管。”③ 陕西省南边的冯素梅的母亲跟张秋香差不多同时出生，“但屋里穷得很，都没钱给她买裹脚布”。④ 曹竹香1918年生于渭南，从来没有裹过脚：“要缠脚都是四五岁的时候就给你缠了，说要缠，后来那大人娃多了，也就没给缠，可是一直都穿那布袜子，夹袜子，把脚夹住，不准你黑了脱，给你不缠，叫你脚再不要长，不让你黑了脱袜子。”

即使是年轻女孩子，对缠足这件事也态度复杂。一个生于1912年的女人说，她每天白天裹脚，晚上就在被子里偷偷地放脚，最后因为这种做法被打。还有一个晚20年出生的女人回忆说，在她母亲认为裹脚很痛苦让人无法走路，因此拒绝帮她裹脚后，她曾试图偷偷自己裹脚。⑤ 到了20年代，像秀珍家这样的基督教家庭停止了缠足。然而尽管父亲们愿意摒弃缠足这种做

---

① 与曹竹香的访谈，1996年。

② 渭南地区农业合作史编委会编1993年，第511页记载张秋香的出生年份为1908年；渭南县志编纂委员会1987年，第617页记载的是1903年。1956年她成为植棉冠军时关于她的一份材料说她当时47岁，那么她出生的时间应为1909年或1910年（妇联178–161–074）。

③ 与张秋香的访谈，1996年。

④ 与冯素梅的访谈，1997年。

⑤ 与冯娜（2001年）、李小梅（1997年）的访谈。这份来自四个主要地区的叙述可能不能体现所有的地方差异。一份前妇联干部报告说，位处西安西的兴平县，20世纪30年代出生的妇女们基本上都缠足，还说在50年代初土改运动期间发起了一场大型运动劝说人们给他们的女儿放足（1996年与刘招凤的访谈）。

法，很多母亲因为担心自己的女儿将来嫁不出去，依然坚持要女儿缠足。[①]

20 年代，地方政府开展过反对缠足运动，对进行缠足的穷苦家庭予以处罚。秀珍走在时代的前沿：她在 1925 年左右就放了脚，而四年后礼泉县才设立天足会，禁止缠足。[②] 曹竹香娘家的村庄靠近县城，她回忆道："县上那县长他成天来检查哩，他后面那些人背个杆杆子，挑的那裹脚啦，挑的那尖尖鞋宣传哩，男的剪帽根子，不让给娃缠脚。过去男的都有辫子，叫人家见了，给你剪成短帽根子。女子再叫人家见缠脚，把你挡住，给你把裹脚一折，把那挑上就拿上走了，村里人再见那来了，就都跑了，大人就不让你出去。"[③] 关中和陕南地区 20 年代或之前出生的妇女通常都是裹过脚的，但是在那之后出生的则没有。[④]

缠足可能会妨碍、却从来不会阻碍田间劳动。缠足的废止绝对让参加劳动更容易。农忙季节，穷人家的女人通常都要去地里劳动，就像 T 村的一句俗谚说的那样："麦典糜黄，绣女下床。"[⑤]（女人坐在炕上织布和刺绣；此处"下床"的意思是到地里去）

关中是典型的旱地种植地区，秋天播种冬麦，到来年初夏收割，秋天收获大豆、玉米和棉花。很多农民也在秋天种鸦片。[⑥] 犁地、耙地和耱地

① 与张自珍的访谈，1999 年。有关晚清时期陕西缠足的普遍性及其对婚姻的必要性，见尼可尔斯 1902 年，第 134—135 页。有关缠足作为一种习俗和表征，见高彦颐 2005 年。

② 礼泉县地方志 1999 年，第 28 页。有关天足会此前在渭南地区的活动，见渭南地区地方志编纂委员会 1996 年，第 270 页。

③ 与曹竹香的访谈，1996 年。

④ 与宋玉芬（1997 年）、冯素梅（1997 年）、刘凤琴（1996 年）、乔引娣（2001 年）、周桂珍（1996 年）的访谈。

⑤ 与王兆如的访谈，2004 年。

⑥ 与乔引娣的访谈，2001 年。据卡普兰墨里（[Kaplan Murray] 1985 年，第 234 页）描述，18 世纪也是这种耕作形式，不过不种鸦片。她说 19 世纪末，玉米成了一项主要的粮食作物，随之兴起的还有棉花种植（第 296—311 页）。卜凯（[Buck] 1964 年［1937 年］：第 58 页）在民国时期的调查指出，20 年代末和 30 年代初，玉米主要是春季作物，但一些地方夏季也播种玉米。弗美尔（1988 年，第 256 页）说，从 50 年代初期，玉米的产量增长十分迅速。弗美尔 1988 年，第 222—289、324—382 页讨论了从 30 年代到 80 年代的土壤、肥料、耕畜、种子品种和耕作形式。英国副领事台克满（[Eric Teichman] 1921

一般由男人们来做，他们也负责播种。① 姑娘们和妇女们给麦苗锄草，夏收的时候割麦捆麦。② 关中地区的秋收季节，女人也给牛套挽具，割玉米、拣豆子，用小轮车把庄稼推回家，分清良莠。③ 收割完成后，村里的男人会到东边更远的村庄里去当临时的麦客，很可能留下女人们去负责收获玉米和谷子。

G 村更北的地方，更穷的人家在附近的大坝两边的底下都种上庄稼，家里的女孩和男孩一起帮忙开垦荒地。④ 他们从深井里抽出极少的水以供日用，还要提水浇灌峡谷里的土地，一次提一桶水。回来的时候从则谷底拖柴火出来。一个由守寡的母亲带大的男人回忆：我妈拿着镢头就到老灵（地）里 pan（砍）刺，过去的妇女扛着锄都不放在肩上，灵里砍的刺（注：树林里砍的柴）都从地里就是拉着柴回来。绞水，我 zha（这里）的占（注：井）原来的水 48 丈，我妈就摞到井上担那一绞放在台上，门和有好人过去就会给担，一吃水就是靠那，烧火就是靠这。⑤

年，第 84 页）将渭河平原描述为“关中地区最大的植棉区域”。棉花是主要作物，并在 19 世纪头十年出口到日本。19 世纪末，有些土地也用于商业生产鸦片，这是一项秋季种植农历三月份收获的作物（卡普兰墨里 1985 年，第 73—74 页）。1920 年，台克满（1921 年，第 vi 页）写道，鸦片曾在 1916 至 1917 年间短暂地遭到禁止，但到了 1920 年，又恢复种植并被当地官员课税。到了 20 世纪 20 年代末，渭河流域广泛种植鸦片。卜凯发现，渭南的鸦片占了种植区的 7.7%，64% 的农田种植了鸦片（卜凯 1982 年，第 178、184 页，引自卡普兰墨里 1985 年，第 79 页）。民国政府在日本人侵后曾试图禁烟，将农田转为种玉米和棉花（沈宗瀚 1977 年，172—173 页）。

① 做这些农活所使用的农具数千年来未曾改变：牛来拉犁，剩下的工作则由人来完成（礼泉县地方志编纂委员会 1999 年，第 293 页；1996 年与曹竹香的访谈）。

② 与周桂珍（1996 年）、张秋香（1996 年）、乔引娣（2001 年）、张朝凤（2001 年）的访谈。晚清一位经过陕西的旅行者说道：“打理棉花作物是女人的专职。她们采摘棉花，将之纺成线、织成布并染上颜色，为全家做衣裳。”（尼可尔斯 1902 年，第 129 页）

③ 与曹竹香的访谈，1996 年；与刘凤琴的访谈，1996 年。

④ 与雷彩娃的访谈，2001 年。

⑤ 与杨贵石的访谈，2004 年。据贺大卫（[Holm] 2003 年，第 866 页）描述，合阳县的妇女也是用类似的方式取水。他写道：“这项费时的工作产生了一种非正式的妇女关系网络、一种井边的姐妹会，这成了合阳乡村生活的一个特色。”

水稻是陕南的主要作物，一年两熟，女孩和女人们通常帮忙插秧和给秧田除草。[①] 在陕西南部冯素梅家所在的村庄，有俗谚说："有女莫给贾家坝，罐罐把水氽坷垃。"素梅的母亲从井里打水去浇稻田，一次提一桶。等到素梅和弟弟可以自己提得动小桶的时候，他们也跟母亲一起打水。[②] 陕南的姑娘们也背着篮子上山割草喂牲畜、拾煮饭的柴火、找野菜以补贴家里粮食的不足。[③] 关中和陕南很多家庭都种植少量的棉花，女孩和妇女们的工作是把棉桃摘下来带回家中，摊放在院子里晒干，晚上则把原棉挑拣出来。[④] 在有些家庭，棉田间苗、锄梦花、给棉花打顶等工作全都由女人来做。[⑤]

1949 年前数十年，男人离家去别处做长工是很多家庭使用的策略。[⑥] 这些家庭能够获得男人寄回来的一些收入，但是田里的工作就留给了更年长的男人、妇女和孩子。士兵和寡妇家庭也是如此——不过外面并没有钱汇回家里。三四十年代的陕西，女孩和妇女不仅是在收获时节到田里劳动以弥补男劳力的不足。考虑到男人普遍都不在家，农事就成了女人的主要工作。

曹竹香的夫家没有成年男子，家里的农活一开始是靠她兄弟和侄子帮忙。[⑦] 马丽的母亲带着两个年幼的孩子守寡，让哥哥种她家的地并给他一半的收成。[⑧] 然而，女孩和妇女们会经常加入进来替代男人的角色。G 村的童养媳刘谷雨，丈夫去当兵了，她便跟着公公一起播种、犁田、施肥、帮忙用铡草机给骡子准备草料。她的婆婆恼火她没有做女孩儿该做的家务活，会经

---

① 与钱桃花（1997 年）、冯素梅（1997 年）、李六斤（1997 年）的访谈。

② 与冯素梅的访谈，1997 年。

③ 与钱桃花（1997 年）、王友娜（1997 年）、李秀兰（1997 年）、张秀丽（1997 年）、鲁玉莲（1999 年）的访谈。

④ 与周桂珍（1996 年）、刘真西（2006 年）、钱桃花（1997 年）、张朝凤（2001 年）的访谈。

⑤ 与曹竹香的访谈，1996 年。

⑥ 与刘真西的访谈，2006 年。王西芹（1996 年访谈）的丈夫来自 B 村，14 岁时便开始在渭南一家小店做工。李秀兰（1997 年访谈）的父亲住在 T 村，30 年代离家到外面去做木匠。冯娜（2001 年访谈）未来的丈夫住在 G 村，也在 20 年代和 30 年代外出做过长工。本章有很多童养媳们进夫家门时未婚夫都不在家的故事。

⑦ 与曹竹香的访谈，1996 年。

⑧ 与马丽的访谈，1999 年。

常吼她："我娘一天把我嚷的说叫你一天 fe（纺）花，你一天懒的光给你大 po 草（割草）。"谷雨要在天黑以后纺线，但她很快就对此感到厌倦。她宁愿到外面的地里去，① 干一些未婚夫在家会干的活。

像中国农村的很多地方一样，关中和陕南农村未出嫁的姑娘们是不应该出家门的。然而，尽管穷人家出身的姑娘在她们的故事中不断强调深居闺阁是定式，她们回忆中的具体内容却老是提供了另一番景象。生于 1918 年的曹竹香回忆道，她年轻的时候，女孩只有到了黄昏才准许出门，有时她们会一堆堆地扎在一起讨论她们的嫁妆。她记得自己五岁以后的大部分时间都是在家中的院子里度过，被教着如何纺织。她也讲述了帮哥哥推运粮车（他将面粉运到县城和其他地方），并从哥哥的空袋子里刮下面粉细末，和着她从地里摘来的野菜一起煮给家人吃的故事。她记得自己一直到十一二岁还去地里挖土，随后就让待在家里。但她也说自己在 14 岁时第一次来月经的时候正在田里收鸦片。② 社会要求未婚女子待在家里的规定是如此严格，妇女们记忆起来的都是有关自己被关在家里的事，但是她们故事的具体细节却表明事情并非如此。

已婚妇女也被认为只能外出去探访娘家。就算是她想在正月元宵的时候从门口观看村里的喜庆活动，也要穿上妇女在公共场合出现时应该穿的长裙来遮住其他衣服。③ 然而，这种社会规范如缠足一样，在人们的想象中占据的地位比真正在穷人的日常生活中起的作用要更大。对于那些丈夫外出工作或被征兵的妇女而言，"内""外"活动之间的界限很模糊，这跟传统的"男耕女织"说法里描述的明确的劳动分工有很大出入。

---

① 与刘谷雨的访谈，2001 年。

② 1902 年，一位去陕西的旅人指出："但如果陕西没有酒鬼，那么鸦片烟鬼便填补了这个空白。这块土地上饱受鸦片祸害的人们要么在路边乞讨，要么在睡在屋檐下，要么懒散地游荡在茶馆里的长凳上。总能从满脸菜色和褴褛的衣衫上将他们辨认出来。"（尼可尔斯 1902 年，第 132 页）。据弗美尔（1988 年，第 4 页）说，长期以来的禁烟运动一直到 1939—1940 年才成功，当时日本人的入侵迫使很多国民党官员迁到中国西部地区。更多细节见第 325—329 页。

③ 与刘真西（2006 年）、何改珍（1999 年）的访谈。

例如，山秀珍在逃荒一结束就开始农事耕作。“靠我种着哩，靠谁种着哩，抗日战争抬伤兵，挖战壕男的就不在家嘛。”她种了小麦、一小块地的棉花和一些西瓜来卖了换现钱。她和母亲夏天种玉米、谷子、大豆。但仅靠种地并不足以维持开支。潼关县县志记载说秀珍独自耕种的那四年一直遭受旱灾，虽然没有一场干旱像那场让她远走秦岭的大旱那么严重。[①] 每年秀珍种的粮食里最好的三十斗都送去了给地主交租。据她回忆，每个月还要交一定数量的小麦。家里粮食不够吃，她就去借，但借的条件是非常苛刻的。“吃一斗苞谷给还一斗麦，一斗麦给还二斗苞谷嘛。”

还有一种认识增加了像秀珍这样的妇女的压力，那就是，认为妇女到地里劳作会遭到欺负和羞辱。鲁玉莲的母亲，陕南一个 27 岁的裹脚寡妇，试图要种家里租来的四亩（近四分之一公顷）水稻田。尽管玉莲的母亲能够承担耕种的工作，她却无法满足当地政府的提出的钱粮要求。“我记得我总是七八岁时，那要粮要款我妈真啥给得。人家还把我妈绑到一棵树前，要款你莫得哟（注：没有）。我那姑父，乡上的乡长是自己人。这我连哥两个都是小人，莫办法。就去求人家那姑父，叫把我妈放回来。以后才把那地叫我姑父种下，我姑父一种，人家都不要粮不要款了。我种人家就颇命要（注：要得非常厉害）。”对像玉莲的母亲这样持有很强的女德观念并坚持不改嫁的寡妇来说，这是一段极其丢脸的经历。由于把田租给男性亲戚种只能换来四成的水稻收成，她并没有足够的粮食养活家里三口人。她和孩子们便将米磨成粉拿到山里去换玉米，靠着更便宜的的粮食和野菜汤艰难度日。[②]

秀珍说，“咱也穷得很，干时羞羞答答的嘛。旧社会穷人的妇女也经常下地割麦担粪，啥活都能做，就是做时不朗然。就是羞羞答答。你咋不知道那可怜家里没人做，[③] 抗日战争时期，男的叫拉夫抬伤员不在屋，那地里活

---

① 据潼关方志记载，1942 年夏旱，1944 年春、夏大旱，1947 年大旱且全年的收成都低于正常水平，1948 年夏旱（潼关县志编纂委员会 1992 年，第 89 页）。

② 与鲁玉莲的访谈，1999 年。

③ 秀珍用的“人”这个词可以翻译为“人们”，但在关中方言里，“人”指“男人”。见本章结尾处的讨论。

女人不做叫谁做呢嘛，你还要吃呢，国民党还要款呢，你不做咋办？”

也还有一些更直接的原因让女人害怕到地里工作：在那种不断被土匪和士兵侵扰的环境里，一个女人抛头露面是危险的。秀珍在潼关安顿下来数年后，一个同村的人对她丈夫说：“给我老汉说你看你媳妇子出去危险不危险（注：特别危险），我那个危险区通过渭南地区，那儿人都知道。”到田地里去的女人们十分清楚自己的贫穷和脆弱。

织　布

山秀珍到了8岁的时候，母亲为她架好了纺车。和许多其他年轻的姑娘们一样，她被要求白天纺棉，她母亲日夜不停地工作是楷模和激励。“我娘对我十分严厉，我害怕她。她晚上做针线活，只有她不工作了你才可以不纺了。我为别人纺棉，不是为我自己。你也不能逃走。”年轻姑娘们的母亲给她们分配了纺织量，一天要纺两到三个或五个穗子，每个穗子有半盎司到一盎司重的线。只有她们完成了任务，才能出去玩，虽然也有些人回忆说，一旦周围没人监督，她们就出去玩；一看到大人来了，她们又马上坐下来勤奋地纺线。① 她们也学会了弹棉花，为纺纱做准备。② 她们将纺棉记忆成是使母亲的生活和自己的童年“恓惶”的一部分原因：夜里工作，太穷而点不起油灯，就着香头的亮光给纱锭缠线。③ 但纺棉的记忆里也充满着了社交的乐趣：到别人家去纺棉，将十几辆纺车聚到一个大房间里一起纺。④

农村的女孩们经常在十几岁的时候就已经学会织布了。年长一点的亲戚或邻居会教她们在织布机上打结，然后让她们练习织布却不会把线弄

① 与钱桃花（1997年）、王友娜（1997年）、冯娜（2001年）、周桂珍（2006年）、张朝凤（2001年）、冯素梅（1997年）、雷彩娃（2001年）的访谈。

② 与刘谷雨的访谈，2004年。

③ 与杨安秀（1997年）、冯素梅（1997年）的访谈。

④ 与欧阳秀（2004年）、周桂珍（2006年）、雷彩娃（2001年）的访谈。

断。[1] 通常，关中和陕南的妇女一年要用家里纺的或买的线织几千尺的布。布织成长细条状。粗布织得更快，用来当手帕和制麻袋；一套衣裳需要七八尺细布。如果一个家庭负担得起，他们会把厚一点的布留给自己用，把松一点的卖给别人。[2] 每到春节，妇女会给孩子们准备新衣，并在力所能及的情况下也尽量给大人们准备。每年人们都把棉袄里面的棉花掏出来，只洗夹衣，然后再把棉花塞回去。[3] 新布在家染色；里面的衣服染成浅色，外面的则染成深色。[4] 水稻种植区的妇女用树叶和田里的泥将布染成黑色。[5] 在没有水稻田泥的地方，女人们把石榴的叶子和皮用水煮后来生产黑色染料。[6]

纺线、织布和针线活是代表女子技艺、勤劳和节俭的典型标识。妇女们记得自己刚开始是如何笨拙并受到斥责的。但是在别的极少数的没有经历过困苦、回忆起来的情感也不仅是“恓惶”和害怕的故事里，有关纺线的讲述也并不相同。妇女们回忆起如何为自己日益精进的技艺感到高兴，如何得到平时没有精力或无意赞美自己的母亲的赞许，以及如何在不利的环境下展现出创造力。

“我纺线都十来岁了，我妈笑着说我大鸭子上了架了。”（王西芹 2006，生于 1932 年）

“织布好学。腰里带个盘腰带，脚踏里，手搬里，有花的、道道的、块块的，你看有人家织的啥好，就织啥。”（张朝凤 2001，生于 1934 年）

“我织布织得迟，先着我妈嫌我织那布不好，她做下的活比我做的好，她就不让我上她的机子，实质织布是在二十多岁时织的。我跟上她看我也会做，会弄线、安机，我学的做比她还织得快，纺线也比她纺得快，她那线光，我那线毛绒绒的，慢，我拿那一浆，毛线就出去了，后来她见我会做

① 与欧阳修（2004 年）、周桂珍（2006 年）、刘凤琴（2006 年）的访谈。

② 与曹竹香 1996、2006 年的访谈；与乔引娣的访谈，2001 年。

③ 与周桂珍的访谈，2006 年。

④ 与周桂珍的访谈，2006 年。

⑤ 与李六斤（1997 年）、冯素梅（1997 年）的访谈。

⑥ 与张朝凤的访谈，2001 年。

啦，她让我做哩。”（山秀珍 1997，生于 1913 年）

战争期间丈夫不在家，山秀珍把租来土地的四分之一都种上了棉花，共收获了四十五斤（约五十磅）原棉。她弹棉、纺线、织布，然后将之卖掉。速度很重要，因为她需要用这笔收入去偿还她借的粮食。她两天就可以纺一斤（1.1 磅）线，一直工作到深夜。这相当于十斤米的收入。她四天就可以织十丈（109 英尺）布，织好的布都不会用来给家里人做衣裳——设法获得足够的食物才是最重要的。

关中和陕南地区农民身上穿的一针一线、衣服和鞋子（可能结婚用的红布除外）① 都是当地的姑娘和妇女们制作的，尽管有时候精通做某样东西的家庭也会拿着这样东西去别家交换其他东西。对一些丈夫已经去世、离家或有残疾的妇女来说，她们生产的布匹和做的针线活计是家里唯一的经济来源。② 曹竹香说：“有地的有地，没地的还得靠两个手。”③ 杨贵石是家里唯一的儿子，父亲应征加入了国民党并再也没有回来。他说自己十二三岁前从未见母亲睡过觉。“就是我妈含辛茹苦把我养大，就是靠过去织布、纺花。记得岁岁（很小的意思）黑了哄的教娃睡着，早上起可把娃叫起来，就没见过我妈睡觉，因为有时她们是黑了织布，就这个每天到会上把织的卖掉，赶集，我这到路井镇上，到会上一卖，卖的钱换成棉花可自己弹。巷里像我妈那里情况的人也不少。她们几个相跟上到路井一卖，换上些棉花。”

就算是耕地有收入或者家里有男人从外面寄钱回来的人家，织布和针线活也很重要。妻子、女儿、儿媳都纺线，织布，做鞋子，拿到市集上去卖。她们用这些收入去还债，交征兵税，买粮、油、盐、原棉、线（如果她

---

① 与刘谷雨的访谈，2001 年。

② 与张朝凤（2001 年）、高贞贤（1997 年）、王西芹（2006 年）、李六斤（1997 年）、王友娜（1997 年）、冯娜（2001 年）、于小莉（2001 年）、王兆如（2004 年）的访谈。2006 年，刘真西凭着记忆将各户人家一一点了一遍，他估计，B 村 42 户家庭中，最穷的 12 户的妇女产布卖。

③ 与曹竹香的访谈，2006 年。

们织布），布（如果她们纺纱）和其他一些杂货。[①] 有时候女人会揽邻居的织布活，对方提供线并付她工钱。[②] 如果男人在家，他们会把布拿到市镇上去。然而，大多数情况下，都是女人们带着织好的布离开家到村里或邻村去赶市集。[③]

一个妇女到达陕南的某个市集后，就会发现很多其他妇女也在卖东西和买东西。“都是抱到怀里头，织了几匹布，抱到怀里头，纺线的呢，卖个捆捆——两个穗子拐一个爬嘛，八爬线摁一摁是一斤，就是个一块几毛钱。钱也给，换棉花也换呢。换一斤半，也有一斤四两的。一斤棉花能纺一斤线。都是妇女来回交换，没有布贩子。卖给这些农民，（那）都是穷的（这）布啊。还是这些人买嘛，那庄户又不兴把扯到外头去。有买布的嘛，有不会（织）的，买些布回来穿嘛。”[④] 如果用1斤线换了1.5斤原棉，那么多出的半斤原棉代表了获得的利润。这半斤原棉可以直接卖掉、纺了再卖，或用来换食物。[⑤] 同样地，除去买原棉的的花费外，一块布也能带来几分钱的利润。[⑥]

妇女们也做草鞋、布鞋和刺绣品卖。[⑦]20 世纪三四十年代，后来成为全国劳模的张秋香当时才刚结婚不久，便到附近一个五天一开的市集去卖自己做的鞋子和买回做下一双鞋的材料。她一天一夜就能做一双鞋，每次赶集卖

---

① 与庄小霞（1996 年）、山秀珍（1997 年）、曹竹香（1996 年）、杨安秀（1997 年）、钱桃花（1997 年）、刘冬梅（1999 年）、乔引娣（2001 年）、雷彩娃（2001 年）、马丽（1999 年）的访谈。

② 与钱桃花（1997 年）、王友娜（1997 年）、李秀兰（1997 年）、李六斤（1997 年）、马芳贤（1999 年）的访谈。

③ 与张朝凤（2001 年）、刘存雨（2001 年）、刘真西（2006 年）、庄小霞（1996 年）、王西芹（2006 年）、曹竹香（2006 年）的访谈。

④ 与李六斤的访谈，1997 年。有关市集上的妇女，亦见与李秀兰的访谈，1997 年。

⑤ 与杨安秀的访谈，1997 年。

⑥ 各个地区的市集都不一样。T 村一般都是当地人去赶市集，妇女也不会拿她们织好的布到附近的山区去卖。关中的 B 村有从外面来的布商和当地人一起买当地妇女织的粗布或细布。Z 村的妇女和她们的男性亲戚则通常一起拿布到山区去换粮食（与李六斤 [1997 年]、曹竹香 [2006 年]、马丽 [1999 年] 的访谈）。

⑦ 与马丽的访谈，1999 年。

五双，三十到四十分钱一双。[①]40 年代末，郑秀花和她的兄弟在当地市集卖手工制作的草鞋。她也在那个时期学会了给枕头绣花和做门帘。这些绣枕和门帘被年轻的姑娘们买去当嫁妆。“那我扎花扎的好，这街道还没有比我扎花扎的好的。有人拿那不好的枕头四块或三块半，我的卖五块。”秀花把钱交给母亲去买粮食。由于秀花父亲跟张奎的共产党游击队去打仗了，母亲则靠孩子们做针线活和自己从纺线、织布、搬柴和洗衣服挣的钱来养家。[②] 对穷人家的姑娘和妇女来说，在公共场所售卖纺织品和鞋子是常见的生活的一部分。甚至那些认为女子幽居深闺才是常态的讲述者们也实事求是地详述了这种情形。寻找食物、农耕、纺织、缝纫和刺绣——女人们在壮年男子不在家的年月里七拼八凑地维持着生计。

失　去

妇女们 1949 年之前的生命故事中总穿插着饥饿、重病、被迫的分离和死亡。她们把这些事件说成是个人的灾祸，但也常常将这些事件跟显著的历史事件联系在一起：1928 年的大旱灾、1932 年的霍乱大流行、1942 年河南的饥荒、全国打击盗匪运动、国民党的征兵政策。这些大规模的事件影响到了每一个人，但对女孩和青年妇女的影响尤甚。这些女孩和青年妇女要么被送到别处去当住家劳工、童养媳、新娘，要么由于丈夫不在家或去世而成了家里的主人。她们中很多人的孩子都得新生儿破伤风、麻疹或痢疾死了。这些女人还是幸运的——那些死于饥荒或生孩子的妇女，丈夫失踪或死后自己也没有活下来的妇女，或被卖到青楼的妇女则没有留下任何故事。

在戏剧性饥荒的间歇中，平时饥饿的记忆也遍布在关于 1949 年之前生活的故事里。很多关中的农民种麦子，但只有家庭条件好些的才会自己吃。馒头和稀粥就着干辣椒和野菜叶，如果有油就搁上一点儿油。[③] 在陕南种植

① 与张秋香的访谈，1996 年。

② 与郑秀花的访谈，1999 年。

③ 与张朝凤的访谈，2001 年。

水稻的地区，妇女们谈到过去吃卖不出去的碎米粒的事情。这种碎米粒现在都用来喂鸡和猪。① 像张朝凤这样从小被走投无路的父母卖掉当童养媳的妇女，记得最清楚的就是认为新家有足够的吃的。②

那场把山秀珍送进山里的旱灾还没有完全消退，霍乱又席卷了关中地区。从1932年的6月到8月，渭南县有逾五万人死亡，“村户萧条，尸骨遍地”。③ 曹竹香的父亲、三姐、姐夫也未能幸免于难。“那瘟疫么，把那病都叫“呼里拉”么，那死的人多的很，那热天人都不做啥，伴（正）说着闲话呢，那就把命要了。有头没脑的，回去也不知道就把命要了，睡一晚上你都不知道这一个村子出事的有多少呢，死男、女的、老的、少的，有的那一来，全家子，就我这个村子，多少家现在都没人了，没了现在这么大个村子，南北二村就剩下四十来家了。”

1941年④，陕西的南郑县，一场过早的干旱让完全依赖降雨的当地农民无法把秧苗种到田里。李六斤的母亲已经到一百里外（约三十英里）的山里去了，靠做针线活换来的玉米来养活六斤和她患病的父亲。这种建立在母亲离家工作基础之上的权宜之计，显然不足以养活父亲和女儿。几个月后，六斤被送给另一户人家当“押身女”，以确保那户人家接下来生的孩子都可以存活下来。她过的其实是童工的日子。“我那时才十一岁。推磨，在磨坊里。一天给了个牲口，红马马。推大斗是四斗麦子的面，三十斤一斗嘛，推三四一百二十斤面，从早到晚一天钻到磨道里给人家咣当咣当搬罗柜，以后除吃饭了把牲口喂一下，连头都顾不得梳。下午磨推毕了，又到南龙寺海子坝去给割草，是在谷桩（茬）田里割那个爬（长）起来的青草，割回来喂牲口。晚上来呢，还给你些棉花坐到那线，喔毛盖子（头发）直接鬏（jiu）的

① 与杨安秀（1997年）、鲁玉莲（1999年）的访谈。

② 与张朝凤的访谈，2001年。

③ 渭南县志编纂委员会1987年，第17页。合阳县有2129人死于霍乱病（合阳县志编纂委员会1996年，第13页）。据记载丹凤县也有霍乱（丹凤县志编纂委员会1994年，第20页）。

④ 南郑县地方志编纂委员会1990年，第141页。

是——协税个前街，后街，从喔走，人家说，哎哟这个女子的脑壳呀锈得喔哟，就像个锈头呀是的，喔擀了毡了（注：指粘乎乎的头发）就是喔，塞成疙瘩，一下拉车到援下来一坨坨虱子是乱爬，就是喔，头都顾不得梳！黑了还得坐那纺一个穗子线才得睡瞌睡。早晨爬起来又是推磨。我记那有一天叫给做饭呢，那么把饭煮得包了浆了，没煮熟，哎呀我按到美呀打了一顿。”幸好半年后，六斤的母亲从山里回来了，把女儿赎回了家。①

第二年，邻省河南爆发旱灾。残酷的政府持续压榨，使旱灾很快演变成了饥荒。购买一个河南女人的价格降到了以往平常水平的十分之一，十多万名难民逃往陕西。② 一个男人带着三个女儿启程出发，女儿们分别是15岁、12岁和10岁，姐妹仨轮流到一辆三轮车上去坐。他们在河南一直吃煮麦草，身子都是肿的。家里人决定，让姐妹三个活下去的唯一办法是将她们送往陕西合阳县嫁掉。她们的一个姑姑在合阳有亲戚。当一个地区爆发灾难的时候，通常都是社区里的女人提供救命的联系，因为她们是从别处嫁进来的，在其他地方有亲戚。

父女几个到达河南洛阳的时候，天正下着雪。他们蜷缩着挤在一床被子底下痛苦地捱了几天之后，扔掉了三轮车，踏上了去合阳的火车，然后步行到了离G村不远的雷家庄。在亲戚的帮助下，父亲在陕西一直待到帮女儿们找到婆家。他没来得及见女婿们就回河南去了。大女儿卖给了一户儿子在外面做木匠的人家。老二谷雨去的那户人家儿子当兵去了。最小的女儿存雨卖给了一个儿子是个弱智的家庭。直到确定女孩们的父亲已经走后，这家人才让这个弱智儿露面。③

谷雨在新家住了五年后才正式成亲。“我婆婆给做了一套新衣裳。她怕我饿慌了，一下吃太多伤了。她不让我吃多，每天就给两片干馍。”新家需要谷雨来劳动——她的婆婆是个鸦片烟鬼，无法做一日三餐——谷雨未来的

① 与李六斤的访谈，1997年。

② 谢伟思（Service）1974年，第11、17页。此处给出的一个女人的“正常”价格为3000元。

③ 彩礼跟女孩的年龄有关。谷雨不清楚她父亲获得了多少麦子，但她认为自己的彩礼是4000元，她姐姐的彩礼是7000元，十岁妹妹的则少得多（与刘谷雨的访谈，2001年）。

公公便教她做面条和磨面粉。“给我教会后，我大（公公）再没做饭，再没进灶房。”

谷雨是幸运的，因为公婆待她很好。到新家四年后，她未来的丈夫才回到家里，但他头一次说话就暖了她的心窝。他说：“看 nan（你）是从河南来，他大穷的送不起媳妇，我 ya（也）没见过你，你也没见过我，咱 zhen ya 就成了一家人哩。”他们成亲的同时，新郎的哥哥也和一个童养媳成了亲。①

比谷雨小两岁的妹妹存雨便没有这么好运。“把我送到这 zha 咧，我大（爸）回去咧，回去咧把我就扔到这（zha）咧，啥都没说，就是说有一碗饭吃，没给说要卖给人家，我大（爸）回去咧。我瞧着一人老不中看，就说这就是女婿，rong 不行，人不行，比我大十来岁，也生下有点不灵醒。”她丈夫智力上的障碍将会在集体化及以后的时期影响她的生计。②

由于婚姻上的问题和物质上的困难而导致的精神病让很多家庭饱受折磨。B 村的周桂珍说，一连串的不幸逼得她父亲去自杀：第一个老婆死了，第二个老婆总是喋喋不休没完没了，三头牛被偷了，作为周桂珍成亲聘礼的粮食差点被偷了。“有人要偷那粮哩，就把我父亲吓得得了神经病，看了一年多，看不好了。我就跑到我舅家去了，回来，我父亲跳河了，可没死。到过了年，我出去耍去了，我父亲上吊了。屋里就剩和姊妹三个了，天天晚上，我没回去，我两个弟弟恓惶坐到门口不也门，到晚上，三个人不敢睡觉，一黑一黑都在炕上坐哩。确实在旧社会我让别人欺负扎了，所以到这以后，我老给人宣传哩，旧社会把妇女欺负的恓惶太太（注：太可怜）。”③周秀珍天衣无缝地把一连串的伤害和不幸——情绪不稳定、反复被盗、有权阶级

① 谷雨很喜欢这个新娘子，但她无法开口叫她“嫂子”，因为她比自己小三岁。两人相处很融洽，一起分担家务活。从 1949 年到 1968 年，谷雨生了五个儿子和两个女儿。最大的孩子三岁时，因抽搐痉挛吃了牛黄而失了聪，但所有的孩子都活到了成年（2001、2004 年与刘谷雨的访谈）。

② 与刘存雨的访谈，2001 年。在陕西方言里，“卖给人家”的意思是嫁给某人，而不是卖给某人。

③ 与周桂珍的访谈，1996 年。

的欺凌——跟她的故事里没有直接描述的东西联系到了一起：女人经受的特殊的苦难。通过制造这个联系，她利用农村妇女在诉苦年代学到的政治类别，为她的过去赋予意义。

死于生孩子或坐月子的情况很普遍。周桂珍十岁的时候，母亲死于产褥热。“还有一个娃，知道自己好不了，在床上拿被子，把娃捂死了。”从30年代末一直到1946年，周秀珍几乎年年都怀孕。她流过一次产，生了五个孩子。她是在怀孕三四个月的时候流产的，当时正是夏天，农忙刚过，她像往常一样在田里干着重活。“我那个时候不知咋有劲的很，我说这娃得知是二敢子吗咋（注：是否是傻子），那五斗麦一布袋，我肩上（注：扛上）就走了，你看就是有劲（笑），就生下这能出力这人嘛，那小月不是肩是抱（注：因抱东西而小月）。”丈夫不在家的时候，秀珍就用篮子把孩子提到地里去。“把娃放到地里，放到我眼前，我在这儿娃就在面前，后面害怕有野虫虫子，没了，把娃背到脊背上，背在脊背在地里掰苞谷，苞谷叶把娃脸都刺得稀烂。”她的孩子都活过了婴幼儿时期，接着便一个个死于麻疹。在三四十年代的陕西，麻疹对大人和小孩都是严重的威胁。[①]1944年，麻疹也席卷了G村，当时乔引娣十二岁。在她卧病在床的七天里，她母亲为她准备好了寿衣。她记得那个星期是模模糊糊的一团：昏睡、脓包、结痂和麻子。那年村里得麻疹的大人都死了。[②]

① 秀珍32岁以后便再未有过身孕：“也没计划也没生。不要啦，生下娃不得活。”然而，她在喂最后一个孩子的母乳干涸之前，收养了一个刚死了母亲的两个月大的男婴。这个儿子挺过了小时候的麻疹并活了下来，对我们当时采访的80岁的秀珍很是关心和体贴。“抱的吃我的奶长大的，我那时候有奶哩，饱奶。这个娃是可乖啦，可好啦，见（注：对待）我好的很。这里里外外的，里孙子外孙子两个男娃两个女娃，那他都没呛过我，听话得很，儿子到媳妇到孙子都没呛过。”（1997年与山秀珍的访谈）

② 另一个对年幼孩子的威胁是腹泻，并且可能来得毫无征兆。乔引娣在40年代失去了几个尚在蹒跚学步的弟弟和妹妹，她将之归因于吃了太多的西瓜。但不论是何原因，G村医疗服务的缺乏使得任何一种腹泻都可能致命（2001年访谈）。弗美尔征引的一份1949年的调查表明，在关中地区，1939年至1948年出生的所有儿童中有三分之一死亡，最常见的死因是破伤风、麻疹、肺炎、痢疾和白喉。

征兵和男人的缺席

整个三四十年代，穷人家庭的男人都去打仗了。到了 1939 年，整个陕西省就有 200000 人被征去当兵了，每个县都分配了应征配额。① 理论上讲，国民党的征兵政策适用于所有男子，然而富豪子弟往往可以通过出钱买丁而“免征”。G 村所在的合阳县，由于靠近黄河对岸山西的战争可能发生地，是壮丁买价最高的县之一。② 征兵通过当地的保甲制度来实行，③ 保甲制度出于防卫和征税的目的，将社区划分成单位。有权势的家庭则居保甲单位之首，

---

① 1937 年南京政府颁布的兵役法规定 18 至 25 岁的男性国民须服役 3 年，26 至 45 岁服国民兵役。出台的规定要求以抽签的形式决定应征者、“独子不征”“无论贫富贵贱，均应应征”。然而，滥用、违反法规的现象广泛存在。抗战期间，商县（即后来丹凤县，Z 村所在地）的征兵名额增至一次 5000 余人，甚至一年数征。“军队、保甲持枪强拉，一些青壮年为了躲丁，往往背井离乡。”抗战胜利后，停止征兵。然而 1946 年内战爆发，又恢复征兵（丹凤县志编纂委员会 1994 年，第 475 页）。G 村所在的合阳县，1939 年配赋 1428 名，次年增至 1848 名。到了 1942 年，全县壮丁已无签可抽，而配赋却增至 3900 名，致使买兵“免役”的价钱飙升，而各级官员纷纷将收到的买丁钱纳入私囊（合阳县志编纂委员会 1996 年，第 574 页）。弗美尔（1998 年，第 409—410 页），给出了陕西省征兵的总数额为 200000 名，并对合阳县买丁的高价格作了评论。他写道：“买丁的现象非常普遍，买兵价格也飞涨。”1940 年，渭南地区征兵数达 7049 名，从 1937 年到 1948 年，总征兵数达 34321 名。有关 1937 年至 1948 年间渭南县每年配丁数和实际征交数的情况，参见渭南县志编纂委员会 1987 年，第 503 页。有关南郑县的征兵情况（T 村所在地），见南郑县地方志编纂委员会 1990 年，第 474 页。对全国范围内的征兵规定及伴随的腐败和滥用法规现象的进一步讨论，参看方德万（2003 年，第 145—146、253—258 页）。

② 《西北农报》第 1 卷，第 3 期（1946 年）：第 110—115 页，引自弗美尔 1988 年，第 410 页、519 页注 80。这篇报道称关中的买丁价格在 200 至 1000 元之间。一个壮丁家庭如果要一个来自更穷家庭的壮丁去顶替他的话，大概要出这么多钱。

③ 20 年代末 30 年代初，南京政府重新推行和沿用了帝国时期的保甲制度。所有家庭都要进行登记，十户为一甲，十甲为一保。保甲制度中年龄 18 至 40 岁的男子需被训练成地方民兵，以“协助地方上的救灾、修路、防盗匪和修筑碉堡和栅栏的工作”（方德万 2003 年，第 44 页）。有关 1933 年陕西对保甲制度的恢复及其在战争时期的扩大，以及各县保和甲的具体人数的图表，见陕西省民政厅 1940 年。有关渭南县与合阳县的保甲数据，见渭南地区地方志编纂委员会 1996 年，第 19—21 页。

征兵模式反映了农村的金钱和权力关系。[①]住在B村曹竹香家对面的地主就没有被征入伍——他的父亲负责征兵。[②]

女儿通常是一个家庭中能够让父亲或儿子不被征兵的唯一办法。大约1944年，王西芹嫁到B村当童养媳，家里便能用彩礼把她父亲从军队赎出来。[③]不知是1945年还是1946年，B村的一个富农出钱让刘凤琴的丈夫顶替自己。她家从来没见到钱，到底是那个富农没有付钱还是她公公把钱赌光了，凤琴不得而知。但无论是哪种情况，她都像其他很多女人一样，要在丈夫不在的时候靠纺织来养活自己。[④]在鲁桂兰家，"我那拉壮丁先在我家拉。我家没钱也没势。国民党拉壮丁，本来是人家村子保长的弟弟，但是人家拿我兄弟，婆婆把我兄弟拉着去，就把我婆婆一下掀到案上，案棱棱把老婆的肋子都垫坏了。临死时我婆婆蹴地一簸箕能端起。"[⑤]

20世纪30年代，后来成为地方领导和劳模的曹竹香刚结婚不久，丈夫就被抓去当兵了。她指责这件事是造成丈夫后来患病和死亡的原因。"那一段他小，在地里干活哩，过来了个保甲子，从脊背后头把人一下子都踩住，来了把人拉走了，拉兵。就是那样，心里受了惊天动地，拉出去。拉到渭南。去的那邻家的人，一看拉上去了，才悄悄回来给我透风来了，给我说了。以后都我妈又找我那老亲戚，人家那儿子在那叫兵啥处。可放到电话局里，我那二姐夫在电话局里，那时叫管理叫么，当那通讯。那人，受过惊，一受惊，一两年病就贴到身上，在那再弄不成了，也跑不了，以后把他送回来。"

"咱又没钱，寻钱，贷钱给他看的，那一样一样的病，那后次，就在这

① 有关国民党征兵和征兵滥用的情况，见葛瑞峰（Ruf）1998年，第24—28页。有关渭南县富户雇人顶替，权贵强拉强卖和军队乱抓行人、抓麦客、抓贫户的情况，见渭南县志编纂委员会1987年，第503页。

② 与曹竹香的访谈，1996年。

③ 与王西芹的访谈，1996年。

④ 与刘凤琴的访谈，1996年。1947年，公开买卖壮丁，一兵需小麦千余斤（渭南县志编纂委员会1987年，第503页）。

⑤ 与鲁桂兰的访谈，1996年。

几连胸口这儿，有一个疙瘩，比这奶都大，把衣服撑得多高，人身上一下都黄完了，我也不知道啥病，说胜子是个饥（注：指总是感到饥饿），叫个癌症。不知道叫啥癌，看不好，在那个情况，那实在都没办法了。”

“我出去跑到县上给那一天还要抓药，还要卖的吃，我哥给我些钱，我哥也不敢跑，那人家拉嘞么，那就咱这妇女那一天出去。那一天在县市里给他抓药，警报一响，抓药的老汉就说：‘哎呀，这个娃，赶快走，我镇门呀。’就那出去以后，着是在那县南门外头，北门外头，全站到人家那南门外头，北门外头那泡豆芽的深坑里头避了。”

“国民党轰炸哩，日本轰炸早一点。那是几年，我弄不清，我掌柜就是那年死的。就是那样轰炸哩，把那炸干了，哎呀，从那跑出来，在那都钻地避了几回，屋里哭，咱在那吓得哭，不知道屋是咋样，屋里就咱这农村，那飞机飞来，把天都罩黑了，恓惶守到那碑子坟里。那些年，那财东都有那大碑子坟，生密，那树生严，给那里头藏，人恓惶的上到那柏树上头，它就是扔下来打不住人，就那一天逃的过那个，那时人实在都想不到能活到今天。头几回，他要吃血辨（译注：羊血），给跑到县上买了一回血辨，还避了一回警报，把血辨拿回来，那就是连话都说不了了。屋里我妈坐到门上哭，抱的娃，我二妈哭，[①] 就那病就不行了。我把那在锅底烧，没有炉子，又没有啥，给那弄了两片血辨。人一见咱回来了，心放下了，在火里烧，弄了两片，吃了半片，再没说过话，头到下午就闭皮（注：闭眼）了。这就是最后那一回，后来病是扩散了，他总是吐血，尿的是血。过去都不懂，也没经过大医生看过，这当时咋办哩?”

作为历史记录，这个故事是令人费解的。国民党是在 1936 年 12 月 13 日的西安事变期间轰炸了渭南火车站，日本军队则分别在 1938 年 10 月和 1939 年 10 月轰炸了渭南县县城——日军的轰炸是在国民党之后，而不是像竹香记忆的那样在国民党之前。[②] 她记得在轰炸中为病危的丈夫找药，并记

① 她二妈是公公的寡嫂，也跟他们一起住。见第三章。

② 渭南县志编纂委员会 1987 年，第 17、18 页。

得丈夫死于同一年，当时是30年代末。但是所有可获得的信息都表明她丈夫死于1941年，那年的九月有日全蚀（她不记得了），而不是轰炸。① 国民党不可能去轰炸一个自己掌控的地区，而日军也正在远离渭南的地方捉襟见肘、裹足不前。

尽管竹香的个人历史和更大的事件并非完全吻合，她的故事却说明了她和她那一代的妇女是如何去理解她们自己的生活和更宏大的历史事件之间的联系的。竹香很可能是在30年代末历经了这几次轰炸事件。1936年，国民党轰炸渭南的时候，她结婚并有了身孕。丈夫在外做长工，她负责家里所有的农活和家务。1938年或1939年，日军轰炸的时候，她很可能正在外面为两岁的女儿找药，女儿当时差点死于麻疹。通过把轰炸事件和丈夫的临终时刻糅合到一起——尽管两者其实相隔数年，竹香将当地战争的一次重大事件和她个人的最大损失放到一起。这个损失决定了她后来走上了从一个恪守妇道的寡妇变为农业领导者的道路。山秀珍逃离了灾难性的大饥荒，翻山越岭，露宿坟墓而不知自己走失的母亲就在身旁。跟山秀珍一样，竹香也讲述了一个详细的、充满了画面感的故事：泡豆芽的深坑，财东家坟墓提供的避难所，她煮羊血时炉子上快熄灭的火。她将自己放在一个充满了恐惧、不幸和鲜活的记忆碎片的场景中，虽然害怕却坚定，决意要拿到药并光荣地完成她对家庭的使命。在她自己的讲述中，她是一个未被歌颂的无名英雄，当时的女子本应待守在家，但她在外四处奔波。

曹竹香的故事表明了征兵和战争以及疾病和死亡是如何造成了大批家庭消亡的，并改变了人们对女子的预设。男孩和男人每次冒险外出都有可能

---

① 曹竹香生于1918年9月（渭南县志编纂委员会1987年，第617页）；我们采访她的时候，她告诉我们她的出生日期是按生肖年马年而非公历年来计算的，即1918年。按照中国年龄的算法——在出生年算一岁，并每次农历新年后叠加，她订亲和成亲时为17岁。根据这个思路和她告诉我们的有关她孩子出生时间的信息，她于1934年结婚，1937生下女儿，1940年末生下儿子。她儿子出生后丈夫才死。50年代初，当竹香首次成为当地农业领导时，有关她的材料都说她丈夫死于1941年。见与曹竹香的访谈，1996年；妇联178–27–025（1952年）；妇联178–209–009（1953年）。1941年9月21日，出现日全蚀："星星出现，鸟雀乱飞，鸡犬乱撞。"（渭南县志编纂委员会1987年，第19页）

被抓壮丁。1942 年 10 月，渭南县政府将抓来的壮丁捆绑起来，扔到当地一个着火的钢铁厂过了一整夜，最后死了二十四个，四十多个严重烧伤。8 个月后，来自陕西省东部的八百多个麦客在渭南被抓，并被移交去完成当地的征兵指标，虽然后来省里的有关当局在发现他们不是本地人后，很快将他们释放。① 竹香也记得一个邻居用斧头砍断他自己两个指头的事。如此一来，他就没法开枪，因而也就不会被征募入伍了。②

许多加入国民党军队的男人都不是死在战场上，而是死于疾病、饥饿或由于企图逃跑而被处决。这些男人的死使家里的劳动和其他一切都靠女人。然而，即使丈夫死了，征兵也依然威胁着这些家庭。40 年代初期，曹竹香的丈夫死后，她六岁的儿子也被列入征兵的名单。“人家按人头派呢，按娃子娃（方言：男娃）派呢……就我事先尽量给借钱，就外还是没钱。那时全凭我哥给几个钱，咱也不能老跟人家要，一年拾些棉花，卖些钱给人家出，地里的活纺棉纺布卖些钱给人家交。”③

躲 藏

冒险外出让妇女们面临着被绑架和强暴的危险，然而待在家里也没有提供多少保障。土匪④、非正规军和正规军之间并没有什么明显区别，他们

---

① 这些男人分别来自商县和 Z 村所在的丹凤县，渭南县志编纂委员会 1987 年，第 19、503 页。

② 与曹竹香的访谈，1996 年。

③ 与曹竹香的访谈，1996 年。

④ 台克满（1921 年，第 74—76 页）生动地描绘了 20 世纪头 10 年陕西的土匪以及他们和士兵之间的可互换性。军阀时期（1916—1928 年）可能是土匪最猖獗的时代，但由于国民党无法迅速对陕西实行有效统治，匪患持续到 20 世纪 30 年代。贝思飞（[Bilingsley] 1988 年，第 30 页）写道：“军阀统治时期，陕西成为各色暴徒的领地，从农民起义者到军阀支持的土匪部队和地主民团。……陕西北部是多次农民起义的诞生地，其南部地区灾荒不断，常常受到土匪的骚扰。民国时期即使在富饶的渭河河谷，也长期存在有势力的匪帮。虽然很难获得准确的统计数字，但陕西省在 20 年代中期的土匪人数无疑有好几万。陕西与甘肃、宁夏、绥远、山西、河南、湖北和四川交界，因此也不断遭到外部

对待乡民的方式也没有多少差异。在男人逃走了或被抓走了的人家，年长的妇女加固门户，将自己看管的女孩和年轻姑娘乔装改扮，或让她们躲到田野里和大坝里。生于1912年的冯娜回忆说，来自士兵的性威胁跟没有男人有密切关系。“都十五六了。那来了，就叫跟上走呀，当太太，吓死了。把我吓的蹴到nie这。那会子屋里有外前人还强，没外前人就不行。”①1927年，冯娜居住的合阳县驻扎了来自至少七个不同军阀的二万六千名士兵。②难怪冯娜的记忆如此深刻。

1928年南京国民政府建立后，并没有稳定陕西农村。1932年，一个叫李长有的河南人率乱军5000人进入陕西东南部，在Z村停留了一段时间，并在几周后击溃了当地县里最大一个乡镇的两个民兵团。李的队伍占领该镇达半年之久，抓来当地男子逼迫他们从事徭役，奸淫妇女、恐吓当地人民，无恶不作。李长有军在每个掳来男子的左臂衣袖上刻一个窟窿，拴上一根绳子，以后如果该男子逃跑，只要发现这个标记，即可一眼辨认出来。在李军与当地保安团队的一次武装冲突中，500多个被掳来的男子死于两军交火。后来李长有军被国民党杨虎城的部队击溃，剩余部队被迫逃往四川。但李军在逃窜之前，又再一次经过了Z村。李长有统治的半年间，当地村民庄稼未收。当地方志称，约有2万乡民的房屋被焚毁，死亡者逾2700人（死于当年瘟疫者尚不在内），2000妇女被李军奸污，1600名青壮年男子被掳走，2000头耕牛遭到宰杀。③

这些统计数字的背后是数不清的灾难和逃亡故事。颜盼娃当时是一个

匪帮的入侵。”有关陕西民国初期的土匪，见冉光海1995年，第9、19、80、111—114、136—137、187—190、208—210页。有关30年代的土匪，见李云峰、袁文伟2006年，特别参看第454—457页。他们估算陕西在30年代中期的土匪人数超过十万（第454页）。

① 与冯娜的访谈，2001年。

② 当时是北伐时期。1927年冬，G村和另外三个村的农会联合出击，分别活捉和击毙了两个匪营长。直至1928年7月国民联军至，合阳县的军阀混战局面始告结束（合阳县志编纂委员会1996年，第12页）。

③ 丹凤县志编纂委员会1994，第485页。颜盼娃（1999年访谈）说李长有军在Z村盘踞了四十一天，并在当年的农历九月再次返回。颜的说法与文字资料相一致。

十五岁的男孩，亲眼看着自己五十岁的父亲被李长有的军队抓走。“他死了，尸首都没有找到。”[①] 刘冬梅的母亲在怀着她的时候逃进了深山，回来两个月后生下了她。她母亲对她说，李军见人就杀。[②] 董桂枝当时十多岁，她关于那些年的回忆都是围绕着如何逃避李军展开的：“躲开李长有后，我二十多时结了婚。全家在山洞里藏了两三年。如果我们只看到一两个土匪在村里晃荡，村里人就去把他们赶走。如果人多，我们就不敢去。土匪烧了我们整个村。”[③]

Z 村附近的地区仍旧受到土匪和士兵的骚扰。李朵朵和她五个妹妹在 40 年代中期的大部分时间都在东躲西藏。“我妈和我爸把所有的好东西，绸绸缎缎都个我这小的一个个都弄到身上，弄多大（形容大）的大衣裳穿上，带不动，以防土匪来了好贮备。成天我爸就背个背篓，把锅都提下来放到背篓里。褥子被子成天都捆着哩。今没事了，我妈把饭做的一吃，有动向就背的东西就走啦。狗要是一叫，人都跑了，走了晚上半夜都走啦，那狗要是不叫，人都在。”

“我记得我七岁的时候，我三个女孩子到地里去挖野菜。回来连一个人都没有啦！我那原上有个大台，台前头有个大树。站到那台跟前，能看见那一二里路。一二里路的下半边，能看见人影影，你就知道事情不对啦，这儿人就跑啦。我们四个女子你拉我，我拉你，也不要那笼笼子啦、篮篮子啦，上那大沟。大沟那崖多大的，崖前面长的是草，坐到那里头，能把人挡住。我把我爸和我妈寻着，我才看见我大（叔）背了这么大一个猪，有百十斤的猪。我记得把猪嘴一扎，怕猪叫，背到脊背，锅在猪脊背上扣着哩。”

“小伙子现实晚上跑。走的时候，我爸一个跑，主要是拉小伙子哩。这样已走了，把我妇女和娃子女子就摔啦。”[④]

最让 Z 村村民害怕的是一支 40 年代抵达的叫“老魔海”的部队，该部

---

① 与颜盼娃的访谈，1999 年。

② 与刘冬梅的访谈，1999 年。

③ 与董桂枝的访谈，1999 年。

④ 与李朵朵的访谈，1999 年。

队的士兵来自南方，很可能是广西军阀白崇禧的部下。① 李朵朵当时七岁，她回忆道："'老魔海'来了，说话他就听不懂。咱骂他，他听不懂，他骂咱，咱能听懂。谁知道那是啥地方人，说话叽叽嘟嘟的一点都听不懂。那时小不知道叫啥部队。那来了，鸡、羊、猪集弄到那儿。"②

年长李朵朵三岁的肖改叶，对这些士兵的记忆却是跟性威胁有关。"我知道我还记得，我睡到这地道里，人来了要搂被子。我婆说他来了你把头捂严。他来搂被子，我婆说我女子难过哩呀（有病）你不敢揭被子，不敢揭哟。人家来把被扯成绺绺子打鞋子，打鞋穿了。那国民党怕怕呀，到门上要喝水，你坐门前都不敢动弹。他叫你动弹才敢动弹。人家要喝人还怕毒死他，他说你先喝，一碗都喝一口了才给人家递哩。国民党不是个人，那我记得。"③ 一直到40年代末，逃亡依旧是日常生活的一部分："逃到那石门水沟，黑夜晚上都在那山上睡着哩。从广东、广西来的那'老魔海'（绰号），那你家的那小女子啥罗，把你那门打烂。男的叫跑壮丁，一拉去了，人家用那摩子把你磨青把你那蛋托给你托了。女的跑，他就是那，那侮辱的。这时候，你抓再多女子都不害怕，旧社会，抓一个女子都吓死了，女子可怜，哪儿来个啥喽就叫跑了。"④

---

① Z村的几个妇女都用了"老魔海"这个词。从20年代起到1949年国民党被迫撤离大陆，白崇禧时而为蒋介石的联盟，又时而为蒋的对手。抗日战争时期，白为副总参谋长和副总司令。1941年11月，白崇禧宿于商县最大之乡龙驹寨（后成为县城）。1943年6月，国民党第五战区司令长官李宗仁（李为"桂系"的另一位成员，此后不久即为军事委员会委员长驻汉中行营主任，并在随后暂行中华民国总统之职），视察防龙路经龙驹寨。1944年11月，国民党抗日前沿指挥机构由商南县迁驻龙驹寨的陈家村。时由安徽人郭寄峤主持（《丹凤县志》1994年，第23—24页）。白或李可能都将广西部队带到了商县附近，国民党抗日前沿指挥机构也可能将南部的士兵带到了Z村及附近地区。

② 与李朵朵的访谈，1999年。

③ 与肖改叶的访谈，1999年。有关共产党部队的故事中并没有那些弥漫在许多有关军阀、土匪、国民党军队的故事中的性侵害的意味。*

④ 与刘冬梅的访谈，1999年。

解　放

共产党的到来不是一个单一的事件。他们到达每个村庄后，都紧随着当地不同的历史。那个让他们的出现广为人知的“解放”一词，当时对村民们还不具备它后来才有的那些意义：一种承诺，长久以来饱受饥饿和强盗威胁的日子的结束，过去和将来之间一条光明的分界线。当解放到来的时候，其历史还未被书写，但那段历史如今却不可避免地影响着故事的讲述。

对山秀珍来说，一个极其可怕的日子成了解放之前的国共战争的标记。“47 年共产党在咱这儿东店，咱这儿太要口，就只有四个口村里住的是国民党部队，那（指国民党部队）在陕口城里头住着呢，城外住的是八路军。共产党部队和国民党部队打了 10 天。”

“我那时在我老屋呢。屋里就没人，村里人都跑光了，我屋就是光剩一个我，儿子连他大也跑了。有十一二点钟，太阳坡正晒着呢。和我九姨在门口，那飞机飞得低得很，就这房檐高，我说好厉害呀，快回，就赶快往回跑。她还没回屋，门口有个磨房，她就钻进去。我刚到我门口，进了街门，这也隔墙就扔了个炸弹，这粗这高，两头尖尖，撩下来没响，把隔壁石榴树枝都炸坏了。响没，撩到我那边隔墙子（隔壁）一个圆的，是圆弹，圆疙瘩，掉到旱茅子（厕所）了，把旱茅子的粪都打到我这边院子，打了一院子的茅粪。那会儿我刚进门，一股烟气一下子把我呛住，我扑倒了就啥也不知道了……多亏那个没响。再要响了，就不得了。我爬在院子啥也不知道，连死了一样。飞机走了，八路军就回来了。”

跟陕西许多其他地方一样，秀珍那个地区在解放之前的一段时间里，都是被国共两党来回轮流控制。① 爆炸发生数天后，共产党的部队走了，有些东行进攻河南省洛阳，其他则朝南前进去陕南建立根据地。② 国民党的军

① 有关陕西在解放时期的军事史，见文安立（Westad）2003 年，第 150—154、254—255 页。

② 潼关方志记载，1947 年 9 月，陈赓、谢富治率领的中国人民解放军从河南朝西边的潼关挺进、阻敌东援。胡宗南部队遭到解放军的痛击并企图阻止解放军西进。9 月 15 日晚，

队重新占领了这个地区。“天啊！来把我这村里牛杀的吃光，猪杀的吃净，鸡杀的吃完，还说我给你打仗来啦，给你赶贼娃子来啦，我嘴没说，谁是贼娃子！见你屋里的啥他都拿。”

山秀珍说到被轰炸的经历时，她的故事里出现了对国共两军占领的军事要点的叙述。这些细节她当时不可能知道，而应该是她在成了积极分子和1950年成为共产党员后才学到的。有关解放的故事总是沿着一条这样的弧线，即从危险、混乱无序的国民党军队到有彬彬有礼、安静的共产党部队。例如，1940年出生在Z村附近的李朵朵，就讲述了一个观察细致入微的故事。这个故事应该是在她9岁时发生的。“那头一批来到这转了一圈，这伙子一走，那一伙子又来了。最后解放了。新四军来，咱不农村人不知道那是新四军。我着听人家说那是啥部队。电视里演的那。我都想不起来了。李先念部队、徐海东部队，那时解放了才知道徐海东部队。徐海东那部队整整过了三天三夜，人都是离三尺远一个，都是穿那灰灰衣服、戴灰灰帽子……就从我娘家门上上山。人家问我有啥粮食没有，我听我妈说：‘我还有一碗子大米。’人家说：‘大娘，你把你那一碗子大米给给我，你有孩子了，我给你洋面。’我妈说不要，死活不要人家那。那时候都是害怕要出事，不敢要。人家说：‘那你不要我还要给你倒。’那人最后给了一布袋花生米，还有一布袋洋面。”

“就那我妈才给我爸带信，让我爸从大山回去。那大山沟里把小伙子都叫回来了。回来了说那解放了，解放了那啥都知道啦，知道那徐海东部队。”①

这个故事在材料上十分可靠：灰色的大衣、花生、母亲捎给藏匿在深山的父亲的口信。但这个故事描述的却不是1949年发生在Z村附近的事。李先念在1946年夏季带领部队进入这个地区，并在附近建立了一个根据地，

解放军并分东、南、北三面围攻善车口村，歼其一部后撤出据点。秀珍居住的上马店村向南不到两公里就是善车口村。很可能是这场战役毁坏了她邻居的石榴树和茅房（潼关卷1997年，第16页；潼关县志编纂委员会1992年，第20页）。有关上马店与善车口之间的相对位置，参见潼关县志编纂委员会1992年，卷首插画地图。

① 与李朵朵的访谈，1999年。

但他在秋季之前就离开了此地并回到了华北平原。① 徐海东和他率领的红二十五军经过 Z 村的时间是 1934 年年末，这个时间比解放的时间早了 15 年，也比李朵朵出生的时间早了 6 年。徐在一次与国民党的战役中头负重伤，为了疗伤并没有随共产党的主力一起长征。在前往甘肃和陕北之前，徐试图在这个地区建立一个根据地，并带领部下进行了数月英勇的游击战争。② 李朵朵出生的 1940 年，徐海东在往华中地区发送一份军事情报时开始吐血并病倒；接下来的 20 年里，徐大部分时候都在治疗肺结核，并为养病而辗转于安徽、江苏、山东、大连和北京等地。③ 解放的时候，虽然徐的军事才能让他在陕西仍然享有声望，他人却并不在陕西。尽管由于健康的原因，徐没有像李先念那样在中共政府拥有辉煌的职业生涯，他们都是著名的战争英雄。解放数年后，Z 村的农民们依然自豪地回忆起二人在附近的活动。

或许李朵朵的母亲曾经见过徐海东与部下如何行军通过——排成整齐的队伍，每排相距三尺远——并告诉了她女儿徐的部队是什么模样。但这似乎不太可能，因为所有有关这场战争的回忆录强调的都是战士的悲惨境况、食物的短缺、穿烂的草鞋，以及战士们在该地区快速快速移动的游击战。整齐的行军方阵或制服似乎都不合理。但于这场战役六年后出生的朵朵，却不但非常肯定地提供了细节，还清楚地将自己放到当时的场景中："人家问我有啥粮食没有，我听我妈说……'你有孩子了'……人家给了一布袋花生米。"在她这个引人入胜的关于解放的故事里，最具启示性的话或许是那句"电视里演的那"。1999 年，我们对朵朵进行访谈时距长征的五十周年纪念已过去几年，当年也正好是建国五十周年。一个几乎连室内管道系统都没有的村庄，却在每个巷子里都放了一台电视机，朵朵肯定看到了许多赞美共产党军队英勇事迹的节目。村民们谈论解放的细节时，事件、记忆和事后的添枝加叶不再是分开独立的。故事的可靠性最后证明是虚幻的。

---

① 丹凤县志编纂委员会 1994 年，第 24—25 页。

② 丹凤县志编纂委员会 1994 年，第 20—21 页；刘子潜 1981 年，第 240—243 页；徐海东 1982 年，第 35—42、78—97、130—131 页；张麟 1982 年，第 153—184 页。

③ 徐海东 1982 年，第 51—57、135 页；张麟 1982 年，第 260—288 页。

与生动却不可靠的关于大部队行进的故事相比，对家庭困境的记述便不那么戏剧化，却更令人不安。对张奎来说，国共内战以非常个人化的方式挺进Z村。张奎于1917年生于Z村，是附近一个共产党游击队的队长。据说张奎早年曾因一时受辱而跑到深山里："不知叫谁给他打了几耳巴子，生气才跑了的，那把他哥，把他嫂子，把他妻子成天压到那地下，那些人哦。"① 张奎加入当地一个反对国民党的军事武装团体，但是直到1945年末，他才归顺共产党。②

张奎在附近的山里安顿下来之后，村里其他人便去投奔他，以致他们的家人也遭到骚扰和报复。村民们去投奔他的原因并不总是政治上的。何改珍的哥哥有次出去买烟草时途经张奎占领的地区，此后便再也没有返回Z村。后来她哥哥在与国民党的斗争中丧生。"我妈可怜的成天哭哭啼啼的，到那河，人家就把我那衣裳拿到河滩滩莫得人的地方就哭去了。那保甲把我整的，我都吃不成饭那，转过来，土匪他妈，转过去，土匪他妹子，那做的饭你都吃不上，人家成天寻过来寻过去，把碗端完，莫啥端就拿水瓢。保甲知道你哥去打游击。"直到1949年，改珍的家人才重新找回她哥哥的尸体，并将他葬在一座矗立于Z村山上的烈士纪念墓里。③

郑秀花的父亲在1945年左右加入游击队，当时她十五六岁。④ 几年后，

---

① 与何改珍的访谈，1999年。

② 有关1940年肖同福在Z村地区领导的当地自发武装斗争的历史，参看丹凤县志编纂委员会1994年，第480页。张奎于1941年成为肖部下一支队伍的首领，中共地下党组织试图招纳肖同福部，未果；不久后，国民党部队对肖同福"游击队"进行了合力围剿，活捉了肖和张奎等各支队长的家属及亲戚。张奎同另一支队的队长坚持不降；张随后加入共产党队伍，并成为"商洛地区革命武装骨干之一"。

③ 与何改珍的访谈，1999年。

④ 与郑秀花的访谈，1999年。张奎在这些村民们的故事中比在官方记载中占的分量更为突出。何改珍讲的故事并没有说张奎跟八路军的正规军相比，是多么的无纪律和残暴，而是说张是当地一个记仇的人。据说在迂回的战斗中，他吃了一个富农一头猪后离开了，说日后再还。当国民党部队回来时，这个富农和妻子攻击并咒骂张奎的妻子（或许是他的小妾）。后来张奎回来了，据说将富农的妻子和儿子都杀了，但具体的细节有些模糊不清（与何改珍的访谈，1999年）。

一个国民党士兵要求秀花嫁给他。“不敢，不敢人家用枪打。那第一批是拉锯的，怕人家把我一家人都打了，我可怜的没人管，谁管哩嘛，那我爸不在么，他要在屋里，他不敢。”秀花很不情愿地嫁给了那个士兵，跟他生活了很短一段时间。到了她生下孩子的时候，共产党已经夺取了这个地区，她丈夫也已遭到处决。孩子出生后只活了几个月就死了。不久，秀花的父亲从山里回来，但不到几年后也死了——在游击队的那些年弄垮了他的身体。①

黄河西岸的合阳县，也成了一个来回战斗的场所——村民们将那些战斗称为“拉锯战”。1946 年 12 月，一个保安团团长杀害了四名游击队队员，并将他们的人头悬在县城南门示众。到 1947 年末，合阳县有了自己编制的游击队武装力量。1948 年春，人民解放军两次解放县城，合阳县获得彻底解放。②

乔引娣描述了国共两军引起的恐慌。像山秀珍和曹竹香的故事一样，她在故事里也将自己放在一个视觉上令人震撼的场景的中心。她直到后来才明白这种场景的历史意义。“我记得一回，我到涝池③洗去了。那就都十六七了，十七了，那就大姑娘了，辫子长的，后边掉上那辫子。我妈他们在场里扬谷子哩，咱吃饭的米，我在涝池洗就没看，我妈看涝池两边全立的队伍，我妈吓得就叫我。我抬头一看，把我吓得，不知道走哩，还是……我提的穿的多，还泡下那些穿的，没方子闹，那吓得没见过那些队伍。”

“我妈紧赶把我从涝池沿上吊，把我急得在那儿就摔了几跤，掉到涝池腿都泥了，就湿了，把人吓得不知道该啥。最后，拉到场里上来，队伍全围

① 与郑秀花的访谈，1999 年。Z 村地区的战斗持久且激烈，但最终张奎的部队获胜。有关这个地区战斗的具体细节，见丹凤县志编纂委员会 1994 年，第 488—90 页。

② 合阳县志编纂委员会 1996 年，第 14—15 页；张铁 1982 年；渭南地区地方志编纂委员会 1996 年，第 309—11 页。《合阳文史资料》第 2 辑（1998 年 10 月）辟专刊纪念合阳解放四十周年，专刊涵括了在合阳县战斗过的游击队员的回忆录。在专刊提供的一份详细的有关当时革命烈士的名单里，并未提到 G 村，也未提及任何 G 村的人。

③ 有关什么是涝池，见戴应新 1977 年，第 9 页。

了，那时候大姑娘就走不脱，我妈吓得一下把簸箕给我扣到头上，我妈和我娘抬一担谷，一下抬得叫我头到……把担的谷倒得不多，吓得把我才弄到屋里，到屋里你叫门哩，他叫门哩，我记得我那会儿，有一个搁粮食、搁麦子的仓……先紧赶把我闹蛭（注：放到）那上头，扣一个大蒲篮，把那口口一挡，一挂，才敢给开门，但见了就走不脱。”

“拉锯以后再没有的，也听人家大人说哩，听大人说，中央军一解放再不来了。”

在渭南县的B村，① 国民党军队驻扎在B村所在的渭河南岸，共产党的军队则在渭河北岸。已守寡并成为家里劳动主力八年之久的曹竹香把家人都锁在家里，做好了最坏的打算。“我把门一关，把我娃，我亲妈，连我那个兄弟，我妹子，我几个认定到后头，那可是人心惶惶。我随手做的一吃，就到地里，娃连我二妈待到屋里，我亲妈恓怕的，那土匪黑了来把吃的背上走了，把她吓得又是吐又是拉，我给我亲妈说，我在后边枣树上，娃在底子，你把娃小心着，有啥不对，咱翻墙就跑，跑出去了。就这样，到最后的那一晚上，都三天三夜，从那门那儿过来。逃军过来了。咱农民都在麦地里藏着里，我和婶咱两家没有外前人。在那一天是把害怕受扎（注：受尽）了。”

“那晚上，害怕得很，我给我婶说，咱跑不利了，出门就是井，咱就往井里一跳，这村里再没有得人，哪怕死了都不受他的那个。”

“我到门连顶带锁，顶了几个木头，我在房上趴着哩，见村里那拿枪的过来了，过去了，那是拉人哩。国民党拉人哩，寻牲口哩，把我那楼门底下砍的豁害牙牙的，至今都是那样，到底那门也可没有弄开。到第二天，国民党那军队不是一下都跑完了么。八路军来了。”②

据曹竹香回忆，解放是从向共产党的战士们提供食物这些试探性的互

---

① 有关1949年6月共产党在渭河河谷的胜利的叙述，见胡顿（Hooton）1991年，第166页；渭南地区地方志编纂委员会1996年，第312—313页。

② 与曹竹香的访谈，1996年。我们所访谈的村子中，只有T村在易手时没有在附近直接开火，或许是因为该县直到1949年12月初才解放，其时距中华人民共和国成立已逾两月（南郑县地方志编纂委员会1990年，第16页）。

动开始的："就给人安顿，叫给八路军泡菜，就马上部队就过来了，家家都给泡几盆菜。不住，该做的工作都教一教，说一说就走了。以后麦收了，到忙后了，才那才慢慢正规了，有的男的还到县上看哩，那县上都打的烂的，那忙后，我还跑到那达看去了。人都骂一骂，说一说，宣传的那就宣传哩，街上那一截一截都跟的群众，那人多，就给群众讲，街上也有卖凉粉，gege（饹饹），小吃食的，那八路军也买的吃哩，他一买，把钱一给还给的多，人还吓的不敢要，不要还不行，以后慢慢地你给钱他也接哩。国民党那时把你那往完的吃、连吃带提的，谁还给你钱哩。"①

共产党夺取渭南后，中国人民解放军部队稳步地从西转向秀珍所在地区，与国民党部队在潼关县城墙展开激战，但国民党部队于5月29日放弃抵抗。6月初，等到解放军包围了从潼关县城到上马店秀珍家之间七公里左右的地区之后，所有的抵抗都停止了。据她回忆，没有人开枪，跟日军的炮轰和国民党的轰炸相比，解放是安静地发生的。② 作为一个"老年妇女"，她关于共产党最深刻的记忆是他们恭敬地问候所有的妇女，无论她们是什么年纪。秀珍那时36岁，已经埋葬了她的母亲和五个孩子，并独自一人在潼关耕作了十多年。

家里没人

从中共政府入驻关中和陕南地区伊始，官方文件便注意到妇女的流动能力，但这些文件选择聚焦于"妇女幽居在家"这种定式，搞得好像后者才是普遍的做法似的。一篇报道在解放数周后写道，妇女对是否参加农活感到犹豫，因为她们将之视作是男人的工作，女人做是不体面的。报道紧接下来

① 与曹竹香的访谈，1996年。

② 中国人民解放军于4月份开始撤回潼关地区，成功地在5月份控制了整个陕北地区、西安以及处在河南西端边界的潼关地区。秀珍没有提及发生在6月25、26日的一起暴力事件，即国民党残余势力袭击了数个区人民政府，包括离秀珍家不远的太要区，并杀害了六名共产党员的事件（潼关县志编纂委员会1992年，第20页）。

的一段却又提及，陕南的妇女一年到头在地里劳作，关中的妇女则从事一些季节性的农活并整年都从事纺织工作。但报道结尾只为第一种现象提出了解决方法，声明国家组织工作者们的主要任务是改变妇女们认为劳动可耻的观念。① 这类宣传一般采取的形式是：先谴责让妇女与世隔绝的封建做法，然后歌颂她们如何进入田野以及更普遍意义上的公共生活，从而为一种普遍存在却遭到诋毁的做法寻求社群的认可。

与半个世纪前晚清众多改革者们的看法一致，共产党领导的国家也将妇女的与世隔绝看成是压迫的封建秩序的典型特点。党和国家号召组织者们击退将妇女束缚在闺阁内或娘家后院的封建主义势力。党和国家动用当地干部去让担惊受怕的父母和公婆们相信，女子在非亲属的男人面前出现并不会威胁到她们的品德。党和国家还鼓动新婚妇女们摆脱婆婆们的各种控制，这些控制要么是保护性的，要么是带有不满的，要么则是惩罚性的。接下来的两章会表明，关于共产党在农村地区领导的妇女解放的常规叙述认为，革命使妇女们第一次有了到外面去的机会——去参加会议，到田地里干活，上扫盲课，去别家串门。于是，解放对农村妇女而言，是一场进入此前被禁止的社会空间的运动。

从这些层面上去界定解放必须做的，是忘掉女孩和妇女们已经是在公共空间里这样的事实，也必须忘记她们并非是由于政权的更迭和国家的号召才突然出现在公共空间内。诉苦的模式强调了以阶级为基础的苦难和剥削，

① 妇联 178–106–005，1949 年 6 月 20 日。新成立的妇联在陕西解放不到三周后发表了这份报道。这种公认劳动可耻的态度需要更仔细的推敲。罗丽莎（[Rofel] 1999 年，第 72 页）在其对杭州丝绸厂女工的研究中指出，内／外的二分法不能映射“美国中产阶级的家庭对公共的文化两分法”，她还指出“内／外之分不是建立在认为家务劳动不是劳动这种错误的认知上”。曼素恩在其对帝国时期的研究中也持相同观点。1949 年以前的杭州妇女和男性家庭成员一起在家庭作坊中生产丝绸，但这并未挑战公认的社会性别活动的概念。只有当妇女“外出”去跟没有亲属关系的人一起工作时，她们才不被人尊敬。罗丽莎指出，老一代的工厂女工对 1949 年之前的记忆里仍然带有羞耻感。罗丽莎认为，解放带给这些妇女的不是改变场所（她们已经在“外面”），而是不会感到耻辱的在“外面”活动（第 64—80 页）。

却没有突出以下这些方面：男人的缺席及其同灾难之间的紧密联系，妇女在家里从事的劳动，如果不是妇女纺织许多家庭就无法交税这一事实，妇女们为了不饿死，外出去干农活、卖东西、工作、乞讨、逃避、躲藏或者被卖的频率有多高。陕西妇女一直以来都是农业劳动者和经济贡献者，但这一事实被排除在这种强有力的新国家的话语之外。最终，这一事实即便没有淡出个人记忆，也淡出了公共视野。

尽管诉苦有诸多不足之处，但它却是一种具有变革性的做法。妇女们采用了这种做法并将之据为己有。诉苦的故事道出了本来可能根本无法用文字形式讲述出来的创伤性事件，并将这些创伤归罪于革命前几十年间扭曲的政治和社会关系。诉苦不再把这些创伤归因于“宿命”，而是将它们放在苦难的过去，鼓励妇女把当下看成是由她们在仁慈的党和国家的指导、保护和鼓舞下的行为塑造而成的。当妇女讲述自己过去的时候，距离实际情况的发生已有半世纪之久，她们对这些苦难的故事给予了极大的投入。甚至对那些从未经历过与外面的世界隔绝的人来说，“封建社会妇女幽居隔绝”的主题也依然是一种强有力的对压迫的解释。这值得我们去探讨其中的原因。

诉苦故事在一定程度上是歪打正着地解决了伤痛，用受封建禁锢的苦楚去替代在危险环境下奔波劳累的苦楚。当妇女们说封建主义将她们禁锢在家里的时候，她们说的是一种对妇女的社会成规——幽居在家——她们或许曾经想要过这种幽居，但是贫困却不允许她们这样做。可以说，通过诉苦，她们拒绝了一种曾经拒绝过她们的社会规范。与此同时，当她们断言封建主义让她们与世隔绝的时候，她们也声称这种社会规范曾延及她们，她们曾经也算得上是让人尊敬的、有美好品德的女子。这类女子本应该受到庇护，免遭伤害。①

---

① 她们一面拒绝这种定式，一面又与之妥协，通过重新定义“外出”的界限而要求获得尊敬。本书开篇提到的烧毁了钞票的张朝凤（2001 年访谈）说她在结婚后没离开过家：“不出门，除非他到亲戚家，他姐家。下地去摘棉花，收麦，平常收麦。我不上街。”

这些故事带上了地域、世代差异的印记。[①] 在1949年以前就已经结婚或守寡的妇女比年轻一些的妇女更有可能自己承担主要的农事活动。山秀珍、曹竹香以及其他妇女，讲得最多的就是女孩子被关在家里的事，这或许反映了一种在十几二十年后已经开始变化的社会规范。也正是这些在我们采访她们时已经八十多岁的妇女，讲起女人在田地里干活时的羞耻，尽管有时她们的羞耻感似乎更多是跟自己的农耕技能有关，而不是因为违反了封建的社会规范。曹竹香谈起起丈夫刚死不久后的日子时说道，“咱学的犁，我妈跟我斯干上（方言：一起），我嫌犁得行子不端，嫌怪（方言：不好意见），就晚上犁。”[②] 由于同贫困和潜在的耻辱联系在一起，妇女出现在社会空间的现象常见却不被提倡。这可能是为什么尽管妇女们在描述一个她们并不被隔绝的世界时，仍然不断声称她们在1949年之前困囿于家中庭院一隅的原因。

我们或许可以为有人走近一户人家，而屋内的女人喊道“没有人在家”，这则逸闻想象一个不同的背景。“没有人在家”在中文里经常用作“家里没人”，意为“没有一个人在家里”。这个故事被用来说明妇女不将自己看成是人。然而，当妇女们讲述自己在1949年之前和之后的故事时，“人”字经常用来指男人，“没人”经常用来描述家里没有壮年男性劳动力。曹竹香在解释为什么娘家比夫家宽裕时指出，娘家有两个兄弟，但“这儿是没人”，尽管她的夫家有两个成年女人、她的少年丈夫及几个未结婚的孩子。

从这样的语气里听到，“家里没人”的说法便不表示一个女人是在贬低她自己的人格，而是仅仅表明她被扔下，去自己照顾自己。她喊出“家里没人”的时候，可能正坐在织布机前，女儿或儿媳在身边纺线，生产出物品去

---

① 秀珍和她在陕西西部的邻居们很可能在1928年大旱的时候就逃离了家乡。像存雨和谷雨这样的河南人在1942年饥荒时进入陕西东部。Z村地处陕西省东南部局势尤为不稳定的一个地区，最常见的就是躲避土匪和士兵。很多妇女都将她们的线、布匹以及针线活卖到南部的市集而不是中部地区。李六斤（1997年访谈）和李秀兰（1997年访谈）都说到了南部的市集。有关关中东部G村的市集买卖，见杨贵石（2004年访谈）提到的他的寡母和其他妇女在市集卖布的故事，以及雷彩娃（2001年访谈）谈及和母亲一起去市集的经历。

② 与曹竹香的访谈，1996年。

换取粮食养家或为儿子赚取买丁钱或买回她交给地主的一部分收成。养家都指望着她。家里没人。

诉苦的故事尽管强有力，却远不能为妇女们的生命提供一个充分的叙事框架。它作为唯一的革命自述模式已经将注意力从许多重要问题上移开，诸如革命进程一开始是如何被理解的，又是如何在过去的半个世纪中被记忆、被修改的。具有讽刺意味的是，随着妇女可以在农村及以外的空间更安全地走动，她们学会了拒绝那些关于女子受到尊敬的观念。如果家庭条件允许的话，她们在 1949 年之前可能也会遵循着这些观念。她们也学会了将自己过去的故事错记成是一个生活封闭而不是一个得不到保护的故事。这么一来，她们间接地强化了妇女幽闭在家的美德，尽管她们其实是在谴责这种美德。

1949 年之后，党和国家使公共空间变得更安全，与此同时也在那个空间里提倡、颂扬并最终需要妇女的劳动。这是一场伴随着重要沉默的巨大变革。正如接下来的章节会表明的那样，她们曾在解放前的苦难故事中的情形，集体化时期家庭空间内的劳动，以及很大程度上未引起关注的、男人很早离开农事活动并深刻影响了妇女的工作生活这一事实，仍然会在解放后的官方叙述中不见踪影。

第三章　寡妇（或领导的美德）

1949年夏天，解放数月后，有人召唤山秀珍。“当时工作组在村学校呢，村长和村主任非拉着我要去，他俩说工作组教员叫你呢。我说你不用拉扯，咱在旧社会都根本不封建嘛，我就去了。”

“那小学校原先是个关公庙，娃上学就石厦子呢，他们都在上面呢，我急的就往厦子看，看啥呢？我到这儿十几年了，没到这庙里来过，一个人家过去给老师送饭只能送到门口，一个女人到人家学校算是个干啥的？”

新的村领导和共产党干部很快发现了秀珍有领导潜能。当国家征收第一轮粮食税的时候，秀珍的组织才能便使每个村交了许多粮食，最后乡政府还将一部分粮食退还给了每户家庭。[①]“从这以后，再要是弄啥了，就来叫我。我说村里这么多人，叫个男人跟上你们搞工作多好——方便。董玉秀说好嫂子，你跟着干怕咋的？嫌啥呢？我说不怕。我那时就听人家说那话都好的很，入耳。这就跟着人家跑。”1950年4月，秀珍加入了中国共产党。[②]

本章探讨的是，在共产党干部的扶持和引导下，农村妇女如何重组农村的社会空间，引入运动时间，并以一种带有地方甚至是个人具体特性的方式体现了国家的指令。后面的章节讨论青年妇女积极分子的出现（第四章），妇女如何被动员成为全职的农业劳动者（第五章），以及农村妇女劳动模范

---

① 与山秀珍的访谈，1997年；中国人民政治协商会议陕西省潼关县委员会文史资料委员会1999年，第4页。

② 与山秀珍的访谈，1997年。有关她入党，亦见渭南地区农业合作史编委会编1993年，第512页。

如何在地方上和全国范围内崭露头角（第八章）。国家发起的每一项工程都把妇女当作独特的可动员的目标，妇女对这些国家工程的成功至关重要。通过参与这些工程，妇女改变了她们对自己是什么样的人以及自己将有可能成为什么样的人的认识。她们有时欣然接受这种转变，有时也表现出不情愿和焦虑不安。她们有时固执地坚持着旧的关于德行的观念，却惊奇地发现这些观念同新环境对她们的要求并不矛盾。

半个多世纪以后，20 世纪 50 年代发生的变革已被纳入地方性的叙述和记忆中。关中地区有名的地方劳模曹竹香的故事便属于这样的地方性叙述。国家指令跟地方上的情况进行妥协，通过迎合地方上公认的规范和意义获取吸引力。地方妇女劳动模范的存在及她的模范行为方式表明，农村在参与国家新工程的时候必须要接纳熟悉的人和事。考虑到国家将过去对妇女行止得体的要求痛斥为“封建”，那么具有反讽意味的是，竹香作为一名甚至在解放后都拒绝再嫁的、恪守贞节的寡妇的个人情况却增强了她的模范形象。

革命为农村妇女去除了在“外面”劳动的耻辱，改变了进行这种劳动的情境、情感结构和带来的回报。① 这种劳动不再跟家庭灾难、困苦、动荡不安和勉力为生紧密联系在一起。中华人民共和国政府重整、颂扬并宣传一种新的社会性别劳动分工。农村的社会空间被重塑。除了家里和私人院落，妇女也可以单独或成群地出现在学校和集会点，并依旧受人尊重。在土改运动中，土地首先被重新分配给妇女和男人。随后，妇女成为集体的一分子。妇女很快被要求同其他妇女一起在田地里劳动，而不再像曹竹香以前那样，独自一人到了夜里偷偷溜出去犁地。

新的党和国家在重组农村空间时，也带来了一种新的时间：运动时间。集体化时期，国家时间并非跟国家政治没有关联。整个 20 世纪 50 年代，国家的官方运动在不断扩大的集体中重新安排了农民们每天一起劳动的小组，

① 有关上海和天津受歧视的棉厂女工，分别见韩起澜（Honig）1986 年；贺萧（Hershatter）1986 年。

为一个小组发展成下一个小组安排了时间进程表：劳动交换组、互助组、初级和高级生产合作社、公社。① 国家口号和密集的宣传报道为运动造势，村庄以外的干部和工作组来到运动中。一项新运动开始数周后，本村的领导和来访的干部借助商讨、劝诱、施压和动员等方式带动农民参与运动，并推行土地所有权模式、日常工作模式、税收甚至是婚姻习俗的变革（接下来的一章会有讨论）。②

运动时间的一个主要特点是动员妇女定期去田地里劳动。以前从未下地干过活的妇女，或只有在男性亲戚的陪同下才会在播种和收获的时候去地里劳作的妇女，都开始每天跟其他妇女一起去地里工作。虽然社会性别本身依然是一项重要的组织原则，但社会性别化的劳动分工却经常变化。随着50年代中期高级生产合作社的出现，一天的工作时间被分成不同的时间段，每个时间段都对应固定的工分，晚上则经常需要开一次政治会议。挣取工分的需要从根本上改变了妇女如何以及跟谁一起度过时间，扩大了妇女的关系网路和社会影响力。

国家发布声明要求对空间进行重整，并对时间进行重新校准，但这些重整和重校是通过地方上的关系和习俗得以实现的，被地方上的理解所固定和束缚，并遭到地方上重重困难的阻挠。从中华人民共和国成立伊始，国家的各级部门便利用竹香这样的中年妇女。她们不但是田地里干农活的老手，还愿意试验新的农业技术。国家通过将这些妇女指认为劳动模范并鼓励村民将她们同本地有名的妇女和男人联系起来，引入了许多不为人们所熟悉的做法——从新型的肥料和种子到男女混合的工作组和全县大会。

我们需要将记忆的因素纳入到竹香自己和她村里许多其他人讲述的关于她的故事中去。跟大部分村民不同的是，劳动模范产生文字性的记录，她们一般都愿意接受采访，她们的社区也欢迎人们来询问打听她们的成就。竹

① 对这个时期的关中地区作了引人入胜的虚构描述的是柳青 1996 年，英译见 Liu Ching 1977 年。

② 有关群众运动，见本奈特（Bennett）1976 年。有些运动采取大量的强制和暴力手段，但此处讨论的运动，除了土改运动外，大部分都是在政治、社会和经济上进行劝说和施压。

香是B村革命中最著名的本地面孔，村民们通过提及她记忆起许多B村的变革。人们记起她是怎样先动员妇女在合作社里纺织，后来又动员她们在集体里种植和收获棉花。竹香发起、领导和监督管理的集体劳动为妇女提供了另一个社交的小世界，这个世界里的同辈们帮她们成功渡过了嫁入B村后的艰苦年岁。已有大量著述写到建筑和神圣场所如何充当着集体记忆的贮藏室及兴奋剂的角色。① 但这样的记忆的场所（*lieux de memoire*）却几乎没有在当代中国农村遗留下来。但是，记忆并不仅仅由毫无生命的历史遗迹构成。虽然比历史遗迹存在的时间更短，当地杰出人物的存在依然可以强有力地激发记忆。即使已经时隔五十多年之久，劳模们自己——尤其是如果她们还健在的话——变成了她们当地社区的“记忆的场所”，这些社区则是记忆档案汇集之地。作为劳模和恪守贞节的寡妇，竹香曾是中华人民共和国早年间形成的各种错综复杂的、未被文字记录下来的关系网的中心连接点，现在我们只有通过记忆才能理解这个连接点。劳模体现了国家目标，但她们也经常对这些目标进行重塑。通过与在地方和全国性的会议上认识的其他劳模建立联系，劳模们将村庄与一个更广阔的农业劳动和社会变革的世界联系起来。她们也被50年代分配到农村工作的前政府干部们所记忆，并在农村妇女面前代表国家，在国家面前则代表农村妇女。尽管竹香曾在其中起重要作用的那些社会变革即便没有受到公开批判，也已经被遗弃，但在B村和渭南县，她在当地历史上的地位，她在地方上的声誉，以及她跟本地以外的政界的联系依然是一种骄傲的来源、一种文化资本。

党和国家提供的体制环境和公众认同使曹竹香成为了地方上的名人。然而，我们如果将“国家”理解为一个抽象的或外在的实体，我们就遗漏了这个故事里重要的部分。即使竹香成为了共产党员和地方干部，成了党的权威在地方上的化身和女性农民的典范，她仍然一直住在夫家所在的村庄里。她将提摩西·米切尔（Timothy Mitchell）在谈论一种很不一样的历史情境

① 诺哈（Nora）1996年、1997年、1998年。

时所用的“国家效应”① 这个概念演绎了出来。米切尔说的“国家效应”并不是指“由国家产生的效应”——尽管 50 年代的农村到处是这样由国家产生的效应。他所指的“国家效应”具有两个方面：一方面是指建构一个看起来似乎在“个人及他们的活动”之间一分为二的世界；另一方面则指“一个同个人相脱离、先于个人而存在并包含和架构了个人生活的迟钝的‘结构’(国家)”。米切尔接着谈到，这种二元分野是由日常行为习惯造就：重组空间、建立特定的职能和等级、督管、“把时间标记出来放入到日程安排与计划中去”。②

1949 年之前的国家通常被看成是侵犯和掠夺地方社区的一种外部势力。50 年代，党和国家秩序的建立以及塑造这个秩序的社会习俗或许是第一次以公开并令人难忘的方式贯穿到农村的社区和家庭之中。尽管一个妇女劳模继续住在农村，但她作为国家美德化身的身份使“国家”和“社会”分界的产生成了一个地方性的议题，甚至延伸到家庭空间以内。国家成了一个邻居，甚至成了家庭中的一员。农民比清帝国或动荡的民国时期更关心国家效应。20 世纪 50 年代的党和国之所以不同于之前虽具有毁坏性却更弱小的国

---

① 提摩西·米切尔（[Timothy Mitchell] 1991、1999 年）提示我们不应该在国家和社会之间作明确的分界，我们也不应该认为国家是“无须支持的发号施令者”(1991 年，第 93 页)。米切尔想从国家和社会间的“不确定边界”出发来进行探究，“这种效应如何产生，从而在某些层面适应于社会，却在其他层面代表国家?”（第 89 页）他认为我们应该“检视产生国家和社会之间不确定但强有力的区别的具体政治过程”。这种区别不是“两个离散的实体间的分界”，而是“维持社会和政治秩序的机制网络内部划出来的一条界线”(第 78 页)。

米切尔的分析针对的是战后的资本主义国家，一方面是国家和“私人”机构一连串的紧密联系，另一方面是“国家和社会”或“国家和经济”之间的天然分离。虽然我挣脱了原来的语境，但我发现他的研究对思考社会主义党和国家以及一个内部有差异的实体——“大众”——的产生很有帮助。在这个实体中，妇女（或“妇女作为国家主体”，按白露［Tani Barlow］［1994 年］的说法）是一个重要的组成部分。

② 米切尔 1999 年，第 89 页。他还说：“我们不应该将它（国家效应）作为一种实际的结构来检视，而应该将其视作是使这样的结构好像存在的做法所带来的强有力且显然是形而上学的效应。”

家形态，部分原因是重组空间、建立等级、组织监督、重新标记时间这些做法以空前的程度发生在小的农村，并由曹竹香这样的当地干部付诸实施。她代表着“四散的、轮廓模糊的区域”并厕身其间。这个区域是国家效应产生的地方，① 也是一个有主体及主体化行为的社会文化矩阵。

曹竹香并不是唯一一个在 B 村的工作组及家庭内生产国家效应的人。整个关中和陕南地区，中共的男官员们由陕北的旧解放区调任到地方，妇联干部们从城镇招募新成员并把她们调到农村去。由男官员和妇联干部共同发展起来的地方妇女积极分子则担任重组的主要实行者。本章将曹竹香和其他农村妇女们的故事同妇联分配到农村去做动员工作的干部的记述报道紧密交织结合到一起。通过耐心地展开政治工作，这些青年妇女干部开始着手去改变妇女在农村生活中的地位。她们逐一走访每个家庭，对妇女们忧心忡忡或固执己见的父母及公婆进行说服工作，并让他们明白，允许年轻女子不用亲人直接监督便可工作这种做法值得尊敬并且十分有利。这些干部们保证，像曹竹香这样让人尊敬的邻居会照看青年妇女们的工作，让她们挣取收入的同时，品德亦不会受损。

曹竹香和苦难的考验

曹竹香的事迹已在前一章出现：30 年代末 40 年代初，在炮弹中仓皇奔逃为垂危的丈夫抓药；从家里后院的枣树上眺望并耐心等待国共两军在当地最后一场战役的结束。她的小传是那些在充斥着虫灾、疾病、匪患、军阀混战和侵略的年代成年并结婚的妇女的典型写照。竹香 1918 年生于一户农家，17 岁时订婚并嫁入渭南县的 B 村，② 距离她父亲 1932 年死于霍乱病仅两年，

---

① 米切尔 1999 年，第 76 页。

② 此处及其他各处，妇女们都是按中国对年龄的算法给出自己的年龄，即出生的时候算一岁，此后每过春节加一岁。

B 村现为红星村一部分，现地处渭南地区西南角渭南市西郊的白杨乡。渭南市距西安东北部 60 公里。B 村为 9 个自然村之一，这些自然村后来成为红星农业生产合作社

彩礼是24银元。父亲的死让家里变得异常窘迫，加上竹香以前收割鸦片挣的钱才凑足了一点微薄的嫁妆。竹香的夫家并没有比她娘家更有保障，她公公死于一次建筑事故，丈夫的叔叔则死于霍乱病，留下的两个寡妇——竹香分别喊她们“妈”和“二妈”——跟孩子们生活在一起。家里没有成年男子。竹香的新婚丈夫比她小三岁。“过去那种封建，咱这个子那长得要赶他高得多哩，不相称，咱是过去你满意还是那，你不满意还是那。”①

竹香一嫁过去便开始跟着二妈干农活。“咱没做过媳妇。家里条件好的媳妇限制可多呢，哪能要出去就出去。咱不一样，马上就到地里去了。”她娘家离得不远，哥哥和姐姐的儿子常来帮她。第二章已经说过，她丈夫刚可以算作成年劳力时，就在地里被一支征兵巡逻队抓了壮丁。经过家里多次努力周旋，他终于被放了出来，并被分配到县城里工作了两年。后来他得了肺结核和肿瘤，回到了家中，于1941年去世。丈夫的死使24岁的竹香成了寡妇，还留下了一个3岁的女儿、一个6个月大的儿子以及一大笔医疗债务。当时她决心自己学会种地。她让哥哥教她所有与农事相关的技能，包括那些妇女不经常用的技术，如犁地、耙地、耱地。几年下来，她成了种地能手，种麦子、甜瓜、豆子、棉花、油菜，样样在行。她还清了丈夫治病和下葬时欠下的债务。

除了让哥哥帮忙外，竹香还强调说，自己一个人耕地的话，就不会有人说她行为不端。“我没叫过人，也没雇过人，还怕别人说闲言闲语的话。我邻家那人说我像都没见过这么能干的，在地里咱埋头苦干，干到时节回去，又不多事，那他闲话根本没有。”②

的一部分。合作社在不同的时间由不同的村庄组成，很难估算出该社的大小。一份材料（渭南地区农业合作史编委会编1993年，第368页）显示，1955年红星高级农业生产合作社有224户家庭，而另一份材料（“曹竹香模范”1957年）则显示有294户。1959年或1960年，B村分成南北两个村庄，曹竹香居住的南村变成白杨公社红星生产大队的生产二队（B村简报1996年）。根据村早期互助组的规模来判断（见下文），二队在50年代的组成家庭似乎少于40户。

① 与曹竹香的访谈，1996、2006年。

② 与曹竹香的访谈，1996、2006年。

为革命提供衣物

尽管竹香的成年时期充满了苦难，她却没有自发主动地在革命中担当什么角色。1949 年 5 月，共产党到她村里一个月后，一支宣传队召集村民选村长和妇女主任。大部分成年男子都已经从村里逃走了，投票的村民都是老弱病残和妇孺。“结果把我给选上了，我吓忙了，只说国民党、日本人选干部，就是给人家挨打去呀，[①] 看人家咋样处罚你呀，就把娃一领，门一锁，到我娘家去。”到最后，一个从陕北共产党根据地老区来的干部、B 村的村长以及一个女性朋友不顾竹香哥哥的反对，说服了竹香回到 B 村去当妇女主任。[②]

竹香的贫穷和家庭状况曾经让她在旧社会抛头露面、承受危险和伤害，现在却使她成了技艺娴熟的妇女领导。她先是召集妇女们去做她们一直以来做的事，但做这些事却是为了新的用途，依照的也是新的工作安排。在妇联的指导下，[③] 竹香作为妇女主任的工作是以组织农村妇女给在夏天和初秋经过的人民解放军战士们做鞋子开始的，每户每天做一双。她把做好的鞋子堆到邻村的两间空屋里，然后借来一辆手推车把鞋子送到河边，那里有部

① 日本人从未占领过曹竹香所在的地区，因此她这里说的对历史的认识很可能是后来了解到的。徐秀丽 2006 年以一份 1933 年的政府调查和对渭南四个乡村的调查为基础，描述了民国时期国家对乡村的管理。村长从有产的家庭中产生（第 297 页），村长的经费一般由村民们提供（第 298—299 页）。地方官员滥用权力的现象人尽皆知；有关渭南县一个极其恶劣的滥用权力的例子，见第 304—305 页。

② 与曹竹香的访谈，1996 年。竹香的兄弟们在她生命中主要的转折点起了很重要的作用。她的哥哥支持她在丈夫死后不改嫁的决定，本章后面会谈到她丈夫的死。他反对她从政。他可能对关于女子的德行和操守有十分保守的观念，但他也教她犁地，帮她干农活，他还在新中国当上了村长。她的弟弟后来成了一个党委书记。

③ 渭南县妇联于 1949 年 8 月 25 日成立（渭南县志编纂委员会 1987 年，第 21 页）。省妇联于 1950 年 10 月正式成立，并召开了一个由 247 个妇女代表组成的全省大会（陕西省妇女联合会 1994 年，第 3—5 页；妇联 178–107–016 1950 年）。关于渭南地区的早期妇联活动，见渭南地区地方志编纂委员会 1996 年，第 271—73 页。

队的人来接应她。[①] 在关中地区，做饭、洗衣、缝纫这些由女人干的家务活现在成了新的党和国家的头等大事。G 村所在的合阳县，干部们动员妇女为 135000 名战士提供物资。这是一项巨大的工程：除了鲜花、鸡蛋、手帕和给战士们的慰问信等这些杂七杂八的东西，[②] 还需要 600000 斤新鲜豆芽、一百头猪、426000 斤面粉，近 4000 吨开水和二十五次欢迎大会。一天下午，大荔县的妇女们在芝川河两旁排了三里多长，给战士们清洗和修补数千件衣裳。这些妇女们也跟男人们一起修补战士们经过的道路。[③]

关中妇女对战士的支援也并非没有遇到问题。有些干部没有耐心去劝说妇女们为战士们劳动，只是一味地向她们索取物资。有些妇女不愿意给士兵洗衣服，抱怨说自己家里已经有够多的活要干。[④] 很多给军队的物品都标明是从人民群众那里“借”的。[⑤] 可想而知，这样的“采购”并不总是受到人们的欢迎。尽管如此，人民解放军战士有纪律、有礼貌地寻求物资供应的做法，显示出他们不同于之前那些恐吓人们的军阀和国民党军队。[⑥]

曹竹香受到赏识而成为劳模是始于 1950 年春发生的一系列事件。当时，

---

① 与曹竹香的访谈，1996 年。有关妇联关于渭南县部队支援的报告，见妇联 178–102–015（1949 年 10 月—12 月）。

② 陕西省妇女联合会 1994 年，第 2 页。一共有 77900 担开水，每担 50 公斤（这里的担是指用扁担挑的重量）。

③ 妇联 178–97–011（1949 年 10 月 15 日）。咸阳县亦有类似的活动，见妇联 178–100–013（1949 年 10 月 19 日）。

④ 妇联 178–97–011（1949 年 10 月 15 日）。长安县也有类似的对制鞋的抱怨，见妇联 178–102–006（1949 年 10 月—12 月）。

⑤ 渭南县志编纂委员会 1987 年，第 21 页。

⑥ 妇联 178–97–011（1949 年 10 月 15 日）；陕西省妇女联合会，1994 年，第 2 页。弗美尔（1988 年，第 296 页）引用了《群众日报》的一则报道，大意是“从 1949 年 12 月到 1950 年 5 月，12651 名‘土匪’被处决，其中包括顽固抵抗分子、残留的国民党特务、地主民团、抢劫犯以及其他现行犯”。曹竹香（1996 年访谈）也提到说，解放后不久，B 村那些为了还赌债（有一个是为了抽鸦片）而进行小偷小摸的人被拘留劳改，有的被送去劳改一段时间，降低了当地的犯罪率。

关中地区逾两百万人由于粮食短缺而生活窘迫不堪。① 区委书记问竹香村能做什么，② 她提出用她自家储存的棉花把妇女组织起来纺纱织布。区委书记给她提供了八十元无息贷款让她去购置更多的原料，并承诺不论她们织多少布，新供销社都会帮忙卖出去。

竹香跟区委书记开完会回到家的时候已经是夜里 11 点了，但她还是匆匆召集了七个自己认识的妇女来开会。跟竹香一样，这些妇女要么是家里完全没有男劳力，要么就是家里的男人失去了劳动能力。第一个妇女是个比竹香年长十岁的寡妇。第二个妇女的婆婆患有精神病并被关在里屋，公公嗜赌如命，为偿赌债卖掉了自己的女儿。这个妇女的丈夫则在国民党时期被一个富农花钱买了去顶壮丁，从此再没有回来。她每天大部分时间都在竹香家织布为家里挣点收入。③ 第三个妇女是竹香夫家这边的亲戚，这个妇女的丈夫时不时地干一些小偷小摸、打牌、抽鸦片烟等犯法的事。第四个妇女的丈夫在 1949 年前当过兵，后来回家以后便不大能劳动，后来跳井死了。尽管第五个妇女的丈夫也会干点农活，但他粗鲁、脾气暴躁并经常殴打自己的母亲。第六个妇女的丈夫因为抽大烟早已把家里的地卖掉了。第七个妇女同残疾的丈夫、十二个孩子中的五个孩子，以及一个在县里工作的侄子的年轻老婆住在一起。④ 这些妇女都知道怎么纺织，以前也都曾拿着纺织的东西卖过。

第二天天刚亮，竹香就动身去政府那里取说好的那 80 元贷款。接着七个妇女到村南的集市上买了一些纱线。“连饭都顾不上吃，抬上三台机子，咱点着煤油灯，上了机子，三天就把那织完了，村上那些领导就笑哩：怕你一夜都不睡觉，不敢把人给弄累了。周围老汉捆上两车，推放到合作社。老

① 如不另加说明，以下的叙述均引自：我们与曹竹香的访谈，1996 年；曹竹香互助组 1952 年；“曹竹香模范” 1957 年；渭南地区农业合作史编委会编 1993 年，第 367 页。弗美尔（1988 年，第 297、503 页注 14）指出，1950 年春，“有 700000 人受灾……有来自华北和华东的灾民”。

② 3 月初，县干部安排了春耕和救灾工作（渭南县志编纂委员会 1987 年，第 22 页）。

③ 与刘凤琴的访谈，1996 年。

④ 与曹竹香的访谈，1996 年。第七个妇女是王西芹丈夫的婶子和庄小霞的婆婆，王和庄都是我们的访谈对象（王西芹，1996 年；庄小霞，1996 年）。

汉那账算得清，把钱拿上，跟着可过河，赶零口会，赶塬上那些小会，那小会卖线的人多，咱就收线。赚了几十块哩，我把那80块钱给人家送去了，梁书记说要扩大再生产嘛，把人生活解决了，有空地地里搞生产，黑了加工都做布哩。”① 卖完布之后，她们留出一部分钱去买更多的纱线，然后将剩余的钱在几个家庭中平分。如果七个妇女中的某一个急需用钱，她们便先多分她一点钱，下次就少分点。这种做法是建立在她们长时间了解彼此家庭情况的基础之上的。② 这个纺织小组不但让各个成员都能够维持家用，还在一个月内挣了八斗麦子的钱。③ 随着越来越多的妇女想要加入她们并询问建议，竹香回到区委书记那里争取到了两百元的额外启动贷款。④

到了1950年夏收时，竹香的纺织小组已经由七人扩大到了二十一人，并转型为一个短期的农业互助小组，收割八十九亩地的麦子。这个妇女互助组为村里腾出了六名男劳动力，使他们得以到村外面去当麦客。一份劳模资料也说这个互助组“打破了认为妇女不能干农活的旧观点”，尽管这种观点其实在很大程度上已经被打破了。⑤ 这个因短期需要而建立的小组随后便解散了。

建立在妇女们一直以来用以维持家庭生计的技艺的基础上，在新秩序的初期组织妇女纺织生产合作社是个很有前途的策略。⑥ 然而，党和国家对

---

① 与曹竹香的访谈，1996年。

② 与刘凤琴（1996年）、曹竹香（1996年）的访谈。亦见渭南地区农业合作史编委会1993年，第367页。

③ 妇联178–209–009 1953年。一斗相当于30到40斤。

④ 与曹竹香的访谈，1996年。

⑤ 妇联178–209–009 1953年。1949年后，关于曹竹香的劳模材料照例对她有这样的描述，如“有热爱劳动的习惯，旧社会到处被人歧视”（妇联178–27–025 1952年）。这类材料从未注明具体的歧视为何，我们访谈的妇女们在重述解放之前那段时间时也从未提到具体的歧视是什么。其他地方亦提及了将男人解放出来去当麦客的情况，表明了第二章所详述的男人离家找活干的做法依旧持续到集体化时期，当时在外工作的男人获得的工分记入他们家乡的生产队。

⑥ 有关咸阳县相类似的策略，见妇联178–100–013（1949年10月19日）；关于全省范围内的初步调查，见妇联178–106–05（1949年1月19日）。

家庭纺织生产并没有持久的兴趣，将家庭纺织生产集体化也从未成为首要任务。政府官员们总是将关注点放在农业上。甚至早在土改前的1950年春，全国妇联就让各地方妇联动员妇女到劳动交换组里去干农活。① 纺纱、织布、制鞋又变成了家务事，出于创收或评估妇女实际劳动负担等目的，这些工作隐藏在家庭范围内，不为公众所知。

蹲　点

当曹竹香当上妇女领导时，从村外面的世界来的新妇女干部们也学着如何将陕西各地像竹香那样的妇女动员起来。与之前的国民党政权不同，党和国家在农村地区建立了日常力量，部分是通过将各部门的干部安排住到农户家来实现的。住宿持续数月至一年，被称作“蹲点”，原意是“蹲在一个地点”。有些男蹲点干部原来是在陕北的老根据地工作，到关中和陕南农村后成了农业技术员和共产党政治指导员。② 然而，为妇女创造关系网络和语言并每天对她们进行动员，却大部分是妇女干部们的工作。这样的工作由一群更年轻且没什么经验的妇女干部来进行，这些妇女刚刚高中毕业（如果她们上过高中的话），妇联培训并将她们组织起来，分配到陕西农村地区去生活和工作。③

徐妮妮就是这样一个青年女干部。她回忆道：“我一股热情，那会儿……那热情高得很哇，刚分开勉县不是减租反霸，我三天三夜没睡觉，那

① 妇联 178–103–010 1950 年。

② 与周桂珍（1996 年）、曹竹香（1996 年）的访谈。

③ 与马如云的访谈，1996 年。一份 1952 年的妇联报告显示，宝鸡和绥德大部分地区的妇联干部（宝鸡 179 名中有 136 名，绥德 103 名中有 88 名）都曾下过乡，待过的时间为 50 天到 90 天不等。当时，全省约 85% 的乡镇有妇联支部（妇联 178–117–008 1952 年）。然而蹲点干部们建立地方组织的过程十分缓慢。两年后，丹凤县妇联在一份报告中不无担忧地提到，这些地方组织只在每项运动的开头和结尾召开会议，跟群众和党员基本没有做什么后续跟进工作（丹凤县妇联 1954 年，“丹凤县妇联关于一年半来的妇女工作报告”[8 月 27 日]）。

工作确实大的……做群众工作，发动群众，结果上边来一个通知，我们2点钟出发，一路五六个人我一个女的，我背上行李，结果的话是晚上走了几十里路。第一天我走到沙河坝走了80里，第二天从沙河坝走到城固80里，第三天从城固走到汉中。我就例假来了，过去那个纸，用草纸，你（们）都没得见过，都用稻草做的那个纸，外边裹点黑皮纸。腿也肿了，脚也肿了。我们公家是供给纸，卫生纸的钱都是给的。以后我参加工作。（农村妇女）用布，来了以后，一先，二回又用，都是这个。”

“就在那晚上住，住了以后，天还没亮，组长又叫我们又走。走的话把路都弄不清楚。那是一山一林才一户人。虽然山高，虽然路远，参加革命工作，我一定吃苦，我一定要克服困难。因为那时勉县不是有个大土匪头子李参远跑了，解放的时候跑了，为了要追击土匪头子，我那时也是天真幼稚的，现在想上是可笑的，就是李参远在那，你也认不着他，我都是想好的，就是如果（他）把我杀死了的话，我为革命死了也是光荣的。睡到人家炉上。炉上铺盖垢甲（注：指污垢），都是这个样子，当时我也咬紧牙关，也不怕，我跟人家是一起吃一起住。”①

蹲点干部被要求去地里跟当地妇女一起干活，吃住在她们家里（适当地付些费用），调解她们的家庭矛盾，鼓励她们去上夜校扫盲班，为她们组织托儿服务，并跟她们讲当前政治工作的重要性。②她们要去发现有领导潜能的妇女，说服她们担任领导职位，培训她们具有必备的技能，在她们遭到反对时支持她们，并把她们举荐给国家。一旦一个农村妇女被选为妇女主任，她也进入了干部培训系统，要参加县里和地区妇联各分部组织的课程。③

妇联蹲点干部们的背景不一，但这些背景通常并不显赫。有些已经是多年的革命者，在陕北根据地当过教师或宣传工作者；④有的则来自以前的

---

① 与徐妮妮的访谈，1997年。

② 与刘招凤（1996年）、郑彩桂（1996年）的访谈。

③ 与李秀娃的访谈，1996年。

④ 与郑彩桂（1996年）、张秀玉（1996年）的访谈。

陕西国统区。她们中有些以前是教师或是中学生，有些则拼命想在当时女子上学依然罕见的环境下受到一些基础教育。[①] 有个干部曾在解放前短暂地当过一个国民党官员的小妾。还有一个曾躲在她叔叔的磨面店做过踩脚踏板的工作，她父亲曾企图把她卖掉去偿还银行的债务。干部培训让她不用回家去面对她反对的婚事。[②] 在把干部放到农村的热潮中，很多只受过一点教育的妇女也被招收进来；那些有中学文凭的则被认为是知识分子。[③] 这些新招的女干部们都下决心要解放妇女。对她们而言，解放妇女即意味着，通过让妇女们到田里工作和提高她们的经济和社会地位，来减少她们对男人的依赖。[④] 在简短地上了一些介绍马列主义、毛主席著作、中国妇女史以及社会发展史的基础培训课之后，[⑤] 这些妇女干部们被指派到农村去工作。

一个女蹲点干部的生活并不容易。1949 年末至 1950 年初，肃清土匪和国民党军队残余势力的工作还未结束，妇女干部独自外出十分危险。有个土匪在被处决前一直瞪着打扮成男孩子的赵凤娥，并威胁她。[⑥] 即使后来农村变得更安全了，女蹲点干部的日常工作还是面临严峻困难，缺乏物质上的支

---

① 王梅花（1996 年访谈）曾在西安的一所女子高中当过临时数学老师。她是由曹冠群招聘的，曹从 1950 年到 1953 年初为市妇联主任。有关曹冠群，见陕西省妇女联合会 1994 年，卷首插图第 3—5 页。我们采访的其他上过学的妇女有：刘招凤（1996 年访谈）、赵凤娥（1996 年访谈）、徐妮妮（1997 年访谈）。

② 与赵凤娥的访谈，1996 年。一份关于新组成的 38 名干部的报告提到，她们当中的大多数参加培训的动机“十分之八，都是为了本身问题，或婚姻不自由，或受婆婆的虐待，十分之一，是想随着丈夫在外边住”（妇联 178–100–013 1949 年 10 月 19 日）。

③ 与李秀娃的访谈，1996 年。

④ 与张秀玉（1996 年）、刘招凤（1996 年）、王梅花（1996 年）的访谈。许多证据表明，这个时期全国妇联的领导进入更广阔的党／国机器的内部去为提高妇女地位争取更多的资源，她们的做法是，让大部分的男性领导者相信提高妇女地位对“更大”的国家工程有帮助。比如，康克清阐明了妇女的福利事业如何对国家的生产能力至关重要。见中国全国民主妇女联合会 1952 年，第 17—26 页。张乃华（音译）1996 年和王政 2006 年分析了这个时期妇联所作出的政治上的努力。

⑤ 与赵凤娥的访谈，1996 年。

⑥ 与赵凤娥的访谈，1996 年。

持。虽然妇联通常在省或县党委的指导下进行特定的项目工作，① 其声望却没有其他部门和组织高，资金也没那么充足。没有休息日，有些妇女干部甚至不敢进行农村惯常的午休，害怕深夜召开会议时农民们会批评她们。② 她们所做所言的一切都经过农民们的审查。一份 1950 年的妇联报告不无担忧地提到，一些蹲点干部随意的社会行为激起了当地人民的强烈反对："有些妇女干部与男干部打打闹闹、拉拉扯扯，给老百姓的印象很不好；有的老乡不肯让媳妇、姑娘与女干部接近。这些干部必须随时检查与警惕自己，因为有了毛病，不但自己工作搞不好，而且会影响到妇女群众不能出来参加工作。" ③

党和国家把蹲点干部分派到一个个运动中去，比如土地改革、减租、反恶霸、抗美援朝、扫盲、宣传并实行《婚姻法》，以及建立互助组和合作社等运动。④ 这些全国性的运动每个都以整个社区为目标，但妇联干部的具体工作是动员妇女们去参与这些运动。在国家开展的最早的几项肃清土匪和争取前国民党士兵政治上的忠心的运动中，妇联干部利用男女在政治忠诚度上的不同，鼓励妇女们去将家里的男人争取过来。刘招凤说像她自己这样的

---

① 与马如云的访谈，1996 年。

② 与王桂花的访谈，1997 年。非本地妇女取得信任从而有效进行工作的过程并不完全清楚，因为蹲点干部和农村妇女现在都说那时两者的关系友好且简单。

③ 妇联 178–110–032 1950 年。

④ 与刘招凤（1996 年）、鲁玉莲（1999 年）、马如云（1996 年）的访谈。有关 1952 年曹冠群动员农村妇女参加土改的讲话，见上海市民主妇女联合会宣教部 1951 年。渭南地区地方志编纂委员会 1996 年，第 401—405 页对渭南地区的土改运动、互助组和合作化运动作了概述。有关同一时期动员妇女参加农业生产、土地改革和互助组的全国性报道，见《新中国妇女》第 5 期（1949 年 11 月）：第 12—13 页；第 7 期（1950 年 1 月）：第 12 页；第 8 期（1950 年 2 月）：第 16—18 页；第 9 期（1950 年 3 月）：第 22—25、44 页；第 10 期（1950 年 4 月）：第 50—51 页；第 11 期（1950 年 5 月）：第 33 页；第 13 期（1950 年 8 月）：第 30—32 页；第 14 期（1950 年 9 月）：第 6—7 页；第 15 期（1950 年 10 月）：第 34—35 页；第 16 期（1950 年 11 月）：第 24—25 页；第 20 期（1951 年 3 月）：第 12—13 页；第 21 期（1951 年 4 月）：第 26—27 页；第 25—26 期（1951 年 12 月）：第 16—17 页；第 4 期（1952 年 4 月）：第 28—29 页；第 5—6 期（1952 年 5—6 月）：第 38—39 页；第 9 期（1952 年 9 月）：第 6、21 页；《人民日报》1953 年 3 月 11 日。*

蹲点干部“再一种办法就是动员妇女说服家里人，丈夫、儿子弃暗投明把自己做过的坏事向政府交代，把枪支动员交出来。动员妇女检举揭发谁家有枪。”[①] 通过利用妇女成为她们自己家庭内部的政治工作者，从而推进颇受争议的政策的做法很快成了国家的标准做法。

蹲点干部们在鼓励农村妇女们发展新技能的同时，也必须发展自身的新技能。刘招凤讲述了一段屈辱的记忆：“我那时 19 岁是 50 年，开始参加土改也是我学习的一个过程，人家让我去召开妇女大会，给妇女宣传政策讲话。我站在台上给妇女讲着，讲着，讲到半截都忘了。气得没办法眼泪都掉下来，这脑子怎么这么笨哪！记得好好的，到讲时就忘了。”[②]

当被选为妇女主任时，曹竹香吓坏了——她并不是唯一一个有这样反应的人。农村妇女们通常都不愿意被选作妇女代表，她们的家人也疑心这会影响她们的名誉和花在家务上的时间。除了那些曾在国民党执政时期被迫当过本地单位领导并常常遭到虐待的男人之外，妇女们自己在当地并没有可以作为榜样的妇女领导。[③] 蹲点干部们花好几个小时跟农村妇女们坐在炕上，跟她们交谈，听她们说话，对她们进行劝诱、说服和鼓励。正如王桂花所指出的那样，这些年轻的干部们“先发动媳妇，而不是姑娘”，[④] 因为她们想要招那些不会一结婚就离开当地的人当干部。赵凤娥描述了招募的过程：“我们女干部就可以到人家里去，鞋一脱上炕，可以把脚伸到老婆或媳妇的热炕里边，男人就不行了。谈心呀，发动一家一户做工作，男的就没有这个条件。我一天任务大的，一天要串好几户。我到下边不能直接宣传，得见机行事，一方面我们农村封建势力特别严重……另外一个方面过去对共产党有反宣传，共产党共产党委，共产党员让离婚的，把女人弄走啦……我拉家常。媳妇孝敬不孝敬？儿子孝顺不孝顺？老人身体好不好？几个孙子乖不乖？女嫁到哪？都是家常话，主要是建立起一种亲密无间的关系。有几个老太太都

① 与刘招凤的访谈，1996 年。

② 与刘招凤的访谈，1996 年。

③ 与刘招凤的访谈，1996 年；与鲁桂兰的访谈，1996 年。

④ 与王桂花的访谈，1997 年。

要把我认干女儿，关系就好到那种程度。我不敢认，怕受批评，说你怎么搞私人的关系。我到家里边帮忙干事，什么都干，包括我下乡和她们睡在一起，我和老太太住在一起倒尿盆，和媳妇住在一起就像姐妹一样。见大人叫妈妈，老婆叫婆婆，我们那把奶奶叫婆婆，和母亲大小就叫妈妈，见媳妇就叫嫂子，决不白搭话（注：丝毫不含糊）。”①

尽管蹲点干部们跟农村的妇女们建立了家庭式的关系，但她们一直对自己的家庭感到担忧。一位蹲点干部记得自己怀孕 8 个月时采访植棉妇女劳模，将笔记本放平在肚子上做记录的情形。② 另一位干部在生下第一个孩子仅仅 28 天之后，就去参加了一场县里为干部们召开的有关新粮食政策的大会。“我又坐月子，我当量就在心中想，我不惜（注：不懂）这个政策，我下去就给我这个乡，我咋领导别人呀？我只想弄不到前头去，我这个人性格还是较强的，我不愿意示弱，结果，市干会一毕，我马上就下去。我就找了一个拉拉车，离我住的地方大概十几里路，把吃帮奶的和孩子和我母亲一块拉上。我那时工作热情很高，下午一安排后，我就走了。我到乡上和区的中间，乡上去了以后，我要打听个奶妈，又要到乡上报个到，到乡上安排个住处，把娃留给吃帮奶的。有个女的有个娃，奶多娃胖，但是晚上她身上的奶是空的，我的娃还是哭得不得了，我不知道，我到乡上来安排。”

“第二天早上我妈就安排个人来给我带信，说娃差一点哭死了，没得吃的，因为我一下午安排完我就走了，刚去人生地不熟的，还幸亏区委书记白尔轩的女人把娃抱到去给吃了一口奶。但晚期下午过来认后，我又联系到一个女的到乡政府来，给她妹办婚姻，介绍找人，我就见人就问，问到她了，她说她有点奶呢，我赶快把我娃接到来嘛，都住她家屋子，一间房，她住后半间，我住前半间，我住前半间，给她买肉，买娃娃嘴，把她奶住下下。我妈也接过来……第二天，就这样子，把他们安排好，我还工作。”③

---

① 与赵凤娥的访谈，1996 年。

② 与刘招凤的访谈，1996 年。

③ 与徐妮妮的访谈，1997 年。

尽管寻找奶妈的过程十分痛苦，但把母亲和孩子都带到蹲点的地方一开始就是不寻常的做法，也通常是不被允许的。蹲点女干部们在 56 天的产假结束之后，便把孩子留给乳母或者亲戚。① 刘招凤回忆道："生孩子一个月后骑上满天到处寻保姆。我是 54 年一个，56 年一个，58 年一个。二个女孩子，一个男孩。送到奶妈家奶一年后抱回来我婆婆照顾。老大在老家待了一年抱回来由我一个亲戚看到三岁入了幼儿园。老二在家待了六年，上学时接回来上学。老三由原妇联里的一个保育员给我看到三岁入幼儿园。"② 无法持续跟孩子们保持联系被认为是理所当然的事。妇联干部李秀娃说道："回来就不认得娃了，娃也不认咱了，有时一个娃得换几个奶妈，但就在那种艰苦条件下，妇联干部都能克服困难还没怨言。当时一是想要革命，二是觉得妇女群众那么可怜，咱妇联干部不去解放叫谁解放呢。"③

土地改革

1950 年春，渭南县宣布了土改计划。县农民协会 5 月成立，第一个土改干部培训班 6 月成立，培训班有 500 人。妇联宣传号召妇女们为了自身的解放去参加土地改革："只有整个劳动人民得到了解放，我妇女才能解除封建的压迫和束缚。比如买卖婚姻，这是在封建经济基础上产生的，但在苏联就没有买卖婚姻了，因为苏联是劳动人民当了家，他们就不会把妇女当作牛马。……这次我们都要在思想上认清这次土改运动与我们妇女求解放和劳动人民求解放的关系。"④

到了 1950 年末土改运动终于开始进行的时候，⑤ 渭南县的农民却深陷

① 与张秀玉（1996 年）、马如云（1996 年）、刘招凤（1996 年）、鲁玉莲（1999 年）的访谈。

② 与刘招凤的访谈，1996 年。

③ 与李秀娃的访谈，1996 年。很多蹲点干部继续长期在妇联或其他政府部门供职（与刘招凤［1996 年］、王梅花［1996 年］、王桂花［1997 年］、徐妮妮［1997］的访谈）。

④ 陕西省妇女联合会 1994 年，第 4—5 页；妇联 178–107–016 1950 年。

⑤ 渭南地区农业合作史编委会编 1993 年，第 54 页；渭南县志编纂委员会 1987 年，第 22 页。

另一场危机。小麦夏收之后，两个多月滴雨未下。秋季来临的大雨导致洪水从渭河沿岸渗漏。到 1951 年春，许多村庄都报告说食物短缺，村民之间相互借粮食，把种子作物挖出来吃。有一个村甚至要求政府发乞讨许可证。1951 年 4 月，离渭南西北不远的富平县传来有人饿死和卖孩子的报告。①

这场迫在眉睫的危机促使了土改策略上的改变。渭南县政府在土改中没有没收当地最有钱人的财产，而是鼓励富裕家庭在收利息的条件下将粮食借给穷一些的家庭，并保证他们最后不会被贴上不好的阶级标签。政府还组织一些可以赚钱的副业；把小麦借给最穷的农民；为烈士家庭、士兵和难民分发救济粮；并将农民未来的棉花收成作为抵押预先给他们食物。②

关中地区从 1950 年 10 月持续到 1951 年 5 月底的土地改革，就完全是在这种前景黯淡的情境下开展的。③ 在整个关中地区，估计有 2000 名干部被抽调到土改运动中，仅渭南县就抽调了 1439 名干部。④ 村外来的工作队

---

① 民政厅 198–290 1951 年，第 88—96 页。

② 民政厅 198–290 1951 年，第 88—96 页。渭南县志编纂委员会 1987 年记录了其他自然灾害，却没有记录这次大旱，但陕西农业地理（1978 年，引录在弗美尔 1988 年，第 187 页、第 489 页注 9）对此作了记录。头一年秋天的做法是，党和国家宣传反对高利贷并积极阻止债主收回本金和利息，而承诺把贷款还给富裕家庭则推翻了这种做法（与曹竹香的访谈，1996 年）。

③ 渭南地区农业合作史编委会编 1993 年，第 54—55 页；渭南县志编纂委员会 1987 年，第 22—23 页；陕西省妇女联合会 1994 年，第 5—6 页。这个危急时刻的唯一好处是，最后地区政府将从地主那里没收来的少量粮食分发给了那些有需要的人（民政厅 198–290 1951 年，第 88—96 页）。

④ 弗美尔 1988 年，第 298、503 页注 16。渭南县志编纂委员会 1987 年，第 22—23 页。1951 年，陕西南部地区也采取了同样的做法，该地区直到 1949 年底才为共产党所控制（南郑县地方志编纂委员会 1990 年，第 17 页；与冯改霞的访谈，1997 年）。1950 年 2 月，陕南设立了一个试点，于 1950 年秋开展反霸、减租的运动。这一运动于 1951 年 5 月完成。1951 年 3 月设立了土改运动试点，11 月土改正式开始，并于 1952 年 5 月完成，比关中整整晚了一年（陕西省妇女联合会 1994 年，第 5 页；南郑县地方志编纂委员会 1990 年，第 17 页；见妇联 178–104–004 1950 年 8 月）。T 村所在的南郑县也是一个种植鸦片的中心，1951 年政府花了很大力气对此进行废止（民政厅 198–287 1951 年）。

带头引导当地展开调查和召开会议，以决定各个村民的阶级身份。[①] 他们必须将一小部分在外的“恶霸”地主——例如居住在外地的却在本乡有大片土地的国民党军队的军官——同“本土”的地主加以区分。这些“本土”地主先前大多是吃苦耐劳的饥荒难民，获得了足够的土地之后便去雇用雇农和短工。[②] 地主之下便是富农。这部分人包括：经营非农业生意并将土地租给他人的小土地收租者，靠部分地租生活的小土地经营者，但主要是那些不仅自己参加耕种工作也在很大程度上依靠长工的劳动的人。富农之下是中农。中农通常有一头耕牛和几十亩土地，可以满足自己的生活。贫农也有一些土地并依靠自己的劳动生活。雇农没有自己的土地，也没有生产工具，靠为别人工作维生。[③]

农村妇女，特别是那些来自较穷家庭的妇女，很快就成了土改会议的政治仪式中重要的组成部分。妇女们首先学会了在这些会议中“诉苦”。这种做法在很大程度上塑造了本书所援引的叙述。[④] 据年轻的积极分子冯改霞回忆：“女的坐到一堆，动员嘛就是我们互相串联，你准备说啥？你说啥？这都慢慢从发言，通过认识了土改，就是打倒地主剥削农民，就是我们穷人当家作主，从今以后我们不受压迫，所以不再受苦，受罪了，给地主当长工呀，当蛮疙瘩，是土话，就是丫鬟。我们都是被人发动的，才开始嘛。”[⑤]

妇女们需要被教会如何去理解和讲述过发生在她们身上的事，妇联干

---

① 对其他省的这种做法作了经典叙述的是韩丁（Hinton）1997 年（1966 年）以及柯鲁克和柯鲁克 1979 年。有关民国时期一份具体的关于渭南四个村庄和几个其他县的土地使用权及相关问题的调查，见行政院农村复兴委员会 1934 年。

② 与刘招凤的访谈，1996 年。

③ 与彭贵民的访谈，2004 年。其他人，比如鲁玉莲给出了不同的类别，包括“半地主”和其他的称谓。韩丁 1997 年（1966 年）：第 623—626 页给出了《土地法》中理出的类别。摩伊斯（[Moïse] 1983 年）对中国和越南的土地改革进行了比较，并关注了中国内部的地区差异。有关对关中从清代到土改前的土地关系的分析，见秦晖 2001 年之一、2001 年之二；秦晖、苏文 1996 年。

④ 据郭于华、孙立平（2002 年）观察，陕北骥村的诉苦做法是农民国家意识形成的一种重要机制。

⑤ 与冯改霞的访谈，1997 年。

部们则必须接受教育以便知道如何去教这些妇女。一份1950年的妇联公告根据从邻省河南收集的经验提出了一些建议。妇女们必须明白贫穷并不是注定的，那是迷信的想法。需要使年长的妇女和各个年龄段的丈夫们相信，年轻的妻子们将会从开会中获益。必须教育妻子们不要妨碍积极参加土改运动的丈夫们。妇女们经历过了苦难还不够，她们对苦难的理解必须被引导和塑造出来。干部们被要求“将妇女经历的特殊的苦难提出来加以升华并提高到阶级上来认识”。① 这样，她们的痛苦就可以产生丰富的成果和变得有意义。公告说，不能期待妇女们有男人那样的觉悟，但土改运动有助于辨认出家里没有土地或只有极少土地的妇女，这些妇女可以加入并领导妇联在乡镇一级的分部。这些妇女当选为当地妇女主任，继续留在家里并全职从事农活和家务劳动。但从1950年开始，她们也出现在县级以上的代表大会上。②

有时候进行动员工作即意味着要即兴发挥。冯改霞说：“搞土改是新工作，都弄不来呵。我记得我们屋里妇女，有的当地主，有的学到咋个家斗地

① 妇联178–110–032 1950年。郭于华、孙立平（2002年）描述了在引导农民按照阶级之分，而不是贫富之分、亲缘之分、道德之分去思考和诉说苦难时遇到的困难。他们认为，阶级作为一个调解的范畴，有助于将农民和更大的国家和社会的话语联系到一起。

② 妇联178–110–032 1950年；与冯改霞的访谈，1997年。1950年，关中召开了几次各行各业的代表大会。第一次会议有221名男人和25名妇女出席。25名妇女中有21名被列为“妇女代表”（而不是工人、农民、教育者、青年、商人、党、军队等代表）。第二次会议上有226名男人和29名妇女，其中有26名“妇女代表”（民政厅198–37 1950年，亦见198–64 1950年）。南郑县相应的人数为192名代表，其中妇女代表20名（民政厅198–68 1950年）。1950年丹凤县有113名代表，其中妇女代表7名（民政厅198–70 1950年）。有关1951年渭南县类似的统计数据，见民政厅198–218 1951年；有关丹凤县，见民政厅198–221 1951年；有关合阳县的统计数据（214名代表，24名妇女，其中14名为妇女代表，但该县有四分之一的乡代表是妇女），见民政厅198–380 1952年。到1952年，妇联报道说渭南县有555名妇女积极分子（妇联178–117–008 1952年）。总的来说，妇女在各级代表中所占的人数均不足，且级别越高就越是如此（县级别而非乡级别），即使她们确实出现，也绝大多数是作为妇女代表，其他也可能包含妇女的类别——工人、农民、教育者、青年——基本上都是由男人代表。关于这些代表会议的报告通常不会包括任何具体的“妇女工作”，因为这属于妇联的职责范围。这些会议似乎很大程度上都是为了传达党和国家的政策，而不是关注各个县的状况。

主啊，冬天冷了，老辈子个民兵连长，晚上斗地主人家把袄给我穿上打起（长到）这太（里），教我们唱的歌，就是斗地主的歌呀，‘你有田，你有地，你有庄稼在哪里’，没有穷人来劳动，‘光靠庄稼吃狗屁。’‘你家男人不劳动，你家女人不纺线，你的钱从哪里来，今天给我讲出来’。”①

像王桂花这样的干部发现，动员妇女们诉苦是一件相对容易的事情，因为她们不像男人那样跟当地的权力关系有千丝万缕的联系。“我觉得女同志还比男同志好发动，思想还比较积极。妇女思想比较单纯。”② 妇联干部将妇女带入公共领域，发现她们打乱在义务和权力之间的复杂关系网时，没有男人那么小心翼翼，因为她们并不是这个关系网中的核心成员。妇联干部还发现她们对党和国家的倡议更少持怀疑态度。一份妇联的文件敦促组织者们去建立妇女的优势：“因为妇女更记得她们受到的剥削且思想简单，她们能够在批斗会上更好地说出她们的苦难”。③ 徐妮妮等妇联干部发现男人和女人诉苦的方式很不一样。“妇女斗争的时候又哭又说（笑了），男的他就哭不出来的话。土改参加没收、分配呀，发动女的。那进修（注：指培养擅长诉苦的人）是访贫问苦，她受的苦大。当时斗争是有理有节，用事实说话。一般都是刚结过婚，姑娘也有，很少，这些年龄都在二十左右。中年妇女有积极分子，老年也都有，中老年各阶层都有来。中年的思想成熟，压迫深厚。”④ 曾是童养媳的妇女尤其愿意揭露地主，⑤ 曾当过丫鬟或劳工的四五十岁的中年妇女们也是如此。刘招凤回忆道：“揭露地主压迫她们的丑恶事实泣声俱下，在下边听得都哭啦。有些童养媳妇讲给地主做童养媳在冬天穿不上衣服吃不好，给人家磨面给人家看孩子，在家里超负荷的劳动。”⑥ 没有什么经验的蹲点干部有时得把年老一些的妇女从诉苦大会上拉开，防止她们情绪

① 你有田，你有地，你有庄稼在哪里？没有穷人来劳动，光靠庄稼，吃狗屁。你家男人不做活，你家女人不纺线，你家钱从哪里来？今天给我讲出来（与冯改霞的访谈，1997 年）。*

② 与王桂花的访谈，1997 年。

③ 妇联 178–104–004 1950 年。

④ 与徐妮妮的访谈，1997 年。

⑤ 与王桂花的访谈，1997 年。

⑥ 与刘招凤的访谈，1996 年。

激动到要对地主进行人身伤害。①

土改期间派出的阶级标签并不总是同农村妇女的处境完全吻合。妇联提醒当地干部，婚姻会使妇女的阶级身份变得复杂。卖给富人当童养媳、小妾或仆人的贫农家的女孩不应该被当成地主或富农来对待，除非她们已经“和地富过生活满三年后，就可定为地富，如果不足，她还是过着贫苦的生活，这样的人还是原来的成分。”解放后嫁给贫农的地主家的女儿“亦可定为劳动人民的成分”。② 这样的指示使当地有足够的空间去理解个别妇女的苦难，建立美德的标准，从而影响阶级标签的分配。

曹竹香在土改中参与的活动远不止“诉苦”，在蹲点干部的指引下，她和其他积极分子们突击搜查了宗教组织“一贯道”一个当地首领的家。“一贯道”被中共政府痛斥为保守的反动性组织。③ “那屋里做了双墙，把那一贯道头头在墙里藏着呢，锅台边有这么大的窟窿，用席片子一盖，把窟窿掩护住，那黑了搞活动，白天在屋里，不知把人在哪儿藏着。（那天晚上）我些妇女骨干都偷偷溜到桥村口的大柿子树上，哨子一吹，我的都从树下来跑进去，那屋里东西多的太太，金银财宝。搞反革命活动呢。”④

对竹香而言，当她走进一个地主家，将由土改工作队提供给自己的简陋食物与地主吃的食物进行比较时，抽象的阶级标签便具备了鲜明直观的意义。“那队长派饭也派到外屋里：派饭哩，那专门蒸的馍，蒸的啥馍，拉的那黑面粉子，一个萝卜菜碟碟，一个辣子碟碟。我在我屋里，外在那一家吃了两饭家，那全家都在炕上吃饭哩，这么厚，这么大的那锅盔，火锅搭上在炕上吃。我一去就问那人，你啥时候搬去哩，那哼鼻囊哼鼻囊的那一个兄

---

① 与赵凤娥的访谈，1996 年。

② 妇联 178–107–016 1950 年。

③ 全国打击取缔“一贯道”的运动和土地改革运动交叠在一起：1950 年 10 月，渭南县全县开展打击“一贯道”的运动的活动，并于 1951 年 3 月，对这个组织的“罪行”进行了展览（渭南县志编纂委员会 1987 年，第 22 页；陕西省妇女联合会 1994 年，第 7 页；李侃如［Lieberthal］1980 年）。关于这个时期的农村动乱，见裴宜理（Perry）2002 年。

④ 与曹竹香的访谈，1996 年。当我们问曹是什么样的活动时，她含糊地答道：“宣传听人磕头呢，发展组织呢。”

弟，老二把他弄起，说是：那我现在还没有的。那个才出去找了，老许在外前哩，一看那个老许把门别了，把锁一锁，人家那几个儿女子都厉害得很，拾掇我几个呀，那几个儿连我搏斗呀，喊来些民兵，他才一个个倒了。老许那人恼了厉害。”①

搜查地主的家，跟一些男人进行政治合作，公开与另一些人进行对抗——这些对曹竹香来说都是前所未有的经历。然而，她回想旧事的时候并没有将这些活动说成是极其重要的变迁。这或许是因为，土改虽然在政治上极为重要，却没有在关中或陕南这些连地主都相对贫穷的地区带来大规模的资源转移。竹香评道：“开大会定成分那些不法地主，家在外面消息得的早，财产转移得早，咱队这破烂地主王志义，解放前二年出去了，在县上买了房，开花店呢，搞了商业了，回来了，成了破烂地主，屋里什么都没有，就换了几回斗争。也不怪，把主要的没拉住，（王志义）连皮带毛都没有，拾了个地主帽子。”②Z 村的情况也是如此。积极分子们找不到一个财产可以缓解穷人资源不足的阶级敌人。有个地主穿“衣服莫围径（衣服大径，是往日衣服的衣领），鞋还是拼起的，那号地主可怜太太哩，天天吃那红薯叶，就那坡多的很，买这坡地，买那也是坡地。那屋里没有庄稼，就是那号可怜地主，也叫地主，那有钱那大地主，也叫地主，那有钱那大地主，我的妈呀，那人家请雇工哩，咱这儿莫得那些好地主”。③

土改运动之初，地主和富农仅拥有关中地区 13% 的土地。所有的耕地中总共只有 12% 被重新分配，三分之一最穷的人口每人分到了额外的一亩（合 0.15 英亩）地。④ 在曹竹香村里，紧靠她家附近（村东和村西）的

---

① 与曹竹香的访谈，1996 年。

② 与曹竹香的访谈，1996 年。

③ 与刘冬梅的访谈，1999 年。

④ 弗美尔（1988 年，第 10、170、298、322、487 页注 94）。通过征引政府材料，弗美尔写道，“8% 的农地为地主所有，5% 为富农所有。223900 公顷，即 12% 的农地（包括各种庙宇、教堂、学校和社团占地）被没收。这些土地被分给了 460000 户家庭，2020000 人，即 82% 没有土地的雇农，42% 的贫农和 7% 的‘中农’。从那以后，农村中 44.2% 最穷的人口占有了所有农地的 34.6%，平均每户占有 1 公顷土地。其他农民占有的土地为平

四十二户人家中有一户被划为地主。整个村总共只有四个地主，都是各种“破烂”地主。一共有四五户人家分到了土地。竹香被划为下中农，分到了农具，但是没有分到土地。运动结束的时候，B 村人均持有三到四亩土地。①

分配阶级标签的重要性不仅仅在于资源的分配。“贫农”的标签如今将一个家庭推上了社会秩序的顶端，尽管这个标签并没有让他们变得更富裕。然而，“贫穷”一词的意义并没有马上发生变化。Z 村刘冬梅的公婆拒绝接受“贫农”这个标签，害怕其他人会取笑他们，要求换成“下中农”的标签。②G 村杨贵石那意志坚定的寡母也是这样。当十几岁的儿子将两袋工作队分给他的、从地主处没收的粮食带回家时，她大为震惊，随即打了儿子并让他将粮食还回去。最后农会的主席给了他们家一把铁锹。③ 像山秀珍这样在政治上活跃的农民则有其他的理由拒绝“贫穷”这个标签。鉴于人们有自己汇报阶级身份的机会，她村里的新党员们便声明自己是中农，虽说他们中没人有中农的土地。但他们之所以这样做，是因为不想分到那些应该分给比他们更穷的人的土地。④

颁发土地证的时候，其他冲突也显露出来。⑤ 尽管每户家庭的男人、女

均每户家庭 1.5 公顷”（陕西省人民政府土地改革委员会编《陕西省土地改革资料汇编》第一集，第 4 和 23 页，转引自弗美尔 1988 年，第 487 页注 94）。尤其是渭南专区（关中三个专区之一，另外两个是咸阳专区和宝鸡专区），贫农和雇农占总人口的 39.4%。土改前，他们一共占有 25.6% 的土地，人均 2 或 2.8 亩。土改后，这部分人的土地占有率增加到了 32%，人均拥有土地为 3.5 亩（弗美尔：第 299 页）。

① 与曹竹香的访谈，1996 年。在合阳县 G 村的 300 多户家庭中，4 个被划为地主，8 个被划为富农，24 个被划为上中农（G 村简报 2001 年）。在陕南那个唱“没有庄稼吃狗屁”这样的斗地主歌曲的村庄，只确认了一个小地主。干部们组织了一群小孩去给他唱他们学到的土改歌曲（与冯改霞的访谈，1997 年）。

② 与刘冬梅的访谈，1999 年。

③ 与杨贵石的访谈，2004 年。

④ 后来他们被重新定为下中农（1997 年与山秀珍的访谈）。

⑤ 首先，要对村里所有的土地进行测量、标明界线、按质量分出等级，这整个过程需要很多讨论（2004 年与王兆如的访谈）。Z 村，平原和山区的土地都分出了“好”“中”“差”三个等级，每个等级被分配了不同的生产指标（与鲁玉莲［1999 年］、颜盼娃［1999 年］

人、小孩都分到了土地，[①] 土地证却是发给家庭的。党和国家的政策规定家里所有成年男女的名字都必须出现在土地证上，但在陕西的很多村庄，只有男人的名字出现在证上。这在G村引发了妇联干部和当地政府部门的冲突。何改珍在回忆这段很久以前的论争时，提到了“翻身”这个革命概念，其原义为“将身体翻转过来”，引申为“摆脱经济和政治压迫并享有完全的公民权利”：“翻身翻啥哩，土地整个都没有我妇女的权利，都是男子的权利，人家那区委书记嚷啊嚷，把眼睛都哭肿多大，那是给妇女争权利哩么。他那区委书记一直不叫签妇女，把男的签上。”

“那照这样，就狂（注：哭）的……噢，那……狂（注：哭）的连那区委书记闹。到了（注：最后）以后把那眼睛狂（注：哭）肿多大，以后跟我说，我以后跟那区委书记说。我说那赵……主任说这话是对着咧，那你提高那妇女觉悟，那你拿啥提高咧，那你说这妇女有觉悟啦，这翻了身啦，半边天。[②] 那还是男子么，那还没翻身么。那土地证哦，都是男子的权利么。那

的访谈）。彭贵民（2004年访谈）将这个查田定产（调查田地以定产量）的过程描述如下：“当时根据土地的优劣条件定产量。三年的产量，加起来，平均起来，定一个产量。群众路线，大家定，你说这块地定一等还是三等地。群众当时也是为那个查田定产考虑，产定合理了，这公购粮负担平衡了，这就满意了，定得不合理，他当然也反对。但是这个工作群众工作很重要。”

除了土地证外，还向农民颁发了农业契税，具体指明要纳给国家的农业税。到1951年底渭南县（B村）这一过程基本完成，但关中其他县则几乎多花了一年的时间才完成（渭南县志编纂委员会1987年，第23页；渭南地区农业合作史编委会编1993年，第55页）。在陕南，这项工作则一直进行到1953年（妇联178–124–010 1953—1954年）。彭贵民（2004年访谈）在1955—1956年间的合作化进程中参与了第二轮查田定产工作。据弗美尔称，1952年西北地区规定将农业税建立在每户家庭的人均年收入上（按粮食算），征税率为5%到30%。他发现（第426页），陕西的年农业税从1951年的480000吨减到了1956年的406000吨。杜勉（[Domes] 1980年，第10页）提到，全国每年的农业税为作物的13%到15%。

① 一个受访者为女儿因为晚生了几个月，没有分到土地而哀叹不已。这个受访者母亲对这种情况的评论则表明，当地人对共产党提供的关于剥削的解释并不买账。她母亲说这个没分到土地的孩子“没运气，叫土地爷挡到了”（与钱桃花的访谈，1997年）。

② 何改珍1999年用的是50年代初期还未出现的语言。“妇女能顶半边天”的口号出现于1968年，虽说早在1956年报纸上就已出现过类似的说法了（韩起澜2010年）。

就没有妇女权利么，人家连你争嚷，给你看，把那狂（注：哭）得眼睛肿多大。这为了啥，这是给妇女争那半边天哩，给妇女争这政治权利哩。”[①]1952年末，省妇联让各地方分部去建议当地领导遵守省里的指令，将妇女的名字写到家里的土地证上去。[②] 指令的语言明示男领导们应当遵循国家政策，这暗示了在一个并不总是关注妇女的利益的国家机器内，代表妇女利益会遭到的种种挫折。[③]

具有讽刺意味的是，土改掩盖了妇女纺纱和织布在维持家庭生计中所起的关键性作用。例如，在1950年的一次当地妇联大会上，与会者们提到，当阶级标签派发出去的时候，有些织布的妇女被算作是“家里主要劳动力”。他们说，这违反了党和国家的规定，因为“主要劳动”应该是指农业生产。将纺纱和织布当成主要经济活动的妇女可被划为“劳动者”，但只有一年中耕种达4个月以上的妇女才能被算作“农业劳动者”。这项规定或许可以使贫困的纺织家庭不被贴上更富有阶级的标签。然而与此同时，此规定也将注意力从妇女在非农业劳动上的贡献转移到家庭收入上，开始了一个妇女在家产布将不被算作有酬劳动的漫长过程。[④]

妇女在拉开了土改序幕的政治对抗中起了十分关键的作用，但土改本身却对妇女产生了极为矛盾的效果。它在土地分配时算上了她们，却不总是把她们的名字加到土地证里。妇女被号召起来向地主诉说受到的剥削，特别

---

① 与何改珍的访谈，1999年。

② 陕西省妇女联合会1994年，第11页。然而，1952年另一项指令提醒妇联，“不要强调给妇女单独发证，因为这会导致大部分群众不满”（妇联178–117–008 1952年）。然而，1954年一份报告指出，遭受过虐待的妇女、寡妇、打算马上结婚的青年妇女要求单独发土地证。关中的四个县，包括合阳县，有10829个妇女要求单独发证，但只有309个领到了单独的土地证。这份报告未提供任何细节，却指出了有些地方“没有处理好如受虐待的妇女要求单独发证的问题”（妇联178–124–010 1953—1954年）。

③ 尽管全省对土地证有诸多争论，但妇女明白了她们有权要求获得土地。50年代初，一个死于游击战争的男人十几岁的女儿要求有对父亲土地的继承权，当时她的叔叔试图把家里的土地卖掉。她说，她之所以这样做是因为受了有关妇女平等的宣传的影响（与肖改叶的访谈，1999年）。

④ 妇联178–110–032 1950年；妇联178–107–016 1950年；妇联178–104–004 1950年（8月）。

是女子受到的虐待之苦，但妇女纺织生产付出的劳动却被遮掩起来了。然而，一方面土改对妇女的生活产生了明显直接的影响：为她们提供了新的审视自我和自己能力的方式。像刘招凤这样为革命热情所驱使的蹲点干部，学会了不论白天或黑夜都能把村子当成是自己的地盘。“我们开（会）到晚上一两点也不知道害怕，手里拿根棍一个人就走了回去了。现在有时想起来那时有点二杆子，现在害怕了。那时的革命精神、革命激情特别大。”① 土改对农村妇女同样有着深刻的影响。在革命前曾勇敢无畏的山秀珍，如今有了一套丰富的词汇去阐明自己的行为和品德：“我还是乡上的农会主席，我黑明黑夜做啥，地主他说我是疯子，他都不知解放啦，站起来了，才知是个人生观，你先着你还知道你是个人！那男的三个五个站到哪儿，你走路你都要弯哩（注：绕过，躲过），你不敢从他们前面过，咱中国这妇女，你在人家前面过‘丑婆娘’！② 但我可不害怕，可是山上有野虫，野虫也没见过，我晚上在西安开会回老潼关，晚上两点下了车我就没进潼关城去，由东部我一下子就走到我的棉花地里，四十里路我一个，我一个从两点走到这儿日头刚冒花花（注：上午时候），我一个在路上也没有事。”③

互助组和当领导的危险

从 1950 年末到 1953 年末，曹竹香的村庄进行了互助组的试验，其中农户可以保留自己的土地，但各户的劳动力需被组织集中起来。④ 虽然建立互助组是党和国家的当务之急，但这却是个一开始就充满了挫折和争论的艰难过程。竹香是大部分互助组的组长，也是负责极其细致烦琐的安排工作的核心人物。她分析互助组遭遇到的失败，然后带领大家再次进行尝试。1951 年春，很多村民组织了劳动交换组，男人为一组，女人为另一组。交换组从

① 与刘招凤的访谈，1996 年。

② 1949 年，毛泽东在中华人民共和国的开国大典上宣布“中国人民站起来了”。

③ 与山秀珍的访谈，1997 年。

④ 1996 年 B 村简报；杜勉（1980 年，第 12—13 页）简要记述了全国各地的发展进度。

一块地转到另一块地，一次耕一户人家的地。男人把肥料拖运到地里，女人锄地。但交换组无法根据大家工作的努力程度实施不同的奖赏，因此不久后这套工作流程被弃用时，只剩下竹香组里的七个核心妇女成员还一起工作。到了1951年底的时候，竹香带着6个小组的男人和6个小组的妇女，又做了一次尝试。这次仍然有问题。有些家庭不愿妇女为他们干活，担心她们不足以胜任这些工作。① 妇女们锄地的时候，男人也会来锄地，随后便有谁完成了工作、功劳应该归谁之类的争吵爆发。家庭内部的矛盾冲突也遽增。竹香试图解决这些两性战争，将来自38户家庭的73个男人和妇女组织成一个“联组”，分为8个小组。所有的家庭组成一个组，男女在一起工作。但由于组与组之间的劳力和牲畜分配并不平均，导致生产被拖延。直到1952年底，才成立了一个由36户人家组成的稳定互助组，竹香担任组长。②

尽管困难重重，互助组试验还是在生产小麦、棉花、小米，收集肥料，掘井和照料牲畜等方面取得了可观的成果。竹香的小组因取得如下的社会和政治成就而受到赞扬：帮军人家属犁地，写信鼓励和支持在朝鲜抗美援朝的战士们，带头把粮食出售给国家，收集废品，给组员们注射疫苗，把所有到了学龄的儿童送去上学，终止包办婚姻和虐待女儿、儿媳的做法，将毛主席

① 山秀珍遇到了类似的男人对女人干农活能力所持的态度：“男的都不愿意，怕把这麦锄了。我说先放在我的地里锄，走把她的领上，我在前面锄，一人占三行，超前锄，咱小心一点把草一锄，不深锄，深锄，就要伤麦根。我老汉不放心，跟上我，人家不和我们一块锄，我的锄过去了，他在后面看呢，他一看，锄得还差不多，不如人家那男的庄稼人的活路，却比粗糙的男人还锄得好（1997年访谈）。”

② 与曹竹香的访谈，1996年；妇联178–209–009 1953年；妇联178–27–025 1952年。人数和户数来自妇联178–27–025 1952年。很难对男女作出正确的安排并不只是竹香小组的问题。1949年，妇联一份关于劳动组织形式的调查表明，全是妇女的工作单位工作良好，但是不易组织。当男女一起工作时，妇女学到了新的农业技术，但据说男女均感不自在，并且流言满天飞。当男女在同一个单位，但分别与相同性别的人一起工作时，通常又在算劳动工分上吵个不休（妇联178–106–005 1949年）。跟很多其他地方一样，渭南互助组的男人通常都有亲属关系，但并无证据表明分歧因此而减少。有关男性亲属在巩固农村集体中所起的作用，见戴玛瑙（Diamond）1975年。

的画像挂到每户家庭。①

竹香小组的成功得到了乡政府的投资，1952 年春粮食短缺时，乡政府借了 4750 斤小麦给她的组员们。② 这类支持得到了回报，因为像竹香小组那样的成功互助组后来变成了努力想把其他村庄有疑虑的农民也吸纳进互助组的党和国家的一笔财富。③ 竹香的成功也促进了妇联计划的展开，比如吸引了更多的妇女到地里去锄庄稼、种树、选棉籽、挑肥料、参加夏收和扬谷等。④ 妇联宣传了一些应该从竹香小组中汲取的经验："解放后她在共产党的领导培养下，懂得过去受苦的原因是国民党反动统治和地主阶级的压迫。她也懂得要翻身，只有自己起来劳动当主任。因此各项运动中积极参加并领

---

① 联组平均每亩的小麦产量是 394 斤，而村里的平均亩产量是 150 斤（但需注意的是，21 世纪初这个地区的亩产量差不多达到了 1000 斤；我本人与高小贤的交流）。由于肥料（包括油渣和豆渣）不断增加，进行了锄棉，调整了间苗技术，并用制盐的废水去杀害虫等，棉花作物得到提高。竹香在一块棉花试验田上种出了 350 斤棉花，而当地的平均亩产量才 254 斤。她组里牲口的伙食也很好：从未给它们喝过冷水，每隔一周还喂一次盐巴。男人和妇女每天都得十工分，比数年后替代这种计分制的按具体性别来分配工分的制度要公平得多（妇联 178–27–025 1952 年；妇联 178–27–026 1952 年）。有关抱怨其他互助组的妇女没有因同工而得同酬的记录，见妇联 178–117–008 1952 年。有关应如何组织男女一起在互助组工作以及什么样的社会性别分工才合适的指示，见妇联 178–117–008 1952 年。1952 年，妇联的著述者们设立了如下目标："明年各地要求组织百分之三十到百分之四十的女劳力参加临时季节性互助组。陕北百分之十五到三十，关中百分之三十到五十（宝鸡要超过百分之五十），陕南百分之二十到四十。其中争取百分之五到十五妇女劳力参加常年互助组。"

② 妇联 178–27–05 1952 年。

③ 白危写于 1950 年的《渡荒》虚构了河南西部一个家庭如何受益于早期的互助组的故事。故事主要传达的信息似乎是，互助组给民众带来了福利并改善了家庭关系。社会性别的劳动分工依然十分明显，但由于男人都疏浚河道去了，妇女已经开始去地里劳作（1950 年），渭南后来也是这样的模式（白危 1951 年；白危 1954 年）。

④ 1952 年，一份妇联对渭南个县的调查显示，40% 的妇女参与了收割；互助组（大多数为临时）的妇女人数超过了三分之一（妇联 178–117–008 1952 年）。根据渭南县的人口统计数据，1952 年 9 月，该县有 108 个乡（一个乡通常包含了好几个村），459 个行政村，1480 个自然村，26 个镇，人口为 334502，其中男性人口 176546，女性人口 157956（民政厅 198–380 1952 年）。1954 年的丹凤县的人口是渭南县的半数之多：38252 户，男 90713 人，女 74254 人，总人口 169972 人（丹凤县妇联 1954 年）。

导妇女。”[①] 在整个关中地区，把农民吸引进互助组并让妇女从事生产的工作一直持续到 1953 年。[②] 那时竹香的互助组已经有了完善的管理结构且设有下属的小组，有小组长和副小组长，并为一系列活动制定了常规的程序。这些活动包括：会议、生产计划、劳动竞赛、工分分配、集体读报、老人照看小孩以及批评与自我批评。[③]

当曹竹香和其他农村妇女登上当地的领导职位时，她们便进入了一个她们并不熟悉的、当地矛盾和国家复杂易变的政治交叉在一起的领域。50 年代初期，阶级标签、互助组、粮食收购、蹲点干部、地方妇女领导等一起将国家模糊的边界延伸到乡村家庭的内部。一个妇女领导作出的任何行动都可能在当地树敌，任何当地矛盾都可能会被外来的干部纳入更高一级的冲突，无论他们这样做是出于无心还是带有恶意。妇女进入公共空间——通常被描绘成是脱离黑暗而进入了革命的光明——带上了自身的阴影。

政治上互相指控的故事对妇女们来说是痛苦的回忆。无论是社区内部的争端和钩心斗角，还是它们与充满了矛盾的大政体之间的紧密联系，都很难重构出来。许多年过去了，很多当地的参与者们都已经离世；当地外来的工作组也早已离开并解散。相比其他种类的报道，关于冲突的报道里充斥着更多混乱和相互矛盾的细节。我们很可能将故事弄错，或将故事的部分误认为全部，甚至在不知情的情况下卷入当时正在进行的争端。妇女领导们讲述的这些痛苦的故事提醒我们，过去的某些方面持续对当下的情感产生影响，

---

① 妇联 178–209–009 1953 年。有关类似的关于山秀珍的材料，见妇联 178–17–023 1951 年；妇联 178–27–023 1952 年；妇联 178–27–024 1952 年；妇联 178–209–036 1954 年。在一份 1951 年的政府文件中所列的 16 个模范互助中，有 11 个由中农领导，这表明并不总是只有贫农才能对当地进行有效的领导（农业厅 194–8 1951 年）。丹凤县记述模范互助组领导的文件中也出现了贫农妇女当领导的模式（丹凤第一区西河乡人民政府 1955 年；丹凤妇联会 1955 年）。

② 一份 1953 年的丹凤县报告显示，有 156 个常年互助组和 2815 个临时互助组既有男人也有妇女。有个互助组，每个人每天的报酬是伙食加四斤玉米，不含伙食的话便是六斤玉米（丹凤县妇联 1953 之一）。

③ 妇联 178–209–009 1953 年；与曹竹香的访谈，1996 年。有关互助组的类别和模范互助组在促进互助组上的重要性，见《关于农业生产互助合作的决议》1953 年。

尽管曾经谈论的阶级斗争现在可能是通过美德的语言被重新讲述出来。这样的故事促使我们既关注她们所表达的过去遗留下来的伤害，同时也关注她们为证明自己清白无辜而作出的强有力的辩白。

曹竹香第一次面临一堆指控的时候，她已经不当领导很长一段时间了。1952 年的互助组试验期间，一支工作队来到 B 村进行工作指导。此时竹香的敌人便迅速跟新来的外人结成联盟。1993 年发表的有关渭南农业合作化的官方记载也简短提及了这段插曲，并对此进行了加工处理。插曲的全文如下："就在这时，少数落后群众散布流言蜚语，拨弄是非，在村组流传着'伯孝的笔杆，文秀的嘴，竹香的劳模，川娃妈的腿'的顺口溜。讽刺他（她）们'逞能出风头'，几乎致联组解体。在各级党委的关怀和协助下，首先恢复了互助组，随之进行了整顿。"①

这段官方记载的故事暗示，冲突可能仅仅是某个"落后"的村民嫉妒竹香及其领导班子，出于私人原因而惹起的事端。然而，这段有关腿、嘴、笔和劳模的带有挖苦意味的打油诗背后，是一波更为广阔的对早期国家集体化工程的反抗情绪。B 村所在的关中地区，建立常年互助组的计划始于 1950 年末，进展非常缓慢。1951 年底，尽管渭南县组成的农业生产互助组超过了 3000 个，加入常年组的却仅有 63 户家庭。② 到了 1952 年底，关中十一个县近半数的农民都加入了互助组，但加入常年组的却不到五分之一。③1953 年一整年，渭南的党领导层还在发布如何运行互助组以及如何为领导开展培训课程的指令。中共的文件中提到有些农民曾试图解散互助组。文件隐讳地提到了"小农经济的自发势力"，以及有必要"开展解放前后生产、生活和人民当家做主等会议对比教育，坚定走互助合作道路的信

① 渭南地区农业合作史编委会编 1993 年，第 367 页。

② 渭南县志 1987 年，第 23 页。不确定该如何处置新近被没收了财产的地主是个问题。1952 年 4 月，渭南区党委禁止地主和富农加入，还说，如果富农已经加入了，他们可以继续留在党委内，但不得担任领导职位（渭南地区农业合作史编委会编 1993 年，第 55 页）。

③ 渭南地区农业合作史编委会编 1993 年，第 55 页。

心”。[①] 很明显，有些农民在分到了土地后，只想跟自己家里的人去耕种这些土地。

当像这样复杂、贯彻不均的国家性举措跟地方农村上的各种关系相遇时，政治仇恨便带上了个人的甚至私隐的因素。竹香嘴里道出的有关“笔、嘴、劳模、腿”的事件比官方的版本要不雅得多，并刻画出了政治斗争如何跟不忠夹缠在一起。身为农会主席和竹香盟友的文秀，显然是因为不堪忍受攻击，最后投井自杀。但在竹香的叙述中，文秀遭到指控及自杀的根本原因是他妻子通奸，他妻子的情夫凭空捏造了这些罪名。文秀的自杀引发了一项调查，竹香也得以恢复清白。

竹香没有明确说出她从这个故事中学到了什么，但她架构这个故事的方式却具有启发性。作为一个妇女领导，她的权力被认为是源自其他人——“伯孝的笔”或“文秀的嘴”。而无论处于政治冲突的哪一方，一个女人的不检点行为总会对权力造成损害。似是而非的政治上的影射同妻子的不忠一起迫使文秀自杀。竹香的结论很可能是，恪守德行是保护一个人的名誉和政治效能的最起码的必要保证。

曹竹香的组织工作最为成功的是显著地提高了组员们的生活。婆婆是最早的七人合作社中一员的庄小霞回忆道：“我妈跟上曹书记，一天开会开到半夜，做活，并不提公家，只要把我们的位置提高就对了。”[②] 竹香的互助组决定做豆腐卖，这项举动引发了一场与当地农民党应杰夫妇的冲突。这场冲突在很多地方都有详细记载。据竹香回忆：“那女的（指党的老婆）破坏呢，给他出去胡藏（方言：胡说）摊子，跟咱唱对台戏，也卖豆腐，党应杰是私人卖哩，我是组里卖，豆腐做得好，又不掺杂，他做的那烂豆腐，还挂我的名，人家买他的豆腐，说曹竹香做的。党应杰是个光杆司令，嘴里一天

① 渭南地区农业合作史编委会编 1993 年，第 55—56 页。

② 与庄小霞的访谈，1996 年。全省的副业生产很重要，既增加了收入，也让农民对加入合作组更具有热情。丹凤县的副业有从附近的山上采集药用植物，编织草帽、草鞋、草绳，养猪、鸡、蚕，纺织，向其他互助组出售劳力（丹凤县妇联 1953 年之一，1954 年）。山秀珍的小组做豆腐、豆丝面和红薯粉，她们还养了猪（与山秀珍的访谈，1997 年）。

胡说，干些小偷小摸，大坏事可不干。我那豆腐就是硬，那时咱这不上有工作组哩，以后查出，破坏互助组，把那人受法了。把他关了几天，那家里还有父母跟娃，没人劳动，还要生活嘛，就是教育一下，以后那不不敢了，给做出些洋相，可是拌不住人。”①

党应杰夫妇俩都已不在场，无法解释是什么促使他们去破坏别人的东西和买卖。半个多世纪后，竹香村里的一个男人讲起这件事时，说破坏豆腐生产的党是“阶级敌人”。② 然而党曾被划为贫农，并不是阶级敌人。或许他害怕跟一组更会做豆腐的人竞争。或许他担心合作社这种集体组织会让竹香她们更占市场上优势——这种担忧可能并不是来源于对集体化本身的政治上的敌意。或许是纯粹的私人愤懑情绪在作祟。周桂珍是曹竹香曾指导过的一个年轻妇女积极分子，她认为，问题的根源在于，党应杰不满竹香这样一个当地的妇女握有资源和权力。桂珍的叙述回到了“家里没人”的主题：“人家给磨子里下盐，一下盐你那豆腐不是淀不住了。意思你是个妇女，你得承担，那就是说陷害你，破坏你，叫你也搞不成呢，最后老婆还是把那搞成了。”

高小贤：“为啥要破坏呢？”

周桂珍：“那就是你是个妇女么，家里没人么。”③

2006年，我们召集了三个比竹香年轻并曾跟她一起工作过的妇女，让她们为50年代的大事列一张时间表。为了帮助她们记忆，我们还提供了她们孩子出生年份的生肖。我们首先让她们说出从解放到经济改革开始这段时期发生的重要事件，比如土改和互助组。50年代变革的线索或许正在于此。当国家指令跟独特的地方环境和人际关系发生冲突时，这些指令便留存在了记忆中并获得意义。与此同时，党应杰为一个真正令人满意的、关于竹香的决心和正直的故事提供了必需的当地抵抗和蓄意阻挠情节。无论他是阶级敌人还是封建的大男子主义者，抑或仅是个愤愤不平、脾气暴躁的小商贩，B

① 与曹竹香的访谈，1996年。

② 与刘真西的访谈，2006年。

③ 与周桂珍的访谈，2006年。

村互助组的历史叙述都少不了他。在此过程中，像曹竹香一样，豆腐具有了标志性：它是辛勤工作、诚实和高质量的合作化生产呈现出来的物质形式。

妇女和家庭国家效应

1953 年 10 月，中共中央委员会发布了一项后来证明是极度不受农民的决议。粮食的“统购统销”——后来还扩大到棉花和菜籽油——旨在通过限制农产品的非国有市场来稳定价格和物资供应。① 农民只允许保留够自己吃的粮食，不准将获得的好收成贮存起来为将来所用，而是要将剩余的粮食以固定的价格出售给国家。② 丰收后从农民处购得的粮食通常在第二年春天被卖回给农民。③

和其他地方一样，陕西的农民们也不愿意交出粮食，当地干部也不愿意合作。④ 陕南宝鸡地区的干部们响应农民的担忧，并提问：“如果农民卖

① 这项发布于 1953 年 10 月 16 日的中央指令反映的是陈云的思想。有关统购统销的简单解释，见 https：//zh.wikipedia.org/wiki/%E7%BB%9F%E8%B4%AD%E7%BB%9F%E9%94%80，决议全文，见国家农业委员会 1981 年，第 212—214 页。杜勉（1980 年，第 11—12 页）指出，1953 年中，全国的私人收购者提出的价格比国家的收购价格高 40%，而设立统一收购部分是为了避免价格再上升。他探讨了全国各地农民的不满情绪和黑市的活动。更多关于这项政策及其接受程度的讨论，见戴慕珍（Oi）1989 年，第 43—65 页；许慧文（Shue），王瑞芳 2005 年；陈益元 2006 年。李怀印 2006 年深入研究了江苏两个县对该政策的抵制。有关改革时期对这一政策作出的政治分析，见温铁军 2000 年，第 157—169 页。

② 杜勉 1980 年，第 11 页。国民政府从 1941 年起试图在未占领区实施粮食控制政策，但很快就变成了迫捐，见金普森 2001 年。

③ 国家贸易公司收集和购买粮食，然后将粮食转移到一个国家的粮食仓库，该仓库给贸易公司支付佣金，然后把粮食售给需要的人（2004 年与彭贵民的访谈）。有关将粮食再售给农民，见李怀印 2006 年，第 146 页；杜勉 1980 年，第 11 页。有关陕西的情况，见弗美尔 1988 年，第 426 页。

④ 甚至在还未有这项国家政策之前，陕西省有关当局要向农民购得足够的小麦都很困难。1952 年，省里出台计划说要收购 5.06 亿斤小麦，但到了 6 月份只收购到了 87 万斤。渭南的官员们拒绝动员农民出售粮食，因为省里没有给他们适当的通知。见《内部参考》第 8 期，第 148 号（1952 年 7 月 2 日）：第 19—20 页。

掉粮食，将来吃什么？”收购站人手短缺，再加上贮存粮食的空间有限，使问题雪上加霜。为了存放粮食，地方政府和党组织租用了农民家里多出来的房舍。①

农村各级干部都被分派了任务，去搞清楚农民实际上生产了多少粮食、有多少粮食可供出售。然后他们便负责逐户地对农民进行说服、鼓励、施压和劝诱，让他们出售粮食。② 然而，并非每户家庭都能达到售粮的指标；有些人种不好地，有些种的只够自己吃，即便有余粮，也不多。有个积极分子评论说，她宁可到别村去给农民们做劝说工作，因为要说服自己的邻居尤其困难。“你像把你的粮食拿出来卖给国家，那不容易，就在那雪雨里头整了一冬啦。”③ 村民们对饥饿依然记忆犹新，尽管反抗只是暗地里进行，却非常坚决。何改珍问道，“谁愿意把粮食舍得往出出？说人家莫得么。以后，弄出来一些并不出来。好比就是这大队的，谁家有粮食了，把他动员出来，动员出来了，回家可把他粮食买下，可给那些莫啥吃的人”。④

农村妇女通常掌管着家里的粮食供应。无论她们是比男人更加坚持不让，还是更乐于合作，她们本身都是动员的重要目标。蹲点干部徐妮妮记得是如何做动员工作的：“因为这个妇女本身也在妇女家庭中，掌握着家庭呢，她有些思想比男的不好做，她对她家庭熟悉，吃粮食的主妇么，她总是要弄超余的，所以她有的，她男人就要卖，她思想不通嘛。我们先把底子摸清，你有那个东西，你不卖就是不行的，你没有的我们还不要呢，所以群众还是支持我们的。有一个男的，他就来抱我的腿，但是的话，我理直气壮，因为已经掌握了他的底细，他是富裕的，……他抱腿，就是说不卖粮，再来还想

① 《内部参考》第 8 期，第 148 号。据一份给干部和党员的内部刊物报道：“国营公司对合作社的作用认识不足。如粮食公司收购小麦没有和合作社建立代购关系。”（《内部参考》第 8 期，第 221 号［1952 年 9 月 25 日］：第 389—391 页）

② 于鲁玉莲的访谈，1999 年。

③ 与冯改霞的访谈，1997 年。

④ 与何改珍的访谈，1999 年。

威胁你，还想影响其他群众谁歪（厉害）谁在理，他这样一闹，恐怕其他群众都不卖了。他想起这个作用，但是不行……这一家人的话，女的还较好一点。我说这一家抱腿的，男人不懂理女的还好。女的还是我们的积极分子嘛，就是男的不讲理。”① 只要一个妇女能够相信国家目标和她的家庭利益并不冲突，那么国家政策就更有可能在不动用强制手段、实行挨家挨户搜查或引发相互离间和指摘的情况下，成功劝说这些家庭加入合作社。当一个妇女支持统购统销时，国家效应便延及家庭层面。

塑造劳动模范、塑造美德典范

1950 年的某天，就在曹竹香刚成立纺织小组后不久，县里一位干部来到她家，赞扬她庄稼种得齐整、牲口饲养得仔细。“家里这牲口铡的草呀，给牲口倒的土啦，到多少家看都没有这么细土疙瘩，都很小，说你这连骡子过上的风说我这洗的垫上的，那说笔哩，这头牯是糟踢了，那都我我弄的，外说这都够劳动模范的哩，还都超过了。”②

1951 年，竹香被西北地区妇联选为劳动模范。山秀珍也已在几个月前当选。③ 在一次县劳模大会上，竹香被授予了一把铁铲、一把锄头和一个杯

① 与徐妮妮的访谈，1997 年。到 1954 年初，妇联深深卷入了宣传统购政令的活动中（陕西省妇女联合会 1994 年，第 13 页）。1954 年，丹凤县妇联的一份报告提到了妇女们不愿意依照这个政策将余粮售出（丹凤县妇联 1954 年）。毛后来总结道，在 1954 年至 1955 年间，国家过度向农民收购粮食，直到后来 1955 年搞的三定政策（定产定购定销）才弥补了这种状况的不足。这些规定说余粮户将余粮的 80%—90% 售给国家，增产不增购；如果国家想要收购更多的粮食以缓解其他地方的灾情，收购应限定为增产部分的 40%。什么算作是“余粮”由“正常”的收获水平所决定。有关三定政策的具体内容，见白思鼎（Bernstein）1984 年，第 340—341、352—353 页。1953 年，陕西的人均粮食产量为 595.1 斤，在全国各省中位居第八（曹树基 2005 年，第 23 页）。

② 与曹竹香的访谈，1996 年。

③ 渭南县志编纂委员会 1987 年，第 617 页。山秀珍于 1950 年一次省里大会上成为劳模，她是渭南地区 17 个农业劳动模范名单中 6 个妇女劳模中的一个（农业厅 194–8 1951 年）。该份文件提到，曹竹香是一个模范小组中的一员。

子。她把农具都交给了互助社，但留下了杯子给自己用。[①]1952 年，她成了全村第二名党员。[②] 她的互助组和秀珍在潼关领导的互助组被省妇联列为模范互助组。[③] 随着合作化的展开，竹香成了合作社的社长和党支部书记。[④] 她继续当选为劳模，并和其他四位妇女植棉能手一起，被誉为“五朵银花”。在官方的文件记载中，并没有出现有关竹香起初不愿意当领导、为了逃避当妇女主任而逃走的叙述。我们转而读到的是：“她那勤劳正派的作风被人民政府发现了，她担任村的妇女组长自己在政治上翻了身，受到感动，对任何一项工作都很积极热情地来搞，拥护党和人民政府的各项政策，遵守国家法令并且热烈地带头响应各项号召。”[⑤]

然而，据竹香自己讲述，学会当一个公众人物对她来说并非易事。在她第一次参加的 1951 年全县土改积极分子大会上，面对众多陌生人，尤其是陌生男人，她感到茫然无所适从。“叫我去参加外会哩，把我还吓得我说你开那个叫啥吗，就这我说我不去，咱是个妇女么，那妇女干部还少，我不去。他咋样说，我都不去，非叫去不行。参加那会你不知道是丢人，第一次开会（她在 1949 年前曾首次离开村子去给丈夫买药，但‘第一次开会’对她而言依然是从未有过的经历）。开会，不敢往人跟前坐，咱拿小凳子坐在旁边还不行，那党婷（译注：当时的妇联主任）还不离我，害怕我偷的跑回来，咱一看那女的少得很，没有我农村那，（我）封建得很，叫吃饭了，拿上一个馍，回去坐那房子吃，不行，那李局长说我封建，你就再就我个不论啥，我总不到那去，给你把馍夹上另取个碗，给你拨些菜，我端的坐我那。”[⑥]

渐渐地，竹香学会了同他人交谈，尤其是在她被选为区劳模并开始去西安和其他地方参加会议之后。在每一个阶段，来自妇联及其他国家部门组

---

① 渭南地区农业合作史编委会编 1993 年，第 367 页；与曹竹香的访谈，1996 年。

② 与曹竹香的访谈，1996 年。

③ 妇联 178–116–009 1952 年；妇联 178–122–012 1953 年。

④ 与曹竹香的访谈，1996 年。

⑤ “曹竹香模范事迹单行材料” 1957 年。

⑥ 与曹竹香的访谈，1996 年。

织的蹲点干部们的支持、建议和时刻在场都至关重要。在指导和资助这些干部的背后，是中央执意在地方上建立力量的决心，这种决心在一定程度上通过支持妇女领导的发展体现出来。①

官方材料中，劳模通常由于具备以下特点而受到赞扬：出身贫寒并早年经历磨难、解放后忠于党、有一技之长、有政治觉悟、对当下进行的运动有贡献。这些材料告诉我们，曹竹香不断地将地方上的生产同全国的政治形势建立联系，无论这样做是意味着为在朝鲜的战士们准备慰问包裹，还是将棉花卖给国家。② 她发展共产党员、共青团员，并调解纠纷。一份可能是写于 1954 年的手写材料，记录了她带领村民们去修理水井并鼓励后进的事迹，该材料还提到了中国在国际上的角色："但在箍（井）时，有些群众说天太冷，人撑不住。当时曹竹香很勇敢地给大家说：'志愿军在冰天雪地里不顾性命打美国鬼子，保卫咱们好光景。今天毛主席号召咱们打井防旱，增加生产，还能怕冷吗？咱们一定要克服困难和天作斗争，把井箍成，不怕冷。'在她这一鼓动下，群众一致表示：'不向困难低头，增加生产，支持人民志愿军。'"③ 该材料描述了竹香如何在村里组织了一个"爱国公约"小组去完成小麦的夏收，随后又如何学会了运用诸如选种、种植、锄地以及防虫害等高级技能。材料结尾说道，对"时事、政治学习和生产知识"的关心，促使她组织了读报小组并鼓励组员们去上"冬学"。④

---

① 与张秀玉的访谈，1996 年。

② "曹竹香模范事迹单行材料"1957 年；妇联 178–27–025 1952 年；渭南县民主妇女联合会 1952 年之二；渭南县白杨公社 1962 年。有关陕西妇联动员妇女参加抗美援朝运动的概述，见西北民主妇女联合会宣传部 1952 年。很多女劳模都因说服农民将粮食卖给国家而受到褒奖。例如，见丹凤县妇联 1954 年第三区茅坪乡人民政府 1955 年。

③ "曹竹香单行材料"（未注明日期）。关于陕西农村妇女和抗美援朝战争的报道，参看《群众日报》，1951 年 6 月 16 日。

④ 这份长达六页的文件语调平实且充满了技术细节，还选择性地使用了重构的对话和电影式的描绘手法。这份材料以精简的形式涵括了劳模叙事中所有重要的元素（"曹竹香单行材料"未注明日期）。有关其他例子，妇联 178–27–025 1952 年；渭南县民主妇联会 1952 年；妇联 178–209–009 1953 年；《西北妇女画报》1953 年 5 月 1 日；"曹竹香模范事迹单行材料"1957 年；渭南县白杨公社 1962 年。

或许对党和国家的农村目标而言，最重要的是，劳模们的故事装点了地方上合作化的决心。一份 1953 年的报告详尽地记述了竹香互助组取得的成就，接着提到，组员们都欠着互助组的债，并依然极度贫困。一个组员感喟道："互助组的……前途与好处我都知道。毛主席的话我都听哩，就是做活回来没啥吃。"① 竹香作为一个劳模，注定要去体现日常实践和那些可能有助于她的邻居们脱离贫困的新组织形式。

具备农耕技能并不足以使一个妇女成为有效的领导者，她必须没有流言蜚语、无可指责并受到邻里的尊重。② 如果没有一个古老得多的代表妇德典范的"贞妇"形象，曹竹香便不可能拥有革命劳模的身份。中国农村的婚姻一直以来都是奉行外婚制和从夫居的模式，现在也大多如此；妇女嫁入夫家所在的村庄，20 世纪 50 年代的妇女跟公婆住在一起。"贞妇"是中国的大众伦理、地方志和小说中一个强有力的形象，指妇女在丈夫死后为了抚养孩子和侍奉公婆而拒绝再嫁。③ "贞妇"的形象至少可以追溯到孟子（公元前 4—前 3 世纪）。他在论著中将自己的寡母列为典范。伴随着清代和民国时期的地方志将贞妇烈女列为地方上的骄傲，"贞妇"成为了一种固定的形象。④

---

① 妇联，178–209–009 1953 年。一个有趣但无法回答的问题是，这条评论为何依然留存在这篇原本积极乐观的报告里而未受到批评。

② 干部在评估丈夫尚健在的妇女的领导潜能时，也会仔细考查她们的操行。一位前干部提供了对山秀珍的评估，说她非常有德行，跟男人没有不正当关系并且非常聪明（与赵凤娥的访谈，1996 年）。

③ 曼素恩 1987 年。

④ 在所有访谈地区的地方志里，我们可以找到许多晚清时期恪守节操的寡妇们如何勤俭地（常常靠纺织维持生计）抚养孩子、侍奉公婆的例子，其间还穿插了其他有关妇女行为英勇且有美德的故事。有关（竹香居住的）渭南县，见严书麟、焦聊甲 1969 年（1892 年）：卷三，第 860—987 页。关于（T 村所在的）南郑县，见王行俭 1968 年（1794 年）：第 311—30 页（这部分也包含了一些贞女和其他有妇德的妇女）；郭凤洲、蓝培原 1969 年（1921 年）：卷 2，第 527—584 页。南郑县的故事中，有关于守寡的妇女在 19 世纪中期的叛乱时期如何在逃亡和其他极度窘迫的境况中维持家计的故事。关于 G 村所在的合阳县，见《合阳县全志》1970（1769 年）：第 267—286、194—197、299—306 页。有关山秀珍的家乡潼关县的情况，见杨端本 1967 年（1685 年，1931 年重印）：第 137—141、221—223 页；向淮、王文森 1969 年（1817 年）：第 163—219、237—238 页。

贞妇在革命前的流行文化中也有二重身：淫荡的寡妇。后者不光彩的行径在“寡妇门前是非多”这一古老的俗谚里得到体现。50 年代的目标是把妇女拉出家庭领域，让她们从事集体的农业生产，而此举又与农村关于体面正派的观念互相抵牾，于是进行劝服工作的劳模也必须是一个品行正派的模范。竹香便正是一个这样的模范。

竹香的丈夫于 1941 年去世时，她的哥哥一开始劝她不要改嫁，因为她还有两个年幼的孩子和婆婆要照顾。竹香没有提到，她和哥哥是否知道晚清时期渭南县有超过 1350 名恪守贞节的寡妇的名字被荣耀地载入 1892 年的县志，有些名字后面还简短记录了这些寡妇为了照料家庭付出的艰苦卓绝的努力。她也没有提及她自己是否看到过散布在整个县的寡妇纪念牌坊。至少十二个这样的牌坊在 1892 年的县志里榜上有名。① 但是她哥哥却十分清楚，无论如何，她都有责任把儿子抚养成人，他还说，正因为她有儿子，她夫家不可能赶她出去。再找一位丈夫到夫家来（“招女婿”）对她来说也不可能，她曾见过村里另一户人家曾想这样做，却遭到了人们的极大羞辱和反对。她的决定也不仅仅是家庭和村里舆论作用的结果。她坚持要照顾自己的孩子，并且不希望人们对她说长道短。无论是在新政权到来时，还是在担任了让她发现自我的新领导职务时，竹香这一初衷始终未曾改变。以下是她面对高小贤的提问时，向我们作出的解释：

高小贤：“你刚解放时那么年轻，又做妇女主任，又学婚姻法，你那时有没有想到争取你的婚姻权利，再找一个。”

曹竹香：“那根本没有那意思。”

高小贤：“那工作上遇到一个合适的啦，干啥不再找一个，你当时？”

曹竹香：“我这个坏毛病还强，那妇联孙主任谈的就是那，把我气得说了几句，最后咱想那领导是好意，可咱不能那样子做。”

高小贤：“你为啥不能那样子做？”

---

① 严书麟、焦聊甲 1969 年（1892 年）：卷三，第 860—987 页，粗略列入了 1375 个名字。有关纪念牌坊，见卷一：第 275—277 页。

曹竹香："一个我不想给我儿子造成那个，那娃都托了，咱现在已经从土坑里、刀刃里都逃出来了！那没有一个人说过一句闲话，我这争光还要争到底，就跟那宣曹一样，我也不给姓曹的丢人，也不给姓王的丢人。我该怎么办就怎么办，死心踏地，那是咱的命。"

高小贤："那你当主任，当队长有没有再找一个？你婚姻幸福，那是你的权利，别人说让别人说去嘛！"

曹竹香："孙主任给我宣传婚姻法，给我找个西安一个局长，老婆死了，我说你就是给我找个书记，根本没门，我把我孩子咋办，我不能把孩子扔了到你那去，我把道理给她讲了，工作该怎么做就怎么做，至于那件事情，就不要再说，给邻家、给村上人帮助过事，干啥都行。"

高小贤："那你都没想到这个问题？"

曹竹香："谁想在我跟前说这句话，那都没门，我不管男的女的。"

高小贤："你一个带个娃，不容易，又要工作，又要在地里干活，你想过没想过，工作上有个困难，有个伴能了解你，地里活能帮你做做，娃能帮你带一下。"

曹竹香（打断）："苦，那是咱的命，庄稼有，吃苦不怕，人有两只手，不管针线活粗细活，轻的，重的，都打刮不住咱，咱都能干，就不求人。再就是我娘家还有我哥哩，有啥困难他都能帮咱。我从不信神，不信鬼，不算持，我的命我都算了，不用别人看。"

高小贤："你真能吃苦！"

曹竹香："人到世上，吃苦总没有人笑，穿的烂也没人笑。就拿过去说，咱也没有好的穿，也不能往年轻空，就那粗布条条衫子都没穿过，那时兵荒马乱，黑了我二妈连我六爸他老婆都来给我做伴。"

高小贤："就我这想法来说，我觉得你要能找一个关心你的人，比你一个人生活要好的多，你当时为啥一个……？"

曹竹香（打断）："不靠他，咱现在生活也不错了嘛，孩子现在都大了，这么一摊子，也能理解了。"①

---

① 与曹竹香的访谈，1996年。

这段交谈引人深思。高小贤，一个生于1948年的妇联干部，温和地提出婚姻要志同道合。这绝不是一个新近才从国外引进的观念，而是已经以当前形式在中国的城市流传了近百年，但在这里却并不被接受。我们可以推测，婚姻带给竹香的东西并不多：结婚时丈夫还未到青春期，成年后身体健康那几年却离家在外，21岁返家之后便死了，留下竹香和一大家子人。差不多十年后，解放的时候，竹香32岁，已经是个成熟的妇女和有经验的农民。她婆婆已经死了，孩子们也已经长大，可以帮忙干农活。在她人生的那个阶段，不愿意再开始一段婚姻绝对是可以理解的，尤其是因为那些鼓励再婚的观念，比如，期望婚姻可以带来性和情感上的伴侣关系，在她生活的世界里完全不起任何作用。竹香没有去追求国家所承诺的再婚的自由，而是为正确的行为、娘家和夫家的名誉，以及抚育子女，尤其是抚育儿子的责任作了辩护。

竹香无懈可击的美德、没有复杂的人际关系或性纠纷，当然还有她的固执，都与她成功地成为当地领导和劳模不矛盾。事实上，这些都是她成功的必备条件。国家对寡妇恪守贞节的态度是：这是一种旧“封建”思想的残余，要对其进行批判，并代之以一种新的革命道德。然而在陕西，那些当选的早期农村劳模妇女中，没有任何一个妇女有可能会让她遭到非议的过去。身为一个恪守节操的寡妇意味着竹香在当地有威望，能够成为有影响力的模范。前蹲点干部刘改霞解释道：“曹竹香年纪轻轻就守寡，受封建残余的约束，她不能改嫁，因为她有个儿子，她就得守这个家，从二十几岁就把青春贡献给这个家了，曹竹香很能干，家里活、地里活都能干，她能担担子，能推车子，能犁地，能吆牲口，就是咱们这以后说的，犁耧耙耱扬场全把式：犁耧耙耱茹麦尖，扬场使得左右锨，吆车会打回头鞭。再竹香能干得很，也就在村子有威信，这威信不是现在意义上的威信，而是封建残余给她的威信，说这女人能干、本分、能吃苦，我们就在这基础上给她摊新的威信，不光让她参加生产，还要让她参加政治活动，她不光领导她的小家，而且能领导大家。”①

① 与李秀娃的访谈，1996年。另一个退休的妇联干部马如云（1996年访谈）谈到了她培训过的守寡的妇女领导，她描述了自己是如何鼓励她们的：“只要能干，我们就支持。有人说口外寡妇门前是非多，我们不怕；有的人说口外寡妇一天也不知跟着胡跑啥呢，我们说不怕，只要你走得端、行得正，啥事都没有。”

竹香的封建美德让她更方便参与工作，也更能为村民们接受。当她的个人品行遭到质疑的时候，当地政府迅速出来为其辩护。据竹香自己讲述，土改刚过，有个男人不过说了一句“拿一个年轻妇女，又没有外前人”，镇长就“一下给抓住，给卡嚓一顿，以后再没有人说其他闲话”。她的节操跟国家当局休戚相关，并天衣无缝地跟她成为劳动模范融合在一起，这种融合不是通过遥远的、匿名的国家机器，而是通过同村人宣扬她的模范事迹供外界消费来实现的。①

直到 2006 年，距离我们第一次采访十年之后，当竹香和她儿子以及一个邻居再次向我们讲述了一个我们之前并没有注意到的故事时，我才完全理解竹香恪守节操背后的的另一层原因。20 世纪 30 年代，竹香结婚后跟守寡的婆婆和二妈——丈夫伯父的遗孀，住到了一起。当时，跟竹香夫家同宗族的男人们正要把二妈赶回她娘家，并收回她的二十亩田地。二妈跟他们闹了官司，但案子一拖就是好多年。二妈和亡夫早前领养了一个儿子，但当她想带着养子去祖坟祭拜、确立他是土地的合法继承人的时候，与她丈夫同宗族的男人们叫人把她毒打了一顿。

竹香于是清醒地认识到守寡的女人多么容易被剥夺一切。竹香、她儿子以及一个她曾指导过的妇女积极分子不止一次地向我们表明，竹香的丈夫死后，丈夫的族人也曾想像对待竹香二妈那样对待她。② 最终，这些人发现很难这样做，因为正如竹香所言：“瞎好咱有这一个男娃，就是受他村上谁的欺负，他不敢是在王家炕上生下来的亲亲的男孩。”她决意守寡和抚养子女，特别是抚养儿子，这既是对尊严的捍卫，也是对代管儿子财产提出要求。1949 年后，当妇联的干部们带着城里时兴的“志同道合的婚姻”和“妇

① 50 年代初村领导草拟的材料对这个守寡的故事作了如下的改写：竹香的丈夫死了，他的死给竹香带来了经济和精神上的困难，她的娘家迫使她再嫁（这事根本就没有发生），但她以家庭需要她为由果断地拒绝了，她认为自己是个坚定的可以依靠自己双手劳动的人，她为什么要靠男人呢？（“曹竹香模范”1957 年）。这篇草拟的文稿去掉了对寡妇守节和女性独立的赞美。

② 与曹竹香（1996 年）、王积极（2006 年）、周桂珍（2006 年）的访谈。

女平等”观念，小心地建议竹香再婚的时候，竹香对她们的建议表示深深的怀疑。对她来说，这听起来好像是她们又在继续做着之前贪婪的族人们没有做完的事情。①

然而，竹香坚决表明自己既独立又有尊严，这使她超出了那种决心不计一切代价去维护父系秩序的寡妇形象。她不相信算命，却接受了命运的安排；事实上，从过着简朴的生活和革命语言提供给她的“吃苦”这些方面来看，她其实是欣然迎接了命运的安排。她借用了一个当地理解的美德观念，尽管我们或妇联的干部可能会将这种观念称为封建，但她却没有这样做。她渴望抚养儿子、“捍卫尊严”、做各式各样的工作、不依赖任何人，并将这些看成是天衣无缝地交织在一起的无私行为，所有这些也都让她便于为集体服务。她利用恪守节操的寡妇和劳模都要辛劳工作这一共通点，将封建的寡妇守贞的美德糅进她对自己革命决心的叙述中。

曹竹香甚至在1949年以后都拒绝考虑改嫁，这一做法让她的家庭生活免于遭人非议，也让她不为妻子的职责所累，从而得以参与集体化的事业。② 新的国家是建立在一些其明确斥为“封建品德”的行为的基础上，来宣传“新社会的理想新妇女”这类概念的。一场明确反对寡妇守节和包办婚姻的革命在基层产生了很不一样的效果，部分是因为农村的人们所尊崇和认可的东西不一样。农民在某种程度上是以一种可以为当地理解的方式演绎了国家效应，至少部分是因为这种国家效应同已经存在的行为规范和准则糅合

① 与曹竹香的访谈，1996年。她讲述了另一个骇人的故事，故事清楚地表明了解放前的寡妇再婚通常是家里胁迫的结果。她村里有个女人是个买来的小妾。丈夫和他的正室都死了。成了寡妇的小妾同过世丈夫的子女们关系很好：“她男的那兄弟坏，想卖寡妇拿钱哩，把这老婆卖了，卖到白杨，这是给人家做偏房。几个小伙把她空空架上走了，车就在村外那个城角搁着哩，把她拥到车里头，几个人把门帘一盖，坐到车口把她叉住，她在车里老哭哩，叫哩，叫她孙子，叫她儿子，东西拉上走了，还到那一家。”

② 报告往往把已婚劳模妇女在家中取得的成就同她们的高产能力和先进的政治觉悟列在一起。例如，1952年，一份关于山秀珍的报告在她的爱国行为计划中包括了她以下目标：提高妇女识字能力、为田野劳动组织劳动力、抚慰士兵家属、捐粮给国家、为全家生产布匹、关心自己孩子的学习、不要和丈夫争吵（妇联178–27–023 1952年）。

在一起。在国家势力范围的边缘，革命的议程取决于根深蒂固的个人名誉观念和个体的顽固性。在陕西农村，国家效应具备了丰富多样的文化记忆元素，这些元素以中央政府的策划者们从未明确规定或预料的方式被重新组合。

第四章　积极分子

冯改霞年轻时是一名倡导婚姻自由的积极分子。她讲起过去的经历时，唱了一首歌将自己的故事同民族的历史联系起来。“妇女自由歌，就是妇女自己要起来，为自己求解放，求自由。唱个喔个歌吗，我可能唱得不好呵，因为几十年了：

旧社会，好比是嘿咕咚咚的苦井万丈深①。
井底下，压着咱们的老百姓，
妇女在最底层。
拉西拉索拉斗索
看不见那太阳，看不见那天，
（数）诉不尽这日月，诉不尽这年。
做不完这牛马，受不尽这苦，谁来搭救咱。
拉西拉索拉斗索
共产党，毛泽东，
他领导咱中国走向光明。
从前的妇女翻不过阎王殿，
今天砸开了铁锁链，妇女们都成了自由的人。
国家的大事，咱也能干。
啦哎嗨哟
铲除老蒋反动派，前方后方一齐干，努力生产莫道闲。

① 一丈为 3.3333 米。

嗯那哎嗨

建设咱们新的中国万万年，万万年。”①

改霞记得自己从1949年起就不是个容易顺从的人。当时她14岁，父母为她许配了人家。“我妈给我铰了一个鞋样子，叫我弄红布做上轿鞋。呵，她给我摆了几天我都不做，才到学嘛，我也不做。我都觉得没见过，不知道是啥样的子的人呵，所以我咋得不接。喔回我跟我妈说：‘死都不接！你把我小小的给人家，那我死都不走，反正我不去！’我给她摔了，我没做。介绍人老婆婆到我们来，我就叫走，骂她‘走去！’”

解放后，改霞成了一名土改积极分子，到18岁时，她已是乡里的妇联主任。从土改工作队听到的有关党和国家的婚姻政策的消息给了她勇气去终止自己的婚约。“你想原来你又不知道这些呵，没有个主心骨，对吧？通过工作队给你讲，懂了这些道理，然后镜子呀是的一对。”她在开会的间隙回到家时，便给家人做说服工作。“一般的父母理解是说，给人家的人了，说出去的话，好像退了丢了他们的面子。就是这样的想法，他们的那个心情好像是为儿女，这家有钱，条件好呀。”幸运的是，改霞的祖父同她站到了一边，并帮她说服了父亲。“把我妈一个人啦，最后她没有办法了。”

但她的未婚夫却不愿意放弃这门亲事。改霞决定直接跟他当面对质。“有一天这个介绍人老婆婆也瞎家伙（的很），她把我叫她们家里去。那个时爱写个生年八字呵。弄这么大个麻钱，麻钱上拴个红头绳，把你生日年龄呵，我是几几年生的、属啥的这个相都弄到这个当，捡到麻钱上，这都算喔订婚的仪式。叫她给我取回来，我跑到她那去，她把人家那男方叫到来。”

这是改霞第一次见到未婚夫。“哎呀！把我羞的，把我别扭得没法。男方他问我，你为啥要退？我说为啥要退，因为我们是包办的！我说，我从来没见过你，今天见你第一交。这根本都是‘口袋里买猫’，跟你是个素不相

① 与冯改霞的访谈，1997年。

识的人对吗？语言各方面根本都不喔个的！”

“最后他有些威胁我，我也不怕，因为我都不当村妇联主任了。第二年当乡妇联主任，我就教育他。我就把政策给他搬出来，我说现在我懂得《婚姻法》。现在妇女自由了，我自己要选我自己心爱的人，语言各方面都能说到一起的，能共同生活，有共同语言，最后才从喔算了。反正我退喔个婚，扯了个红布嘛，四个节节退给他，东西都退给他。买了两双袜子、一个大雪花膏瓶瓶啦、一个香皂嘛肥皂？一个肥皂。反正我们小娃家，也不管那么多，光知道给人家退回去，生年八字。就这个他不给呵，一年多都不给。”

“有时开会到周家坪，也都碰到，他好像故意是——路再到烂呵，他都为难你。这是小人见识，他本来是小人。不喜欢都不喜欢嘛，你不能抢嘛。反正我拿定了主意，想好了，喔好家人你咋能跟他？退了都退了，你喔到干啥？耍流——我也不理他，恨他一眼，就走了。我也没给我妈说，说了，‘你看丢我们人吧！’”

年轻的妇女积极分子们身上深深地打着中华人民共和国早期国家运动的印记。这些积极分子们比山秀珍和曹竹香年轻十多岁，50年代初的时候刚结婚或到了适婚的年纪，并进入了从扫盲课、歌唱会、剧团和生产队里建立起来的社会关系网络。在那些场合，她们获得了向自己以及那些常常持怀疑态度的亲戚和邻舍们解释自己活动和决定的语言。很多积极分子都被吸收为共青团员或共产党员；有些成了自己村里的妇女主任；一小部分妇女还当上了脱产干部。对年轻妇女们而言，识字、唱歌、跳舞和劳动不仅在50年代提供了革命实践，也在半个世纪后提供了有助于记忆的手段。本章从她们对这些新活动的记忆开始。她们的行为做法和感情投入有助于将国家举措带入农村家庭和地方社会的交往当中。

本章剩下的部分重新检视由1950年《婚姻法》所引发的党和国家的婚姻改革运动，将妇女们的记忆而非国家政策作为考察的中心。婚姻改革具备改造这些年轻妇女们的成年之路以及改变她们成年之后生活的潜能。党和国家初期的土改运动和婚姻改革运动在某些方面是背道而驰的。土改把资源分配给农民家庭，以履行革命为许多贫农许下的模糊的承诺，那就是，革命会改善他们的境况，使他们能娶得起老婆。① 与土改相反，婚姻改革则对娶妻和婚姻稳定构成了潜在的威胁。从更广义的层面来说，婚姻改革还会造成多代同堂家庭的不团结。然而这种两项政策互相打架的说法并不足以解释年轻妇女们生活发生的变化，因为《婚姻法》及其带来的可能性，是在与农村本地的习俗进行了复杂互动的情况下，才得以实现的。

对《婚姻法》的讨论主要为两种强有力的政治叙述所主导。第一种是党和国家的叙述，声称，革命成功地将妇女解放的诸方面带到了中国农村；《婚姻法》承诺在建立新社会的过程中，将带领妇女建立人格，争取自由选择的婚姻，获得参与政治的权利。② 此种叙述还说，承诺之所以无法立即实现是由于“封建残余”的存在。这些“封建残余”体现在丈夫、婆婆以及一些干部的恶劣态度和暴力行径当中。

第二种叙述来自学界。在关于中国的英文著述及许多华语学术研究中，1919 年的五四运动以及之前为其定下基调的新文化运动，是与这些变革联系在一起的：妇女解放，推翻封建主义和传统，从被家庭掌控的婚姻走向自由选择的、志同道合的婚姻。③ 此种叙述认为，当五四的议程被中共干部引入中国农村地区并遭遇到了农村的保守主义时，共产党便在这个过程中睁一只眼闭一只眼、软化立场、背弃目标并出卖了妇女的利益。干部们淹没在集体化及许多其他备受争议的政策中，也就不太重视有破坏性的婚姻改革政策了。这种叙述也提到了封建残余，但其最终归罪的是共产党，说他们对解放妇女所必需的手段认识不足。④

---

① 1950 年，临潼县的一份报告提到，农村父母筹划了大量的未成年人婚姻，希望通过增加家里的人口来分得更多的土地。见《内部参考》第 2 期，第 170 号（1950 年 6 月 30 日）。

② 一个在 20 世纪 40 年代末的中国农村的新解放地区待过的美国记者提供了这种叙述的另一种版本，见贝尔登（Belden）1970 年，第 275—307 页。

③ 有许多研究五四的著作，例如，舒衡哲（Schwarcz）1986 年。高彦颐（2005 年）对五四在有关中国妇女的民族叙事和学术研究中的地位提出了批判性的问题。

④ 凯伊·安·约翰逊（[Kay Ann Johnson] 1983 年，第 93—153 页）评论道，党和国家对婚姻改革方案的推行是探索性的，只有在不会跟土改和集体化这些首要任务相冲突时婚姻改革才得以推行。亦见史黛西（Stacey）1983 年。戴茂功（[Neil Diamant] 2000 年）通

要理解中国农村的婚姻改革，必须对是什么吸引了年轻的农村妇女成为积极分子有更全面的认识。农民的抵抗，包括老年妇女的抵抗，无疑限制并塑造了农村的婚姻改革。但一个聚焦农民的愚昧无知或国家的失信的故事，会有把农村妇女，特别是年轻的农村妇女遮掩起来的危险。而一个强调英勇的年轻妇女大声反抗压迫的故事，则虽然在政治上非常吸引人，却低估了那些妇女发展她们自己潜在和恰当行为的情况的复杂性。一份不仅以“诉苦”时期的农村妇女为中心也以50年代数年间的农村妇女为中心的调查表明，《婚姻法》在某种程度上，是以党和国家的制定者们未曾预见和准许的方式被理解和运用的，产生了更多让女权主义批评家们没有意识到的长远影响。妇女们决定离婚或者不离婚都必须跟她们自己、她们的家庭以及当地干部进行痛苦的交涉。在那些交涉中，隐含了国家效应在地方上表达形态丰富多样的线索。

超越封建

冯改霞刚成为土改积极分子时，忧心如焚的母亲为了表示反对，便不给她食物吃。“我们跑一天，回去饭都不得吃，不给留饭吃。”尽管这样，改霞还是继续她的工作：“看不见了一趟子跑了。那时候我们也是，简直人心里就像钥匙开开，好像也不怕了，骂都骂去反正是！我要出去跑嘛，要工作，我又没做啥。”

妇女们回忆她们早年积极的行动时，将家里说成是担惊受怕的父母和满怀忧虑的公婆掌控的地方。这些父母和公婆担心他们的女儿或儿媳会削弱或挣脱他们的掌控。如果一个年轻的已婚妇女看起来有成为积极分子的潜能，婆婆便担心儿媳要是不受限制地在村里行走，就会不可避免地沾染上不

过对《婚姻法》实践的研究发现，农民们积极运用了《婚姻法》。《婚姻法》的施行也比以往理解的要广泛得多，并对社会秩序更具颠覆性。有关这个问题的进一步讨论，见贺萧2007年之三：第17页。戴茂功的研究延伸到了“文化大革命”时期，主要关注的是那些告上法庭的人，而不是普通大众的态度。

检点的行为或提出离婚的要求。此时蹲点干部便会努力去消除婆婆的担忧。刚刚花了大笔钱财娶了儿媳妇来传宗接代的老人们，也害怕会失去他们的投资。一个年轻妻子夜晚开完会回家时，经常遇到这种情形：公公已把家门锁了，婆婆骂骂咧咧，也没有给她留饭菜，丈夫要么闷不作声，要么对她恶言恶语或暴力相向。① 虽然版本略有差异，很多妇女都说长辈们对她们说过这样的话："再好的婆娘围着锅台转，男的再差走州过县。"（或"过去说那男的有地位是走州过县，女的没地位是围着锅台转"，"抓好的男子走州县，抓好的女子锅边转"）这句话被说来说去，人尽皆知，说明很可能是党和国家的干部们将它传播开来的。不管这句话是否真的是从老人的嘴里说出来，它却概述了关于家庭作为一个封闭的空间的一切，这些年轻的妇女们正学着拒绝这个空间。

妇女们很快学会了用"封建"和"封建残余"这类语言来指称这些家庭冲突。解放前，"封建"曾属于标准的党的词汇，毛泽东在"半封建、半殖民"的说法中亦用到此词。毛用"半封建"指围绕着土地所有、父系宗族、国家权威的一整套权力关系；"半殖民"是指与不断扩张的外国势力相关联的中国的政治和经济地位。并不清楚"封建"是如何以及何时用来指家庭习俗的。但在妇女们讲述的关于 50 年代的故事中，"封建"无论是在解放前还是解放后，都描绘了以家庭领域为中心的社会性别经验。例如，曹竹香用这个词语来指解放前的一些做法，如把女孩子关在家里、买童养媳、虐待儿媳、缠足等。她在描述 1949 年之后发生的事件，谈到有家人试图阻止儿媳妇上扫盲班时，用了"封建"一词。②"封建"一词也用在那些使妇女被遮蔽或处于从属地位的婚姻习俗中。一首很流行的歌曲对包办婚姻和年轻人结婚前不能彼此见面进行了谴责。开头的歌词是："封建婚姻实在瞎，口袋里买猫谁见它?"冯改霞把新娘用纸包住鞋跟以免把娘家的灰尘（象征着财

① 与李六斤（1997 年）、张秋香（1996 年）、刘招凤（1996 年）、鲁玉莲（1999 年）的访谈。关于合阳县类似的态度，见《群众日报》1950 年 10 月 29 日、3 月 7 日和 1951 年 11 月 14 日。

② 与曹竹香的访谈，1996 年。

富）带到轿子里和新家的做法称作“封建残余那种想法”，并把婚礼当天行的家庭礼仪说成是“封建那些礼节”。[①] 在工作和政治活动领域，一个很难迈入公共领域并发挥作用的妇女也有可能被说成“封建”。我们在第三章已经看到，曹竹香用了这个词来描述她在一次县大会上的局促不安。当时参会的妇女只有寥寥几个。曹竹香在 50 年代培训过的一名年轻积极分子周桂珍，说本地一名妇女的“脑子里有封建残余思想”，因为该名妇女认为，自己家的名字出现在广播里是一件很丢脸的事。[②] 我们采访的十个年老年男人当中，有六个从未提到过“封建”一词。其余四个也像妇女一样使用这个词，用它来指缠足、妇女的封闭、妇女的低识字率、婚姻习俗。很明显，男人也被鼓励去将现代性想象成是一种从特定的社会性别实践获得的解放。家庭场所是定义“封建”的一个至关重要的维度，它把封建时间同革命的当下区分开来。

冬　学

1949 年以前，陕西农村的女孩子基本没有接受过什么教育。[③] 极少数几个短暂地上过学的女孩，由于跟男学生在一起感到不自在，也没有在学校待多长时间。[④]1949 年后，干部们除了要求各家各户将女孩男孩都送去上学以

① 与冯改霞的访谈，1997 年。

② 桂珍成功地调解了这个妇女与婆婆之间的矛盾。但当县广播台想用这个桂珍成功调解的故事来宣传家庭和谐时，该妇女以自杀相威胁并召来娘家人去打桂珍。曹竹香和其他人出面进行了制止，但这个妇女此后三年没跟桂珍说过话（1996 年与周桂珍的访谈）。

③ 1940 年合阳县的村小学每天下午为青年妇女开两个小时的扫盲课。参加的人数尚不清楚（合阳县教育局 1998 年，第 148 页）。

④ 与马丽（1999 年）、冯改霞（1997 年）、钱桃花（1997 年）、李六斤（1997 年）、肖改叶（1999 年）、王妮兰（2006 年）、王友娜（1997 年）、屈桂月（1999 年）、于小莉（2001 年）、王兆如（2004 年）、张朝凤（2001 年）的访谈。1945 年，在近 G 村的孟庄乡，200 名参加小学入学考试的学生中只有 4 名是女孩。1946—1947 年入学的 180 名学生中只有两名是女孩，这两个女孩的家境都不错（2001 年 G 村简报）。

外，也开始鼓励不识字的成人——其中大部分是妇女——去学着识字。① 妇联干部王梅花用鼓励识字来作为动员妇女的开始："为啥先从学文化入手，那时只有叫妇女出来识字，她家里才同意出来，参加识字班也和外界接触慢慢多起来，思想也慢慢地解放了一些。"②

对陕西农村年轻的已婚妇女们来说，有文化是扩展她们社会生活的一个重要构件。1951年，周桂珍是一个互助组的组长。她的主要职责是动员妇女在农闲季节上夜校。她自己也积极投身到学习文化中：学完了三本小学课本，学着写下村里每个人的名字以便记录他们的工分，把《西北妇女画报》贴到家里所有墙上。③ 桂珍1955年加入中国共产党，她说那个时候是自己最幸福的时候，对越来越多的干部责任也应付自如，并坚信自己什么都能做到。④

冬学在冬天农闲的时候开办，被定位为一个妇女能够学习文化和了解

① 1949年后，曹竹香两个年龄分别为11岁和9岁的孩子第一次上学（1996年与曹竹香的访谈）。许多家庭，尤其是父亲，依然反对送女儿上学（与冯素梅［1997年］、张秋绒［2004年］、向金娃［2001年］、王兆如［2004年］的访谈）。G村的扫盲识字课很密集，要教会学生识800个字，43个学生中有34个是妇女（2001年G村简报）。早在1949年，合阳县就设立了冬学，见合阳县教育局1998年，第149页。全县有一万四千多名学生入了冬学，其中半数以上是妇女。然而，从全省的扫盲学校来看，妇女并未占据多数。1950年，省妇联制定目标：关中所有入冬学的学生中要有四分之一为妇女；陕南要有五分之一为妇女（妇联178–111–026 1950年）。1951年妇联的统计数字表明，全省的扫盲识字班有700000名妇女，其中关中有202509名（妇联178–117–008 1952年）。有关陕甘宁边区从1939年到1945年的冬学运动，见《陕甘宁边区妇女运动大事记述》1987年，第50—54页；《陕甘宁边区妇女运动文献资料》（续集）1985年，第364—366页。

② 与王梅花的访谈，1996年。各区的妇联都各自设计了识字材料，内容都取材于日常生活，比如"锄麦"这两个字（1997年与徐妮妮的访谈）。有关冬学的全国性报道，见《新中国妇女》第7期（1950年1月）：第13—14页；第5—6期（1952年5—6月）：第14—16页；第3期（1953年3月）：第12—13页；《妇女工作简讯》第17期（1952年11月）；第18期（1952年12月）：第8—14页。

③ 1954年，随着西北妇联的解体，《西北妇女画报》由省妇联接管并以《陕西妇女画报》之名出版。如同其前身一样，《陕西妇女画报》被免费发放给各基层干部（1996年与王梅花的访谈）。

④ 与周桂珍的访谈，1996年。

时事、国家政策、卫生和生产常识以及妇女劳模事迹的场所。① 妇女干部按照指示去征得丈夫和婆婆们的同意让年轻妇女上冬学。② 刘招凤会对这户人家说："你在旧社会没有上学的机会，一字不识多可怜，现在人家识字啦！以后就能给大家办事，参加革命，参加工作。"③ 干部们强调，妇女有文化就不会在交易活动中被骗，能更好地打理日常生活，会更孝顺，与丈夫的关系也会更融洽。④

当地识字的人和蹲点干部被招去冬学里授课。教员们每节课教几个字，这些字大多跟农业生产和妇女的日常生活有关。⑤ 有些冬学也教一些基本的算术。妇女们被鼓励将日常用品名称写下来挂到纺车、织布机和门上。⑥ 到了 1953 年，全省扫盲运动要求每户农村家庭都要有一块可以让妇女写字的小黑板。⑦ 此时已经是干部的山秀珍，通过开会时坐在她旁边的人的帮助，学会用手指在胸前写字。⑧

然而，对于一些农村妇女来说，除了要打理家里和田地里的事务外，同时还要兼顾夜间的政治会议和上冬学，学习文化便成了一项难以为继的任务。⑨ 随着在当地管理的事务越来越多，曹竹香很快发现自己没有时间上夜校。她在后来的工作中需依靠别人的帮助来识字，深感自己因缺少文化而受到限制。⑩ 对处于育龄期的妇女来说，家务活和孩子的负担让她们无法坚持上学。后来成为接生员的杨安秀记得有个夜校只开了两个星期："老师也愿意教。都怕晚上熬一些夜，明天要做活，那个时候穿的这衣服，鞋都是自己

① 妇联 178–110–032 1950 年。
② 妇联 178–119–007 1952 年。
③ 与刘招凤的访谈，1996 年。
④ 妇联 178–110–008 1952 年。
⑤ 与赵凤娥的访谈，1996 年。
⑥ 妇联 178–117–008 1952 年。
⑦ 与刘招凤的访谈，1996 年。
⑧ 与山秀珍的访谈，1997 年。
⑨ 与李六斤的访谈，1997 年。
⑩ 与曹竹香的访谈，1996 年。

做，女的要求说没法去，因为白天要干活，晚上要做针线，还有娃儿，那时孩子多，最多都是三四个，像我们这个岁数都不愿去，说我们这有个啥法嘛，学出来是俗话说‘庙修起爷都老了’，我们有个啥法嘛，又要操心这操心那还去学呢！最后都算了。”很多妇女从来没有去夜校上过课。时间久了，有些人失去了识字的能力，因为日常的活计不允许她们持续地学习。①1956年开始了一场新的扫盲运动，大跃进期间的扫盲课口号是“社会主义是天堂，没有文化不能上”。② 这些扫盲的努力在我们采访的年轻一些的妇女当中并没有留下什么可以辨察的记忆，这些妇女当时都正处在育龄期。冬学为妇女走出“封建”家庭场所提供了一种初步的方法，然而要让大部分成年妇女都识字依然是一个难以实现的目标。

表演：歌、舞、戏剧、会议

唱歌，是妇女融入公共空间的一种方式。妇女们将唱歌记忆为一种主要由女人来完成的、带有社会性别指向和特征的实践。③ 这并不是说，50年代的中国像一部巨型的社会主义现实主义音乐剧，到处是欢快歌唱的农民。歌曲将个人同土改、扫盲、婚姻法等国家运动关联起来，把政治会议上传递出来的官方消息同日常的工作联系到一起。④ 随着日常的工作被重新设定，妇女也被成群地拉到田地里劳作，这些歌曲不但让繁重的劳动负担得到缓解，也有助于让她们理解自己所做工作的重要性。

对曹竹香而言，唱歌代表了她在解放前和解放后干农活时不同的心情。

---

① 与杨安秀的访谈，1997年；这些问题在与钱桃花（1997年）、冯素梅（1997年）、乔引娣（2001年）、刘凤琴（1996年）的访谈中得到证实。

② 《人民日报》1956年1月2日；丹凤妇联会1956、1957年；丹凤县妇联1957年之一；“五一社妇女集体模范单行材料”1958年。大跃进让陕西省动员250000名妇女入冬学，以确保每位乡级及以上的干部都能脱盲（妇联178–189–010 1958年；妇联178–208–064 1958年）。

③ 与何改珍的访谈，1999年。

④ 比如习建芳（音译）1988年重印了从合阳一位农民的口述史中收集的关于土改的一首歌，这首歌直接将妇女与斗地主联系到一起。

她在50年代早期组织合作社时依然目标明确、行事果断，却不再郁郁寡欢。“一天做着，高兴着，编着歌，一黑了上学也编的歌唱，在那种情况下一天还热闹呢，在家都停不住了，一那个就上地去了，再一那个到后晌黑，出来进去嘴里都是咯咯喃喃。”① 当时是积极分子的何改珍回忆：“我们那天天唱，晚上睡到床上都唱哩。早上我妈说：改珍，你还不起来，还睡到炕上唱！我说：哦，我起来了。”②

随着新的表演形式的引入，旧的表演方式也被赋予了新的意义。秧歌是一种陕北地区的舞蹈，由十几人或者以上排成队列，一边敲锣鼓一边舞动。秧歌在公共场合变得很流行。③Z村的何改珍第一次看到秧歌是由人民解放军的战士们表演的，当时刚解放不久。后来，当地的党支部书记教会了她和其他年轻妇女们扭秧歌。她刚成为积极分子时，其中的一项任务就是组织锣鼓队和会秧歌的妇女在节日的时候进行表演。④50年代，在有着悠久戏剧表演传统的G村，年轻的男女被组织去唱戏剧，这给他们提供了新的相识机会。⑤ 一个男老师负责管理村里的剧团，剧团大约有四十人，其中有五六个是妇女。⑥ 他们在农闲时节学习剧本，白天在村里的一个大广场上按照老师的指导进行排练。⑦ 尽管剧团里有妇女，有些男人还是按照传统的做法男唱女腔，有些妇女则扮男装。他们在春节的时候表演，有铙钹、串铃、二胡等乐器伴奏。表演曲目包括受欢迎的传统曲目，如《王宝钏与薛

---

① 与曹竹香的访谈，1996年。

② 与何改珍的访谈，1999年。

③ 有关共产党在40年代延安对秧歌的使用，见贺大卫（Holm）1991年。

④ 1999年与刘冬梅和何改珍的访谈；与何改珍的访谈，1999年；与冯素梅的访谈，1997年。

⑤ 合阳县此前出过几个著名的专业戏剧女演员。1949年以后，各种业余剧团开始兴盛，1953年全县业余剧团达133家。见合阳县志编纂委员会1996年，第652—653页；有关解放前后该县的各种戏剧、歌唱技巧、剧团和取得的成绩，亦见中国人民政治协商会议合阳县委员会文史学习祖国统一委员会2004年。关于合阳县另一种相关但不同的戏剧仪式剧及其衰落，见贺大卫2003年。

⑥ 与雷彩娃的访谈，2001年。

⑦ 与张秋绒的访谈，2004年。

平贵》和《白蛇传》。这两个故事都可以被重新阐释成是支持婚姻自由的。① 到了 1956 年左右，《不能走那条路》这样歌颂机械化成就的新式戏剧受到欢迎。②

甚至在半个世纪之后，依然可以看到 G 村妇女们从唱戏中体验到的乐趣和获得的自信。正如雷彩娃所说：“感觉出来仍吓的，出二帘子时也怕人笑话，害怕唱坏了，头一回出台也不行，唱一唱就胆大了。一唱戏就乐观了。唱戏回来觉得痛快的。有时跟婆婆老汉拌了嘴，唱戏回来就不放心上了，感觉好多了”。③ 当张秋绒的母亲流露出一种当时很普遍的认为戏子出身低贱的态度并反对她学唱戏时，一位党员邻居对秋绒母亲说：“说娃娃宣传哩么，怕咋宣传哩么，娃爱中娃唱去哩么。”秋绒婚后，不顾婆婆的反对继续唱戏。“她爱咋说咋说去，我爱唱就唱去。”④ 歌舞表演合法化了妇女们在公共场合的存在，将国家运动的词汇和姿态带到音乐、动作、家庭关系，

① 王宝钏为宰相之女，在抛绣球招亲时选中了乞丐薛平贵。宝钏坚持嫁与薛平贵，夫妻俩继而被父亲逐出家门。我们在 2004 年采访李凤莲时，她演唱了王宝钏的部分。尽管故事发生在唐代（公元 618 年—907 年），故事中无视财富而选择自由爱情和婚姻的主题却与 50 年代的表演者们产生了共鸣。全剧的整体情节却跟 50 年代的主题没有那么契合：薛随后为了追名逐利消失了 18 年，并娶了一位“蛮夷”女人，而王却在家守节苦等——这很难说是一个模范的 50 年代的爱情故事。王宝钏和薛平贵的故事依然受到新一代国家旅游企业家们的追捧，并在西安建立了一个以王薛故事为主线的主题公园。参看李洪彦（音译），“Qujiang in Xi’an Named Park for Cultural Sector.”《中国日报》，2007 年 8 月 13 日。http：//www.chinadaily.com.cn/china/2007-08/13/content_6024102.htm。张秋绒（2004 年访谈）表演了白蛇故事的另一个名为《断桥》的版本。有关记录于 20 年纪 20 年代河北的《白蛇传》秧歌舞版本的英文译文，参见甘博（Gamble）1970 年，第 704—761 页。甘博还描述了农村的表演形式（xvii—xxix）。

② 与张秋绒在 2004 年的访谈。快板书，一种由竹板伴奏、跟秦腔紧密相关的口头表演形式，也在 50 年代中出于政治需要被改编（2004 年与杨的访谈）。G 村也以木偶戏闻名，当地一个叫做王孝前的人在 1956 年为周恩来表演过木偶戏（G 村简报，2001 年）。有关华阴及观众其他地方盛行的皮影戏，参看陈李凡平 2004 年。

③ 与雷彩娃的访谈，2001 年。

④ 2001、2004 年与张秋绒的访谈。有些妇女一直唱到结婚或有孩子，后来家务太繁忙了，才不唱。虽然这些妇女不再唱戏了，戏剧却依然是 G 村十分受大众欢迎的活动，当地经常有戏剧表演。

甚至是一个妇女的举手投足之中。①

政治会议也赋予了国家效应一种表演性。妇女们在50年代早期跟地主作斗争时，将自己想象成是1949年之前冒着生命危险战斗的革命女英雄的后继者。“人家给我们讲的刘胡兰为革命而牺牲，头放到敌人的铡刀底下都不怕。②毛主席给提的词‘生的伟大，死的光荣’，所以（用）这些精神把妇女一个一个的起来发动，发动了一下，我再都是成立了一个民兵——妇女民兵连。发动了一个连，跟到地主讲理，斗地主啊，拿上茅子子，跟电影《闪闪的红星》一样，拿上茅子都是红缨枪，就去守地主，前前后前看呵。”③有关土改的记忆呈现出一种电影般的色彩，这种色彩既受到妇女们后来看到的影片的影响，也受到了她们当时自己行为的影响。

会议也拓宽了那些积极投身于土地改革、婚姻改革或扫盲运动的年轻农村妇女的社交世界。进入公共领域能力的增强也扩展了她们对能成为什么样的人，以及取得什么样成就的理解。她们被推荐加入共青团，参加了十多天的全县大会，在会议中学习了新的国家政策，以及如何将这些政策传达到自己的村庄。④她们当上妇女主任或宣传干事之后，发现工作很容易——或者，从一个更混乱的当下的角度来看，当时的工作似乎是容易的。鲁玉莲评论道：“解放的时候那人人那思想都集中得很，那事情就莫得那个事，那时开会也不要啥，你哪怕十天几天都莫人要啥。那解放以后那农民那思想，改

---

① 1953年，西安出版了一本用说唱形式描述一个妇女参加农村选举的书，见韩起祥1953年。妇联为农村选举所做的工作，除见于本书的描述外，亦见于陕西省妇联办公室1954年。

② 刘胡兰是位少年共产党员，于解放战争期间在山西被国民党处决，死时14岁。在她牺牲数月后，毛泽东将她列为青年人的榜样。解放后，她成了书本、电影和电视节目里的主人公，不一而足。

③ 与冯改霞的访谈，1997年。《闪闪的红星》原本是李心田的小说，后来在1974年被改编成电影，比改霞所描述的事件发生的时间晚了几十年。该影片讲述的是30年代一个小男孩跟随红军的历险故事。2007年出品了一部同名的儿童动画片，影片充满了对革命的怀旧之情，见www.sparklingredstarmovie.com。

④ 与马丽（1999年）、鲁玉莲（1999年）的访谈。

朝换代了吗吆，那思想一下子都提起来了，都积极得很。”①*

正如父母和公婆们所担忧的那样，这些会议产生的一个后果是年轻人的社交活动无人监督。已解除婚约的冯改霞加入了共青团。“她们（表姐和她的朋友们）也入了团，因为她们思想也挺进步，成天都跟我在一起开会。她也对这个妇女自由呀，婚姻自由都有了认识了，所以她觉得也要自由，所以这些青年经常在乡上开会都在一起。那都说，男方也看上这个女子，女子也看上这个男的，所以他们都相好。那时候就是不得行，你要是走一路，人家就笑话。你看喔家女子好像一野马呀似的，意思是拿现在的话来说是不懂规矩，喔男男女女走到一堆像啥话？好像一开会男同志、女同志也就是在一起，说唱也就唱，开会、讲演都在一起，哎呀有些老人看不惯，慢慢以后就看惯了，适应了。”② 渐渐地，农村的人们开始接受这一事实，那就是，集体化时期随处可见的会议是妇女们消磨时光的体面场所。

随着50年代慢慢逝去，空间的重塑很快被认为理所当然，许多妇女在说起在那段时期时，展现出来的对扩大的社交世界的满足感再未在她们对随后几十年的叙述中出现。她们对歌曲、舞蹈和戏剧表演的记忆开始于解放后的头几年，而不是开始于后来的集体化时期。正如第九章详述的那样，有个地区的妇女在记忆时将几十年的时间都一股脑忘记了。考虑到其间的那段遗忘的历史，那么，她们如此巨细无遗地将50年代头几年记忆成一个青年人的某些叛逆行为被支持和赞美、一切似乎都有可能的时期，倒是格外令人瞩目的了。

婚　姻

没有哪项党和国家的举措像1950年的《婚姻法》那样，以产生更为深刻的家庭变革为目标。该法宣布废除“包办强迫的封建主义婚姻制度”，禁

① 与鲁玉莲的访谈，1999年。

② 与冯改霞的访谈，1997年。

止第三者干涉自主选择伴侣的权利，禁止童养媳和纳妾，禁止干涉寡妇婚姻自由，规定男子二十岁、女子十八岁始得结婚，结婚应男女双方亲自到所在地政府登记。该法还规定了夫妻管理和继承家庭财产的权利，并对非婚生子女进行了保护。法律最后介绍了处理离婚、协议、财产分配以及子女抚养的程序。①

这是一次企图改变日常社会实践和提升妇女地位的雄心勃勃的努力，尤其是与1949年之前的中国城市相比，“封建”思想更少受到动摇的农村地区，这种努力十分必要。②《婚姻法》试图让国家插手管理曾属于家庭与家庭之间的经济和社会交易。它提出，年轻男女可以自主决定自己的婚姻，这在以前的陕西农村是令人无法想象的。与之伴随而来的，是一场改革农村订婚和结婚习俗等这些最重要的农村生活仪式的运动。③

---

① 很多地方可找到1950年《婚姻法》的全文，亦见王恩保（音译）1976年，第383—394页；www.international.ucla.edu/eas/restricted/marriage.htm。亦可参见《中国妇女》1950年5月第11期，第7—8页；梅耶尔（Meijer）1971年。关于对1949年前陕西封建婚姻制度，包括共产党根据地地区的婚姻习俗的评论，见《陕西妇女运动（1919—1937）》1996年，第77—80、96—106页。关于1949年之前陕甘宁根据地的婚姻规章及调查，见《陕甘宁边区妇女运动文献资料选编》，1982年，第54—56、155—156、192—94页；《陕甘宁边区妇女运动文献资料选编（续集）》，1985年，第334—336、367—384、422—424页。杨（1969年，第1卷：第22—85、197—207页）的著作对婚姻习俗和改变这些习俗的运动进行了缜密的思考和讨论，其成书时间几乎与这些事件发生的时间同步，并首次发表于1959年。关于婚姻法及其贯彻的全国性报告，见《新中国妇女》1951年12月第11期，第5—6、9—17页；1951年1月第18期，第26—27页；1951年10月第24期，第9—17页；1951年12月第25—26期，第22页。有关《婚姻法》在陕西的贯彻报告，见《妇女工作简讯》1952年8月第15期；1952年10月第16期，第11—18页；1952年12月第18期，第1—7页。

② 贺萧2007年之三：第15页简单概括了学术界对国民党时期只针对一些地区的《婚姻法》的研究。

③ 《婚姻法图解》（1951年）以图画的形式向大众宣传《婚姻法》。1953年，人民出版社在1953年的婚姻法运动开始前出版了一本关于该法的普及读物，下面会讨论这本读物。本书涵盖了对陕西农村某些地区在1949年前的订亲和结婚仪式的描述，这些描述来源于地方志和其他一些资料，有时是来源于事后的回忆，见武文1995年，第219—234页；渭南地区地方志编纂委员会1996年，第774—276页；史耀增1999年，第186—202页；张建

解放前的陕西，婚姻曾为妇女提供了进入一个更富有的家庭或社区的机会，而与此同时，婚姻也使男人得以扩展他们由于姻亲而结成的亲戚网络，并履行传宗接代的职责。鉴于娘家在养育女孩时曾有过耗费，却得不到她成年后的劳动，订婚时将新郎家的财富转移到新娘家是一种惯常的做法。① 财富的一部分随后被用来为新娘购置家庭用品和衣物等嫁妆。一个家庭嫁女儿的钱通常可以为儿子娶上一门媳妇，这个媳妇则要负责侍奉公婆直至他们去世，并在那之后照料他们的牌位。穷人家娶亲要为聘礼和婚礼攒上好几年的钱。有的人家也会把女儿送去另一家当童养媳，但获得的钱更少。秀珍家在遭受旱灾时便是那样做的，从而省下将她抚养成人的花费。收养童养媳、兄弟同妻或者男人终身打光棍的情况在穷苦人中间很常见。②

父母通常依靠媒婆来为他们的孩子决定婚事。因为大多数妇女都是在一个村庄长大并嫁入另一个村庄，她们的社会关系网络跨越好几个社区。年长的姐姐、姑嫂以及远房的女性亲戚们也来帮忙寻找合适的家庭，并向女方的父母推荐跟女方匹配的人。③ 父母可能在孩子很小的时候就为他们定下了婚事，对象有时是朋友或亲戚的后代。④ 可能大多数妇女嫁去的地方离娘家不过几里远。没有儿子的家庭有时为他们的女儿招上门女婿，或者把女儿嫁

忠 2000 年之一：第 11—17、242—243 页；2000 年之二：第 3—4 页；中国人民政治协商会议陕西省南郑县委员会文史资料 1990 年，第 97—99 页；丁世良、赵放 1997 年，第 3—4、44 页。

① 比如，彭贵民（2004 年访谈）说，当他还是个孩子时，他父母便替他同一个 7 岁的女孩订了亲，卖了七亩地去买了七担麦子给女孩家：“那个媳妇，订的那个女的，七岁，能够卖那个媳妇，一岁一担麦子，七担麦订的那个娃娃亲。当退的时候，父母把七亩地卖了，人家又不给咱退东西，这不咱就损失了。”根据妇女们的叙述，30 年代的聘礼是 24 元（1996 年与曹竹香的访谈），到了 40 年代末这个价钱上升到了 30 年代的 20 倍（1999 年与刘冬梅的访谈，谈及村里其他人的情况）。但由于当时的货币多样且有波动，很难说妇女在婚姻市场上的价格始终一致。

② 有关丹凤县此类的情形，见民政厅 198–381 1951 年，第 139—146 页。

③ 与李六斤（1997 年）、杨安秀（1997 年）的访谈。

④ 与王西芹（1996 年）、庄小霞（1996 年）的访谈。

到同一个村，这样她就能继续帮扶家里。①

严格说来，男女双方只有到了结婚那天才能见对方，但是到了20世纪40年代，这项约束已经放宽。杨安秀便是这样瞥见了未婚夫："窗子外头呵，我嫂嫂宿舍外头，他槛坎上坐了一下，我嫂嫂就说你看看嘛，就是喔个。穿的黑大布褂是借的人家的。喔旧的都说来的色起（注：褪色），就像你脚上这个凉鞋的色，最后戴个瓜壳子，我还说我哥哥啦，我爸爸啦，也都兴戴瓜壳，都戴的喔黑缎子的，料挺好，他戴了个斜布瓜壳子，简单看不到配作（注：指搭配很差）。'这个球劲，我的老天爷，咋个家过日子？'你不敢说。"

"到屋里来。你都不好意思望人家脸，人家可以望你，婆子好就跟我坐到一堆，就把我手拉到看。为啥要看你这个呢？看你是不是狐臭病？夹窝（胳膊）拉起来一看。要是结了婚后，你这一辈传一辈，断不了这个根，所以害怕这个事情。把手拉到看了一些，把指甲比了一些，欢喜说没意见，这都算见人，下午吃了饭都走了，就是出来喔一会儿。"

"所以我爸爸也同意……说你看同意吧？我说同意。那个时我爸爸说了的，你敢说不同意。"②

接下来是订婚仪式。当女方的生辰八字被送到男方家里的时候，男方的父母和媒婆便在"插花"或"戴花"的仪式上为新娘子送上猪肉、喜饼、布匹、鞋袜、首饰、胭脂水粉等礼品。③ 即便是最穷苦的人家，男方家里通常也会至少送给新娘子一套衣服，包括冬天里穿的棉衣棉裤。随着"送喜帖"的仪式完成，媒婆通知了婚礼举行的年月日后，订婚仪式便完成了。④

在"戴花"仪式之后和结婚仪式之前的几个月间，女方家里会请一个

① Z村和G村都有招赘婚的情况，G村同族通婚的情况也很常见。有关妇女嫁得近母家的情况，见1999年与马丽的访谈。

② 1996年与杨安秀的访谈。

③ 中国人民政治协商会议陕西省南郑县委员会文史资料1987年，第50页；与杨安秀（1997年）、钱桃花（1997年）的访谈。

④ 中国人民政治协商会议陕西省南郑县委员会文史资料1987年，第50页。选对结婚的日子很重要。G村有个男人说他的妻子一直跑掉是因为他们结婚那天的日期不吉利。他挑了另一个更吉利的日子跟她又结了一次婚，这下她再也不逃跑了（2001年G村简报）。

裁缝或者调动家里的女人们把聘礼的布匹做成裤子、短上衣、长裙、枕套、被子、床单、门帘和其他物品当嫁妆。女方家庭也可能会准备一些箱子和一张桌子、一把酒壶、一个烧水的铜锅、茶杯和茶壶、水烟筒，还会为新郎准备鞋袜和一顶帽子。未来的新娘子则忙着刺绣：给盒子、柜子、桌子绣装饰；为婆婆的袜子绣袜底；绣鞋子、手帕和枕巾；为小孩子们绣礼物。在纺织传统浓厚的G村，新娘的祖母或母亲花好几年的时间，准备数百条手织的手帕在婚礼上送给宾客。①

无论一个女孩是订婚还是被送去当童养媳，正式的婚礼都要在她初次行经后才举行。婚礼当天，新郎家用小轿把女性亲戚送到新娘家，同时带着一顶由男人抬着或牲畜拉着的大轿子。轿子镶着玻璃和挂着红穗子，用来接新娘子回男方家。迎亲队伍在新娘家用一顿餐。随后，新娘上穿着红缎子上衣，下着蓝绸裤子和绣花裙子，脚穿绣着荷花和挂着铃铛的鞋子，戴着一簇花和一顶装饰着凤凰的帽子，头顶盖头，手握手绢，进入花轿。几个新娘自己家里的女人（绝不能包括新娘母亲）坐着其他的轿子与新娘随行。花轿的帘子放下后，迎亲队伍便在乐手们的伴奏声中出发了。②

由于通常不是嫁往很远的村庄，所以新娘的旅程一般非常短，但与此相关的仪式却表明，新娘将脱离娘家，从此进入一个新的亲属关系网络。③

---

① 与李秀兰（1997年）、杨安秀（1997年）、钱桃花（1997年）、曹竹香（1996年）、王友娜（1997年）、刘冬梅（1999年）、屈桂月（1999年）、乔引娣（2001年）、周桂珍（1996年）、李六斤（1997年）、雷彩娃（2001年）的访谈。

② 与钱桃花（1997年）、袁茜（2001年）、乔引娣（2001年）、蒋秋娃（2001年）、张秋绒（2004年）、雷彩娃（2001年）、杨贵石（2004年）的访谈。这是大致的图景，新娘的穿着通常各有不同。尽管积极分子都宣传新的婚礼习俗，这种复杂精细的着装和迎亲方式一直持续到五六十年代，直到“文革”时才消失。人们解释说，新娘的母亲如果在场就会要一大堆礼物，并且如果她离开自己家一整天的话，家里会没人做饭。现在的习俗仍然不让母亲去参加自己女儿的婚姻（2004年与杨贵石的访谈）。

③ 有关长江三角洲的新娘哭嫁仪式，见马兰安（Mclaren）2008年。张建忠2006年之二：第3—4页简要讨论了陕南类似的哭嫁风俗。有关改革开放时期新郎家与新娘家之间的距离，见高小贤2000年，第184—187页。

新娘子被抱进花轿，这样她就不会把娘家的土带到新家。[①] 结婚当晚，宾客们会闹洞房，索要糖果、橘子和花生，要求新娘唱歌，开新郎新娘的玩笑。有人还会在被褥下面藏一块炭。闹洞房的通常都是男人。人群可能变得喧闹而粗鲁，有时甚至会用衣刷打新娘子，旁边还有看热闹的人，就这样一直持续到天亮。[②]

从娘家到夫家被描绘成是一个女人一生中痛苦的时刻。离开她熟悉的人，进入一个陌生的家庭，婚礼前至多只短暂地见过丈夫一面。陕西农村，年轻的男人经常长时间离家工作，留下新娘去发展跟婆婆和姑嫂妯娌们之间的关系。1922 年生于 G 村并在 30 年代末结婚的袁茜回忆："到屋里不得出来，妈家人来了，刚能送到这大门里，你不敢出大门。想妈想得恓惶。人家叫做啥就做啥，针线活。静静做饭哩，看当家人晌午吃啥，早上吃啥，就是要问哩。"[③] 这种小心谨慎表明，一个新嫁娘应该顺从和勤劳，但也很容易想象，这是一段孤寂和没有多少情感安慰的时期。[④]

尽管如此，妇女们关于早期婚姻生活的陈述却常常强调婆婆的和善以及姑嫂妯娌之间的和睦。[⑤] 经常回娘家或者在娘家长住的做法很普遍，缓解了一个妻子对新家的不适应。婚礼数天后，通常新娘会在她亲戚的陪同下，回娘家住几天，丈夫则不随行。陕南东部的 Z 村和关中北部的 G 村，少妇们回娘家探亲的时间很长，基本上是相当于跟娘家住在一起。这种情况一直要到第一个孩子出生后才会改变。"熬娘家，到娘家十天，婆家十天么。以后就不讲十天了。娘家来接的呀，半年媳妇半年客，实际上在屋不下十天了就得往回跑待两三个月。第二年待待慢慢就熟悉了，就不要紧了。有了娃就

---

① 与曹竹香的访谈，1996 年。

② 与钱桃花（1997 年）、曹竹香（1996 年）、乔引娣（2001 年）、蒋秋娃（2001 年）、雷彩娃（2001 年）的访谈。虽然闹洞房时的暴力色彩遭到批评，这种习俗的各种版本却一直延续到当下（韩起澜、贺萧 1988 年，第 146—147 页）。

③ 与袁茜的访谈，2001 年。

④ 沃尔夫（Wolf）1972 年，1975 年。

⑤ 与王友娜（1997 年）、张朝凤（2001 年）、乔引娣（2001 年）的访谈。

跑的少了。”① 夫妻如果年少结婚，则通常要数年后才会圆房。丈夫如果外出离家工作，圆房的时间也会推迟。丈夫不在家的时候，妻子通常会回娘家住，只有在需要帮忙干农活，或是面临像春节这样重要的仪式性场合时，才返回夫家。女人跟丈夫相处不融洽的时候，也会回娘家。② 至少在两个村庄定期居住这种情况表明，“封闭”的农村妇女们的家居生活，在某些方面要比农村男人的更具流动性。

《婚姻法》

省党政机关和新成立的县妇联支部都全力专注于土改，没有剩余的精力去贯彻实行1950年的《婚姻法》。③1950年和1951年，一系列中央和省级政府下发的指令都显示出对该法接受情况的极大关注，并对下一级地方政府没有迅速作出反应表示不满。④ 地方上关于《婚姻法》的报告让我们看

① 与何改珍的访谈，1999年；亦见与蒋秋娃（2001年）、张梅花（2001年）的访谈。关于女子结婚后跟娘家人持续的联系，见石瑞（Stafford）2000年，第110—126页。有关华北婚后在娘家和夫家两地居住的情况，见朱爱岚（Judd）1989年。

② 与乔引娣（2001年）、于小莉（2001年）、雷彩娃（2001年）的访谈。

③ 与李秀娃的访谈，1996年。

④ 1950年5月1日全国公布的《婚姻法》于1950年5月中旬由陕西省民政厅下达到各地区。5月27日，民政厅要求各地区报告地方上作出了什么反应。5月31日，国家内务部也提出了一系列后来的中央政府文件中不曾出现的问题，并想了解干部们是否学习和理解了《婚姻法》、在他们的学习和贯彻过程中遇到了哪些问题，他们是如何解决这些问题的，人民大众，尤其是妇女、工人和农民对此法有何反应。6月5日，省办公厅让各地区提交报告；6月12日，西北地区向陕西省施压，迫使其汇报；紧接着省里发出通知，逼使各区县在6月底之前递交汇报文件。8月26日，内务部提醒陕西省，说其报告还未上呈；9月20日，省办公厅示意只有一小部分地区汇报了《婚姻法》的实行情况。9月27日，陕西省终于发出了一份报告，并于10月21日上交给了国家。3月至12月间，西北地区和陕西省政府也对以下特定问题下达了指令：婚姻关系不和睦引发的自杀问题（9月19日，10月7、10日）；配偶不在本省而夫妻双方只有一方想离婚的干部离婚问题；跨国通婚问题——该指令的附属条文规定准许异国通婚，但必须尊重对方的习俗（12月26日；民政厅198–185 1950年）。1951年，国务院的前身政务院下达中央政府指令，命令在全国范围内对《婚姻法》的贯彻进展情况进行检查，要求地方领导采取措施对要求离婚的妇女

到，国家机器是如何奋力将自身聚合起来的。这些报告还为我们提供了一份严峻的记录，包括《婚姻法》遭遇的反对，以及该法所引发的新的不稳定。据报道，许多农村家庭都担心这项法律会让他们丧失妻子和财产，他们亦不理解为何一个本应代表穷人利益的党会容许这种事情发生。男人们担心，一旦实施自由选择伴侣，那么只有聪明人和富人才能娶得到妻子。一份报告证实，干部们并没有对消除这些疑虑做好足够的工作，该报告还说这些担忧并非毫无根据。① 关于成功运用《婚姻法》的报告里穿插着一连串的暴力故事：男人们成群地武装起来，强行夺回离婚的妻子；在一个案例中，离婚的丈夫秘密携带匕首，企图就在法庭上实行谋杀；一个丈夫因为不同意离婚，将妻子推下了悬崖；还有一个则强暴并勒死了妻子，在其私处插入一根棍子后抛尸山野；还有一个男人在妻子要求离婚后，让妻子戴上脚镣去砍柴割草、挑水、上山挖芋头，这种情况直到一个半月后才被其他人发现；有个妻子毒死了丈夫；还有一个妻子，则在法院因误判而拒绝批准她同丈夫离婚时，试图用刀捅死自己；某个法院调解了四次，直到丈夫在某天晚上砍下了妻子两根手指头之后，才批准离婚。② 这些案例不常见，但是它们表明了婚姻改革遭

进行保护（11 月 1 日），并动用武装部队来推动法律的落实（9 月 30 日）。1951 年 11 月，西北地区和陕西省在这个问题上的指令也不断鼓动落实《婚姻法》，渭南地区的案例资料详细论述了一个遭受虐待的儿媳自杀的案例和一个干部要求离婚的来信（民政厅 198–185 1951 年；民政厅 198–203 1951 年）。所有这一切都表明中央和省级政府试图认真地贯彻落实《婚姻法》，而基层地方却对此反应迟缓。关于地方上对婚姻法的误解，见《内部参考》1951 年 10 月 12 日第 5 期，第 186 号：第 26—28 页；1951 年 12 月第 5 期，第 231 号：第 68 页。

① 民政厅 198–381 1951 年，第 139—146 页。根据这份丹凤县人民法院（辖区包括 Z 村）提供的报告，该县总人口为 163141 人：男 85451 人，女 77690 人。报告称，虽然性别之间的不平衡并非特别严重，有些人很难在 1951 年结婚是因为女性死亡率高以及有些官僚和地主在 1949 年实行了一夫多妻制。

② 民政厅 198–71 1950 年（9 月 27 日）；民政厅 198–381 1951 年，第 139—146 页。地方政府似乎对关涉到军人婚姻的案例尤为头疼，提出了以下问题："革命军人的未婚妻年龄已在二十岁以上，而男方在部队工作，虽时有信件，但不能脱离工作返家结婚，而女方即以不能等待为借口要求解除婚约，经人民政府劝解说服再等半年，并以此通知男方，但如男方逾期不归，是否可以解除婚约？另外有荣军（现住荣军院）的妻子，以生活无

受到的抵抗，也表明了国家在农村势力有限。1950 年末，妇联发布了一份前景黯淡的报告，列举了 195 例跟婚姻相关的死亡事件，并评论实际的数量可能更大。①

由于农村的男干部经常与妇联工作者在婚姻法问题上争执不休，前者还表现出或隐或显的敌意，这使得以上这些问题变得更加严重了。一些干部担心该法支持婚姻自由会使“天下形成大乱”，让穷人没有老婆，无意间对那些钱有势的人有利。② 还有一些刚刚得势的干部，自己去城市工作后，便利用《婚姻法》抛弃农村的糟糠之妻。③1950 年末，陕西省一个老革命根

法维持坚决要求离婚。经再三解劝无效，应如何处理?”（民政厅 198–71 1950 年 [9 月 27 日]）《婚姻法》第十九条规定：“现役革命军人与家庭有通讯关系的，其配偶提出离婚，须得革命军人的同意。自本法公布之日起，如革命军人与家庭两年无通讯关系，其配偶要求离婚，得准予离婚。在本法公布前，如革命军人与家庭已有两年以上无通讯关系，而在本法公布后，又与家庭有一年无通讯关系，其配偶要求离婚，也得准予离婚。”（http：//www.international.ucla.edu/eas/restricted/marriage.htm）

① 妇联 178–106–038 1950 年。妇联发现关中存在离婚妇女被攻击的情况，有时还被怀恨在心的前夫谋杀或被前夫的亲戚抓走。在刚解放的陕南，《婚姻法》还未开始实施。甚至在妇女权利意识据说更高的陕北地区——陕西北部的旧共产党革命根据地，用暴力反对妇女离婚的情况还继续存在。1950 年，一份关于近旧革命根据地中心的富县的报告指出，9 个月中有 11 例死亡与婚姻有关。有些是妻子自杀，有些则是妻子杀了丈夫。该报告将此归咎于旧的婚姻制度和观念保守、“思想落后封建”且不愿贯彻实施《婚姻法》的干部们（妇联 178–110–032 1950 年；妇联 178–5–029 1950 年）。在 T 村所在的陕南南郑县，《婚姻法》一直到 1953 年 2 月才开始贯彻实行，比全国的婚姻改革运动早了不到一个月的时间（南郑县地方志编纂委员会 1990 年，第 18 页）。这就使得冯改霞此前对婚姻权利的争取更为难能可贵——虽说终止婚约比要求离婚在社会上引起的争议更少。

② 妇联 178–106–003 1950 年。戴茂功（2000 年，第 326—327 页）为农村地区的这种情形提供了佐证。

③ 妇联 178–106–003 1950 年。这份报告主要提到的是陕南商洛地区和渭南地区北部宜君县的情况。虽然妇联的文件明确批评了这样的态度，民政厅和省法院发出指示，干部单方面提出离婚的，法院必须作出判决（民政厅 198–185 [1951 年 6 月 19 日]）。有关其他省类似的干部行为的描述，见戴茂功 2000 年。到了 1952 年末，丹凤县妇联要求其各地方支部对干部自身违反了《婚姻法》的情况进行汇报。有问题的干部行为包括：为子女包办婚姻，使未成年的子女结婚，或干涉子女的婚姻自由；阻止离婚；对要离婚的妇女进行殴打、辱骂、扭打和囚禁；用婚姻问题去攫取财产；掩盖其他亲戚违反《婚姻法》的事实；

据地——本该是全省意识形态最发达之地——发出的一份报告绝望地写道："干部出于保守落后封建思想，不愿意或不敢将《婚姻法》大量宣传给群众，根源是：他们不了解有压迫就有反抗是革命的规律，反抗封建的束缚虐待是应该的；我们应站在解放妇女的立场上。"①

1951年，距B村不远处，一次对该法进行群众教育的尝试以失败的公关而告终。当时，西安市妇联正在处理市郊一个农村妇女想要同虐待她的丈夫离婚的案子。按照妇联干部们的安排，离婚判决书将在市体育场一大群人面前宣布，然而，接下来发生的事情却让她们措手不及。刘招凤回忆："底下的群众发动得不充分，开始群众就接受不了离婚。会上一宣布，底下群众哗一下子都起来啦！往台上撂石头，骂的，台上法院院长宣判后下来，人家砸汽车。"② 人群威胁着要将这个离婚的妇女打死，她只好被偷偷地带出体育场。③ "就那么封建的，那一次市妇联把这事搞砸啦！搞得不好。群众在思想上还没有接受婚姻法的宣传教育，你就去搞这件事所以没搞好。"④

妇联的组织者们历经了这次充满敌意的反应后，转而采用长期教育的方式，但婚姻习俗的改革进展缓慢。1952年，省政府下派的一个婚姻问题工作组，在B村东北部的一个乡镇发现了一大堆没有得到正式许可的行为：买卖婚姻、未成年结婚、一夫多妻、收养童养媳、一妻二夫——第二个丈夫

自己从婚姻中牟利或早婚，或虐待妻子。县妇联要求各区妇联简单对这些干部的姓名、性别、年龄和职业，违反《婚姻法》的时间和地点，解决方案是什么以及群众的反映如何等进行汇报。对严重违反《婚姻法》的情况，则要求准备一份全面的报告（丹凤县妇联1952年之二）。

① 妇联178–5–029 1950年。有关全省各地类似态度的翔实报道，见妇联178–112–003 1951年；《群众日报》1951年10月18日。一个来自河南的骇人案例也主要与干部渎职有关，见《群众日报》1951年12月10日，该案例还被全国性报纸讨论过。丹凤县有一个想要改嫁的寡妇的案例。该寡妇被当地的干部和她死去丈夫的亲戚们（他们已经为她谋好了一桩更为合算的亲事）吊起来殴打致死。见《群众日报》1953年4月11日。

② 与刘招凤的访谈，1996年。

③ 与郑彩桂的访谈，1996年。

④ 与刘招凤的访谈，1996年。

被招进家里以供养第一个（想来是无能的）丈夫的父母和孩子。① 工作组收集了当地一些评论社会标准婚姻习俗的谚语。“富人交富友，穷人结穷亲”描写了可选择结婚的对象上的限制。“跟上做官的，做娘子；跟上杀猪的，翻肠子”这句表明了高攀的可能性。“男人生气了打婆娘，婆娘生气了男人打”概括了夫妻之间的关系。“女是心，儿是根，再好的媳妇外姓人”道出了婆媳之间感情的疏远。“再好的家有王法”说明了婆婆在家里的专制地位。“打不还手，骂不还口”则是一个守规矩的媳妇该有的行为。

尽管这些谚语透露出不满，但调查组发现，村民们和当地的干部们并不喜欢《婚姻法》，也误解了《婚姻法》。父母担心他们害羞又老实的儿子不能自己找到老婆，更不用提那些人穷、眼盲、腿瘸或头脑愚笨的了。普通大众的态度也在这句话里体现出来了：“天上无云不下雨，世上无媒不成亲。”在这个村庄及其他村庄，干部们为他们未成年的孩子安排婚姻，干涉自己姐妹的婚姻，在村民们无视《婚姻法》规定时睁一只眼闭一只眼。

婚姻问题工作组并没有气馁，他们建立了一个文化工作组和一个信息站，并一丝不苟地把他们的工作记录下来。他们组织干部和村民学习《婚姻法》，然后组织了一场考试，共有十四个问题。他们还迫使干部们学习，以

---

① 1952 年 3 月，这个婚姻问题宣传和调查组在一个 2398 人的乡上待了 23 天。除非另有说明，此注及接下来的三个脚注里的材料皆引自陕西省婚姻问题宣传调查组 1952 年之二。

这份报告的优点值得一提。新中国成立初年，在每个政府单位都有自己的文具和办公用品之前，报告是用各种所能想到的笔迹潦草地写在各种大小不同、质量不等的纸张上。随着办公用品和文具得到改良，报告的语言也变得更加统一，整合逸闻类材料的手法也逐渐变得公式化：一句话说一则逸闻，三四个逸闻表明一个要点，所有要点都清楚地标了号。在这种格式被完全确定之前，像这份 1952 年的报告通常包含了一些带有地方特色的材料，比如格言俗谚、对婚姻的数量和如下所述的听众人数作了巨细无遗的记录。有关邻近地区类似的报告，见陕西省婚姻问题宣传调查组 1952 年之一；中国共产党渭南地方委员会 1953 年。

报告里用的词是“招夫养大”和“招夫养子”。在清代，这些都是用于寡妇再嫁的词语。感谢苏成捷（Matthew Sommer）帮助我厘清这些词语。并不清楚这里指的是谁的父亲或谁的儿子，但由于《婚姻法》反对重婚并不反对寡妇再婚，我猜想这些词语其实指的是清代文件中提及的一妻多夫的形式，即“招夫养夫”，“招赘一个丈夫来赡养另一个丈夫”。见苏成捷 2005 年。

防他们落后于普通村民。[①] 在这个过程中他们发现，村民们会把不同的政策混合到一起。当一个倒运的男人被问到为什么非婚生子女需要受到保护时，他回答道，新社会之所以保护女孩和寡妇生的孩子，是因为“抗美援朝”和“国家人少”——这两个理由虽押韵，但相互之间却毫无关联。

23 天之后，工作组表示取得了不错的成果，[②] 但他们不确定当地干部是否会继续他们的工作。这反映了一个普遍的两难困境：中央和省级的党政机关在执行《婚姻法》最基本的规定时，无法得到地方上的配合。[③]1953 年，

---

① 考试的问题被口授给那些不会写字的人，考题如下：

考试题（干部以前五题为主）

1. 根据婚姻自由的原则，订婚是否为婚姻的必要手续？
2. “一方坚决要求离婚的，调解无效时即行判决”是啥意思？
3. 《婚姻法》上为什么要规定男到二十岁、女到十八岁才能结婚？
4. 为什么要保护私生子？
5. 离婚、结婚都要经过哪些手续？
6. 《婚姻法》颁布后的婚礼应如何处理？
7. 妇女有无继承财产权？为什么？
8. 干涉寡妇婚姻自由是否犯罪？
9. 和革命军人离婚须经啥手续？
10. 《婚姻法》是否将妇女权提得过高？
11. 包办、买卖、早婚都有哪些坏处？
12. 有人说“《婚姻法》是整穷娃法”，这话对吗？为什么？
13. 还有人说婚姻自由了，世上的瞎子、跛子、哑巴等不是都剩下了吗？这说法对吗？为什么？
14. 教员试题：你对《婚姻法》的认识？（陕西省婚姻问题宣传调查组 1952 年之二）

② 该县某村 39 对订婚的男女中，有 29 对已见过双方。有一小部分人（具体数目不清楚）终止了婚约，但大部分人似乎都很满意。妇女们政治觉悟提高带来的额外好处是，据说她们在上扫盲课、锄麦地、种树方面都更积极了。报告评论道：“我们初来的前六天，工作单纯，光宣传《婚姻法》，使干部和群众对我们有所不满。以后我们及时纠正了，帮忙组织互助组，进行宣传婚姻问题与生产的关系。这样后，干部群众跟我们建立了工作感情，明确了思想认识。”（陕西省婚姻问题宣传调查组 1952 年之二）

③ 但中央和省里依然设法实施《婚姻法》。民政部从 1952 年起下达指令，号召人们去相应的政府机关进行结婚和离婚登记（3 月）。省政府严令阻止与婚姻相关的非正常死亡事件的发生（6 月 22 日）。来自全省各地的报告表明，省政府在 1953 年的婚姻法运动月开

党和国家计划开始实施为期一个月的集中贯彻《婚姻法》的工作，从3月8日开始，一直到4月12日。①

1953年初，陕西省宣传部部长甘一飞在一次妇女代表大会上发表讲话，要求为落实运动作准备。他的讲话说明了婚姻自由是如何跟家庭稳定和国家建设这样的国家目标紧密联系在一起的：

封建婚姻制度是一种罪恶的制度，是妇女的枷锁，也是男人的枷锁……由于不是双方出于爱情，所以结婚后便不合房、打架、吵嘴、摔破碗、砸烂锅、睡在炕上不动弹。弄得妇女或者男人无可奈何，跳井上吊……另外由于婚姻不满、不合房，也就产生了通奸事情。有一个男人几个暗女人的，也有的一个女人几个暗男人的。因通奸引起互相谋杀，又直接影响了社会治安……咱们陕西一九五二年上半年不完全的统计，因婚姻问题自杀或被杀的妇女就有一百九十六人，男子几十人。这说明贯彻执行《婚姻法》，不仅是妇女解放的问题，而且也是男子解放的问题……解除婚姻制度对妇女最有利。所以，妇女对解除封建婚姻制度最迫切，也最坚决，特别是青年妇

始前就已经对施行《婚姻法》付出了持续的努力，并对一些问题作了指示，比如如何处理丈夫在抗美援朝战争中失踪的问题、自杀的问题，以及寻求离婚的妇女被谋杀的问题（民政厅198–245 1952年；民政厅198–252 1952年；民政厅198–254 1952年）。

① 陕西省妇女联合会，1994年，第11—12页。有关西北地区、陕西省政府、民政厅以及《婚姻法》执行委员会发出的通告，见民政局198–338 1953年。从1953年到接下来的几年中，陕西省的省长和副省长为贯彻《婚姻法》组织了一个年度领导小组，小组下面有一个《婚姻法》宣传办公室（1996年与刘招凤的访谈）。除了妇联的工作人员之外，来自共青团、法制办、民政厅、监察处、新闻办公室、宣传部和文化部的干部都参加了这次运动（妇联178–117–008 1952年）。单渭南地区就有500多名干部被调去参加《婚姻法》宣传月的活动（渭南县志编纂委员会1987年，第24页）。在全省范围内，婚姻法运动主要由两部分构成：一是在西安举办供440000人观展的《婚姻法》展览；二是培训300000名基层干部和积极分子学习《婚姻法》的宗旨（陕西省妇女联合会，1994年，第12页）。有关渭南县《婚姻法》宣传月的活动报告，见渭南县贯彻《婚姻法》运动委员会1953年之二、1953年之三、1953年之四。有关丹凤县的活动报告，见丹凤县妇联1953年之一，1954年；丹凤县民主妇女联合会1953年。虽然村一级的妇女积极分子占大多数，但是大部分被派去进行《婚姻法》培训的宣传员、接受培训的干部以及区级和县级的妇女主任都是男的（2004年与彭贵民的访谈）。

女。这也是男子的问题……婚姻问题解决得好与不好，也就是决定过痛苦的日子，还是过幸福的日子，是过家庭和睦的生活，还是不和睦的生活。所以，这不仅是夫妻问题、家庭问题，也是有关解放社会生产力、民主团结、民族团结、抗美援朝以及生产建设的大事。绝不能只看作是妇女或妇联的事情，是法院的事情或区县干部的事情。这是一切男女，特别是一切革命同志的责任。①

甘直接说到了干部们互相勾结和无能的问题：

有些干部保守思想，拒绝婚姻改革，反对男女婚姻自由，反对离婚……长安县有个地方夫妻两人不合。干部要人家订晚上睡觉要脱裤子的爱国公约。② 这个公约行不通，晚上乡长就在窗下叫女方把裤子掷出来，掷出后，俩口在炕上打架，最后没办法又把裤子掷进去了。像这样实在感情不合的就可以离婚……有些同志对这个精神没有弄清楚，说夫妻不合是怪男方或女方，我们说不怪男方也不怪女方，只怪旧社会的封建婚姻制度。

甘也提出要建立团结的联盟：

不能只是少数青年妇女或只是妇联少数人鼓励地贯彻新婚姻法。如果有人只把新婚姻法看成是反对男子、反对公婆的法，那她就一定孤立，主观想解放妇女也行不通，甚至会使妇女多死几个。试想在这种情况下，反对占整个人口一半的男子，又反对占妇女中一半的老婆婆和某些中年甚至青年妇女，怎样能取得胜利呢？……所以要真正解放妇女，一定要联合占人口半数的男子和妇女中半数的老婆婆和某些中年妇女。

甘建议积极分子们，除非有绝对的必要，否则不要去干扰村里的各种关系。他在诉苦大会上说，妇女们应该被引导去谈旧社会的婚姻制度，而不是去谴责她们的公婆和丈夫："这个问题不适合用阶级斗争来解决。因此，我们在贯彻的过程中要十分小心。任何粗心大意都可能会致命。我们想保护

① 妇联 178–127–004 1953 年。

② 这类故事中经常出现裤子。潼关有个这样的例子，一个从河南逃难来的妇女嫁给了一个雇农，睡觉的时候穿着所有的裤子防丈夫亲近。在这种情况下，妇联准许妇女有离婚的权利，但是大部分干部都对这种立场持批评态度（1996 年与赵凤娥的访谈）。

妇女，但是粗心大意可能会害了她们。我们想要消除妇女的痛苦，但是粗心大意可能会使她们的痛苦增加。”通奸的案例要小心谨慎地处理：

每对通奸者都有叔叔、伯伯、爷爷、奶奶、兄弟姐妹等很多人。如果公开进行斗争，在形式上看只是通奸两人，而实际上给很多人脸上都抹得“灰不溜溜”的……假使一个村子斗争上二三对这类事件，势必搞出乱子，引起全村的混乱，甚至逼死人命。我们贯彻《婚姻法》是为了解放妇女而不是为了再逼死人，如果再逼死人，贯彻《婚姻法》有什么好处呢？①

1953年的“《婚姻法》运动月”期间，妇联干部们将“建立联盟”这条指令牢记于心。与土改时期的情况不同，动员妇女的目的是结束冲突，而不是挑起冲突。妇联干部李秀娃评论道：“你光叫婚姻自由，不受父母之命、媒妁之言，那整个农民就接受不了。这个《婚姻法》是比较全面的，有尊老爱幼、夫妻尊重、对子女的教养，所以妇联就强调全面贯彻《婚姻法》，这样老太婆也会支持的”。妇联的干部把注意力集中在家庭和睦上，并认为这样做是在保护所有的妇女和女孩们。②

T村地区，冯改霞和其他积极分子力图让整个社区的人们都加入到“《婚姻法》运动月”的活动中来。“协税街上有个月楼，在月楼门上开的万人大会啊，扒到喔个楼上，搭上传话筒，讲旧社会包办婚姻的害处。”③改霞把对《婚姻法》的热情同唱歌的爱好结合到一起。她最喜欢的歌是一首陕北民歌《兰花花》。这首歌由青年女子演唱，融合了对嫁给“猴老子”的包办

① 妇联178–127–004 1953年。如果妇联的干部在工作的过程中发现了通奸事件，上一级的领导就会告诉他们，应该只发动一般的宣传，说这种做法是不道德的，而不应该公布具体细节去迎合听众的“低级趣味”（丹凤县妇联1953年之二）。其他政府部门的干部很显然对调查通奸倾注的注意力比省政府打算倾注的要多。一个很能说明问题的例子是，陕西省政府对渭南县政府侧重婚姻法中有关通奸的条例而不是有关教育的条例的做法进行了痛斥（民政厅198–338 1995年）。

② 与李秀娃的访谈，1996年。有关妇联在渭南地区贯彻婚姻法的活动的总结，见渭南地区地方志编纂委员会1996年，第272页。

③ 与冯改霞的访谈，1997年。在G村及农村其他地区，黑板报也是宣传《婚姻法》的一种重要方式（2001年与于小莉的访谈）。

婚姻的谴责和对年轻英俊的爱人的渴慕。① 改霞和其他积极分子还表演了几

---

① 冯改霞给我们唱的是这首歌的删节版。这首歌的发行版本有很多，如韩国璜 1989 年，第 118 页。这首歌的英译由我在孙晓平的协助下完成。中文歌词见书尾“术语汇编”的“兰花花”。“情哥哥”通常指爱人。

Black threads and blue threads，bluer than blue，
Lan Huahua was born，and loved by all.
Of the five grains sprouting in the fields，the sorghum is tallest.
Of all the girls in the 13 provinces，Lan Huahua is the best.
In the first month of the year，the matchmaker comes.
In the second month，the engagement is settled.
In the third month，big money changes hands.
In the fourth month，they welcome the bride.
Three troupes of musicians blow their horns，two troupes beat their drums.
Casting off my beloved elder brother，
I am carried on a sedan chair into the Zhou household.
Lan Huahua stepped down from the sedan chair，looking east and glancing west.
She saw the monkey-faced old man，and it felt like the grave.
“If you want to die，die early.
In the morning your death approaches，in the afternoon，I，Lan Huahua，leave.
In my hand I carry lamb meat，in my arm I hold a cake.
I risk my life to run to my elder brother’s home.
When I see my beloved elder brother，I have so much to say to him.
The two of us will be together，in life and in death.”

麦丁（[音译] 1984 年，第 19—20 页）对歌词进行了如下意译：

Threads of black and threads of blue，bluer and the sky.
Sewed for baby Lan Huahua，apple for her mother’s eye.
Shooting up like the sorghum tall，beauty brings her fame.
In every village in the land，everybody knows her name.
New Year brought the matchmaker，fixed the
ridegroom’s price.
After the payment’s made in March，in April she’ll become his wife.
Wedding music fills the air，drums and whistles sound.
She is torn from her own true love and carried to he Zhou compound.
Lan Huahua steps from the wedding chair，there espies the groom.
Old and wizened，eyes half-blind，one foot already in the tomb.

部整本戏，其中一部以一个叫梁梅叶的妇女的故事为蓝本。梁梅叶来自附近的华县，并于 1952 年挣脱包办婚约，同一个自己选择的男人结了婚。梁的经历与改霞自己的经历如出一辙。①

运动中最容易处理的，是那些没有直接挑战父母权威的问题：要求双方到所在地政府登记，② 将还未生育的童养媳送回其原来的家，废除纳妾制度、实行"一夫一妻"制。甚至在《婚姻法》运动月之前的土改运动期间，童养媳就尽可能地在娘家分到了土地被并送回去与娘家人居住。③ 先前是童养

You don't have long to live, old man! You'll soon meet your end.
When you're dead and gone, old man, I'll leave this cursed house again.
Gifts of meat still in my hand, cake tucked in my blouse.
I have risked my life and soul to flee here to my lover's house.
When I saw my lover there, words flowed from my heart.
Living, dying, come what may, we'll never again be torn apart.

近来网上在讨论这首歌时，给出了三个版本：收集于民国时期的原版，歌词更粗俗，意思也更模棱两可；上面的版本则流传于 20 世纪 50 年代；21 世纪初流行的版本是一个净化得更彻底的版本，里面没有提到地主。遗憾的是，这个非常有趣的讨论并没有给出这三个版本的出处。见 http：//bbs.tianya.cn/post-music-147036-1.shtml。据布莱克（[Blake] 1979 年）讨论，传统情歌的继续具有重要性，从"大跃进"时期起还增加了关于社会主义建设的充满色情的歌曲。

① 这部戏叫《梁秋燕》。梁梅叶在婚姻法运动中成了模范人物，这部以她的故事为蓝本的戏于 1958 年进京汇报演出，剧组人员受到国家最高领导人的接见。梁梅叶晚年生活极度贫困，生活条件跟第八章论及的那些劳模们的相似，关于梁晚年贫困的报道，见 http：//shaanxi.cnwest.com/content/2007-01/17/content_405559.htm。

最终冯改霞（1997 年访谈）自己的故事也被汉中的一个地方戏班子改编成了一部戏。戏班子的成员在她家住了几个月，跟着她去宣传《婚姻法》并对她进行采访。她收到了一本书，书里包括了这部戏的剧本，但她不确定这部戏是否演出过。一些 1949 年前共产党颂扬婚姻改革的歌曲也在 50 年代的《婚姻法》运动中被沿用，见《陕甘宁边区妇女运动大事记述》1987 年，第 111—113 页。

② 妇联 178–117–008 1952 年。在《婚姻法》运动月之前，要求进行登记就已经是重点，是国家将势力延伸到农村所作出的努力的一部分，此处则是确保结婚达到《婚姻法》的最低要求。

③ 妇联 178–117–008 1952 年。随着婚姻法运动的展开，越来越多的童养媳被送回了家（与鲁玉莲［1999 年］、乔引娣［2001 年］的访谈），妇联还介入保护了一个约 12 岁的童养

媳但已结婚的，尤其是那些已有孩子的妇女，跟丈夫居住。① 极少数在 1949 年之前有一妻一妾的男人被要求从两个老婆中选一个，离掉另一个。这可能对妇女的婚姻自由并没有起到什么作用，但将妇女的婚姻状况置于国家掌控之下，却的确有进一步限制地方精英权力的效果。这些地方势力已在土改中得到削减。然而，这种情形下的离婚并不一定会改变居住的安排。曹竹香的村里有个男人跟正室离了婚，留下了小妾。正室离婚后依然跟前夫及小妾住在同一屋檐下，并且相处融洽。集体化之前，前夫一直种着她的地。几年后，她同一个竹香介绍的男人结了婚。② 尽管现实中各种关系的解决在很大程度上都由具体的实际情况而定，但在"一夫一妻"这个问题上，却明显没有妥协的余地。即便是 Z 村的前游击队队长张奎，也不得不离掉两个老婆中的一个。③

妇联的干部们没有谴责聘礼的存在，但前提必须是，聘礼带来的不是一场"买卖婚姻"。④ 但是像改霞这样的年轻积极分子则强调，不向新郎家要财物是关乎尊严的问题。她在 1952 年跟一个自己选择的、同为积极分子的男人结婚时，"我结婚时我连他一点啥都没要，我觉得男女平等，自力更生，女同志要自强，我没要他一根线。定的时间他们可能也扯了四节布，结婚时我连他半根线都没要"。⑤ 改霞决定不坐轿子，使自己的婚礼成为新式婚礼的榜样。"我妈睡到床上哭了几天哩！叫到也不理，饭端去也不吃。他们的那个思想，顺便说这个女子就这么介给走了，又没有坐轿，叫人家笑话呵。人家结婚隆重的，表示隆重呵看到好像有点喔个呀是的，养一趟女子看

媳，这个女孩的未来公公试图与她发生性关系。最后终止了婚约，公公也被"美美地训了一顿"（与马如云的访谈，1996 年）。一份有关陕南安康和商洛地区的童养媳的报告指出，在 23 个县中，有 15487 名童养媳得到了解放，其中的 4905 名在娘家分到了土地（妇联 178–124–023 1953 年）。

① 与刘谷雨（2001 年）、刘存雨（2001 年）的访谈。

② 与曹竹香的访谈，1996 年。

③ 与何改珍的访谈，1999 年。

④ 与冯改霞的访谈，1997 年。

⑤ 与冯改霞的访谈，1997 年。

到荣兴（注：指为婚礼隆重而感到高兴）呀是的。我妈嘛，（认为）轿也不坐，这好看看起来——你把女子给到家庭这么困难？思想上这个弯弯她转不过。这以后通过做思想工作：我们都工作了嘛，不叫你操这个心，以后我们日子会过好的，靠我们双手以后都能把家建起来。做了几天工作，我爷爷又说：'我支持你。'我爸爸是个心情开朗的个人，他是吵一些都没的啥事了。"

"那些青年、教师都给我安排好了。准备工作好了到我家里去，我家里给烧了些菜，摆上糖，喝点水，这都扭上秧歌，我也是拉着我爱人的手呵，参加了秧歌队。人手拉手，男的女的都在一起，腰里系上绳子，过去了，扭到人们家里。"

"村上年轻人没有啥，老年人他不习惯：'喔女子是贱骨头，跳过肉盘吃豆渣呵。原来给她的那么好，跟到人家，条件差，又没娘老子，没人给理料啥呵。'好像有这么个说法，家里生活是不是能够过得好？说我有点点碰到好日子不过，结婚呢走路去。这是老年人的说法。"

"以后没有坐轿了，以后结婚都是这样，我这一个头带的，我们村里和我们乡上结婚，因为我到乡上当书记呵，不管他们谁结婚，都要请我去当证婚人，因为我那时在乡上宣传婚姻法也比较喔个一点啊，再一个我又是乡上的一个当家的吧，他们都要请我去当给主婚人，那我都没坐过轿嘛她们还坐轿？就从那把这个习惯给改了。"①

党和国家积极地将新式结婚礼服宣传成是平等婚姻的标志。这种平等的婚姻重申了体力劳动的重要性。新郎不再穿长袍，新娘也放弃了传统的粉红色旗袍和绣有凤凰的大红缎子盖头。②20 世纪 50 年代初期，结婚的男女都穿黑色或蓝色的上衣和裤子。提供了一抹亮色的大概只有新娘淡红色的衬衣了，后来着粉衫又被佩戴大红花的新习俗取代。据改霞描述，"新郎子给新娘戴上，新娘给新郎戴上"。③ 新娘不再编繁复的发式和戴凤冠，而是把头发梳成两条长辫子。用纱线绞去脸上汗毛的"开脸"仪式也被废弃

---

① 与冯改霞的访谈，1997 年。

② 与冯改霞的访谈，1997 年；与周桂珍的访谈，1996 年。

③ 与冯改霞的访谈，1997 年；亦见与钱桃花（1997 年）、马丽（1999 年）的访谈。

了，继续修眉的青年妇女们在参加县里的会议时会遭人取笑。① 在接下来的几年里，护送新娘的秧歌舞也依次被自行车、拖拉机和（新近的）汽车所取代，每一次变革都将农村的婚礼同社会主义现代性不断变化的内容紧密联系在一起。

改霞的行动主义对她一系列行为起了重要的作用：终止包办婚约，登上月楼歌颂《婚姻法》，自由选择婚姻，并向公众展示结婚不需要坐轿子。然而，对许多其他年轻的妇女积极分子而言，运动时间为她们开启的新世界却无法战胜家庭的需求。冯素梅在 T 村附近长大，后来成为土改积极分子。她看守地主、参加会议、跳秧歌舞并加入共产主义青年团，所有这一切都得到了父母的许可。然而，到了 1953 年她 18 岁时，她的父母为她安排了一场“换亲”的婚事。“老易的妹妹嫁给我哥哥，然后我嫁过去也是嫂子。为啥呢？他家穷。接不到媳妇，我屋里也穷，土地改革了房子比他家好一点，但我哥哥是一个眼睛，小时候医学不发达，眼睛让痱给（注：弄）吃坏了，所以都没办法。”

“我那时看到人家几个姑娘给的婆婆家好，有文化，条件好，我这个婆婆家又穷，又一个字不识，又是个黄泥巴坡，人家说‘下了雨是个胶，天晴了是把刀’。条件苦，吃了早晨饭连晌午（饭）都没的，吃了这顿没那顿。我们老太婆（婆婆妈）当时是个小脚，老太爷不啥做活，只是靠我们老易花竹子编的雨帽，人家来给他编雨帽，卖些钱，买些粮油，柴要到坡上捡，没钱买。”

“那订的事情我都不同意。他们屋里穷的很，根片椽瓦都没的，新社会土地改革了一间房，是一间睡房，宽槛坎上隔了一道墙，当时他们家加上两个老人是四个人，只是一间房。接我呀都没办法，以前不知道都咋过了的。是那种土楼（土耙编的），搭个梯子上去，说起来羞人，他妹妹都结婚呀，还跟他爸妈睡的一张床，他一个人床铺到楼上，顺梯子上去铺了一个小板板铺。”

---

① 与马丽的访谈，1999 年。

素梅知道换亲是非法的，她自己也不想要这门亲事。然而她父亲为残疾的儿子娶媳妇的需求战胜了将女儿嫁给一户殷实人家的愿望。父亲威胁她：如果她不遵从，他就不再认她这个女儿。家里人也力劝她将就，接受这门婚事。“我妈才找的我的姐夫、亲戚给我做工作，说：‘算了，女子家，是菜精干命，种到薄处是薄处，种到厚处是厚处。’那你自己反对不行，换亲是父母包办的。婚姻法是不能包办，知道，都入团了，但那对还很封建，不行，由不了你自己嘛！父母不认你嘛！害怕想万一不认咋办？”

“结婚都是一天，两家结婚必须是同一天，害怕我们变卦。我们结婚的时候，哎！他们屋里铺盖被子啥都没有，床、桌子、箱子、冬天的火盆都没有，人家娘家光给陪个盆、架子、枕头、茶壶、茶缸、铺盖、单子。把原来那个睡房隔了两半，我们睡在后面。他们屋里啥都没有。床也是借的，借了一张桌子，装衣服的木箱子也是借的，被子也是借的，我们老易棉袄也没有（当时是冬天），腊月初六结的婚，下雪天，借了个袄，借了一条裤子，连个平布裤子都没有，鞋子也没有，反正都是借的。结了婚了给人家还呀没的了，拜新年呀，才把我娘家的，因我娘家也给我扯了六套衣服，还有平布，我家里也高兴嘛，才给他缝了个衣服，裤子去拜新年。结婚时我娘家给我陪了一床被子，夏天也睡席子。当时（冬季）没的褥子，下面铺些草，上面把席子一铺，十冬腊月那么冷，席子上没法睡，才回去跑我妈要了一床被子来做了个褥子铺上。”

尽管素梅知道《婚姻法》，也对自己的境况不满意，她却无法将这两者联系起来。她反对的并不是包办婚姻，也不是老易，而是反对家里把她许配给一户物质条件如此艰苦的人家。革命当时还未开始触及物质条件的问题。没有任何蹲点干部或者革命良方能够解决她的困境，这也使她和父母的关系同她自己的欲望构成了冲突。她回忆这种冲突时，带着怨恨、无奈和一个积极分子想要改变她无法逃脱的命运的决心：“是个坎，是个崖，你都能跳下去。结了婚，家里穷，穷了自己奋斗，奋发图强，连前奔嘛。”①

---

① 与冯素梅的访谈，1997 年。

考虑离婚

离婚问题是农村质疑婚姻改革的核心问题。即使是在《婚姻法》运动的高潮时期，离婚在陕西的农村都很罕见。无论从社会关系，还是从金钱的角度来讲，终止婚约，正如冯改霞所做的那样，都是一件很复杂的事情。将童养媳们送还娘家也是十分困难的事情，考虑到她们母家的贫困从一开始就是导致这些婚约的根源。然而，对农村地区的人们来说，离婚尤其困难，也更不容易被接受。① 整个关中和陕南地区，县里的有关当局记录的离婚数量仍然很小（见表2）。②50年代初，Z村有五六起离婚，当地的居民已经觉得这是个大数目了。《婚姻法》运动后数十年，G村认为自己很不寻常，因其在50年代曾有数十起离婚。③

当妇女们考虑离开一段婚姻时，她们对丈夫的忠贞程度、个人的德行观、感情的投注、与社会的联系，以及政治行动等都开始起作用。李六斤是50年代初村里第一个提出离婚的人。④ 她十四岁结婚，从来都不怎么喜欢自

---

① 如上文所述，山秀珍（1997年访谈）说她村里没有人离婚。曹竹香（1996年访谈）记得B村有几个人离婚。Z村的何改珍（1999年访谈）记得只有四起离婚的例子：一个妇女因婆婆无理取闹而离婚，一对年轻夫妻离了婚，还有两个童养媳离了婚，其中一个的婆婆是个“石坂瞎子”（眼睛连点缝缝都没有，叫石坂，一个鼻子孔孔）。

② 比如，1954年，有73521户家庭，338322口人的渭南县报道说该县只有98对离婚。南郑县73400户、313251人，有310对离婚，丹凤县38200户、168200人，只有64对离婚。表2给出了这些离婚数据的来源。有关总人口的统计数字，见渭南县志编纂委员会1987年，第24页（1954年4月）；合阳县志编纂委员会1996年，第16、134页（1953年7月1日）；南郑县地方志编纂委员会1990年，第18、157页（1953年10月；第157页提到1953年的总人口为313400人，未注明月份）；丹凤县志编纂委员会1994年，第30页（1953年7月）。

③ 与鲁玉莲的访谈，1999年；2001年的田野调查笔记。1950年，在G村所在的合阳县，登记的离婚对数超过结婚对数（虽然当时因买卖婚姻而登记的人数很少；渭南地区地方志编纂委员会1996年，第90页）。

④ 与李六斤的访谈，1997年。在Z村所在的丹凤县，妇联干部发布了一份很长的关于石多子离婚又再婚的报告，石多子从1938年结婚起到1951年止一直受到公婆和丈夫的虐待，1945年她还试图自杀，但未遂（“石多子”1953年）。

表 2　陕西省和部分县离婚情况，1954—1956 年

日期	离婚总数	离婚原因				调解后未离婚的	法院调解不成功；往上移交
		感情失和	虐待	重婚	其他		
陕西							
1954 年	14184	12570	642	353	619	4233	5485
1955 年	9075	6493	366	225	362	3113	3161
1956 年	8838	7660	533	258	387	3865	3188
1956 年 1—6 月	4776	4043	317	167	249	2074	1703
渭南县							
1954 年	98	85	7	2	4	6	14
1955 年	无报告	无报告	无报告	无报告	无报告	无报告	无报告
1956 年 1—6 月	82	54	10	4	14	51	35
合阳县							
1954 年	246	224	14	5	3	24	63
1955 年	179	158	14	3	4	56	88
1956 年 1—6 月	85	77	5	1	2	33	38
丹凤县							
1954 年	64	60	0	1	3	7	21
1955 年 10 月 2 日—12 月 31 日	13	12	0	0	1	0	5
1956 年 1—6 月	94	68	26	0	0	63	37
南郑县							
1954 年	310	217	10	8	13	100	95

日期	离婚总数	离婚原因				调解后未离婚的	法院调解不成功；往上移交
		感情失和	虐待	重婚	其他		
1955 年 7 月 1 日—9 月 30 日	9	9	0	0	0	19	9
1956 年 1—6 月	106	72	14	9	11	70	80

资料来源：1954 年，民政厅 198–41，陕西省档案馆；1955 年，民政厅 198–458，陕西省档案馆；1956 年，民政厅 198–527，陕西省档案馆。

己的丈夫和公婆。公公和丈夫整天不是打牌就是打麻将，并且常常债务缠身。“老汉，就是那东西！老婆婆也是个没啥水平的个人，这男的（注：指公公）也是没名堂的人。”但是她当时年轻且顺服。十七岁那年，她生了一个女儿，两年后生下儿子。儿子在满周岁后即死于麻疹。解放后，她因为知道怎么移栽水稻秧苗而被召去参加一个工作会议，回来后发现她公公闩着家门不让她进。“开了会回来以后都没有给我留的有饭来！所以隔壁子就住的妇女主任，我就说这是个啥问题？人家通知我开了会回来饭都不给吃！是个啥道理？他们都不开腔，不言（yuan）（不说话）。找了说了（他们）说不对，这个问题。这个家从四九年屋里吵吵闹闹到五三年。”

“《婚姻法》来以后我才离了婚的嘛。最后那宣传，我看了一下没法，我干脆提出来离婚！干部处理的也没法处理嘛，我看了一下我那时才二十二岁嘛，我说我这么家一年跟到你过过到起，我想参加个社会活动都不行，管得紧紧的。”

在整个办理离婚手续期间，六斤都担心遭到丈夫的暴力性报复。每次从村里走好几个小时的路去八里铺的法院时，她都惴惴不安。“人家都通知我过堂，过堂他不离。通知我过堂，去了后，那年发生离婚走到半路上的，把人家杀了的，打死的，就出现的有这好家人命案子。最后巴巴一堂过了以后，毕了，人家这些法官嘛，就是问的这些人嘛，就把他留到喔，给他谈话，叫我赶紧走。出来我都哟，几个弯弯都走了，都是走路嘛那当乎，我就回来，都不敢一路，一路出问题。”

离婚的妇女有权利分得家庭财产，但县里下达指令让干部们去劝妇女放弃索求任何财产，尤其是如果这些妇女再婚了的话。[①] 六斤获得了六分水稻田的谷子，那些稻田是土改时分给她的。由于直接从前夫那里拿稻谷对她来说太难为情，她便让另一户人家帮她耕种这些田，然后每两年从那户人家那里收一次谷子，这种情形一直持续到集体化结束土地私有为止。

尽管六斤获得了对六岁女儿的监护权——当时离婚一般都会把子女判给母亲，但是乡政府的人很快就开始劝说六斤，让她把孩子留给她前夫。“(说) 你呢年轻轻的，你离了不可能蹲到屋里头。你出去的话，还是有个子女呵，你如果留（女儿）到这 tai (注：指夫家)，他接到了来，以后给个婆家，有个亲人。所以我那心里一热啦，如果我引上，跟到去，他今天来骚骚扰扰，明天骚骚扰扰，还是逗我呕气的根。想一想，我也是这么想，二十几嘛，以后还是有嘛，以后就把女儿给他留下。”随后的几年里，六斤虽不常见到女儿，却未断了联系。“我们去看人家也不叫看，我也不去看。有时走到路上碰到了，她也知道我到她大姨们去，她也推故找猪草，再啥，到路边头想见一下，见以了嘛我就给两个钱嘛。”

六斤离婚后不久，一个熟人提出为她介绍第二任丈夫。六斤提出了两个条件：一是年龄不能太老；二是不能有遗传的狐臭病。一个有意向的老师符合了上述两个条件，但六斤仍然迟疑不决：“最后把我引到去看了一下，哎人才不咋样，我们那老汉你没看到，人才不咋样。我又一想，屋里头他有几间瓦房，老的话看到也还聪明。前头给留了个儿，老婆婆（女的）死了的。所以我当时想，遇到好人家遇不到个好人。我又想，人家的儿子，和我的儿子，我当我自己的儿子看待，他又有个啥那个？我也就不嫌。我也就同意这事。”

“我就说，我到喔太嘛（注：指之前的婚姻），是不叫我出社会跑，把我

① 1975 年《婚姻法》，丹凤县妇联 1953 年之二。

看得紧紧的，我是因这个离了婚的，可是我在这太（注：指这婚姻）嘛，谁再把我管得紧紧的，可就不得行。我都说了的。结果这个条件说上以后呢，这人家都没挡。五三年结了婚，结了婚了九年都没生了。我说这不生了，我这现前连个亲人都没的。我还心里想，再不生我要跟他两个耍赖皮，引我女子呢，女子是我的！跟他打官司就要引我的女子呢。最后又生了这个娃儿，这都算了吧！念头就取消了。”六斤跟第二任丈夫生了四个孩子。她接着当上了人民代表、乡妇联主任，后来又成了副乡长和乡长。①

六斤的离婚看起来相当直截了当：一个女人很早结婚，不喜欢夫家的赌博和保守之风，成为积极分子，想要离开夫家并找到了离开的途径，为了过上自己认为有意义的生活，克服了恐惧并承受了失去孩子的痛苦。50年代早期最自相矛盾的地方之一是，农村的妇女领导和劳模们都没有被很好地定位成挑战当地德行标准的社会先锋，而她们自己通常也不倾向于成为这样的先锋。很多妇女积极分子都谨慎并有意识地遵守着过去标准化的妇女角色。一个于1949年成为积极分子和村干部的妇女，在试图外出开会时遭到了丈夫的反对。她丈夫曾是个雇农，比她大十岁，听了村里的闲言碎语后，坚信她会跟一个男干部跑掉。那个男干部是当地的一个领导，当时正在培训她。1950年的一个晚上，丈夫对她动了粗。“有一天老汉躁了，说我白天游游转转，骂骂挂挂，你再这样子跑，走！咱寻乡上去，咱俩过不成了，甭过了。我说：我不去我嫌怪，还嫌丢人，我没有跟你不过的思想，跟你过要过哩！不是跟着不过。他生了气，顿住我的胳膊往下来，拉下去把头碰了。我硬不去，怕给人家乡里打麻烦丢人哩！你还是妇女头哩！让你老汉把你那样子。咱那时也有封建思想，结果我不去，人家把拉下去把头碰到门槛上后，把脸碰肿了多大地。”但是当妇联和其他政府部门的干部想批评她丈夫时，她对此举会如何影响到她的工作做了一份精明的政治评估。“我怕周围的老人接受不了，周围的老人说二当了几天的妇女委员会主任，哦这把男人拉会上批判斗争，对发动咱妇女有阻力。”她转而一遍又一遍地向丈夫解释，说自己

① 与李六斤的访谈，1997年。她住在南郑县的T村附近。

不会跟他离婚，说她和他“都是苦蔓上的苦瓜”。①

“把行政村工作组组长张连全气躁了，这下把你挣死都不管你。同情封建思想。几千年的封建思想你要一下、二下整个的老人、年轻人接受了那是不可能的呀！你要做出榜样才能把妇女解放出来。咱共产党解放全中国爬雪山过草地，死了多少老前辈，咱做点贡献，做这点艰苦工作算个啥。因此我以身作则：在我公公婆婆跟前好，跟我兄弟媳妇几十年没拌过嘴闹过仗，跟我老汉偏不离婚，我这下发动妇女做妇女工作好发动得多了。为了解放妇女我就吃点苦也没啥。在《婚姻法》运动月时，男的给女的提作风问题，女的给男的提作风问题，我以身作则，在这个方面则和同志在一起处事没有闲话。”② 她于品德、革命和政治效力之间的复杂交叉达成了妥协。虽然她称自己曾经思想“封建”，但她却清楚地表明，自己的所作所为无论从政治上还是伦理上来讲，都是正确的。作为一个忠诚的妻子和尽职的儿媳，她为了妇女的集体解放牺牲了自己，虽然这样做必须拒绝同有暴力倾向的丈夫离婚。这种牺牲本身是一种有意识地仿效了长征跋涉者的美德。

我们不应将这场小小的说教错认为是一个大团圆的结局。这个妇女跟她丈夫的关系依然很僵。③ 据曾作为蹲点干部在这个妇女家待过很长一段时间的一个妇联官员回忆，她曾拿着棍子追着丈夫围着家里的磨石跑，威胁着要打他。另一个在省妇联身居高位的干部回忆，其实这个女人自己想离婚，但妇联的干部们提醒她要权衡不离婚的好处。她们说，如果她离婚的话，即使她丈夫打她，村里的言论都不会让她留在村里，她也会失去积极分子的职位。如果她拿《婚姻法》为她个人所用的话，她刚开始的干部生涯就会结束。

---

① 1996 年的访谈。姓名不予透露，原因与第一章提及的原因相同。一份 1962 年的关于山秀珍的小册子讲了一个类似的故事。见《山秀珍，光荣的无产阶级战士》1962 年，第 9—10 页。

② 1996 年的访谈。

③ 三年多以后，妇联在她处理跟丈夫的关系上给了她帮助。关于这条信息，见妇联 178–162–072 1956 年（11 月 15 日）：第 4 页。

对童养媳婚姻的处理也比法律条文所显示的要复杂。在大多数党和国家的叙述中，童养媳饱受残酷无情的婆婆及家里其他人的虐待，不会比奴隶好多少，这种情形一直要持续到她正式结婚并生下孩子——最好是儿子——为丈夫延续香火为止。但是曾在丈夫家当过童养媳的妇女们通常对夫家的家庭成员有着深厚的感情，即使她们的婚姻本身极其糟糕。这个是她婆婆的女人实际上也是她的母亲。

想想张朝凤——那个生于1934年、烧掉了钞票的小孩——的故事。她在8岁那年被母亲送走。“就当时是冬天……我妈叫我回去，我就穿了那身烂衣服，哄我，给我说，你到那里有白馍吃，那边有花衣服，你就去，你去了妈停几天来看你，就这样给我说的，那娃娃家小的太，瓜的……”

朝凤要到五年后才会结婚。在这期间，她由婆婆抚养。她说，“我婆婆对我很好，也爱我”。她说起自己母亲并没有用过这样的语言。当朝凤的父母要她回家去看看时，她拒绝了。她在新家有足够的东西吃。朝凤当时可能知道并且后来绝对明白的一件事是，她新家的人在等着看她身体是否够健康，以便他们的儿子可以娶她，他们并没有兴趣去虐待她。“这家人一直对我，养着，看着，真不行就打算把我一卖，给他儿子另说个媳妇。”朝凤来自一个食物和母爱都匮缺的家庭，她更喜爱既给了她食物，也给了她母爱的新家。她说起新家如何对她爱护有加、如何善待她，而对于如果没有令人满意地长胖的话，她可能会再次被卖掉这种可能性，她则并未多说。

朝凤对丈夫了解并不多。她在新家的头几年，他一直离家在外做木匠，只有在收割季节才会回家帮忙。他们在1947年正式结婚时，她13岁，他27岁。她几乎还只是个孩子，了解性的方式也同其他许多年轻的农村新娘没什么两样：“我小，不懂的，但男的大，发育上就懂得。那就找你，你不愿意也不行，没办法，你就得从那，你还嫌怪，你年纪小，你就觉得不好说。”当我们问她和丈夫是否因性生活而打过架时，她答道：“没闹过，但不太满意。”但她丈夫很少在家，她与日常生活中最重要的人——婆婆——的关系依旧很好。

一开始，在朝凤身边展开的戏剧性的政治事件几乎没有对她造成什么影响。解放这个在有关国家的叙述中最重要的事件，并没有在她的故事中占据什么重要位置。但她记得上过一个三个月的强化班去学习认字。一个年纪更大、更有经验的妇女积极分子说服了她婆婆让她去参加会议。到了1951年还是1952年的时候，朝凤被选为当地的妇女小队长。接下去的几年里，她的政治责任稳步增加，从妇女小队长到妇女队长、妇女大队长、妇联代表。1955年，她加入了共产党，成为当地支部的七名党员之一。

作为一名干部，朝凤学习了《婚姻法》，她也知道自己的婚姻不符合《婚姻法》的要求。然而，一开始的时候，她并没有想到将法律用到自己身上："我感觉到我是童养媳，……与婚姻自主是相反的。想，想自己出生旧社会……"她对婆婆充满感激，由于她们之间的关系堪称表率，她家在当地也颇受敬重。"以后慢慢我大了，懂事了，老人对我好，我也就好心买好心，能干的啥都抢着干，给的钱也舍不得花，开会回来给老人买些爱吃的东西，……山阳有名的尊婆爱媳，村里人都知道……"

到了50年代中期，像童养媳被当成奴隶虐待的故事一样，这也是个大家都熟悉了解的革命故事：年轻的妇女积极分子一边致力于动员农村妇女进行集体化生产，一边还巧妙地维持着家庭的和谐。但随着50年代接近尾声，朝凤的婚姻也从隐忍的不合变成了公开的冲突，她的想法也重新回到了她几年前学习过的《婚姻法》上。"两人感情不好，那人比我大十几岁，十四五岁。老觉得思想上背着包袱，老觉得自己不胜别人，解放了，贯彻新《婚姻法》，解放别人，先要把自己解放。自己就下了决心，两人打得不行，就离了婚。"

没有孩子是夫妻俩争吵最直接的原因。朝凤的丈夫一直在别的地方干活，一年之中只有在播种和收获麦子的时候才回到村里。他想收养孩子。朝凤坚信自己能够生孩子并否决了丈夫的想法。别人说她的身体没问题，暗示可能是她丈夫有生育上的问题。她丈夫其中的一个睾丸比另一个要大，这种情形在中医里被形象地称为"偏坠"。① 她怀疑这可能是问题所在，并要求

① 朝凤用的词是"偏子"（可能是一个转录错误）。中医里偏坠跟疝气、睾丸炎及其他病症有关。

丈夫和她一起去西安做一次检查。他表示反对，说西安路途遥远而且路也不好走。她的婆婆默默地支持她，从未因为没有孩子而责骂过她。朝凤跟丈夫的争吵越来越频繁和激烈。她告诉丈夫，他可以带别人的小孩到家里来，但她不会照料这个孩子。她提出分开，丈夫抡起一张凳子朝她掷了过去，凳子划伤了她的头，留下了一道永久性的伤疤。

朝凤记得1959年和1960年是她生命中最难熬的两年。她这个时期的回忆都与她自己对婚姻的矛盾态度有关，她将这种矛盾称为思想斗争。她想起婆婆过去数年来对她的好，权衡要不要等到公婆年纪大一点再作出行动。但在她丈夫向她扔了凳子之后，她决定采取行动。

由于朝凤已经跟丈夫同居，她的法律地位跟那些可以简单返回原籍的童养媳已不一样。她的案例需要走离婚程序。当只有一方想要离婚时，《婚姻法》首先要求所在地政府作出调解，然后再由地区法院进行调停。在盛行的共产党走向婚姻自由的故事中，童养媳一直是一个令人同情的角色。地方上的共产党干部也站出来支持受虐待的妻子并拥护法律。但当朝凤开始公开说起离婚时，那些她曾以为会支持她的人却既冷漠又惊慌。妇联的一位干部很明确地说，这是个人问题，而非政治问题。她说："你的问题你自己决定，你觉得不行，你自己想办法解决。"村党委书记提醒她，她年迈的婆婆待她不薄。他对朝凤说，离婚将会对老人家造成重击，会在社会上造成坏的影响。他或许担心其他妇女也会步朝凤的后尘。他也可能是担心，朝凤会失去她作为个人生活无可指责的中坚政治积极分子的地位，损害党的威望。他曾两次去她家进行调解，调解的内容似乎主要是试图劝她像从前一样继续过下去。

与此同时，或许正如这个党委书记所担心的那样，关于朝凤离婚动机的流言开始在村里散播开来。她的邻居们各执一词："主要是议论我和这婆媳关系好，村里干部当的眼高了，看不上农民了，想找个干部了。就这么个议论，再一个议论是我没有良心，把老婆扔下走了，老婆把她从8岁养育到现在，大了翅膀硬了。就是这些议论。"四十年后，当朝凤重复那些说她抛弃了婆婆的指控时，她几乎落泪。

朝凤在这之前曾跟婆婆有过一次痛苦的谈话。“婆婆只对我说，好娃哩给看我对你这么好，你能把妈搁下去了，劝说我。我说也不关你的事，我一天就是为你的，不为你就过不到今天，我就给她说，我也不能和你同年老，你也不能把我陪一辈子，这耽误我呢！我婆婆是个聪明人，她说……以后也没办法劝，就不管了，你愿意咋理就咋弄。”

最后朝凤起诉要求离婚。在诉讼处理期间，她没有跟婆婆住在一起，而是跟自己的父母住在一块。她已经离家当了 18 年的童养媳了。几个月后，一个从法院来的男人出现在她父母家，把她带回了丈夫的村庄并在那里批准了她的离婚请求。她随后很快便离开了，依然害怕遭受前夫的暴力。“判决了我的东西啥都没带走，我光人就走了。走到路上我还有些害怕，我借了我这村子我一个干姐的车子骑着，骑上到路上。① 思想上害怕他撵上来把我害了，心里害怕，到路上，回到我娘家。”

一年后，她跟一个与前夫同村的男人结了婚，但她和新丈夫并没有回到那个村里去住。1962 年 11 月，她生下了一个男孩——六年中生下的四个孩子中的第一个。很多之前非议过她的人都开始重新考量他们之前的言论。他们说，很明显，没有孩子不是她的问题。她或许注定要成为新丈夫家中的一员。但是她的前夫依旧很愤怒并带有暴力倾向。他在好几个场合袭击了朝凤当时的丈夫，甚至告上法庭，称新丈夫是朝凤决定离婚的原因。由于朝凤从未被法庭传唤，她并不知道最后案子是否或如何了结的。但在 1963 年，她前夫娶了村里一个寡妇，随后也有了两个孩子。她对我们说起这个的时候笑了，说结了婚也好。

20 世纪 60 年代初，因为第二任丈夫新工作的原因，朝凤跟随他去了三百多公里以外、完全不同于 G 村的宝鸡市。她此后再也没有当妇女干部。她行使了革命性的《婚姻法》里明确规定的离婚的权利，虽然并没有从当地引领这场革命的人那里得到什么支持。她在这个过程中失去了她曾经当积极分子时的社群，放弃了当积极分子时建立的地位和自我意识。她有近四十年

① 这里虽然不清楚是否正式结拜过，但在农村一些地区，结拜干姐妹的情况并不鲜见。

未返回那个村庄。她在集体化时期作为一个妇女领导的农村生活在60年代初终止了，而那时她作为一个母亲的生活却刚刚开始。

然而，在60年代的某个时刻，这两个阶段的生活却是重叠在一起的。这个时刻提醒我们，由革命提供的叙事尽管非常强大有力，却远未能够解释人们生活中交缠错综的关系。故事很简单：1962年，在她第一个孩子出生之后、搬去宝鸡之前，她之前的婆婆突然出现在朝凤和新丈夫的家里。她对朝凤说："你也好，你在那里结婚十几年没有孩子，到这里第二年就有了孩子，生下男娃。"她给了朝凤一些婴儿的尿布作为礼物，然后离开了。①

和声：使国家效应进入家庭

如果张朝凤离婚后继续待在乡下，她的家居生活历史可能会让她丧失成为劳动模范的资格。劳模们被期望成为维持家庭生活稳定的榜样，并利用自己的威望向比她们更年轻的邻居们宣扬家庭和谐的重要。宣传工作既包括向公婆们抗议，从而为青年妇女们争取更大的自由，② 也包括劝说年轻的妻子们继续维持艰难的婚姻关系。例如，在B村，曹竹香指导下的很多年轻妇女的家庭都很复杂：有母亲死于难产的、父亲自杀的、公公抽鸦片烟的、公公残疾的、婆婆有精神病的、丈夫赌博偷窃的、丈夫自杀的、丈夫是流氓恶棍的、丈夫殴打自己母亲的。在这种恶劣的环境下，竹香将家庭和谐作为她工作的主题。

20世纪50年代，庄小霞刚结婚。她带着肯定的眼光回首过去竹香对她婚姻进行的调解，虽然她自己因此付出了高昂的代价。小霞的祖父安排她嫁给来自一个贫穷大家庭的二表哥。她父母虽对这桩亲事有意见，但还是遵从了祖父的意愿。小霞自己也知道《婚姻法》虽未明确禁止，但也不鼓励表亲

---

① 2001年、2004年与张朝凤的访谈。

② 比如，见妇联178–209–009 1953年。

之间互相通婚。① 但她决定不行使自己的法律权利："（我害怕）害怕把我爷气死了。就是，我结婚三个月我爷就死了。为啥？我妈和我爷嚷仗哩。我走了，我妈给我爷说：'现在把她掀到坑里就到你心上了。'把我爷气得头低下，不言传，三个月就死了。我总觉得是我连我妈把我爷气死的。"

婚姻并不顺利。小霞考虑离婚，但竹香劝她不要离。"脾气不好，有时骂哩，打哩。我跑到曹书记那给曹书记说：'他脾气不好，我跟他实在过不下来。'曹书记问我啥条件，我说不上来，那阵小，不会说，曹书记就劝我说：'人穷也能富，要干哩，到以后慢慢日子就好了。'就那样劝一劝。到后来时间长了，也不打了，我妈老说他：'咱过这日子，你要对外好哩，对外不好，你咋对得起你姥姥（指郑秋娥她爷），你姥看咱屋可怜，把娃给给咱。你叔和你姨就不到咱屋来，嫌你打他娃哩。'就这，我妈给做工作，才不要他那脾气，才过到今。"②

小霞把对婚姻的负面情绪都丢到了过去。像后来介绍她入党的曹竹香一样，她坚称自己具备能够维持家庭和睦的优良美德。她通过阐述自己的美德借机抨击了20世纪90年代的年轻妇女们："她（们）赶不上我，没有受过苦，光知道有钱花，也不知道这钱咋来，衣服没穿烂就扔了，饭不好吃就倒了，不知道节省，在艰苦，奋斗她（们）赶不上我。她（们）比不上我，现在这年轻人，家庭和睦的少，尊重老人的也赶不上我。"

正如朝凤和小霞的故事所表明的那样，在20世纪50年代初期，许多年轻的农村妇女积极分子都发现自己深陷在个人的境况里，这些境况跟党和国家措施为她们许诺的那个世界是格格不入的。家庭需要和言论对她们的命运有更大的影响力，也似乎在她们心里比性别平等和婚姻自由这些调子更有牵引力。她们知道《婚姻法》，也清楚自己的婚姻没有达到法律的规定，却不愿意去采取会使她们和家里疏离的行动。当地官员和蹲点干部对那些依据《婚姻法》行使自己权利的妇女也并不总是表示支持。那些依然维持不幸福

① 《婚姻法》第5条部分规定："其他五代内的旁系血亲间禁止结婚的问题，从习惯。"（www.inernational.ucla.edu/eas/restricted/marriage.htm.）

② 与庄小霞的访谈，1996年。

的婚姻的妇女，甚至像朝凤那样离婚的妇女，都将她们的行为描述成是堪称表率的行为：她们依然对家里的老人照顾周到，关心与公婆建立和谐关系的问题，在懒惰的丈夫面前依然辛勤工作，并基本令人无可非议。她们在所有这些方面都是解放前美德标准的化身。同曹竹香一样，即使她们依然处在很容易被视为是“封建”的婚姻里，她们的选择或许提升了她们在多方面的能力：成为村领导干部，由于勤劳而受到尊敬，熟练地处理好各种关系，具备进步思想。

运动时间以外

《婚姻法》工作到了50年代中已成为常规例行的工作。1953年《婚姻法》运动后的每一年，随着3月8日国际妇女节的临近，省里的有关当局会宣布对该法进行为期一个月、着眼于宣传家庭和谐的活动。① 县一级的积极分子们遵循着一套清晰的程式：用5天的时间找到具有代表性的当地事例，然后为这些事例写宣传材料；用11天的时间通过墙报、广播、快板书以及相声进行宣传报道和开会；6天做总结工作。② 除了每年一个月的活动以外，中央政府还致力于确保夫妻双方都做了结婚登记，使国家介入到以前没有涉

① 例如，见《人民日报》1957年3月7日。1957年，《婚姻法》的宣传同“社会主义道德品质教育”结合到了一起。国家发文称：“一些家庭怕媳妇闹离婚，过分迁就，任媳妇摆布；也有一些家庭打骂虐待妇女，限制女方参加社会活动。”在农村集体化的背景下，资本主义倾向和封建残余成了批判的对象。干部们被教育去“指出图钱财地位，好逸恶劳，片面地从外表出发，轻视农业劳动，轻率结婚离婚，是资产阶级的婚姻观点”。由于虐待和忽视老人的情况正变成一个问题，赡养父母被认为是“家庭骨肉的自然感情和做儿女、媳妇应尽的责任，是我国古有的传统美德，是新社会的道德标准，也是婚姻法明文规定的义务”（妇联178–171–002 1957年）。

② 相声是快速诙谐地进行对话的形式。1957年1月29日，省妇联散发了上注所引的国家文件。在丹凤县的档案馆里我们可以看到这项指令在2月份下达到该县。丹凤妇联发布了一份同名的声明，并大段照搬了省里发布的声明，还制定了三页丹凤县应如何在3月8日之前和之后贯彻《婚姻法》的具体计划。这份县声明基本没有与当地相关的内容（丹凤县妇联1957年之二）。

及的农村生活的各个领域。[①] 县里有关部门记录了被批准的和未被批准的离婚总数，未被准许那些则要么因为婚姻是包办的，申请者还太年幼，要么是笼统地划入“其他”一类。全省的季度统计数据显示，很多离婚诉讼都是因为夫妻感情破裂，由于虐待、重婚和其他原因而起诉的原告人数则要少一些。同中国其他地方一样，主管部门都将重点放在提倡调解而不是离婚上。很多离婚案要么在地方上成功得到调停，意味着不用再离婚，要么被递交到更高一级的法院处理（见表 2）。[②]

陕西农村的婚姻习俗遵循一种比运动时间更慢的时间，并逐渐发生变化。[③] 家里不再养童养媳；穷人无法承担的纳妾制也终止了。人们开始登记结婚并大致遵守法定的最低结婚年龄：女子十八岁，男子二十岁。《婚姻法》运动虽然短暂并有限，却确实起到了一定的作用。对运动没有具体记忆的年轻妇女们，却记住了她们有权选择伴侣这样符合当时环境的概念。

在整个集体化时期，父母们仍然费尽心力地介入子女选择伴侣的问题。当地俗语所描述的“半自由、半包办”的婚事中，男女双方在父母的准许下，由媒婆介绍认识。随后他们便有机会进行会面，同意或拒绝婚事——这是一项在父母设定的条件内、有限的说话和决定的权利。父母在子女七岁或十岁的时候就为他们订亲，被订亲的子女双方没有任何交流，这种情况在地方上依然是可接受的。[④] 即使伴侣双方是自由结合，媒人对一项婚姻交易的达成依然至关重要。坐轿子和戴凤冠的习俗消失了，但是交换物品——即便

---

① 有关国家和省政府提倡婚姻登记的具体细节，见民政厅 198–513（1956 年）；渭南地区地方志编纂委员会 1996 年，第 91 页。

② 全省范围内的离婚数量明显逐年递减，但有些县的报道时好时坏，导致很难对整体趋势或局部动态作出精确把握。1956 年，很多县都未能在截止日期前上交季度离婚报告，这表明来自上级的要求致力于婚姻改革的压力可能减少了，抑或是其他工程如集体化已经占据了首要地位。

③ 妇联随后进行了贯彻婚姻法的工作，并全面记录了一连串持续不断的违法行为和问题，见“蓝主任报告贯彻婚姻法的执行情况及会后意见”1955 年。刘新（2000 年，第 58—61 页）记述了 20 世纪 90 年代合阳县附近一个县的婚姻习俗。

④ 高小贤 2000 年，第 80 页。我本人 2008 年 11 月 7 日与高小贤的交流。

不是明目张胆的聘礼——依然是结婚流程中一个最重要的环节。① 年轻女子依然不愿意嫁到比自己家里更穷的家庭或村庄。② 出于情感和物质两方面的原因，母亲依然更希望女儿嫁到离家近的地方。③ 婚姻习俗中的变革，并不是为了回应国家的干预而发生的，而是在社会交往和社会风俗中更长期、更逐步，以及更不容易追溯的转变过程中发生的。

学会了唱歌和识字的妇女们教其他人唱歌识字，那些曾作出过大胆的婚姻决定或忍受了艰难的家庭处境的妇女们，如今将50年代初期回忆成是最能激起她们想象力的时刻。她们把自己当积极分子的那几年记忆成是一个有新歌曲、新社会交际和新的可能性的时期。后来这些妇女中有些目睹了自己积极分子的生涯被突然打断或中止——改霞是由于患病，很多其他人是由于随后受到的政治批评、地理上的迁移或是无休止的抚养孩子的需求。20世纪50年代依旧是年老的农村妇女们用来评价其后所有时期和随后几代人行为的标尺。她们发现后来的时期和行为都不足以同50年代相比。去爱谁，要不要争吵，什么时候从孝顺、爱国、勤劳和坚定这些品质中寻求安慰——每一个决定都是精心编织的关于"自我"的热闹剧中的一个叙事元素。《婚姻法》勾勒的决定社会变革的实际因素，《婚姻法》有多少传达到了妇女的个人生活中、又有多少没有传达到她们生活中——这些都只占据了她们记忆里很小的一部分。她们对自己的活动和感情的记忆所占的比重要大得多。④

五四期间关于志同道合的婚姻和中国乡村妇女的落后的故事既包含了农村妇女，也制约了她们，有时还歪曲了她们的形象。这种故事一直延续到当下有关农民的"素质"尤其是农村妇女的"素质"的国家话语中。我们甚至可以认为，党和国家有关当局需要把农村妇女看成是需要被拯救和被提升的，以作为继续对农村生活施行干预的正当理由。干部和地方领导于是担当起提

① 杨庆堃（1969年，第2卷：第176—177页）对华南一个村庄也得出了类似的结论。有关华北的情况，见孙迈隆（Cohen）2005年，第84—118页。

② 拉夫利（Lavely）1991年探讨了集体化时期的婚姻继续重塑社会流动的可能性。

③ 与马丽（1999年）、蒋秋娃（2001年）的访谈。

④ 朱爱岚（Judd）1998根据在华北的访谈记录也作了类似的评论。

升妇女素质的职责，哪怕他们并非总是合格地完成了任务。无论是五四的思维方式，还是认为“落后”的农民未能完成现代化婚姻带来的挑战这种看法，都不会对我们理解婚姻在中国集体化时期如何变革有什么大的帮助。我们更需关注的是，妇女在维系或者离开一段婚姻时，她们自己在感情、现实和政治之间作出的利益权衡。这些权衡有助于使她们成为具有美好品德的妇女，值得被颂扬，并易于被她们的社区辨识。我们探询的中心问题应该是，农村妇女是如何理解她们自己的各种关系、各种群体和各种抉择的，以及她们在看待围绕着她们的、迥然不同的当代格局时，又是如何记忆这些选择的。

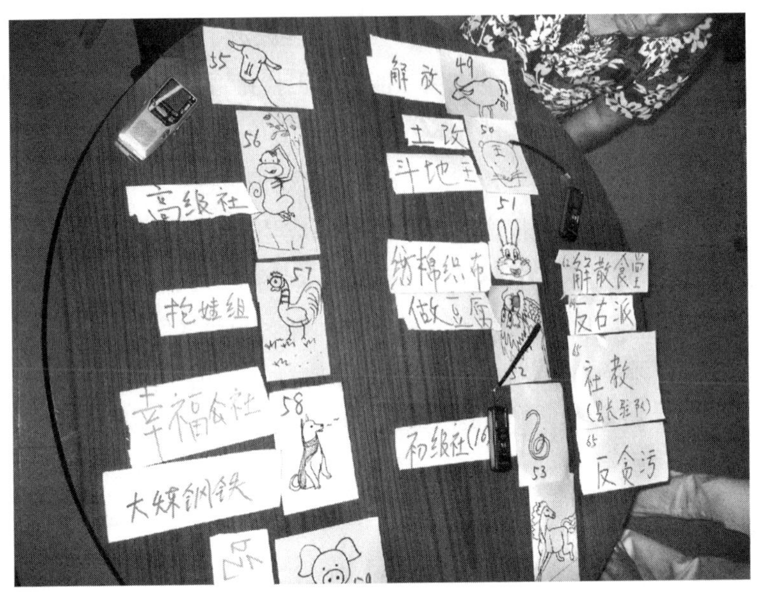

图一：绘制时间，2006 年。用来指 B 村历史上主要政治事件的生肖符号

（图片由作者拍摄提供）

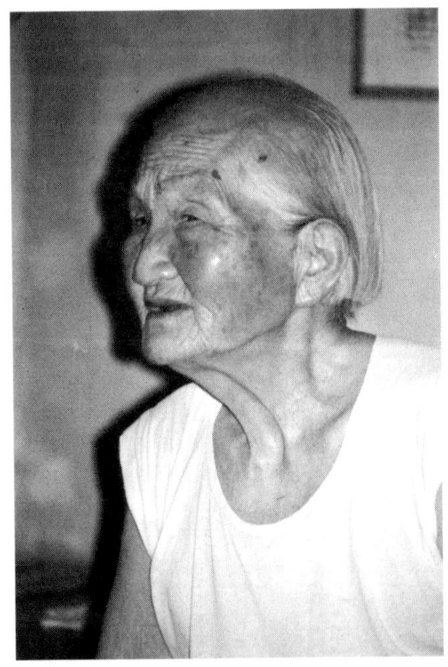

图二：山秀珍，1997 年

（图片由作者拍摄提供）

图三：20 世纪 50 年代的植棉能手曹竹香

（感谢曹竹香提供图片）

图四：20 世纪 50、60 年代的劳模曹竹香

（感谢曹竹香提供图片）

图五：曹竹香，1996 年

（图片由作者拍摄提供）

图六：张秋香（中），曹竹香（右一）和其他人在一起，日期不详

（感谢曹竹香提供图片）

图七：张秋香，1996 年

（图片由作者拍摄提供）

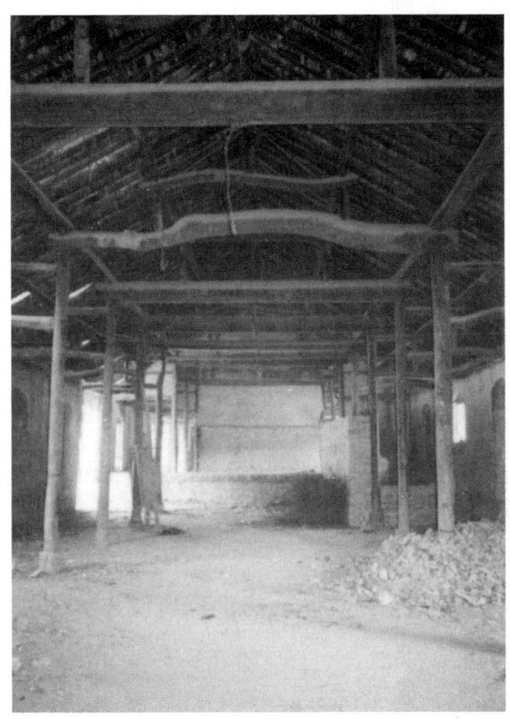

图八：G 村“大跃进”时期的公共食堂遗址，2001 年

（图片由作者拍摄提供）

第五章　农　民

乔引娣在1954年以前从未离开过G村。但在22岁那年，她去了被分配到新疆卫生局做统计工作的丈夫那里。她带着蹒跚学步的女儿坐在一辆卡车后面，经历了一段漫长而艰辛的旅途。随后在新疆的陌生人中度过的三年时光亦是孤独而迷茫的。在新疆的那些年，引娣从未停止过对G村的渴念。在她的讲述中，那片沟壑纵横的、干涸的褐色土地俨然是一块绿洲。三年后，她对丈夫说，回家的时候到了。

1957年，她同丈夫及两个女儿返回到了G村。那个引娣曾经熟知和魂牵梦萦的地方却已经变了。村里的土地已被转成了公有，她只在之前与家人并不频繁的通信中听到过这个消息。① 随着集体化的深入，妇女们每日例行的活计发生了巨大的变化。引娣前往新疆前，每年的农忙季节，她都会到地里去给豆子除草和帮忙割麦子。然而，她大部分时间都用在了家务活和纺织上。纺织的产品既为家用，也拿到当地市场上去卖。如今G村的妇女都成了农民。她们一起锄地。男人不再割麦子，虽说他们会把麦子捆好拖走。妇女照样在家纺织，但不会把织好的布拿到市场上去卖。她们主要在地里劳作。在集体化的过程中，日常生活、社会性别的劳动分工，以及社区的关系

---

① 在乔引娣（2001年访谈）的叙述中，土改于1953年完成，直到1954年才成立互助组。然而，依据县志记载，土改始于1950年11月，完成于1952年。到了1952年8月，互助组的成立工作已经展开（尽管并不普遍），第一个初级农业合作社也于1953年2月成立。1954年中，第一次县人民代表大会召开，会议确定继续开展互助合作运动，并在1954年末进一步加快了速度。截至1956年初，全县有1036个初级合作社。与此同时，县里的第一个高级合作社也成立了。1957年春，全县共有217个高级合作社，入社农户占总农户的99%（合阳县志编纂委员会1996年，第16—17页）。

网络全都被改变了。

在妇女干部们的动员下，妇女们的参与和支持使农村集体化成为可能。整个陕西省，妇女成了农业劳动力中重要的一部分——有时甚至是其中的主心骨。然而，如果说集体依靠妇女的话，妇女也同样依靠集体。合作社按工分给农民计算报酬，妇女也像男人一样，需要工作养家和还清欠集体的债务。妇女所得的工分一直比男人的低，虽然适合妇女的任务在不断地增多。积极分子们认为自己在政治上是同男人平等的，但无论是在田里还是在家中，建立在社会性别差异基础上的劳动分工（和薪酬差距）都被广泛地视作是理所应当的。到了 50 年代中期，很多农业社的男人开始离开田地，要么是为了在集体干副业，要么是因为在村外找到了有酬劳的工作。农业逐渐成了妇女们的主要工作。①

合作社的兴起

乔引娣从新疆回来后，在她看来如此彻底的一次转型其实是一个不均衡的、艰难的过程。土改引发了互助组的诞生，从几户家庭来的人们依次互相帮忙耕种和收获，各户保留自己收获的庄稼。互助组旨在提高农民的福利，同时也是为了完成振兴国民经济这一更重要的任务。党和国家的领导——农民们模糊而又准确地将之称为“上面”——将互助组理解为一种过渡形式，其发展前途是“农业集体或社会主义化”。②

1953 年末，当一项来自党中央的指令要求建立农业生产合作社的时候，③ 地方党部还在试图解决互助组的问题。随后，当这些早期的合作社被

① 宝森（Bossen）在对比了 20 世纪 30 年代和 1990 年云南的社会性别劳动分工后指出，妇女一直参与农事活动，但在田里劳作时的工作量和工作时间却随时间而不断变化。但她的关注点并非 50 年代。

② 《关于农业生产互助合作的决议》1953 年，第 2—3 页。1951 年 12 月，中共中央提出了建立互助组的试行决议，并于 1953 年 2 月修改和正式通过了该决议。

③ 渭南地区农业合作史编委会编 1993 年，第 56 页。有些合作社在互助运动基础上发展出了一种高级形式。例如，见《互助合作的决议》1953 年，第 5—6 页。在此之前，农业生

集体化更全面的单位“高级生产合作社”所取代时，它们后被更名为“初级生产合作社”。初级生产合作社比互助组要大，有时包含了有数十户人家在内的整个社区或村庄。① 农民在初级社里将劳动集中到一起，但保有对各自土地、牲畜和农具的所有权。② 他们除了耕种入股的土地外，有时也以单位的形式经营副业。由合作社主任和副主任领导的管理委员会负责协调工作和批准开支，会计员负责记录开支，出纳负责支付款项。③ 收获之后，主任和会计负责缴纳农业税，留下一部分资金作为将来的支出。合作社根据每户家庭投入的土地、农具、耕畜的比例和获得的工分的多少分配收成。合作社的成员根据一户家庭的土地、设备和劳动决定分配比例。全国最常见的分配方式是土地七成、劳动三成。入社为自愿。④

对当地政府而言，建立合作社并鼓动农民加入是一项艰巨的任务。宣布要建立合作社的时候，当地的干部们正在被要求贯彻普遍不受欢迎的“统购统销”政策。⑤ 渭南县的领导们想方设法不知如何开始，便向曹竹香的村庄寻求帮助。该村已经有一个领导得力的大互助组。竹香互助组第一年按土

产合作社只是建立在试验的基础上小规模地涌现，但从 1953 年 12 月起开始了全国组织农业生产合作化的运动（杜勉［Domes］1980 年，第 13 页）。这些农业生产合作社由于是以农民入股为特点，因此被称为“土地合作社”（《互助合作的决议》1953 年，第 5 页）。罗平汉 2004 年对合作化运动作了全面描述。

① 一个从互助组发展而来的新合作社有 14 名男劳力和 13 名女劳力；初级合作社有 21 名男劳力和 22 名女劳力。总人数在 75 到 124 人之间（妇联 178–131–008［1954 年 5 月］）。杜勉（1980 年，第 13 页）说，1955 年平均每 27 户家庭组成一个初级合作社，1956 年家庭的数量上升到了 50 户。

② 《互助合作的决议》1953 年，第 35 页；《高级农业生产合作社示范章程》1956 年。有关土地改革法和合作社章程，见王恩保（音译）1976 年，第 395—532 页。

③ 《示范章程》1956 年，第 40、47—71 页。

④ 《互助合作的决议》1953 年，第 5—6、9、13、16 页。关于七三分成的比例，见杜勉 1980 年，第 13 页。当合作社要出售产品，获得种子、肥料的贷款，或购买农具时，要经由农村的供销合作社，供销社使农村生产者和国家的企业紧密联系起来（《互助合作的决议》1953 年，第 19—20 页）。

⑤ 有关 50 年代对这项政策的持续抵制，见裴宜理 2002 年，第 282 页。田锡全（2006 年）对河南一个个案进行了研究。

地八成、劳动两成的方式支付给社员酬劳。第二年，互助组则颠倒了两者的分成比例，即土地两成、劳动八成。① 事实上，竹香的互助组已经是作为一个生产合作社在运转了。1953 年底，互助组成了县里四个初级农业生产合作社中的一个，由竹香担任主任。②

山秀珍也是很早就参与了合作社的创建。从她的叙述中，我们可以看到最理想和理想化的创建合作社的过程。秀珍在 1953 年的一次大会上听说，黄河对岸山西的李顺达已经建立了一个生产合作社。带着惯有的热情和活力，秀珍在回家的路上来到潼关县政府，提议她自己也要建立一个合作社。“山西能行，就隔个黄河，咱陕西咋不行！高兴的都不得了，县委就去了七八个，住在上马店，给联组的人，黑了开会，学组织农业生产合作社的过程。有材料，一个是二、八，把地评成股，劳加地占八成，劳力分红占二成。有三个共产党员，我就同他们商量，咱的就不要搞这个地占八，劳占二，劳地各占一半，最高的地占四，劳占六。他的说能行，把劳动的积极性提起来了，不是共产党员，群众前进的多的很，特别是贫农，贫农地少，都愿意。”

秀珍带着几个人和三头骡子，前往四十里外的县政府去取最好的小麦种子“碧玛一号”。③ 有了改良的种子，“五三年农业生产合作社麦收的好的很，丰收了，高兴的很，比个人时都分的多了，群众说看人家山秀珍合作社。丰收了，潼关县农业生产合社就组织了好多”。④

1954 年、1955 年，关中和陕南的干部为建立初级社和培训管理合作社

---

① 与曹竹香（1996 年）、刘真西（2006 年）的访谈。初级合作社里更常见的土地和劳动分成是五五分，或者劳动四成、土地六成。比如，见与鲁桂兰（1996 年）、李六斤（1997 年）的访谈。

② 其中有一个是张秋香家乡的双王合作社。张秋香的劳模事迹在第八章有描述（渭南县志编纂委员会 1987 年，第 24 页。）

③ 有关“碧玛一号”在 40 年代的发展历史，见弗美尔（Vermeer）1988 年，第 252 页。弗美尔说，“碧玛一号”的产量比其他品种的要高三分之一，1957 年关中 70% 以上的麦地都使用“碧玛一号”。关于 50 年代关中的麦子品种，见第 252—253 页。

④ 与山秀珍的访谈，1997 年。

的人做了极其仔细的筹备工作。① 但是大部分人都远没有像山秀珍和她的邻居们那样对合作社的热情。加入合作社本该是自愿的，但是创立新合作社的压力很大。据说有些干部降低标准或使用强制手段，以便能够超额完成建立新合作社的任务。一份政府文件报道，仅渭南地区就有 32 起与合作社有关的自杀事件。报道称，农民们砍掉他们的树木，卖掉牲畜，大肆挥霍集体资源，以反抗入社。合阳西边一个县的农民们带走了合作社里四分之一的牲口，有些地方则连合作社都跟着一起解散了。②

正如在互助组成立时那样，干部们认识到将妇女争取到这项新运动中的重要性。妇女们跟男人一样不愿放弃自己的土地和农具，她们还担心，一个合作社人越多，麻烦也就越多。儿媳们在地里劳作时，婆婆们对照看孙子、孙女却并不热心。③ 妇联的干部开始提醒妇女们家庭耕作的脆弱性，宣传初级社带来的物质收益。这些干部把 1949 年前物质无法得到保障的生活同互助组成立后生活取得的改善进行了形象的对照，将合作社描绘成是社会稳步前进道路上的下一站。

在妇联的工作报告和指导方针中，有两种显而易见的假设：第一种是需要宣扬那些特属于女性的利益，妇女们才能被动员起来；第二种是妇女在家庭中影响男人的能力是一笔宝贵的财富。早前那种将妇女描写成家长制下软弱无能的受害者形象的情况已不复存在。妇联的干部们指出，只有在社

---

① 渭南地区农业合作 1993 年，第 56 页；陕西省妇女联合会 1994 年，第 14 页。1954 年中，陕西全省有 983 个合作社，这个数字在两个月后翻了一番。省党委打算在 1955 年再建 21000 个合作社（弗美尔 1988 年，第 304 页）。弗美尔援引 1955 年 4 月 25 日《陕西日报》的社论并指出，陕西农村只有 16% 的家庭入了合作社。跟此前的政令一样，陕南开始建初级合作社的时间似乎要比关中晚，前者从互助组到合作社的过渡主要发生在 1955 年（1997 年与李六斤的访谈）。

② 渭南地区农业合作史编委会编 1993 年，第 56—58 页。合作化运动开始一年后，渭南地区党委深陷于给合作社主任和各区党委书记开会和上培训课的泥潭，疲惫不堪地要求县干部“创造更切合实际而为群众乐于接受的办法”。傅礼门（Friedman）等（1991 年，第 160—184 页）描述了河北一个社区类似的问题。

③ 妇联 178–132–019 1954 年（5 月 15 日）。

会主义条件下，女人才能与男人平等。合作社会在农忙时安排短期的托儿服务，妇女们轮流负责做饭，而同时她们还要在地里劳作，以争取跟男人同工同酬。①1954 年中，妇联的工作报告称，加入合作社、担任领导职位、参加劳动的妇女人数都在上升。② 一份详尽的初级合作社组织方案提议，要确保妇女和男人一样享有加入合作社的权利。该方案被 1956 年初的全国人民代表大会采纳。方案明确规定要为妇女保留一定百分比的领导席位，要求合作社帮助妇女们克服那些会阻碍她们顺利从事生产的困难，要求对产后妇女采取保护措施，并呼吁要在农忙季节建立托儿设施。③ 全国妇联向其全国各地方支部传达指令，要求确保地方干部和农民理解了这些规定、向妇女们传授了新的农耕技术、将工分计算到了妇女们自己的名下而非户主的名下、保证男女同工同酬。④ 这些措施中的每一项都表明了妇女对农业合作化的成功有着十分关键的作用。

1955 年初，渭南县将竹香的合作社选为模范合作社。领导们分析，或许其他没那么成功的合作社主任们在看了竹香如何管理合作社之后，可以

---

① 妇联干部们交换了动员妇女的心得：让支持合作社的妇女们在登记大会上坐在一起以便互相帮助，将同酬和托儿的保证正式写进合作社的规定里（妇联 178–131–013 1954 年［4 月 23 日］；妇联 178–131–008 1954 年［5 月］；妇联 178–132–019 1954 年［5 月 15 日］；妇联 178–131–032 1954 年［12 月 2 日］；与刘招凤的访谈，1996 年）。《农业生产合作社示范章程》（1956 年，第 40 页）表明："随着生产的发展，农业生产合作社必须……组织农忙托儿所，解决女社员困难。"来自妇联的有关社会主义转型对妇女解放的好处，以及动员妇女加入合作社的工作的全国性报道和评论，参看《新中国妇女》第 1 期（1954 年 1 月）：第 8、10—12 页；第 2 期（1954 年 2 月）：第 8—9 页；第 12 期（1954 年 12 月）：第 16—17 页；第 7 期（1955 年 7 月）：第 11 页；第 12 期（1955 年 12 月）：第 2—4、7 页；第 5 期（1956 年 5 月）：第 9 页；《人民日报》1955 年 11 月 5 日。以陕西省妇女和合作化为中心的报道，见《陕西日报》1955 年 8 月 13 日和 1956 年 1 月 8 日。

② 妇联 178–132–019 1954 年（5 月 15 日）。这份报告以在渭南、宝鸡、商洛、长安、柞水等关中和陕南诸县的调查为基础。

③ 《示范章程》1956 年，第 10—11、29、47、51 页。

④ 妇联 178–146–006 1956 年（1 月 15 日）。陕西妇联和省农业局要求各县政府将妇女也包括到农业推广班中去，参与选种、防虫、玉米授粉和植棉的工作（妇联 178–150–008 1956 年［2 月 1 日］）。

提高发展他们自己的合作社。[①] 竹香的成功也可以用来说服那些害怕一旦她们加入合作社，将会再次食不果腹的妇女们。[②] 但是，即使是在竹香自己的合作社里，也是在动用了竹香所有的领导才能，又在其他男女积极分子支持的情况下，才让社员们相信这种新组织形式是有价值的。比她年轻一些的邻居庄小霞说："总有那人入了（初级社）思想还没入的，觉得入了没有以前自由。有那闹意见的，见现在种哩，紧张得很，他还出去，投机倒把，弄些钱，装到他口袋，他的地就是我这妇女给种了，到最后他还要分粮，这就是矛盾。他出去投机倒把，晚上回来，我可给他开会，教育，把他叫回来。几乎天天晚上都开会，不开会矛盾就越来越多，一有个啥问题，马上黑了就开会研究。"[③]

管理合作社不仅需要能对人作出精明的判断，还需要密切关注合作社的账目。竹香在开完一个三周长的会议返回家中后发现，社里的副主任伙同另一个男人将本属于合作社的蔬菜卖掉了，并私吞了买菜所得的钱。"那时社员乱纷纷谈哩，咱也没言传，就叫我那会计，那是可靠的，把他那记工本拿上，叫领导看，他共贪污了六十多块钱，那以后他也下去了。"[④]

要学会同一些靠不住的邻居们一起使合作社运行确实很具挑战性，但初级社也带来了一些好处。社员们不再担心各自的收成和牲畜，也不再害怕因收成不好而没有任何东西可吃。[⑤] 社员们也不用再在自己家分散在各处的田地间来回穿梭。整个合作社的成员们有组织地耕种全社所有的土地。[⑥] 由于分组工作，社员们得以更高效地从山上采集蒿草，并将之沤制成肥料。这种做法也印证了当地的那句俗谚："要看麦堆，先看粪堆。"[⑦] 国家也为合作

① 渭南地区农业合作史编委会编 1993 年，第 57 页。

② 妇联 178–131–008 1954 年（5 月）。

③ 与庄小霞的访谈，1996 年。

④ 与曹竹香的访谈，1996 年。

⑤ 与曹竹香的访谈，1996 年。

⑥ 与冯素梅的访谈，1997 年。

⑦ 与山秀珍的访谈，1997 年。

社提供肥料和改良麦种，大多数都由技术推广站分派下去。正如秀珍的经验所显示的那样，初级社庄稼地里的收成也相应地提高了。[①] 负面激励也开始起作用：T 村一户没有入社的家庭发现合作社不让水流入这家人的灌溉渠，也不将社里的耕畜借给这家人。很快，这个地区所有人都加入了合作社。[②]

高级合作社

党和国家很多领导人都设想用超过十年的时间去实现社会主义农业集体化，但是毛泽东想加快步伐。[③] 毛更偏爱的形式是严格按照农民的劳动力——以工分计算——来分配现金和实物的“高级合作社”。1955 年夏，在一次党委会上，毛用了一个常见的代表“封建落后”的性别比喻抱怨道：“在全国农村中，新的社会主义群众运动的高潮就要到来。我们的某些同志却像一个小脚女人，东摇西摆地在那里走路，老是埋怨旁人说：走快了，走快了。过多的评头品足，不适当的埋怨，无穷的忧虑，数不尽的清规和戒律，以为这是指导农村中社会主义群众运动的正确方针。”[④] 与此同时，与毛评论中所出现的滑稽可笑的落后形象不同的是，现实中的一些农村妇女其实更加热烈地拥护合作化。1955 年 9 月，渭南区党委书记亲自带领一队干部到“白杨乡的一个试验点”——很可能是曹竹香的村庄——去宣传毛《关于

① 与马茹花（1996 年）、鲁桂兰（1996 年）的访谈。

② 与冯素梅的访谈，1997 年。

③ 毛泽东意识到了农民背着国家隐藏粮食、合作化被延缓等问题，决定采用一条更激进的防御策略。他认为解决现有问题的办法不是延缓，而是加速合作化的进程。1955 年 7 月，在一次中共省领导大会上，毛督促要增强合作化的力度，中共中央后来在 10 月份加强了这一提法（杜勉［Domes］1980 年，第 15 页）。8 月，渭南地区各县党委书记被召集到一起去听毛的一个报告和他对合作化中“右倾畏难情绪”的警告（渭南地区农业合作史编委会编 1993 年，第 57—59 页）。

④ 毛 1977 年，第 184 页。关于他对农业合作化转型这个问题的延伸思考，可见第 211—241 页。马若德（MacFarquhar）1974 年对这个时期最高领导人在合作化问题上的政治分歧作了全面的考察。

农业合作化问题》的报告。① 在毛的压力和威望的鞭策下，合作化的进展比陕西的规划者们预想的要快得多。1956 年末，大多数农村家庭都已经是高级生产合作社的成员。②

高级社要比初级社大。③ 例如，Z 村北面和南面的初级社合并到了一起。④ 秀珍的县里，五个村庄的 270 户家庭的 840 多个人加入了高级合作社。一些土地和牲畜从一个村转移到另一个村。⑤ 这些调整在初级社是无法想象的，但现在土地私有制已经废除了，牲畜和农具变为公有。社员可以保留小块园地和小农具。⑥ 合作社依据更高一级的国家计划决定生产什么以及生产多少。土地被调整，有些地方还开始了机械耕种。⑦ 农民们在日常工作和账目计算中最常打交道的是之前的初级生产合作社——现在被称为生产队。有时生产

---

① 紧接着又号召说要再次推进整个渭南地区合作社的建立进程。据1955年的一份计划展望，在 1956 年秋收前要有一半的家庭加入合作社，该计划说当前付出的努力只取得了十分有限的成功。即使是这份雄心勃勃的计划也估测说，到 1958 年，全区加入初级合作社的家庭会低于 90%（渭南地区农业合作史编委会编 1993 年，第 59 页）。

② 全国范围内，高级合作社内农户所占的比例据说达到了 97.3%（杜勉 1980 年，第 14 页。）陕西省一份报告指出，合作社的农民从 1955 年 8 月的 15% 上升到了 1956 年 8 月的 92%，其中 64% 的农民是在“完全的社会主义合作社”（中共陕西省委办公厅 1956 年，第 ii 页）。弗米尔（1988 年，第 305 页）引用了 1956 年中关于 24000 个高级合作社和 27000 个初级合作社的新闻报道。由于高级合作社更大，所以 62% 的人都在高级社里。弗米尔还提到，尽管 1957 年初加入高级合作社的动作有所减缓，但毛在 6 月《关于正确处理人民内部的矛盾》的讲话终止了进一步的争论。9 月，坚持不愿入社的农民被强制加入高级合作社（第 306—307 页）。

③ 杜勉（1980 年，第 13—14 页。）指出，到了 1957 年夏，全国范围内，平均每个高级合作社有 156 户家庭，这个数字增长如此迅速，以致“几乎所有由大村庄或几个小村庄聚集在一起的地方都可以被称作‘高级合作社’”。

④ 与冯在财、王福贵的访谈，2001 年。G 村在合阳县，如注 ① 所示，该县 1955 年 9 月有 1036 个初级合作社，1957 年春有 217 个高级合作社（合阳县志编纂委员会 1996 年，第 17 页）。

⑤ 与山秀珍的访谈，1997 年。

⑥ 《示范章程》1956 年，第 7、14 页。这些章程也适用于初级合作社。

⑦ 与曹竹香的访谈，1996 年。弗美尔（1988 年，第 278、154 页）指出，关中地区 1954 年就引进了拖拉机，但一直到 1970 年后拖拉机才在关中平原得到更广泛的普及。1965 年，全省只有 1800 台拖拉机，这个数字在 1970 年上升到了 3000 台。

队还会分成临时性的生产组。①

农民在高级合作社的劳动按工分计算。每年年终，部分合作社的粮食卖给国家，副业生产获得的收入也被统计出来。然后合作社计算出除去生产成本和为发展生产和公共文化福利事业所必需的资金之外的净收入。②陕西政府规定，合作社应将六至七成的收入分配给社员。③如果合作社每年的净收入是 10000 元，那么村里所有社员获得的总工分为 10000 分，每一分价值一元。(50 年代初的工分的价值通常是这个数目的三分之一，或者更少)。然而工分并不是决定家庭收入的唯一因素。根据每户家庭人数的多少，每年每户家庭都会获得一部分“口粮”。粮食并不是免费的。如果一户人口很多的家庭获得了 500 斤口粮，口粮的价格是一斤一元，那么这户家庭就欠了合作社 500 元钱。这部分钱从这户家庭以工分获得的现金里扣除。一户在口粮上欠了 500 元钱，而又只挣到了 300 元工分的家庭就会欠社里的钱。工分不够的家庭必须设法拿出现金，或向合作社举债，或向有余粮的家庭借粮。④

同土地改革运动一样，陕西的高级合作社运动是在恶劣的气候环境下开始的。B 村附近的地区在 1955 年遭受干旱，又在第二年遭受山洪袭击。⑤1955 年，T 村经历了一场严重的旱灾之后，紧接着 9 月的一场大暴雨

---

① 《示范章程》1956 年，第 31—32 页。弗美尔（1988 年，第 171 页）报告，1957 年初建议高级合作社的规模是二十到三十户家庭，虽然有时候规模大得多。据报道，全省在 1956 年有 52000 个初级合作社，1957 年有 2000 个高级合作社（第 477—488 页，注 96)。

② 《示范章程》1956 年，第 7—8、29—30、35 页。

③ 弗美尔 1988 年，第 306 页。

④ 与王友娜（1997 年)、肖改叶（1999 年)、冯素梅（1997 年）的访谈；我本人 2008 年 11 月 11 日与高小贤的交流。有时合作社提供的“口粮”实际上是红薯（2001 年与冯在财和王福贵的访谈)。《示范章程》的第六十六条规定允许合作社给有困难的社员提供预支，但也提到，“社员预支，一般地不应超过他已完成的劳动日预计应得的报酬”（《示范章程》1956 年，第 43—44 页)。傅礼门等（1991 年，第 185—213 页）讨论了河北一个村庄高级合作社安排带来的摩擦。

⑤ 1955 年末渭南县大旱，接着 1956 年 6 月又连降大雨。1956 年 B 村和 G 村大部分小麦作物都发芽或霉烂。B 村地区的暴雨冲淹了渭南县的县城，淹没了数百亩农田（渭南县志编纂委员会 1987 年，第 146、143 页；合阳县志编纂委员会 1996 年，第 97 页)。有关关中地区不断复现的干旱和洪水，见弗美尔 1988 年，第 185—189 页。

又冲毁了700多间房屋。接下来的两年也好不到哪里去：1956年，1617名在洪水中受困的群众不得不依靠渡船进行疏散；1957年7月，洪水严重毁坏了农田、灌溉系统和房屋。① 处在陕南东端的Z村也在同一个月受到涝灾的影响：两次暴雨导致的洪峰致使29人死亡。②G村在1957年的夏秋两季则滴雨未降。③

除这些不利的天气条件外，雪上加霜的是组织和经济利益的问题。很多农民觉得高级生产合作社太大了，他们也不喜欢自己村里的土地和牲畜被转移到社里的另一个队里。④ 拥有更多土地和劳动力的农民不想放弃他们在初级社里得到的土地收入，也不愿意同那些拥有更少劳动力的农民合到一块。就连很多干部和积极分子都一样不情愿这样做。⑤ 过渡的速度和新组织的复杂性给蹲点干部和当地领导带来了问题。先是妇联干部、后来是当地领导的徐妮妮回忆："本来农民的积极性是高的，本来互助组是最哪能个（注：最好）了，初级社还可以，还没弄得啥，哄的又是高级社，高级社时间不长，马上又弄到个人民公社，这个和农民思想的弯子包括我们的弯子都还没有转过来呢。我们的工作确实也是难做得很，大部分（人）可以顺着潮流，因为他对共产党员是信任的，他们随着大流，但是具体问题，人民思想跟不上去，管理工作跟不上去，搞大集体的技术也跟不上去，这几个跟不上去，真正内心愿意的不是多数。"⑥

然而，在当时，考虑到毛对高级合作社的热情，过渡的速度以及由此导致的政治和管理上的问题并不能直接地提出来。⑦ 像曹竹香这样新上任的

① 南郑县地方志编纂委员会编1990年，第141、146—147页。

② 丹凤县志编纂委员会1994年，第32、91、95页。

③ 与高育忠的访谈，2004年。合阳县志编纂委员会1996年，第93页。

④ 与杨贵石的访谈，2004年。有关陕北农民对高级合作社所持的保留态度，见郭于华2004年，第3页。

⑤ 与鲁玉莲的访谈，1999年。

⑥ 与徐妮妮的访谈，1997年。

⑦ 陕西省小麦的平均每公顷产量从1956年的1479公斤降到了1957年的1177公斤，在1958年有回升（弗美尔1988年，第240页）。弗美尔指出，农民们在官员的施压下，扩

领导用十足的当地语言表达了她们的迟疑。1957年，当曹竹香被叫去当一个合并的、高级生产合作社的主任时，她表示反对。“我说：‘冯书记这不行，一个咱担当不起这事情，你说这阵的大，人就复杂得很了。’他说：‘大小是一样，人多了给你备的底下人可硬邦。’我说：‘弄下麻烦还不是你上边的，你就叫人家拿领导当上。’他说：‘那这可不答应。’就是这闹了一下波长。我说：‘当个领导能咋，当领导担的心多，说的话多，跑的路多，咱还是个妇女，好多地方出来进去了，做起事来不方便，咱对他说，咱没管的是，可叫别人说起来咱可不愿意的，还有乔主任呀，都说了，我不愿意’。”① 最终她勉强同意了，当上了高级生产合作社的主任。但她那句“咱是妇女，当领导很难”流露出来的犹豫也可以看成是对合作社规模及其引发的当地反对声音的间接评注。

即使是在有着强有力领导的模范合作社，社员之间也爆发冲突。潼关县山秀珍的两个生产组少报了他们收获的粮食数量，将其中的一部分私分了。在她看来，他们偷了组里的粮食，做了两套账，并否认违规行为。直到一个由20人组成的外来调查队来到村里进行了一年半的调查，主犯也被法院传唤之后，事实的真相才得以澄清，生产组的领导也被撤职。秀珍觉得这个时期非常困难，因为很多调查员起初都不相信她的话。她说，作为一个妇女，大家都假定她没有那么可靠。她认为是自己缺乏警惕心，才导致了当初偷窃的发生。② 但是这个事件同曹竹香不愿意当领导一样，都可以被理解成是地方矛盾的反映，而这件事则是农民和国家在一直不受欢迎的粮食统购统销问题上的地方矛盾的反映。③

大了在旱地一年两作的范围，导致粮食收成减产，而粮食减产又跟肥料不足紧密相关（第244页）。在全国范围内，1956年农业生产减少了10%左右，但在1957年回升，并且第一次超过了30年代的水平（杜勉1980年，第16页）。

① 与曹竹香的访谈，1996年。

② 与山秀珍的访谈，1997年。

③ 丹凤县一份1956年的报告提到，有十个合作社妇女社员在偷社里夏收后的小麦时被抓包。（丹凤县妇联1957年之一）。弗美尔（1988年，第240页）报道，在广州，“根据1957年的调查，夏收的粮食里大概有10%没有汇报给有关当局，而是被私自分配了”。

动员妇女

1956年初，中共中央支持编辑了一套歌颂“中国农村的社会主义高潮”的丛书，该书汇集了全国各省的报告材料，共含三册。① 是年秋，陕西省委也跟着编了一套有关本省社会主义建设的书。② 陕西省的版本虽然凸显了成功的事例和必将迎来的光明结局，但也记录了许多问题。农民们列举了他们对放弃土地的担忧，并对寡妇及其他弱势家庭如何能只靠劳动收入而生存下去表示极为怀疑。书中给出了合作社为家中没有壮年男子的妇女安排更轻的劳动任务或提供物质帮助的例子。③ 书的编者们用流畅的文笔说起妇女可以做出的贡献——只要男人相信妇女也有用的话：“这个农业社妇女参加劳动的显著成绩和生动事例说明了妇女群众在生产战线上的作用有多么惊人！在合作社里，如果至今还有人仍然说妇女‘不顶事’，甚至不想付给妇女以公平合理的劳动报酬，那就可以用这一篇文章驳倒他，让他感觉到缺理。”编者们继续提到，干部们花时间和技巧去动员妇女是成功的关键。④ 如同之前的运动一样，这项任务主要落在妇联的头上。

1956年的三八国际妇女节那天，陕西省号召妇女每年为合作社工作150天，而不是平常的100天左右。（在关中和陕南山区的植棉区，妇女平均每年大概工作的天数已经是150到200天。）妇联组织了劳动竞赛，看哪些生产队有更多的妇女劳动者或能使某项作物获得丰产。⑤ 妇联干部也注重培养

---

① 中共中央办公厅1956年。这套丛书中关于陕西省的六个故事强调，要学习人民群众在缩手缩脚的上一级领导面前自发的合作化倾向。其他主题还包括基层领导的重要性，发动灌输社会主义意识的政治教育的需要，以及像优化利用耕畜这样的具体问题。（第3卷：第1195—1231页）。

② 中共陕西省委办公厅1956年。

③ 中共陕西省委办公厅1956年，第5—6页。

④ 中共陕西省委办公厅1956年，第216—217页。

⑤ 张秋香和其他第八章介绍的一些植棉冠军们正是在这个时期首次获得荣誉。比如，见妇联178–162–72 1956年（11月15日）；妇联178–153–088 1957年（3月9日）。弗美尔

"妇女骨干干部"到合作社去供职。① 妇女队长在动员妇女去地里劳动中至关重要，正如前积极分子刘冬梅所说："你不去，你车头不动，车尾巴就不得动，你得好好地做活哩。"② 省妇联定期为数百名"农村社会主义建设妇女积极分子"召开会议，让她们汇报自己的经历、领取奖励和设立目标。③

尽管妇联的蹲点干部们作出了坚持不懈的努力，妇女参与合作社活动的情况还是参差不齐。1956 年一份有关陕南四个县（包括 T 村所在的南郑县）的报告指出，有些地区的妇女并没有在需要她们劳动的地方出现，还有些地区的合作社则没有为妇女找到足够的工作让她们忙活。报告说，妇女们作出了如下一些评论："社会主义咋带来幸福？人变成牲畜？""咱每天都翻土，这就叫妇女'翻身'?"更有甚者："如果妇女要辛苦干活，为啥还嫁给男人?"报告还提到，两名妇女由于过度劳动而流产了，还有两名则在山上的地里分娩了；领导需要对妇女的健康投以更多的关注。④

很难把妇女在集体化时期对田间劳动的态度与现在人们对那个时期更普遍的不满态度分割开来。当前党和国家青睐的家庭耕种政策以及支持劳动力更具流动性的政策，都鼓舞和助长了这种不满态度。妇女家庭劳动的负担——这些劳动是不算工分的——也影响了妇女的空闲时间、精力和热

（1988 年，第 156 页）报道，尽管有这些运动，省党委发现所有农村劳力每年的平均劳动天数还是低于两百天。他指出，甚至在 70 年代夏麦收获后，许多关中东北和西北部的农民还是休耕了，部分是因为灌溉不足，无法弥补夏旱。他还指出，由于霜冻和大雪的缘故，使 12 月到下一年 3 月仍然是农闲季（第 222—224 页）。关中的生长季节是 190 到 210 个无霜日（第 250 页）。

① 县妇联各支部的年度报告细数了哪些妇女是合作社社长（数目很小），哪些是副社长（数目大一些）、哪些是生产队队长或干部（数目最大）。比如，见丹凤县妇联 1957 年之一列出的数目是：合作社妇女主任 2 名，管理委员会妇女委员 502 名，妇女队长 612 名。

② 与刘冬梅的访谈，1999 年。

③ 有关 1956 年 11 月积极分子大会上的报告，见妇联 178–154–083 1956 年和妇联 178–162–073 1956 年。

④ 在合作社，妇女从事的工作有 40% 算作是义务工，不获任何报酬。作为回应，地区妇联建议说，虽然男人每年需要做 10 天的义务工，但是妇女不需要承担这项义务（妇联 178–137–046 1956 年［6 月 16 日］）。

情。以下几点可以概括 20 世纪 50 年代妇女对田野劳动的记忆。第一，对已婚和未婚妇女而言，能在田野里和其他同龄妇女一起并肩工作令人愉悦，并且扩展了她们的社交世界。① 挣取工分的需要战胜了之前母亲、婆婆和丈夫们对妇女“外出”的反对。② 要求妇女集体进行劳动的规定为年轻的妇女提供了一个被批准和认可的、可以互相见面的场合。而早在十年前，这些年轻的妇女们可能都只能孤单地待在各自的夫家。“在一块做活人多热闹，自己在屋，一个人做活心里发慌，感觉到这人多做活心里舒服。”③ 同田野劳动一样，合作社里数不清的晚间会议也提供了一个与其他年轻妇女见面的机会。从童养媳变成妇女领导的张朝凤回忆：“先一黑队长把全队的门上挂个铃，铃一打。先一黑把活一分，早上铃一打，就赶紧出去拿上笼、锄等用的东西，就都一块干活去，干干活，片片，说说，笑笑，玩玩，还有意思。”④

第二，合作社深刻地改变了农村生活的节奏，也改变了妇女的工作在农村生活中的地位。转变成高级合作社后，农户的所有收入都按工分计算，妇女也迅速根据挣工分的需要来组织日常工作。建立工分体系是为了确保能够最大限度地参与农耕劳动。铃一响，人们就要到立即到地里报到，迟到的就会被扣工分。⑤ 一天分为三个记工分的时间段。早班从黎明开始，九点半左右吃完早饭后有一个小时的休息时间。中班从十点半到一点，接着是休息时间。晚班大约持续四个小时，从下午三点左右一直到傍晚。⑥ 每个班的工分分开进行计算。G 村的妇女们早班获得三分，中班二分，晚班三分。⑦ Z 村要求男人一个月工作二十八天，也规定了妇女工作的天数。如果一个妇女

① 陕北的妇女在回忆集体化时也有类似的看法，见郭于华 2003 年，第 53—58 页；郭于华 2004 年，第 7—11 页。

② 与冯在财、王福贵的访谈，2001 年。

③ 与周桂珍的访谈，1996 年。

④ 与张朝凤的访谈，2001 年。

⑤ 与刘凤琴的访谈，1996 年。

⑥ 与高育忠的访谈，2004 年。

⑦ 与雷彩娃、李凤莲等的群体访谈，2001 年。

无法完成一天的工作，她丈夫的工分就要被扣除以补贴她的工分。工分的扣除可能会使一个家庭在年尾出现粮食短缺的情况。① 合作社确保社员有基本的口粮，但是如果他们不劳动，口粮就会被扣除。② 一个不满的女社员评论道："不干活，不给你分粮啊，你不得吃饭啊，你干得多才得的多，才给你分粮。多劳多得，少劳少得，你不劳动都不得早，去迟了就担你工分，都不能给你记全天。"③ 在妇女们的故事中，解放后最初几年那令人愉快的、伴随着歌舞的社交活动很快让位于更实用的当务之急，那就是，妇女在田野里的劳动是绝对必要的，能够让她们的家庭免于欠集体的债。

第三，高级合作社的出现意味着妇女们为市场生产的手工艺品数量明显减少了。1949 年后，市场复苏甚至是扩大了，市面上充溢着新的手工艺产品。④ 而如今，妇女却不再经常到农村的集市上去买纺线或卖布匹。她们为自己的家庭织布和做衣裳，白天却在无偿的家务活和按工分计酬的田野劳动之间往来奔忙。⑤ 做衣服原先是家庭收入的一个来源，现在却成了政治上可疑的行为，并在以货易货的地下经济中消失了，或者干脆与之一起停止了。其他物品的家庭手工生产衰落了，但也有些合作社组织妇女去编篮子和

---

① 与肖改叶的访谈，1999 年。《示范章程》（1956 年，第 43 页）第六十六条有关于合作社的规定："春季和夏季收获的农产品，在合作社留下所需要的部分以后，应该按照社员所得的劳动日的数目，同时顾及社员的实际需要，预先分配给社员，到生产年度终了再结算。"

② 与宋玉芬的访谈，1997 年。有关陕北类似的情况，见郭于华 2004 年，第 4 页。

③ 与康汝清的访谈，1997 年。

④ 甚至合作社建立后，也保证社员们有进行副业生产的权利，前提是经营副业不会影响到在合作社的工作（《示范章程》1956 年，第 12、28—29 页）。甚至直到 1956 年，省妇联的曹冠群还认为，家庭副业应该被视为社会生产，妇女的副业劳动应该算作是她们参加农业发展的一部分（妇联 1956 年 12 月 25 日：178–146–085）。

⑤ 与张朝凤的访谈，2001 年。集体化时期，G 村有位生于 1912 年的妇女以身体不好为由拒绝到地里去劳动，但很明显，她不高兴是因为土改时获得的土地被并入到了集体中。她告诉我们，做了，到后次嫌做活，嚷的，恓惶的，把活拿上蹴到那后头做。她还通过帮别人弹棉花挣钱。这或许可以理解为是一种有意思的抵抗形式（与冯娜的访谈，2001 年）。

竹帘，付给她们工分，然后将东西卖了以扩大社里的现金储备。① 党和国家的上级——“上面”——要求合作社将副业生产的重心放在农业上。曹竹香的合作社通过维修耕犁和拖拉机发展农副业。② Z 村除了用高级合作社种植的蓖麻籽开了一间产蓖麻籽油的磨坊外，还种核桃卖。地方副业的数量和规模仍然很小。③ 合法副业生产的缩减限制了妇女可用以增加家庭收入的方式。田地里挣取工分成了衡量她们经济贡献的唯一合法方式。

第四，要一直上工、否则便被扣工分的压力，凌驾于那些原本应将妇女生殖健康和家庭劳动考虑在内的措施之上。在 Z 村，月经过多的妇女准许休息三天，但如果她们这样做，就不会获得任何工分，所以极少数人会去休息。④ T 村妇女在行经期间本不应该下田劳作，但正如有个妇女所评论的那样：“不去你有这么多娃儿吃饭哩，不敢歇。怀孕也去。有时下雨了，和大家都不干活了就歇，你不是到屋里一歇，到年终一算，缺了钱，你又没干活，哪有钱拿缺粮款？”⑤

很多人回忆起过去，都将老年时的病痛归咎于那些年无休止的劳作，⑥

---

① 与何改珍的访谈，1999 年。除了妇联的官员偶有评论外，尚不清楚其他的国家官员是否关注市场的关闭对妇女副业带来的影响。也不清楚他们是否将妇女的副业看成是家庭经济中重要的组成部分，或者将家庭经济看成是对集体经济的重要支撑而非阻碍。

② 与曹竹香的访谈，1996 年。山秀珍（1997 年访谈）的初高级合作社有一个竹园和一个果园。

③ 与何改珍的访谈，1999 年。陕西收集的有关高级合作社的主要报告里只有一条关于设定配额和集体管理副业的记录。编辑们指出，这是近三百篇文章中唯一一篇关于副业的来稿（中共陕西省委办公厅 1956 年，第 80 页）。关于发展集体副业的需要，见第 105—109 页。弗美尔（1988 年，第 306 页）征引了 1956 年的报纸报道并指出：“由于合作社专注搞农业，很多副业都被抛弃了。在（关中）平原地区，副业收入曾占农村总收入的 15%，在山区则占到了一半以上。由于物资供应不足、销路不畅，国家以不合理的价格进行收购，再加上干部歧视这些副业等等，问题便出现了。”

④ 与马丽的访谈，1999 年。有关陕北类似的情形，见郭于华 2003 年，第 51 页。

⑤ 与王友娜的访谈，1997 年。李小梅（1997 年访谈）和李六斤（1997 年访谈）也作了类似的评论。然而，据袁小丽（1997 年访谈）回忆，妇女行经时不会去田里劳作，妇女干部会另给她们安排工作。

⑥ 王友娜（1997 年访谈）和李小梅（1997 年）跟其他很多人一样，都认同这一点。

记忆中的精疲力竭加深了她们对从前的集体的不满。“都在那儿弄苞谷。那回来累的也，去洼地挖那地，那远的太呀，可怜的，挖地的人回来脸抹得没得一点面子了，嘴是白的，眼睛是白的呀。我说赶紧洗，他说洗啥哩，你看我笑，我看你笑，自己看见自己的脸。”①

工分：一个有效的社会性别分析范畴

按工分计算的一天劳动的价值不是由一天工作时间的长短或工作的任务来决定，而是由是什么样的人从事劳动来决定。② 在合作社主任的指导下，社员们定期进行评估，决定每个人能得到多少工分。③ 这个评估决定的过程充满了争论，也因地区不同而存在变化。尽管如此，各地的套路还是得到了详细的记录：男人在田里劳动通常每天挣十个工分，而妇女则挣六到八个工分。④ 尽管合作社规定要注重同工同酬并明确声明不能歧视女社员，但是一个妇女每天获得跟一个男人相同工分的情况极为少见。⑤

当妇女到田间劳作时，本应该给她们安排适合妇女的生产任务，⑥ 但什么才算是适合妇女的任务这个概念在集体化时期不断变化。比如，1949 年

① 与马丽的访谈，1999 年。

② 这种做法占主导，但也因时因地而异。有些合作社对有些任务采取计件制度。比如，在 G 村，合作社早期采取的方法是，每割一亩地的麦子算 5 个工分。按照这种计算每天劳动的方法，一天可获 9 个工分，但一个可收割三亩麦子的男人则可挣到 15 个工分。对于那些无法按件数计算的工作，酬劳按劳动力计算。人们喜欢按件计酬的方法，某些地区在某些工作上有时还使用这种方法，并一直持续到经济改革时期（2004 年与高育忠的访谈）。

③ 《示范章程》1956 年，第 32—33 页。

④ 10 个工分等于一工，或一个劳动日；年终计算收入分配时以工计算。很明显，一天挣的工分越少，年终显示的工分也就越少。

⑤ 《示范章程》1956 年，第 34、39 页。孩子也可以挣工分，虽然关于这点我们没有收集到足够的信息，因此无法作系统性的论断。有个妇女说她的儿子不喜欢上学，13 岁便辍学给合作社放牛，每天挣三到四个工分（1997 年与王友娜的访谈）。另一个妇女读完五年级后便不再上学，开始到地里干活，每天挣四个工分（1999 年与李朵朵的访谈）。

⑥ “合作社应帮助女社员克服她们在从事生产的过程中遇到的障碍或困难；并在分配生产任务时注意到她们的特长和特点。”（《示范章程》1956 年，第 29 页。）

以前，关中地区的麦子都是由“麦客”收割的。1949年以后，妇女收割麦子。① 在Z村，随着妇女参加田间劳作成为惯例，一种更为繁复详尽的社会性别劳动分工出现了。男人在种玉米作物时犁地、挖孔，用扁担挑粪肥给玉米施肥。男孩子照料牛群。妇女从不做这些工作。但是妇女的工作通常也同男人的工作一样耗费体力。当男人领着牛犁麦地时，妇女则用双手挖麦地的四个角落，犁够不到这四个角。妇女们像男人一样搬运粪肥，虽然她们不是用扁担挑，而是用更小的袋子抬。妇女们将玉米种子放在男人挖好的孔里。她们为麦子和玉米锄草，并负责对它们收割和拖运，种四季豆和大豆，和男人一道在水稻田里插秧。在Z村，妇女能做的任何工作，无论这工作多么繁重，都叫做“手工”。然而，却没有用来专指男人做的工作的通称。②

妇联努力试图消除合作社的领导干部所持有的两种态度：一种是认为妇女没有能力从事任何有价值的劳动；另一种是可以给她们分配任何生产任务，并无须考虑她们作为妇女的特定需求。③ 这两种态度看似互相矛盾，有时却是互相关联的。据说有个合作社的干部拒绝给妇女分配任务，对她们说：“就回去坐在你炕上去。”但当妇女们在没有任何帮助的情况下，坚持要去做他分配给她们的拖运粪肥的工作时，他带着嘲笑对另一个男人说：“她们能，叫把她们咧试一试。”不论妇女们在他社里干什么工作，她们每天都只得到男人一半的工分。区妇联报告了这种情况，并将之作为一个错误对待女社员的例子，在全省范围内进行通报。报告总结，这个合作社和其他类似的合作社需要“认真执行同工同酬的原则。所谓同工同酬就是不论对于女社员或老人、半劳，只要她们的活做得和男社员同样多，同样好，就该当计同样工，给同样的报酬。实行同工同酬，这是关系着妇女的积极性问题，也是与重男轻女思想作斗争的有力武器。”区妇联还附上了一条直接处理社会

---

① 与雷彩娃、李凤莲等的群体访谈，2001年。

② 与何改珍（1999年）、郑秀花（1999年）的访谈。

③ 1956年，陕西省妇联主任曹冠群在全国妇联关于农村工作的会议上讲话时提醒要提防两种倾向：浪费妇女的劳动和过度使用妇女的劳动（妇联 178–146–85 1956年［12月25日］）。

性别劳动分工的按语：“虽不同活路，但有细致的技术性的活，也应计同样的工。”①

在处理同酬和调和社会性别差异这些错综复杂的问题时，妇联的干部们预期会有关于平等、差异和歧视等问题的论争。类似的论争二十年后在美国出现。②合作社“无条件地实行男女同工同酬”③的规定可以有多种解释。它是意味着同种工作同酬，还是具有同等价值的工作同酬？同等价值应该如何计算？妇联在 1955 年的工作总结中说到，“妇女的生理和男子不同。她本身就存在着身体弱，经期，孕期，孩子拖累和负担着家务活路的主要特点。所以我们根据妇女的这些特点来进行工作的……所以体力强、没有孩子的大脚和家务少的妇女分配到远地和坡地做活。体力弱、孩子多、家务多的妇女分配到近处地里做活。”④当妇女被分配到的工作不同于男子被分配到的工作时，这应该理解为是由长期生理不同（“体力弱”）产生的结果呢？还是由暂时性的不适（经期、孕期）造成的呢？还是由建立在社会性别差异基础上的、被广泛接受的社会劳动分工（家务活）得出的结果呢？应该如何准确地将妇女在年龄、力气、身体灵敏度和技艺上的差别考虑在内？特别值得人们注意的是，面对当地领导的冷漠和国家时有时无的支持这些情况，妇联在这个时期的文字展现了界定和倡导妇女利益的决心。

几十年之后，20 世纪 80 年代的西方女性主义学者们开始书写中国农村妇女的地位时，对男女在每日所得工分上普遍存在的悬殊进行了质疑，但人们通常对这种质疑感到困惑不解。干部和农民们，无论男女，通常都将这

---

① 妇联 178–105–037 1956 (6 月 11 日)。

② 弗雷德曼（Freedman) 2002 年，第 176—178、182—183 页简要概述了这些论争。

③ 《示范章程》1956 年，第 34 页。

④ 丹凤县妇联 1957 年之一。有关对需要关注“妇女生理特点，体力强弱家务简繁，孩子多少”这一问题的重申，见妇联 178–162–072 (1956 年 11 月 15 日)。陕西省“社会主义高潮”丛书的编辑们也提醒说，在进行劳动分配时要将妇女的生理条件、照顾孩子的负担和家务劳动都考虑在内，这一点极其重要（中共陕西省委办公厅 1956 年，第 216—217 页)。

种悬殊解释成是干农活时所需体力不同而带来的结果。[①] 甚至在以下这些情形中，他们依然持这种解释：工作不需要蛮力的情况（例如采茶，据说妇女"天生的灵敏"使她们在其中占优势）；男人干像扳动开关这样的技术活就获得 10 个工分，而妇女干体力活却得到更少工分的情况；[②] 妇女的生产工作比男人的给集体带来更多收入的情况。玛杰里·沃尔夫（Margery Wolf）在对 20 世纪 80 年代的农村妇女进行访谈时发现，妇女们对这种悬殊有一种潜藏的不满情绪，但这种不满只是潜藏的。

本书的访谈在工分制废除多年后进行，所以对其进行谴责想来不会有什么政治风险。然而即便在当时，每日工分收入的悬殊也没有引起什么议论，极少数的评论也因时代的不同而体现出明显的差异。年长一代的曹竹香和山秀珍，集体化开始的时候她们三十多岁，对这种支付制度态度淡然。她们认为这是很自然的事，尽管她们自己早就已经打破了农活上的社会性别壁垒，并公开投身到了建立模范合作社的工作中，这些合作社不但在地方上得到认可，甚至受到全国瞩目。竹香作了简短的解释："重活有男的，男的当然挣的工分多，女的劳力弱，你就拿的工分少。"[③] 秀珍在组建高级合作社时，将同工同酬作为一个关键的前提条件，甚至现在回想起来，她都将之视为是培养妇女积极性的关键。"上边提倡同工同酬，我们支部，大队就执行，妇女不出勤，庄稼靠谁做呢，要发挥妇女积极性，不能挫折她们积极性。"但秀珍认为，一直以来，男女在实际挣取的工分上的差别并不明显。她说，男人挣得多是因为他们干更重的活，他们到山里去割蒿草，将肥料大筐大筐地运到地里去，犁地，耙地。她说，有些妇女确实也做这些工作，还做了很多其他的工作：春天锄麦、夏天割麦，在各个阶段对棉花进行照管，秋天播种豆子和玉米。但重活依然是衡量价值的标准，即使妇女跟男子运货物的挑数是一样的，她们也无法肩挑一担满满的粪肥，或将肥料挑到山上的地里，

---

① 对这些做法进行了最全面的分析和批判的英语著作是沃尔夫 1985 年，第 79—111 页。随着 70 年代末和 80 年代初的家庭承包制度替代集体劳动，按工分计酬的方式便不复存在。

② 沃尔夫 1985 年，第 83—84 页。

③ 与曹竹香的访谈，2006 年。

或像男人一样挑那么多蒿草从山上下来。[①]“男的里面分两种，最高12分，11分，10分，女的就是8分，7分。女的最高的是9分。不敢评的太高了，评高了她拿不了那活儿，她也就不要评高了，高的做的活都跟男的10分差不多。那是跟男的10分的差不多，总的还是赶不上男的。”秀珍自己坚持着一套更高的生产标准。她跟男子一道进山用镰刀割蒿草，一待就是好几天。她做的工作跟男子一样时，她便获得同样的工分数。她的情况充分体现了同工同酬的复杂性。[②]

相比之下，对在50年代成年的、更年轻一代的妇女干部和积极分子们而言，证明自己的能力通常意味着是为同工同酬进行有意识的斗争。例如Z村一个由三十多个男女组成的青年队进行了将红薯和玉米密植到一起的实验。[③]据队里的妇女队长何改珍回忆，男人得10个工分，女人得6个工分，被送到县城里去接受技术培训的也总是男人。[④]青年妇女们反对那种认为妇女更没用的假定，努力地证明她们的价值。其中一个队员马丽回忆起自己当时的热情：“别人说我像二杆一样，让我做活我就去哩！风风雨雨的，下大雨你就去哩！那可能行，那就和男的一样做活。东边有个老头是高级社的文书，是大队管钱的，他说妇女还能比上男的！我都在地里干活，小伙子说你今天争个气，我插秧比他男的还插的快，离后，他悄悄的站在边处看哩，这妇女工的确与男的一样。他说现在给妇女记工要和男的一样，大队不同意。”甚至不再在青年大队工作后，马丽和其他三个最强壮的女同志还报名去承担最艰苦的任务，例如长途挑运沉重的豆茎梗这样的重活。有一回她们每人因为挑了一百斤玉米而挣到了12个工分，同男人挣的一样多。然而，男人们不断抱怨妇女田间劳动的质量没有达标。“离后我那个队长说：‘成天说男

---

① 与山秀珍、王友娜、马丽的访谈，1997年。

② 与山秀珍的访谈，1997年。一本发行于1962年的关于山秀珍的传记中，这个故事有所不同：很多妇女都请求像男人一样去山上割蒿草，但是秀珍亲自去后发现，山坡对妇女们来说太陡了，她们留在家里寻找肥料效率会更高（《山秀珍》1962年，第6页）。

③ 与马丽的访谈，1999年。

④ 与何改珍的访谈，1999年。

女平等哩，挖的那地，就挖掘那差劲。’我那上面有个叫鳖盖子，揭这么大的硬土块。冯治梅、刘新叶、我挖着时，人家把你头发一拽，‘你看疙瘩小了’。我说：‘疙瘩小了，你还硬扣哩，人家说这男女平等哩，你挖地怎么不好我挖地？’”①

在T村，男人每年可以挣500工——一工为10个工分，相当于男子一个标准的劳动日——因为某些工作一般都是由男人做的。像割草的工作，一天就高达几十分。这些工作不会分配给妇女，而相比之下，妇女每年从来没有达到过400工。② 李六斤，一个勇敢面对丈夫的恐吓并争取到了离婚的妇女，描述了数年来为争取同工同酬所作的斗争：“每一回我们呢，向妇女争犟这个事情，男女平等，同工同酬，跟你做一样的活，跟你要一样的报酬收入。是喔些人说我是‘争鸡子老八’，我说：‘我不是争我的，我们这些妇女都要像这个样子。你看有的做同样的活路，报酬不一样，男的计10分，给女的计8分，喔不是个死码码嘛（注：不可改变）。跟人家栽秧子，你栽一yi（行）子，我栽一yi（行）子，黑了的报酬我就要跟你要一样的呢，你记10分，我也要10分呢。’在高级社做到。担尿是你担一条挑给发个正正（纸条）是多少工，黑了按挑数算，比如一挑尿是五厘工，十挑尿就是五分工，二十挑快活就是十分工，你男的担也是那么多，我女的担也是喔么多。挖秧如果跟上yi头（行头）了，都跟上了的话，黑了都还是一样的。一直坚持到这分田到户就八几年，八二年呢。”③ 但六斤所描述的按件计工分的情况在集体化时期仍然十分罕见。更常见的方式是，以社会性别作为一个显著的范

① 与马丽的访谈，1999年。

② 与李六斤（1997年）、王友娜（1997年）的访谈。T村有些妇女挣得更少：每年200工左右（1997年与康汝清的访谈）。据报道，B村男女挣得的工分都比T村的要低得多：男人每年200到300工，挣最多的妇女也还不足200工（1996年与周桂珍的访谈）。几个县以外的山秀珍（1997年访谈）说妇女每年可挣200到300工，而男人则挣370到380工。像其他担任干部的劳模一样，秀珍自己通过干农活和参加会议挣工分；有一年她挣了400工。这些差异反映了各地妇女在到地里劳作和获得工分上的不同。

③ 与李六斤的访谈，1997年。似乎G村在某个时候也流行过这样一种按件计分的方式（与李凤莲、高育忠的访谈，2004年）。

晦，不管做的是什么工作，每个人都分配到固定的工分数。①

一小部分妇女靠当地干部能够每天多挣一些工分。农村的基层干部总体上来说都没有“脱离生产”，也没有从合作社拿工资。但他们的工作，包括参加会议的工作，都按工分得到补偿。同时设法兼顾作为农民和作为干部的职责——后者包括为妇女同工同酬而战斗——使李六斤能够比其余的妇女和一些男人挣得更多的钱。“这到村上干工作呢，到年终评的时候，村上给开些工来，跟到这屋里记些工一样的，那也比一个男的工分多些子。就是四五百，五六百。比一般男的还多些，因为我天天冒（落）空到的。闲着（所以）人家给你编的是：你是扦担不换肩，锄把不换手，工分天天有。只么（因为）你跑到外头干工作呢来有个啥法？只么你要到外头去跑嘛，跑了我们这些子回来参加劳动，回来把饭一吃就赶紧去，噢，在大队还有工嘛，大队开个会，趟子还记得有工嘛，记得的有出勤天嘛，到以后毕了话，一起扯到回来跟到这个一记到一堆子，跟到硬劳力一样的。”②

然而，其他低级别的干部则回忆说，干部的工作职责虽然多了，收入却没有增多。当了多年妇女主任的冯素梅发现，参加会议对她造成了经济上的不利。“当干部，说起来为人民服务呢，有些地方也生气。那个时候生产队开会又不说像城里白天开，黑了往十二点开。天黑了又买不起个手电筒，到高头梁上开黑了下雨也摸回来。哪穿鞋，打个净（光）脚片。一年评的工少，时务时评，比如今天去了一天叫给记上，会计没在也都忘记了，又没的个补贴。其实不当干部光干活的农民挣的工分还多些。你一天开会八分工。人家那些割草呀，一天挣十几分，晚上开会不给记工，是义务，白天忙，晚

① 工分制的完整历史还有待书写。妇联的干部告诉我们，她们根据实际所做工作的多少来推行工分制，但遭到了农民的抵制：“那讨论详细得很，到后来嫌麻烦就干脆弄成定评底分了，这样男的干轻松活也可能挣了大工分，而女的干了一样的活，工分就拿的少。”（与王梅花的访谈，1996 年）对工分制的不满导致了集体在 70 年代末和 80 年代初的迅速解体。

② 与李六斤的访谈，1997 年。

上会又多。”①

陕西农村各地的妇联报告继续提到，在妇女的工作跟男人的一样、工作的质量也都一样好的情况下，妇女得到的工分通常还是比男人少。② 然而，妇女们似乎没有抓着更低的工资不放，把它当成是一直以来严重不满的根本原因。很多妇女坚持认为，即使她们在一天的劳动中分配到的工分比男人的少，她们依然是与男人平等的。这在某种程度上是因为人们一般将平等理解成是公共领域和政治领域的特征，而不是经济领域的特征。国家将男女平等宣传成一种既成事实，意味着他们享有平等的政治地位。党和国家的官方分析认为，政治平等在国家为之作保证的那一时刻就已经获得了；妇女享受平等政治地位的能力仅仅受到家庭里封建残余的限制，而非受到国家拥护支持的工分做法的限制。

相比之下，在农村合作社的公共经济领域里，起作用的假设却不是男女平等，而是男女差异。正如每天生产任务上的差别所表明的那样，男女差异最常意味着体力上的差异，这种差异在妇女相对弱小这种普遍的认识中被合理正当化，并用工分制的形式进行了编码。③ 差异也是家庭中起作用的假定：妇女被认为天生就应该负责所有的家务活，对她们的这种期望相应地对她们参与公开的经济活动产生了影响。有意思并且令人困惑的是，只有在谈及妇女健康被忽视这个问题时，才会提及差异的问题，否则无论是在官方的文件里还是在个人追忆往事的时候，都没有人会将差异表述为一个问题。差异在很大程度上被认为是理所当然的、常识性安排的一部分，以致其几乎不被论及，即便它产生的后果遍布于农村妇女为我们讲述的故事之中。

差异是一成不变的、同平等没有任何关联这种基本假设，或许有助于

① 与冯素梅的访谈，1997 年。陕南一位前妇联干部指出，当男女都去参加干部会议时，男人得到 10 个工分、女人 8 个工分，因为他们得到的酬劳是按照在地里干活时的工分计算的。她说，同工同酬政策结束了这种情况（与王桂花的访谈，1997 年）。

② 比如，见丹凤县妇联 1957 年之一。“大跃进”后再次讨论了同工同酬的问题。见《陕西日报》1962 年 8 月 2 日和 8 月 22 日。

③ 艾华（Evans）1997 年对这个问题的讨论十分经典。

解释为什么妇女通常（至少没有一再激烈地）反对这种工分差距。这种差距标示着妇女在唯一被认可的社会主义领域——公共劳动——这一方面不如男人有价值。妇女和男子都知道妇女在集体劳动中的参与度没有男人的高，这并不是因为妇女体弱，而是因为她们的时间被公共劳动和家庭劳动所分割。家务活繁重的已婚妇女往往不能在田里工作一整天，因为她们的农活中还夹杂了随着孩子的增多而激增的家务活。①

农事女性化

从高级合作社开始，妇女就被要求全年都在地里。在水稻种植区的T村，冯素梅描述，妇女每年的农活在春节不久后就开始了："一开春，翻洋芋地，栽洋芋嘛；然后割青肥，刮坡上地卷皮，积肥嘛。男的主要抬梯田，修水利的重活，女的就那样积肥。完了就做秧母田，做好才撒秧，麦田里打坷垃、灌尿。冬天种麦是大行，春天挖了以后有大土块，就是把大土块打成小土块，弄木榔头打就是打坷垃。这都是正月，二月，三月间干的。四月份收菜籽，五月份收麦子，一直收到六月。一头收麦子、一头栽秧。立夏栽秧到夏至，一月多都栽不毕。粮食收不完，活路做不走。秧栽完了就开始挖秧，拔草，锄稻子。挖一次糊一次泥，最后怕天干还要糊一次。三道脚手，六、七月份正干这活，干到谷田里没法去人了都不去了。七月间又开始

① 政府的文件很少直接提及这个问题，但1956年丹凤县的一份妇联报告指出了妇女工作日的差额范围："为促进农业生产的发展，我县在妇女群众总提出工作月指标，要求全年每个女劳力平均120—150个工作日。在妇女有劳动习惯的社的调查最多的做150个工作日以上，一般的做到120—150个，最少的做80个以上，平均每个女劳力做120个。还有一部分妇女未完成全年工作日指标"（丹凤县妇联1957年之一）。第七章论述了在对50年代的记忆中，未公开出现在官方文件中的家务劳动的地位。李怀印（2005年）用70年代江苏省一个村庄的材料论道，处于生命周期不同阶段的妇女在不同程度上受到工分制的不利影响，未婚妇女或已婚但孩子年纪较大的妇女因为能够经常参加集体劳动，所以在报酬上更少体现出社会性别的差距。他发现，未婚妇女在结婚前都会努力工作以积累嫁妆。处在育龄高峰期的妇女的缺席率是成年男子的四倍（第295页）。

种菜头（油菜苗），完了早谷子又要收的了，一般在阴历七月的十几打早谷子，早谷收了收晚谷。收完了都接着犁田栽菜籽了，活是跟上的。七月二十几打晚谷子，一直到九月初了，栽菜要栽到冬月间，又要点麦子，腊月间灌麦子一次尿，活松一点，准备过年了，过了年再灌一交。”① 在这无休止的农事中，妇女越来越占据主导地位。“男的那时修沟，修水利。女的担粪，栽洋芋，灌麦子，锄菜呀，都是女人做。一到收稻子时，女的苦，比男子做的多，男的光做外面的活，女的外面要做，又要经管小娃，喂猪，洗、浆、缝、补都是女的。”②

在 Z 村，甚至防涝的工作都落到妇女头上。她们抬着沉重的石块去修筑丹江的江堤，丹江的水平面跟堤岸一样高，所以容易经常发洪水。在区政府两名蹲点干部的帮助下，她们筑起了堤坝去替代解放前用来防洪而拼凑起来的沙袋和荆棘树木。“这多稳当，这多少年了，就这它冲一截，咱补一截……我干活的时候还莫得小孩，那时候咋不喜欢，那喜欢。挣工分钱哩么，挣工分哩，按劳提成，还挣工分哩。均妇女呀，小伙子少数。”③

最后一句话里包含了一个被遮蔽的历史世界，让人回想起秀珍之前对同工同酬的评论：“妇女不出勤。庄稼靠谁做呢？”④ 男人到哪里去了呢？根据有关社会主义“高潮”的官方资料记载，妇女成为常规的农业劳动力后，男人因此得以腾出来去参加其他的合作社劳动。关中西部一个合作社的妇女

① 与冯素梅的访谈，1997 年。T 村位于陕南。有关关中地区从 70 年代起每年类似的农业任务，见弗美尔 1988 年，第 288—289 页。

② 与冯素梅的访谈，1997 年。

③ 与刘冬梅的访谈，1999 年。丹凤县记录该县模范妇女干部唐秋芳工作的档案显示，有些筑堤的工作可能是在遭受暴雨的 1956 年夏季完成的。怀着身孕的唐带领妇女们去加固江堤，这样一来，生产队就能够收割麦子（中国共产党丹凤县竹林关区委员会 1956 年）。档案记录还显示，在筑堤工作的前几年，频繁的洪水使妇女们必须清除掉堆积在地里的沙子，每次挑一担，赶在种冬麦之前弄完（丹凤县妇联 1953 年之一）。在 T 村更往南和西的地方，妇女们在 70 年代建起了强家湾水库、红寺坝水库、灌溉渠，还开垦了农田（1997 年与冯素梅的访谈）。有关陕北类似的修筑大坝的记忆，见郭于华 2003 年，第 51 页。

④ 与山秀珍的访谈，1997 年。

接手了锄地、选种、收麦和打麦、干旱的时候给玉米作物浇灌等工作。由于妇女们在做这些工作，合作社得以调出二十四名男子去给村里修一道新墙，施更多的肥料，并参与到为集体生产副业收入的劳动中去。妇女在地里劳动也为社里节省了从外面请短工的支出。① 在西安附近，调集妇女去锄草使男人得以去从事那些被认为是更有技术性的劳动，如照看瓜果和参与其他副业劳动。合作社的领导劝妇女在下雨天或农闲的时候做家务活和针线活，以免这些重要的无偿的活计被忽视。② 在 Z 村，妇女被认为适合干各式各样的重活，但任何跟机器有关的活却属于男人的职责范围。妇女们拖着粮食去集体所有的磨盘为家里磨面粉，然后自己牵着集体的驴子绕着磨盘转。当 Z 村终于买上了一台水力发电机时，发电机便成了生产队里的副业，男人操作机器并获得工分。③ 从初级社开始，男人就经常被分配到小型食品加工厂（包括做豆腐）或砖瓦厂这些地方去从事集体副业。④ 一些有限的由妇女从事的副业给的报酬往往比男人从事的副业要低。⑤

大部分需要在路上，即使是短暂地在路上的工作，都分配给了男人。Z 村的合作社让男人去做运输工作，去丹凤县城卖鸡蛋以作为社里的副业。男人将卖鸡蛋得到的钱交给社里并获得工分。⑥ 男人被派去为社里做一些如买农具和请木匠这些跑腿的杂活。⑦ 和曾在 50 年代被派到新疆工作的乔引娣的丈夫一样，关中和陕南地区很多男人都延续了解放前那种到村子以外的地方去工作的做法。⑧ 1956 年，关中地区有 13000 个农民在西安市当临时建

---

① 中共陕西省委办公厅 1956 年，第 217—222 页。

② 中共陕西省委办公厅 1956 年，第 227—229 页。

③ 与何改珍的访谈，1999 年。沃尔夫 1985 年对集体化末期的社会性别劳动分工也有相似的观察。有关改革早期的社会性别劳动分工，见杰华（Jacka）1997 年。

④ 与徐妮妮（1997 年）、高贞贤（1997 年）的访谈。

⑤ 根据一份 1956 年的报告，Z 村丹江合作社五个组的 169 名妇女制作了 64775 双草鞋，可以从这些草鞋中赚到 3238.8 元钱。五分钱一双。平均每位妇女做的草鞋总量是 383 双，每天要做一双以上。每年每个妇女平均净赚 19 元多一点（丹凤县妇联 1957 年之一）。

⑥ 与郑秀花（1999 年）、何改珍（1999 年）的访谈。

⑦ 与冯素梅的访谈，1997 年。

⑧ 与王兆如的访谈，2001 年。

筑工人。[①] 有些男人在新的农村机构，如个人提供贷款的村信用站和为集体提供贷款的乡镇信用社，做兼职工或全职工，[②] 如果一个男人在最近的镇上做全职的行政工作，那么他通常都有工资，而不是工分，这样一来，便能为家里挣得一份不跟年收成挂钩的收入。[③] 男人也很有可能被合作社派到村外面去修建水库。例如，在 T 村附近修一天的水库可以获得二十多工分的收入。[④]

从 50 年代中期开始，妇女就成了普通农业劳动力的核心，这一情形在"大跃进"时期愈加明显。从事副业劳动或承包工程工作的男人只有在耕种和收获的农忙时节才会回到地里。山秀珍评论道："人说妇女不出勤，地里没有人，就都上了阵了，男的出外干副业的多，也是挣钱呢么。出外干副业，烧窑、烧石灰、吆骡子、木匠、铁匠、竹匠等，农活就主要是妇女做"。[⑤] 1956 年，丹凤县妇联的一份报告称，妇女做着近百分之九十的锄麦、给麦子杀虫、将麦子从雨后的麦地里抢收回来、收集肥料等工作。[⑥]

在 B 村以及关中其他一些村庄，妇女全程接手了植棉的工作。春天播种，接着锄梦花、间苗、修枝、拔草、杀虫、再锄棉、采棉。这些工作需要妇女一个劳动日的三个时间段都在地里。[⑦] 合作化之前，家庭棉花产量是每

---

① 弗美尔 1988 年，第 99—100 页。弗美尔报道，1957 年初，很多临时工人被遣回家。1957 年夏的建筑潮之后，有 130000 名临时工和其他来自西安的工人找不到工作，随后在 1958 年"大跃进"期间又有一个建筑潮。"大跃进"后的自然灾害时期，临时工又再次被遣回原籍。集体化初期，许多商人和手工艺人发现城市的工作氛围比农村要好，因为农村逐渐限制了各种副业（弗美尔 1988 年，第 133—134 页）。他总结道："半技术的农村劳动力大量涌入城市。"（第 419 页）

② 与王兆如的访谈，2004 页。

③ 很多受访者的丈夫都是这种情况。领工资的工作，尤其是带有白领性质的工作，叫"工作"，跟农民从事的"劳动"区别开来。集体也可能会跟其他单位签订合同让男人外出去工作，在这种情况下，男人获得的是工分。虽然我们没有从受访者口中得到可靠的证据，但在外面的集体里挣的工分似乎要比在本集体高。身为领导和劳模并且又是集体里挣得最多的曹竹香评论道（1996 年访谈），但可比不上那些出外的男的。

④ 与康汝清的访谈，1997 年。1955 年开始修水库，60 年代竣工。

⑤ 与山秀珍的访谈，1997 年。

⑥ 丹凤县妇联 1957 年之一。

⑦ 与王西芹的访谈，1996 年。种棉花工作的过程，亦见与山秀珍的访谈，1997 年。

亩七十或八十斤。[①] 几个村子以外不久将会成为全国植棉冠军的张秋香，在1956年的初级社时期从蹲点的农业技术人员那里学会了如何植棉。第二年，她试验的一小块一亩高产棉田产出了230斤棉花。[②] 妇女们的试验田展示了新品种和新技术。妇联利用这个机会去选出模范互助组，在会上和报纸上赞美积极分子，并打出“妇女互助组的秧田”这样的标语。[③]

妇女的劳动为集体化时期的农业成就作出了贡献，包括使麦子、棉花、玉米的年产量得到了显著的提高。在整个陕西，由于有了更好的种子，对作物进行了更好的打理，有了更多的粪肥，灌溉也得到了改良，使得无论是种麦的区域还是每亩的麦产量都在整个50年代稳步增加。[④] 然而，50年代总体的作物产量依然很低，部分是因为化肥没有得到广泛推广或者负担不起。[⑤] 主要的肥料是各户家庭产生的粪便和尿。合作社小心翼翼地将之收集起来并进行度量。冯素梅解释道：“每家都有尿坑，队里弄个验尿器一验，看有多大度数。那检尿器还可以，一个玻璃管子，下面一个附，下到尿桶里

① 与庄小霞的访谈，1996年。关于妇女转向植棉的具体过程，见高小贤2005年，2006年之一和本书第八章。

② 与张秋香的访谈，1996年。

③ 与徐妮妮的访谈，1997年。

④ 陕西平均每公顷产量从1949年的834公斤上升到了1956年的1479公斤，1957年又降到了1177公斤（弗美尔1988年，第240—241页；第240页给出了每年具体的数字）。渭南县1946年的数字是平均每公顷580公斤，比当年的省平均每公顷产量要低得多，但1957年却远高于省平均每公顷产量的1177公斤，达到了1667公斤。渭南北部更贫穷的合阳县，1105公斤的产量基本上是十年前的两倍（第240、242页）。1957年的水平可能少报了实际总量的10%，因为农民向有关当局隐瞒了一部分粮食产量。弗美尔追溯了关中地区60年代初之后高得多的粮食产量，包括更高的小麦和玉米产量——这些在1957年和1965年间翻了一番（第256—272、285—286页）。30年代，国民党政府在陕西兴建了两条大型灌溉渠：泾惠渠（1932年竣工）和洛惠渠（1935年竣工）。到1947年，7条灌溉渠已完工，还有5条在修建中（沈宗瀚1977年，第168、177—178页）。弗美尔（1981年，第227页）指出，30年代，关中渭河以北约有90000公顷土地得到灌溉；到了70年代末，关中的灌溉区增加到了900000公顷。亦见王成敬1950年，第13—28页。

⑤ 弗美尔（1988年，第275页）提到，关中地区于1957年开始使用化肥。他将化肥在关中灌溉区的兴起时间确定为1965年，当时化肥非常少，在70年代末激增（第155页）。

尿的浓度都反映到表上去了。担尿换着家户往完里担。我们这私人还不准你担，土地多，人口少嘛！肥缺。我们这有时还到汉中去买大肥，还有的捡粪，有的还叫学生到汉中偷粪，还挨打呢，汉中的公共厕所是人家那几个队包了的，偷了抓着的话还挨打。尿交给队里，记钱。按验的度数，度数低，钱就少，担尿的人记工分，按挑记，一挑尿多少重，写个号，在墙上划个'正'字，最后给你一总，看你担了多少挑，挣了多少工，记多少钱"。①

曾是Z村青年大队积极分子的马丽回忆："农业社就没钱，就买不下化肥，自产那些化肥，咱这去做活就用丢厕里的清水水子浇一浇，那粮食就是不得够。"这里明显的比较点是近些年的经济改革和家庭农耕。"在姚沟那里说往日全生产队才打六百多斤麦，现在一家人都收一千多斤麦哩。那家人家上一袋尿素，二袋子二铵，一袋子臭肥。"② 考虑到投入的不足和部分男人外出离家，作物的增产——有些是在妇女们用最基本的设备下取得的——就格外让人印象深刻。

重现"家里没人"

集体化时期，当一个男人离开村子去其他地方寻找长期工作时，并不一定总会给留在家里的女人带来好的结果。冯素梅便是这样一个例子。她父亲当年为了能让她独眼的哥哥娶妻，将她嫁给了一户更穷的人家。1955 年，素梅鼓励丈夫离开 T 村去参加宝成铁路的修建，因为她相信到外面去努力工作可以改善他们的生活。她从母亲处为丈夫借来了一床被子和一些钱，为他做了当工人的衣裳。"老易走了，家里就公、婆和老大（孩子）四个人，你想我们两老人都不做活，靠我。那时候走了没法，家里吃水没法，队里又不给粮。老太爷好吃怕做活，老太婆是个小脚，只能在屋里打个转转，经管个孩子，还不会走路，婆婆有这点好处。人家给婆婆起了个绰子号，叫'二

① 与冯素梅的访谈，1997 年。

② 与马丽的访谈，1999 年。

跛跛’。就是有些聪明又好像不聪明。我这个人的要求嘛，只要你把孩子给照看到，把门给经管到。”

整整三年，素梅没有从丈夫那里得到任何音信。她并不知道丈夫已经被调到山西省去工作了。她没有收到丈夫任何汇款。“等到我们老大都五岁了，（丈夫）也没给我写过一封信，也没给邮过一分钱。”最后她终于发现是她公公将丈夫寄的信和钱收起来了。“每次写信，老太爷把信一收，有时不给我说。听说就有人说：‘你们易发明给你们老太爷寄了三百多元钱呢，都不给你钱？’我说我不知道。最后老太爷给我说了，我说结婚时扯的棉裤都烂了，我去扯个裤子吗，老太爷不给钱，最后给了两元钱，我记得扯了六尺布，用了两元四角钱，借了四角钱添上才扯了个棉裤，回来我问他要钱呢他才给了两毛钱，还差两毛钱，为这个事情跟老太爷吵了一架。”

“其他人都说，他把钱存在哪能，天天买烟喝酒，都不给你钱？煮肉时你不得上锅头，煮个肉老婆婆上锅头，老太爷坐灶前，一般他们不煮饭。煮出来了给你刀（dao）（夹）一块，给他夹一块，就像散席一样都没的了，你那一顿只能给你夹几块一吃都没有了，还有的你都见不到了，你管不了吗！你在屋里，他不煮，就是拌汤呀，前头一走，又到割肉哩，蒸馍哩，你回来没的了。其他人就说：你这个媳妇呀老实的很。其他人就说钱也邮回来了，老太爷抽烟抽的是四川的金叶子烟，不抽当地泡叶子烟。都说：‘你们老太爷把钱那样糟蹋，你去找他去嘛！’”

素梅拼了命要养儿子，便开始在夜里做一些副业：“一斤棕绳子给四角钱的工钱，黑了坐到那咯扭咯扭的拧，白天没时间。天冷嘛，坐到睡房里拧，也不要灯，三四个晚上拧一斤绳，作为零花钱啦，给娃看病啦。”最终她带着儿子追到山西去找丈夫。跟丈夫待了八个月之后，她回到家中照料公婆。在那之后，丈夫给她寄一点钱让她去从社里买粮食，以补偿她工分的不足。

然而，生活依然十分辛苦。“我受的罪大得很，割青柴，割黄柴，夏天，冬天都割柴供屋里烧，天不等亮跟那些男的一路，男的是担，包个冷饭团，没的面做馍干粮，割好了还不会捆，叫人家帮到捆，背上跟人家走。老太婆烧柴也贵，一捆柴只烧两三天，又去割，冬天里弄个那榨叶子，割一天柴，弄一天猪草。最后又生了老二，大集体只是我一个人挣工分，口粮钱做不够吗，人家劳力多，是余粮户。我们是缺粮户，刚开始分的少，最后给你白菜补的谷子又不干，最后第二年没粮吃借人家的储备粮。”素梅承担了她能承受的最重的任务，这些任务可以得到最多工分：割并挑一百斤榨叶子，挑粪肥，在两个水库当建筑工。“（幸好）那时学生上学学费也便宜，穿衣、穿鞋都是自己做，哪买过嘛！白天做活，晚上做针线，搓麻绳子。”

素梅将自己的一些困难归咎于吝啬和不可靠的公婆，但她的记忆也带着对社里领导的愤恨与不平，尽管她还是党员和积极分子。在她的讲述中，集体留下的未解决的负担三十年来还是没有得到任何改变。“每次开党员会，给我提意见的是个子人（没妻儿的），像二队里的朱培华，他说：‘你这个人哪自私的很啦！’说了一句话，到现在我都记得：‘你冯素梅啦把私字改了除非你死了！’（公公死后）当时我一个老人（婆婆），四个孩子，我一个人，爱人三十多元钱吃喝了都没了，回家走连五元钱都没丢过。三个孩子上学，你不能看到这些娃儿老小都饿死嘛！老三说过：‘妈，我们吃的饭稀的连竹叶子都能看到（映到）！’想到这里难受（哭）。一碗米推成糊搅到水里五口人就那样喝呀！屋里淌眼泪，出去开会哭脸装起，回来屋里又发愁。那时可能是七几年生活也紧张得很！……你到家里劳力再好一个人顶破天也不行，一个劳日才二角钱便宜嘛，有的才一角几，还有几分钱，最高三四角，全年平均二角钱。我说我有文化的话，写个历史现在就开就是了。说呢可以写本小说。”①

素梅的故事里包含了许多其他小插曲。当丈夫在后来的“文化大革命”时期在工厂里被人指控有违规行为时，她执意发起了一场洗清丈夫罪名的斗争，一次又一次地请求官员们去说服大家给予她支持。最后她终于成功了。

① 亚历桑德罗·波特利（[Alessandro Portelli] 1991 年，第 75 页）论道，当人们用“我的生活是小说”这种陈腔滥调时，他们的意思是他们的生活值得讲述，他们把生活讲述得如小说一般：“讲述这一行为塑造了我的身份；我对时间的处理、观点和动机跟小说（尤其是当代小说）里的不一样。”

通过养猪、存钱、从她哥哥那里借钱，她终于在60年代为家里买了房子，又在70年代儿子结婚时盖了一栋新房子。1984年，她从T村妇女主任的职位上卸任，在宝鸡市开始了她改革开放时期小商贩的生涯，后来也帮她几个在宝鸡的孩子们干活。我们在1997年见到她时，她刚回到村里，帮还在宝鸡工作的儿子照看孩子。

素梅利用她对自己在集体化时期的行为的记忆来增强自己的价值感。她说，自己的吃苦耐劳和能干为她赢得了子女和当地人们的尊敬："其实我的这些儿女在我面前都是说话轻言细语的，哭笑咪咪，媳妇也好。俗话说：'你孝敬了老人，儿女也将来孝顺你。'我就深深地有体会。不是我支着，他这个家早都垮台了。老易桥梁厂的人知道我的威信高，我们白马公社陶家湾的人也知道我的威信高。"①

素梅能够在比较舒适的晚年带着满足回忆过去，她自己亦为这个舒适的晚年积累了大部分的资源。她身边围绕着对她很好的儿子和几乎不跟她起冲突的儿媳。她没有忘记过去的伤痛，但她讲述这些伤痛的方式表明，这些伤痛同那些施加伤痛的人一样，都属于过去。当她提到自己能干的表现时，并没有带着对目前进行指控的意味。然而，她说起恪守节操、辛勤工作的过去是为了对当下提出要求：要求关注、经济帮助，最重要的是要求得到认可。这种要求的核心是她作为一个孤立无援的的女人的处境：被独自留下的她，是在一个上有年老公婆、下有年幼孩子的家里唯一的工分来源。

不 满

集体化时期，随着时间的慢慢流逝，妇女对每天参加集体农业劳动的所有好感都消失殆尽了。集体化年间，这种男女皆有的不满是从统购统销开始的，随后又延伸到了对集体支付薪酬的方式上。不满的表现形式有：抱怨干部的特权、谎称生病而不工作、瞒着粮食不上交国家。一位蹲点多年的妇

---

① 与冯素梅的访谈，1997年。

联干部回忆起热情如何慢慢消逝："以后做好做坏都是那么多的分，这个挫伤了积极性喽。活按能力分，积极性就高……但是有些人，他就是不愿意跟着好心搞，他不满意……甚至在个别有拉诱退社的。因为过去互助组有做妇女思想教育的基础哩，但是上工出勤不出力。因为跟他利益没啥，因为是按工分分配，男 10 分女 8 分，妇女还是不能完全得到平等。"①

为妇女争取计件工资制和同工同酬的李六斤对不满的描述有所不同。她对赤贫的状况不满。"就从那个高级社开始有——他不想攒劲呢，都想躲懒来。噢。有混头，就这么混到起。那当乎也没的这个化肥，就是只凭这个农家肥，农家肥也跟不上去。我还记的，我还哭哟，我喂了一头母猪，那是五几年里头，回来下了几个猪儿子呢，连毛毛都——看了一下不少嫌（不好），我都一些喂了，喂到过年才杀了五十几斤肉。没的啥喂，没啥哩，一个生产队才杀了两头过年猪。没啥喂有个啥法。都是自己吃都吃不够，哪有喂猪的呢？唉！喔这些年集体在一堆弄的是。"②

除了怠工以外，还时不时地有针对干部们的冷嘲热讽。让习惯了辛勤工作和对当地事务尽职尽责的冯素梅感到沮丧的是，工分制虽然要求大家都必须出工，却无法调动个人的积极性。"你就是磨工，站呀，也都得磨哩，你做得快的，人家讽刺你是'积极分子''假积极'，也不好。'瞎人'把好人都代理了，'吃稀饭，下糊（蚕）豆，积极分子走前头'！有的这样讽刺，你也没法往前面走了，没法说人家，也就跟到磨工嘛！比如挖秧子，你老实人一锄一锄挖，耍奸的人锄头下去水都没弄浑，所以大集体那时前头做到走，田里草又长起来了，他奸滑嘛，锄头头下去不用劲，光是呼噜呼噜摇，草咋除的尽？人的思想较落后，没法，老实人吃亏，奸滑的拣便宜。那时候，轻有的，挣大工的活轮不你，都给劳动力多的呀，跟干部好的呀。"③在记忆中，通常不清楚这种行为模式是在"大跃进"之前还是之后才开始有

① 与徐妮妮的访谈，1997 年。山秀珍（1997 年访谈）和其他很多人到后来都将不满情绪追溯到"大跃进"时期和对大食堂的不满。第九章探讨了这一系列事件。

② 与李六斤的访谈，1997 年。

③ 与冯素梅的访谈，1997 年。

的。尽管怠工的情形在大跃进时期十分显著，很多具体的故事也与此有关，但是怠工的做法似乎在之前就已经开始有，并在后来变得十分普遍。

然而，G 村当了二十多年男子生产队长的王兆如评论道，农民对集体的看法会因社会性别的不同而有差别，妇女也比男人更勤劳、更听话。“我做小队长的时候，女的好动员，起初那男的没踏，拖拉。那对农业社没信心，消极抵抗。那是慢慢慢慢形成的，原来人那信心都很足，人那思想意识就也变咧。那人都摇腾了人（动摇了）。没效益。下上一整苦不顶啥，没效益。”[①] 另一位前男干部也评道，最后“真的是人心涣散，队长嘴说干，脑子想尽，也把群众说不服，劳值是一年比一年少”。[②] 然而，在这种普遍的不满中，妇女的劳动生活发生了翻天覆地的变化。只有有了她们，农事耕作才得以进行，也只有有了她们在田地里不断地工作，家里的生计才能得以维持。

① 与王兆如的访谈，2004 年。

② 与杨贵石的访谈，2004 年。这并不是说生活质量每年都在下降。弗美尔（1988 年，第 411—412 页）将集体化时期作为一个整体来评价，不将“大跃进”的失败及其后果考虑在内，“1982 年以前，大部分农村地区的收入从 30 年代以来都没有多大增长。但生活水平却得到了极大的提高，不能与过去同日而语。虽说健康、教育、救济、农村道路基础设施、发电和电信等变化并不总是能感觉的到，但它们却是生活质量的重要组成部分。社会主义国家在提供这些社会服务时，严格进行了平均分配。”他还提到，农村收入没有多大增长的另一部分原因是，在 70 年代，工业为农业提供了化肥、杀虫剂、水泵、拖拉机和其他昂贵的现代资源，而且由于农村劳动力不断增加，“农民的收入几乎没有上升空间”（第 419—420 页）。另一个导致不同程度的不满的因素是很难作出精准估量的地区之间的差异。甚至在关中地区内部，1957 年 B 村的收入水平都是更北、更穷的 G 村的两倍（第 431 页）。值得注意的是，G 村担任过领导职位的男人对集体缺乏热情的现象的评论尤为尖锐。但依据这个薄弱的理由，很难对各区域作出什么概括性的结论。另外，曹竹香作为地方劳模的存在，对 B 村的很多受访者产生了深刻的影响，这可能使得他们对集体有更积极的态度。

第六章　接 生 员

1947 年，玉米收获。怀有五个月身孕的杨安秀在拖了一整天的玉米之后，流产了。她当时十七岁。“丈夫没在屋里，跑兵役呢，婆子妈住到那一面（三间屋），我跟大嫂一家住了半间，晚上也没的壳，那么身上蛮流血，下坠的不行，我说：‘是那么的?’最后我都承到床头起，到后半夜下坠逼得没法，我就跪到地下呻唤。”

“第二早晨我大嫂说：‘昨晚上听到你呻唤了一声都没有呻唤了，白天都是上好的人，那么的?’我说：‘嫂嫂你进来看面前流的啥?’又没的灯亮，是朦月子，我说是血呀似的，好像落了个啥，还有个带带呢。最后嫂嫂看了一下说：‘哎呀，小月了，你龟儿!’头都有这么大了，身子也有长度。嫂子弄火钳夹到板板上，说叫我妈看看，说我小月了。

妈没开腔，后说：‘那有啥关系？几个月小月了有啥意思？不咋得!’嫂子说：‘得给弄点啥吃一下，脸黄的不行。’我就弄旧裤子到我身上巴到（贴）起，睡倒。最后妈说：‘喔怕啥？简直说的还吃一下！我们那时都七个月了小月了都没有做个啥。’”

“到屋里只待了三天。最后点麦子哩又才出去点麦子，插田。有空了我经常都哭，想这是哪么子一回事情？给了这么穷的婆婆家。流了产啥都不那个（照顾）。”

三年后，1950 年春天的一个早晨，再次有了身孕的安秀即将分娩。革命尚未改变她的家庭关系，也未触及地方上生孩子的方法和生孩子的危险等问题。“发现疼，我也没吭气儿。婆子脾气大的很。‘究竟知道是不是要生了?’你一说，她会说：‘你不嫌羞人还说呢！生娃是自然现象。’我一直都没敢开腔，就走到这走到那。晌午，我说去擀点面吃，直接都没法了。我才去烙摊馍，煮了给我妈留了一碗，我舀了一碗，光把汤喝了没法吃。”

“到下午，原听那些老年人说，走走要好些子，我可能肚子也不疼，光是后腰疼，就像弄了个不利的锯在坠我，恼火得很。我就靠到这靠到那，到黑了，我一个大娘家的姐姐来了，说：‘你腰疼得很吗？叫接生的。’”当时产婆的价钱是一只鸡、一块三尺的红布、一双鞋、一斗麦子、钱。①“我说算了不叫。再一个我看到她在我们隔壁接了生，看到害怕的没法，她把这一只手放到阴道里去了。就像整个到田里挖秧，掏的响嘛！我看见嫌害怕，她手放进去，产妇眼睛都翻上去了。所以我说算了算了，我们又没的钱，吃饭都成问题，你请个人干啥呀？”

“哎哟这一天了，把人逼得，你要人的命了。最后我把手按到这个地方，靠到床帮上，她坐到小凳子上两只手这样子承起，最后我说这一天还是这扶起，这咋办呀么？我们对象又没在屋里。我又想上厕所，她说你上嘛，我大姐蹲到地下，弄了一块布承到她手上，脐带子太短，一乍多长（约五寸）最后我大姐就接到手上，那时都没经过这个事情，扯会阴，她也不晓得，我一身疼的那肉都跳，十点钟生了的到半晚上疼的这全都发肿了。”

“是五月十八生的，天热的很。一天都这么侧着躺床上，吃饭都端来。最后第四天晚上我丈夫回来，他说你这一些都睡了。我说是。他出去到灶房里，婆子妈封建的很，说：‘你又到屋里去了的呵？’‘去了的，咋哩？’‘安秀生了，你黑了回来的就跑到屋里去？’意思是咋不到外面打个转转，把啥（不祥的东西）带进去了。最后他说你生了呢不开腔，你说睡瞌睡！我说有个啥开腔的，已生了几天了。”

“我说：‘下面疼的恼火的很，弄点开水叫我洗一下。’他把开水弄下，他说：‘难怪你受不了，直接会了脓了嘛！’两个腿都没法往拢里夹，睡到那两个腿架起。后我老汉跟她妈说：‘妈，她小便会了脓了，恼火的咋个家？’她说后面有皂角刺呢，你去给确些皂角刺，给她戳开就是了，唉呀戳了几下

① 中国的计量方法，分别为一尺和一斗。

戳不开，弄了个细磁瓦子扎开。脓一放出来，直接疼的不得了，我哭了一晚上，说恼火的咋了？这再不想生了，这受不了啦。”

“第二天才听有个嫂子说，你到汉中南关李申大夫那去弄点药抹，不然那疼的！去人家给弄了点红身丹给上上，哎呀疼的！直接像用啥把这一转肉拿着揪的呀似的！到后半夜我实在支不住了，我说赶忙起来弄点开水洗一下洗掉，这么恼火！后洗了一下，还是疼，已经把药入到肉里了。可是上了二遍，都不疼了。（但）一直到过了满月，走路都有些困难。现在这长了一个麦秆子似的一个棱。”①

流产、痛苦而漫长的生产、帮忙接生的人笨手笨脚、产后感染、冷漠的婆婆、好心却总办错事的丈夫——这些加到一起使得安秀痛苦不堪。生了第一个孩子以后，她再未怀孕，但她后来收养了两个孩子。1954 年，当被选去参加接生培训时，她下定决心要让其他人生孩子容易些。她离开年幼的儿子和一岁的养女好几个星期，去上培训的课程，回到村里后的第二天就成功地接生了第一个孩子。“所以我接生，她们都说下（仔）细。因为是我亲身体验过的，很恼火。我说我自己吃苦不能叫你们受痛苦。（我）接过三辈人，原来这村的大多数人都是我接的，除非有的到医院。”②

杨安秀通过当接生员而成了国家接生改革运动的一部分。接生改革是中国农村妇女接触到新政府的最早事件之一。妇女卫生工作被列为国家的首要任务，良好的接生技术是实现这一任务的关键。正如全国一条家喻户晓的口号所表明的：“怀一个，生一个，生一个，活一个。”③ 共产党和国家延续了之前国民党政府就已经开始的一套语汇和政令，并决心在农村地区扩展更为广泛的力量。国家的政策执行者们设想了一个简单明了的过程：他们将科学知识和实践带到农村，将产婆们赶走。他们认为这些产婆是造成众多婴儿

---

① 与杨安秀的访谈记录，1997 年。

② 与杨安秀的访谈记录，1997 年。

③ 克洛尔（Croll）1994 年，第 183 页。有关将妇女卫生作为国家首要任务的报道，见《群众日报》1950 年 6 月 27 日，第 2 版。

和产妇死亡的罪魁祸首。[①]

国家有关当局在报纸上对这些产婆的无知进行斥责。接着，在肯定了国家资源和农村分娩的实际问题的局限之后，他们着手去重新培训和利用这些产婆，配备了像杨安秀这样新培训过的接生人员来补充他们在农村的力量。政府官员和接生婆的接触方式跟土改的对抗性接触方式形成了鲜明的对比。尽管国家有一些言辞尖锐的宣传，在实践当中，产婆并没有遭到讽刺打击或排挤。她们的技术得到全面的调查和汇报，她们还得到了强化训练，并被当成重要的资源。一些解放前就接生的产婆甚至参与了培训解放后新一代接生员的工作。这种保持接生人员和接生习俗连续性的做法展现的是适应能力和实用主义，它愿意吸收技术熟练的产婆而不是谴责她们，愿意充分利用她们的技术，同时提高她们的服务质量。

从某些方面来讲，突出强调接生工具要消毒、产妇分娩时要躺着而不是坐着的新法接生运动，是新的党和国家早期一项成功的举措。整个 20 世纪 50 年代，中国新生婴儿的死亡率大幅度下降，从高达 300‰的死亡率下降到一半左右。[②] 1959 年，接生员的数量从 15700 名增加到 35290 名。“助产士”、接受复训的产婆以及参加短期接生培训的妇女的人数则更多，从 44000 名增加到 774983 名。[③]

尽管这些数字引人注目，但是国家没有对妇女的生殖健康投以持续的关注。决策者们将全部精力都集中在了增加农业产出以发展工业化上面，将

---

① 这个时期的国家文件没有提及中国漫长的书写生育的传统。费侠莉（Charlotte Furth）将这一传统追溯到 12 世纪（1999 年，第 69—106、120—22、174—76 页）。有关生育的知识在 12 世纪的中国农村流传程度有多广并不清楚，可以肯定的是，官方的文字里没有提到任何关于农村产婆掌握这种知识的信息。

② 班尼斯特（Banister）1987 年，第 82—83 页。300‰的死亡率是来源于她对 1929 年到 1931 年间的调查数字。她认为很多 50 年代中期农村的调查结果都过度乐观，并对其持怀疑态度。她估计的死亡率减半的情况也包括了城市地区。克洛尔（Croll）对 1949 年之前将婴儿死亡率在 30% 至 53% 的地方调查作了概括。见克洛尔 1994 年，第 182—183 页。

③ 林巧稚 1959 年，第 387 页。第二组数据见诸福棠 1959 年，第 367 页。班尼斯特（Banister）1987 年，第 58 页。

更多的资源放在了动员妇女劳动而不是改变她们的生育生产状况上。分娩方式，尤其是农村地区的分娩方式变化并不显著，这可以在更普遍的意义上被理解为是对农村妇女和农民的健康需求缺乏持久关注的一部分。新式接生方法直到70年代才在陕西普及，远远落后于50年代对促进合作化所做的努力。“大跃进”期间建立妇产院的尝试昙花一现，很快就失败了。大多数陕西的农村妇女都在家里分娩，由受过一丁点儿复训的产婆帮忙接生。生育上的革命比生产上的革命进行得慢了许多。①

本章首先记录新中国成立初期人们对旧式分娩和接生的理解，将党和国家试图使接生现代化的尝试放置到由国民党开始的长达半个世纪的改革议程的语境当中。此章既描述20世纪50年代初农村的接生和实践，也描述对生育和农业所作出的虽短暂却雄心勃勃的合作化尝试。这一章依据的资料是对接生员进行的访谈和分娩妇女所讲述的故事，两者都间接地对不断变化的家庭关系提供了评注。本章结尾探索围绕着分娩行为本身的层层交叠在一起的多重时间，其中，提供进步、科学、无菌的健康护理的时间同布满了鬼怪且不时夹杂着产婆神秘死亡的分娩故事相互挤撞。运动的语言和时间并没有完全捕捉到农村分娩习俗的变化。革命范围的外部界限在分娩的领域远比在婚姻习俗的领域明显。

农村的接生方法和旧产婆

陕西农村有关身体的文化中，妇女的生殖功能被视为是不洁净且难以启齿的。年轻女孩常常为初次月经来潮感到惊讶。“当时13岁，我外婆叫我去摘辣子，我去摘了回来晌午炒到吃了，晚上睡了一觉瞌睡起来，肚子疼得没法。我都叫我外婆，说：‘我肚子疼得很。’她都歪我（批评我）说：‘谁叫你晌午吃那么多辣子？吃多了，有火。’咋到天亮起来，看铺盖上糊的红的，不知是啥名堂，最后我都给我外婆说，外婆一看说：‘砍脑壳的，你昨

① 高小贤2000年，第173页；2006年与陈春华的访谈记录。

晚上都来了月经了，看把这铺盖糊得脏的！’最后外婆才拆到洗铺盖嘛。”①只有在初次行经之后，她们的母亲（或婆婆）才会教她们将碎布放进护垫里，而做这些的时候必须躲着不让人看见。“哪还敢在门口晒！都是搭到后边人不去的地方，洗的裤子都不在人面前搭，都是搭到后院外些堆上。”②大家都厌恶做这件差事。“我们那小娃家，去洗时嫌脏，都偷偷家撂到沟里越了，洗些，撂些。”③ 50 年代初妇联的报告称，很多农村妇女由于缺乏卫生知识，不但把碎布藏起来，还将之反复使用且从不清洗。④

人们对性事也同样缄口不提。少年夫妇通常要在结婚数年后才会圆房。曹竹香描述了自己婚前性知识的缺乏：“结婚前我妈不给我说。结婚时他 14 岁，男女之间的事，那都不懂，都多长时间了。咱也嫌怪（方言：不好意思）他也不懂。人不说，小伙子可在一搭给那（指丈夫）胡教呢！过去那人都老实，年龄也都轻，有个娃还嫌怪呢！没了（方言：要不）几年才有娃。”⑤

在中医和礼仪的文字中，分娩本身被视作一个不洁和危险的场合。⑥南郑县一句流行的谚语概括了这种危险：“儿奔生，娘奔死。”⑦难产的情况下，母子的生死便取决于当地产婆的技术。1950 年代政府工作人员走访了一些产婆，这些产婆描述了难产的种类及其接近残酷的应对措施。“井圈生”指产道太窄婴儿无法娩出，产婆用腿支撑产妇后背，把她往后拉，挤按产妇的肚子把胎儿挤出来；要么就神道道地“用斧头砍绳，或用斧头在井口砍三下”。这样似乎是为了以井口来象征产妇的阴门，井绳象征脐带。如果胎儿

---

① 1997 年与王友娜的访谈记录。

② 1996 年与曹竹香的访谈记录。60 年代该地区的妇女使用草纸当卫生巾，0.2 元钱一包。

③ 1997 年与王友娜的访谈记录；亦见 1997 年与康汝清、1999 年与刘冬梅的访谈记录。

④ 妇联档案 178–106–038，1950 年；“陕西省 51 年妇幼卫生材料”，1951 年。

⑤ 1996 年与曹竹香的访谈记录。

⑥ 有关这种看法和做法的历史由来已久，在 1949 年之前和之后并无明显改变。费侠莉描述了宋代类似的对分娩的看法，见费侠莉 1999 年，第 110 页。

⑦ 中国人民政治协商会议陕西省南郑县委员会文史资料研究委员会 4，1987 年 9 月：第 15 页。

还生不下来，产婆就问产妇的长辈要孩子还是要母亲；如果要母亲，产婆就用一个钉子做成的钩子或者砍柴刀把胎儿拉出来，有时用刀或者镰刀把胎儿肢解在子宫里。①“饿老生”指一只手或脚先出来而产婆无法把它送回去，这种情况产婆就用针扎手脚或者用刀把它砍断，或者在上面抹盐（村民认为如果孕妇出门时手里有盐，她生产的时候胎儿就会伸手要盐）。②“西瓜生”是指胎儿生下来的时候仍包在浆包里，而产婆不懂得打开浆包，却把胎儿活埋。然而，有经验的产婆则会用手把浆包撕开，把婴儿拉出来。如果婴儿不啼哭，她会撕下一片糊窗户的纸，放在婴儿胸前焚烧以助其呼吸。③孩子几天生不下来叫“慢生”，这种情况下产婆就要开骨缝，由其他两个人把产妇的两条腿尽力拉开，产婆在手上抹点油把胎儿掏出来（开骨缝会导致产妇终生残疾）。如果婴儿的屁股先出来（莲花生），产婆会把屁股推进去再把双腿拉出来。如果羊水未破，婴儿的头就先顶出来一个包（顶包生），产婆会用手撕破让水流掉，然后用双手往下推胎儿，直到胎盘下地为止。④胎盘不能娩出的时候，产婆就用手把它拉出来，为了止血就熬些黄蒿水、墨水、童子尿让产妇喝，因为这三种东西性凉。⑤

这些描述突出了有经验产婆的技术和知识，以及她们有时采取的残酷措施。1949 年以前的陕西农村，分娩时死亡是经常发生的事情。石翠玉的母亲和两个婶婶都于一百天内相继死于难产，造成了十三个孩子没有母亲的悲剧。后来，当她开始在 G 村学习接生时，明白了她其中一个婶婶是死于

① “妇婴卫生工作调查工作”1950 年，第 3—4 页。“陕西省 51 年妇幼卫生材料”中还描述了另外一个更令人毛骨悚然的难产事件。事件就发生在 T 村附近的南郑县城：“待产时叫来老娘婆乱摸乱抓一阵，第二天又喊来一个娘婆，孩子摸不到。又请到三个老娘婆来帮忙。一个捉着右臂，一个捉着左臂，她丈夫按住腰。一个老娘婆拿着剃须刀由肚子剖到耻骨，结果胎儿仍未取出。当时产妇痛得将自己手指头咬断两个。即刻痛死。”

② “妇婴卫生工作调查工作”1950 年，第 4 页。

③ “妇婴卫生工作调查工作”1950 年，第 4 页。

④ “妇婴卫生工作调查工作”1950 年，第 5 页。

⑤ “妇婴卫生工作调查工作”1950 年，第 5 页。“陕西省 1950 年妇婴卫生调查总结”和 1951 年的“陕西省 51 年妇幼卫生材料”中还有此类赤裸裸的描写。宋代和清代的医学著作中也有类似的对产婆的批判，见吴一立 2010 年。

胎盘滞留。“那就叫子宫粘连，娃生下来胎盘不能下来，胎盘粘连。到完了以后可怜的把人吊到棚子上，把她吊到棚子上把头发这样绑住吊到顶棚上，老娘婆在底下处理胎盘，那个时候也不叫医生，那会儿医学也不发达，也不看。结果那把底下往下拉，硬把胎盘扯下来，那血，扯的跟烂，最后熬费苦心了，大出血死了。学新法接生那个时候，越学越想起我娘那时候可怜的，要是现在胎盘剥离不了，那人家就有办法。可怜的死去时丢下5个娃，给人的给人，没人管的很可怜。”①

产妇和孩子面临的危险从完成分娩的那一刻到产后的第一个月一直存在。② 让妇女在产后休息至少一个月曾是（现在依旧是）一种习俗，妇女的身体在生产完后被认为是不干净的。③ 这段休息的时期被称为“坐月子”。这期间妇女要尽可能不下炕，更不要说离开屋子，也不能碰冷水或干活。地方风俗概要翔实地记录了要给产妇、孩子准备的东西以及如何精心照料她们。年轻妇女分娩后的第三天，她的母亲会带着礼物来探望：鸡、糖、猪脚、蛋——这些在T村地区被称为“四喜礼”。人们认为产后的女人在坐月子的时候吃从娘家带来的东西吉利，因为据说这样能够增强新生儿同他母亲家的联系。④ 鸡、鸡蛋、干馍、面饼、面条、熬好的红枣和核桃羹（有时还加上枇杷和红糖）是新妈妈偏爱的食物，⑤ 这些食物能够优先为她们恢复身体和哺乳提供难得的营养。十到二十天之后，母亲娘家那边的人会带着一叠叠的被褥、衣裳和尿布来“看娃”——带来的这些东西婆婆也已有准备，然后便按照礼节一起吃饭。在G村，婆婆那边的亲戚也会带花馍来。花馍由

---

① 2001年与石翠玉的访谈记录。

② 关于清代产科著作中坐月子的概念，见费侠莉1999年，第110页。

③ 高小贤2000年，第173页。一个妇女特别详细地叙述了每天清洗阴部以防止妇科疾病的重要性。她还评论说，产妇要在生完男孩4到5天后才能有性生活，生女儿则要两个月后才能有性生活。她说，因为男孩发育更快，其出生后产妇的子宫可以更快复原（1997年与康汝清的访谈记录）。

④ 中国人民政治协商会议陕西省南郑县委员会文史资料研究委员会4，1987年9月，第17页。

⑤ 1997年与王友娜、2001年与蒋秋娃、2004年与欧阳秀的访谈记录。

干馍精心雕刻而成，制成花、蟹、凤凰、鱼、猫和其他动物的样子，染上鲜艳的食用色素，并加上核桃、红枣和蛋做装饰。①

然而，真正的“坐月子”却远没有这么喜气洋洋。婴儿常面临的一个威胁是“四六风”，婴儿破伤风或脐风的俗称。很多针对旧产婆的批评都集中在产婆用不卫生的手段剪脐带上，认为这会导致婴儿得四六风和产妇得产褥热。② 如果婴儿是夏天出生，产婆就用火把脐带烧断，因为人们相信夏天的时候婴儿肚子凉，所以用火烧可以防止将来肚痛。冬天的时候小孩的肚子热，就用剪刀在离肚子 8 寸左右的地方把脐带剪断。之后产婆把脐带里的血肉挤出来，把脐带打个结，然后将它穿过一层油纸，再盖一层棉花，最后用裹肚包好。③ 如果剪刀没有消毒或者剪断的地方受到感染，婴儿在出生几天后就会得这种病（所以称“四六风”），其症状为啼哭、呕吐（“咏口”）、无法吃奶、抽搐。一些旧产婆说，婴儿得四六风是因为他们的母亲在怀孕的时候受到了惊吓或者生气，尤其是生闷气。④ 产婆预防四六风的方法有几种：可以在婴儿的嘴上抹开口霰，用香烧婴儿的嘴和脸颊的两侧，在肚脐上抹万应锭和清心丸或口服，或者让婴儿口服用雄黄粉弄干的老鼠睾丸。⑤ 1950 年礼泉县的一份卫生调查中记载了这样一个方法：产婆用一

---

① 只有坐完月子后，产妇才可以离开婆家去娘家（与乔引娣［2001 年］、曹竹香［1996 年］、王友娜［1997 年］、欧阳秀［2004 年］、袁茜［2001 年］的访谈）。花馍用剪刀、镊子、笔帽以及其他一些临时工具制作而成。史耀增详细描述了合阳县的坐月子习俗，G 村即在合阳县。见史 1999 年，第 177—180 页。张建忠列举了坐月子时的各种规矩和禁忌，并提到了这一习俗在不同地区的差异。见张建忠《陕西民俗采风（关中）》2000 年之一：第 9—11 页。产后的一个月也是公婆和丈夫身份转换为祖父母和新父亲的时候。关中有些地区，新生儿满月的时候会举行热闹的庆祝活动，亲友会用新生儿祖父母家的锅底灰将新生儿的脸蛋抹黑以示庆贺。见张建忠 2000 年之一：第 34 页。陕南地区也有同样的习俗，不过做法不同：婴儿出生三天后，婴儿父亲的脸用锅底灰抹黑，象征着他从自由自在的青年到有责任心的父亲的转变。见周 1971 年。

② 关于对陕北产婆的批评，见秦燕、岳珑 1997 年，第 191—194 页。类似的批评亦见诸 1951 年妇联的一份调查，见“陕西省 51 年妇幼卫生材料”1951 年。

③ “妇婴卫生工作调查工作”1950 年，第 5—6 页。

④ “妇婴卫生工作调查工作”1950 年，第 7 页。

⑤ “妇婴卫生工作调查工作”1950 年，第 6—7 页。

块碎陶片把出生才一天的婴儿的胸部皮肤划破，然后在一个铜钱上烧艾叶，再把铜钱放到婴儿眼睛、耳朵、嘴巴、鼻子的附近烧出豆大的水疱。① 如果婴儿最终还是得了四六风的话，就有两种当地的治疗方法：一种是抓一只活鸽，撕掉胸部的皮，趁着热气放到婴儿脐带上；另一种是喂婴儿吃焙干的没长毛的老鼠。②

政府报告把妇女产后的健康问题归咎于护理条件的恶劣。有些地区的妇女害怕流血，要一天一夜甚至是更长的时间不准睡觉；她们要直挺挺地坐在炕上。“那叫你上到炕上，让你坐不让睡。底下缝一个灰包包。坐在那上边，一直坐一天两天，大概是血不多，才把那取了，裤子穿上，才倒下去，睡觉。就是那个过程，那就是难受的太。” ③ 房间里没有新鲜空气。1949年后的调查者发现，大多数妇女产后的最初几天只能喝到粥或菜汤，然后是面条或干馍片。她们不应该吃肉或蛋。山区的产妇只能吃到玉米，导致母亲和婴儿都很虚弱。④

接生现代化

共产党和国家在宣传生育行为科学化和现代化的时候，继承了国民党在南京时期（1927—1937 年）开始的一种努力，⑤ 即培训产婆要求她们进行

---

① “陕西省 1950 年妇婴卫生调查总结” 1950 年，第 29—34 页。

② “妇婴卫生工作调查工作” 1950 年，第 7 页。

③ 与石翠玉的访谈记录，2001 年。

④ “陕西省 1950 年妇婴卫生调查总结” 1950 年，第 29—34 页；“妇婴卫生工作调查工作” 1950 年；与石翠玉的访谈记录，2004 年；妇联 178–106–038，1950 年。

⑤ 南京国民政府于 1928 年设立了卫生部，并颁布了一系列规章制度，要求接生员接受为期两年的培训或者类似训练，以便在政府登记注册。旧产婆要接受为期两个月的训练，还要登记注册（Yip1995 年，第 58—59 页；也见玛丽安 · 杨 1928 年，第 774—775 页；“Editorial：Midwifery Training in Peking”）。卫生部的全国助产士协会负责在北平和南京组织开办了助产士学校来培训接生员、复训旧产婆。1935 年，包括政府代表在内的卫生教育委员会建议扩大乡村助产士（叶嘉炽 ［Yip］ 1995 年，第 165—172 页）。菲利普斯—约翰逊（［Phillips Johnson］ 2006 年）对中华民国在接生改革方面所在的努力进行了全面的

登记注册。民国时期新接生员和旧产婆的差别很大。前者大多来自中上阶层家庭，多在城市接生，而后者主要在乡村接生并在数量上大大超过前者。① 国民党的政策也表明，在今后的若干年里旧产婆仍然很重要，但她们的接生方法却遭到了公共卫生专家的强烈批判。② 有人报道了福建产婆用牛粪敷脐带导致的悲惨后果；还有人“哀叹许多产婆没有掌握现代医学的基本理论，培训班毕业之后就马上回到老办法上去了”。③ 1928 年杨崇瑞（Marion Yang）在一篇关于接生培训的文章里用了一张照片，照片上一个妇女坐在一个桶里，一个抬桶的男人站在她身边，而照片的说明令人毛骨悚然：“中国旧产婆（坐在桶里）。只能用双手和膝盖爬行。人们看到她从这个姿势直起身来，用衣襟擦擦手，没再做任何其他清洁，就把手指伸进了阴道。”④ 旧产婆是常常被诋毁的对象，而现代医学实践就是以这个对象的反面来界定自己的。但是，在绝大多数农村地区她们是人们唯一的资源。⑤ 而且，正如李

描述。卢卡斯（[Lucas] 1982 年，第 1—13 页）认为，20 世纪 20 年代后期到 80 年代初期国家在医疗政策上的连贯性受到了跨国流传的医学现代化概念的深刻影响。关于接生在 30 年代国民党政府卫生计划中的地位，见卢卡斯 1982 年，第 72—73、86 页。

① 叶嘉炽（1995 年，第 167 页）概括了江西南昌有关此情况的一项调查。费侠莉指出：“1930 年，20 世纪的公共卫生改革家杨崇瑞（Marion Yang）估计大约有 20 万旧产婆需要复训”（杨 1930 年，引自费侠莉 1999 年，第 298 页，注 68）。在更早的一篇文章中，杨估计需要复训的产婆数量为 40 万人（1928 年，第 774 页）。关于杨崇瑞，见杨念群 2006 年，第 159 页。

② 对产婆的敌视可以追溯到更久以前：早在明代（1368—1644 年），产婆就已经是医学著述中批判的对象（费侠莉 1999 年，第 278、281 页）。

③ 叶嘉炽 1995 年，第 10、167 页。这里所提到的回到老办法上去的农村卫生专家是李廷安。

④ 杨 1928 年，第 768 和 769 之间的插图。杨（第 769 页）引用的数字：中国产妇死亡率为 15‰，新生儿死亡率为 250‰到 300‰。叶嘉炽（1995 年，第 120 页）提到国民党政府为复训旧产婆所作出的努力：“接生从未被看成是一项职业；年老的妇女之所以成为产婆是因为她们接生了很多孩子。于是，向现代妇产和保育的转变将意味着要摒弃旧的习俗和理念，接受现代的医学实践，逐渐改变对足月孕妇进行充分护理的意识，对所有新生儿提供预防和临床的护理措施。这是一项艰巨的任务。”

⑤ 据叶嘉炽（1995 年，第 134 页）报道，1928 年，大约有 24 万名接生员在接生，但截至 1929 年，“只有 385 名现代接生员在政府处作了登记”。登记的数字在 1936 年增至 3174 人，1937 年增至 3694 人（第 166 页）。

廷安在 1935 年的一份农村卫生研究里所指出的，大多数农民根本不相信新法接生。① 就像许多南京国民政府的政令一样，关于助产士的规章制度也收效甚微，在农村尤甚。②

1937 年日军的入侵和国民党政府从南京到四川的转移并没有加大培训农村地区的新接生员的力度，随后的国共战争也同样没有。1948 年国际儿童紧急基金会的一份研究报告表明，全国只有 10000 名得到持牌许可的接生员，而她们中的大多数都在城市地区。报告称大约有 80% 的接生是由旧产婆完成的，并把这一事实同 80% 的新生儿死于脐风的说法联系起来。③ 陕西省卫生部的报告表明，在 1939 年到 1945 年期间，全省只有 24 名接生员正式进行了登记注册。报告称，在西安市以外的地区，每个县分配了一名新法接生员，“对于新法接生，势难深入农村。” ④

---

① 李指出，尽管在定县有一个长期的农村卫生项目，该县 89.7% 的婴儿由旧产婆接生，10% 由接生员接生，0.3% 由自己接生。关于生育流行病的分类、产后感染的原因，以及训练有素的接生员的不足等问题，见该书第 65—68 页。曾在定县工作过的陈志潜（1989 年，第 1 页）也说到了他的工作队在引进受过训练的接生员、复训旧产婆以及培训一个旧产婆的年轻亲戚时遇到的种种困难，这些困难包括：不相信新的接生技术和年轻的工作人员，不妥协让步，同行之间互相嫉妒。他总结道：“令人十分泄气的是，在急需合格的接生员这种紧急问题上步履维艰，但经验告诉我们这个问题不可能轻易解决。要改变该地区人们的观念可能需要不止一代人的努力。”

② 叶嘉炽 1995 年，第 59 页。关于 30 年代卫生局在北京市作出的督管和杜绝旧法接生的尝试，见杨念群 2006 年，第 150—159 页。关于 30 年代早期定县农村公共卫生工作的情况，以及对“导致新生儿死亡的罪魁四六风”的讨论，见陈志潜 1989 年，第 72—99 页。1934 年，陕西成立了助产学校，每年招收 30 名年龄在 18 至 25 岁的未婚妇女进行为期三年的学习，其中包括一年的实习期。这个助产学校对农村公共卫生实践的影响甚微（秦燕、岳珑 1997 年，第 190 页）。

③ 《中国儿童卫生福利议案》1948 年，文件 372.40，第 2 号档案。这份议案估计产妇死亡率为 15‰。这份文件还包含了一份对 1943 年一年内四川成都 4973 名新生儿的调查。在这些新生儿中，有 219 或 253 名的死亡是由旧法接生和其他接生方式导致的。这些死亡的婴儿当中，有 193 名死于四六风。四川的璧山区，两年内有 901 名新生儿，死亡率是 170‰，死于四六风的婴儿占了死亡总数的 22‰。

④ 卫生部设立了一个目标：要为每个人口超过 10 万人的县增加 3 名新法接生员，为少于 10 万人的县增加 2 名接生员。卫生部还提议复训旧产婆，并提到已有 630 名旧产婆接

解放后不久，共产党和国家即开始努力复训旧产婆和培训新法接生员。① 国民党和共产党在对待接生问题上的区别不是意识形态领域的，而是实践上的：共产党在农村地区的影响力要广泛和有效得多，相应地中共在农村的接生改革也影响了更多的人。②

例如，1950 年 6 月，在两名助产士的陪同下，年轻的妇联工作者们来到了西安以南的长安县西韦曲村。③ 她们此行的目的是调查农村的妇婴工作——这一举动如此之早令人吃惊，甚至比土地改革开始得还要早。④ 她们开始的工作并不顺利。当时村民们正忙着麦收和筑坝，大多数妇女都在田里劳动，无法开会。由于调查人员询问孩子和给他们接生的情况，有的村民担心她们是来抓孩子或惩罚产婆的。面对充满困惑和疑虑的沉默，工作组不得不将工作从西韦曲转移到东韦曲，正好有一个当地的妇女主任在那里。在她的陪同和许可下，她们走访了各个生产队队长（每个都是男性）的家，向他

受了复训，但是还有更多的旧产婆需要复训（《陕西省卫生处工作报告》1946 年，文件 372.19，第 2 号档案：00019，00009）。同一份文件中的条目 372.82 里，还包括了山西和广东在 1948 年和 1949 年中各个产婆接生数的数据，但陕西省并没有保存此类数据。

① 有关妇女卫生工作改造旧产婆的需要的文献，见《陕甘宁边区妇女运动文献资料（续集）》1985 年，第 165—166、356 页；另见秦燕、岳珑 1997 年，第 179—205 页。陕甘宁边区 1944 年 4 月开始的妇女卫生运动的简述，见《陕甘宁边区妇女运动大事记述》1987 年，第 166—170 页。关于陕甘宁边区一名后来成为 1949 年第一届妇女代表大会代表的新法接生员的事迹，见中华全国民主妇女联合会宣传教育部 1949 年，第 137—141 页。

② 安炳日（Byungil Ahn 2005 年）对国民党和共产党在改革接生上所做的尝试进行了具有洞见的比较。

③ 这份文件没有标明日期，陕西省档案馆将之与其他 1950 年的文件放在一起：《妇婴卫生工作调查工作，妇联档案 178–106–002（1950 年?）。1950 年 4 月、5 月的新闻报道可以证实调查妇女健康的迫切需要，见《群众日报》1950 年 6 月 27 日，第 2 版。

④ 1950 年 6 月全国宣布土改。新生国家政权的初步巩固在全国大部分地区都是一个漫长的过程，因此这项卫生工作这么早就成为社会转型过程中的首要任务，这实在令人惊讶。位于长安县东北的渭南专区直到 1950 年 10 月才开始大规模的土改（渭南地区农业合作史编委会编 1993 年，第 7—8 页）。然而，渭南县第一届妇女大会已于 1950 年 5 月召开，并成立了县妇联（渭南县志编纂委员会 1987 年，第 491 页）。如果长安县也依照类似的进度，如果调查人员来自妇联，那么对妇婴卫生和生育行为所作的调查就是这一新组织采取的首次行动之一。

们的妻子和姑嫂解释调查的目的。通过这种方法，她们找到了 6 个产婆并对其一一走访。①

最初产婆们害怕政府会禁止她们接生，但当工作组向她们解释说是向她们学习接生的时候，她们才慢慢地放松了。这些产婆详细全面地描述了处理各种难产的方法以及防治四六风的方法。其中一些简单粗暴的方法生动地表现了生育的危险和农村医疗设施的匮乏，比如在生产过程中当胎儿威胁母亲生命时如何将之肢解。还有一些是没有进行消毒的结果，比如四六风的普遍性，死于四六风的婴儿将近占了婴儿死亡总数的一半。② 在东韦曲村，新生儿死亡率为 38%（195 个婴儿死亡），与中国其他地方农村新生婴儿的死亡率大体接近。③ 两条陕西的谚语地概括了这一形势：“只见婚嫁妇，不见生儿女”；“只见娘怀儿，不见儿走路”。④

---

① 《妇婴卫生工作调查工作》1950 年，第 1—2、9 页。

② 费侠莉（1999 年，第 177 页）指出，在唐宋的文字中，帮助接生的产婆是用牙齿咬断脐带，而不是用刀切断或用剪刀剪断。用牙齿咬的方法很可能对预防四六风有效。东韦曲村的产婆回忆，接生的 522 个新生儿中有 84 个死于四六风——占报道的婴儿死亡人数的 43%（《妇婴卫生工作调查工作》1950 年，第 8 页）。一个月前，在宝鸡、蓝田和西安周边农村进行调查的三个工作组发现，新生儿中有 50%（具体人数不清楚）是死于四六风，很多死于生产的妇女是死于大出血或产褥热（《群众日报》1950 年 6 月 27 日，第 2 页）。

③ 该村出生的 522 个孩子中有 62% 活了下来，死亡婴儿中 84 个（43%）死于四六风，111 个死于其他未具体说明的原因。并不清楚这 522 个婴儿是在多长时间内出生的，其中 278 个男孩和 243 个女孩是平产，还有一个男孩是难产。参见“妇婴卫生工作调查工作”，妇联档案 178–106–002，1950 年。同期的一份省级报告指出，该村出生的 522 个婴儿中 514 个用旧法接生，其中 314 个死亡。这一巨大差异说明这类报告中存在着统计失实的问题。参见“陕西省 1950 年妇婴卫生调查总结”1950 年，第 29—34 页。

1928 年全国新生儿死亡率大约为 250‰，许多死于四六风。玛丽安・杨 1928 年，第 769 页。叶嘉炽（1995 年，第 10 页）也引用了此数据。中央妇婴卫生小组的一份调查估计在西北（陕西、甘肃、宁夏、青海和新疆）每年有 83 万多个婴儿出生，死亡率为 285‰，大约为 23.8 万个（《群众日报》1951 年 12 月 1 日，第 3 版）。在全国范围内，1952 年，卫生部妇婴卫生小组组长估计，每年有 1700 万妇女生育，产妇死亡率为 15‰，一半是死于产褥热。新生儿死亡率为 20%，其中三分之一是死于四六风。（中华全国民主妇女联合会 1952 年，第 29—30 页）。

④ 《群众日报》1951 年 12 月 1 日，第 3 版。

早期的官方报告除了生动地描述了难产的危险、接生过程不消毒和贫困状况以外，还详细记录了许多产婆的接生技巧。关于华阴县一个村子的报告里提到了产婆郝陈氏。她当时已经70岁，接生了40多年，她处理难产的技巧在周围几县家喻户晓。她都是用回转法和头颅穿刺法。该报告总结道，“但唯一缺点是不知消毒，故妇婴常有致病之危险”。①

在东韦曲村，调查人员发现，该村出生的522个婴儿中只有8个不是用旧法接生。② 在3名接受“新法接生”的妇女中一人是新法接生员的姐姐。③ 另外两个人从当地妇女代表那儿知道了新法接生，④ 而且她们的婆婆又太老了，没法接生。这份报告称，这8个婴儿全都健康地活了下来，所以村民们都夸新法好，但他们又对之持怀疑态度。

早在1950年中，卫生部召开全国妇婴卫生工作者大会的时候，妇联就把改革旧产婆作为首要任务，开展了一场消灭产褥热和四六风的运动。⑤ 全国很多宣传文字都把生育写成是一个政治问题，将旧法接生说成是“生育妇女们文化生活中的一个封建桎梏，并且大多数人将即将临盆的妇女看成是可耻、肮脏和罪恶的”。⑥ 国家出版的《新中国妇女》上的文章延续了国民党对旧产婆的批判，把农村的接生方法说成“封建、迷信、落后”，把旧产婆描绘成“封建思想、自以为是，而且无心学习”。⑦ 一个1950年在上海出版

① “陕西省1950年妇婴卫生调查总结”1950年，第29—34页。

② 这份调查在提及该村最近出生的婴儿数时有出入，一说521，一说522。在这些新生儿中，有8个是新法接生（6个是同一个母亲生产，另外两个由两个不同的妇女生产；“妇婴卫生工作调查工作”1950年）。

③ 这个新法接生员似乎在1949共产党到来之前就受过训练，因为她在1950年之前就已经为她姐姐接生过6个孩子。

④ “妇婴卫生工作调查工作”1950年，第2页。

⑤ 妇联178–106–038，1950年；林巧稚1959年，第375页。

⑥ 中华全国民主妇女联合会1952年，第29页。

⑦ 葛以嘉（Goldstein）1998年，第163、162页。《新中国妇女》1952年10月，第26页和1953年6月，第24—25页有语气不那么敌对的文章，在提到复训产婆时尤为如此。葛以嘉（Goldstein）指出，培训新法接生员的运动是党和国家“使妇女的生育行为与地方关系网络和机构相脱离，在新的国家系统中对其进行重构”。他说，通过将封建与科学对立

的、名为“养娃娃”的短篇故事将医术出神入化的现代医生同双手肮脏、头脑昏聩的产婆进行了鲜明的对比。这个短篇围绕的是一个名叫凤莲的女人的故事。凤莲失去了两个孩子，一个流产了，另一个死于四六风。凤莲的婆婆确信凤莲无法生出健康的孩子，家庭关系日益恶化。当凤莲快要生第三个孩子的时候，婆婆去请村里的产婆。这个产婆（不可思议地）认为需要用脏污的双手去接生一个皮肤光洁的健康婴儿。她迫使凤莲跑动并做体操以便加速生产。当凤莲倒下的时候，产婆试图说服婆婆说凤莲反正要死了，不如剖开她的肚子救孩子。幸好凤莲的丈夫问了村支书，村支书让他们请一个女医生过来。医生给凤莲注射了（未具体说明是什么，但明显是科学的）两针后，坐下来吃了饭，训斥了产婆，并给她讲用更卫生的方法接生的重要性。当医生和这家人在隔壁房间讨论卫生的时候，凤莲醒了，并在没有医疗辅助的情况下诞下了一个健康的婴儿，虽然医生在婴儿啼哭的时候进了房间并用消了毒的方法剪断了脐带。故事说从那以后产婆接生的时候脸和手都更干净了，但是并没有说对她进行过复训。①

这类言辞尖锐的宣传文字对旧产婆进行了批判和嘲弄，将她们说成是封建主义的化身，这种做法事实上截然不同于政府在实践中对产婆的处理方法。农村的蹲点干部更可能去培训产婆，而不是将她们作为攻击的目标。卫生部和妇联协调全国复训产婆的工作。② 1951 年，西北地区指导妇女卫生

起来，“产前保健工作者们被动员去废除”之前存在的做法（1998 年，第 154、156 页）。蒂利亚·达文（[Delia Davin] 1975 年，第 257 页）对旧产婆的评价稍微积极一些。她认为，国家提供了科学，而旧产婆却付出了辛勤的基层劳动：“许多‘学员’是农村产婆，尽管她们未洗的双手和长指甲感染了数不清的产妇，但她们有多年的实践经验；一旦她们的经验跟一点理论知识相结合，她们就能成为能干的医疗工作者。”亦见达文（1976 年，第 131—132 页）。然而，科学起主导作用；无知的产婆必须接受科学方法的训练，否则她们就对妇女的健康构成威胁。

① 刘彦洲（音译）1950 年。

② 葛以嘉 1998 年，第 153 页。有关卫生部发起的更大规模的培训妇婴卫生工作人员的运动，见《人民日报》1951 年 2 月 3 日和 1951 年 11 月 5 日。据后一篇文章报道，全国建立了 9464 个接生站。

工作的口号是："推广新法接生，改造旧产婆，训练新法接生员。"① 11月，陕西省妇联宣布要跟公共卫生部门在年底前对3300名旧产婆进行复训。②他们计划先召开群众会议，然后再用这些方法进行宣传：图解、快板书、街头剧、散发传单以及墙报和黑板报。③ 他们会"说到旧法接生及四六风或产褥热致死的典型事例，说明旧法接生的危害性，解释新法接生的好处"，并"用各种卫生以及怎样用新法接生等挂图，如有关接生机器、产前检查、临产时的准备工作（如何消毒）、畸形胎儿等陈设"。妇联的报告指出，要引起群众注意，关键是要用当地人们熟悉的典型事例："例如，卫生院用该县接生的旧产婆给产妇剖腹取娃，结果大人孩子都死了。用这些事实来宣传，群众爱听，也易于接受。"④

在公开讨论生育问题的过程中，宣传工作人员利用公开演说来讨论那些通常没有谈到的问题。一本面向接生员的技术手册说道，由于封建迷信，即使是明显怀孕的妇女自己也不能直接说生孩子的事，只能委婉含蓄地说。在一次由一百多名妇女参加的卫生公开会上，当谈到生孩子的问题时，除了那些由于太害羞而不好意思走的妇女，其他妇女都满脸通红地笑着离开了。再召开第二次会议时，没有一个人来。有人将这种情况与共产党的经济计划进行比较，并说："我们知道这个妇婴卫生运动非常地难，比减租减息还难

① 《群众日报》1951年12月1日，第3页。

② 除非另有说明，这一段中的所有信息皆引自"陕西省51年妇幼卫生材料"，1951年。这个目标适度且切合实际；到1951年11月，据报道，陕西所在的西北地区已有2045名旧产婆完成了复训，尽管华北和东北地区的数字要大得多（《人民日报》1951年11月5日）。

③ 据说，关中和陕南地区到县里去参观这些妇女卫生的公开展览的访客高达几千人。在一项全国的指令中，康克清也提到了通过庙会和家访的方式对妇女进行教育（中华全国民主妇女联合会1952年，第2页）。《卫生宣传工作》1951年8月25日，第63—65页刊登了有关孕期健康和卫生的图片给农村的观众看，还配上了琅琅上口的操作指南。第73、75页还刊登了关于生孩子的快板书，以及"卫生歌"的曲谱和歌词。在此我要感谢Miriam Gross告诉我这些信息。《西北妇女画报》1953年5月1日刊登了关于新法接生好处的漫画。

④ "陕西省51年妇幼卫生材料"，1951年。

好几倍。”①

复训产婆本身是带有实用和安抚性质的。当地干部都非常小心地不要把旧产婆当成政治敌人来对待。在为期三周的调查工作中，一个工作组教10名产婆学习用开水洗手，消毒剪刀。新闻报道称：“经验之一是对待旧产婆的态度，应是团结、教育、逐渐改造她们，不能嘲笑、讽刺、打击。”② 干部们报道了1951年的一次复训产婆课的情形：

她们初来（学习）时思想有顾虑，表现不安心。个别地方有坏人造谣说，学习是为了清算斗争她们过去接生死了的“陈年账”。有的怕嫌羞，有的担心孩子、操心家务活。妇联干部针对着她们这些顾虑，予以思想教育、揭破谣言，给她们讲妇女不懂卫生常识及旧法接生的坏处，娃娃得四六风、妈妈得月子病（产褥热）的原因及造成死亡的恶果。用实际的例子、小组讨论等方式来稳定她们的情绪。③

典型的复训产婆的故事都强调尊重她们的重要性，利用她们在土地改革时建立起来的对政府的好感，不断地鼓励她们接受复训。④

政治和情绪问题解决了以后，陕西复训产婆的教员们开始转向接生具体步骤的问题。山东省政府一本小册子详细地列出了为期十天的复训旧产婆的课程，内容包括：“孩子是怎样来的”（包括女子生殖器生理解剖介绍）、孕期注意事项、新法接生的好处、产前准备、怎样接生、发生难产怎么办、怎样坐月子、小儿传染病预防和种痘技术、怎样宣传新法接生以及怎样作工作报告等。⑤ 附录中的“接生员守则”分为“六要”“六不许”。“六要”是：要让产妇躺着生孩子；要剪了指甲再洗手，用肥皂洗后再用酒精擦；剪子要用开水煮；要是见到孩子不喘气，要施行急救法；孩子生下后要滴眼药；要

---

① 王德一1949年，第1页。我们在访谈中很少遇到不好意思谈论生孩子问题的情形，但如果我们在她们年轻的时候问及有关生孩子的事情，她们会如何回答就不得而知。

② 《群众日报》1950年6月27日，第2版。

③ “陕西省51年妇幼卫生材料”，1951年。

④ 例如，见陕西省妇联福利部1954年，第3—7页。

⑤ 鲁霞1951年，第8页。

实行种痘。“六不许”是：不许坐土炕，卷炕席，蹲着、站着、坐着生孩子；不许用秫秸秆、瓦碴片、牙齿咬来断脐带；不许用脏脸盆洗孩子；不许乱拉脐带及胎衣；不许伸手入阴道及戳破阴门；遇到难产不许乱动手。[①] 陕西的复训课程里还有实践环节，在这个环节里新法接生员教旧产婆如何进行产前检查，如何在接生前消毒器械，以及如何在新生儿不能喘气时施行急救法。报道还提供了一些旧产婆对自己之前的接生方法进行反思的救赎性场景：安塞县的刘静说：“过去娃没下来先楼死，把娃压死了。”石秀英说，“我过去接生娃娃，十个里只活三四个。这都是抓着啥用啥，开脐带不消毒的。”她们保证以后一定要按科学方法去做，专心为劳动妇女及下一代创造幸福。[②] 完成了复训的旧产婆被派去帮新法接生员接生，组织成学习小组，每一周见一次，并且每月都要同卫生工作者和妇联的干部保持联络。[③]

一份 1954 年的一本小册子在讨论改造产婆时超越了救赎的议题。这个小册子描述了有个接生员在庙会上宣扬接生新法，对邻居的嘲讽不屑一顾。因为她拖着裸体妇女的图片到处走，邻居骂她辱没了祖宗。虽然缠足行动不便，这个模范接生员顶着暴风雨，爬过小山沟，翻到山对面去给人接生。当她在 1953 年 1 月西北地区卫生工作劳模大会上领奖的时候，她说：“我高兴得流出眼泪，不是毛主席、共产党，我哪有今天？我一辈子也忘不了这种光荣。”[④] 女劳模在党的领导下力排众议和艰难为集体积极工作的主旋律掩盖了接生的具体细节。早期关于接生的报告里那些生动形象的细节都不见了。

---

① 鲁霞 1951 年，第 18—19 页。《卫生宣传工作》1951 年 8 月 25 日，第 66—69 页刊登了一篇带图画的讲述新法接生好处的文章，图文并茂地解释了许多注意事项。

② “陕西省 51 年妇幼卫生材料”，1951 年。《卫生宣传工作》1951 年 8 月 25 日，第 57 页刊登了一个全国闻名的来自平原省（后划入河南和山东）的模范第四代旧产婆的故事。这个旧产婆在 1949 年经历了一周时间的复训，学习了有关四六风的知识，变成了一个新法接生的坚定拥护者并训练其他产婆。

③ 与政府人员的实际联络情况怎样、复训到底有多彻底等问题很难从这些早期工作报告热情洋溢的计划中得到肯定答案。例如，见“陕西省 51 年妇幼卫生材料”，1951 年。

④ 陕西省妇联福利部 1954 年，第 1—3 页。

整个 50 年代初期，国家为接生工作制定的计划依然十分宏伟，并表明一场彻底的改革农村接生方法的运动迫在眉睫。据报道，1951 年 8 月，全国有十万名旧产婆在接受复训，有一万多个地方建立了接生站。中共为卫生部制定的一份计划宣布了到 1952 年每五个村要有一个卫生站的目标。[①] 1953 年，妇联宣布六月为“妇婴卫生运动月”。[②] 国家政策制定者们设想，通过将社会主义计划和运动时间的政令结合到一起，便可像重塑农业一样，也对接生工作进行重塑。

农村的接生方法

经验丰富并在解放后受了点训练的旧产婆依旧在农村生育改革计划中起关键作用。她们当中技艺最娴熟的通常都是跟着自己母亲学的。B 村的产婆吴淑贤因为手艺精湛和接生过 12 个孩子，所以很有名望。如其他旧产婆一样，她更倾向于让产妇蹲着生产，她自己用力推产妇。她知道用金子熬水给孕妇喝以防早产，也知道如何对剪刀进行消毒。解放后她接生的收费不高：一条毛巾、一方手帕或一双鞋子。[③] 50 年代的时候，她在乡里上过培训班，还学会了一首接生歌，歌词总结了新法接生的主要步骤。由于技艺精湛并且全身心地投入接生，她在当地享有声誉。她的儿媳回忆：“有时下大雪，下大雨，拄个棍，身上披个啥就走了。有坐胎。就那我妈把那都接下来了。我妈给人家接生都没有伤亡。有时医生给一接，也下不来，就叫我妈来了。我妈就把那取下来。”[④] 吴淑贤一直接生到 70 年代，几十年的接生生涯中一

① 妇联让其各地方支部计算每个村旧产婆的数目，并算出一共需要多少培训课才能安顿这些旧产婆；与此同时，妇联还增加了一些新法接生员以满足地方需要（中华全国民主妇女联合会 1952 年，第 1、12—13 页）。康克清在报告中给出的有 100000 名旧产婆这个数目比卫生部在 1951 年 11 月提供的 91224 要高一些（《人民日报》1951 年 11 月 5 日）。

② 妇联 178–122–012 1953 年。

③ 她父亲曾提倡支持天足，她侄子的妻子说她“脚太大，跟男人的脚一样”（与王西芹的访谈，1996、2006 年）。

④ 与庄小霞的访谈，1996 年。

共接生了一百多个婴儿。①

地方政府工作人员希望，完整受过科学现代的接生训练的接生员最终能够取代旧产婆。新法接生员为新中国而工作，意味着要体现并将现代性带来的好处给农村妇女。② 然而新法接生员接受的训练可能很短暂。本章一开始提到的有痛苦生产经历的杨安秀在1954年完成了一个两周的培训课程。“学到紧张的没法，我就看到人家都识字嘛，写里了，我又不会写，确实话，就头搁脑的（缩头缩脑），这咋得了啦？最后跟到人家实习时，做了个娃娃胎盘呀齐的，咋接？弄了个人睡到案子上，把娃娃放到肚子上，说咋样接，咋样消毒。”安秀学会了怎么处理臀位产、横位产和其他难产的情况。③“学了说跟到一个老师去实习接，接了两个，思想上还是有点害怕。我想，这么大一回事呢，叫我去我敢吧？”安秀第一次接生遇到的是臀位产的情况。“头天去学了，第二天连着接了两个‘立生子’，我想学了倒好，如果不去学，这两个‘立生子’咋处理？（原来）都不知道处理法，可老师给讲了下来了咋处理，下来了口里给呼吸气，‘立生子’大都是腿先下来，不叫唤，可是你把口里给他掏了，羊沫给吸了，嘴里呼吸气，可以缓过来。”安秀在接生的头几年每年都会去接受进一步的培训，每年两次，每次一个星期。④ 后来的“大跃进”时期，合作社在每个月的十五都会为接生员举行小组学习。⑤安秀成功地接生了四十年，处理了许多“立生子”的难产情况。产妇们感戴她的恩德，纷纷要求她做孩子的干娘。然而她拒绝了这些请求，因为这样一来，她的干儿子干女儿就太多了。

如果刚接受过培训的接生员们遇到了异常的难产情况，她们被教导要立即将产妇送到医院。⑥ 然而，安秀告诉我们，一直到了生育改革时期，即

---

① 与王西芹（1996年）、庄小霞（1996年）的访谈。

② 卫生部宣传了山东一则模范事迹，见《卫生宣传工作》第3卷，11期（1952年）：第230—231页。

③ 与杨安秀的访谈，1997年。

④ 与杨安秀的访谈，1997年。有关进一步培训，亦见与石翠玉的访谈，2001年。

⑤ 与杨安秀的访谈，1997年。

⑥ 与石翠玉的访谈，2001年。

使在极为难产的情况下，产妇都会要求她为她们在家接生。“她说：‘到医院里去，不像我们这真正把她经管到，像哪里不舒服啦，给摸呀，像这热天里给扇扇子呀，读读闲（注：聊聊天）呀，擦擦汗呀，医院里把你 bie 到（放到）床上不啃劲儿（注：丢到一边），有计划的嘛，到时间才出面去。’她说‘我们不如到屋里生，花那么多的钱’。”①

有些新法接生员完成了更完整的长达一年的培训课程，包括三个月的实习训练。② 她们学习的科目包括产科和妇科、内科、外科、儿科，还学习臀位产和横位产以及如何教产妇下蹲使胎儿翻转。她们学习有关葡萄胎妊娠的症状和其他病症。石翠玉是 G 村的一位接生员。1958 年，她同来自合阳县各地的学员一起上接生培训课，每个学员都是由各自的生产队派来的。实习从县医院开始，偶尔也在公社管理的卫生站进行。然而，即使经过了长时间的训练，接生员的第一次接生还是让人神经紧张：“老师叫学生轮流一个一个实习，去第一个实习的老师让我接，是平产，小孩下来，要保护会

① 与杨安秀的访谈，1997 年。这种在改革时期不愿去医院的情况使杨安秀陷入了两难的境地。她经常被产妇的家属施压，说她要为极其危险的接生负责。高小贤 2002 年，第 62 页提到了山区的妇女不愿去医院生孩子，以及妇女若要去医院生孩子，除过自家人外一般没人愿意抬等问题。一个反复出现在有关产婆的故事里的一个主题是：产婆在医院帮忙接生，而受过训练的接生人员却手足无措。谈起生育改革的时候，董桂枝说：“土改后，有难产这都去医院去了。医院就叫我去。有一次来了个难产的，没人能接生，就去县里叫医生了，屈桂月的媳子叫进去。一看，子宫都下来了，我给推了回去，伸手进去把娃拉了出来。”马丽（1999 年访谈）讲了一个类似的故事。她自己去医院看病，当时正遇上医院有一个妇女难产：“我那一年得病住到医院里，医院来了个难产，一个小伙子，一个女子说不来。就给妇女压一压，这都是这，这好像是软的，我说娃先从屁股生下来，这都是硬的，你摸着软的是娃的屁股门子。那医生说我：‘你知道啥。’娃生下就是那样下来了，人家说：‘那你怎么知道是这样的。’我就笑哩，我说那都是我学过的嘛，看把你为难的，这儿压那儿压。”

② 关于面向产婆的样本教科书，王德一 1949 年。此书对以下事项进行了详细的描述：女子解剖，孕期的各个阶段，不同阶段小产的症状，正常分娩，正常分娩和难产的接生技巧，如何坐月子。这本书面向的读者可能是农村产婆；比如，第 14 页写道，当婴儿露顶时，产婆要用大拇指和食指放在阴道口两边，“食指和拇指之间要离阴道口有两韭菜叶那么远。”顾希明 1951 年，第 63—75 页列举了有关怀孕、接生、产后护理的指导说明，这些说明更简洁，并且明显是面向农村的卫生保健工作者的。

阴，学习的理论要和实践结合哩，一手按，一手这样保护会阴，娃下来，手下去觉得热乎手的，软溜溜的，把我吓得手软的，心跳的。老师赶紧把我手捉住，老师悄悄给我说，不要害怕，就是这样。唉呀，还是害怕的，出了一身水，头上的水往下滴。头到第二个，仍害怕，以后慢慢就强了点。回到村里，头回来把五六个都接了，根本不紧张。”① 翠玉回到村里后，村里旧产婆的接生生涯便开始终结了。但当时二十多岁的她还是尊敬地称呼这些旧产婆为“婶婶”或“妈妈”，并经常叫她们协助她接生。但当她开始正式成为接生员后，据她估计，村里 95% 的接生都不再由旧产婆完成了。②

除了强调洗手和消毒，50 年代中国的新法接生还强调最好产前检查，③ 让产妇躺下生产，帮产妇娩出脐带和胎盘而不是生拉硬拽导致大出血。要彻底帮新生儿清洗以去胎脂，而不是只用脏棉花擦干净婴儿的嘴巴。房间要保持新鲜空气流通，应该给产妇较软和热的食物吃，比如蛋类。④ 以上各项都被拿来同旧法接生相比较。⑤ 马丽在 1949 年后受训成为接生员，她回忆说，用旧法接生的人，“不敢拾婴儿，把婴儿撂到地上，等 ni 包子（注：羊膜囊）下来，胎盘下来，这才敢拾娃。现在是把娃先拾的搁下，用钳子把大人的胎盘系系剪住”。⑥ 除了消毒之外，最主要的变化是让产妇躺着而不是坐着或蹲着。何改珍解放前解放后都生过小孩，她说躺着接生对产妇好：“那旧社会接生人家说，叫人坐地上，害怕把炕弄脏了。坐下人发晕，说是血迷心，眼看着鲜血流呀流几盆。那时旧社会坐地下，眼看着鲜血发晕。呀，到底是

---

① 与石翠玉的访谈，2001 年。

② 与石翠玉的访谈，2001 年。

③ 高小贤（2000 年，第 172 年）指出，80 年代以前，陕西农村的妇女基本没有人做过产前检查。

④ 与石翠玉的访谈，2004 年。

⑤ 秦燕、岳珑 1997 年，第 191—194 页引述了陕北的生育习惯，对新旧法接生的比较作了概述。1951 年的一份陕西调查显示，妇女生孩子没有固定的地点，要么蹲在茅房，要么蹲在牲口棚，要么蹲在墙角（“陕西省 51 年妇幼卫生材料”，1951 年）。据 50 年代在妇联工作的李秀娃（1996 年访谈）报告，妇联干部编了几句诗用来对大众进行教育，其中一句是“生娃躺下流血少，大人小孩身体好”。

⑥ 与马丽的访谈，1999 年。

睡下来舒服呀。我生我这个娃子，人家叫我睡下，一会儿就生下了，人家那浑身都不痛。”①

并不是所有的产妇都喜欢新法接生，石翠玉回村后接生的第一个产妇就是例子。“她不睡，难受的，我就硬要让她睡。那你睡下，平平的，屁股抬高，厉害的那血多了。唉，‘你这还是这样的新法接生，唉，你叫我起来，难过的’。我说，‘不能起来，你不流了’。……我会你说新法接生跟老法接生就是不一样，那老法接生不知道多少妇女害了妇科病或子宫下垂，农村叫囊。我记得两个人得了那个病，我一天给送药或放药。那老人就走不了，那厉害了就像茄子那么大，妇女吗可怜的，那就是生娃弄下的病。”②

新法接生在中国农村的传播是不均衡的。了解新法接生不一定就意味着妇女会在后来生产的时候继续使用它。一份 1953 年的报告估计，全国农村只有 5%—10% 的妇女使用新法接生方法，报告还提到，有些接生员又用回了老方法。③ 康杏芬从 1963 年到 1973 年生了 5 个孩子，第一个是在 Z 村的卫生站接生的，其他的 4 个（其中包括 1 个“立生子”）孩子都是在她丈夫的帮助下在家接生的。她对新法接生的了解并没有改变她自己对消毒的态度：

高小贤：“你生娃，剪脐带，你知道不，用啥剪的？”

康杏芬：“剪子么。”

高小贤：“那时剪子消毒不？”

康杏芬：“还消毒咧，消个屁，一剪，就一挽。”

高小贤：“娃脐带上啥也不包？”

---

① 与何改珍的访谈，1999 年。1954 年的一本关于模范接生员故事的小册子持相反的看法，说按照旧式的接生方法，躺下接生会导致血淹心（陕西省妇联福利部，1954 年，第 5、10 页）。亦见中华全国民主妇女联合会宣传教育部 1949 年，第 137—140 页。认为躺下来是最现代的妇女分娩姿势，这一执着的信念跟 20 世纪 50 年代美国的分娩观念类似。美国七八十年代的生产运动挑战医生的权威，并使接生工作得以普及。这项运动又提出完全相反的观点，认为妇女应该多走动并蹲下，如此一来重力的作用有助于她们生产。

② 与石翠玉的访谈，2001 年。班尼斯特（1987 年，第 67 页）说，像子宫脱垂和阴道感染这样的妇科疾病在 70 年代被赤脚女医生们大规模地解决了。

③ 《新中国妇女》1953 年 6 月，第 6 页，引自葛以嘉 1998 年，第 166 页。

康杏芬："不包。"①

就连受过接生员训练的马丽，也眼睁睁地看着她的第二个孩子死于四六风。"那快的太太，在我妈那里，到晚上了，我试着不舒服，我让她给我把火打上，水还没烧开，这娃就要快生了。生了后一看是个娃子，我弟就把那娃拾起来包了包。我给他说的，你把娃拾起来包一包就行，只是剪刀没有消毒。我学过接生。我说身上一点都没有消毒，他说：'唉呀，旧社会多少都没消毒，怕啥。'"② 直到"大跃进"以后新法接生才变得更常见，妇女才开始叫新法接生员为她们接生，但接生的地方大多仍是家里。③ 一直到 70 年代，新生儿死于四六风的情况依然很普遍。④

接生员的工作时长本来就无法预测，有时持续一整夜。⑤ 无论接生员的技术有多么娴熟，接生都是辛苦又费神的工作。石翠玉说："你看那实习哩，那还不熟悉，越接越熟。医学和干行政的不一样，那是越干越难咧！人常说，三年学个好医生，十年学个好医生，十年学个没医生。为啥哩！越学越难咧。碰的这样那样越多，或是难产的，我记得我回来反碰了。记不得啥时候，不知是 59 年底，还是 60 年，碰到一个葡萄胎，把我吓咂咧，这就是难产，葡萄胎就没娃。还碰到一个那就没娃，软溜溜的这大，浆水一破流了些水，掉下来都是白蔓蔓，把那一流完，把人吓得，没啥，把人吓得。这以后再没见过这样的"。⑥

尽管如此，石翠玉也和杨安秀一样，很清楚接生工作的重要性，并且对这份工作很满意。"一个好接生员，你的性格就是一心一意的为婴儿、产妇要耐心对待，不能生疏老倔，你不嫌脏，不嫌累，那会儿说，有肮脏的思想，没肮脏的工作。那就说起来你接生就是连屎和尿都血打搅哩，你怎能嫌

① 与康杏芬的访谈，1999 年。

② 与马丽的访谈，1999 年。

③ 与马丽（1999 年）、石翠玉（2004 年）、李秀兰（1997 年）的访谈。

④ 与李秀梅（1999 年）、康汝清（1997 年）的访谈。

⑤ 这种情形可能会使家务劳动的分配比一般的农耕家庭更为公平。在杨安秀（1997 年访谈）家，她丈夫承担了做饭、洗衣和照顾孩子的工作，至少在她去接生时是这样的。

⑥ 与石翠玉的访谈，2001 年。

那个，是不是？老师就给你讲得清，你上课就给你讲得清清楚楚，你嫌脏嫌累你就学不下一个好接生员、好助产士。”

“因为接生和村里其他妇女关系更近的，咱就说近些，就刚才那个，我刚才叫得来，不是先到那边他那个屋里，那个屋里那个做饭的妇女，全是我接下的，刚到那里说笑哩，我爱说笑和那些人都熟，我说这些全是我的娃，思想就不一样了，思想就开朗了，那就啥也不怕，该说的就说了，该啥就咋哩，来说有些妇女来说，有些妇女就说他那吊在嘴上，不是开会还要给人讲哩，那接生的好处是啥，就在男的跟前，随便在谁跟前……那个工作，是不是。你没有娃娃那咋，妇女是半边天哩，你还耻笑这生娃的，接生的，就没有这个社会哩。”①

随着接生技术的规范化，产妇的死亡率开始逐渐降低。曹竹香那一代人的境况同解放前境况的对比是极度鲜明的：“和解放前比较，最大的变化，就是妇女生娃的痛苦，死亡的，伤情的还没有。”② 对于那些晚十几年出生的妇女来说，产妇死亡的事例是她们接受到的关于过去的知识，而非她们日常生活中所见的事。G 村一位生于 1934 年的妇女说：“那个时候我还是娃娃，听大人说生娃把人憋死了。以后再没听说。”③

接生合作化

随着合作化的发展，妇女卫生较少被放在铲除封建迷信的语境中讨论，更多的是作为动员妇女参加集体劳动这个计划的一部分来讨论。随着合作社、公社以及后来的生产队开始负责管理接生工作和记录产假，合作化便改变了接生的管理机制。④ 从 1951 年开始，地方上的卫生部门在妇联的协助

① 与石翠玉的访谈，2001 年。

② 与曹竹香的访谈，1996 年。

③ 与于小莉的访谈，2001 年。

④ 《高级农业生产合作社示范章程》（1956 年，第 47 页）指出：“随着生产的发展，合作社……要使女社员在产前产后得到适当的休息。”

下，主要负责为大多数乡镇建立卫生站。这些卫生站与其说是产妇生孩子的地方，倒不如说是个监督和培训的设施。卫生站下派代表到各个合作社去视察当地接生员的工作，并为她们的工作提供支援。① 合作社建立时，接生员领工分，产妇有 50 天的产假，并按产前三个月平均工分的一半领工分。② 成为新法接生员可以带来一些经济上的帮助。石翠玉指出："农业社那时候，接生对家庭的经济状况有点帮助是，你起码工分多一点，高些，你看说 6 分工，8 分工，他们一天就挣上 10 分、12 分。他们是天阴下雨也没有，下雨或者过节也没有，我是常年四季……都有哩。" ③ 合作化的最初几年，杨安秀每年接生一百多个婴儿。一开始她每年挣 180 工，后来是 240 工，这样的收入相当于村里挣最高工分的妇女的收入。④

1956 年下半年，渭南县已经对接生实施了集中计划管理，收集各乡接生新法使用率的数据，并为下一年制定更高的使用率目标。1956 年就已经有几个乡汇报 95% 的新生儿用新法接生，尽管其他乡还不到 50%。⑤ 然而，

① "陕西省 51 年妇幼卫生工作材料"，1951 年。比如，1952 年的一份妇联工作报告指出，在 1951 年丹凤县卫生处就为 85 名旧产婆举办过两期培训班（丹凤县妇联，1952 年之一）。到 1953 年秋季，全县有 13 个接生站（丹凤县妇联 1953 年之一）。咸阳县渭滨乡三个接生站的 40 名接生员分布在 27 个乡村（《咸阳县渭滨乡一年来妇女卫生工作情况》1956 年）。

② 《咸阳县渭滨乡一年来妇女卫生工作情况》1956 年。各地的做法不一。初级合作社时期的 T 村，接生员直接向接生的家庭收费 1.5 元，并自己留下这些钱而不是领工分；四个接生员组成一组买药并协调她们的工作（与杨安秀的访谈，1997 年）。

③ 与石翠玉的访谈，2001 年。T 村的李秀兰（1997 年访谈）说，在集体化时期，接生一个婴儿就抵得上七天的工分。G 村的接生员每接生一个婴儿得 10 工分（一般是男人一工的工分），无论接生时间长短。她们不接生的时候，每天一般挣 8 工分（与石翠玉的访谈，2001 年）。在 Z 村，接生一个婴儿得两工（译注：20 工分）。

④ 与杨安秀（1997 年）、石翠玉（2001 年）的访谈。Z 村的董桂枝（1999 年访谈）跟 T 村的杨安秀一样，在 60 年代每个月接生十到二十例。

⑤ 渭南县人民委员会 1957 年。这份计划称 1957 年的预定目标在 40% 到 98% 之间。在整个陕西，妇联 1956 年的目标是训练六千名接生员，使新法接生率在全省达到 40% 的平均水平：发达地区达 50% 以上，平原地区达 30% 以上，山区达 15% 以上（妇联 178–164–018 1956 年［3 月 29 日］）。关于类似的 1957 年的数据，见妇联 178–175–030 1957 年。

当初级合作社合并进高级合作社时，接生站应该由谁管理的问题变得不明确。有一个合作社以节俭为由，不再给接生员工分，她们一年都没有拿到工分，还不得不自己掏钱买接生用具。① 1957 年，作为对这些问题的回应，县妇婴卫生部门的工作人员到各个接生站待了一段时间，试图统一接生员工作的规则和评估接生员的表现。他们发现结果不容乐观："由于 56 年的大量发展组织和训练接生员工作，因时间仓促，致使接生员普遍质量不高。各地都有'四六风'的发生。一些人作风不正，并有贪污现象。"为了解决这些问题，工作人员决定根据接生课本和当地的实际例子对接生员进行复训。② 1957 年，政府文件中强调这是第一个五年计划的最后一年，妇婴工作也应该像其他生产工作一样有成就。③

用生产运动的时间进度来衡量妇女生育健康的进展的做法在"大跃进"时期愈演愈烈。1958 年 8 月，妇联在泾阳县召开了一次全省卫生工作者大会，计划在农村建立产院。④ 陕西省副省长李启明把建立产院列为党和国家在农村卫生工作的中心。他指出，全省农村已经建立了 2626 个产院和 524 家医院，做好了"推动卫生工作的全面大跃进"的准备。他指出，产妇和婴

---

① 1956 年，陕西省妇联社会福利部在一份报告中提出了这些问题，并承诺予以解决。见《咸阳县渭滨乡一年来妇女卫生工作情况》1956 年，亦见《1957 年 7—12 月份妇幼卫生工作安排意见》1958 年。

② 渭南县人民委员会 1957 年；《1957 年 7—12 月份妇幼卫生工作安排意见》1958 年。渭南县 1956 年的一份计划规定，接生员应该在 11 月末的农闲时节参加一个为期五天的培训课程；如果她们以前培训过，则参加一个为期三天的进修课程。妇女们每天除了上六个小时的课之外，还要独自学习两个小时和进行两个小时的讨论。培训课的重点是如何掌握正确的消毒方法。县政府给每位学员每天提供 0.5 元的补贴，其中 0.4 元用于膳食（由雇来的厨师准备），另外 0.1 元用于取暖和买课本。离 B 村最近的乡一共有 13018 人，打算培训 25 名新接生员并给另外 25 名接生员提供进修课。全县要培训和复训 570 名接生员（渭南县人民委员会 1956 年；亦见《渭南县 1957 年复训接生员工作计划》1956 年）。

③ 渭南县人民委员会 1957 年。省妇联一份报告气馁地指出，1957 年有些地区采用新法接生员的人的数量事实上减少了（妇联 178–175–030 1957 年）。妇联力图确保每个乡有一个接生站，每个生产大队和新成立的小型公社都配有一个接生员（妇联 178–189–010 1958 年 [8 月 18—23 日]）。

④ 省党委派出代表，表明这项工作至关重要，不能只丢给妇联和卫生局。

儿在产院待11天才花6元钱，而在这段时间丈夫可以集齐值30多元的工分，还说："再以该县1957年住院产妇四百五十一人计算，每人住院平均按十天计，就可节省出照护大力四千五百一十个劳动日从事农业生产。"将生育和产后护理社会化对家庭收入和集体经济有利。

省党委一开始提议在"大跃进""一天等于二十年"的口号下，于4个月内在每个乡建立一家医院、每个公社建立一个产院。但在大跃进初期高涨的热情中，会议的组织者们提出了一个更加雄心勃勃的计划：40天之内，每个乡要有一个医院和一个产院，每个公社要有一名卫生工作者、一名儿童保育员和一名接生员，还要有一个接生站、一个小卫生所和一个托儿所。① 在泾阳县召开的大会上，T村所在的地区被单独挑出来予以了表扬。据称，在不到两周的时间内，卫生工作者们就已经在每个乡建立了产院。② 杨安秀工作的产院在T村附近，有三个房间。有两个房间是给妇女生孩子用的，生完后可以在床上休息三天，产妇可以从家里带米来让产院的工作人员煮。第三个房间是托儿中心，安秀不接生的时候就帮一个老师一起照看孩子。③ 会议的组织者们说，这项雄心勃勃的产院计划的关键是要将群众动员起来。但建立产院是一项无资金支持的强令，各地也基本没钱去执行这一项命令。尽管会议文件洋洋洒洒，对群众的智慧极尽溢美之辞，但动员群众的具体手段却常常是让每个公社的社员去捐钱建产院。1959年，随着"大跃进"的展开，妇联的人员报告了该省一些产院物资极度匮乏和卫生状况十分恶劣的情况：

产妇住院之最大困难是没有被子。因为不少户都是一家人一床被子，

---

① 妇联178–207–067 1958年（8月18—23日）。亦见《陕西日报》1958年8月31日；《渭南日报》1960年5月21日。这次会议的第二个目标是扩大农村托儿所的数量，这样更多的妇女可以到地里去工作。这个问题在第七章和第九章有更详细的论述。

② 妇联178–207–067 1958年（8月18—23日）。此地区为汉中。

③ 与杨安秀的访谈，1997年。与杨在同一个地区的接生员李秀兰（1997年访谈）说，产妇可在她工作的产院住七天，每天吃一斤由生产大队提供的大米，还提供有鸡蛋和油。她不用接生的时候就在地里干活。曾帮Z村建立产院的鲁玉莲（1999年访谈）说，是大食堂为产后的妇女提供食物，1960年大食堂一解散，接生站也就关了。有关大食堂，见第九章。

产妇要带走全家就没得被子盖。这两个产院在建院时，由妇女群众集资给各制了一床公被。如果有两个产妇住院，就得盖接生员的被子。

一连产院的卫生很差，房子墙壁很黑，尘土很厚，接生用具乱放。没有做现成的敷料、脐卷、扎脐绳等。药品也不齐全。消毒用的蒸笼放在床下不用已多时了。产院的另一个问题是没有经费添补药品敷料。点油灯等开支无法解决，产妇住院也不收费。在这种情况下，一连两个接生员就采取给附近养路工人洗衣、做针线、抽空到山上拾桐子等办法赚一些钱贴补产院。她们又提出每个产妇住院收 1.5 元，添置接生用具及药品。但事实上这样做恐有困难。①

那么这样一来，当集体大食堂散伙并停止给产院提供粮食之后，很多产院也解散的现象就并不让人吃惊了。就在产院解散前，产院的产妇人数增加了。G 村的妇女在三年困难时期去产院是因为那里的食物比家里的要好。虽然产院那个时候不提供鸡蛋，但是会给产妇定量的面粉和红糖。② T 村的产院在 1961 年停办："办了两年，上面不支持你不行，又要柴火烧水，又要生活，自己又吃饭啦，以后就停了。"③

六七十年代终于出台了新的制度，那就是每个生产队都有一个卫生站，每个卫生站配有一个接生员。接生员一般都会到产妇家里去接生。每接生一个孩子，卫生站收取一定的费用（T 村是 0.5 元）。④ 生产队付给接生员工分。

① 妇联 178–211–005 1959 年。

② 与石翠玉的访谈，2001 年。在 T 村，只有接受新法接生的妇女才享有这样的定量，即使新法接生是在家里进行（与钱桃花的访谈，1997 年）。

③ 与冯素梅的访谈，1997 年。

④ 我本人 2008 年 11 月 9 日与高小贤的交流；与杨安秀的访谈，1997 年。李秀兰（1997 年访谈）说，给生产大队的妇女接生一次收费 0.7 元，不是大队的则收 1 元。据安秀说，这个价格一直从高级合作社时期维持到改革开放早期。当时价格涨至 2 元，归接生员所有。后来价格开始飙升：有几年是 3 元，然后是 5 元，并一直持续到 90 年代，再后来是 10 元，最后到了 1995 年则是 15 元，如果需打针止血的话，就还要多交 20 到 30 元。据说，1997 年 T 村在医院生产的妇女（杨安秀估计占总数的 40%）要花费 400 到 600 元。与此同时，生产大队的接生员人数从两个上升到七八个，受计划生育限制，90 年代每户家庭的婴儿诞生数量减少了。然而，尽管接生的价格上涨了，接生员在医疗方面的继续教育却中止了（与杨安秀的访谈，1997 年）。

没有妇女生孩子的时候，生产队就派接生员去送汤送药，宣传妇女卫生，给农业科学队帮忙，帮队里喂猪，或帮忙照顾孩子。有些村的接生员定期去产妇家里为她们进行产检，因为很多妇女都还不习惯去医院甚至去村里的诊所检查。① 但一直到合作化末期，让产妇集中到一个容易去并且方便去的医院生孩子的做法才开始兴起。

除了提供接生服务以外，合作社还要保护农村妇女的生殖健康。合作社的规定明确要求哺乳期的妇女应该被分到离家近的田里去劳作，以便她们有时间喂孩子。应该给怀孕超过七个月的妇女安排更轻的工作，不应让她们肩挑重物。县妇联宣传了一些因为让孕妇抬沙土或干其他重活而导致孕妇流产的例子，警告说要杜绝类似情况的发生。② 妇联提出了一项名为“三调三不调”的政策：“月经期调干不调温，怀孕期调轻不调重，哺乳期调近不调远。”③ 身强体壮、没有孩子、家务活计不多的天足妇女被调到更远的田里或山里去劳作。身体更弱、有孩子或家务繁重的妇女则被安排到附近的田里劳作，工作的任务也更轻。④ 每个合作社有个妇女队长负责为经期或怀孕的妇女安排更轻的工作任务。在 T 村，每个育龄期的妇女都有块写有她们名字的牌子挂在生产队里，行经的妇女如果要申请更轻的任务，可以自己把牌子

① 与周桂珍的访谈，1996 年。

② 《咸阳县渭滨乡一年来妇幼卫生工作情况》1956 年；丹凤县妇联 1957 年之一；与钱桃花的访谈，1997 年；与何改珍的访谈，1999 年。

③ 与王梅花的访谈，1996 年。关于这项政策如何在地方上展开以及 1956 年丹凤县妇女要求履行的任务，见丹凤县妇联 1958 年。

④ 丹凤县妇联 1957 年之一。有些县的妇联作了更细致的区分，将妇女分成三个小组：(1) 年轻且身体强壮、没什么家务活、没有孩子或孩子很少的妇女；(2) 身体强壮、有家务负担和孩子，或处在怀孕初期的妇女；(3) 上了年纪或体弱，家务负担繁重或有很多孩子，有小病，或处在孕期的妇女（渭南县民主妇女联合会 1958 年）。亦见妇联 178–164–018 1956 年（3 月 29 日）；妇联 178–175–030 1957 年（12 月 31 日）。关于全国对这一问题的评论，见《人民日报》1956 年 8 月 2 日。陕西省妇联在其 1958 年的计划中重申了“三调三不调”的必要性，还提了一个“大脚上山、小脚在平川”的口号（妇联 178–189–010 1958 [3 月 11 日]）。

翻转过来。[①] 挣取工分的需要通常使得妇女们不会提出这类请求。但给每个妇女挂一个名牌这一举动建立了一种规范，即一个妇女的生育状态关系到集体利益。几十年之后，随着国家颁布的严苛的计划生育法令，这一规范将会成为冲突的根源。[②]

从1958年起，妇女就享有产前和产后各一个月的休假资格。但如前一章所表明，很多妇女都享受不起这些福利："那还是给例假哩，咱这家贫些就不敢做，只能给找的轻省活，大的活了让别人去做，你凭分吃饭哩。"[③] 必须在田里劳动有时直接影响到生孩子。[④] 杨安秀讲了在一个在不断宫缩时还跑到地里去多挖几行土豆的年轻妇女的故事。安秀讲这个故事是为了说明合作化时期的农村妇女坚强能干，而现在的年轻妇女在生产前却老喜欢躺在床上，无法同她那一代的妇女相比。然而，大家普遍担心的工分问题还是从故事里渗透了出来："我说别挖了，回去。'哎呀婶婶，子门（那么）我当生了，喔一个白不得做活咋个家呀？不咋的。'我说淑平你这个洋芋恐怕挖……挖一两路看你挖的出头吧？我看她直是上厕所，就像我们进来这一下都上五六道。最后我说淑平你别挖了，挖到这一种你捡了，捡了你临时挖掘，算挖算（一边）捡，这个挣工不到这高（里）头。我说了她说，'不咋的，我起码还能挖两三路子'。我考虑这个事情还不要紧到的。最后都破了，破到田沟沟里了，都没法了。我把她搀上，搀到回去，我回去把手还没洗毕，她娃头都

① 与杨安秀的访谈，1997年。省妇联一份1957年的工作报告证实，有些地方用怀孕登记表格和经期牌来帮助妇女领导安排工作任务（妇联178–175–030 1957年［12月31日］）。

② 魏台玉（White）2006年，葛苏珊、温克勒（Winckler）2005年，葛苏珊2008年是近年来有关计划生育的优秀著作。魏台玉回顾了计划生育的起源，见第1—2章，第19—21页，及魏台玉1994年。葛苏珊和温克勒追溯了从20世纪初到毛泽东时代的人口政策的形成及其社会和政治影响。葛苏珊集中研究了后毛泽东时代初期被赋权的火箭科学家们如何不可思议地发展了计划生育政策。葛苏珊1990年、1993年、1994年，以及葛苏珊、李家立（音译）1995年论述了计划生育政策如何展开及其在中国农村引发的冲突，其中包含了大量来自陕西农村田野工作的数据。

③ 与马丽的访谈，1999年。

④ 高小贤2000年，第172页。

见了。"① 挣工分的迫切性也影响了坐月子和产后恢复，使得妇女们往往休息不到一百天就回到田里去劳作。产妇一般需要三个月的时间来恢复身体。很多妇女在讲述中都抱怨自己由于产后休息不够而患上了关节炎和其他病痛。这些病症在她们年老的时候加剧，并折磨着她们。②

妇女生殖健康中的避孕在农村受到了褒贬不一的评价。1956 年，中共政府开始在农村地区宣传避孕，此举比独生子女政策的出现早几十年。③ 陕西省卫生局和妇联带头开展节育工作。干部们参加县里和乡里的会议去学习有关避孕套和子宫帽的知识，然后回到家中向当地的妇女宣扬计划生育的好处，告诉她们生更多的孩子意味着她们的负担更沉重。④ 卫生局的官员让工作者们也向男子宣扬计划生育，"达到双方合作"。⑤ 县妇婴诊所和医院也被要求出售节育工具和药物，虽然这些活动在 1956 年仍处于试验阶段。⑥ 一直到 1958 年，"大跃进"运动势头有所减弱的时候，妇联召集干部去学习节育政策，制订个人生育计划以树立榜样，并向农村妇女提供避孕方面的指导。⑦

干部们虽然展示了一些避孕器具的样品，却没有把它们分发出去。卫生局的工作报告表明，很多村民都将避孕看成是不道德的行为，认为一个人有多少孩子是命中注定的。卫生局还警告道，宣传计划生育的工作人员应该避免"流于庸俗化的偏向"。具体是什么偏向并未说明，但是很明显大家对

---

① 与杨安秀的访谈，1997 年。

② 与周桂珍（1996 年）、冯娜（2001 年）、刘存雨（2001）的访谈。

③ 1956 年 9 月 11 日，陕西省有关当局传达了卫生部发布的一项通知，通知说"避孕是人民民主权利，政府应准备一切条件来指导并解决群众对避孕的需要"（陕西省卫生厅 1957 年）。

④ 与张朝凤的访谈，2001、2004 年。1956 年，省卫生厅培训了 53 名卫生工作者去教妇女们如何避孕（陕西省卫生厅 1957 年）。

⑤ 陕西省卫生厅 1957 年。

⑥ 《1957 年 7—12 月份妇幼卫生工作安排意见》1958 年；陕西省卫生厅 1957 年。

⑦ 妇联 178–189–010 1958 年。关于党内 50 年代初对是否要鼓励计划生育的论争，以及从 50 年代中期鼓励个人计划生育到 1956—1957 年鼓励全国计划生育再到"大跃进"期间计划生育的中止，见魏台玉 1994 年、1996 年，第 5—7、19—41 页；葛苏珊 2008 年，第 53、56—58 页。

公开谈论两性关系感到不自在。[①] 卫生局还提议每个诊所收集每个请求节育的妇女及其丈夫的名字、年龄、从事的行业；她的生育和避孕历史；她想要避孕的原因；提供给她的避孕方法的效果。这次早期的试图收集登记避孕妇女有关数据的雄心勃勃的尝试并没有得到广泛实施。[②] 但在 G 村当妇女干部的张朝凤说，一开始的避孕宣传并未收效。“那群众还不习惯，还有些人还就骂得，说是你管的多了，还管人生娃，又不要你养，你不要你咋。”[③] 然而不久后，这种态度就会改变。得到提升之后的卫生护理条件成功地减少了婴儿死亡率。在合作化的整体环境下，不断增长的孩子数量给家庭带来越来越大的经济困难，给妇女带来了沉重的家务负担。

超越运动时间：接生的故事

绝大多数陕西婴儿继续在家出生，除了一部分是由接生员接生以外，大部分由婆婆接生或者自己接生。一直到合作化时期，一些家庭负担不起或者不需要接生员，也并不是每个村都能容易地请到接生员。很多妇女讲述了自己接生孩子的事，自己剪断脐带，包好孩子，而这时她们的邻居则在集体的田里劳作，听不到她们生孩子，又或者是产妇的丈夫赶去叫接生员，而接生员还没赶到。[④] G 村的刘谷雨在刚把午饭的馒头放到蒸锅里，第五个孩子就出生了；孩子生下来的时候馒头都还没蒸好。[⑤]

有的妇女生孩子的时候不愿意有外人在场，连接生员也不行。一天，正在受训的接生员马丽收到一条紧急消息，说她表嫂正难产。表嫂前一年刚死了一个婴儿。马丽跑到她师傅家求助，师傅是经验丰富的接生员刘西罕。

---

① 陕西省卫生厅 1957 年。

② 陕西省卫生厅 1957 年。

③ 与张朝凤的访谈，2001、2004 年。

④ 与周桂珍（1996 年）、康汝清（1997 年）、钱桃花（1997 年）、何改珍（1999 年）、刘谷雨（2001 年）的访谈。

⑤ 与刘谷雨的访谈，2001 年。

师徒俩连忙赶到马丽的表哥家。尽管是她婆婆找的接生员，表嫂也不愿见到她们。分娩时宫缩的间隙，表嫂责骂了她们。“人家说：‘难受，生个娃叫你都来看一下。你是看把戏哩吧？’噢，人家就不叫你到跟前去，去就坐了几个小时。人家不让看，那老婆（刘西罕）就说：‘厉害啥哩，给你办好事来了，都是妇女吆，看啥来了。’”等到表嫂愿意让接生员帮忙的时候，为时已晚了。“娃的一个胳膊在吊着哩。老婆把她弄上炕，把胳膊慢慢送上去，送上去，又下来了，那老婆就说是这个娃成不了。娃一个胳膊下来了，头在里头弯着哩，最后弄下来就死了。”①

除了显而易见的痛苦和危险以外，生孩子还是新娘融入婆家的转折点。我们之前已经看到过，关中和山南的妇女在婚后经常回娘家，有时一住就是几个星期。但在娘家生孩子却是禁忌。②如果母亲觉得在娘家探亲的女儿可能要生孩子了，她就会急忙把女儿送回婆家去。③母亲若是给自己女儿叫接生员，就会受到女儿婆家的严厉批评，甚至如果出了什么差错也会归咎于她。④当地人相信：“亲妈生死都不见……死了人家不见那种瘟气，生了也不见。”禁止母亲帮女儿接生孩子的做法也延及招赘婚姻中跟母亲一起住的妇女。由于母亲不准来帮忙，而一个来帮忙的亲戚则因要在新年做饭不愿因接生而沾上血污，何改珍只好自己接生。“人家毛娃身上光太哩，人家那我一捉哩，人家咕咚一声给滚到水盆子里，喝了口水，她鼻子囔了一百多天。”⑤

无论从礼俗上来讲还是从实践上来讲，通常妇女生了第一个孩子后都不能常回娘家了。这也通常是婆婆全面掌管儿媳生活的开始。1949 年前后的接生故事中，婆婆一直扮演着主角，她们的形象也通常不是什么正面的。许多妇女都将流产归咎于她们跟婆婆或者是夫家年长的妇女之间的肢体或情

① 与马丽的访谈，1999 年。
② 与赵凤娥的访谈，1996 年。
③ 与乔引娣的访谈，2001 年。
④ 与杨安秀的访谈，1997 年。
⑤ 与何改珍的访谈，1999 年。

感上的冲突。[①] 许多妇女在回忆第一次生孩子的时候，首先提到的不仅仅是恐惧和痛苦，还有婆婆、丈夫或者二者同时的冷漠和袖手旁观。本书第四章提到的积极分子、后来离了婚的李六斤，就曾因为她的政治活动而跟夫家数年不睦。她两次生孩子的经历，第一次是在40年代后期，另一次是在解放后，都显出她对丈夫和婆婆的强烈不满："我生我们头一个女子时是十七岁，发作了那天黑了我们在一个床上睡到的，都没有人说。最后人家去割柴呀，我还起来给做饭，扒到锅头上搅锅的时候都疼得没法，最后硬几个三下把饭kóng（汤滤干）了。饭蒸上，起来吃饭时，我也没说，不知道，他也不知道我要生了嘛，我也没说过。"

"最后他走了，发作，到堂屋里转出转进的走。肚子疼得没法，那才十七岁嘛！所以转了一些，走了一些，到吃早饭的时候呢，都生过小孩的吗，肚子疼得不得了，憋到生不下来。"

"安到板凳上，把屁股嘛坐到抵，……不能睡！有个啥法呀，天老爷！一坐呀都要命。最后就喔个家转出转进走。疼得没法，一直疼到下午阵了没法。我那时当女子家时听到人家说，生月娃的时候了嘛。奔了后了睡哩。人家又说的睡不得，睡了趴到心上去了。想了想，说，死活管他去，我来睡。我呕气趴到我床上去，展展的睡到床上，睡到床上是，一下逼了两gang子（阵子），挣了两阵子，月娃到前头来了，奔到前头来是。叮叮咣咣挣了两阵子，月娃滚下来了。落下来之后，老婆婆弄了个木盆舀了点水来。给我搁到床边上，给了我个剪子，我自己一些把月娃子脐带一铰，绾了几个疙瘩，给了一坨套子（旧面花）扒到高头，我提前也准备了。弄了些布布，袋袋包到起，月娃一洗包到，弄了个裤子布。yi子（胎盘）是自己落了的，就是喔。"

"人家（丈夫）割柴的还没回来。你说按这当乎这个夫妻噢。那都有了感觉得说一下子，夫妻感情就这个球势呢（样子）？我没说他也不知道。就这个样儿来！这是生头一个小孩这个样子。"

"生第二个娃儿时，到喔守谷子，我们bá（扒）了个铺，守谷子呢。肚

---

① 与周桂珍（1996年）、王西芹（1996年）的访谈。

子又疼了，我就爬起来。跟到那一样，水一破，又奔后了。我就进睡房里去。地下给了个一扫，展展睡到地下，睡到月娃落了都才爬起来。你还说！这个事情啦，睡到地下，最后娃儿落到地下了，才爬起来捡月娃，才抱到床上去。你说那当乎就这样儿！”①

我们无法从官方资料和农村妇女的个体生育故事中知道这种家庭关系有多普遍，也无法知道这种关系是何时发生转变的。50年代有些年轻妇女积极分子在她们组织工作的过程中了解到了新法接生。她们有信心——或许也有外界支持——要求接生员照顾她们生孩子。②当像李六斤这一代的妇女描述她们儿媳的生育经历时，她们提到的是医院和昂贵的医疗费用，并说没有像她们那样干过重活的妇女在第一次生产时更困难。这些人中的接生员也讲了她们最近接生时遇到的难产的情况。她们村里的妇女生孩子已经不再是孤军奋战，而新妇通常也不跟婆婆同住一个屋檐下，更不用说受婆婆掌控了。但还是难以想象这类家庭关系的变化会像接生方法的变化那样快。生育行为不仅受到国家运动的制约，还受到整个社会关系的制约，因为接生员和产妇都无法脱离这种关系。③像下面有关接生员刘西罕的故事所表明的，这些关系超越了看得见的农村社会关系而进入了看不见的灵异世界。

刘西罕和有关生育危险的魑魅魍魉

接生员刘西罕大约在1906年出生于西关村一个后来被划为“地主”的家庭。7岁的时候她就开始帮母亲干家务活和接生。14岁时，她嫁给了一个后来是中农的家庭，并搬到了Z村，在家织布。1949年前，她就开始在Z村接生。解放后，她成了积极分子，并当上了农会一个组的组长，还加入了妇联。她接受了接生培训，并于1952年2月成为Z村接生站站长，该站是

① 与李六斤的访谈，1997年。她第二个孩子在11个月大时死于“夏麻子”。后来李六斤离婚时（如第六章所述），她有一个女儿活了下来。

② 与冯素梅的访谈，1997年。

③ 有关改革开放时期中国农村的生育文化，见李银河1993年；高小贤2002年。

妇联在该县建立的 13 个接生站之一。在她当站长的三年期间，有 8 个人在她手下工作。到 1955 年为止，她接生了 41 个孩子，无一例四六风，产妇也没有得产后疾病。① 她在乡亲中的威信很高。何改珍觉得她 1953 年生的孩子之所以死于败血症，就是因为不是刘西罕接生的。她第二年生的二儿子是刘西罕接生的，就活了下来。刘西罕接生从不收费，乡政府给她发接生器具的费用。②

刘西罕积极宣传新法接生，还唱歌歌颂新法接生的好处。③ 她在其他各方面也是个模范公民，1954 年还说服她丈夫和邻居把余粮卖给国家。由于她宣扬并不受欢迎的统购统销，她一个邻居骂道："刘西罕，你把我的锅提去，把我的被子拿去，我吊死你门口去。"但一份关于她模范行为的报告称，她仍然十分耐心地劝导邻居，不停跟她讲旧社会粮食多么匮乏，直到这个老妇人最终作出让步把余粮卖给国家。从各方面来讲，她似乎都是党和国家塑造的新一代农村妇女的典范。④

然而，当农村妇女忆起死于 50 年代末或 60 年代初的刘西罕时，她们的记忆却比官方出版物和内部资料白描的关于安全接生（和统购统销）的内容要复杂得多。尽管农村妇女称赞她新法接生的技巧，但她们也认为刘西罕和所有给人接生的人一样，在婴儿出生时会遇到很大的危险。据她们讲，生产不仅威胁产妇，对接生的人也同样不祥，新法接生也无法驱除这种不祥。

村里人认为生产时的血污对接生的人和她所接触的人都不吉利。马丽记得自己帮刘西罕接生之后带回家一些黄瓜，但谁都不敢吃："（人家说）她脏的太太，你没看她做啥去了呀，说笑的说哩，笑哩，拿的东西都没人吃了，我就不喜欢了。"⑤ 据另一个妇女回忆，刘西罕的前任也是一个技术高明

① 丹凤县民主妇女联合会 1995 年。有关该县复训的接生员人数及接生站数量，见丹凤县妇联 1952 年之一，1953 年之一。

② 与何改珍的访谈，1999 年。

③ 丹凤县民主妇女联合会 1995 年；与何改珍的访谈，1999 年。

④ 丹凤县民主妇女联合会 1955 年。

⑤ 与马丽的访谈，1999 年。关于产后血污的观点，亦见芮马丁（Ahern）1975 年。

的旧产婆，但是由于经常接触生产的血污，导致眼睛瞎了。因为这个原因，一个妇女拒绝了刘西罕教她接生的提议："我这眼睛不太好，我不学这。学这血气扑眼睛，我不学这。"①

即使在解放后，即使在设立了接生站刘西罕当了站长之后，即使在消毒得到普及和四六风越来越少的情况下，接生的不祥还是没有消失。最后，人们说，刘西罕是"接生给接死了，把命给送了"。有次接生的时候，她发现自己接下了一个畸形又奇臭无比的东西。②"接生，到那把那娃，看她掉下地以后，不知道是娃不是娃。她吓得那一晚就发高烧。第二天才给她屋里娃带信，这娃子去把他妈抬回来的，像这下午，嗯，像是我来这时候回来的。到下午四点，就没气了，就死了。哦，那个老婆呀，人家接生接的好太呀，谁要是一喊，那应声得很呀，人家说那人受罪着了么，一喊，她说我就走。"③

这不是刘西罕之死的完整版本。在她死前几个月的一天，她向同村的一个女人透露了一个闹鬼的故事，并让她发誓保密。这个人是这样回忆的："还有那一年，她下来给我说，我到底都没敢给人说过，人家说：'改珍呀，我都不敢说，你可不敢说哇，说了人家政府明儿斗我哩。'那黑上有个人，小伙子，在她窗底下喊她哩说，婶子，给我接生，就说这两句。她说哦，来了，她就穿衣起来，把那药箱子背上。"

"人家说那小伙子给它背上，就那……东坡坡那儿，回去后，没拿包包（药箱），上面写的有十字，划的那十字。老汉到第二天说，呀，你那包包咋没背呢？人家说，娃，你给我倒一点儿水叫我把手给洗下子。人家说，婶子，那没有水呀，人家说我还没有啥给你做点吃的。（刘西罕说）我不吃，你叫我给手洗一下子，我不吃你啥，你把我手洗一下子。人家说没有水她就

① 与何改珍的访谈，1999 年。

② 费侠莉（1999 年，第 107 页）指出，在宋代的信仰中，妇女妊娠与鬼魂密切相关："尤其是对怀孕的妇女而言，灵界充满了鬼胎，这些胎儿要么是流产的或被堕胎的，要么是死胎或一出生就被弄死。这些胎儿可能会在孕妇的周围游荡……使其分娩极为痛苦或诞出怪胎。"吴一立（2002 年，第 188—195 页）追溯了中国古典医学对鬼胎的论述，鬼胎被认为是一种假孕，是人与鬼交媾或妇女性生活不如意的结果。

③ 与何改珍的访谈，1999 年。

到人家那石头上擦擦，抹抹后，就回来了。”

“药箱子，老汉去寻了，在人家那家坟头上。那血手摸到人家坟头上，那石头上，她吓得回来看数（只）给我说，她就不敢给别人说，给人家说，公家斗她哩，嘿，公家斗哩。吓得不敢说，这是迷信，给人家……给人家阴间接生去了，某老婆没多长时间到那接生，就把命送了。”①

在这个故事中，这个新法接生员带着充沛的服务精神出去接生。这种精神不但为她同时代的接生员所共有，还被国家的出版物所赞扬。接生之后她害怕了。她那带有红十字的医药箱不见了，而她丈夫找到医药箱的地方都表明有什么事很不对劲。她不知道她把医药箱带到了幽冥之界，还接生了个鬼孩子。这本身就是令人毛骨悚然的越界。尽管她是以个体来经历这种恐惧的，但反映的却是一种古老而强烈的群体恐惧，许多中国的神怪故事几乎都有与此几乎完全一致的情节。②

然而刘西罕的恐惧还不止这些：她还害怕她的恐惧会被当作迷信遭到批判，因为她已经接受了科学，而且还在村子里积极宣传科学。科学的世界和一套关于接生员的旧观念碰撞到一起，而在当时的情况下，如果她想进步，想做贡献，不受谴责，她能讲的就只能是科学。所以她保持沉默，或者基本沉默。不久以后，阴魂不散的鬼魅来找她接生，这次就要了她的命。

关键不在于是否妖魔鬼怪真的要了她的命，也不在于是否重复打击加速了她的死亡。③ 我们无法知道她自己是否将这两次带给她创伤的接生联系

---

① 与何改珍的访谈，1999 年。

② 余华在其短篇小说《世事如烟》（1996 年，第 87—93、104、109—10 页）中也采用了这一主题：一个接生婆在接生了一个鬼婴之后死了。他可能凭借的是可追溯到唐代（618—907 C.E.）的鬼故事主题。我对安德鲁・琼斯（Andrew Jones）提醒我对刘西罕的故事为何如此熟悉深表谢忱。有关 17 世纪的中国小说中反复出现“男人使女鬼受孕”这一主题，见蔡九迪（Zeitlin）2007 年，尤其是第 1 章。怀特（2000 年之二：第 19 页）写道：“当人们接受流传的故事并将它们转化为个人的故事时，他们并不是在编故事：他们在指控和自白中运用强大的、共有的词汇。词汇是共有的这一事实给了指控和自白力量。它们是真还是假无关紧要。”

③ 我的目标并不高：我想探索鬼魂和鬼故事对刘西罕的生活和死亡，以及那些记得她的人的生活产生了什么影响。怀特 2000 年之二讨论了肯尼亚的类似的问题。根据刘西罕的死

到了一起。我们可以肯定的是，妇女们记得她不仅仅是因为她的技巧，她对新法接生的投入，她的热情，还因为她是因为接生死的。就像一个采访对象说的，刘西罕“接生给死了”，而这个采访对象本人在50年代也是个积极分子。

对新中国成立初期的妇女来说，生孩子的阈限性和危险在50年代就像需要消毒医疗器械一样真实，而且在90年代的记忆里也仍然真实。① 从某种意义上讲，这些妇女的确按国家时间生活——她们激动地说起那些运动对她们生活的改变。然而国家时间与其他时间共存，或者说国家时间按照其他时间的反面来定义自己，而其他时间却并不因新的国家政权的降临而消失。

国家当局讲述的标准的生育改革故事，有关调查小组的传说，雄心勃勃的策划者们，以及模范接生员都无法完全涵盖“接生员”这个主题。部分是因为国家没有一直关注妇女的生育健康，其注意力常常被其他互相冲突的需求分散或淹没。嵌套在家庭关系中的生育与其说是线性的，倒不如说是不断出现的、不连贯的，而国家亦不能用已有的生产指标和向现代性跃进的范畴简单地将生育纳入运动时间。但这些标准故事中的记录也不充分，因为知识、观念和行为以复杂的方式流动扩散，是“国家是科学知识传播者”这一模式所无法捕捉的。这也表明，要全面历史地理解农村生育和接生以及50年代的中国农村，当然需要完整记录国家运动，也需要探索妇女的记忆——那些她们愿意并且能够讲述的记忆。

亡时间——死亡日期尚不能确定——关于她的故事里鬼魂的存在可能也映射出20世纪60年代初的情况，当时Z村尚未从“大跃进”后的饥荒（见第九章）中恢复过来。木克尔（[Erik Mueggler] 2001年）在研究云南的彝族地区时指出，大饥荒造成大量人口死亡后，“野鬼”以及安抚“野鬼”的需要困扰着村民们，并一直持续到20世纪90年代。史蒂夫·史密斯（[Steve Smith] 2006年）在研究20世纪60年代初的谣言现象时指出，中国很多谣言都是关于鬼在人间游荡的。他认为，当人们说有很多鬼时，这表明了“对死者的社会控制失败了，也表明人类世界与超自然世界的边界不稳定”（第419页）。他认为饥荒可能使游荡鬼魂的故事愈演愈烈。

① 我们的助理也有同感。她当时是北京大学的研究生，她说听了这个故事之后一连数天都无法入睡。

第七章　母　亲

在我们采访刘冬梅的前一年，一场高烧夺去了她一只眼睛的视力。在未失明之前，她精湛的刺绣工艺在Z村是出了名的。村里的人家都买她绣工精致的枕头给出嫁的女儿装饰婚床，她绣的婴儿肚兜也十分受欢迎。冬梅的故事充满了智慧和活力。她生于1932年，7岁起就成了新教徒。她母亲皈依新教时，希望主能赐给她一个儿子。母亲这一愿望后来两次得以实现——她生了两个儿子。8岁时冬梅在市集上帮母亲卖蚕茧，眼尖的她认出了头一天买她们家蚕茧的一个男人，并大胆地对那个男人说他还欠她们家的钱。那个人对冬梅留下了深刻的印象，并要她做自己的孙媳妇。数年后，冬梅嫁给了他孙子。50年代，身为干部的冬梅为修筑丹河的大坝拖运石块。冬梅的小姑子说，冬梅“身体好，二十来里路背人家演电影的机子”。1995年，她在一床巨型被子上绣出了精美绝伦的方格图案，这床被子在北京怀柔举行的联合国第四次世界妇女大会上展出。刘冬梅说起这些事情的时候，洋溢着幸福和自豪。但当说起在集体化时期当母亲的经历时，她记得的则是身体的疲劳和一大群孩子。那些回忆里饱含了愤怒。①

随着无休止战争的结束和复训农村接生员工作的顺利进行，50年代陕西许多农村家庭都有四五个甚至更多的孩子。抚养和照看孩子的负担大部分都落到了妇女肩上，这些妇女还要响应国家的号召去下田劳动，结果妇女们疲惫不堪、精疲力竭。讲述集体化时期的生活时，妇女们常常弄乱互助组和高级合作社在时间上的先后顺序，把旧社会向前移几十年，重新排列运动的

① 与刘冬梅（1999年）、冯小芹（1999年）的访谈。

名称。但是，她们孩子出生的以农历和十二生肖（如鼠年、牛年等等）为标记的年份，却依然是她们记忆时最可靠的组织时间的方式。

本章紧随着这些记忆而展开，从运动时间转向家庭时间。在这个时间内，妇女为不断增多的孩子提供吃穿并照顾他们。财政和政治上的需要使妇女不得不每天到地里从事集体劳作，而与此同时，她们的家庭责任却一直都在，未被命名，也得不到报酬。① 相比男人，她们在地里的时间更短，工分也更少，但她们工作的时间却长得多。妇联曾试图在农忙季节组织农村托儿小组，我们的采访对象中也有一些妇女在集体组织的缝纫小组短暂地工作过。但国家和地方领导都没有将家务活的社会化持续贯彻下去。张朝凤评论道："50年代那会儿社会上有了地位，家务活方面活重了。"②

尽管家务活在妇女的叙述中无处不在，却很少在有关50年代的文字记载中被提及。在妇女们对集体化时期的叙述中，针线活这项活动最能体现家庭生活无休止的、短暂的，并偶尔具有创造力的时间性。妇女有关集体田野劳作的记忆跟她们深夜在炕上缝补（古老的勤劳妇女的形象）和到生产队开会的叙述互相交织缠绕在一起。在分析集体化时期的成就、不足之处、社会性别化的劳动分工，以及妇女生活的转型时，必须承认的是，农村社会主义遮蔽了妇女大部分实际劳动。我们的分析还应该将那些实际劳动产出的物质产品考虑在内，这些产品不仅包括像鞋底和衣服这些工作用的东西，还包括那些设计各异的手织床单和方巾、刺绣的鞋垫和枕套，以及精雕细刻的花馍。这些都彰显了妇女在休闲时间，甚至睡眠都常年缺乏的生活中具有创造力和活力的方面。

本章首先叙述农村妇女家务劳动如何成为新的隐性存在。这种家务劳动从帝制时代的统治者们以及20世纪初期的改革者们那里得到的关注，无疑要比1949年新中国成立后的要多。此章探讨妇女为家庭提供吃穿而做的必备工作，以及不断壮大的家庭如何给集体化时期的三世同堂之家带来预想

① 郭于华2003年，第50页在其对陕北妇女的访谈中也持类似的论点。

② 与张朝凤的访谈，2001年。

不到的巨大压力。本章还审视妇女在灯下做针线活这一反复出现的强有力的形象，这个经久不衰的代表女子勤劳美德的象征在集体化时期得到了新的表达。本章的结尾回到有关孩子的问题上来：托儿方面令人沮丧的不连贯性，母亲和孩子之间特殊的感情联系，以及这一代妇女养育孩子的辛苦如何影响了她们对后来改革开放时期国家计划生育的态度。

使可见的变为不可见的

帝国时代政治思想的核心教条是：通常由妇女在家庭中灌输的价值观是社会秩序和国家运作的基石。从这个意义上来讲，家庭一点都不私密。帝国晚期的经世文章的作者们无休止地宣扬：妇女手工劳动对农业经济的健康发展至关重要，因此也对国家本身的稳定至关重要。① 帝国的官员们既将家庭领域视为他们权力的根基，也将其看作是适合极力歌颂赞美的对象。②

20 世纪早期的活动家们颠覆了晚清帝国思想家们赋予的家庭是国家的基石这一正面意义。相反地，他们认为，男人从家里学会了毕恭毕敬，并将这种陋习带到公共领域，使自己成为奴隶似的国民，使中国成为奴性十足的国家。③ 这些改革者们所描述的“传统”妇女不再是道德的楷模和家庭中不知疲倦的生产者，而是为压迫的、以家庭为中心的封建传统所压垮的人。她们裹着小脚，封闭在家，拒绝接受最基础的教育，经济上毫无生产力。改良者和革命家们自称，他们的任务是移除这些重压，解放妇女作为有教养的国

---

① 曼素恩（Mann）1997 年，第 143—165 页。有关经世的著述不应被看成是对政治经济活动的直接记录。曼指出，尽管经世文章的作者们吹捧妇女纺棉和丝织带来的益处——既给家庭带来收入，也可以防止妇女懒散——但是原始工业和行会让中国最发达地区的女工变得不那么重要了。然而，曼认为，官员们对妇女家庭劳动的大力宣传，以及家庭里年轻的已婚妇女服侍夫家父母的做法，可能导致“工业化前夕可供使用的进入中国工厂的妇女人数下降”（第 176 页）。

② 上层精英家庭里大都身居官职的家长们在规训家中得体行为的训诫文字中，也强调了家庭与国家之间的密切联系。例子可参见费侠莉 1990 年。

③ 舒横哲（Schwarz）1986 年，第 107—117 页；柯瑞佳（Karl）2002 年。

民、劳动者和人的潜能。[①] 从实证经验来讲，这种有关妇女的表述在一些方面（或对一些妇女）是准确的，而在另一些方面则歪曲了事实。但这种表述转移了注意力，将家庭视为公共恶习的根源，而非公共秩序的根基。

20 世纪有关家庭的著述也颠倒了之前赋予城市和农村的价值意义。20 世纪以前，农业被认为比商业更根本、更高尚，农耕家庭代表了社会的核心价值。然而，到了 20 世纪，许多改革者都将中国的城市看成是形成现代化的地方。家庭领域被认为是放置现代行为的关键节点。一对自由结婚的城市夫妻组成的“小家庭”则是这种家庭领域的缩影。[②] 农村的家庭被认为是深陷在封建思想的泥淖之中，无法达到城市的文明程度。1927 年，在其革命生涯的早期，毛泽东回应了这些问题，他这一回应后来成了著名的对妇女重担的陈述：“（一）由一国、一省、一县以至一乡的国家系统（政权）；（二）由宗祠、支祠以至家长的家族系统（族权）；（三）由阎罗天子、城隍庙王以至土地菩萨的阴间系统以及由玉皇上帝以至各种神怪的神仙系统——总称之为鬼神系统（神权）。至于女子，除受上述三种权力的支配以外，还受男子的支配（夫权）。”[③]

在革命的初始阶段，毛像任何帝国时期经世文章的作者一样能言善辩，一一详述了家庭中的经济活动有多少是由妇女来完成的。1930 年，他在一篇写于江西东南部的文章中指出：

> 严格说来，她们在耕种上尽的责任比男子还要多……帮挑粪草，帮担谷米、莳田、耘田、捡草、铲田塍田壁、倒田、割禾等项工作，均是男子作主，女子帮助；砻谷、踏碓、淋园、莳菜、砍柴割草、烧茶煮饭、挑水供猪、经管头牲（六畜叫头牲）、洗裙荡衫、补衫做鞋、扫地洗碗等项工作，则是女子作主，男子帮助。加以养育儿女是女子的专职，所以女子的劳苦实

---

① 詹森（[Jensen] 1997 年）探讨了这套连贯的（最终被痛斥的）学说在后来被标为“儒家”的形成过程。高彦颐（1994 年，2005 年）批判地考察了五四时期关于妇女和国家贫弱的表述。

② 葛淑娴（Glosser）2003 年。

③ 毛泽东 1975 年，第 44 页。

在比男子要厉害。她们的工作不成片段，这件未歇，那件又到。[①]

对毛而言，地主阶级拥有的政治权威是中国农民受压迫的根源，推翻这种权威将会削弱其他三种权威，而解放妇女不过是更广阔的革命进程中的一项附带产品。[②] 1927 年后，随着共产党将革命活动的主要阵地转向农村，共产党对婚姻和家庭进行了改革试验，但把主要工作集中在增强军事力量、加大经济生产和指导地方治理这些方面。

对这些后来构成新公共领域的方面的强调一直持续到新中国成立后。50 年代农村地区的活动主要集中在以下方面：建立党和群众组织、集体化、更全面地将妇女纳入农业生产当中。除了婚姻法运动以外，重塑家庭关系也是一项重要性小得多的政策目标。[③] 这个时期的新特点是公共领域的重要性得到极大的加强：公共领域将会是社会变革的中心所在地，指定的重要活动的领域，国民们会自然而然倾注忠诚和热爱的地方。

这并不是国家对妇女缄口不提。妇女随处可见——她们作为国家主体、劳动模范、干部和农业工作者愉快地在公共空间里移动。妇女的劳动被赞

① 毛泽东、汤普森（Thompson）1990 年，第 212—213 页。

② 克罗尔（Croll）1980 年，第 189 页。

③ 1954 年的《中华人民共和国宪法》第三章第 96 条规定："中华人民共和国妇女在政治的、经济的、文化的、社会的和家庭的生活各方面享有同男子平等的权利。"虽然规定的条目不同，1975 年和 1978 年的宪法重申了这项规定。（1975 年的宪法规定妇女"在各方面享有同男子平等的权利"，没有具体指明领域，但 1978 年的宪法用回了 1954 年宪法的语言。1978 年的宪法还规定，"国家提倡和推行计划生育。"）见齐信（音译）等 1979 年，第 172、198、226 页。1950 年的《婚姻法》第三章"夫妻间的权利和义务"规定：夫妻在家庭中地位平等；夫妻有互爱互敬、劳动生产、抚育子女的义务；夫妻双方均有选择职业的自由；夫妻双方对于家庭财产有平等的所有权和处理权。第四章"父母子女间的关系"规定：父母与子女双方之间均不得虐待或遗弃。所有这些规定，尤其是如果得以施行（或可施行）的话，肯定会从根本上重塑家庭关系。然而，当我们将《婚姻法》与同一时期的其他法令，如《土地改革法》（1950 年）和《高级农业生产合作社示范章程》的细节和条款进行比对阅读时，就会发现《婚姻法》里有关家庭的规定对生产和生育两种家庭劳动都缺乏关注，这点令人感到震惊。1950 年的《婚姻法》的英译版本为 12 页；《土地改革法》为 7 页。《婚姻法》英文译文，见王恩保（音译）1976 年，第 383—394 页。有关土地改革法和合作社章程，见王 1976 年，395—532 页。

扬、被鼓励、被宣传，但这种劳动是指狭义的增加作物产量的农业生产劳动。社会主义国家并没有（像帝国的思想者那样）将家庭领域看作是国家的基础，也没有（像20世纪初期的革命者那样）将家庭领域看成是社会和政治落后的主要原因。国家对家庭领域——社会性别关系的重要领域——发生的生产和情感活动却只字不提。

家庭领域并不是显而易见的、可以轻易勾画出来的实体空间，而是一个文化和意识形态领域。1949年后国家宣布的政策虽然断断续续地关注了婚姻改革和家庭和谐的问题，但是大部分政策都将家庭领域描述成是潜藏封建残余和阻碍社会主义工程的地方。但封建残余应该消失，家务劳动最终要社会化，尽管这其中的细节尚不清楚。50年代的中国没有人料到家庭会消亡，尽管1958年的“大跃进”运动用“吃饭食堂化，劳动军事化，穿衣缝纫化”（翻译成英语并不动听）的口号声势浩大地承诺将家庭的一些功能社会化。家务劳动社会化的前景很快就随着“大跃进”的失败变得黯淡。家庭不再是政治秩序的主要来源，也不再是现代化的严重阻碍，而被看成是一个残余、被动的人类活动领域。

尽管社会主义国家不再重视家庭领域，但它却比之前任何政权都更加全面深刻地改造了家庭领域。这些改造通过国家的生产政策和将妇女动员为国家主体的方法得以实现。① 但是浸淫在妇女们日常生活中的家务职责却无法得到表达，按革命提供的语言，它们也很少被说成是一个劳动问题。妇女参与家庭经济活动的主要形式——针对市场的纺织——已在革命早期就被摒弃了。② 对市场的管理和限制使得妇女经营的其他副业（家畜饲养、手工等）

① 白露1994年。

② 有关妇女什么时候不再为市场生产布匹这个问题，乡民们众说纷纭：有些说是在土改之后，有些则说是在初级合作社时期（与曹竹香、刘真西2006年的访谈）。1949年之前，陕南并不是重要的产棉区，人们纺织只供己用，这跟关中的情形相反（与徐妮妮的访谈，1997年）。罗迪（Nicholas Lardy）写道，农村的棉花手工业生产“受到50年代中期所采取的价格和市场政策的压制，极大地削减了产棉区农民传统上能够获得的赚取收益的机会。国家在成为原棉的垄断买方的同时，又成为了棉纺织品的垄断卖方。此外，国家还设定原棉和纺织成品的价格以进一步对农业部门课税”（“国家计划、市场政策和农民

在产生家庭收入中的重要性也远远降低了。① 从那以后，革命的语汇里再没有家务劳动这种说法。“劳动”通常仅用来指田里的劳动和集体副业生产，正如“工作”一词只用来指带薪资的劳动一样。② 家庭里所发生的不是劳动，而是家务活。

家庭生活

社会主义时期的大部分时间，农民们继续在家中制作和消费食物，生产和清洗衣服，与此同时还要养育一大群孩子，家务活源源不断。在农村没有人——无论是干部、男人还是妇女自己——质疑过劳动的分工，而其中大部分劳动都归妇女完成。③ 尽管男人也会搬柴运水、在厨房生火、看孩子、扫院子或在妻子外出开会或接生时偶尔做一顿饭，但做家务活和家政的主要职责还是落到了家里身强力壮的妇女们头上。④ 山秀珍村里的人们这样说道：“男的是个耙，女人是个匣，不怕耙没刺，单怕匣没底。你看这家庭，妇女能管好。”⑤ 但Z村一些男人为了取笑“女人在田里可以干一个男人的活”的想法，继续贬低家务活。马丽说起这些男人的戏谑和挖苦：“男的就说男女

机会”，未发表论文，1983年，引自弗美尔［Vermeer］1988年，第352页）。据弗美尔描述，国家和农民在关于农民应该留下多少原棉为己所用的问题上展开了一场拔河。到1957年，纺织厂原棉不够，国家迫使合作社放弃棉花手工业的生产并将原棉卖给国家。“农民生产的棉布和棉线不得自由售卖”并被视为统购统销的威胁和早期资本主义的标志（第357页）。弗美尔的大部分叙述都是以《陕西日报》上的资料为依据。

① 早期有关应该如何建设城乡关系，包括副业的作用的观点，见卢蕻1950年。孙德山、吴岩1982年简短概述了集体化时期各个阶段的副业政策，但并未特别关注社会性别劳动分工。

② 克罗尔（1994年，第19页）有力地评论道，虽然家庭在集体下被视为隐性存在，但它依然是一个重要的经济单位。

③ 这种安排一直持续到改革开放时期。见高小贤2000年，第168—170页。

④ 与周桂珍（1996年）、王友娜（1997年）、庄小霞（1996年）、杨安秀（1997年）、曹竹香（1996年）、马丽（1999年）的访谈。艾华（Harriet Evans）指出，男人和女人都认为管理家务是妇女的正当职责，国家以妇女的生理特征为由合理化了这种家务管理。

⑤ 与山秀珍的访谈，1997年。

平等么，你去担粪去，我在屋里经管娃。那些小伙子说现在给你解放了，男女平等啦，你去当队长去，做活去，我坐到屋里。我就笑的说男女平等么，你做了的，我还得做，喂猪，缝衣服，你做，开会时，他不做啥。”

高小贤：“那时宣传男女平等有没有说男的一样去做家务？”

马丽：“谁给做家务哩，都坐到那儿去了。”

高小贤：“那个年代男的帮妇女做家务不？”

马丽：“那做的人到现在都做哩，那不做的人牛球到现在都不做，那好的做哩。”①

生孩子、抚养孩子、准备食物、洗衣服、针线活不断插入到按工分决定的工作日里，并悄悄地渗入到其各个缝隙之中：“上工前先把猪一喂，放工回来给猪再捎一把草，回来先给娃奶一吃，就赶紧做饭。”② 厨房很暗，窗户又小。T 村地区一份当地的历史期刊写道：“又因多烧柴草，烟熏火燎，致使灶屋乌黑，不明亮不卫生。”③ G 村的供水是个问题，女人们每天都到街道尽头的井里从两百米深的地下汲水上来。打水的时候要三到五个人操作滑轮，打一桶水要花 15 分钟。如果满桶的水太重，女人们就叫男人帮她们把水运回家去。④

① 与马丽的访谈，1999 年。

② 与王西芹的访谈，1996 年。

③ 中国人民政治协商会议陕西省南郑县委员会文史资料研究委员会 1987 年，第 33 页。集体化时期，T 村和陕南余下大部分地区的住房条件逐步提高，土木结构的瓦房代替了泥笆房（第 34 页）。改革开放时期，一些外出打工赚了钱的家庭建了铺着白瓷砖的大房子。在陕南东端的 Z 村，许多家庭住的都是泥巴浇筑而成的房屋，有前后院，后面有厨房，靠后墙有一个茅厕。在我于 2001 年和 2004 年探访过的关中北部的 G 村，还有许多六七十年代的泥笆房。80 年代建的房子是砖房，带着一个很长的院子，院子的入口有一块影壁护着。有几幢建于 90 年代的房子贴着白色瓷砖，但跟条件更好的 B 村（关中中部）和 T 村（陕南）的房子不一样的是，这些房子往往只有一层。从 1996 年到 2004 年，我们在四个村庄的四个房子里住过，其中只有 B 村和 T 村的房子前院有自来水。G 村整个村都没有自来水。

④ 与彭贵民（2001 年）、蒋秋娃（2001 年）、雷彩娃（2001 年）的访谈。G 村的供水问题还未解决。1971 年，机器打井将附近大坝的水往上引到了处在平原水平的 G 村。这解决了人和牲畜的饮水问题，还提供了一些灌溉用水。但在 1985 年，国家测试显示，水里的氟

50年代初，许多刚结婚的夫妻都跟丈夫的父母住在一起。家中老人帮忙做饭和带孩子，让年轻的妇女们能去田地里挣工分。“我妈呢，就是给我煮饭啦，给我引娃。回来以后呢，对老的也挺尊敬。你坐到桌子上的，走到门上，‘妈，赶忙来吃来！’……老的话这个也辛苦。”①

即使妇女下田劳动去挣了工分，许多家庭还是要向集体举债。绣娘刘冬梅有十个孩子，其中的八个活到了成年：“那人口多太呢，真个缺钱。一年最多缺个五十块钱，粮缺五十块钱，那以后咱就攒钱么，攒够四五十块就一还。那妇女挣不下多少，妇女以前七分工，一年能挣多少？这到这山里，那年里也没多少活做了。那丈夫人家一年，要是一月专弹有二三十个工，在这大队弹（棉）花，挣工分，人家一月能挣几十块钱。能挣啥钱呢，那是混打哩，混天天哩。”② 60年代以后，妇女又可以养猪卖和生产手工艺品了。③一直到孩子长大并开始挣工分的时候，这些家庭的情况才开始得到改善。

男人有权赞成或者不赞成家里的日常开销，但妇女有相当大的支配权：“那我掌柜的地位高，我弄啥了，我提前给他打个招呼和他商量，你叫我用了我就用，你不叫我用了我就不用，我需要用我还要给你打招呼，你叫用我用，你不叫用我还要用。”④但家里有大项花费支出时，如扩建老房子或建新房子，通常都是妇女向邻居借钱，⑤并用从任何准许的副业里挣的钱还给他们。马丽回忆起为了完成这些交易而需要多付出的努力：“我盖房的瓦120元钱，这都得二年能余下。给大队又放了一个人，那个人在大队挣，我把瓦钱给拨给那人，他说你一年把猪卖了你给我还些，每年把猪卖了你给我还

含量达到了十分危险的高度，G村开始以每立方米18元的价格从邻村购水。21世纪初，G村仍旧缺乏资金用管道从远处一口1991年打的井里引来安全的饮用水（与彭贵民的访谈，2001年；亦见陕西师大地理系“渭南地区地理志”编写组1990年，第351—352页）。

① 与李六斤的访谈，1997。亦见与周桂珍（1996年）、王西芹（1996年）、马丽（1999年）、刘冬梅（1999年）、蒋秋娃（2001年）、张秋绒（2004年）、石翠玉（2001年）的访谈。

② 与刘冬梅的访谈，1999年。

③ 与康汝清的访谈，1997年。

④ 与肖改叶的访谈，1999年。

⑤ 阎云翔1996年对华北一个村庄的互惠原则和社会网络作了详尽的分析。

些。腊月卖了一头猪才 48 元钱，喂到一年到头才 48 元钱，我说你看这差 2 元钱不够 50 元，我把这些钱先给你。那家人好，人家说你给我 20 元钱就行了，你把这拿回去，给娃扯些衣服过年。我说，现在不给你到了明年才能还你。人家说四五年还清都行，直的是四五年才还清了。”①

送孩子去上学花不了多少钱，但上学要用的衣裳及书本费用常常使他们辍学。刘冬梅为自己的孩子未受教育而感到惋惜：“两个娃子供应到中学出来的，只到初中出来，剩下的都不识字。到老五这娃子上了中学，到中学出来，这第十个，两个娃子都供出中学了。其他都莫上。要钱不多，你莫得钱么，你枉累做，做的不够那些娃穿哩么，那钱不会到咱手上来么，你不会挖地做。”②

经济困难的家庭中离婚的情况很少，但夫妻间却经常吵架。“我的脾气来了大得很，在屋里嘟嘟嘟，他就走了，他脾气大。我厉害，我有点啥事了，我叽叽喳喳的，我娃说他都走了你还说啥哩。”③当孩子需要什么东西而又没钱买的时候，妻子便会对丈夫骂骂咧咧，丈夫则会还口或者动手打妻子。夫妻常常为生几个孩子或生男还是生女争吵。集体化时期，妇女和男人都认为至少要有一个儿子的风气仍然很盛。母亲皈依基督教以求一子的刘冬梅记得，自己第三个女儿出生后，她和丈夫吵了一架：“他也噘（骂）我哩，对我生气，我也气得，我一下给他骂一头子，说你命不好，害得我均抓女子（注：只生女孩），我命不好么你还要。我是说掌柜的，那抓四个女子的时候，他不送，这行了，闷抓，我知道我抓女子，生女子你发躁，那叫你命不好害得我均抓女子哩……生了娃子高兴了。”④

在几代同堂的家庭，妇女和夫家公婆的关系也很复杂。冯素梅的丈夫离家在外面工作，孩子和公婆都丢给了自己。她认为，身为干部的自己如果对婆婆孝顺的话，就能在当地树立起榜样。“老太婆脚也小，她给你做家活

① 与马丽的访谈，1999 年。

② 与刘冬梅的访谈，1999 年。

③ 与马丽的访谈，1999 年。

④ 与刘冬梅的访谈，1999 年。

你也别开腔，不做你也别开腔，她天天烧个喝的（打鸡蛋）我也不开腔，所以我们亲戚，老易还有很多人说，老沙是个孝子！我们那老太婆那时不做活，园子里红豆、四季豆老了，她都不知道地在哪，说‘我没菜吃’，都不知道去摘。你当有啥事走几天，她把场子里的酸菜、盐菜（我平时给做的）吃得光光的，也不知道去泡菜。她又爱胃疼，叫唤，你赶紧给她请中医，完了又请西医，又给找针。老易没在屋，娃儿也小，治好了不说给做啥。我给做衣服、洗衣服，把她当亲娘一样看待，没把自己看成是媳妇，所以我这都是给别人起带动作用呢。像有些婆婆，媳妇格外（不好）了，在队上开会又不具体点名哪一个，冒说（笼统地）教育：‘现在了，不能像过去压迫媳妇，那样使唤了，媳妇你就是该伺候婆婆的，婆婆你就是个该享受的。老的要爱护小的，小的也要爱护老的。’看来这方面做得好。像我们屋里，人家说‘村看村，户看户，群众看的是干部’。”①

通过在家庭孝行、得体的干部行为和公共和谐这三者之间建立联系，素梅把帝国时期忠贞的女德观念同新近的革命工程联系起来。帝国晚期的上层中国女性书写家庭关系时，从来不赞美她们与子女之间的关系，而是谈论她们为婆婆做了什么，自己如何孝顺、有责任（有时还多么讨人喜欢和让人钦佩）。② 50 年代，无论什么背景的妇女，包括贫穷的农村妇女，都被要求将类似的情怀——忠贞不贰、责任心、敬慕之情用到革命进程中去，而不是用到她们的婆婆身上。但如果革命的美德需要孝行，那么婆婆可能不会感觉到这其中有什么差别。

集体化时期，随着家庭的不断壮大，许多公公婆婆被照顾孙子孙女所需的经济和后勤要求耗得精疲力竭，便同已成家的儿子分开居住。③ 在一个

---

① 与冯素梅的访谈，1997 年。

② 感谢曼素恩（Susan Mann）对帝国时期的文字著述所作的深思熟虑的考察。曼素恩 2007 年的著作表明，在帝国晚期，无论女儿是在婚前还是婚后，都与母亲都有紧密的孝道、责任和情感联系。感谢艾华指出这一点。

③ 有关清代至民国时期分家的历史，见魏克费尔德（Wakefield）1998 年。人类学研究著述也对此有广泛研究，不一一引述。高小贤 2000 年，第 164—167 页比较了 1949 年至 1982 年间陕西的家庭结构。

多代同堂之家，有孩子的儿媳们通常不用下田劳作，理由是孩子幼小和家务负担沉重。年幼孩子多的家庭有时挣不到足够的工分来换取所需的食物。虽然这些家庭通常可以从生产队借，但是如果祖父母仍然可以下地劳作并和孙辈们同在一家，他们的劳动就为他们的儿子儿媳提供了补贴。分家是年迈父母保护自己、促使年轻一代更努力工作的一种间接委婉的方式，虽说儿子儿媳经济窘迫时，祖父母们仍常常给孙子孙女们食物。[①] 对我们的采访者那一代人来说，同公婆分家意味着经济压力增加了，正如康杏芬所说："那不是老后娃都两岁了才分开。看人家娃多了，做不到前头去，靠人家的。娃吃不好也穿不好，莫得粮吃。哎哟，到年底把粮拿回来，那农业社，那不知是地种的不好还是咋，分的粮也少，我是啥就说啥。一年，我农业社那时候还缺过四五十块。有时还缺六七十块。"[②] 乔引娣回忆，60年代初的困难时期，分家的速度剧增："我婆家我父亲就说让单另吃，粮食觉得总是短，那就是娃娃多了，大人管也管不来，把你们分开，你也就有了负担了。"[③] 渐渐地，在集体化时期的中国农村地区，成年子女在生下第一个孩子后通常都会分家。[④]

分家与其说是在空间上分开，不如说是在账目上分开。房子、粮食和其他物件都被分割，但通常没有人搬家；分成两家仅代表着预算开支分开，灶台由一个变成两个。当乔引娣的公婆提出分家时，"住的地方都没分，就那样住着，也没挪动；吃的就是打下粮食按人的给你分，你把你这吃了，再打下就是你的，大人就不管了；谁的孩子谁管，老人就没事了，不然那会儿父母不管都靠老人管，那就不管，只管做的吃饭"。[⑤] 对年迈的父母而言，

---

① 我本人2008年11月9日与高小贤的交流。

② 与康杏芬的访谈，1999年。

③ 与乔引娣的访谈，2001年。

④ 与何双燕的访谈，1999年。有关改革时期华北家庭的分家契约，见孔迈隆（Cohen）2005年，第118—132页。

⑤ 与乔引娣的访谈，2001年。如果有大量财产或有冲突，一般由母舅家来主持分家析产。只有被邀请，干部才会参与进来，要通知生产队，因为分家会对收获后如何给各家各户分粮产生影响。除非有严重的矛盾和冲突，否则一个家庭通常都会等到所有儿子都娶妻之后才会分家（与石冉娃的访谈，1999年）。

分家意味着放弃几代同堂的美好想法和坚固的养老保障，得到的好处是不用分担当前的家务。但这样一来，照顾孩子和其他日常工作也受到了影响，分家进一步增加了有年幼孩子的妇女的工作量。①

1957 年也出现了官方对虐待老人现象的担忧，并说这是反映当下问题的不祥预兆。正如一份妇联报告所言："父母年老，挣不下工分，要自己养活，因此虐待与厌弃老人的现象较前严重，使很多老人为老年生活担忧，对社会主义道路信心不高。"为了解决这个问题，地方干部按照指示向人们说明："抚养父母是家庭骨肉的自然感情和做儿女、媳妇应尽的责任，是我国古有的传统美德，是新社会的道德标准，也是婚姻法明文规定的义务。这是因为老人们对抚养与教育国家下一代作了很大的贡献；因为他们一生辛勤劳动为社会为家庭创造了幸福，必须使他们很好地度过晚年生活……说明虐待与厌弃老人，不仅是为人情道德所不容，而且是一种违法行为。"② 农村的妇女工作一边对家庭提出了前所未有的要求，一边又强调家庭和谐的重要性。两代妇女——婆婆与儿媳——饱受这些新压力的冲击。

夜里做针线活

农村妇女们讲述的关于自己的故事中，母亲弯腰低头做针线活的形象十分普遍。③ 整个集体主义时期，在一个很少用机器织布并且即使有供应也

① 后来到了改革开放时期，一些成了婆婆的妇女们也作出了分家的决定。我们问钱桃花（1997 年访谈）为何在 90 年代与儿子们分开住时，她答道："那把我苦了一辈子，你要跟他又是你做不尽的活，我不，我要休息两年了，我说房子一家给我丢一间，我想到哪住就到哪住。"

高小贤："那你吃饭时不和老幺一块吃吗？"

钱桃花："叫你吃他做的，我在炉子上煮，啥时饿我啥时候煮，跟他们，他锅锅碗碗叫你给他洗哩，我说我休息两年，我还想得开。"

② 妇联 178–171–002 1957（1 月 28 日），妇联档案馆。

③ 虽然当地的风俗志记载了针线活更明快的一面——农历七月初七的"乞巧节"，是展示女孩子们针线活技能和庆祝牛郎织女相会的日子——但妇女们却对此很少提及。例如，见中国人民政治协商会议陕西省南郑县委员会文史资料研究委员会 1990 年，第 97—99 页。

有限的地区，妇女依然要用自己的劳动为不断扩大的家庭织布（周桂珍回忆起她结婚头几年的一件大事：她和小姑子去县城看了一匹机器织的布）。① 大家庭通常承担不起生产队的缝纫小组收取的费用，② 而已经现成的衣服和鞋子又要很慢才到货。在帝国时期数不清的故事中，忙着做针线活的母亲形象是勤劳、慈爱的牺牲精神和苦难的化身。然而，50 年代弯腰做针线的苦难母亲跟古时候做针线母亲的不同之处在于，她还有额外的责任。她每天去集体的地里劳作为家里挣不可或缺的工分，她还经常夜晚外出去参加政治会议。

针线活在妇女有关家里的故事中的地位相当于歌唱在田里劳动故事中的地位：它概括了整整一个时代的记忆。新中国成立后的最初几年，妇女继续在家纺织，天没亮就起床或熬夜为家里做棉线和棉布，即使她们做这些不再是为了拿到市场上去卖。③“黑了月亮地里纺线，点灯织布，月亮地纳鞋底，拐线，把黑地当白天呢。”④ G 村袁茜的夫家和娘家一共加起来有 12 口人，所有人穿衣的布匹都是她提供的。⑤ 我们将会看到，在“大跃进”时期的困难年月里，人们为了不被饿死，用这种手织的布去交换山村里种植的粮食。集体主义后期，有些家庭在集体分配的小块自留地上种棉花，织成布，将其放到锅里煮后染成黑色。⑥

---

① 与周桂珍的访谈，第 2006 页。

② 与庄小霞（1996 年）、马丽（1999 年）、王友娜（1997 年）的访谈。

③ 与杨安秀（1997 年）、周桂珍（2006 年）、肖改叶（1999 年）的访谈。有关妇女什么时候不再在家里纺织，我们听到很多不同的叙述，这些叙述与从商店买布变得越来越容易这一现象相应。B 村的妇女们对各自停止纺织的时间说法不一：有的说在 60 年代初（2006 年与王西芹的访谈）就停止了，有的说在 70 年代初（2006 年与周桂珍的访谈）停止。Z 村的妇女们说她们在 50 年代（1999 年与刘冬梅的访谈）或稍晚一些（1999 年与何改珍的访谈）停止了纺织。只有 G 村的妇女们一直到目前都还在纺织（2001 年与于小莉的访谈），虽然有些在 80 年代或之后出生的人根本就没有学过纺织（2004 年与刘谷雨的访谈）。

④ 与山秀珍的访谈，1997 年。关于陕北的妇女们类似的记忆，见郭于华 2004 年，第 8 页。

⑤ 与袁茜的访谈，2001 年。

⑥ 四斤棉花可以产五丈布（2001 年、2004 年与刘谷雨的访谈）。G 村的自留地一般为七分到八分（十分为一亩；2001 年与蒋秋娃的访谈）。

夜间主要的家务是在一盏油灯下做针线活，油灯的棉芯燃烧时，会发出刺鼻的味道。① 在直到 1972 年才通电的 G 村，王友娜回忆："那时做针线还是照个铜油灯。冷忙了腿捂到铺盖里，铺盖上放个板凳，把灯盏放到板凳上。娃儿子一扭（动）又害怕把油倒铺盖上了。做到啥时瞌睡来忙了就溜到下去睡了。要说现在不好做针线是假的，现在这电灯，灯一拉亮晃晃的。"②

肖改叶回忆起那些不断增加的疲累。"你（孩子）爸在时我晚上没睡过觉，没有灯就挂个灯笼，我做针线娃睡着了就搁在坑上，娃醒来了端的一尿又搁下，一直做到十二点多，给娃纳穿的，白天了农业社做活，那晚上刚一黑从来没睡过觉，那时可怜，当天纳棉衣了白日有空了把那铺好，把套子粘一粘，晚上把那弄展，钉扣子，可怜太哟，生养了那多娃，流泪的太哟。"③ 石冉娃一直等到晚上孩子们都睡了，才"纳那棉衣裳都是黑的回来那都摊在娃身上装棉套呢"。④ 对蒋秋娃来说，夜里纺线是母亲所付出的牺牲的缩影："一边纺花了，一边看娃尿下了，尿湿了，给娃把垫垫换下，我可睡的那湿处，叫娃睡的那热处，zhen（注：这样）才把那（娃）抓养大了。"⑤

妇女到哪里都带着针线活，正如马丽所言："到地里也纳针线活，小伙子说你看那个妇女，到厕所一下，她都把活拿上纳一下，那没办法呀，歇一会会赶紧就做，那不纳鞋娃穿啥哩。"⑥ 刘凤琴用了不同的但译成英语却无法体现出差别的词语，来区分田里劳作的有酬劳动和做针线活的无酬劳动。"到地里做活去背个书包，把那活背上，人家都歇的时候，坐那可做活呢，人家一说上工（work），咱可把活（work）搁下。"⑦

妇女们带着一堆针线活和一群孩子去生产队开会。王友娜回忆："感到开会多？干两天开，干（隔）两天开。原来叫做针线，后来不叫做。开

---

① 与何改珍（1999 年）、宋玉芬（1997 年）的访谈。

② G 村简报，2001 年；与王友娜的访谈，1997 年。

③ 与肖改叶的访谈，1999 年。

④ 与石冉娃的访谈，1999 年。

⑤ 与蒋秋娃的访谈，2001 年。

⑥ 与马丽的访谈，1999 年。

⑦ 与刘凤琴的访谈，2006 年。

会时把针线如小娃底底拿上，等人时做一些，开会了就赶紧捡了（收藏）。开会小的孩子也带上。”① 不是所有人都能同时兼顾针线活和孩子。一向对妇女的家务负担十分留意的冯素梅注意到：“领娃的不拿活、不领娃的拿活。（因为）平时忙得没时间（做针线），开会你不叫她拿上也不好。就是大队开一些正式大会时不叫你做活。刚开始等人时都做一些各式各样的针线活。”②

为长身体的孩子准备鞋子是一项特殊的挑战。鞋底由棉花和碎布料制成，用一针一线将一层层糊起来的碎布细密地缝好纳牢。春秋穿的鞋子的鞋面用一层棉布，冬天穿的则用两层，中间夹上棉絮。但两双鞋子通常不够孩子们穿一年，每两三个月就要换一双新鞋。③ 何改珍说没有哪个母亲可以免除这项劳动：“那你当干部也要做，不当干部还要做。那时候，我们这没有卖鞋的，都是自己做鞋的。我两个娃上学没有叫他露过脚指头，那人家都是破破烂烂的，我那娃都是白底子。冬天一双棉鞋，春上一双单鞋，夏天一双，到这秋季又是一双布鞋。哦，么不是我做的，还是谁做的？”④ 庄小霞回忆：“我一黑了做过一双鞋。明个给娃等着穿呢，出门去呀，做啥去呀，黑了一晚上不睡觉给娃做呢。末了说一晚上做一双鞋，那都是有数呢。”⑤ 有六个孩子的钱桃花对这项最基本的家务活的消失惊叹不已：“这当候见过都没见过，都是穿现成，66 年以后就有卖鞋的了，都不会做了，给我们引些娃儿子，把眼睛瞅瞅都给瞅瞎了。”⑥ 妇女干部们带着没有纳好的鞋底去县城开会，因为那里不像农村，她们晚上可以在电灯下干活。⑦

“大跃进”运动之后的60年代，副业生产的容许度放宽了。这意味着各个村的妇女们都有各种各样的夜间任务。马丽用搓绳来赚一些零花钱：“白

---

① 与王友娜的访谈，1997 年。
② 与冯素梅的访谈，1997 年。
③ 与李小梅的访谈，1997 年。
④ 与何改珍的访谈，1999 年。
⑤ 与庄小霞的访谈，2006 年。
⑥ 与钱桃花的访谈，1997 年。
⑦ 与周桂珍的访谈，2006 年。

日出去做活，晚上回来搓绳绳、打草鞋，今晚上打五双草鞋卖五元钱，这就称几斤盐哩。”① Z 村的何改珍、刘冬梅和郑秀花除了夜间做针线活外，还要刺绣。② 她们用绸缎和丝绒做成长枕，枕头两端绣上精巧的花朵和水果，这些枕头是每个新娘子嫁妆的一部分。通常有新娘子的娘家往枕头里塞粮食让新娘子带到新家去的风俗，一只枕头可以放一斗粮食。③ 何改珍还做绣门帘，门帘则是由她亲手缫丝并染好的丝绸制成的。“我屋里有钱，么人家那些人说你过有柴面日子，你想做，钱嘛，你怕扎手哇？想坐，就是坐那儿莫意思，坐那儿做啥，你说，我把钱拿上，满山窜，窜地那，换的粮也有了，卖的钱也有了，换的粮食拿回来吃，钱拿回来自己用，我就不想闲。”

具有创造性的针线活给改珍带来了愉悦，这种愉悦从她讲述的细节中浮现出来。“从我怀下我女子，就天天看人家给娃绞衣裳（缝衣服）。给人家娃儿绞衣裳。我就学下了，我在月子里的时候我妈开店忙地顾不得吧，我妈说‘这咋了哇，我改珍天个女子儿到这时都还莫得衣裳，一月了这娃都抱不出来啊’。我提前把娃的衣裳都做了，她还不知道。我做衣裳就莫叫她见，我把我老汉的一个棉裤腿，就那两个腿，一个改个袄儿，一个改个黑裤儿，改的小小的，就那和尚领（圆领或没有领）。还用红绸布做了个鞋儿。我给娃做的往日那号黑和尚帽儿，就那号帽子上面做一朵花，用那糨糊粘好好的，弄手捏捏，用线线一扎。做两层花，像个花骨朵样的。”

“割麦那一天我都给我娃穿得美美的。她一看，说，哟嘿，这衣裳儿穿的合身太呀，这是谁给做的？谁给衲的？我说，我给做的么。我给衲的么。往日都兴那狗头花帽子。这边一朵花，这边一朵花，顶上弄点那绒绒，就给戴上了。那做妇女的就要会做活哩么。我给我女子做那门帘，我女子那个狮

① 与马丽的访谈，1999 年。

② 关于刺绣作为帝国晚期上层妇女的一种道德和美学实践，以及刺绣如何在民国初期转变为贫家妇女的谋生手段，见方秀洁 2004 年。

③ 集体化时期，一对刺绣的枕头的价格是 5 元，但减去成本，净收入不足 4 元（1999 年与刘冬梅的访谈）。80 年代，这些枕头不再时兴，并被可以放衣服和床单的扁平的“洋”枕代替。1999 年，老式枕头的价格是：四个套枕头尾端的套子（可套两个枕头）一共 15 元。绣门帘的价格是 10 元（与何改珍［1999 年］、刘冬梅［1999 年］的访谈）。

子，我给做的须眉，那狮子眉毛，是用往日的黑丝布弄这面打成浆子（糨糊）胶下的，那弄的好看。”①

刺绣不但可以带来挣闲钱的愉悦，还可以带来美学设计上的享受。但对该地区设计刺绣样式最有名，并教会其他妇女刺绣的郑秀花而言，刺绣还是一项绝对必要的工作：“有娃的人娃把你的做不成了做多长是多长。这花一天扎一块，杆杆啥扎好，那我想要钱哩。自己画自己剪，那是为了吃碗饭，可怜没办法。那没人给我教，人家画的花我看一下就记下，记下就画花。那扎，你不扎没办法，我没办法，你卖些洋火得要钱哩呀。卖吃的也好，那儿要用就用了。家里零花钱靠你扎花干啥挣钱哩。”② 每年绣近 20 对枕头的刘冬梅，说得更直白：“晚上回来扎枕头，把地里活一放，把手就那擦一擦，赶紧就扎枕头哩。整天扎枕头卖，一幅买二十斤粮管一季，再弄一幅买二十斤粮管一季。那时刚开始，人家扎一幅娃子穿一穿。扎一辈子。这一辈子就是吃这手指头呢，那真正一辈子把人都苦死了。”她继续间接地评论了帮儿子成家立业而承受的经济负担，“我前日还在长，我说我这一辈子，我那娃子哩，整天做活，给人家盖房挣钱，建筑上挣钱，我真个可怜到底了。一辈子抓那多娃有啥益处，这时候，娃孝顺，罢了，娃不孝顺，把你可怜死了。”③

关中地区一些农村的妇女一直到 21 世纪还会偶尔纺线。④ G 村的妇女

① 与何改珍的访谈，1999 年。

② 与郑秀花的访谈，1999 年。康杏芬（1999 年访谈）说到了向郑学习刺绣的事。刺绣是 Z 村的一项地方传统。曹竹香（1996 年访谈）说，B 村没有人刺绣：那就穿上人还笑哩，给娃做那花鞋了啥人还笑哩，不做那些活了。

③ 与刘冬梅的访谈，1999 年。

④ 2006 年，曹竹香对我们说，她一直想把手纺车拿出来洗干净继续纺织。与此同时，她儿子建议把纺车烧了，但竹香拒绝这么做。然而当高小贤说竹香应该将纺车捐给博物馆时，竹香惊讶地说：博物馆收的那到底有啥用呢。高解释说，妇联正在收集妇女们用过的器物，人们会对竹香的旧纺车特别感兴趣，因为它被竹香组织的早期互助组使用过。竹香还是对有人会要这样的东西感到困惑不已（与曹竹香［2006 年］、王积极［2006 年］的访谈）。据 Z 村的何改珍（1999 年访谈）所说，妇女们在集体化时期就将织布机烧了，因为她们没时间织布。

织床单、被子、手帕、婴儿的袜子、尿布和自己设计的带方格图案的洗碗布等，并把它们收藏起来给女儿和将来的儿媳、孙子孙女们用。[①]有些妇女也为自己织寿衣。[②]然而，虽然妇女们如今也说自己手工制作的产品可能会在全球市场上畅销，她们却不再熬夜做针线活了。

当妇女们说起那些被无穷无尽的家务活所占据的年月时，她们说自己的生活"苦"。她们没有把她们的家务负担跟国家对妇女要下田劳动挣工分的规定联系到一起，也没有对什么才算是有酬劳动提出疑问。在集体主义时期，似乎只有妇联偶尔提出过要将家务活归为劳动一类。1953年，全国妇联刊物《新中国妇女》杂志上的一篇文章简明扼要地陈述了这个观点，用"劳动"一词来指家庭中的劳动：

我们调查了几个家庭，了解了妇女在家庭中的劳动也是很多的。除带孩子以外，一个家庭主妇每天要做三顿饭，给每人做三双鞋，单衣，棉衣各一套，还要洗洗补补，打扫屋院搞环境卫生。这些劳动对农业虽不直接产生生产价值，但它是为农民的生活和生产服务的，缺乏它，生活和生产都会受到很大损失。[③]

1956年12月，原陕西省妇联主任曹冠群为那个集体不断扩张的时代更新了对"劳动"的分析：

如果说过去（家务劳动）是为个体农民……而今天是转助合作社的农

---

① 与于小莉的访谈，2001年。她说，家里条件好一些的人会用布票去买布，而家里条件差的则把布票卖了去买原棉来织布。如今的妇女们更喜欢手工织的纯棉床单，因为它们比商店里买来的床单更舒服，而且外观更容易保持干净（即便不是真的干净）（2006年与曹竹香的访谈）。在G村，妇女们生产格子图案的床单和精美的羊毛毯子，她们还为婚礼上的客人制作手帕。新娘家里负责准备这些。向新娘要一块手帕成了一种闹洞房的新形式。高小贤评道，从前的嫁妆展示的是新娘子的针线活手艺，现在展示的则是新娘子母亲的手艺，至于这些手艺有没有被传承下去，就不清楚了。G村的刘谷雨（2004年访谈）说，她四个女儿中有两个会织布，但她二十多岁快到三十的孙女们却不会纺线也不会织布，她们的衣服都是买的。

② 与李凤莲的访谈，2001年。

③ 《新中国妇女》第9期（1953年9月）：第10页。

业生产，是为集体农民社员服务，应当说更有了新的意义。也仍然是生产需要的，农民生活不可缺少的。家务劳动不仅目前不能很快地社会化，即使在几个五年计划以后也不能完全社会化。家务劳动既然需要又是为社会主义生产服务的，而妇女从事家务操作又比男人更适合些，妇女担负这种劳动也是光荣的。农业社在制定劳力规划时，分派妇女的生产任务时，要求妇女出勤上都必须兼顾到这情况，除了完成社的劳动日要求外，必须留给妇女自由支配自己劳动的时间，以便料理家务和进行家庭副业生产。当然在家庭中也应该提倡家庭合理分工。①

但当地方妇联试图解决家务活的问题时，她们并没有提议要对“谁做什么”这个问题进行集体化、补偿或解决。她们建议，或许家务活应该在农闲季节进行。又或者，也许生产队应该从工作日中拨出一段指定的时间给妇女，这样每个人（意思是，所有妇女）就可以连续完整地完成家务活。虽然妇联提到了一个用这种方法“解决了农活和家务活的矛盾”② 的合作社的名字，但家务活通常不被认为是劳动。尽管如此，妇女们自己有时用谈论强制性的、常规的、有纪律的劳动的语言去谈论她们的针线活，例如：“那都是黑了加班，给娃娃做活呢。”③

托　儿

官方文件对托儿问题的关注比对家务活问题的关注要多，或许是因为照顾孩子的事不能推到夜间来做。并不是每户家庭都有婆婆会帮忙照看孩子。④ 早在50年代互助组刚建立之初，陕西省妇联就宣称，要将妇女带到

① 妇联 178–146–085 1956 年（12 月 12 日）：第 8 页。

② 渭南县民主妇女联合会 1958 年，第 3 页。

③ 与周桂珍的访谈，2006 年。

④ 比如，妇联的一份工作报告指出，长安县的一个村有 25 个互助组和 126 名女组员。组里有 80 个孩子在 4 岁以下，其中 44 个孩子有人照看，26 个孩子需要托儿服务（《妇女工作简讯》[1952 年 6 月]：第 18 页）。

田里去劳作，有组织地对孩子进行托管是关键。[①]“过去妇女劳动时都是大娃看小娃，没人看的就把娃绑死在床头上，容易出现问题，也出了些事故，因此举办托儿所、幼儿园为解放妇女劳力也起了相当的作用。”[②] 第三章描述的那些蹲点女干部是组织托儿最积极的蹲点干部，她们下乡去农村的时候便将幼小的孩子留在家里托给乳母照看。妇联跟卫生局合作，一起培训托儿工作人员，给公众印发如何实施托儿的小册子，在报纸上宣传成功的事例。内部工作报告讨论了以下这些问题：妇女不愿意把孩子托给家人以外的人照顾，老年妇女对能否照顾好孩子缺乏信心，如何给托儿工作人员支付工资（工分、交换劳动力、现金、礼物等都提及了），以及照看不同年龄段的孩子要付多少钱（两岁以下的儿童费用更贵），等等。

宣传报道强调，保娃组应该自力更生，只有在必要时才向当地政府寻求少量帮助。最好能够动员人民群众提供房屋、床、垫子、玩具和其他花费。在那些关于如何建立保娃组的出版物中，大部分困难都通过宣传和动员很快得到了解决。这些出版物将更多的注意力放在了组织管理和经费而不是照看孩子上的实际方法上，虽然有些文章确实也提到了疾病预防，要有热心肠的看护人员，以及如何用本地材料制作出造价不高的玩具等内容。[③] 县妇

---

① 虽然托儿工作不是妇联的首要工作，却一直在其工作议程上。1949 年一份对参加第一届全国妇女代表大会的妇女生平进行简介的册子里，简介最后的 28 位妇女是来自山东的妇女托儿工作者们，她们曾在解放战争时期完成了照顾干部子女的壮举（中华全国民主妇女联合会宣传教育部 1949 年，第 164—171 页）。

② 与王梅花的访谈，1996 年。新中国初期，全国各地的出版物都认为以下三者之间存在紧密的联系，即妇女参加农业劳动、发生在无人照管的婴儿和孩子身上的事故和死亡、需要有托儿的组织。比如，见福建省民主妇女联合会福利部 1956 年，第 3—4 页；《新中国妇女》第 22 期（1951 年 5 月）：第 26 页强调，托儿所的成立需要大众的支持，而不是由妇联自上而下进行组织。亦见《新中国妇女》第 9 期（1953 年 9 月）：第 11 页；第 11 期（1954 年 11 月）：第 15 页；《人民日报》1956 年 8 月 12 日，第 3 页。

③ 例如，见妇联 178–112–016 1951 年（9 月 25 日）；妇联 178–119–012 1952 年（6 月）；《妇女工作简讯》第 13 期（1952 年 6 月）：第 18—22 页；第 16 期（1952 年 10 月）：第 37—43 页。全国各地出现了关于如何在农忙时期组织托儿小组的新事迹和小册子，这些故事和册子通常由妇联编辑，并配上了快乐的孩子们与去地里干活的母亲挥手告别的插图。比如，见《人民日报》1951 年 11 月 5 日；1952 年 11 月 7 日；1953 年 5 月 31 日；周谷

联的年度报告以胜利的姿态罗列了建立的保娃组的数量、上保娃组的儿童人数、能够从事生产的妇女人数和她们能够耕种的农田面积。①

大多数保娃组都是季节性的，并按照当前的互助组进行组织，这就意味着孩子是给彼此熟悉的邻居们照顾。大一些的托儿所力求安置数十个或七八十个儿童，为好几个互助组、一个合作社或一个乡服务。②一开始，这些都是建立在互相交换劳动的基础上："你一天挣十分工，人家一个老太太给你看上三、五个孩子，你一个孩子给人家一分工二分工。如果这个老太太家里没有劳力，我给你把小孩子看上你给我把田间的麦子割回来，把粮食给我收回来。"③但有些妇女发现她们把自己挣的大部分工分都支付了出去；每个孩子每天二工分，郑秀花一天挣到的六工分只剩下二工分。④

后来初级合作社开始给托儿工作人员支付工分。⑤ 1956 年，开始了一场增加妇女在地里劳动天数的全国运动，陕西妇联号召其各地方支部至少建立一个全年托儿所或育儿园，并号召各县在两周内培训 11000 名托儿工作人

年 1952 年（引述了安徽和苏北的例子）；新疆省民主妇女联合会 1953 年；福建省民主联合会福利部 1956 年。比其他出版物晚几年出版的福建的小册子（1956 年，第 1 页）将托儿的发展放到了定于 1956—1967 年实行的全国农业发展计划中，说妇女劳动将会是该计划成功的关键。

① 比如，见丹凤县妇联 1957 年之一；周谷年 1952 年，第 7—8 页。1952 年，陕西省妇联报道说一共有 220 间托儿所和 8837 个保娃组，14890 名托儿工作人员照看 43971 个儿童（《妇女工作简讯》第 16 期［1952 年 10 月］：第 37 页）。1953 年，渭南地区相应的数字却小得多：托儿所 17 个，保娃组 520 个，入托儿童 1906 个（渭南地区地方志编纂委员会 1996 年，第 275 页）。这些数字让人对全省的数字产生怀疑，因为渭南地区是全省人口最稠密和最"发达"的地区之一。

② 周谷年 1952 年，第 15—16 页。

③ 与刘招凤的访谈，1996 年。

④ 与郑秀花的访谈，1999 年。

⑤ 与刘招凤（1996 年）、袁小丽（1997 年）的访谈。但有些地区仍然由个人直接支付给托儿工作者。1956 年，妇联一份关于南郑县所在的汉中地区的工作报告提到，有些母亲将她们每天三分之二的工分付给托儿工作者；如果工分不够偿付的话，有些合作社的领导就从入托儿童父亲的工分里扣。面对这种情形，一些妇女决定把孩子带到地里去（妇联 178–137–046 1956 年［6 月 16 日］）。

员。[①] 渭南县妇联为了显示这项工作的重要性，广泛报道了县党委的支持并用“骨干”一词来指托儿工作者。一支培训员队伍——其中两名来自党委，四名来自妇联，两名来自卫生部，一名来自区公安——在全县各地举行了一天半的培训活动。他们给 955 名接受培训的人员授课，受训人员中有两名是男子。报道称，“一个农业社怕妇女不记，学不下，还另派一位男的参加训练”。受训人员中有超过 70% 都是青年或中年妇女，说明这项工作十分重要，不能只交给老年妇女，虽说年轻的妇女并不总是对托儿工作充满热情。培训工作者们直白地阐述了这个问题并汇报了培训活动的成果：“进一步提高了社会主义觉悟。有些人认为看孩子不光荣，没前途。有些妇女干部对待托儿工作没信心，认为过去也搞了几次，也没有搞起来。这次也没信心，也还是说一下就是了。通过教育后，这些思想得到了解决。由于没人照顾孩子，也没人教育接受训练人员，很多小孩在母亲参加生产时落水溺死。她们认识了托儿工作的重要性并立志努力为之奋斗。”[②]

组织保娃组的任务落到了乡一级妇联、村妇女代表以及村妇女生产队长的肩上。[③] 尽管描绘的美好景象是，让年轻并训练有素的托儿工作员去看孩子，但实际的情况通常是，那些年事已高、不能再在田里劳作的人被分派去看孩子。周桂珍描述了 B 村的情形：“有两个老婆，一个是腿不美，一个是眼不好，地里做活庄稼看不着，把庄稼都锄了。你说那做不成，还要叫那吃饭呢，年龄还不大，我给安排几个娃，你一人一天看三个娃，一天给你记七分工呢。”[④] “大跃进”期间，建立托儿所被说成是一项关键的政治任务，但为此所做的尝试很快就失败了。一直到 70 年代，Z 村的妇女在给集体农

① 妇联 178–164–018 1956 年（3 月 29 日）。

② 渭南县妇女联合会 1956 年。1956 年，该县（也是 B 村的所属之地）的目标是，妇女每年要到地里上 150 天工。亦见渭南县民主妇女联合会 1958 年，第 6 页，该报告称日托是“农村男女的公共要求”。其他报告报道了为托儿工作者的培训课程，见妇联 178–156–032 1956 年。

③ 《妇女工作简讯》第 16 期（1952 年 10 月）：第 43 页；与周桂珍（2006 年）、张秀丽（1997 年）、鲁玉莲（1999 年）、张朝凤（2001 年）的访谈。

④ 与周桂珍的访谈，2006 年。

田拖运肥料的时候，还把年幼的孩子留在学校前面的操场上，在运肥料的间隙回来查看孩子。[①] 1976 年，T 村一个妇女队长失去了一个 8 岁的儿子。儿子失足掉进了厕所下面的尿缸中，当时大家都在外面收割稻谷。尿缸里是存了一年的尿，用来浇灌来年的水稻。她在厕所打捞寻找时发现儿子的一只脚浮了上来。[②]

母子之间的感情联系

在一个妇女讲述的关于当母亲的故事中，往往还透露出一丝满足感，这就是，她光荣地完成了自己的使命，给了孩子物质保障、照顾和道德指引。妇女们没有过多地谈到喜欢、关爱、渴望、矛盾、焦虑和其他跟当代中国的育儿密切相联的情感。[③] 这些主题都是新近才出现的；例如在帝国时期，妇女在书写自我时，集中表现的是自己如何孝顺和对丈夫如何忠诚，而不是母亲和孩子之间的感情联系。在集体化时期的口述记忆中，关于母亲角色的情感效价的记述虽零碎不完整却引人入胜：儿子对寡母的深切感激，母亲失去孩子的哀痛，以及妇女积极分子和干部们怎样不动声色、轻描淡写地讲起她们自己的育儿经历。

寡母和孝子

于 20 世纪三四十年代出生的儿子们一直跟母亲一起生活到成年，同一时期出生的女儿们则出嫁了。所以以下的情况可能并不让人感到惊奇：在受访者们讲述的关于他们母亲的故事中，有一个成年的儿子讲述的关于他母亲的故事最为明晰。在他的故事中，母亲本身就是一个有本事的人，而不只是解放前苦难的化身。在中国的民间传说中，恪守妇道的寡妇不仅以贞节著称，也以在尽心尽力抚养孩子尤其是儿子时的忘我精神、钢铁般的意志、毫

① 与康汝清的访谈，1999 年。

② 与张秀丽的访谈，1997 年。

③ 艾华 2008 年。

不妥协的严格态度以及必要时对儿子施加肉体惩罚而著称。她的奉献和付出换来的是儿子成年后对自己无尽的感激和孝顺。① 这个文化符号显然带着血肉之躯走进了新中国。杨贵石于 1938 年生于 G 村，自己还在襁褓中时便失去了父亲。他讲述起母亲一生对他和他孩子的付出："我妈一直说我那先人好的很，我妈总是美的说，她进了这屋里，就掉了福窖里。我爸爸在没等我一岁时就是当兵了，给国民党得那会儿在中条山打仗一直没有回来。我大一直没回来就我一个，我妈坚决都不走，非把这个娃养活大不可。我爸走时我妈 20 岁。我妈织布养活我和她。我长下一直到十二三岁都没有见过我妈多会儿睡觉，没见过，因为是记得岁岁（很小的意思）黑了哄的教娃睡着，早上起可把娃叫起来，就没见过我妈睡觉。巷里像我妈那里情况的人也不少，她们是黑了织布，她们几个相跟上到路井一卖，换上些棉花。"

"我 zou 岁（小时候）淘气的很，我妈只有我一个，在门前只害怕我惹是生非，就把我送到学校。（对竹青——同村另一个妇女说）就是你大教的呢。我非（淘气）的很，你大把我腿掐得乌青，那时不打，掐呢。我妈打我，不惜爱，我妈虽然只有我一个，在教育上一点不忽视，掐的时候把腿提的多高，不心疼，在学人的这一方面一点点不马虎，不得过火（过不去）。"

"15 岁就跟人家学木匠，跟我巷里一个老木匠学的。我刚说我小时候捣蛋得很，十几天人家把我打回来。我妈哭，我哭，我妈说你真岁负的（注：指顽固不化）受不了教育，你长大该怎么办，你说你不学个手艺门，长大该怎么办。我妈说的话我从不反抗。第二天可跟着去了，到那里心里很烦，干了 15 天又回来了。我妈嚷我，打又舍不得，只有哭，娘儿俩哭了一晚上，第二天又去了。"

"后来我在西安三桥车辆厂。58 年去，62 年回来的。我有我媳妇挣工分生活，那屋里也艰苦的太，我反正一月挣的钱也满给屋里。我回来就送给我

---

① 像恪守妇道的寡妇一样，孝顺的儿子可以利用丰富的社会脚本。我们采访的许多地方的帝国晚期地方志里记载了很多关于杰出的儿子如何夜以继日地侍奉病重母亲的故事。有关这类事迹在清代南郑县志里的记载，见王行俭 1968 年（1794 年）：第 284—288 页；郭凤洲、蓝培原 1969 年（1921 年）：第 2 卷，第 424—426 页。

妈，在我脑子里是很封建的，我光认得我妈，你看有媳妇，我不关这事，回来事情都是我妈分配的，以我妈为主。”

“62年那是提出支援农业第一线，我是申请回来的。因为我那时我妈jiao jie（艰苦），我申请回来对我组长说，你跑回咱结，真都到啥时候。他原来是个胖子，定量把老汉吃的瘦的很。好娃呢，真都成这样子，能逃出来你一就逃出来你。那一句话把我逗恼了，等于我妈把我含辛茹苦养大，我真搁这活来了，把我妈饿死。等那个以后，就黑了心，非回去不可。”

“我妈把我管到四十几，一直就……我有五个孩子，把老岁（老小）背到5岁时我妈就老了，76年。我妈没有女，就是我在那儿侍候哩，我一黑就借了五个莲椅在我妈那里睡着，因为那黑地mie夜（黑里白天）都是我一个人，我说我妈你但觉得你不对就把我耳朵提一提，把我摇一下，猴儿都有个打盹处。就那样侍候，刚刚30天，就不行了，老了。我妈恓怕，真都二十多年了，一提起我妈，满腔泪水，我妈就一辈子没有享过福，实际是我妈心里可甜的。”①

对任何帝国晚期的上层男性来说，这种儿子歌颂母亲美德的做法都不会陌生，并依然在这个21世纪的村庄有很大的影响。得到认可的寡母的文化形象同儿子令人赞颂的孝行结合到一起，产生了一段关于母子之间永恒的感情联系的叙述。这里，母亲的死——并非儿子结婚，像女儿结婚使母女分离那样——才让母子分离。这个故事没有任何地方表明集体化对妇女工作和育儿带来了什么改变。

小儿疾病、死亡、悲痛

我们已经看到，死于四六风和产伤的婴儿人数在50年代大大降低了。我们采访的一位妇女生于20年代早期，怀孕了十四次，但只有三个孩子活了下来（她终止了三次妊娠，溺死了一个刚生下来的女儿，其他七个孩子都病死了）。像这样的生育故事已经很少见了。但幼儿死于麻疹、脑膜炎以及

① 与杨贵石的访谈，2004年。

其他不知名病症的情形却一直持续到了60年代。我们访谈的60位农村妇女（不包括蹲点干部）中至少有12位有一个或多个孩子是在新中国成立后病死的。母亲说起那些刚出生便死去的，或死于襁褓的孩子时都轻描淡写，但是对于那些跟他们生活了很长时间、足以让她们记住的孩子却说得更多。这些故事中隐含的是对家长工作量繁重和医疗缺乏的间接抱怨，以及失去儿子后——无论年纪大小——势必引起的悲痛和问题。

对一位既是省劳动模范又是合作社干部的妇联积极分子而言，1954年儿子的诞生减轻了丈夫对她经常离家开会的不满。孩子得了脑膜炎并留下了后遗症；她认为儿子得病是因为她曾将他送给了一位奶水不好的乳母喂养。两年后，她生下女儿，6天后她将女儿送给了一名乳母。女儿在上中学前一直跟乳母住在一起。1958年，这名积极分子去北京开三个月的会。她离家两周后，儿子的病情突然恶化，死了。没人告诉她儿子的死讯。她回到陕西后先去了西安，在那里住院治疗胃炎。当时她正怀有身孕并打算流产，但让她困惑不已的是，医院拒绝为她做流产手术。最后一位妇联的干部把她儿子的死讯告诉了她。回到村里后，她穿过一大群等待她的好心的乡亲们，径直回到家里蒙着被子痛哭了很长一段时间。几个月后，她产下了一个女儿，悲痛欲狂的丈夫骂她断了他家的香火。“女子再好不能养她娘，灰再好打不了墙。你积极，你积极把我坟上的香连都断了。”①

对郑秀花来说，无法得到医治的辛酸和贫困加深了她从1958到1960年间连丧三子的痛楚。家里是这样穷，就算儿子们活了下来，他们也会是负担。其中一个孩子生于1950年，10岁便死了：“那得病一月了看不好死了。”第二个孩子生于1953年，7岁时得麻疹死了。“那时没有卫生院，那儿才盖了一排子没有人。生个娃花了80块钱一个娃都没看好。八十多块钱很不容易哩，我到处借。本来经济就困难，那我媳妇说不起要说多少媳妇哩呀（如果他们还活着），四个娃子四个媳妇。就说这一个媳子。”②

① 1996年的访谈，姓名不予公开。

② 与郑秀花的访谈，1999年。

最为哀痛的是那些已经将儿子抚养成人，结果却眼睁睁地看着他们死于癌症、癫痫、肝炎和其他疾病的母亲们。这些死亡事件都是在我们访谈不久前发生的。我们曾两次去到G村一座精致铺张的房屋里，房子是党支部书记为儿子建的，但儿子还没来得及成亲和住进这座房子就死了。还有些早逝的年轻人留下妻儿，他们母亲的丧子之痛里混合了对未来和对自己老年生活的担忧。马丽最小的儿子在我们访谈她的头一年死了，死之前他曾在外面当矿工："我去年三月间把我二（十）七岁的娃子（死）了。一些娃去天水打工，回来后从商志回来得的病，说不清啥病。没了你说让我说啥，我都说不清了。老四从天水回来三天呀，我说娃子呀你有病哩吧，他说是有病哩，我说你有病怎么不早些回来，他说在矿上没有钱啦，不得回来啦。去了一年多。到县上看，我让医生先给他打些针，然后再让小徐捎到县上看。队上一个小伙子说：'姨呀县上怕拿不下来，你要赶紧去看哩。'我可怜给邮电所做饭做了二十多年啦，邮电所琐民说张氏，那需多少钱，我先给你找1000元。他就手给我寻了1000元，我就把钱给那个小伙子，让他给把娃带到商志医院去了。抢救了三天没准啥，第三天人家打电话说快赶紧放回拉，就不行了，拉回来就死了。"儿子死后三个月，马丽的丈夫得了中风瘫痪了。"你说让我给说啥，我说不了，放往日些我啥都能记得，我就没有这个儿子了，我心里不舒服。我六十多岁了，日子过得可怜的，我要是不去挣钱了，过日子没有一分钱呀，我这小儿子看病花了两三千元，花了四五千元，这都没有了。大儿子在属里劳动哩。分家十多年了。两个女子都走了。不该……把这个娃子……把这个娃子……（没了）。二十七岁嘛。"

"儿媳还在。孙子一岁多了，我害怕她走了连娃带走了，给媳子再寻一个嘛。你不寻怎么办，你说她走了，她就把你这孙子引起了。你不让她走也不行呀，你让她走了，那这个孙子我引的话，我一天二天怎么长得大哩呀。孙子跟她妈走，那咱不放心。放到咱屋里深浅咱能招来住，农村人说的话不亲，不连心么。你心里放不下，你要是引。"

"我后面有一大块子地，我把娃子放（埋在）那儿，我一年到头我都没去过，我不想去。我说那不由我呀，咱这么大的儿子了，我要是没有这个孙子，我这一口气算啦，你丢了那么小一个儿子呀，现在人可怜的实现没有办法，谁把你拉一把还能拉到哪儿去呀。最可怜的是家穷，要是我那儿子还在，知道啥病症，现在不定就治好了。我老想着我儿子死的可怜。”① 在这个故事和其他类似的故事中，母亲眼看着自己的安全感随着儿子的死亡而逐渐消逝——这种两难的困境既没有在集体主义时代得到解决，也没有在后来的家庭联产承包责任制时代得到解决。

干部、忠诚、轻描淡写

附着在这些死亡故事上的悲痛强烈而清晰。更让人感到困惑不解的是，妇女干部和积极分子们在讲述关于协调母亲角色和她们公共活动的日常故事时的情感效价。1958 年，身为恪守妇道的寡妇、合作社主任和当地劳模的曹竹香嫁女儿。由于新郎要回到甘肃省的玉门油田去工作，婚礼安排得很仓促。竹香同意了这门亲事，但并没有出席婚礼，她的日程已经安排满了。“我给说你到那一天，我不去，我有会哩，在县上开会，你看看叫两个菜，别太好。”她让亲戚代表她出席婚礼。第二天，按照当地风俗，竹香要给新婚夫妇送一顿饭，但她还在开会。第三天，女儿依照习俗回娘家探亲，竹香还在开会。当时女儿叫她回家给他们准备一些蒸馍和一些鸡蛋。“一吃你回去，我还忙着哩，可给回推，就这样把客待了，娃就这样出门了。”②

正如竹香指导的一个年轻妇女积极分子所概括的那样：“为了把合作社

---

① 与马丽的访谈，1999 年。

② 与曹竹香的访谈，1996 年。山秀珍（1997 年访谈）也说到她的养子在 1961 年结婚时，她没有时间精心为他准备婚礼，因为当时她正忙着开会。“她（儿媳）就是我们西堡障的姑娘，她妈和我一样也是我村第一批共产党员。就这就结婚，又没坐轿，没有啥，走着就回来了。那一天我在家呢，结婚简单的很。没请客，只举行了个仪式。那是结婚前我不在，那一天我回来了。结婚收拾房子，干啥都是邻家人帮忙。邻家说娃结婚大喜日子你得回来，这一天我就回来了。本来要穿红花衣，戴花凤，有租赁的，可是我没租。我想共产党员搞外一套干啥，人家娘家也没要，咱也没给她。咱儿子穿的一身黑，还是粗布呀。媳妇是扯的布，上身是花花袄，下身是蓝裤子。”

搞好，我们把屋都扔下不管。曹书记屋里有一个男娃，一个女性，娃小，又没有父亲，她也把家扔下不管，要把农场搞好，搞好了，给大家分的多，给集体贡献的多。在曹书记的带动下，我们不管生产还是其他啥，在我大队，在公社老是第一名。”①

是什么让曹竹香在女儿出嫁那周去县城开一个无休止的会议（这个会只是众多会议中的一个）？为什么她跟我们讲这件事时没有带任何明显的情感？我们知道，曹竹香从结婚起就完全肩负起了照顾家庭的责任，并时常在干农活的时候受到歧视和侮辱。成了寡妇之后，她积极努力地工作，以让自己免遭非议。新社会让她得以通过做自己一直以来做的事情——农活——去超越别人，也给了她组织的机会。新社会使劳动变得光荣，并公开奖励她的劳动，让她在当地有政治权威。给了她所有这些的党和国家要求她绝对忠诚和全心全意工作，要求她将党和国家的事放在首位，那么，将参加女儿婚礼这种小事远远排在后面也许就不奇怪了。

但是如何理解她在讲述这个故事时平淡的口吻，而这种口吻也在她新中国成立后生活的许多故事中出现？我们是否应该将她不动声色、淡漠的语气理解成是她对解放前的母亲角色——这个曾是必需，而现在却被认为是“传统的”角色——毫不在乎的态度？但在讲到其他有关女儿的故事时，竹香对自己作为家里唯一的成人而无力抚养女儿表现出了自责。竹香告诉我们，在50年代初，她女儿7岁时便可以去上学，而她自己是从未有过这种机会的：“以后在河北上，在河北上（学）半年，咱没人给娃送啥，把娃恓惶的那个一年在夏季，脸的烂完了，咱又没人给娃送衣服。那冬天河冷，一下把娃那腿冻的，简直寒心太太。后此从那（注：后来），那谁在我这住着，哎呀，你咋不给娃早些把棉衣服送过来？我说谁送哩，河涨着哩，咱又没人。”作为母亲，竹香对自己要求严格，正如她在领导和个人行为方面对自己严格要求一样。然而在政治活动密集的时期，这些要求很显然并未包括为女儿举办婚礼。是不是她讲述女儿婚礼时平铺直叙的口吻表明了她革命的决

① 与庄小霞的访谈，1996年。

心？这种决心曾经需要，并在记忆中仍然需要她将开会置于婚礼之上，并且不为此感到或表现出遗憾之情？我和高小贤曾在许多个夜晚试图想通这个问题：为什么尽管我们俩都将不同人的个人历史和当下的问题带入到了倾听当中，却依旧无法摸透和看清竹香对自己生命的理解？

是什么样的感觉结构、记忆组织形态让有些故事的讲述带上了情感和色彩，却同时让别的故事的讲述带上了一种更冷峻的语调？我们知道，对有些积极分子而言，多年来不断的“诉苦”可能已经将她们关于自己苦难过去的故事打磨到了完美的地步。在讲述中，苦难的每一个细节都精雕细琢。另一方面，劳模的生活虽然无休止地忙碌，却不带什么戏剧性的成分，也不需要带着特定的情感被反反复复地叙述。然而竹香却没有在“诉苦”的套路上花费什么工夫。虽然 1949 年后辗转于会议的生活，甚至作为劳动模范的家庭生活，都无法跟她在解放前戏剧性的遭际相比——在县城被轰炸时为垂危的丈夫找药，解放前夕把劫掠的士兵堵在门外，但解放后的生活也有其精彩的地方：克服在大庭广众之下演讲的恐惧，想办法应对一个难以对付的村民——这个村民往合作社生产的豆腐里撒盐并试图搞破坏。那么，为什么她的叙述如此平淡？这是一种事后对社会主义的批判吗？还是一种对那个时期没有任何东西构成了“可用的过去”的评估？抑或是一种关于当下的历史？考虑到竹香和其他农村妇女们从对过去的记忆中找回乐观感受的技能，这些似乎都不大可能。竹香讲述时冷峻的语调和语焉不详之处，对我们曾认为是简单的、我们都冀求获得的原始材料——与一个能说话的下属群体面对面进行访谈——提出了更大的问题。①

关于曹竹香等劳动模范的官方记载对植棉、与自然作斗争、政治敌人背信弃义等题材进行了生动流畅的记录，但令人费解的是，对有关孩子方面却缄口不提。尽管 50 年代发行的刊物谈论了如何在农忙季节组织托儿设施，

① 我在其他地方（贺萧 1993 年，1997 年，第 24—27 页）论述过，我们可以在历史的话语中听到下属群体发出声音的痕迹，作为对佳亚特里・斯皮瓦克宣称的“下属群体不能说话”这一论断的回应。或许我们这次与曹竹香的遭逢落入了“当心你许下的愿望”这一魔咒。当下属群体说话时，历史学家到最后可能比以往任何时候都更困惑。

却没有提到任何一个女劳模需要这种托儿帮助，以便发挥她的历史作用。我们如果不赞同那种认为母亲与孩子有着神圣纽带联系的本质主义论，也不想当然地认为关心育儿是一种“超历史”的定式，那么我们依旧会忍不住将这种缄默看作是国家带来的失败，甚至看作是一种图利忘义的尝试：把妇女宣扬为模范，却从不认可她们为模范角色所付出的物质和情感。总之，这种缄默可以被解读成是进一步追随了长征的错误理念：国家干脆假装妇女的情况跟男子的一样，将女子吹捧成为跟男子平等、一样能够从事艰苦卓绝的劳动。[①] 然而，这样的谴责不管多么让人得到短暂的满足感，从政治上来说是愚蠢的，在历史上也是站不住脚的。这种谴责忽视了女劳模们曾经是如何满怀热情地（现在回忆起来依然不带明显的矛盾态度）承担起模范的职责，也忽视了劳模地位给她们带来的荣誉以及这一地位势必带来的日常工作。

在农村待了多年、孩子由亲戚抚养长大的妇联蹲点干部们的生活也表明了类似的情形。正如第三章所示那样，有些蹲点干部为了能回去工作不得不到处找乳母照料孩子，这让她们感到烦恼不已。然而，这种跟自己的孩子只有零星接触的情形被理所当然地认为是工作的一个特点。“我们这一批女同志的孩子都没有享受到过母爱。”一个前蹲点干部说。50 年代，这名干部曾为了给农村妇女组织托儿服务以便她们能够进行农业生产，而将自己的三个女儿留在家里。后来到了 60 年代，她被调到另一个地区，孩子便留给丈夫和一个保姆。“文化大革命”期间，保姆走了。独自在家的孩子们在床上吵闹并把床上的被褥推到了灶台上，着火了。孩子们都奇迹般地没有受伤。但当她丈夫回到家时，他坐着哭道：“说一天干革命，家搞成个啥样子了嘛!”但这位蹲点干部向我们保证说，她的孩子长大后都不错。然而，她在 1997 年与我们谈话时，对 90 年代的家庭观念进行了一番发自内心的斥责：人们动不动就离婚，没人想过给孩子一个家。[②] 她并未意识到这番话可能对倾听她说话的人所引起的讽刺意味。她的叙述也没有充满悔恨之情，尽管她

① 韩起澜（Honig）、贺萧 1988 年，第 1 章讨论了这种平等的假设在后来的都市情境中的情况。

② 与王桂花的访谈，1997 年。

对曾经的艰难表示出了愤怒。①

其中一个现已退休的蹲点干部说，孩子太多可能会让人成为政治上的笑柄，也可能会在后勤上带来诸多困难。“最后到了59年反右的时候，给我贴了个大字报，画了个漫画……就是我周围围了一串孩子，又挺个大肚子，我没看到，我老汉（后来）我说的。那时没有计划生育政策，要是有的话，我绝对不会要四个（孩子）的，最多两个。都我母亲经管的，我生一个给我母亲。我想，我如果管了孩子，我的事业就要受影响，（又加上）我母亲当时六十多岁了，还能经管了孩子。孩子还得自己来管，我没有亲属管理教育我的孩子，下乡十天半个月回来后，我母亲很会发现问题，给我一说，我把孩子教育了，严格要求。我原来的最低标准，不给社会上当绊脚石，这是我最起码的标准。我现在四个女子哩，一个是很听我的话，再一个是在他们岗位上都还是认认真真，领导对他们都还是放心的，我就达到这个目的了。”②

对许多50年代的妇女干部来说，致力于工作和革命为她们带来了巨大

① 高小贤和我在讨论这些陈述的时候，她说起——这在我们多年的友谊中已不是第一次——她自己母亲的故事。她的母亲姓李。1942年，11岁的李在河南遭受饥荒之苦后，沿路从河南乞讨到陕西。（有关目击者对那场饥荒造成的满目疮痍景象的陈述，见谢伟思［Service］1974年，第9—19页。）还未出河南，李的母亲就死在了洛阳火车站。李和婶婶用一床草席将母亲的尸体裹了，扔到一个堆满了其他死人的坑里。抵达西安四年后，15岁的李经自由恋爱结了婚，16岁时生下了高小贤。两年后，西安解放。李开始在一家托儿所工作。由于日托工作人员的孩子不允许放在其父母所在的工作单位，蹒跚学步的小贤被放到了另一家托儿所。在那家托儿所里，小贤从一段楼梯摔了下来，据说从此她便变得胆怯而害怕开口说话。与此同时，小贤的妹妹被送去给一个奶妈照顾。该奶妈不给妹妹东西吃，而是将李带来的辅助食品给自己的孩子吃。妹妹不长牙，整个人又黄又瘦。最后，小贤的父亲将姐妹俩送到他乡下母亲处，小贤跟祖母一直生活到她上小学三年级。小贤的母亲定期来看她们，带来乡下所没有的书本和衣物。小贤认为这些礼物是一年来探望她们几次的母亲表达爱和关心的方式。小贤返回到西安时，她有了四个兄弟姐妹，她一边上学一边照顾年幼的弟妹们。与此同时，小贤的母亲一边从小学上到高中毕业，一边在幼儿园当老师和管理员。只有在“文化大革命”期间，当母亲（像几乎每个有工作单位的人一样）遭受到政治批斗时，她才待在家里给家里人做饭。妇联的干部们和高小贤母亲那代人都认为解放让她们脱离了可怕的贫困。

② 与徐妮妮的访谈，1997年。

的可能性和超越别人的欲望。当她们遭遇不幸和困难时，她们便从革命榜样的身上寻找慰藉。50 年代在关中多个县当过蹲点干部的赵凤娥在一家简陋的县医院生产时，失去了一对双胞胎——孩子死于早产。她将自己的损失与她所知道的女革命前辈们的损失进行了比较。“我们有传统，在革命战争时期转战陕北的时候海涛把他老大孩子送给一个老乡，解放后才找到的。我们的邓大姐没有孩子，不生孩子，为了革命事业长期不要孩子。我们都是因为有前辈。自己当时并没有像现在的人难受啦，根本不管这些事……我把这两个早产后我就休息，海涛下乡到我们华阴找我，……陈慕华也不是才把孩子找到的吗，报上登的还电视上看到了……我看到解放前工人可怜的很，把娃生在车间，偷跑出来给娃喂个奶。还有一天喂不上一顿奶的。我们的榜样是前辈和先烈，对比的是解放前那些工人的生活。所以毫无怨言来克服困难，在一种什么样生活条件下来克服困难。”①

母亲的矛盾

无论 50 年代中国的母子之间的感情联系多么复杂，毫无疑问的是，许多妇女都觉得自己孩子太多。一个抚育了六个孩子的母亲评论道：“那个时候没计划生育么，也不嫌多，把人那个身体都累得不行了。”② 70 年代初，B 村一位三个孩子的母亲在将一袋沉重的粮食从阁楼的仓库拖下来后，流产了。她说自己的主要反应是松了一口气：“我对门那老婆说：人家小产都难受的，你还高兴哩！我说我高兴太太，我才轻松了。这下再不累了，我说计划生育好的很，原来要是有计划生育，我才轻松哩，以后有计划生育，我把我这碎女子下还一个还刮了，从那再没怀过。那戴环人家都取了，我到现在都没取。”③

刘冬梅告诉我们，“农业社做活的时候，那国家啥都管，管的能叫我们

① 与赵凤娥的访谈，1996 年。
② 与钱桃花的访谈，1997 年。
③ 与周桂珍的访谈，1996 年。

种好粮，多收，多吃。抓娃他却不管哩，哈……抓娃抓这些多受可怜，多受累呀，我抓了几个娃子你都笑话呀，两个娃子，六个女子，真把人抓死了，饿死了，苦死了……解放后，抓娃抓着气了，咋不管的叫人不生娃哩，这可怜的”。

高小贤：“那时娃多了，那当时有没有想到，把娃生稀点，计划点儿。”

刘冬梅：“那哪来的计划么，最后抓那第十个娃，计划才来么，那谁倒给咱计划哩。”

高小贤：“咱这民间有没有流传那咋样子少生娃的方子，有没有？”

刘冬梅：“人家，人家那民间说是吃啥药，吃啥药，去寻那医生呢，人家医生说，寻啥呢，丧德哩，造孽哩，你说把人可怜多很……后来一听那计划生育来啦，我赶紧去医院么，赶紧去戴环么，不是那还要抓一两个那还得了。还有的坐十三个月子哩么你当啊……在地做活，妇女都畅所欲言，啥都管人，咋不管人家不生娃呢？”①

还有些妇女甚至在计划生育还未成为国家的首要任务之前就终止了妊娠。1963 年，有三个 5 到 12 岁孩子的积极分子庄小霞又怀孕了，并疲惫不堪地去渭南县城开了一次会。开会时跟她同住一个房间的一位邻县妇女向她介绍了计划生育，并提出为她安排刮宫（当时的流产方法）和在附近的医院帮她上环。小霞接受了这个提议，没有告诉家中任何人。一直到 14 年后，计划生育真正开始在村里展开时，她才说出了这个秘密：“地区医院到村上来，让我带头放环哩。我偷偷给人家说我都放了，人家就让我宣传这好处，我就把妇女叫到一块开会给讲哩。我妈才知道，笑的说我：你胆大，你是贼娃胆。我说我没有娃了，不累你也不累我，也不给土地要粮。”② 到了 60 年代末，农村妇女都知道刮宫。③ 尽管很多人都对“大跃进”

① 与刘冬梅的访谈，1999 年。

② 与庄小霞的访谈，1996 年。她并没有把这桩逸事同访谈时她自己所述的另一个事实联系起来，即 1963 年的渭南县开始从“大跃进”后持续数年的食物短缺中走出来。

③ 聂精保 2005 年对当代中国对流产的不同态度进行了发人深省的民族志研究，遗憾的是，聂没有探讨集体化时期。

之后数十年的集体农业的具体内容记不清了，但不止一位妇女提到了一个重要的年份：1971 年。这一年，一些村有了输卵管结扎术。① 很多妇女都积极地去做扎管。②

国家后来严格限制一户家庭只能生一个孩子（不久后调整为，在农村，如果头胎是女孩，可再生一个孩子）的措施，让刘冬梅对国家忽略计划生育的抱怨成为了历史。但这也提醒我们，妇女所渴求的东西和国家的政策都随着时间而发生了改变。1979 年后，随着计划生育工作在农村地区不断扩大，在五六十年代生育了很多孩子的妇女们成了这项工作最坚定的支持者，她们中的许多都在当地担任计生干部。③ 她们的个人经历让她们对孩子太多而无法得到适当照应的情况深有体会。年长一些的妇女清楚地知道，党将她们从封建的受压迫的状态中解放出来，她们也清楚地知道，无休止的家务活计和育儿工作，以及挣工分以勉力维持生计的需要成了她们生活的主

① 70 年代初，在周恩来的支持下，全国重新恢复了计划生育（魏台玉 2006 年，第 42—61 页；葛苏珊 2008 年，第 53、58—61 页）。陕南 T 村的干部们于 1972 年和 1973 年动员妇女去结扎输卵管（1997 年与冯素梅的访谈）。1970 年，Z 村有了输卵管结扎术（1999 年与李朵朵的访谈）。

② 与张秀丽的访谈记录，1997 年。朱迪斯·班尼斯特（[Judith Banister] 1987 年，第 51 页）写道："1966 至 1969 年的'文化大革命'之前，农村进行节育手术的避孕药物供应和医疗技术的网络太弱，无法满足那些接受计划生育的人的潜在需求。除此以外，地方上许多乡村的计划生育运动一直到 60 年代末或 70 年代初才开始。"

③ 关于这场运动的学术研究中，做得最好的是魏台玉 2006 年（关于政策本身，动员和抵抗）和葛苏珊 2008 年（关于政策的起源以及葛苏珊所说的"政治领域的科学主义的危险"[317 页]）。

1977 年开始，计生干部要负责确保有多个孩子的妇女完成了输卵管结扎。1982 年开始，至少在有些村庄，怀二胎的妇女也被要求进行扎管。当地一位前妇女干部告诉我们（我们之所以不透露她的名字和所在的乡村是因为，虽然如今的计划生育政策在大多数情况下允许农村生二胎，但依旧是个敏感的话题），"喔时我们村子上扎了一百多例管，没有说哪一个是离开（过）我！扎管那天，我必到，扎管的哪一个可以说，扎了我给穿鞋，搂裤子——给起来拉一说这个人毕了，我赶紧门 cou（推）开进去，先把她鞋子穿上款款家（慢慢）扶起来，然后款款抱到溜下来裤子给搂上，家里有男的呀，给人家穿上，硬是服侍到出来睡倒，把药还（拿）上去给喝上，就安逸到睡倒，我才放心。"

导。[①] 当集体化年代正处于育龄期的妇女们试图与八九十年代年轻一代的妇女们交流关于孩子太多的负担和需要计划生育等问题时，她们谈话的对象却没有共同的贫困和疲累经历。80 年代初，她们发自内心地表达了小家庭的重要性，地方政府也通过不断劝说、有时是强制计划生育的做法支持这些表述。但这些对年轻的妇女并没有起到什么作用，因为她们处的时代已经有了很大不同：孩子再次同繁荣昌盛紧密联系在一起，并依然是必不可少的养老保障。大家对年长妇女进行的计划生育工作反应并不友善："这计划生育工作费了些脑筋呀！一下两下说不通，经常是人家把门关上，不耳视（理视）你。你还没法发火，不给你撵狗不给端板凳，你就去叫门，叫一些不好意思了，他才把门给你开开。有些你猛然碰到她在屋里我去了，给说，她不理，做这样哩，那样哩，你不管就一回、二回、三回、四回、五回地讲，成天去，说一说也就说通通了。"[②]

一个前妇女干部承认必须要有一个儿子，但再多就不行了："就说我这个工作是杀人的刽子手，我想到这是党的政策嘛，道理给她说清楚。我也给他讲的是，你们老一辈这么多，你们不做得行吧？还是不得行嘛！总得说有一个传宗接代的嘛，以后老百年死了，有一个人挖坑坑埋都对了嘛，何必要那么多你自己的苦头嘛，好儿不宜多。一个顶十个。"[③]

许多关于 70 年代末 80 年代初计划生育的故事表明，尽管所有人都不喜欢这项新政策，但男人比妇女更强烈地反对这项国家新运动。或许在改革时期的头几年，比 50 年代那一代妇女小十岁的的妇女既没有在资源极度匮乏的时期生太多孩子的经历，也无法理解这种经历。"我当个干部眼泪水淌得

---

① 帕塞里尼（[Passerini] 1987 年，第 182 页）写道，在墨索里尼时期的意大利，法西斯政权禁止或惩罚节育的行为，但节育依然为人们所践行。帕塞里尼称节育是对"妇女所受压迫的一种实践批判"。与之相反的是，在中国农村，节育为国家所提供，于 1956 年暂行并在 60 年代末得到更积极的推行。然而，无论在中国还是在意大利，我们或许都可以将这一代衷心希望不再生那么多孩子的妇女们的愿望理解为是对"妇女所受压迫的一种实践批判"。

② 与冯素梅的访谈，1997 年。

③ 与李六斤的访谈，1997 年。

多的很！(有的人撵到我门上把我噘过，跳跳弹弹地把我骂过呀。如生了五个娃了，还不去上环，他说：‘你咋不去上？就把我女人弄到去！’大多数都是女的同意计划，屋里男的不愿意，女的就悄悄来给你说‘给我刮了算了’，推个故说上个 gai（街）。女的娃儿多，家务、针线活负担多重呀！所以女的同意，这个男的把我骂了一顿。这在我十几年里面，出现过有的男的把人骂一些，没有女的骂过，思想都能通。”①

这些代与代之间、男人与妇女之间的差异提醒我们，同其他国家运动一样，我们只有将运动所牵涉的不同的人所持的各异的认识理解考虑在内，才能理解 1979 年开始的计划生育运动的成败和所付出的人力代价。假设国家是抽象的而家庭是僵化的是不够的，因为倒运的计生工作者们要在这两者之间来回穿梭，遭受暴力的摧残。集体主义年代母职所留下的遗产——它引起的损失，带来的短暂快乐，它在其他职责中的地位，最重要的是，它永无止息的不被认可的劳动——继续塑造着当下的欲望和冲突。

① 与冯素梅的访谈，1997 年。

第八章　模　范

一个男人要成为农业劳动模范或村领导，他必须擅长那些通常属于男人的工作，甚至有所创新。妇女劳动模范则不同，她们必须一边做一些跟妇女通常所做的事情完全不同的事，一边继续做她之前的工作。妇女劳动模范提倡改变社会性别的劳动分工，此举对男性和女性都产生了影响，减轻了男人从农业转到大坝建设、乡村工业和技术监督职位所带来的压力。我们对农村发展的理解必须要提及妇女劳动模范，她们一边体现着国家运动的效果，一边却又模糊了国家和社会的边界。

50年代，数以百计的蹲点干部分散到关中和陕南的各个农村。她们将成就显著的妇女树立为劳动模范：技能熟练的农民、忠于职守的接生员、精明勇敢的家畜饲养员、锲而不舍的植棉能手。国家干部使劳动模范得以显形，地方干部则训练这些劳模，并在当时以及事后详细地记录她们的生活。公开报道她们是为了鼓励其他妇女也效仿她们的行动，官方记载报道了党和国家官员期待妇女所应该具备的品质。这些官员的反复申明被视为是国家的声音。作为贮藏社区美德和成就的场所，劳动模范是将独立的农村空间同想象的地区、国家甚至是国际空间联系到一起的地标。她们栖居于一个弥散且模糊不清的区域，国家效果即从这一区域中产生。

本章探索50年代早期到60年代初的妇女劳动模范的集体产生，并集中关注国家行为、集体和个人生活之间的模糊边界。依据的材料既源自50年代的当地干部和新闻记者所创作的关于劳动模范的报道和宣传，也源自那些搜集于90年代和21世纪头几年的前劳模和干部的回忆性自述。[①] 本章讲述的故事以三位种植高产棉花的陕西劳动模范为中心。她们分别是：渭南的张秋香，全国劳动模范、中国人民政治协商会议委员及省人大代表；[②] 于 1962 年当选为全国劳动模范的潼关的山秀珍，她亦是本书第二章的主角；[③] 第三章描述的恪守妇道的领导曹竹香。[④] 本章依据的材料还包括鲁桂兰的经历，鲁担任过合作社领导，并分别于 1951 年和 1957 年成为省劳模和全国劳模。[⑤]

劳动模范是极少数几个名字出现在官方记载里的农村妇女。然而，读者若要从有关劳动模范的文献中找寻关于她们独特生活经历的连贯叙述，或从中寻找以真实人物为主角的对农村集体化的详细记载，便会大失所望。这

---

① 出版的材料包括：传略、新闻报道、照片、画报、讲话、档案会议记录和（20 世纪八九十年代）方志中的回忆文字。档案材料包括会议记录和妇联的工作报告。除了文字记录之外，还有与前劳模们、劳模的乡亲们和跟劳模们一起工作过的前妇联干部们的访谈。关于一位山西农村妇女劳模的传记，见天和 1999 年。

② 除了本章援引的材料外，官方有关张秋香生平的信息和为效仿她产棉成就所作的努力亦见于如下材料：渭南地区农业合作史编委会编 1993 年，第 385—391、511 页；渭南地区地方编纂委员会 1996 年，第 273—274、418—420、960 页；陕西省农业合作史编委会编 1994 年，第 482—487 页；《妇女画报》第 6 期（1958 年 3 月 16 日）；第 15 期（1958 年 8 月 1 日）；第 18 期（1958 年 9 月 20 日）；第 20 期（1958 年 10 月 16 日）；第 21 期（1958 年 11 月 1 日）；第 22 期（1958 年 11 月 16 日）；第 8 期（1959 年 4 月 16 日）；第 9 期（1959 年 5 月 1 日）；第 14 期（1959 年 7 月 15 日）；第 15 期（1959 年 8 月 1 日）；第 16 期（1959 年 8 月 16 日）；第 18 期（1959 年 9 月 15 日）；第 5 期（1960 年 3 月 1 日）；妇联 1958 年，190–025；全国妇联 1960 年，未注页码；姜兴汉、程万里 1958 年。

③ 官方有关山秀珍生平的信息，其中包括她在陕西省和全国担任过的主要职位，见渭南地区农业合作史编委会编 1993 年，第 512 页；陕西省农业合作史编委会编 1994 年，第 504—509 页；中国人民政治协商会议陕西省潼关县委员会文史资料委员会 1999 年，第 3—6 页；张如云、张自强、赵国玺 1992 年；《西北妇女画报》第 14 期（1952 年 9 月 1 日）；中共潼关县委党史研究室 2001 年，第 87—88、90、98—100、106、109、116—118、123—126、136—137、139 页；潼关县志编纂委员会 1992 年，第 154、528 页。

④ 除了本章他处和第三章援引的材料外，关于官方对曹竹香生平和她的集体的记载，可见陕西省农业合作史编委会编 1994 年，第 182—189 页；《西北妇女画报》1953 年 5 月 1 日；《妇女画报》第 16 期（1958 年 8 月 15 日）。

⑤ 除了本章他处援引的材料外，官方有关鲁桂兰生平的信息，可见陕西省农业合作史编委会编 1994 年，第 510—519 页；《妇女画报》第 17 期（1958 年 9 月 1 日）。

不是通常意义上的传记，即讲述一个人如何度过其人生的故事。相反，劳动模范的故事要我们既关注具有特定目的的、关于一个妇女劳模生活的社会生产，又要关注这种生产作为许多不同的人群和交往的产物，是如何被传播、发生变化以及被记忆的。

50年代关中地区的妇女劳动模范被用去建设一项重大的国家工程：棉花种植。妇女应该植棉这一想法被大肆宣传，它出现在省级的会议上，出现在有关试验田的新闻报道中，这些试验田是由敢于大胆创新的妇女劳模们搞起来的，甚至还通过比赛得到宣传。比赛的内容是对女性农民们发展的最好的农耕技术进行运用和改良。本章追溯“只有妇女适合植棉”这一发现，探索男人如何转去从事其他的经济活动，并勾勒出劳动竞赛中已婚和未婚妇女所起的显著作用。

最后，本章考量当代读者期待从传记中得到的真相披露，尤其是由全方位的材料和记忆所披露出来的关于一个人内心思想和情感的信息。劳动模范的故事对内在性的存在提出了质疑，或者至少对假定的内在性的状态进行了质疑。本章以我的一些思考结束：在重大的国家工程如集体化刚刚结束之后，传记是否可行或者可取？我们是否应该对这一时期的农村妇女的生活提出其他问题？

美德的谱系

50年代农村劳模妇女的故事与古代许多具有美德的妇女的故事在主题上互相呼应：勤劳、苦难、关注他人的福利、自我牺牲（尽管是为集体而非父系宗族）以及没有性关系的纠纷。① 如帝国晚期故事里的贞节寡妇和尽职尽责的母亲一样，劳动模范积极并且坚定。帝国晚期，有德行的妇女的传记的

① 当然，帝国晚期和社会主义早期的妇女模范之间的差别也很重要。即便像曹竹香那样，寡妇身份和模范身份紧密相连，50年代的劳模也并非直接因她们的贞节而受到褒奖。劳模跟一些早前的有美德妇女不一样的是，既无人设立牌坊纪念她们，也无人认为她们死后有超自然的力量。感谢曼素恩与韩起澜提出关于这些差别的问题。

出版既给她们的家庭和社区带去了荣耀，同时又为更广泛的读者和听者大众宣传良好的行为提供了榜样。与之相类似，30 年代末、40 年代初，陕甘宁边区的中共指定的劳模也是这种情况。毛泽东和其他中共领导人都把劳模看成是人民群众和领导之间的桥梁，将领导的想法和方针带到群众中去，再将群众的意见和要求反馈给领导。① 总而言之，劳模是共产党人民群众路线的关键。②

1950 年，这些战争时期共产党根据地"老区"设立劳动模范的做法成了陕"新区"的范本。这些新区主要集中在关中和陕南，并且不属于先前解放了的地区。省里十位劳动模范被选去参加 1950 年的一次全国大会。同年 12 月，陕西省的农民代表被动员去找出并培训劳动模范。③ 1954 年，培养和提名妇女劳动模范是妇联的例行工作。④

如第三章曹竹香的故事所表明的那样，当一个村或生产队产生了一个著名的劳模时，人们就会发现这个劳模的成就会在全省，甚至全国范围内广为传播。像旧制度下有德行的妇女一样，劳动模范成为社区社会资本的来源。中共的干部同鼓励编辑地方志的帝国官员一样，都希望通过宣传记录她们的丰功伟绩来促进对劳模的效仿。

当然，有关美德的古老故事和 50 年代的劳模故事有相当大的差别。早期中国的有美德的妇女通常因她们的贤明和对统治者的大胆进谏而受到颂扬，⑤ 但是帝国晚期的妇女典范则更普遍地因她们在家庭领域内的活动而受到褒奖。50 年代的劳模故事重新组合并改造了这两个时期的要素。像早期中国文本中的妇女一样，50 年代的劳模通常被卷入到一项政治任务中：建设

---

① "劳模运动的发展和问题"农业厅 194–8（未注日期，在 1950 至 1951 年之间）。有关延安的劳模，见斯特拉纳汉（Stranahan）1983 年之一，1983 年之二。

② 有关群众路线，见赛尔登（Selden）1995 年，第 212—213 页。

③ 一份 1951 年的报告提到了 12 个这样的劳模的名字，其中的两个妇女因为领导其他组的妇女去参加农业生产而特别受到褒奖（"劳模运动的发展和问题"农业厅 194–8）。1952 年，一名来自宝鸡的妇女王爱英（音译）因使麦子获得大丰收而成为劳模（《妇女工作简讯》第 14 期［1952 年 7 月］：第 12—15 页）。

④ 例如，见妇联 178–130–030 1954 年（9 月 22 日）。

⑤ 瑞丽（Raphals）1998 年。

社会主义。和早期中国的女豪杰不一样的是，她并非通过抓住权势人物的注意力来参与到这项任务中去，尽管与权势人物如毛泽东和周恩来等接触是劳模故事的一部分。同帝国晚期的典范妇女一样，50 年代的劳模通过认真从事日常劳动来实现政治目标，只是此时，她们是在家庭领域之外，而不是在家庭领域之内从事日常劳动。

当经典文本和方志中的美德妇女的故事浮现在世人眼前时，她们通常都已经年老或者去世。事实上，那些故事中的许多故事都需要戏剧性或别种原因的死亡，来使一个忠贞地度过一生的妇女的故事完满。相反，五六十年代许多农村妇女劳模则需要持续地参与到她们的事业当中去。例如，由于植棉而闻名的张秋香，要持续在产棉上推陈出新，要在省级会议上汇报她的成绩，还要参加全国的劳模颁奖典礼。这些全国性的典礼常常都是公开的，并且不断地表明，国家的举措正在地方上产生良好的效应。已经去世的劳模的价值十分有限。①一个劳模必须在世才有效用，并根据党和国家目标的变化积极地迎接新的挑战。

搜 寻

元代的记录表明，当时有美德的妇女是这样确认产生的：先由其邻居告知当地官员，随后这些官员再将她们推荐给当朝皇帝。②大家可以想象，这个过程并不是自发或线性的，而是需要许多家庭和社区的力量来争取与节妇或贞女相关的奖励和威望。尽管如此，这种确认看起来是从地方社会一直往上到达官方，并对朝廷列出的选拔指标作出响应。

然而，在中华人民共和国初期的陕西，有美德的妇女却不仅仅是由国家召唤或由邻居提名来产生的，她们必须被创造。如 1951 年民政局下达给

---

① 刘胡兰（第四章提及）和加拿大医生白求恩都因为革命奉献了自己的生命而被称颂；死于 1962 年的雷锋因其忠于毛泽东思想和愿成为革命的一颗螺丝钉而受到赞扬。然而，一个人若要成为劳模，必须活着去完成劳动，他／她的劳动任务最好不会直接导致死亡。

② 柏文莉 2002 年，第 509 页。

地方官员的一些指令所言，劳动模范要被“发现和培养”。① 党或政府的干部是默认的创造劳模的人。蹲点干部确定潜在的先进者，诱导她们担起领导角色，为她们培训必备技能，在她们遭到反对时支持她们，然后推荐她们获得国家的认可。

对社区之外的人而言，为确定劳动模范而付出的艰苦努力很容易出岔子。一份 1951 年的报告指出，不够敏锐的干部曾错误地将不守纪律的退伍士兵、国民党管理人员、地主甚至土匪选为劳模。不适合选为劳模的名单里还有一种情况，即几个十七八岁的姑娘被提名为劳模。② 这份文件并未言明为何这是个错误；报告假定读者会知道这是个错误，就像她会知道土匪是不适合当劳模一样。也有可能是，人们不认为未婚或年轻的已婚妇女被认为不具备成为有效的劳模所需的经验和当地人的尊重。此外，一个前妇联干部说，年纪稍大的妇女（解放时三十多岁或四十多岁的妇女）直接经历过旧社会的苦难。有些曾是逃荒的难民，有些则嫁到了极度贫困的家庭里。她们对共产党有非常明显的感激之情，蹲点干部们很容易利用这种感情去动员她们去田里劳动：“那时是中年妇女首先冲出家门。这几个劳模特点一个是有强烈的事业心，就是说要干什么非要干好。她们一说起就是咱在旧社会能干个啥，现在妇女解放啦！党培养咱，咱就要给党争光吗！第二个是这几个都比较勤劳朴实。”③

年轻的妇联干部作为更大的蹲点工作组的一部分，最经常做的工作是确定潜在的妇女先进者，将她们发展为羽翼丰满的劳动模范。在没有农耕妇女能手的村子，妇联干部们选出潜在的劳模——通常是年轻的已婚妇女，开课教她们农耕的技术。④ 1952 年，她们召开颁奖典礼，授予模范妇女——有时是个人、有时是团体——锦旗和有用的农耕工具：喷雾器、步犁、小锄

① “劳模运动的发展和问题”，农业厅 194–8（在 1950 年至 1951 年之间）。

② “劳模运动的发展和问题”，农业厅 194–8（在 1950 年至 1951 年之间）。

③ 与刘招凤的访谈，1996 年。

④ 与刘招凤的访谈，1996 年。

头、毛巾。这些劳模的功绩在全县大会上得到表彰。① 然而，对那些要成为本地以外的劳模的妇女而言，但凡国家新的优先事项需要充满活力的模范代表，一个更深入的培训和准备过程便必不可少，即生产出一个能说会道的演讲者。

演　讲

到了50年代中期，增加棉花产量是国家的首要任务。棉花于4月播种，10月收获，除了在解放战争期间有所中断外，从30年代起便是陕西关中地区的主要经济作物。② 1952年，全省的棉花播种面积恢复到了解放前的水平。③ 在党和国家出版物里明显的“解放前和解放后”的叙述中，1949年之前的棉产量很低，1949年的平均亩产量只有26斤。④ 据称，“七疙瘩八疙瘩，一亩地能产三捆花，喜得农民笑哈哈”。1954年，棉产量达到了每亩52斤，据说有些农民认为产量还可以再高些。⑤

纺织品出口对购买苏联的设备和资本积累至关重要，提高棉花的种植

① 妇联178–116–009 1952年。

② 据弗美尔（[Vermeer] 1988年，第324—325页）估算，棉花的种植面积占关中地区所有耕地面积的12%—15%，在灌溉区这个数字翻了一番。弗美尔虽然只简短地提及了农村妇女被鼓励去组织棉田管理小组这一事实（第359页），但对关中地区棉花种植和纺织生产的历史（第324—382页）作了全面介绍。

③ 弗美尔1988年，第346—347页。1957年棉花播种面积达到新高（317000公顷和超过110000公顷的棉花），这个集体化时期的纪录只有到了1973年和1982年才被追平。关于50年代对棉花播种面积和产量的各种不同估计数字，见中国经济委员会1969年，表20–B，20–C；渭南地方志编纂委员会1996年，第420页。

④ 高小贤2006年之一：第595页。1949年之前，棉花生产一直是关中经济的重要组成部分（尼可尔斯［Nichols］1902年，第248—249页）。芮乔松（1955年，第15—16页）指出，1949年前，由于陕西省没有机械化纺锤和织布机，超过80%的棉花作物都被运往上海、青岛和其他东部沿海城市去加工。1953年，陕西，主要是关中，产出的棉花是西北总产量的90%。到1955年，党和国家开办和扩展了一些棉纺厂，其中包括五家大型国有棉纺厂。

⑤ 妇联178–216–002 1960年（1月17日）：第1页。

是增加纺织品出口的重要组成部分。[①] 关中被看成是为西北和华北的工业棉纺厂提供棉花的主要地点。50 年代之前，妇女在关中采棉并对棉花进行加工，但初级社成立后，国家有关当局开始将妇女宣传成首要的植棉者。[②] 党和国家突然发现植棉工作适合妇女，并认为她们双手灵巧且能够对细节一丝不苟。[③] 社会性别的劳动分工由此作出调整，男人于是逐渐从棉花种植中抽身出来，进入到副业的生产当中去。[④]

农业局的蹲点干部和当地的领导一起致力于提高棉花的种植。当干部们为了棉花生产而去动员妇女时，他们首先去找那些家里极度贫困、为环境所迫而不得不学会农耕的年纪大一些的妇女。曹竹香回忆："那棉花一直咱都种着哩，52 年技术站上说棉花不够苗数，不够栽。齐主任来说，我说人家说那棉花栽不活，踏不死，齐主任，那都是原来的说法，你栽，能栽活，老焦，老牛，那都是技术站上的人那来都帮助，给我栽棉花哩，弄棉花哩。"在技术人员的指导下，曹竹香学到了有关作物虫害的知识，她开始用化肥和农药而不是草木灰除虫。"在 52 年我种棉花栽的棉花一个都

① 弗美尔 1988 年，第 347 页。他还说道，在 1954 年，"为国家生产棉花被描述为一项公民的责任，种植棉花的合作社将会获得经济上的好处（贷款、种子、肥料）"（第 352 页）。1955 年 9 月，有了强制性的产棉指标，不久之后，植棉者不再准许留有棉絮私自使用或售卖。从 1955 年开始，国家对所有的棉花有提前购买权，付给合作社的钱比个人的要多。结果，1955 年许多植棉的农民开始转而种粮食，或在非法的自留地上种棉花以逃避国家的强制性采购。50 年代中期，很多人都非法保留棉花并将之卖到黑市。弗美尔对这些冲突的叙述是以发表在《陕西日报》（第 352—354）上的文章为依据的。有关 1957 年农村地区极低的棉布定量供应，以及限量供应"对当地手工布制品的生产——无论是合法还是非法——所起的推动作用"，见第 355 页。

② 与刘真西的访谈，2006 年。在陕西，妇女和棉花之间的联系由来已久，但一直以来都更注重妇女对棉花的加工而不是种植。比如，见尼可尔斯 1902 年，第 129 页。

③ 有关这种转变的讨论，见高小贤 2005 年，2006 年之一：第 608 页。

④ 这种情况属于更广阔的"农业女性化"现象的一部分。关于"农业女性化"，详见第五章和第九章的讨论。正如高小贤所说："拾棉花开始的时候，他也讲同工同酬呢。但男人去拾棉花拾不过女人的时候，男人不是说拾不过你就给他低一点，男人就不顺应做这个事，男人去做更高的，有技术的活去了。那女人仍然是什么最低的。这个跟农业女性化有关，妇女大面去做农业的话，男人就都出去了。"（我本人 2008 年 11 月 10 日与高小贤的交流）

没死。”[①]

离曹竹香家不远的双王乡八里店村，还有一位善于植棉的妇女张秋香。早在 1954 年 4 月于渭南召开的第一次省棉花工作会议上，张秋香的植棉技术就开始广为人知。她开始是在一亩地上种棉花，后来扩大了种植面积。通过仔细用肥，她的亩产差不多达到了两百斤，随后每年都增产。[②] 1955 年，秋香的村子据说产生了一个“奇迹”：一块地的籽棉产量达到了每亩 1250 斤。[③] 妇联干部认为秋香将会成为一个有前途的模范，开始争取同她合作。[④] 来自不同政府部门的干部来到她的村子，寻找各种途径去宣扬她的经验，使她成为一个容易为其他农村妇女所理解的模范。[⑤]

来自一个极度贫穷家庭的张秋香是一位经验丰富的农民。她于 1908 年出生在山东，有过难民的经历。1949 年之前，她一边种地，一边将手工制作的鞋子拿到市场上去卖。她结婚后生了两个孩子。同许多关中的家庭一样，她的丈夫在四五十年代的大部分时间都离家在外工作。1949 年后的土地改革，她分到了一块满是砖块和瓦砾的庙地。这些东西都必须清理干净，地才能耕种。接下来的几年里，她参与了合作社的建立。到了 50 年代中期，她已经当上了村长。“选我，那时干部没人当，嫌得罪人。”带领着几个互助组，接下来她还会继续当初级社、高级社和公社的主任。[⑥] 她对革

---

① 与曹竹香的访谈，1996 年。

② 与张竹香的访谈，1996 年。弗美尔（1988 年，第 358 页）认为“猪养的不够多”和 70 年代初之前没有化肥是导致关中地区的棉花种植缺乏肥料的原因。

③ 妇联 178–216–002 1960 年（1 月 17 日）：第 1 页。张秋香自己说，过去（日期不详）当地的平均亩产量是 55 斤皮棉，但在 1955 年，她和其他八个妇女开始种植九亩丰产田和一亩多的高额丰产田。1955 年和 1956 年，丰产田产出了 700 斤籽棉。高额丰产田的产量是：1955 年 1225 斤，1956 年 1104 斤，1957 年旱年为 940 斤（皆为籽棉数量；《陕西日报》1958 年 3 月 20 日）。中国人民银行 1958 年，第 60 页给出的那几年的数字略有不同（每亩籽棉分别为 1225，1102 和 874.5 斤）。

④ 与李秀娃的访谈，1996 年。

⑤ 1996 年与王梅花和李秀娃的访谈。

⑥ 与张秋香的访谈，1996 年。

命十分忠诚，她的农耕技术亦堪称典范。1956 年，她被提名为县级和省级劳模，1957 年，她成了全国劳动模范。[①] 然而，她要成为有影响力的劳动模范，还要满足更多的要求：她必须学会在公共场合演讲，讲解政策，吸引人们的注意力以及激发人们的热情。[②] 尽管秋香是植棉能手，她却不善言辞。“张秋香的语言表达能力比较差一些。她没有文化。有一次把她请到省上来开大会，大概是三八妇女节大会吧！在会上介绍经验老太太急忙介绍不了。”[③] 蹲点干部们并未因此退缩气馁，而是开始着手工作。她们跟随她到田里，耐心地访问她，将她说的话转换成格言警句，并教她记诵直到她能够流利地演讲。干部们为她编了一首著名的顺口溜，虽然译成英语听起来不十分恰当，在中文里却十分贴切：

“运用辩证法，

看天看地，

务棉花。”[④]*

顺口溜及其他类似的逸事让我们得以通过妇联和其他干部们极其仔细烦琐的日常工作，对生产女劳模的艰苦过程有了初步的认识。他们希望让一个农村劳模作去展示辩证法的词汇和新的种植技术，使这些词汇和技术更为人们所熟悉。同时，农村妇女自己也为学习新技术和克服个人恐惧作出了相当大的努力。一位前干部评论道：“不是说党委一培养，妇联一支持她就起来了，没有那么容易，特别像张秋香，既不识字，又不会说话，不会总结自己经验，要问她务棉经验，她说就是口外种好，按时锄好，打卡好就对了，硬是咱们妇联同志从她的那些话中掏出来，提炼出来。这以后她经了风雨见了世面，羽毛也就丰满了，这说明在培养妇女典型人物上，咱妇联是付出了

---

① 渭南地区农业合作史编委会编 1993 年，第 387 页；渭南县志编纂委员会 1987 年，第 617 页。

② 与刘招凤的访谈，1996 年。

③ 与刘招凤的访谈，1996 年。

④ 与张秋香的访谈，1996 年；与王梅花、李秀娃的访谈，1996 年。1963 年，报刊上也出现了这句顺口溜，见《陕西日报》1963 年 4 月 10 日，第 1 页。

一定的心血和辛勤劳动，以及认真地手把手帮助。”[①] 在妇联干部帮助秋香写了一些演讲稿之后，秋香的故事里开始包括了一些关于妇女多么能干的评论：“当我们在 1955 年开始务育丰产棉时，有的男社员嘲笑说：‘妇女们只能鞋上绣花，怎干吹牛务丰产棉花！’我们没有理睬这些风凉话，用妇女翻身的事互相鼓励，拿定心劲干下去。”[②] 随着秋香名气的增长，蹲点干部们依旧留在她的村庄，并担任起她的秘书。他们帮助这个不识字的植棉冠军迎接访客，每天答复数十封来自全国各地的信。这些信件要么要求秋香提供棉花种子，要么希望得到她的建议和鼓励。[③]

1956 年 4 月，为植棉妇女们召开的第一次全省棉花工作会议在渭南举行，秋香的成就在会上得到了广泛的宣传。[④] 在蹲点干部的指导下，她学会了用生动的趣闻逸事来展现她的农耕经验，四十年后当我们采访她时，她这项技能依然清晰可见：“56 年庄稼好得很，棉花也好，苞谷也好，可是水上来淹来，咱又是社长又是村长，把群众发动到大平原上，那个时候青年人都能干，那苞谷都熟了，后此我跳到河里，叫大家都下去，弄个簸箕把苞谷搬的往上运用，把几十亩苞谷搬完了，到了一场，把外晒干，杆子还在地里。”[⑤] 当一个劳模能够出色地讲演时，日常的耕种任务就为展现个人和集体的英勇行为提供了机会。

1956 年，秋香正式当选为劳模，被送到北京去参加一个全国性的会议。她对自己当选的叙述遵循了劳模呈现自我的惯例：谦逊、惊讶，以及继续超

① 与李秀娃的访谈，1996 年。这份距离事实四十年的叙述，也是一个妇联干部为肯定她自己年轻时的工作所作出的一种努力。高小贤（2006 年之一：第 601 页）写道：“妇女干部和农村劳动妇女共同生产了劳模，这些劳模们的‘经验’既植根于妇女的工作环境中，又为社会主义国家的工程所塑造。”

② 《陕西日报》1958 年 3 月 20 日。

③ 与王梅花的访谈，1996 年。

④ 与李秀娃的访谈，1996 年。关于这次会议的重要性，见高小贤 2006 年之一：第 596—597 页。有关当时对这次会议的报道，见《陕西日报》1956 年 4 月 19、20、21、22 日；妇联 1956 年，154–039。

⑤ 与张秋香的访谈，1996 年。

越他人的决心。“当说到北京开会哩，还不知道是当劳模哩。县上、乡上，让到乡上去，然后到北京。心情当然高兴，当劳模还得下苦。我原来就下苦，不是为当劳模，做惯了，把啥做不好，心里不得过去。”①

一旦一个劳模的资历和威望被建立起来，她在公共场合讲话的主要任务就不再是证明她的过去，而是要为即将到来的下一项任务努力进行动员活动。因此，我们发现山秀珍在 1961 年对渭南县公社社员的一次演讲中，不仅报告了最近一次棉花生产会议的内容，还提醒大家控制虫害（“虫子像敌人一样向我们侵略”）、除草、防洪和施肥的重要性。② 在她职业生涯的这一刻，已不再需要公开唤起她的背景。她的生平故事是公共的财产，决定了她关于劳动的劝诫将会如何被大众理解和听取。

劳　动

2005 年，高小贤在一篇有关模范植棉妇女的文章中指出，50 年代中期棉产量不断增产的工作通常不仅需要妇联干部，也还需要来自省政府部门、农业大学甚至是中央部门的技术精湛的农业技术员长期在农村驻守（“蹲点”）。这些技术员负责许多对选种、栽种、除草和收获进行的革新工作。他们并不是直接宣传这些创新之举，而是利用劳模们的故事来传播有关植棉技术的具体信息。正如高小贤所言，这些集中体现辛勤工作、团队合作和牺牲的故事有“看得见、摸得着、学得来”的特点，因此易于为广大农民所接受。劳模是新技术推广的媒介。③

劳模还有另一个重要功能：为投身于农村集体化和遵循党的总路线的积极公民提供必备的政治行为的典范。熟练的技术是必需，但还不够，还需要关注国家甚至是国际事务。大部分的农村妇女劳模受到褒奖，不仅仅

① 与张秋香的访谈，1996 年。中国人民银行（1958 年，第 60 页）说张秋香是在 1957 年被选为全国劳模的。

② 农业厅 194–748（1961 年 7 月 13 日），第 47—49 页。

③ 高小贤 2005 年，2006 年之一。

是因为她们棉花高产或修缮了水利设施，还因为她们跟党和国家一起进行抗美援朝，为远方的战士准备爱心包裹。与朝鲜的团结一致以一种非常熟悉的、本地针线活的形式呈现出来。妇女们通过针线活将自己缝进国际形势之中。包裹里装有布块、针线包、日常用品和手工小礼物。关于劳模成就的报告清点妇女们制作的爱心包裹、钱包和手套的数量，就如清点出售给国家的棉花吨数一样。社会性别化的农村劳动是由从未离开过家的妇女们完成的，但她们却认为自己跟从未见过的远方有紧密的关系。妇女们还组队为家里有男丁在朝鲜打仗的军人家属犁地，并用刚学会的字给士兵们写信。一个劳模的必备特质是要在这样的工作中起领头作用，在本地的生产过程、国家的政治情势以及国际政治团结这三者之间建立紧密联系。由外来干部发起，却由当地劳模发展成型的国家和国际意识也被同时介绍进来。①

当党和国家加紧了对农村粮食市场的控制时，可靠的劳模们则带头售粮，甚至是捐粮给国家。② 植棉的劳动模范们要树立榜样，将最好的棉花以不断上升的数量转交给供销组织，而不是将之囤积起来。③ 随着合作社从互助组扩大到初级合作社再到高级合作社，热情洋溢的劳模是说服顽强抵制的农民入社的关键。④

劳模的目的是激励大家对其进行积极效仿，这种积极效仿通常以劳动

---

① 有关曹竹香支援朝鲜战士的活动，见妇联 178–27–026 1952 年。

② 有关山秀珍捐粮食给国家，见妇联 178–209–036 1954 年。有关曹竹香带头售粮食给国家，见妇联 178–27–026 1952 年。

③ 囤积棉花同取消粮食生产一样，是个不断复现的问题。妇联干部张秀玉（1996 年的访谈）对她的“爱国教育”工作描述如下：“防止棉花流入自由市场，教育妇女向国家多交花，交好花，教育她们懂得我们现在生活好了多亏国家，因此不能忘本，不能忘国家，在困难时期，不准偷偷摸摸，要交爱国棉。我们在大荔县抓了一个村，效果很好，县委就在全县推广。我们抓的那个队那一天交了一千多斤，全县那一天交了几十万斤吧，具体数字我记不清了。这说明在棉花开花时节，棉花的流失量很大。”

④ 有关合作社转型时期的陕西妇女积极分子，见陕西省民主妇女联合会宣传部 1957 年；中国共产党丹凤县竹林关区委员会 1956 年。

竞赛的形式来实现。[①] 在陕西，最有名且持续时间最长的一场劳动竞赛是由陕西省妇联举办的“银花赛”。该项竞赛从1956年起在关中的植棉区开始举办，一直持续到到80年代初期。[②] 银花赛旨在鼓励妇女参与棉田管理和夺取棉花丰产。1956年4月，在陕西省委的指示下，省妇联在渭南县主持召开了一次植棉妇女大会，正式拉开了这场劳动竞赛的序幕。当时，许多陕西妇女依然没有参与到为集体而进行的农业生产当中，只在农忙季节才到田里劳作。党和国家通过动员未被充分利用的妇女劳动去管理棉田，目标是为了增加棉花这一劳动密集型作物的产量。这次会议有674名妇女参加，植棉妇女在会上展示了经验，同时还进行了关于种子品种和种植技术的讨论。以张秋香为领头代表，所有与会者都签署了保证书，承诺带领妇女接管大部分的植棉任务，让植棉区的妇女全年至少做到140个工作日，还承诺在各个集体单位之间组织劳动竞赛。

在这些劳动竞赛的过程中，妇联将张秋香、曹竹香、山秀珍以及另外两名当地有名的妇女植棉能手誉为“五朵银花”，这一称号是受到当时一部很有名的电影《五朵金花》的启发。[③] 每个植棉能手领导一个植棉小组，该小组采取承包责任制并按产量支付酬劳。妇女们相互之间学习技术，分工明确，责任到人。[④] B村的竹香建议她组里的年轻妇女们要“学习双王，赶上双王”。双王是秋香的务棉小组所在地。但竹香说，她们应该以这个谦逊的口号作为掩护，努力超过秋香组的棉产量。[⑤] 山秀珍县里的一个党委副书记

---

① 有关1952年山秀珍发起的一场竞赛，见西北民主妇女联合会生产部1952年，第11—13页。

② 以下关于银花赛的叙述，除非另有说明，皆引自高小贤2005年，2006年之一。高对竞赛发起的经济背景作了讨论。她还指出，陕西省委在这些竞赛中起领头作用，农业部门提供技术支持，妇联则负责大部分的组织工作（2006年之一：第597页）。

③ 与王梅花的访谈，1996年。另外两名妇女是薛俊秀和高贞贤。1958年，除了这五名著名的妇女外，还有一百多名妇女在这场劳动竞赛中获得劳模称号，一共有17665个植棉组参加了这次竞赛（2006年之一：第597、604页）。

④ 高小贤2006年之一：第599页。有关当时对妇女植棉的报道，见《陕西日报》1956年4月29日、5月12日；《陕西日报》1958年3月8日。

⑤ 与曹竹香的访谈，1996年。

向她提出了挑战："他说听说张秋香56年都务了高产棉，你会务吗？我说咋不会，我会务。我就到渭南张大姐处取经去，第一年，棉花长的真正好，但还是缺乏经验，水吧太多，棉花长的太高大，群众说这拾棉花还要上树呢，不然够不着，这不好。平均二百一十多斤皮棉，'失败是成功之母'嘛，总结教训。"①

几十年来，这些有名的妇女劳模和其他没那么有名的劳模所领导的务棉小组不但宣传和推广了植棉新技术，还宣扬了一种建立在小组承包制和包产到户基础上的精细的劳动分工。②这些努力不仅得到了农业技术人员和妇联干部的支持，还获得了党和国家提供的物质帮助。一个劳模选出来之后，一些利益主体便会蜂拥而至，以确保她的工作计划能成功，各路资源也来确保有良好的结果。例如，中国人民银行和秋香乡里的信用合作社一起合作，确保她的合作社能够及时获得贷款。到1958年，银行已经为秋香的小组提供了27笔总额达3889元的贷款。一份银行报告直截了当地指出的，这种具体的帮助消除了农民那种认为棉花亩产不可能超过一千斤的保守看法。秋香试验务棉小组的第二年，银行拖延了购买农药的贷款，秋香只好用技术站提供的一瓶杀虫剂将就。上级领导发出指示，说以后这种情况不能再发生，银行紧接着便连续贷给秋香的合作社六笔肥料款和四笔杀虫剂款。银行报告里引用了秋香自己所说的话："没有党的领导，没有你们对我的支持，一个人本事再大，要实现亩产千斤棉花是根本不可能的。"③

① 与山秀珍的访谈，1997年。

② 这些劳模的想法和技术随着时代的变化而变化。1965年的一次采访中，张秋香在回顾她十年来作为植棉状元的经历时说，她当劳模的早期把太多时间用在了提高小块试验田的产量上。到1965年，她转而关注适合集体大块棉田的植棉技术（《陕西日报》1965年2月7日）。

③ 贷款（2078元）的一半以上用去买了杀虫剂，剩下的买了肥料。银行的报告还说，1955年，银行借了1219元给合作社，为秋香的务棉小组和合作社的丰产田买肥料和农药。到1957年，银行提前跟秋香的合作社预先规划了预期的资金需求。1958年，银行表示愿意提供贷款支持合作社去实现亩产2000斤籽棉的目标（中国人民银行1958年，第59—62页）。50年代，虫害是棉花种植中一个不断复现的问题；弗美尔（1988年，第358—359页）详述了由棉铃虫、蚜虫、红蜘蛛和棉盲蝽带来的损失。

到了“大跃进”时期，妇女已经成了植棉劳动力的主要支柱，尽管在这个过程中也遇到了男性社员的反对，这些男社员要么已经退出了棉田管理，要么担心自己的工分会受到影响。[①] 关中一个植棉小组的故事广为人知：一个男人对妇女采棉挣的比他犁地挣的还多感到不满意。他要求调去摘棉花，结果却发现他比不上采棉的妇女们，于是悄悄地溜了。据说他后来对其他男人说：“男女同工同酬就是对，别看她们做的活轻，咱可没有那本事。”[②] 鼓励男人从事副业生产消除了他们对妇女植棉的反对。副业生产挣得更多且被认为需要更多的技术——这是男子退出基础农业的一部分。本书的其他章节中可以找到这种退出的踪迹。[③]

棉花作为国防工业和农产品市场上的一项重要作物，为种植棉花的公社带来了相对良好的回报。陕西省超过半数的棉花都产在渭南地区，妇女被认为完全胜任了植棉所需的精细技术。[④] 如一位妇联官员所言，“妇女心灵手巧特别适宜务棉花，棉花活从头到尾都是妇女干的”。[⑤] 山秀珍也发现妇女尤为适合务棉工作：“男的就干不了，务棉花的，你听人说：务棉如绣花，一针都不差。你一点都不能哄它，一株一株地，既要快还要细。”[⑥] 然而，如果说针线活为妇女管理棉田做好了准备，那么另一句“大跃进”谚语则清楚地表明，她们为了从事务棉这项新任务就不得不放弃针线活：“停下针，放下线，务棉战线争状元。”[⑦] 秋香所在的大队于 60 年代初正式分配妇女去种

---

① 高小贤 2005 年，2006 年之一；与张秀玉（1996 年）、曹竹香（1996 年）的访谈。

② 中共陕西省委办公厅编 1956 年，第 224 页。

③ 高小贤 2006 年之一：第 602—603 页。她总结道：“棉花生产的女性化，虽然增加了妇女对农业的参与，却没有消除劳动分工中的社会性别等级。”（第 604 页）

④ 关于妇女适合植棉的典型表述，见妇联 178–27–012 1958 年（3 月）。

⑤ 与张秀玉的访谈，1996 年。曹竹香（1996 年访谈）说妇女务棉花将男人解放出来去从事大型的土地改良工程和修路。

⑥ 与山秀珍的访谈，1997 年。

⑦ “状元”是帝国晚期的科举考试中得到最高分的男子所获得的头衔。在妇女胜利地成为劳动大军的“大跃进”故事中，据说妇女不再与人说长道短嚼舌头，而是开始讨论生产问题，她们也不再攀比谁的丈夫更能干、谁的衣服更好看，而是开始比生产技能（妇联 178–216–002 1960 年［1 月 17 日］：第 2、8 页）。

植棉花；大队的副队长负责粮食和蔬菜作物，妇女队长则负责棉花。① 据称，公社超过 90% 的棉田分配给了妇女种植，约半数的麦田和玉米地分给妇女耕种。② 秀珍所在的生产队出现了四个不同的植棉小组，每组有 7 或 8 个妇女。秀珍很直白地说她的植棉小组更偏爱未婚妇女："人家都要来呢，家里负担重的，有两个娃的，我不要。务棉花比经管娃还尽心，姑娘娃没拖累，能随叫随到嘛。"③

随着劳模们担任起额外的领导职位，参加会议便取代了她们在成为劳模之前所做的工作，而她们当初则正是因为这些工作才当上劳模的。早在 1951 年，一份民政局的报告就抱怨道："劳模负担太重，许多地方……大事小事都找劳模带头……各级政府有许多会都要劳模参加，又有农林部、农林厅、专区、县、区干部和各报社的记者等，常去访问劳模，耽误了他们许多生产时间，差不多和脱离生产的（全职）干部一样忙。"④ 几年后，当秋香在"大跃进"时期的一次全国妇女积极分子大会上讲话时，她回忆说她公社的成员曾对她离家开会表示不满。他们对她说，"咱们田里的毛草还没拔完哩，你可别只顾别人"，并抱怨其他公社的人，扬言要超过他们。

但对秋香而言，这是一个教育的契机。正如她在演讲时对听众所说的那样，社会主义竞赛的目的不是增加一块或两块棉田的产量，而是增加所有棉田的产量。只有全国的棉花生产得到了提高，才能推进社会主义建设。为了强调这一点，她在回家途中停留了一个星期，去帮助竞争对手、五朵银花之一的薛俊秀把棉花作物从虫害中抢救出来，尽管秋香的儿子还在家里生着病。后来，当俊秀植棉小组的棉产量超过秋香的小组时，秋香祝贺了她。⑤

---

① 妇联 178–45–006 1961 年（7 月 31 日）。

② 妇联 178–216–002 1960 年，第 3 页。

③ 与山秀珍的访谈，1997 年。

④ "劳模运动的发展和问题" 农业厅 194–8（未注明日期，在 1950 年至 1951 年之间）。

⑤ 妇联 178–185–057 1958 年（12 月）。薛从 1957 年开始"向秋香学习"。据报道，1959 年 1 月，薛俊秀小组的产量是每亩 3100 斤籽棉，超过了秋香小组的产量；报道还说，薛的小组准备"放一个亩产 10000 斤籽棉的大卫星"。据报道，秋香小组的产量是每亩 1002.7 斤皮棉（非籽棉），一块高额丰产田的产量达到了 1440.3 斤皮棉。县有关当局指出，薛的

紧接着，这两个集体棉田彼此邻接的妇女于1959年3月签下一份保证书，承诺平均每亩要产出7500斤籽棉，并向渭南县所有跟她们竞争的植棉妇女提出挑战。她们的挑战在一次由四百多名“秋香组”的妇女组长组成的大会上得到陕西省副主席的支持并被宣传。① 一直到了1959年秋，新闻报纸还在报道她们之间的工作关系和友谊，有时刊登的一些故事里还满是经过了再创造的、戏剧性的对话。② 如一则1960年的新闻报道所说，“她们在竞赛中，既是对手，又是战友”。③

写 作

劳动模范是制造出来的，不是天生的。从她们职业生涯留下的文字印迹中，我们可以发现劳模的创造过程。从新中国初期开始，当地干部就被要求用干巴巴的、写官样文章的方式去记录劳模们的成就。一份1951年的陕西省政府的指令明确提出，这些记录第一应该表明这个人是什么类型的模范：“大体类型就可分为：治虫模范、治水模仿、积肥模范、精耕细作模范、救灾渡荒模范、生产模范……一般模范，及其他的模范互助组和模范村等等。”第二，作者需涵括具体经验：该模范具体施了多少肥？地要犁多深？作物的轮换、灌溉、烟熏要过多久进行一次，平均产量是多少，超过该地区的平均产量是多少。第三，其村庄的构成是怎样的，它以怎样的方式组织劳力并记录备案，它的产量是多少，它在生产比赛中的干劲如何。第四，劳模

平均产量是最高的，而张的高额丰产田的产量比其他丰产田高（《陕西日报》1959年1月5日）。据薛俊秀叙述，秋香对输掉这次竞赛感到很高兴，并告诫俊秀也去帮助别人胜过她。有关薛的叙述，见《陕西日报》1959年3月31日。

① 《陕西日报》1959年3月23日、4月6日；《渭南日报》1959年4月5日。随后一个故事让山秀珍说明说她是如何被秋香所鼓舞，从而在自己小组的棉田上更努力地耕耘，获得了亩产八百斤的成绩。这个产量对她所在的相对干旱的地区而言，已经非常高了。这个故事还描述了曹竹香的辛勤工作（《陕西日报》1959年3月18日）。

② 《陕西日报》1959年11月12日。

③ 妇联178–216–002 1960年（1月17日）：第8页。

们促进了怎样的爱国活动，政治意识有什么提高。第五，指令告诫劳模材料的作者们，“劳模材料力求全面、具体、翔实”。① 关于女劳模的材料则是这个大的文字体裁的一个子集。② 这些女劳模们被动员去从事她们之前未从事过的任务。

到了1956年，当来自陕西各地的先进生产者聚集到一起开会时，记录劳模功勋的文件变得更加详细、完善和戏剧化。尽管劳模们的美德是相似的，会议档案记录里却包含了以前的报告里所未见的细节生动的故事。张秋香被誉为是具有同情心的村长：在1953年帮助食物匮乏的家庭争取救济粮，家里粮食没了之后让她自己的孩子吃豆子，而不是把他们送到在县城工作的丈夫那里。她耐心地说服其他一些妇女跟她一起去锄冬麦，这引起了人们的注意，因为当时锄冬麦还不是村里日常工作的一部分。不出所料，冬麦取得了极好的收成，结果整个村冬天都在锄麦，这也传递了一条隐晦的信息，那就是，将妇女拉到地里去可以增加耕作的集约度和提高收成。③

山秀珍1956年的文档描述了她当合作社主任时的三个英勇时刻。第一次是在1955年，一位想要退出集体的上中农在大庭广众下跪在她面前要求集体归还欠他的钱，并试图以此让她难堪。山秀珍利用她所受到的党的教育，用温柔的话语和耐心的解释化解了局势。第二个事件发生在1954年，集体决定让15名劳动力到山区去给棉花作物割绿色肥料。去做该项工作的男人们需要每天有人给他们送去馒头和面条，但妇女因为害怕被人说闲话而不愿意承担这项任务（她们惧怕闲言碎语中暗含了在山里有不端性行为这样的内容）。山主任一边眼盯着生产目标，一边手拿着锅碗瓢盆，亲自准备并

---

① 农业厅194–8（1951年10月30日），第26—27页。

② 一份典型的劳模文件的开始是一张表格，该表格给出了劳模的姓名，性别，年龄，他或她代表的是他／她自己的成就还是集体的成就，他／她的工作单位名称。这份表格下面的空白是填劳模故事摘要的地方，再往下则标明他或她获奖的类别（集体一等奖、二等奖，等等）（农业厅194–534［1956年第3—4页］），第81—85页）。

③ 妇联178–83–043 1956年。

运送食物，从而使棉花产量破了纪录。在第三个故事中，她注意到一头牲口病了，便迅速找来兽医给它看病，还仔细地烧了开水亲手喂它吃药，救活了这头属于集体的、价值 300 元的牲口。① 这三个故事一起展现了一个女劳模的美德：温柔、有耐心，对集体有坚定的共产主义信念；不畏工作的艰辛又不受流言蜚语的影响，部分是因为她的行为无可指责；对集体的牲畜关怀备至，倾注了母爱般的关注。② 一个贤妻良母和节俭持家的主妇所应具备的美德在这里被用到了集体化的工程中。另一位高级合作社的主任鲁桂兰，在 1956 年的一次讲话中描述了她如何谢绝用合作社的经费去翻新办公室，而是选择将之投资到牲畜上，修理而不是买新的农具。通过这些勤勉和节俭行为，她教导合作社的社员们，"办社同过日子一样，没有个打算都不行"。③

面向更广泛受众的劳模材料强调了完成特定技术任务的重要性。1956 年，在一份关于劳模向一次全省棉花田间管理大会所作报告的出版物中，张秋香在担任其文书和编辑的妇联干部的协助下，用一系列方便的格言呈现了植棉过程中的各项作业。这其中包括：仔细准备土壤，撒肥料，选种和备种，早播种，间苗，除草，适时灌溉，对棉花进行打顶，对抗害虫，并利用改良技术收获棉桃。④ 这类出版物都带着实用、详尽、实事求是的口吻，劳

① 农业厅 194–534（1956 年，第 3—4 页），第 81—85 页。有关对张秋香、山秀珍、鲁桂兰和曹竹香作为农村妇女积极分子的简评，见妇联 178–161–074 1956 年（11 月）。鲁桂兰被评为一等，曹竹香被评为二等。

② 对丹凤县养猪劳模刘贤珍的介绍也有类似的文字："她和猪建立了深厚的感情，卖时几个人放街抬，而绑不到枷子。但她一个人从里路引到合作社，一路上她坐、休息了三次，猪卧了三次。"（"养猪能手刘贤珍材料"未注明日期）

③ 妇联 178–78–062 1956 年（8 月 29 日—9 月 30 日）。她也同样兢兢业业地培养年轻的妇女积极分子和合作社工作人员，鼓励她们在合适的时候大胆说出和批评男领导们犯的错误。

④ 陕西省民主妇女联合会 1956 年，第 33—40 页。1958 年，一份面向植棉村民的小册子描述了张秋香和她的务棉小组所面临的组织任务：克服一块棉田可以产出多少棉花的保守思想，发明一种合适的记录工分的方式（陕西省农业厅 1958 年）。有关另一本带更多华丽辞藻的小册子，见陕西省农业展览会 1958 年。

模们则为农业推广工作提供了具体示范。①

到了 1958 年初，随着“张秋香”这个名字变成讨论高产棉花生产的代名词，劝勉和竞赛成了劳模故事的主导。② 在 3 月一次由来自陕西各地的 101 名植棉妇女组成的大会上，官方报告指出秋香亩产的棉花是平均亩产棉花的 8 倍，并号召成立干部、青年、妇女小组开展试验田工作以试图复制秋香的成就。③ 3 月下旬，省党委颁布了一项指令，把秋香的方法称作是“比较完整的、科学的先进技术与农民经验相结合的植棉经验”。党委说，最直接的目标是在关中地区创造 5386 名秋香、51 个秋香组和 7 个千斤公社。④ 同年 4 月，就在“大跃进”开始前，妇联就发布了“学秋香，赶秋香”的宣传口号。⑤ 紧接着出现了秋香田⑥（棉花试验田）、由十名左右妇女组成的植棉小组、向秋香学习劳动竞赛等创新之举。1959 年，更提出了“鼓足干劲，再赶秋香”的口号。⑦ 由妇联干部介绍并由陕西省出版社出版的小册子鼓励

---

① 有关张秋香的报道以及张秋香的讲话里提到的深翻，仔细选种，早播，间苗和定苗，如何用肥料（包括粪肥、老土砖、油渣、磷酸钙及其他物质），中耕，密植，打杈，用强效杀虫剂除棉蚜虫等害虫，改良采棉技术，见《陕西日报》1958 年 3 月 20 日；农业厅 194–519（1959 年 12 月）；《渭南日报》1960 年 5 月 15 日，第 4 页；《陕西日报》1962 年 11 月 15 日；《陕西日报》1963 年 4 月 10 日。在《陕西日报》1958 年的那篇文章中，张秀香明确地肯定了男社员们在为棉田做准备上的功绩。

② 她的照片和工业及农业领域的先进生产者们的照片一道出现在 1958 年 3 月 20 日的《陕西日报》头版，报纸内页的几个故事详述了她的成就。张秋香（1996 年访谈）回忆，从那年起她的年最高棉产量为 250 斤每亩，这个产量是由十个年龄不一的妇女组成的植棉小组在一块试验田上生产所得。然而，那个时期的官方文件却称她为“千斤模范”，说每亩秋香田可产 1000 斤籽棉。比如，见妇联 178–27–012 1958 年（3 月）；妇联 178–45–006 1961 年（7 月 31 日）。

③ 农业厅 194–407 1958 年（3 月）。

④ 中国陕西省委 1958 年；妇联 178–27–012。陕西日报 1959 年 4 月 1 日重印了这项指令。

⑤ 妇联 178–216–002 1960 年（1 月 17 日）：第 2 页。另一种宣传口号是“学秋香、赶秋香、超秋香”。比如，见《渭南日报》1959 年 4 月 5 日。关于“大跃进”，见马若德（MacFarquhar）1983 年。

⑥ 有关秀珍在公社为创造秋香田所作的工作，见《山秀珍》1962 年，妇联 178–313–001。

⑦ G 村的雷彩娃（2001 年访谈）在合阳县的一个秋香务棉小组。合阳县位于棉花带的北部边缘地区。那个地区的棉花产量比往南一些的务棉小组的产量要低得多：每亩 40 或 50 斤

在整个产棉地带推广秋香田。这些小册子打着像"'黄毛女子'放出了棉花卫星"和"我们赶上了张秋香"这类标题。① 秋香自己在一份全国妇联刊物中被誉为"第一位农民出身的女研究员"。② 省级报纸和其他地方刊登了她的各种讲话。在讲话中，她提出要不断稳步增加棉产量，并详细解释了要如何增产。③ 她视察棉田的照片，以及她向一个国有农场的老师和学生们授课的照片也都见了报。④ 她成了全国人民代表大会的代表。⑤

据《陕西日报》报道，在张秋香被称为农民出身的科研人员后不久，全国妇联副主席康克清就冒着暴雨在秋香那块有名的试验田里对她进行了拜访。⑥ 4个月后，同一家报纸又报道，继康之后，一位驻西安的苏联专家也冒着细雨前来访问。据报道，这位苏联访客曾对秋香说，中国的"大跃进"

(2004年与欧阳秀的访谈)。曹竹香在B村建立了一个植棉小组。该小组持续了三年左右，产量是每亩120斤（2006年与周桂珍的访谈）。妇联也在其1958年的工作计划中要求"产棉地区的县，大力推广张秋香植棉小组棉花丰产经验，培养棉花高额丰产旗帜"，并提议培训女技术员和在每个生产队建立试验田（妇联178–189–010，1958年3月11日）。

① 中共渭南县委编著小组，1959之一，1959之二。启发妇女们在非植棉区开始试验丰产玉米田也被认为是她的功劳。她们对这些玉米田"好像母亲们在打整着自己的孩子"（《陕西日报》1958年8月11日）。有关报纸上秋香及其小组成员自己的和关于她们的报道，亦见《渭南日报》，1959年3月6日、7日。

② 蒋兴汉、程万里1958年，第6—7页。亦见《陕西日报》1958年6月27日；《工人日报》1959年9月22日，第6页；陈庭梅2003年，第276页。"大跃进"期间涌现了大量对妇女喜爱科学技术的赞美。丹凤县有一群妇女发明了二十多种新农具（以及其他数百种物品，其中包括一种给孩子玩的汽车模型），见"女状元与女诸葛大显神采"1958年（或1959年）。在1958年的一次演讲中，山秀珍描述了她领导建立的一个由妇女管理的细菌肥料工厂工程，见妇联178–198–040 1958年。

③ 例如，她提出了一个新目标：她公社的282亩棉田要每亩产出1000斤籽棉，由她和其他十位妇女种植的4.3亩棉田则要每亩产出3000斤籽棉。见《陕西日报》1958年8月2日。

④ 《陕西日报》1959年6月23日。

⑤ 农业厅194–673 1960年（2月9日）：第6—13页。很多著名劳模都身居政治职位。鲁桂兰是全国人民政治协商会议和陕西省妇联执行委员会的委员、省和市人大代表、省农业科学研究院的研究员（农业厅194–673 1960年［2月18日］，第17—24页）。山秀珍是省人大代表（农业厅194–534 1956年）。

⑥ 《陕西日报》1958年7月5日。

无论在任何地方、无论是过去还是现在，都是前所未有的，苏联人民对中国人民所取得的成绩感到非常高兴。当他问张秋香是如何取得高产量的时候，张谦虚地笑着回答说："这主要是党的领导，和大家敢想，敢说，敢干的共产主义风格，以及向苏联老大哥学习的结果。"据说这位使者十分惊讶地回答道："您的经验很丰富，苏联人民向您学习，向所有的中国农业专家学习。我回苏联后，就要把你们创造的奇迹，详细地告诉给苏联人民……苏联人民对中国的建设非常关心。"随后，张秋香送给他一个五六斤重的萝卜和一枝超过50铃的棉花秆作为纪念。①*

"大跃进"之后，陕西妇联不断地提到张秋香的威望和成就，提出棉产量是一个持续提高的领域。②* 一份这样的报告通过说明秋香的大队和每个队员会挣到多少现金和食物补给，精明地迎合了农民的物质利益。这对一个面临食物短缺的省来说是一个强有力的论调。③ 报告结尾用一首新作的"民歌"将秋香竞赛同人民公社联系起来：

"人民公社一枝花，
花开十里香万家，
妇女到处闹竞赛，
秋香红旗遍地插。"④

节俭和勤勉的劳动模范将在不牺牲政治忠诚的情况下引领经济的复苏

① 《陕西日报》1958年11月7日。

② 在1960年的一篇文章中，曹竹香称1959年她的小组在丰产田的平均亩产是1688.5斤籽棉，最高的是1815.2斤，平均亩产比秋香多40（注：根据下文，此处应为400斤更合理）斤。在潼关的一个半山区植棉的山秀珍汇报说她的产量是1265斤——这意味着她赶上了秋香。她希望到1960年时亩产可达两千到三千斤（《陕西日报》1960年4月24日）。

③ 报告说秋香的大队有1150亩地种棉花。如果每亩产量是100斤皮棉的话，这将为队里带来92000元收入，平均每户家庭有206元，每人有40.7元。由于每售出3000斤皮棉，国家便奖励35斤粮食，生产大队即可以获得40250斤粮食，每户家庭大约可得90斤。（妇联178–45–006 1961年7月31日）。

④ 妇联178–45–006 1961年（7月31日）；有关这首顺口溜，亦见妇联178–216–002 1960年（1月17日），第9页和《陕西日报》，1960年4月2日。这个版本是1月17日报告的修正版。

之路。[①]

到了1961年3月，关中的植棉经济全面感受到了恶劣天气和“大跃进”多次失利带来的影响，尽管大部分问题还没有公开说出来。国际三八妇女节前一天，也即种棉花前一个月，《渭南日报》大幅刊登了多篇关于当时已都是著名植棉能手的“五朵银花”的文章。其中张秋香致力于抗旱，薛俊秀聚焦于棉花选种，山秀珍集中关注当地的植棉条件，高贞贤集中负责犁棉田，曹竹香则集中在平衡棉花和粮食种植的必要性上。[②] 这五位妇女植棉能手一同在全县作了参观并召开了植棉讨论会。她们讨论了干旱和牲口短缺问题，认为有必要让各生产队之间共用耕畜——这间接道出了当时日渐困难的境况。[③]*

关于劳模的文字记录不外乎以下两种情况。一些文章将植棉劳模及她们的学徒作为组织文字的手段，以相对丰富、活泼的形式介绍了一些技术知识。另一些文章则以一种类似于汉代刘向《列女传》的方式，向人们展现楷模式的人物和她们的道德行为。同《列女传》以及后来关于典范妇女的文本一样，[④] 关于劳模的文章通常在标题里便表明了该劳模最主要的美德是什么。随着这些劳模故事的内容越来越明显地同对共产主义的奉献精神交织在一起，妇女劳模的具体特征已不那么重要。[⑤]*

---

① 1960年初，曹竹香的植棉小组就因效仿秋香、在1959年保护棉花作物不受冻和受旱而获得“三八红旗手”的荣誉称号。报告还说，曹竹香的小组抵制保守分子们的嘲笑（妇联178–244–015 1960年3月2日）。

② 《渭南日报》1961年3月7日第3版。

③ 《渭南日报》1961年4月5日第1版。

④ 有关元代的典范妇女，见柏文莉2002年，第510页。

⑤ 棉花种植没有继续扩张。弗美尔（1988年，第371—375页）指出，在60和70年代，“由于棉花价格低廉，农民们除了将国家分配的植棉土地用去植棉之外，并没有兴趣把集体的土地用去种植棉花”。农民们也不会在自家的自留地上种棉花。与此同时，随着化肥、农药以及其他投入的引进，生产的成本也增加了。农民们开始更喜欢小麦、玉米和其他作物。弗美尔还指出，虽然国家可以要求把一定数量的土地用去种植棉花，但棉花的低回报意味着“农民很可能不愿意把优质的土地和珍稀的资源用在种棉花上”（第374页）。农田被用去修路、建房和建工厂是棉花生产裹足不前的另一个因素。终于，在80年代初，“一旦家庭责任制给了农民更大的自由去自主选择耕种作物，关中大部分地区的棉花种植都减少了”（第379页）。

关于妇女劳模的记载通常只是偶尔才涉及劳模的性别。① 比如，曹竹香之所以成为劳模，并不是因为她成功地兼顾了照看孩子和田里的工作，也不是因为她明确地提出要将妇女拉到家庭空间之外的生产当中去。她既没有清楚地道出也没有克服那些即使党已经发出了男女要平等的号令，却依然顽固地存在于日常工作和社会期望中的社会性别差异。又或者，即使她清晰地表述出且克服了这些差异，关于劳模的故事也不会对此作出报道。劳模故事的目标是宣传棉花生产、团体组织和政治忠诚在地方上的成功。虽然妇女进入生产彻底改变了她们在一个特定的社会分工领域内的地位，但有关妇女劳模的文字——甚至可能连劳模的主体地位本身——都淡化了那场巨大变革的重要性。

记 忆

我们已经看到，随着 50 年代在“大跃进”中渐入高潮，关于劳模生活的文字记载在变得更加丰富多彩的同时，也变得更加平面单调，充满了英雄事迹和事后想象出来的政治对话，却越来越缺乏惊喜和深度。从传记中寻求真知灼见的历史学家想将目光转向他处，如生动活泼的当面访谈，但访谈的结果却很复杂：时而生气勃勃、发人深省，时而毫无情感、模糊不清。比如，曹竹香就生动地向我们讲述了她当上劳模后的新的活动圈子，并让我们对她的活动如何影响儿子，以及对农村劳模如何贫困有了初步的认识：“那

① 据一位前陕西省妇联干部所言，当时有 25 名妇女被授予省劳模称号，占了总数的 22%（1996 年与李秀娃的访谈）。高小贤（2006 之一：第 600 页）指出，“最初（为植棉竞赛）在动员妇女时强调的‘男女同工同酬’，随着整个棉田管理的活路都交给妇女之后消失了”，在关于张秋香的文字中，“很难找到任何跟妇女的权利和利益、妇女的发展、妇女的地位，以及妇女的解放有关的内容……‘向张秋香学习’变成了一项纯粹宣扬植棉技术的运动。‘妇女解放’及其影响消逝了，或者完全体现为妇女从事劳动。”高还注意到，对张和其他妇女来说，一项重要的经历是，通过这些运动获得技术技能，并且，比起建立一个社会主义国家，她们更致力于“获得以前只有男子才有的社会地位”（第 605 页）。

就是那一年冬季，那开的也叫土改积极分子，还有干部哟，也有劳模会，没回来，那一回出去要开一个来月会哩，反正这一回出去要几十天，一个月叶（注：左右），把那些小的娃吓的，那一个个都吓娃哩，这么你妈走了，这么你妈不回来了。连我一伙送到县上，开个座谈会，第二天早，搭车又到西安开。西安没地方，都在旅舍里住着哩，农村干部多。工作组在西安开，开了十来个会，陕北的洛南，可怜太太，那头一目人（注：一群人）都想穿都没啥穿，都那单衣服，就那出差哩哟，穿那单衣服也都是互相借哩。后此跟住到西安市可动员，都给支援，各地方一开会在西安一阵阵那衣服送的那东西，旅舍那院里下满了，也有被子，也有棉的，也有单的，也有夹的，也有呢子的，起码先叫开会来的这些穿暖和，那一阵我去都还背被子呢。"

竹香回到家时，儿子十分惊讶，同时也放下心来。她再次去开会时——这次是场劳模大会，她带上了儿子。"那旅馆也大，那下把我娃搁的不离我了，咋样谁非跟不行，后此人都说把那引上，我那娃只有这么高，把外引上，我不让他出来，他一天停了房子，我一天开会。"①

竹香的儿子王积极记得自己10岁的时候，母亲曾带他去西安。那段记忆在他的讲述里颇为神奇。"50年在西安开的劳动模范大会领的我，我这名字，我现在名字就是那个时候。我叫王机娃，机构的机，人家给了十块钱，我姊妹两个，那时那十块钱能买钢笔就了不得了。我妈给我和我姐一人买了一支钢笔，华庆钢笔，害怕我丢了，就叫人给我刻个名字。人家问叫啥名字，那叫个王积极，刻名字的时候就刻了个王积极，名字就是那个时候叫王积极。"②

然而，总的来说，当劳模们追忆起她们集体化时期的生活时，她们的叙述很快就变成了历数她们曾参加过的一系列会议，讲述的故事也基本上没有她们解放前的故事那么具体和鲜活。有关农村的人们和事件的记述几乎全部消失不见，更不用说对问题和冲突的记述了。例如，我们在采访张秋香时

① 与曹竹香的访谈，1996年。

② 与王积极的访谈，2006年。

就对她感到困惑不解。她的故事非常特别，她一开始便提到自己曾被周总理接见过十三次，被毛主席接见过九次。对她而言，那些会面中最重要的是周总理对她个人特别表现出来的关心。她回忆道："叫我到中央开会，去坐的火车，见了毛主席，见了周总理，把我叫到会客会谈话，问这个群众生活好不好，把我接到国务院，周总理就问炼钢铁的时候群众的锅到砸了，周总理说让人把你们叫来了解，弄的白米饭，还弄了一大桌子菜，给每个人都夹些，领导实在好，咱农村妇女吃的流泪。开毕会，都叫给他本本上写个字，我也叫他写个字。后此回来，本本叫谁看给不见了，回来到处给人讲群众都高兴的很……我年年棉花会都去，那年在怀仁堂，人都坐齐了，领导还没来，周总理来没上台子，在桌子上站起来对我说，秋香你来了，后头外些人说：光问外，不问咱，周总理见了群众心近的很。"①

但当说到其他话题时，秋香的叙述里却夹杂着长久的沉默，她在陈述时也是一副置身事外的样子，并且缺乏热情，但在谈到周总理的时候就不一样了。她对谈论劳模的具体日常工作不感兴趣，或许是因为她上了年纪，感到疲乏，抑或是她对我们一直不停地询问她在组织其他村民时遇到了什么困难感到厌烦。我们想知道，是否或许她的生命已如此接近尾声，以致她对我们所问的问题一知半解？又或者是她已如此彻底地习惯了她的劳模身份，以致她无法跳出劳模的思维界限？每次高小贤问到她工作中遇到的困难时，她都变得越来越不满，直到最后她完全拒绝讲话。② 我们对访谈突然终止感到尤为惊讶，因为克服困难的故事在关于劳模的叙述中十分常见，问这样的问题并不会引起任何争议或令人感到唐突。

她的沉默寡言或许反映了由我们的问题所刺激起来的痛苦记忆。如同所有的杰出劳模和领导一样，她在 60 年代的"文化大革命"时期受到攻击："打成反革命了，嫌我一天开会哩，村上三四个人。"

① 与张秋香的访谈，1996 年。有关官方记载的周恩来对张秋香的关心，见郭 1993 年。张对周恩来的记忆和这篇 1993 年的文章可能已经受到了周逝世以后，尤其是毛泽东去世后关于周英雄品质的话语的影响。非常感谢艾华（Harriet Evans）注意到这个关联。

② 与张秋香的访谈，1996 年。

高小贤："这三四个人当干部了没有？"

张秋香："没有，比干部厉害。"

高小贤："他凭啥说你是反革命？"

张秋香："我不搞生产，一天胡跑哩。"

她在一次批斗大会上被戴上了"假劳模"的帽子，并被拒绝参加在北京召开的一次会议。她说，她不在的时候，周恩来亲自替她说情。"周总理说西安来人了么？西安人都立起来，周总理就问学生都来了，老师咋没来？前头那人说外没解放哩。周总理说没解放，弄棉花哩，搞生产哩，啥反革命？后晌会毕了，黑了就给县上打电话，叫把我送去，我说去连钱都没有，县委叫司机开的车把我送到车站，给我拿的钱，都黑了。后来，坐火车是卧铺，到北京，到车上我病了发烧，到招待所，住到他候车室，也见到了周总理。从那开会回来，咱省上叫三个军人住到村里，把那人抓走，就给我回话，黑了开群众会……从那才解放的。"①

秋香随后得到了平反，但她后来的日子过得十分窘迫。曾颂扬过她的中央和地方领导要么因为过早地离世因而无法为她的晚年提供帮助，要么对她生活得如何并不关心，因为她已经不能够再在北京的高台上为大家撑门面了。我们在一座破败的房子里采访了她。这座房子比邻村的房子都要破得多，还是妇联在极力为她争取到全国前劳模的退休金之后才盖的。任何一些因为太痛苦而无法对陌生人言说的记忆中的伤痛都可能解释——也可能无法解释——她为何突然终止了与我们的交谈。我们无法读懂她的沉默。

更多的，或者不一样的交谈或许会对我们读懂她的沉默有帮助。2008年，距离我们的共同研究12年之后，高小贤在回忆起我们1996年与张秋香的访谈时说道："我觉得有好多准备不足。我觉得对她的当时的一些状态了解的还不是很清楚。而且，时间又那么特别短……本来就没有跟她建立关系。又加上再有一个老外，还有当地的妇联干部的陪同下，再这么突然去访谈就要问很多很内部的话，我觉得不一定能问出来。但是呢，如果我们坐下

① 与张秋香的访谈，1996年。

来，住下来，跟她有一段互动，我们前期做的好的准备工作，或者我们跟她有一点熟悉的过程，像曹竹香那样，我们住在她的村子家里头有一点关系的建立，我觉得可能那个互动又是不一样的……对张秋香不是完全了解，对这个人当时生活的状态不是很了解，对她个性也不是很了解。可能那个进去的那个入门也说不定选择不是很好的时机和很好的环境。因为当时她还有她自己家庭的、她的生活……状态很不好。这是老婆子心里感念状况不好的话呢，就跟她当年的劳模对她的人生形成一个非常大的反差。这种反差，当然问她当年的时候她会连上到她现在。当年她为什么那么辉煌，现在那么凄惨？可能给她心里对她是一个打击。我都没有敏感到这些东西，都没小心地处理这些东西。”

“我这些年做农村发展我都有个体会就说是，做访谈，应该说没有问不出来的问题。只有说，如果有问不出来的问题，这就是说你访谈的人太笨，你对对象不了解。这是我的对第一年访谈的感觉。我回头看我前几年2003年、2004年写的这篇文章我看了那访谈，我自己就觉得脸老发红，就有一些问题问得那么幼稚……所以我只能说学的研究，跟艺术一样。所以艺术家常都说有一个遗憾的艺术。我觉得说一个研究一样……但那个过程不能再来。那我做研究我也感觉到，但下一工作的形情仍然会犯同样的问题。因为你对这个问题全部知道的话，你不用做研究了。就要研究你不知道的就是有这个过程的问题（大笑）。”① 问更多不一样的问题，或用不同的方式去提问可能会让我们对张秋香有一个不同的理解。但是访谈并不是一个一直处在最优情况下的灵活场合，也并不总是能够被重新审视。②

一个对历史学家具有警诫作用的故事出现在我们面前，这是一个关于围绕在我们的圣杯——“历史记载”——周围的沉默无言的故事。在我们

---

① 我本人2008年11月10日与高小贤的交流。这些观察所得以及我们无法根据一个单一的访谈去把握语境的因素这一事实，也表明了口述史与长期的种族志研究相比所展现出的不足。

② 张秋香死于2000年。据一份当地报纸报道，她问儿子老衣是否备好。儿子说都备好了，放在一个箱子里。她说：“你可睡去吧，我也睡下了，累得不行。”她于夜里寿终正寝。

的所有访谈中，什么样的沉默决定了对问题的回答？有哪些担忧没有说出口？哪些不确定因素磨平了叙述时的感情？我们访谈时的基本情况并不存在这个问题。在访谈中，我们自由地活动，也没有带随行的人员。高小贤是大家都熟悉和信赖的人；通常让他们的子女和邻居们明显感到不自在的是，人们会在某些问题上对我们倾吐心声。这些并不是精心为外来者准备的“波特金”式的虚假村庄或故事。但是记忆的工作不是在可轻易勾勒出来的领域内进行。秋香故事里逐渐陷入静寂的部分没有她作为劳模的丰功伟绩所具备的电影般的吸引力，它甚至都没有一个故事线。这个部分或许是尚未解决的政治上的不满，或许是一份跟亲戚或邻居发生矛盾的记忆，抑或是一些我们因所知不够而无法去猜测以及因经验不足而无法在这个研究项目一开始就去询问的东西。只要我们去思索这其中的不确定性，就有一些值得探究的东西。①

具有讽刺意味的是，劳模们变得最活跃的时候，也正是我们最无法理解她们与劳模角色、国家之间的关系的时候。虽然在四十年后，这些妇女已对她们曾在其中起过领导带头作用的一些运动的细节搞不清楚，她们却流利地用 50 年代的听众耳熟能详的习语来说明革命带给她们的生活。正如鲁桂兰所说：“我这身子是父母生的，但教育培训成人长大，是共产党、毛主席、各级妇联对我的培养。49 年 7 月我们区上去了一个管政工的干部，在我们村上去了。我正在机子上织布呢！把我跟机子上拉下来，在村子里给妇女开大会说要选一个苦大仇深，……要能干……我没有官名，人家当时叫我小名，我小名叫荣荣。我这个鲁桂兰就是那一天起下的。我为啥最后那么样积极，

① 安·斯托勒（Ann Stoler）和凯伦·斯特拉斯勒（Karen Strassler）2002 年访谈曾为荷兰人做过家庭帮工的印度尼西亚人时发现，她们的故事都出奇地缺乏感情。这些故事听起来既不像生活在殖民地的前荷兰居民所著述的那些充满了情感的文字，也不像反殖民的下属群体进行英勇反抗的故事。Stoler 和 Strassler 猜测，这种情况部分是因为 20 世纪 90 年代末印尼苏哈托的高压政府所提供的关于过去的官方叙述对荷兰人持暧昧不明的态度。她们写道（第 176 页），“讲述荷兰殖民时期的个人经历既不会带来荣誉，也不会带来合法性或‘认可’”。“巧妙的转变、逃避躲闪和程式化的回答指出了记忆的裂缝之处。这些裂缝既是不安和无关的地方，也是安全和有关的地方。”（第 175 页）

不顾死活。我母亲给我讲‘娃呀！你傻的，你都不怕国民党过去把你杀了，你都没看把刘胡兰拿铡马子腰了’。‘我不怕！入党宣誓讲的很清，刀山火海我就下呢！我死重于泰山。’① 就由这，省妇联、市妇联，我们区妇联、西北妇联，甚至于全国妇联都抓我着。和人民和各层妇联和党政培养我花的那经济，花的那代价比一个大学生花的钱多的多。……我这个人也能劳动也能吃苦。”②

记忆远不是那些犯规越界的、愤懑不满的，甚至是反思性的故事的源头，而似乎变成了将集体时代的劳模话语保存得最完整的地方。这些集体时代的话语随后被极少关注这些妇女的改革时代的世界所抛弃。考虑以下两个这样回忆与毛主席会见的例子。

对鲁桂兰来说，作为代表去北京开会不但给了她一个团体，还在家乡之外给了她一次令人激动的、与其他有类似背景的妇女社交的机会。她嘲笑自己在宏伟的北京就是个天真幼稚的乡巴佬：“我的天呀！吃的那饭，住的那地方；北京饭店么！你看往进走，那门还转呢！叫人往那空空往进走，自动转悠转悠，我都不懂。还有一个笑话呢！山秀珍到北京饭店住宿。那房子里这镜子那镜子，她一进去就说：‘噫！这咋还是个我？这咋还是个我？’我几个在省上开会猴的很，张秋香、山秀珍、曹竹香，我们一黑里唱戏呢！弄的碟碟、碗碗、线板子做针线那一天纳鞋底呢！线板上砸上、筷子敲上，唱戏呢！我一天给她片上，胡片呢！我最热闹人家把我叫闲传处处长。热闹的很，热闹的很，我这么还想那几个大姐。”③

参加任何全国性会议的顶峰就是同党和国家的最高领导人近距离接触。这样的接触经历总是能够在事后的讲述中引发强烈的情感。在这里，北京一

① 有关众多积极分子所提及的少年共产主义烈士刘胡兰的背景情况，见第四章。“死重于泰山”的说法出自于汉代史学家司马迁，他提出，一个人的死（延及一个人的生命的重要性）可能比鸿毛还轻，也可能比泰山还重。毛主席在 1944 年的讲话《为人民服务》中也用了这句话。（1967 年，第 177 页）

② 与鲁桂兰的访谈，1996 年。

③ 与鲁桂兰的访谈，1996 年。

家饭店的房间内全女班随意轻松唱戏的欢闹不见了，取而代之的是一种靠近党最高领导人的庄严的喜悦。作为参加第一届全国妇女代表大会第二次会议的代表，山秀珍在1953年3月见到了毛主席："头一餐上都没人睡觉，第二天，在哪住，都记不起来，一晚上高兴的，洗澡洗衣服，都弄的干干净净……在怀仁堂，啥都摆的好好的，……陕西代表在中间我还在前边，代表坐好，毛主席、总理、副主席、总司令、中央领导要来五十多个人，……毛主席来了你欢迎就对，不要动工，一动就乱了，就会说这妇女没有觉悟，不遵守纪律。不敢拉毛主席握手，要爱护毛主席，你这些人，毛主席都握手，你不心疼毛主席，提前讲，我就好好坐下，毛主席就来了，人多坐个圆圈，毛主席笑笑地，把他的帽子一谢，我的只在旁拍手，走了两个过，不走两个过，这边妇女能看见，那边的妇女就看不到毛主席了。把人高兴的，都流了眼泪了，这是第一次在北京和毛主席照相，遗憾的，咱陕西代表，农村来就我和闫主任，照的相要七尺长、有五尺长，洗相要十七块钱，洗不起，没有钱，没有洗。会开毕，回来了。"

"遗憾的是57年召开妇女第三次代表大会，毛主席接见我们照的相，有秋香、竹香，会上给我们一人洗了一张，遗憾的是66年'文化大革命'给我拿走弄丢了。这是最遗憾的了。"①

会议是枯燥无味的汇报和聆听的场合，是偶尔在外地建立同志感情和进行欢闹的场合，也是劳模作为政治主体而受到最彻底质询的场所。即使时

---

① 根据一篇关于山秀珍的官方传记，她去过北京8次，并4次受到毛泽东和周恩来的接见（中国人民政治协商会议陕西省潼关县委员会文史资料委员会1999年，第3页）。第四章一开始就提到的主张婚姻自主的积极分子冯改霞（1997年访谈）当时也在这个会上。她记得当时邓颖超教导她们不要同毛主席握手，否则会伤害毛的健康。邓是周恩来的妻子，她自己也是一位共产党的高层领导。"我坐的是十三排呵，除过四、五排呵，毛主席来了都坐好，毛主席来了招了个手，一下都没人坐了来，上的上到桌子上。张秋香呵，她跟我坐到一堆的，从桌子底下钻过去跟到毛主席握了个手到嘛，我都站到我这个椅子上，胆子小啊，邓大姐给我们讲了嘛，前面都站到桌子上来了，爬的从底下爬，我还是个不得行，我个子又小，那时才18岁，不得行，也没年到 lei ba（弄前）里去，唉呀我这一生的遗憾！这是我一生最难忘的这一天。那时就是没有把照片洗出来，因为那时我才二十块钱的工资呵，洗张照片，十五元，是我工资的四分之三。"

隔近半个世纪之久，尽管这期间的许多不愉快的事件给她们带来了个人的和政治的后果，但突然看到毛主席的那个时刻似乎从未失去光泽，这次与伟人的见面重塑了她们日常劳动的意义。与那些旨在宣扬她们成就和歌颂她们政治觉悟的文字相比，这些妇女的个人故事更能最全面地显示出她们是如何充分彻底地参与到产生了她们的政治时刻中去的。

传记和内在性

劳模的故事是一种正在进行中的传记。与社会紧密相连，目的是为了在自己的时间内进行沟通、激励和动员。这一时间便是中国社会主义初期。问题是，我们如何将这样的故事作为历史资料来使用，它们在历史时间中又如何起作用。

尽管中国农村在国家的倡议和宣传中具有显著的地位，但令人沮丧的是，我们对社会主义在日常生活和农民意识中所带来的变化依旧不甚明了。作为在文字的印迹中鲜有的一些有名有姓的妇女，农村劳模为我们探索这些问题提供了一条途径。然而，尽管我们能够搜集到大量的材料，可以采访对那些年月还有记忆的妇女，但我们能否获得洞察历史的传记却是一个十分复杂的问题——可能就像我们能否从刘向《列女传》中的贤女故事和明清方志中的节妇故事中洞察历史这个问题一样复杂。

访谈显示，劳模的出现以及与之相伴随的公共活动，深刻塑造了这些妇女的自我意识和她们对那个时代的回忆。尽管口述历史揭露了文字资料中所未显现的挣扎和妥协，但妇女们在回顾她们作为劳模的过去时所用的语言也正是她们所回忆的那个历史时代所产生的语言。她们的故事有时谴责过去，有时用过去来表达对当下及当下不足之处的不满，有时则向这个正在忽略她们的世界叙述她们的美德和价值。但她们从未同过去脱离，也从未拒绝集体化赋予她们的主体地位，尽管这些地位早已不复存在。她们对自身劳模角色的强烈认同，既清晰地体现在她们关于在北京的招待所房间内唱戏或毛主席接见的记忆中，也同样体现在关于她们在棉田里的丰功伟绩的著述中。

总之，她们的记忆与国家建设的工程或官方历史的语言既不相悖，亦无法分割。

许多妇女身处于劳模这一位置，以致我们无法独立于这一位置去理解她们的主体性。随着她们走向生命的尽头，她们仍然用国家曾提供（后来又废弃）的语言去表达她们的自我意识和自己所取得的成就。劳模生活中的某些方面，如性行为、政治冲突、鲜为人知的忆苦的原因，我们依然无法获得。它们不是在书面材料中未被提及或没有得到完全说明，就是在访谈中未被问及或没有得到回答（尽管不是完全未曾涉及）。尽管高小贤想要回去再一次次进行尝试的愿望（我也持同样的愿望）并没有实现，但是她们的故事对一个在许多其他领域已遭受攻击但在历史学界仍神圣不可侵犯的理念提出了质疑。这个理念就是，只要我们挖掘得够深，那个具有与公众视野内的模范形象截然不同的内在个人的真正自我就会自己显现出来。

我们对 50 年代的研究无法涵括以下论题，如想象的、纯粹的内在性，非常规的个人变化的故事，脱离于国家话语或与国家话语相抵触的人生，以及个人自我和集体自我的真相等。事实上，50 年代的材料以及近来对 50 年代的回忆表明，整个试图寻求真正过去的真正自我的工程是一个空想。50 年代为我们提供了这样一种可能性，那就是构筑出一种新妇女如何诞生的叙述：她们不是在国家的政令中诞生，而是在干部们的、妇女们自己的、她们本地社群的，以及地方乃至全国的读者和听者大众的劳动中诞生。这些劳模们的生平故事不是将我们的注意力引向隐藏的内在真相，也不是引向当代传记作家和历史学家所从事的那类生命书写，而是将我们的注意力引到共同的创造世界的工程中去。这些故事表明了“内在自我”本身是一个在特定历史条件下产生的独特概念，而身为历史学家的我们对它的依恋是值得我们用怀疑的目光来审视再三的，就如同我们对任何原始材料所进行的审视那样。劳模不一定告诉了我们想要知道的事情，但她们或许给我们提供了我们需要去聆听的经验教训。

第九章　劳 动 者

高小贤："你说咋样叫男女平等呢?"

刘冬梅："男女平等，你男的做到的我也能做到。你能担水，我也能担水，你能担土，我也能担土，你能抬石头，我也能抬石头。"

高小贤："还有啥哩?"

刘冬梅："哪有得啥了?"

运动时间和家庭时间在"大跃进"时期发生前所未有的激烈碰撞，短暂并令人难忘地使农村生活的各个方面发生了翻天覆地的改变。"大跃进"发起于 1958 年 5 月，是一场旨在通过开展集中的生产运动从而在工业产量上"超英赶美"的巨大的全国性运动。①*

本章首先简单概述全国范围内党和国家对"大跃进"的政策、炼钢带来的影响以及公共建设工程的社会性别分工。本章接着追溯陕西妇女对她们大规模参加田间劳动的回忆，以及对家务劳动和家庭生活所发生的变化的记忆。这些变化在"我们吃食堂的时候"这一说法中得到了概括和体现。*

* 为什么有些事件被记忆得特别明晰——虽然不总是准确——而有些事

① 陈仲礼（Chan）2001 年，第 54—60 页。有关"大跃进"期间及之前和之后——从 1955 年到 1962 年——发生的事件的年代顺序，见泰伟思（Teiwes）和孙万国（Sun）1999 年，第 xv—xxvii 页。

1957 年末，毛首次提出了于 15 年内在经济上超过英国的目标。到了 1958 年夏，他预计到 1962 年，中国将会在钢铁冶炼上赶上或者超过美国（马若德［MacFarquhar］1983 年，第 17、90 页）。最初要在 15 年内超过英国和在 20 年内超过美国的目标很快调整到 7 年和 8 年（吕晓波 2000 年，第 75 页）。到了 6 月 1 日，陕西妇联响应陕西省党委提出的"苦战三年，改变全省面貌"的号召（陕西省妇女联合会 1994 年，第 26 页）。

件却被加工和遗忘了呢？事件从一个村庄到另一个村庄是如何被不均匀地吸收和复述的？妇女在记忆“大跃进”某些方面有哪些独特的方式？这些问题有助于我们去探索集体化对那些受其影响最深的人的意义。

*“大跃进”留下了一笔遗产：妇女毋庸置疑地成为了农业劳动力的中流砥柱。社会性别分工依然对“大跃进”至关重要，尽管被认为适合妇女的任务在持续变化和增加。由于男人们先是参加“大跃进”的工程建设，接着进入管理、技术行业和一些小型集体企业，妇女们便接替了他们在田里的农活。本章的一个中心论点是，“大跃进”时期对妇女进行的广泛动员——这在党和国家的文件里已有充分讨论——加剧了长久以来的农业女性化的趋势，而这一趋势却几乎未在文件中提及。对“大跃进”及其后果进行的社会性别分析表明，农业的女性化巩固了毛时代的农村经济发展，拥护了党和国家的中央积累策略。

大跃进劳动：男人（与一些妇女）的离开

20 世纪 50 年代初，多年战争的结束和土地的重新分配使农业生产得到了增长。新中国既想要稳步提高农村的生活水平，也需要从农村抽取足够的剩余来为工业化提供资金。这种抽取通过纳税和国家收购粮食得以实现。集体化废除了土地私有制并使生产力的进一步提高成为可能。*

1958 年 3 月的一次中共工作会议制定了“大跃进”的核心口号：“鼓足干劲、力争上游，多快好省地建设社会主义。”在许多农民看来已经过于庞大的高级生产合作将会被整合进更大的公社；公社将会协调农业生产，修建灌溉渠和道路，并担负起之前乡政府的职责。① 1958 年 5 月，中共八大二次会议正式确定了党和国家进行“大跃进”的决心并制定了雄心勃勃的生产目

① 沈迈克（Schoenhals）1987 年，第 26—27 页；2001 年与冯在财、王福贵的访谈。沈迈克指出，1957 年秋，中央农村工作部建议合作社缩小，而不是扩大规模。该次会议还对家庭手工业生产作出了新规定，以免其产生自发资本主义（第 26 页）。

标。[1] 8月的另一次会议将“大跃进”称作“过渡到共产主义的积极准备”。[2]

1958 年夏，建立人民公社的工作得到全面开展。[3] 渭南地区的 4200 个高级社被合并为 280 个公社。[4] 公社先是分成管理区，然后再往下分成生产大队和生产队。[5] 曹竹香的红星合作社同另一个合作社合并为幸福人民公社第七营。[6] 扩大生产单位的目的是为了提供规模经济，将一些农业劳动力解放出来，以从事大型基础设施工程，如水库和铁路的建设。陕西农村的劳动力突然变得极为短缺。由于男人通常是去远离家乡的地方参加集体工程的建设工作，或去进行小高炉（后院）炼钢，干部们进一步加强了动员妇女去田里劳动的力度。

最初，农村妇女们对“大跃进”的前景充满热情，[7] 这并不是因为“大跃进”能让她们进入共产主义，更多的是因为“大跃进”给了以前从不知生活丰足为何物的农村人民致富的希望。党和国家不断扩大的对现代性的

---

① 陈仲礼 2001 年，第 54—60 页。在这次会议上，毛“提出了 7 年赶上英国，15 到 17 年赶上美国的新目标”（第 55 页）。

② 沈迈克 1987 年，第 74 页。

③ 公社是集生产和政府管理于一体的组织。有关哪些省份于何时响应了这个号召，以及毛对这一潮流的支持等具体细节，见陈 2001 年，第 67—71、78—84 页。有关农业部在全国范围内的政策实施情况，见 109—157 页。有关公社的情况、公社在“大跃进”期间的发展及其紧接着带来的后果，亦见凌志军 1997 年，第 1093 页；罗平汉 2006 年，第 1—288 页。

④ 渭南地区农业合作史编委会编 1993 年，第 40 页。这些公社分成了 3797 个生产大队，意味着生产大队要比之前的高级社稍微大一些。亦见渭南地区地方志编纂委员会 1996 年，第 405—407 页。各县也合并到了一起。合阳县（G 村所在地）有好几年都跟韩城县合并在一起（2001 年与张朝凤的访谈），丹凤县（Z 村所在地）则从 1958 年末到 1961 年 10 月为商县的一部分（陕西省丹凤县交通局 1990 年，第 76 页）。

⑤ 渭南地区有 18 个县。从 1959 年初到 1961 年，其中的三个县（潼关县、华阴县和华县）合并为渭南县。合并后的渭南县有 10 个公社，下设 82 个管理区、844 个生产大队和 4512 个生产队（渭南县志编纂委员会 1987 年，65 页）。

⑥ 渭南地区农业合作史编委会编 1993 年，第 20—21、61、368 页。

⑦ 1996 年与刘招凤的访谈。有关歌颂“大跃进”的民歌，见《诗刊社》1958 年之一：第 14、24—26、31—32、44—45、51—52、55、57、68 页；1958 年之二：第 48 页；1959 年，第 27 页。

计划设想致使工业生产遍地开花，并为不可思议的奇迹提供了语言："电灯电话，楼上楼下，推磨不要牛，照亮不要油，走路不用腿，吃饭不用嘴。"(后两句很可能是后来加上去的，是农民对前几句不切实际的话所作的诙谐评论)①一项名为"五化"的政策首次将家务劳动的社会化和机械化包含在内。尽管妇女们的日常劳动负担随着农活、夜班、新计划的增加而不断增长，她们还是被鼓励去为未来努力工作，因为在未来，繁重的日常家务劳动负担会得到缓解。②这种可能性在很大程度上是促使妇女们热烈回应"大跃进"的原因。

1958年10月，《人民日报》敦促全国各地的生产者发动人民群众去炼钢，以扩大国家已有炼钢中心的钢铁产量。③陕西每个公社的男人都被动员去操作炼钢炉。在1958年秋"大跃进"的高潮时期，炼钢炉通常通宵达旦地运转。一队队的男社员离开家去照管通常位于山区或遥远州县的冶炼厂。他们每次都要离家四五十天之久。④蹲点干部刘招凤回忆："把男劳全部抽到第一线炼钢铁，把家里的铁锅呀、铁盆呀、门上的铁栓叶啥都拔下来去炼钢铁。"⑤对劳动力的需求似乎无穷无尽，有时男子和妇女都被动员到远离他们后院的冶炼厂去。1958年10月，一次为期五天的妇女积极分子大会号召妇女加入"女子高炉""女子工厂"、女子采矿和钢铁运输队为钢铁工业服务。⑥

让妇女去炼钢是一件危险又混乱的事情。住在T村附近的李六斤一开

① 1997年与李六斤的访谈；何改珍（1999年访谈）加了后两句。"大跃进"期间，丹凤县县城确实有超过两千户家庭通了电，但Z村却似乎一直到了60年代中才有十分有限的供电，这一状况从70年代中开始才得到进一步改善（陕西省丹凤县水利志1990年，第130—131、134页）。

② 早在"大跃进"开始的两年多以前就出现了关于这样一个未来村庄的非凡图景，里面物质丰盈、设施齐备。见《西北妇女画报》1956年4月1日。

③ 有关"后院炼钢"运动的起源，见马若德1983年，第113—116页。

④ 1997年与王友娜的访谈；1999年与何改珍的访谈；2001年与张朝凤的访谈。

⑤ 1996年与刘招凤的访谈。在渭南，村里墓地周围的松树都被一棵棵砍伐下来，送去炼钢炉（1996年曹竹香的访谈）。*

⑥ 妇联178–197–037 1958年（10月20日）：第4、12—14页。

始被叫去带领妇女挑糙米给一个冶炼厂的男人们吃。这个冶炼厂要走好几天的路才能到达。不久，她就被分配去跟一支由24名妇女组成的队伍一起去两个县以北的一个煤矿。“唉，大炼钢铁是男的到了碑坝了。最后这里也要人。要人，没法呀。黑了开了个动员会，去是三至五年，到屋里给说的是十几天就回去了，屋里有的把娃寄到娘家的。唉哟黑了哭的哟到喔个楼上，我倒劝人家呢，说毕了我把脑壳yun（蒙）倒铺盖里也哭了一些。最后我脑壳蒙到喔也呕了一些气。我呕气是个啥呢？一个女的，不懂，脑筋迟钝的很，那女人（个子）冷不啾啾一点点高的块，男人到碑坝去炼铁去了，女人弄到来，喔到顶数目嘛。下车的时候，本来在那东河店下车呢，人家都下了车，她坐车呢不晓得下来，火车开走了来。没下来，给走了来！走了啥办啦？说了把她们熬煎的，这丢了咋得了啦？”

“第二天啦，给她们安排说了以后，我才去的这个女的，人家说：你坐车嘛。我说我坐车。车里找哇，我就穿了衣裳，穿了个绒衣，手套子一戴呀，我就走喔，一路走路上我问啦，有学校我就给学校放信。我就问呀，学校里去了找人家领导嘛，叫给学生说一下子，碰到有这好家——个儿不高，背个铺盖卷卷，有这好家女的了嘛，给我们放个信，我们到凤县哪个地方哪个地方住到的。哎，端端（偏偏）的走到路上，碰到了吆个驴儿拉了个车，车走到我说：‘哎呀这个同志！’脑壳上包了个帕帕，我说，你这一路碰到有个女的，背了个蓝铺卷卷，碰到——他说：‘哎呀，这个女的昨天黑了到我们食堂歇了的，今天早晨她说她去炼铁呀，到红山梁老厂去了，人家这两个工人说去炼铁，跟人家一路到了红山梁老厂了，去炼铁的喔太去了。’他说‘我们的食堂在喔前头呢’。好，我也都走到人家那食堂里，要黑了，端端食堂里住了个干部呢，也是到我们喔里工作过的，姓王，一个眼睛嘛一个萝卜花，这个人我们也认的到，那当乎在喔工作过的。我说了一下，他说对到的，有这个人呢，今天早上就是走了的，最后黑了人家才到人家老百姓家里歇，人家住到那个食堂里的，把那个铺让给我，我到那住了一晚上。”

“我第二天才翻秦岭喔个雪山啦，我才一路问呀，一二十里路的雪山，才问到下去，下喔老厂里去。以后，问了一下，人家说这个人来了，到喔太给人家洗衣裳呢，人家说有这个人，来了来了。来了都认的到，一个乡上的嘛。喔个女的我也找到了，这不找到咋得了啦。我过去来，说给我安排个轻省工作，就是捞（扛）喔马脚干炭，那矿石道上，马脚干炭烧了一烧的这么长的块子柴，那块子柴一破二的，都是搁到肩帮上捞哩。那山呀，捞上去以后，搁到喔太去，都装呀，装了到矿石，码些子通风道呀，码矿石叫我坐到山上给发票票，我就到山上给发票票，捞的多了给发个红票票，捞的少了给发个白票票，捞的再少了都不给票票。晚上十二点还在山上，冻的！天啦，冻的这嘴呀都是翘起，嘴皮子翘起！一笑都 bie（破）裂，淌血，你当是！到喔待了 10 天。”

早在有关当局告诉她们可以走之前，李六斤和队友们就离开了矿山。“噢，偷着跑的。喔面的男的女的，喔面还有信用社的主任，带的有信用社的人都去到的，跟一路跑了的。一透信都跑了。那面是从那面跑了，我们是从这下了山了，都回来了。待了 10 天。就是呀，那年就搞的那些名堂，‘左’也‘左’的很了，也太‘左’了。哈……”①

“大跃进”期间的工作分配是由生产队长决定的，并且不能被拒绝。②然而男男女女大规模移动势必带来的混乱不安和不确定性意味着，违规行为、缺席甚至是集体反抗——整个乡的人都表示反对——的情况也有可能出现。与此同时，调集妇女去参与大的工程计划意味着，由于年纪太轻而不知山秀珍那一代人所经历的饥荒和逃亡的妇女们，往往是头一次离开娘家和夫家的圈子。③

李六斤的冒险经历并不独特，但一种更常见的妇女为炼钢运动做贡献的方式是，去附近的河底捞挖和淘选沙子以提取一点儿铁矿石。“大炼钢铁，需要铁，就叫人到河里去捞黑沙，又支的锅炉，民工把黑沙炼成生铁条，给

---

① 1997 年与李六斤的访谈。

② 1996 年与曹竹香的访谈。

③ 曼宁认为河南妇女也有类似的经历，见曼宁 2005 年，第 96 页。

国家建设。大炼钢铁，都是男的，女的捞钢铁。”①

“大跃进”期间关中和陕南的治水和供水工作，以及陇海铁路的修建工作让男人和妇女们都离开了家乡。② 劳模带头组织妇女去参加自己村子附近的治水工程。已是生产队长和公社副主任的山秀珍组织了几百名妇女和男子去修建大堤坝和水库。③

从 1956 年到 1962 年，B 村很多男人都去修建一个可能是在沈河上的水库，并整年住在那里，挣取工分和额外分配的粮食。④ 陕南 T 村的男子和妇女先去红寺坝水库修了几个月，后来又去修建强家湾水库。工人们每次都在工地上待几个星期，挣的工分比他们在家挣的要多。妇女们推车，用扁担挑污泥，成群结队地夯土。有些妇女被吸引来做这样的工作是因为可以得到更高的报酬，但在家中没有男子的家庭里，女人则必须去干这些活，无论这样的工作分配会给照顾孩子带来多大的困难。⑤ 在 G 村，妇女们去车阳河水库挖掘和整修灌溉池，每次都去一个月之久。她们跟集体一起吃，同当地老百姓一起住。⑥

在 Z 村，妇女们将冬天的大部分时间都用在了修建沿河的石堤上，每天都起早贪黑地工作。修建工作早在“大跃进”前就开始了，一直持续到

---

① 2006 年与刘真西的访谈。

② 对治水作出全面的评估超出了本书所涵盖的范围。刘真西（2006 年访谈）指出，渭南的治水工作在“大跃进”期间得到了缓慢的提高，但却在改革时期逐渐变差。靠传送带工作的水车在 1949 年以前就有了。这些水车在 60 年代逐渐被同与管道相连的水泵、国家赞助打造的深井，以及井里的电动水泵所代替。与此同时，地方当局承担了这个地区主要水道的修缮和建造工作。刘还说，在 20 世纪 90 年代，改革时期建立起来的开发区抽取了该地区大部分的水，切断了水道的供水。她还指出，人们又回去掘井了。

③ 妇联 178–186–043 1958 年。据费雪若（[Friedman] 2006 年，第 43—44 页）描述，福建省东部有个地区大部分的公共工程建设也是由妇女完成的，与当地“体力活是女人的工作”的社会性别分工理念相一致。

④ 2006 年与刘真西的访谈。

⑤ 1997 年与钱桃花的访谈；1997 年与康汝清的访谈；1997 年与冯素梅的访谈。

⑥ 2004 年与欧阳秀的访谈；2004 年与高育忠的访谈。

70年代。[①] 在“大跃进”之前和之后都当过干部的何改珍，被我们问起妇女是否也参加修建工作时，她大笑不已。“那还离得了妇女，妈呀，背、担、挑子挑、背篓背、背沙子、石头。那人家叫的么，叫妇女都去做，就是抬石头么，妇女用担子挑石头么，大石头砌好后把小石头往里一倒，填起来。修滩地是，把这链一修起，把那地里石头捡一捡，往链上扔一扔，这地就平了。”[②] 刘冬梅补充道，在“大跃进”活动的高潮，妇女还要加夜班。“晚上都到那河堤上去瞎摸哩，黑着做啥哩，那人家就不愿意，早上起早做都行，累的做啥呢，黑的摸黑。那睡不成觉么，那政策么，全国统一的政策么。”[③]

周桂珍在评论20世纪50年代到90年代中这段时期时说：“村里男的是少数，都到外前做活去了。”[④] 李六斤说，一些妇女同男人们一起炼钢铁、修筑水库和铁路，可一旦大家都去从事这些大规模的工程计划时，“屋里头全部是女的”。[⑤] 随着男干部们远离家乡去工作，妇女便进入领导职位，担任的职位比留下来的男人所担任的要高。[⑥]

这些新的领导必须要处理由国家政策所带来的负面影响。大约在1960年，由于修建沈河水库而被迁走的80户家庭被重新安置到B村所属的公社

① 1999年与郑秀花的访谈；1999年与刘冬梅的访谈；1999年与何改珍的访谈；1999年与李朵朵的访谈。Z村和丹凤县其他地区在整个民国时期都遭受洪灾。1953年Z村部分地区受洪灾，1954年则几乎被洪水淹没。有关从民国时期到20世纪70年代的洪灾描述，见陕西省丹凤县水利志编纂组1990年，第58—62、75—78页。丹凤县在“大跃进”的那几年旱涝不稳定，1958年（第61页）遭遇洪灾，从1959年到1963年间（第71，76页）每年都多次出现旱灾。

② 1999年与何改珍的访谈。

③ 1999年与刘冬梅的访谈。

④ 2006年与周桂珍的访谈。

⑤ 1997年与李六斤的访谈。

⑥ 1996年与曹竹香的访谈。省“大跃进”计划里包括了妇女领导人数的最低限额。各镇被敦促通过基层选举将妇女纳入领导队伍，使妇女占镇人大代表总数的25%或以上，占镇党委会委员总数的15%（妇联178–189–010 1958年［3月11日］）。这项倡议并没有在人们的记忆中占什么分量，但妇女们确实谈到了其时当地方干部的经历。

里。[①] 曾接受过曹竹香指导的妇女积极分子周桂珍成了B村的一个队长，她上一任的队长同当地的男人们修水库去了。桂珍安置了分配到她生产队里的20户人家，但此后若干年中，这些新来者同当地人之间爆发了一系列冲突。一个移民进来的男人指责桂珍搞区别对待，骂她“比男的都厉害”。桂珍也遭到村民的批评，令他们不满的是，外来者迁进村后影响了每个人的粮食分配量。外来移民和当地群众之间的冲突一直持续到“文化大革命”时期。[②]

“大跃进”农耕和农业的女性化

1958年秋，B村丰产的玉米和棉花开始倒向地里，赶在它们腐烂之前进行收割成了妇女们的工作。[③] 曹竹香说那个多雨的秋季是一个极度忙乱的时节。“男的炼钢的，女的在河滩浪钢铁，那男的女的活就做不完。那人忙白天那门都上锁着哩，光是食堂里做饭，留下几个人，到时间，饭往河滩里送么。白天抢收，把玉米掰回来，有还顾不得剥，有的掰的在地里，那车一天给人家送那个，还远不回来，那年那就说庄稼不论扔到哪，倒到地里也罢，倒到场里也罢没人拿，黑了回来，可剥玉米，那咱都收回来了，没烂。”[④] “咱”指的是白天在河堤上工作了一整天、晚上还出去

---

① 历史上，渭南沈河频繁地遭受来自峡谷径流的洪水。干旱年头，沈河干涸，六千亩良田无水灌溉。20世纪50年代，渭南市委和省水利局决定建一座综合性水库以满足灌溉、城市供水和防洪的需要。水库从川口王村往南延伸，距离沈河谷口5公里远。水库于1959年12月动工修建，动用了一万劳动力才得以在1963年的11月竣工完成（黄联社[Huang] 2002年）。*

② 1996年、2006年与周桂珍的访谈。1964年，上层派来了一支调查小组，周摆脱了有不当违规行为的嫌疑，但质疑她的那个人却被发现私自屯粮。*

③ 由于“大跃进”劳动力的缺乏，麦客也消失了，“那个时候大炼钢铁，屋里埋（译注：雇）个人都埋不起，女人都撑腰。人民公社以后，以女的为主”（2006年与刘真西的访谈）。郑彩桂也说到了类似的情况（1996年访谈）。

④ 与曹竹香的访谈，1996年。

连夜抢收庄稼的 B 村妇女们。① 她们很快也发现自己还要负责播种和收割冬麦。②

一开始，妇女在“大跃进”活动的间隙干农活。她们要么白天淘沙子找铁、晚上剥玉米，要么在不需要立即照看庄稼的时候去淘沙找铁，③ 或者当没有家务负担的男子和妇女去参加工程建设时，“半劳动力”——在家带孩子的妇女和年老的妇女——就去干农活。④ 随着“大跃进”的蓬勃高涨，党和国家的重点从鼓励妇女勤勉节俭转为动员妇女成为主要的农业劳动力。⑤ 时间一久，农耕不仅仅是“半劳力”的任务，而是成了所有妇女包括那些孩子尚且年幼并且之前未曾被动员去田里劳作的妇女的任务。曹竹香利用她刚结婚后以及后来成为寡妇后所学到的必备的农耕技术，去教桂珍和 B 村其他妇女们。“男的整个在南边修铁路，曹书记就带领这些妇女学会犁地、爬地、摇车、套车、出圈、铡草，我在地里套缰子犁地，那个时候牛拉呢，妇女满搞这些活动。我村里老个人，都没男人埋了，都是我这些女的。那时候村上都没有人，女的整个搞这些地里的劳动。”⑥ 桂珍整天“在地里一天劳动么，锄地，挖坑哩，拉粪哩，上肥哩，那苞谷秆踏上那积肥，那个时候浇水还不是现在那电器化，都是推水车，在地里四个人推水车浇麦子哩”。⑦

---

① 与周桂珍的访谈，2006 年。

② 与刘招凤的访谈，1996 年。王友娜（1997 年访谈）说妇女积极从事水稻种植和脱粒以及小麦种植的工作；周桂珍（2006 年访谈）讲述了妇女植棉；鲁玉莲（1999 年访谈）描述了妇女在种植方面的参与情况。

③ 与曹竹香的访谈，1996 年；周桂珍 1996 年，2006 年。

④ 与冯素梅的访谈，1997 年。

⑤ 就在“大跃进”前，妇联的干部们仍然试图增加妇女在田里劳作的天数。1958 年春，省妇联开展了一项“两勤（勤俭建国、勤俭持家）”的运动，鼓励妇女们在建设国家和操持家庭两方面都要勤俭节约（妇联 178–189–010 1958 [3 月 11 日]）。关于这项运动的展开，见陕西省妇女联合会，1994 年，第 24—25 页；妇联 178–196–013 1958 年（3 月 28 日）。

⑥ 与周桂珍的访谈，2006 年。她说“村里都没有人”的意思是村里没有男人，与第二章讨论过的“家里没人”的用法相呼应。这个用法在被批判为封建残余之后还被持续使用了五十多年。

⑦ 与周桂珍的访谈，1996 年。

妇女被敦促去植树、养猪、养蚕、养鸡。①

正是在"大跃进"期间，张秋香和第八章讨论的其他妇女植棉能手们，由于开创了精耕细作的新技术以及展现了决心、生产的热忱和政治的热情而不断地在全国范围内被宣扬。县一级的地方著名劳模也同样被刻画成"大跃进"意识的化身。劳模不仅包括像张秋香和曹竹香这样经验丰富的农民，还包括非常年轻的妇女模范和妇女集体模范。比如，丹凤县18岁的张春芳成了"大跃进"运动的"全能型"劳模。据报道，她组织妇女跟男人一起炼钢铁；监督了两个大型引水渠和四个小型灌溉渠的修筑工作；带领公社的年轻妇女拆洗被褥和衣裳，粉刷墙壁，打麻雀、老鼠，填补鼠洞；她自己学会了读书和写字；为开垦新的田地，克服了当地的迷信，将祖父的遗骸挖出来并移置别处。但她主要的成就是说服了四十多名妇女加入当地的民兵组织。军事训练被描述为是妇女得以克服性别局限性的一种方式："常埋怨自己不该是妇女，因而在农村实现全民皆兵开始便高兴地对干部说：'这一下妇女和男子一样了'，也有了保卫祖国消灭敌人的机会了。"②

在丹凤县，五一合作社的130名妇女因"以政治为指导""先务虚后务实""以虚带实"，被授予集体模范的称号。事后看来，一个必须看成是"大跃进"异想天开思想失败的例子便是，妇女们坚信——基于她们向张秋香所学到的植棉经验——她们能够将一块高粱试验地的产量从亩产一千斤提高到亩产三万斤。据一个妇女说："张秋香和我们一样都是妇女。为什么人家能

---

① 妇联178–197–037 1958年（10月20日）：第7页。"大跃进"时期的工资制度不一。1958年10月13日的《渭南日报》报道了一项直接供应食品、衣服和燃料的试验。1958年，生产大队曾在短时期内实行过付工资的办法，但很快又回到了记工分和年底分现金的老方法。妇女挣的工分通常要比男人少。生产大队没有像以往的做法那样，将部分付款以粮食的形式发放，但到了1959年，他们给每个队员发放了两斤左右的棉花（与庄小霞的访谈，1996年；曹竹香，1996年；刘真西，2006年）。

② 《妇女民兵代表张春芳同志单行材料》1958年。这里并未指明具体敌人，但提到了解放台湾，但直接背景似乎是始于1958年8月的金门—马祖危机。关于除四害（老鼠、苍蝇、蚊子、麻雀）的公共卫生运动，亦见妇联178–189–010 1958年（3月11日）；妇联178–195–001 1958年；《五一社妇女集体模范单行材料》1958年；妇联178–207–067 1958年（8月18—23日）。

办到的了，我们办不倒呢？我看是不是有决心。”她们还设计了用来切剁蔬菜、加工粮食、给水稻脱粒和为作物施肥的农具和机器，从而展现了妇女的技术专长，并“驳斥了一些人认为妇女手脚笨拙、头脑封闭、糊里糊涂、无法取得成就的看法”。报告还提到，面对这些事实，合作社的党委书记和其他一些干部不得不表彰妇女们的成就，称她们为“妇女中的英雄”，并组织召开会议宣扬她们的经验。①

妇联抓住这种不断强化的妇女动员论述道，妇女进入农事耕作为男女平等提供了可能性。正如一份报告所声称的那样：“这既有利于促进大面积增产，又可破除妇女的迷信自卑感，建立妇女的自信心和改变社会上歧视妇女的错误观点。”② 但大部分妇女对参与农事却没有如此高扬激昂的看法：她们必须工作才能到集体大食堂吃饭，而不上工的话就会被公开批评。③ Z 村的刘冬梅回忆：“不在地里做活的人哦那罚罚钱，就我这有一个，那男人当工人，那有一个娃娘们两个，二十八生了个孩子，那就莫开怀，生了个孩子，引娃哩，做不成活，把她那成算尽算光，把娃那几成都算了，大人是十成么，娃是七成吧，娃大概是七成。那没得粮吃啊，扣了不给么，说不光不给了大人的，把娃这粮都扣了，那严得很”。④ 对妇女们而言，再需要技术、再繁重、再不体面的农活她们都要去做。妇女们必须频繁地出现在田地里，而这种出现也不再引发争议，因为男子都不在家中。农业的女性化开始了。⑤

① 妇联 178–189–010 1958 年（3 月 11 日）；《五一社妇女模范单行材料》，这份材料中的第四章简短地描述了“大跃进”期间农村的扫盲运动。

② 妇联 178–197–037 1958 年（10 月 20 日）：第 5—6 页。全国范围内也有这种论调，见全国妇联 1960 年。

③ 与郑秀花的访谈，1999 年。

④ 与刘冬梅的访谈，1999 年。

⑤ 在集体化时期余下的时间里，带有地方差异的农业女性化继续快速进行。刘秀珍（2004 年访谈）于 1971 至 1973 年间在 G 村担任生产队长，据她估算，在她队里，妇女提供了 80% 的劳动力，因为她队里包括她丈夫在内的很多男人都离家到外面干活去了。她是整个公社唯一的妇女队长，这意味着尽管妇女已经成为了重要的劳动力，领导职位仍然主要为男人所占据。高默波（1999 年，133 页）在谈到其江西老家高家村时说道，在“大跃进”期间，“高家村的妇女首次开始像男人一样在田里劳作”。

鼓足干劲，力争上游

跟维持大后方的农业相比，党和国家更需要妇女。妇女们要对高产试验田进行深翻和密植，将作物的产出提高到空前的程度。在T村地区，李六斤和生产队的其他妇女将深翻和密植的方法运用到小麦作物的种植中，带来了灾难性的后果。“都是深翻，翻的有一米多呢。就是喔——一锹插去，再美呀（用劲）插一锹，下去下摔到高头去就那么家深翻啦，下了雨都是深翻，喔都是我笑，全部屋里都是女的！白天、黑夜加班加点的做，活路人家也都给做出来了呢。上头说的是深翻一米，深翻！就是那泼到的（攒劲）底下翻的那黄泥巴，‘帮’的（声）一下bia（拟声词）到——笨得很，我给你说。九分地种了我看是多少——哎呀，种了五十多斤麦子呢。平常一亩地就是三十几斤麦子嘛。出来长得好，上头也来参观，地区的妇女都来参观了的，嘿哟好得很，巴巴第一年收的时候，密了，杆杆细了，害怕搭架呀，搭架都收的少得很，穗穗小得很嘛。”

“没有合理密植，没有想到科学种田这事情。那就是说上头咋说我们咋做不得错。只么上面人家说喔个深翻了以后，这个产量高嘛，唉，说的这个样儿就深翻嘛，上面咋个家说你就咋个家做呀。我心里头半信半疑。有些子女的翻到翻到都有气呀，有气咋个家，翻都翻了，这块子地你要翻出来嘛。妇女试验田，插的牌子。”①

1959年，一个妇联的代表团在另一个陕南的村庄发现了类似的问题。妇女们大手笔地在每亩地里种上了150斤麦子和撒了12000斤肥料。“施草木灰一次，目前看起来长得很好，但分开一看，根下已经沤黄了，有的已经倒伏，很明显是苗太稠了，需要间掉一些苗，但究竟应该掉多少，留多少，如何间法，她们都不懂，也没有技术员来指导。”考察团认为这个问题是由

① 与李六斤的访谈，1997年。

于缺乏技术造成的。[①]

每一级的干部都觉得一定要为“大跃进”的生产目标作出贡献。诸如“人有多大胆，地有多大产”“脚踏地球，手扒天，一亩地能打几万斤”这样的口号将生产同政治和道德意志紧密联系到一起。[②] 整个中国农村，地方官员们要赢取荣誉、避免让自己及其社区蒙羞的欲望导致了后来著名的“浮夸风”现象的出现。[③] 1958 年，各个社区夸大汇报作物产量，有时竟到了无以复加的地步。[④] 何改珍说：“虚夸呀，国家叫虚夸呀，亩产几千斤，几千斤，写几大纸板板插地头上，产不下么。试验田产的也不高。那就莫得肥料么，都用的是那厕所的粪上的，长个啥么？”[⑤]*

不愿夸大汇报要付出政治上的代价，却很可能挽救生命，并在事后回顾起来的时候被记忆成一种美德。曹竹香在晚年的时候这样描述自己：“我不撵高潮，我这人犟，撵高潮你要打这个鼓离不了三五勒，要连你是一条心，连你不是一条心，你敲锣，我不给你敲鼓。”[⑥] 周桂珍回忆了身为劳模的竹香所受到的夸大棉花产量的压力。“那一年可搞那个浮夸，老婆不会那个

① 妇联 178–211–005 1959 年。

② 2004 年与高玉忠、1996 年与鲁桂兰的访谈。

③ 吕晓波（2000 年，第 89 页）将“浮夸风”译为“一种夸大和欺骗的倾向”。有关导致浮夸风的竞争逻辑，见 90—93 页。刘招凤（1996 年访谈）在此期间在陕西多个农村都待过，她描述了地方干部的行为：“在干部中，一些干部作风好大喜功，报喜不报忧。”有关 1958 年多个省份（不包括陕西省）夸大虚报粮食产量的情况，见陈仲礼 2001 年，第 65—66、137—138 页。泰伟思、孙万国（1999 年，第 175 页注 148）引用了一位姓名不详的历史学家的话，说陕西省党委书记张德生属于比较“实际”的领导之一。产生的后果便是，领导越实际，就越少虚夸，上交的粮食也越少，最终地方上的饥荒也没那么严重。我们访谈中的逸事支持了这种论点。

④ 白思鼎（[Bernstein] 1984 年，第 351 页）说，在全国范围内，“以 1958 年的收成为例，据报道 1958 年 12 月的粮食产量为三亿七千五百万公吨，为 1957 年产量的两倍。”1959 年经核实后，这个数字降到了二亿五千万公吨，随后又降到了二亿公吨。1959 年的初次估算为二亿七千万公吨，后来降至一亿七千万公吨。1958 年的产量比 1957 年要高一些，但 1959 年产量剧降。

⑤ 与何改珍的访谈，1999 页。

⑥ 与曹竹香的访谈，2006 年。

挪，总给人家要报实的。人家要叫把那往高里报，老婆把那个报的低，就是这个，那时县上的有些人，不按人家计划来，人家不上去，那个来，人家为了他上去，老婆那个人实诚得很，我是多少产量就是多少产量，我报下那空空最后咋办呢，最后我在县上开那几百人的棉花会时，还只有我的棉花最高了，我是一百二十斤，他双王才是一百一十斤。他不怕把张秋香（等人）哄上去。"① 半个世纪后，顶住压力而不虚报似乎不再是什么复杂的事情。但是在那个时候，张秋香和其他劳模正声名鹊起，那么制定高目标并努力实现它们就既是必需的又是大家所期待的事情，而且这样做也不仅仅出于为一己私利的原因。继续当劳模给村里带来利益：额外的肥料、有权使用农村信贷、技术援助。为了向苏联发送的太空人造卫星致敬而虚报夸大说试验田的作物亩产超过千斤的做法被称为"放卫星"。②*

五　化

有关"五化"的讨论最明显地展现了对一种截然不同的未来日常生活的期许。这些讨论旨在将家务劳动重新分配到生产大队中去。吃饭在大食堂进行，衣物由缝纫机缝制，婴儿在产院接生，孩子在托儿所得到看护，面粉由机器碾磨加工。③ 大部分任务——做饭、缝纫、接生孩子、照看孩子——仍然由妇女来完成，但这些任务现在是在一个社会化的环境中，而不是在个人的家中进行。

官方推行"五化"的目的是为了将妇女劳动力解放出来，使她们能投

---

① 与周桂珍的访谈，2006 年。

② 与刘招凤的访谈，1996 年。

③ 每一种变化都以"化"字结尾：食堂化、缝纫化、产院化、托儿化、磨面加工化（妇联 178–186–043 1958 年）。曼宁（[Manning] 2005 年，第 84 页）将大食堂和托儿的出现说成是共产党发动的"一项了不起的解放妇女的试验"。沈迈可（[Schoenhals] 1987 年，第 80—81 页）引用朱德秘书廖盖隆的话，说大食堂"会削弱传统家长的特权，从而使男女、老幼之间产生'真正解放的关系'"。然而，陕西妇联和政府的文件里却未出现这种论点。有关对这些集体服务的带插图的记录，见妇联 1960 年，出版时间及地点不明。

入到集体农业的生产中去。① 山秀珍在 1958 年 10 月提醒妇女积极分子们，既然她们不再需要在家务上花费时间，她们就可以种植高产田，深翻麦地，改良农具，收集或制造肥料，包括制作细菌肥。② 1958 年，她在自己的公社建立了 7 个托儿所、7 个幼儿园、9 个食堂和 9 个缝纫厂。她甚至和其他几位妇女一起设计出了一种可以一次切 28 片馍馍的机器。③

通过宣扬秀珍在这个领域所取得的成就，国家公开承认了落在妇女肩上的家务劳动负担，并承认没有必要的国家政策去充分解决这些负担。现在，田地里需要妇女，更不用说炼钢厂、水库、细菌肥料厂这些地方都需要妇女，党和国家组织说出了一些需要妇女每天花费数小时去完成的主要任务的名称。然而，如何去解放妇女劳动力以从事农活，需“依靠群众”去建立和资助新的本地机构从事家务。这个方法实际操作起来有困难：党和国家既没有金钱也没有人手去实施“五化”。还有一个同样重要的因素是，“大跃进”普遍依赖的都是动员群众，而不是等科学或技术专家来解决地方上的问题。

丹凤县五一模范合作社的社员们在 1958 年 5 月将自己组织起来，使家务活社会化。经过五天的辛苦劳动，据说他们“办起了集体食堂三座、托儿所一所三组、幼儿园三个、产院一个、缝纫组两个、洗衣组三个”。这么多的设施只能为一个由 716 人组成的合作社服务，间接说明了这种无报酬的、看不见的、通常由妇女在家完成的劳动是多么巨大。④ 家务社会化的结果是：“妇女劳动力搞到彻底解放，全社妇女出勤率达到了 100%……由于妇女摆

① 陕西省的媒体对此进行了讨论，如 1958 年 7 月 7 日的《陕西日报》就集中讨论了食堂化、托儿化和缝纫化。到了 8 月，产院也纳入到了讨论的范围（《陕西日报》1958 年 8 月 11 日）。1960 年 3 月 1 日的《陕西日报》刊登了国家领导人反复强调公社是妇女获得全面解放的最好组织形式的文章。

② 妇联 178–198–040 1958 年（10 月 8 日）。

③ 妇联 178–186–043 1958 年。

④ 妇联 178–189–010 1958 年（3 月 11 日）；“五一社妇女集体模范材料”1958 年。丹凤县还有一个由 228 户家庭和 1043 人组成的合作社建立了 5 个抱娃组，由 36 名工作人员看护 68 个小孩。该合作社还为 145 个孩子建立了 5 个托儿所（“山秀珍”1958 年）。

脱了家务拖累，（她们就）专心致意地参加了生产。今年夏天，有55位妇女下水稻了种植稻子。12位妇女学会而且较熟练地掌握了犁地、耙地、推土车、打畦子与农业全套技术。”① 一份1958年的报告乐观地评论道：“由于实现了托儿所化、食堂化、缝纫化，妇女们高兴地说：‘过去是人在地里心在家，担心孩子和猪娃，做饭缝衣还要等着咱；而今是娃娃有人教养，吃饭有食堂，衣服缝补机器响，喜气洋洋把生产来承当。’”②

尽管这些成就都得到了广泛宣传，使家务劳动社会化的过程却并不平坦。机器碾磨和加工面粉几乎没有留下什么文字记载。第六章已经讨论过的、为分娩而设立的接生站存在的时间很短暂，且分散程度已超过“站”这个词所蕴含的分散意味。与此同时，“大跃进”期间高强度的劳动极大地损害了妇女的生育健康。妇女干部和接生婆都报道了妇女子宫脱垂现象不断增加的情况。③ G村的接生员石翠玉运用推拿的方法和药物去治疗子宫脱垂（像个茄子）的情况，但却徒劳无功。④ 鲁玉莲是陕南的一个妇女干部，她跟一个调查队到邻区进行调查。她在该地区发现，三个村庄里有九个妇女子宫脱垂。她认为这种情况的发生是由妇女产后缺乏休息所致：“这是60年下半年。那有些妇女多可怜呀，那真正就像那灯泡，就不上气，我晚上要休息一会儿，那就不行。”该区的妇女获得了免费治疗的机会，并且可以不用去田里干活，但治疗的范围有多广却不清楚。⑤

---

① 妇联178–189–010 1958年（3月11日）；“五一社妇女集体模范材料”1958年。

② 妇联178–207–067 1958年（8月18—23日）这份报告被呈递在了第六章讨论过的有关产院和托儿的大会上。

③ 与周桂珍的访谈，2006年。据一份1961年的救济报告估算，4%的育龄妇女（约140000名）子宫脱垂，5%的育龄妇女（约175000名）有闭经的问题。中央下令卫生局用民政局提供的资金去免费治疗这些疾病，这使得民政局又决定向中央要求更多的帮助（民政厅198–768 1961年［3月27日］：第80—81页；民政厅198–768 1961年［10月26日］：第246页）。

④ 与石翠玉的访谈，2004年。葛瑞峰1998年，第106页探讨了四川妇女的子宫脱垂问题。

⑤ 与鲁玉莲的访谈，1999年。

至于无休止的做衣服的任务，集体的缝纫小组只起到了小部分的作用。身为生产大队党委书记的曹竹香，① 组织了一支由妇女组成的、按工分计酬的缝纫小组。小组每制一件衣裳收费几角钱。那些手头没有现钱的人，欠款便会被记下来，并从年底他们所挣取的工分里头扣掉。对那些手头有些闲钱的家庭而言，缝纫小组减轻了他们亲手制衣制鞋的负担，而经济困窘的家庭则还要依靠家里的妇女亲手劳动。② 1959 年，妇联的报告评论了缝纫小组出现的严重问题：机器不足、缝纫工们的参与度参差不齐（"有的参加其他活路，有的因病在家没做活"）、规则不完整、缺乏始终如一的领导、记账粗疏，所有这些使得公社的社员们抱怨不已。③

"五化"中的托儿所在妇联的文字中获得了较多的关注。④ 托儿成了"当前巩固人民公社的关键性的问题之一，是一项重大的政治任务"。在全国建立足够的托儿设施被描述成是"将教育孩子的主要责任逐步由家庭转移给社会"。共青团员和共产党员被鼓励去从事托儿工作。⑤ 陕西省妇联副主任李晋昭为托儿的重要性作了一番慷慨激昂的陈词。她说，全省 300 万妇女劳动力中，约有 60% 的妇女有年幼的孩子，其中有 30% 的妇女找不到人为她们看孩子。幼托将妇女解放出来去种植棉花、修筑大坝和保护水土，这都归功于 7631 个幼儿园和 36294 个托儿小组的建立，使 651330 名一至六岁的儿童得到了照管。但她说，还需要进一步推动扩大适用范围和提高质量。李提议集体对托儿的费用进行贴补，以提高妇女把孩子送到托儿所的

---

① 有关曹竹香这个时期的官职，见妇联 178–244–015 1960 年（3 月 2 日）。

② 与庄小霞的访谈，1996 年。据李小梅（1997 年访谈）回忆，衣服的价格为：一条裤子 4 角、一条内裤 1 角 5 分、一件上衣一元。

③ 妇联 178–211–005 1959 年。

④ 妇联使用的词语是"家务劳动"而不是"家务活"，这点很重要，因为"家务劳动"提高了妇女在家庭生产中的重要性。相比其他党和国家的机构，妇联对这一问题更为敏感（妇联 178–197–037 1958 年［10 月 20 日］）。有关 1958 年 8 月进行的一次类似的讨论，见妇联 178–207–067 1958 年（8 月 18—23 日）。

⑤ 《中国妇女》1958 年第 16 期：第 19 页。有关陕西付出的努力工作，亦见妇联 178–207–067（8 月 18—23 日）。

积极性。[1] 妇联为培训儿童保育工作人员提供教科书并建立模范幼儿园。妇联的工作报告强调了照顾孩子是妇女的工作这一事实，提倡“重视解决妇女的孩子问题”。[2]

冯小芹是三个孩子的母亲（她后来又再生了三个），“大跃进”之前和“大跃进”期间她在Z村的托儿所工作：“给的两间房。每天早上就把娃送来了。天黑了，他娃来引回去。三岁到五岁，六七岁。两岁的娃那有人带么，人家家里的老人抱着，三岁的娃，带上能跑么。就教娃唱歌，给娃引到阴凉地去耍一耍。你给人家写字，人家愿认罗认一认，不愿认罗脸 dia（掉）下了，都小哩。我记得这东关有一个（幼儿园），我这里就是我一个。那时候就是每个生产队能香这些娃罗就成立。”[3]

到了1958年末，妇联号召，要于三周内在每个县至少建立一个全天候的托儿所。但该计划涌现出来的一连串问题就跟其展现出来的宏伟抱负和不现实的时间进程表一样显著。妇联指出，现有托儿所人手不足，护理人员“成分不纯”：“有的思想落后、年龄过大，甚至有传染病。普遍的则是缺乏教养孩子的知识和方法，只知把孩子哄得不哭了事。……不少托儿所、幼儿园没有固定的适当的房子和必需的用具、玩具；卫生差，引起孩子闹病。……特别是入冬以来，缺乏保暖设备，使入所、入园孩子人数大大下降。”妇联提出了一些其他解决方案：“要有一定的桌凳、被褥用具和玩具，特别是现在到了冬天，如何解决保暖问题更为重要。这些问题的解决，一方面可以由公社拨出一部分福利基金来购买一些必要的设备，更重要的则是要

---

① 亦见妇联 178–208–067 1958年（8月18—23日）。关于省级报纸刊物对托儿中心的报道，见《陕西日报》1959年2月21日；《渭南日报》1959年8月27日。

② 陕西省党委于1958年6日呼吁建立农村托儿中心，“以减轻妇女的家务负担，解放农村妇女劳动力”（妇联 178–27–020 1958年［6月3日］）。“妇女的孩子”这个说法出自妇联 178–189–010 1958年。提到建立托儿中心这项工程的妇联文件还包括妇联 178–195–018 1958年（5月24日）；妇联 178–196–029 1958年（7月31日）；妇联 178–193 (2) –050 1958年（11月4日）。

③ 与冯小芹的访谈，1999年。

依靠群众，发动群众动员群众互相调剂，腾出足够的比较好的一些房子给孩子使用；被褥、用具、玩具等可以发动孩子父母自带，家中实在困难的户，公社可以酌情给予补助。取暖问题可以发动群众给幼儿园、托儿所盘大炕、打上门窗子……这样天冷了孩子就在室内热炕上玩。”①

在陕西，这些托儿所的设立情况、持续时间和质量并不均匀。甚至在“大跃进”期间，很多父母都带着孩子到田地里去，而不是将他们送到远的托儿所去。②“大跃进”失败后，很多托儿所也就停办了。③如第七章所示，托儿在集体化时期仍然是一个关系到诸方面的问题：存在时间短暂的地方团体，祖父母或年长的兄弟姐妹草草拼凑到一起照看孩子，或冒险把孩子独留在家中。④ T村有些妇女经常把三四个孩子放在扁担两端的箩筐里，挑着他们去稻田里干活；⑤有些则将孩子留在家里。“都搁到兜兜里，一个摇摆篮子，搁到兜兜里，小的都紧他哭么，过去引的小人都可怜得很。大一点的都跟到田坝里去，跟到都是，站到田埂上耍么。”⑥ G村北边的刘谷雨则把孩子拴到窗子上：“我嫂子说我和三娘，你经营（管娃），老天爷经营一半，你经营一半，娃不是不管了，地里劳动去了，不管了，娃搁到帔（炕）上，精尻子，

① 妇联178–189–048 1958年（12月2日）。妇联紧接着在1959年发起了一项“六好、四满意”运动，旨在提高托儿所和幼儿园的数量和质量。在渭南县，尽管其他方面的坏消息不断增加，妇联报告说越来越多的孩子在集体里得到照顾。渭南县幼儿园的数量从1957年的737所上升到了1958年的68288所。到了1959年，903所全年制幼儿园有22755名小孩，幼儿园老师有2691人。同时，1470间托儿所里有19873名幼儿，托儿工作人员有5767名（王丽［音译］1959年）。1959年，一个调查发现，有个抱娃组“仅有一个老太太带着大大小小8个小孩子……还喂两头猪，有时还帮助食堂炊事员切菜。孩子的卫生很差，教育更谈不上”（妇联178–211–005 1959年）。甚至在“大跃进”失败之后，依然还有雄心勃勃的托儿计划。见妇联178–219–013 1959年（7月9日）。

② 与李六斤的访谈，1997年。曼宁2005年，第102—103页讨论了河南托儿设施不足的问题。

③ 渭南地区地方志编纂委员会1996年，第275页。

④ 郭于华2003年，第51—52页，2004年，第5—6页讨论了陕北类似的情形。

⑤ 与袁小丽的访谈，1997年。

⑥ 与康汝清的访谈，1997年。

穿一个袄，连（用）绳绳拴到窗框子上，回来娃呀就像在那儿排队哩，拉上一溜溜屎，齐齐才打折（收拾）哩。”①

妇女在某种程度上是依据照看孩子所带来的困难去回忆“大跃进”期间不断增加的田间劳动的艰辛。② 刘冬梅评道：“娃在屋里叫老人丢下，娃哭他哭，那莫办法，你又不敢蹲（待）屋里，一蹲把你工扣了。”③ 农村妇女们的口述故事里穿插着各种关于孩子的故事：受伤、惧怕动物、被拴到炕上、溺死或由于未及时医治而死于疾病。接生员杨安秀以安全地接生别人的孩子为豪，但对自己蹒跚学步孩子的安全和健康却无能为力。“五八年我丈夫炼钢铁走了。屋里没人，我那时当干部，当干部半晚上才回来，把娃吓得不行。有一天晚上到五丰去深翻（田）了才回来，走到房背后（听到）娃叫唤得（才两岁多），我问他叫唤的啥？把粪也拉到堂屋上，把门子拉着蛮（直）摇到嘛，把我气得也哭，我说做啥呢嘛，把你吓得这块起（样子）？‘妈呀，妈呀，快当些，一个老鼠子嘛，从窗子里跳进来咬我嘛，我弄腚子（拳头）后它到嘛，它跑了。’”④*

党和国家对到家务劳动耗费时间的认识出现在妇女需要去田地里工作这样的背景中。* 没有什么能比“五化”中施行得最为广泛的、被记忆得最为生动的大食堂更能展现这种变化。

---

① 与刘谷雨的访谈，2004 年。

② 卡尔·里斯金（哥伦比亚大学现代中国研讨会 2009 年 4 月 2 日）评道，在“大跃进”期间，妇女的劳动时间被重新分配到地里，好像不需要什么机会成本似的，但事实上忽视孩子带来的代价非常高。葛瑞峰（1998 年，第 103—109 页）描述了“大跃进”期间，男人们在四川修建铁路和水利工程的情况，他评论说很多人在 20 世纪 90 年代都对那些过去的经历有怀恋之情（104 页）。他指出，由于缺乏劳动力，妇女不得不到地里去干活，再加上家务活和需要参加很多政治会议，所以她们对这个时期的回忆远没那么美好（104—105 页）。

③ 与刘冬梅的访谈，1999 年。

④ 与杨安秀的访谈，1997 年。

吃食堂的时候

“大跃进”在农村引发的所有变革中，日常家庭生活中发生的最根本变化是集体食堂的出现。1958 年夏和秋，所有家庭将手头有的，无论是粮食还是蔬菜，都上交给了集体。① 很多家庭还把锅也交出来用去炼钢铁了，有些村的家庭则砸碎了炉子和铁锅。何改珍回忆 Z 村的情形：“那吃食堂，队长都把你给打了，这家家都莫得锅灶了呀，一打你就在屋吃不了上饭了么，你就得进吃食堂。”② Z 村其他妇女也证实了她的回忆：“那家里都莫得锅了，锅人家都揭了，都是那锅圈圈子，也没安锅了。”③ 适龄劳动力被允诺可以在集体大食堂尽情敞怀地吃，以作为对一天劳动的回报。集体大食堂也为老人和孩子提供食物，快生产的妇女的食物则由接生站提供。④

公社要自行解决集体食堂具体如何运作的问题。在 B 村，生产大队掌管碾坊，将食物储存到仓库里，并将它们分发给每个生产队的大食堂。⑤ 有时也会在某户人家的家里搭建起临时的小餐厅。⑥ 在 G 村，四个生产队一起合开了一个大食堂，每天为一千多人提供食物，但这个大食堂很快分成小

---

① 1958 年 10 月，据《人民日报》报道，华北和东北地区有超过 80% 的农民在吃大食堂（《人民日报》1958 年 10 月 25 日，转引自沈迈克 1987 年，第 100 页）。有关大食堂的历史，见罗平汉 2001 年。在陕西，七百多个公社在 1958 年 11 月前建立了大食堂（《陕西日报》1958 年 11 月 12 日；关于对大食堂运作的调整和论争，见《陕西日报》1958 年 11 月 22 日，1959 年 11 月 8 日和 12 月 30 日，1961 年 2 月 5 日）。

② 与何改珍的访谈，1999 年。

③ 与马芳贤的访谈，1999 年；亦见 1999 年与郑秀花的访谈。这是 Z 村的情况；G 村人们保留了锅，有时从大食堂带面粉回来在家做饭（与乔引娣的访谈，2001 年；张秋绒 2004 年）。

④ 与曹竹香的访谈 1996 年；与颜盼娃的访谈，1999 年；“商镇镇” 1958 年。

⑤ 与曹竹香的访谈，1996 年。在 Z 村，两个生产队共用一个大食堂，有一个给青年人的特殊大食堂；干部也在大食堂吃饭（与何改珍的访谈，1999 年）。

⑥ 与周桂珍的访谈，1996 年。

食堂，每个只负责一个生产队或大约四十户家庭的食物。① 同任何政治举措一样，地方干部的劝说非常重要。Z 村的干部鲁玉莲提出了效率的重要性："那就给他们讲吆，讲那种食堂，既省劳力，又省柴火，又省做饭的，又省粮食，啥都省。"② 特别是对妇女而言，大食堂为她们减去了一项每天都耗时不少的任务。G 村的乔引娣说："那就是觉着方便，也不要忙忙地做回去不乏乏地做饭。"③ 与她同村的欧阳秀也对此表示赞同："那会从地里劳动回来，在食堂里吃饭，妇女和小伙子都说不要做饭，都说这好。但是那段时间很短。"④

集体一起吃饭便有可能为大量外出为水库、炼钢厂或其他工程工作的人提供食物。曹竹香负责给靠近 B 村的河边的炼钢厂送饭。"那一黑上跑，谁不知道觉咋个睡。大队里面碾子么，两个，给这来回能（注：磨）面，食堂里都在我那驭（注：取）面哩。一天晚上都不睡觉。给工地上炼钢厂里一百多人，见天要给送面哩。"⑤ 然而，如果说集体大食堂促进了集体劳动，它们也扰乱了农村生活中的许多习俗。当有人结婚或去世时，家里便没有粮食或食物去招待客人。李朵朵结婚那天，只有她的哥哥和嫂子陪她去新家，他们离开的时候也没有吃传统的婚宴。"谁都没来。那食堂，今你到这里一个人，得报灶里呀，不报就不给你吃呀。"那天大食堂准备了米饭——特别的款待——但也只是因为婚礼的当天是腊八，按照习俗应该有一顿特别的饭菜。⑥ 当年轻的新妇回娘家探亲时，她们被准许带上大食堂的工作人员为她们称出的三四天的粮食，一顿二两，一天两顿，不在的时候每天总共可以得到八两粮食。但如李朵朵所言："在娘家不能待得长远。那时不挣工分，

---

① 与冯在财、王福贵的访谈，2001 年。T 村每个生产队都有一个大食堂（与杨安秀的访谈，1997 年）。

② 与鲁玉莲的访谈，1999 年。

③ 与乔引娣的访谈，2001 年。亦见与石冉娃的访谈，1999 年。

④ 与欧阳秀的访谈，2004 年。

⑤ 与曹竹香的访谈，1996 年。

⑥ 与李朵朵的访谈，1999 年。

吃饭没粮，吃饭没饭钱，做活没工钱。你今劳动你今吃；你今不劳动你就不能吃。”① 地方上的社交活动越来越少，因为人们不能再到邻居家去一起吃饭了。如周桂珍所说：“在吃食堂的时候，亲戚都没有了。”② “大跃进”之前，社会主义的一项好处是，贫穷的农民也能够在社交中礼尚往来，举办婚宴和小孩的满月酒席，互赠礼物和款待客人。③ 而现在这些礼俗都没有了。

* Z 村的石冉娃发现，“你今朝不去，吃饭时间你来端饭，人家问，你今早做啥去了。我说我今早没有去，我今早做啥做啥。那一瓢饭人家都倒锅里，不给你吃”。④ 据 T 村的钱桃花报道，“要是谁不上工，队上不给你支工，不给你吃饭，引的打闹，说是脚崴了，我扛了锄头你不给我饭”。⑤ 在炼钢运动的高潮，T 村杨安秀所在的大食堂为一天的食物提出了另一项要求：每户家庭要交金属。“每次吃饭，还要收铁、铜、银子，没的这些东西还吃不上饭。我笑我那结婚时有个灯盏、铜的，三层子这么高，底下盘盘有这么大，中间还有个盘盘，上面有个娃娃。那天实在把人弄得不行了，人家说不叫吃饭。好！我就去把灯拿上交了。又过了一段，人家说收银子，那个时娃儿生了兴做满月嘛，做满月给买的娃儿头上戴的帽子上的铃（银的），我也拿去换了饭吃了。孙子这年说，婆，你的银子呢，人家都有银子呢，人的银圈子呢？我太太（太奶奶）给做满月的银钱呢？我说都换了饭吃了，你不给，食堂不给端饭，上面又要。给上面交，不知道搞啥，还收铜。万一没的也就算了，也要给吃，不过要卡你嘛。”⑥

管理大食堂带来了巨大的挑战。曹竹香把管理大食堂同养家糊口相提并论。“你管这一个队就跟你管你一家一样么，你时时刻刻粮食要抓紧么，不能铺张浪费，是吧。食堂里派的人，还是派不铺张浪费的人，吃大锅饭

① 与李朵朵的访谈，1999 年。

② 与周桂珍的访谈，2006 年。

③ 阎云翔 1996 年对这种情况，特别是集体后几年的情况进行了扩展讨论。

④ 与石冉娃的访谈，1999 年（Z 村）；亦见张秋绒（2004 年访谈，G 村）。

⑤ 与钱桃花的访谈，1997 年。

⑥ 与杨安秀的访谈，1997 年。

呢，还要派个好领导……不管咱的粮，咱的粮的保管呢，那都有下数呢大……（上）梁不正下梁歪。”①大食堂同公共建设工程和农业一样，也有明显的社会性别分工。男人管理大食堂、当会计、看守仓库；女人切菜、煮饭和喂猪。②

大食堂做饭的师傅们要用每斤面粉做出准确数量的花卷。③粮食严格地按人头进行分配，由食堂的工作人员按量进行发放。在T村，这项任务落到了李六斤身上：“每天给人家翻粮食，那一个人才挂四两，一顿才给下二两。那时那个麦子一些淘了推，推的那个麦拉子，连麸子带麦子那个面，推了就是喔好家，给人家煮，煮了以后拿碗来舀，那好家糊糊子。我都去看多少人搭伙，称多少。煮了的话，按照喔个给舀哇，平均多少人，多少铁勺舀呀。”④

农村各地大食堂的蔓延引发了新的矛盾。人们不喜欢排队，如张朝凤对G村的评论那样：“食堂里吃人多的很，百十个人，下面条吃馍要等好长时间，群众反映也不好，群众说耽误大生产，支部书记讲，你别想吃小锅饭，到你孙子手里都甭想。”⑤人们对什么好吃什么不好吃也众口不一。如鲁玉莲所言：“有的人爱吃甜的，有的人爱吃咸的。”⑥人们也可能只为自己，何改珍黯然回忆道：“给我那大公社那伙男的，那就我一个女的，人家就抢挖抓（注：厉害），油水咧噢，汤汤要我喝。”⑦

在村里蹲点的妇联干部们记得，要在几乎是一夜之间建立如此复杂的组织的要求遭到了群众的抵制，并引发了大量后勤方面的问题。然而，和炼钢运动的情形一样，这些经验丰富的干部们知道公开批评大食堂是不可

① 与曹竹香的访谈，2006年。

② 与杨安秀的访谈，1997年（T村）；与袁茜的访谈，2001年（G村）；与徐妮妮的访谈，1997年（T村）。

③ 与袁茜的访谈，2001年。

④ 与李六斤的访谈，1997年。

⑤ 与张朝凤的访谈，2001年；欧阳秀（2004年访谈）也讨论了这样的矛盾。

⑥ 与鲁玉莲的访谈，1999年。

⑦ 与何改珍的访谈，1999年。

能的事情。身为这些干部之一的刘招凤回忆道："那时心有余悸，张和我一起学习讨论合作化吃食堂的优越性。我们在底下悄悄地说：'有啥优越性，简直是整人。'没有群众基础，没有经济基础。唉呀！可不敢说这个话。现在看来，那时办食堂还是过早一点。认为这是全党动员的工作么，那咱们妇联就应该积极配合党的中心去搞吗，去发动妇女参加这个活动，还没有别的想法。"① 如一位蹲点干部所评论的那样，"妇女那个时候都是随着大流的，它没得人公开反对的，因为共产党刚解放，那个威望高得很，威力也大得很"。② 同样地，当地像周桂珍这样的妇女领导——这些妇联干部们费尽心思指导的积极分子们——也不得不对自己的保留意见保持缄默。"给人宣传说那食堂好，还不敢说不好。自己是干部么，那你当干部，给人宣传还要说这好，不能说这不好，你说不好，人家说：干部都说这不好，你还说人哩。"③

但山秀珍却认为大食堂的前景黯淡，她公开表达了自己的反对意见。"就有一点我想不通，就是把人家私人屋里的东西拿出来平均。吃食堂饭，把人家家户户的东西拉出来就是平均主义么。我不同意，说这不是挫折人家社会主义积极性么，要提高群众走社会主义积极性呢么，河南这样搞厉害，咱们陕西稳。"④*

随后，党和国家便会为"大跃进"的失败给出解释：恶劣的天气、工作中的错误、需要还苏联的债务——因为当时跟苏联的关系即将破裂。陕西遭受了恶劣天气的影响，包括严重的干旱和泛滥的洪水。⑤*

---

① 与刘招凤的访谈，1996 年。

② 与徐妮妮的访谈，1997 年。

③ 与周桂珍的访谈，1996 年。

④ 与山秀珍的访谈，1997 年。

⑤ 有关 1958 年对洪水、干旱、冰雹、霜冻的报道，见民政厅 198–686 1958 年，第 269—272 页。1961 年的 6 月和 7 月，T 村连续下了 21 天的暴雨。随着汉江和嘉陵江冲垮堤岸，T 村所在南郑县往西的几个县受到了更大的重创。汉中市一些县有五分之一到一半的水稻和玉米庄稼被损毁，受洪水的影响，夏秋的总收成减少了 1 亿斤。人、牲畜、家禽都被淹，房屋倒塌了，家里的用具和囤积的粮食被水冲走了，水道、堤防、水库都被毁了。

据报道，1958年是有史以来粮食收成最好的一年，一共有三亿七千五百万吨——是1957年的两倍之多——部分是由于“浮夸风”的结果。①*

*“浮夸风”给了国家高层错误的信号，鼓励并加强了国家对农村地区粮食的收购。当我们问庄小霞粮食为什么不够吃时，她回答道：“都交给国家了。曹书记说：国家有困难，我们都给担些，送粮都送得多，而且那一年收成也不好。61、62两年，到63年就好些了。”② 与此同时，也可能与饥饿有关，有些妇女回忆说她们的邻居很快对昼夜不停的劳作失去了热情，并说她们对干农活变得“消极”，导致庄稼收成下降。③ 小霞评道：“人的思想不集中，虽说干活呢，谈论事的谈论事，纳鞋底的纳鞋底呢，都坐那候呢，打铃了回。还是逛达呢，不好好做。粮食困难，钱困难，粮食困难，那不是谁呀一家子，那都是那。”④

粮食短缺很快波及了大食堂，据小霞回忆，“头一年吃不定量，人还满足着哩，到第二年，说国家要给苏联还账哩，就给人定量”。⑤ 在B村，让老人和病人到“五福灶”吃饭的计划也因很多人为了获取食物冒称生病而受阻。⑥ 很快，为老人和孩子提供特别食物的计划还未来得及展开就被停止了。⑦* 父

在山区，由于暴雨的影响而耽搁了收割，小麦和土豆都发了芽并烂在了地里。省民政局的官员意识到这只是他们知道的损失：因为有些地区的道路阻塞了，他们并不确定全面的受灾情况如何。在汉中地区，有关当局估计，有近220000名群众急需受灾救助，并向省政府要求700000到800000元救助款（民政厅198–768 1961年［7月11日］：第164—166页）。而在1961年、1962年，B村及关中大部分地区则遭受旱灾，对秋季棉花和玉米的收成及冬麦造成影响（与刘真西的访谈，2006年）。

① 章道犁1998年，第103—104页。沈迈克（1987年，第153页）写道，毛认为，根据这些预估，粮食的总产量会达到4亿吨，尽管最后只有2亿吨粮食和不足两百万吨棉花。

② 与庄小霞的访谈，1996年。

③ 与山秀珍（1997年）、庄小霞（1996年）的访谈。

④ 与庄小霞的访谈，2006年。

⑤ 与庄小霞的访谈，1996年。

⑥ 与刘凤琴的访谈，1996年。

⑦ 与郑秀花（1999年）、刘真西（2006年）、刘凤琴（1996年）的访谈。在B村，老人“食堂”指的是大食堂内的一个小灶，用往稀玉米糊糊里加面条的形式给老人补充食物（与刘真西的访谈，2006年）。

母把玉米糊糊留给自己，因为糊糊可以用水化开，馍馍便留给孩子吃。① 郑秀花则努力把食物留给弟弟："有时还加班，一黑加班做活村地，晚上就那苞谷糊汤给我打一碗，我不吃端去让我兄弟吃，我兄弟上学着。晚上我就不吃了，天明再去带动，那时没办法，那都是那不只是咱。"②

随着食物的危机愈演愈烈，大食堂饭菜的质量也每况愈下。馍馍从菜单上消失了，混合了几片菜叶子的玉米糊糊成了主食。偶尔才会有面条供应，但通常都是供不应求。③ Z 村的石冉娃评道："有那大饭量人，这么大（比例）个瓢一瓢饭不够吃。④ 早上就是红薯糊汤……晌午那就是杂面（五谷杂粮磨成），里头下一点红薯。没得馍。饼、锅盔馍都没得，我们这儿生活苦么。"⑤ 每天的口粮下降到了极其危险的境地。据 G 村的助理会计员高育忠回忆："最困难的是 60 年这一冬天，大村上提出个啥，两低么三低，几平、几高，这我记不得了，噢，三低两平三高。所谓'三低'就是十一、十二、元月三低，'两平'是二、三；'三高'是四、五、六。我记下低 15 斤粮、平到 18 斤、高到 20 斤。"⑥ 即便是这当中最高的口粮，也是饿肚子的水平；每月 15 斤的小麦面粉每天提供的卡路里还不到一千。⑦ 据山秀珍估算，整天在田里劳作的人每天需要两斤小麦面，是最高口粮的

---

① 与刘凤琴的访谈，1996 年。

② 与郑秀花的访谈，1999 年；刘谷雨（2001 年访谈）讲了一个类似的故事。

③ 与康杏芬的访谈，1999 年。

④ "一瓢"暗指孔子的弟子颜回，引申为安贫乐道的人。

⑤ 与石冉娃的访谈，1999 年。

⑥ 与高育忠的访谈，2004 年。曹竹香（1996 年访谈）回忆，B 村（我们采访的村庄中最富庶的一个）在三年困难时期每天的食物分配额是每人每月 20 斤，有好几个月跌到了 16 斤。T 村的李六斤（1997 年访谈）给了我们一个更令人不安的数字：每人每月 12 斤大米。1962 年末，渭南两个公社的救济报告将年人均粮食消费量在 163 斤到 216.2 斤之间的桥南区描述为"轻"灾区，将一个年人均粮食消费量在 121.2 斤到 166.2 斤之间的地区描述为"重"灾区。据报道，渭南有 17 个轻灾区和 6 个重灾区。报告中的四个生产队有一半家庭的人均月粮食消费量仅在 6.75 斤到 15 斤之间。（民政厅 198–31 1962 年［12 月 30 日］，第 93—96 页）。*

⑦ 我本人 2009 年 11 月 10 日与彭慕兰（Kenneth Promeranz）的交流。

三倍。①

1959 年，一支调查小组对关中一个公社的大食堂进行了探访，发现其中的三个大食堂一点儿粮食都没有。“每天两顿都是到城里捡些豆渣回来和萝卜叶吃。”当地人解释说，食物之所以短缺是因为大食堂刚开的那些日子，他们每人每顿吃了一斤粮食，烹调方式不当也导致浪费了一些粮食。*

1960 年 11 月，陕西饥荒最严重的一年，中共中央发布了一项代食品的指示，提出“瓜菜代，低标准”的口号。(事实上，那个时候早就没有瓜果和蔬菜了，很多人正将树叶、树皮、野菜、观音土吞进肚里。)② G 村本地的说法“吃食堂的时候”很快就变成了“低标准瓜菜代的时候”。高育忠回忆道：“吃不饱，瓜菜代，比如萝卜叶子、白菜根和红薯叶子。”③ 之前曾当过村长的王福贵说：“那时候吃就凭红薯了，吃的红薯馍，吃的红薯面，压的，红薯是啥满过来过去都是红薯，粮食很少。”④ 人们开始吃由磨碎的玉米秆和糊糊混到一起做成的馒头。

刘招凤等蹲点干部也跟农民们一起受苦。“我们在食堂一吃完饭回去饿得没办法。我每天晚上洗锅，洗锅前把苞谷棒锅巴一铲，铲上那么一盆，辣子、醋放进去把锅一洗，把那锅巴端回来。晚上那些男同志饿得没办法，就把锅巴放到炉子上热一下，就这样吃，人都浮肿了。”⑤ 对徐妮妮而言，“嘴里说的，和心里想的还是不一样。61 年么，粮食少得很，都是红萝卜，一直都是喝的稀的，红萝卜占多数，一般到厕所去拉的都是‘红便’。人家有的故意问我，这个红萝卜缨缨好吃吧？我说好吃好吃。说这些违心的话，咋

① 与山秀珍的访谈 1997 年。

② 高华 2005 年，第 162—63 页。班尼斯特（1987 年，第 60 页）写道，在东北的辽宁省，玉米穗和沼泽里的浮游生物是代食品，而野菜和纸浆则是华北地区的代食品。陕西民政局的救济报告提到有些地区只有低标准，没有代食品（民政厅 198–768 1961 年［3 月 27 日］，第 77 页）。

③ 与高育忠的访谈，2004 年。

④ 与王福贵的访谈，2001 年。

⑤ 与刘招凤的访谈，1996 年。

能好吃呢?”①

在大食堂吃饭的间隙开始夹杂着着粗暴的指控和争吵。Z村的何改珍看到了偏袒徇私和怀疑猜忌是如何对日常接触产生不良的影响：“切些红薯，倒锅里那一大锅，专门有打饭的给打，那连谁好啦，用瓢到锅底一捞，都是红薯，那就吃得饱。对你不好了，就那稀汤汤往你盆子里一倒，这就吃不饱。”②*

很多争论都与孩子的食物供应有关。杨安秀叙述了这样一个故事：“有一天，他们饭蒸上给藏了嘛，把我气得，我回去他们保管问了一下，说：‘还没有打到田坝里来呢，你们说不叫吃?’我说打到田坝里你们谁个说了的?可不是你们给小娃一家留一点，你们少吃点，你们给谁说了的?饭都吃完了哭的，人们给支到田坝里来。你也哭‘饿的’，我也哭饿的很，最后那烧火的一个女的说，拌桶里头藏了些饭，我都去端出来热，一家（人）吃了一碗。最后我跟保管两人吵架，我说你们做的事要的?你们也有孩子嘛，你叫这样子哭，你咋个家安心插田呢！娘了哭，儿也哭，闹的，就从那争了一回，他们每次给学娃子把饭留下。”③ 1958年，当肖改叶把半碗米饭带回家去给幼小的儿子时，她被集体指控为偷窃食物，她全家都受到了大会的批斗。“娃的屁股被火烫了，那娃一岁多了，我给娃拿半碗饭，我叫我婆婆拿回去喂娃，我给干活哩。人家的人把我婆婆挡住，把笼子一夺，叫我婆婆、我丈夫和我三个有在喇叭喊说我去偷饭，在食堂把我斗争了。”肖愤怒不已，她和丈夫把户口迁到了肖娘家的村里，带着孩子们和婆婆一直在那里住到了1964年。④*

徐妮妮总结说，到了60年代初，“是中央的毛主席……宣布了一声食堂解散，一宣布食堂解散，大家都长长的出了一口气呀”。⑤ 然而，据村民们

① 与徐妮妮的访谈，1997年。

② 与何改珍的访谈，1999年。

③ 与杨安秀的访谈，1997年。

④ 与肖改叶的访谈，1999年。

⑤ 与徐妮妮的访谈，1997年。

回忆，最困难的日子是在那之后。[①] 在T村，生产大队储存的所剩无多的食物，主要是粗粮，分发给各家各户。国家向农民收购、随后又售回到农村的粮食也分配给了生产大队。[②] 郑秀花回忆："后来各家又重盘锅台……把粮分到屋里，那你也不敢多吃，多吃以后就没有了。"[③] 何改珍说："那咋能够吃呢，人家给你统销那一点那还能够吃。妇女做饭多下点菜，少下点粮，这就是慢慢吃。"[④]*

各地饥荒的严重程度不一。尽管与之毗邻的几个省份的境况尤为惨淡，陕西却不是受灾最严重的地区之一。*

生存策略

*随着关于农业取得成功的报道与农民每日所见的实际情况相去甚远，而食物危机也不断加剧，人们不再争相恐后地去田里劳动。李六斤回忆、"出工不了力嘛，工虽然出了，（但）一个个都躲奸，不想攒劲做活路嘛，磨的劲儿大嘛。所以一年活儿做不走，天天上工天天就那样磨，磨到要呀 bia bia bia（声音）的谈闲，不出力，所以生产呢，收入的也少。"[⑤] 周桂珍说："下地么，在地里睡觉哩，为混那两工分，回家没啥吃。"[⑥]

---

① 与李朵朵的访谈，1999年。颜盼娃（1999年访谈）和李朵朵（1999年访谈）一样，都说Z村的大食堂是1960年解散的。即使在同一个村庄，对时间的记忆都各不相同。据B村的刘真西（2006年访谈）和曹竹香（1996年访谈）回忆，大食堂解体的时间是1962年或1963年，但刘凤琴（1996年访谈）则说大食堂开始于1958年末，仅在一年多一点之后便解体了。T村的李六斤（1997年访谈）回忆，大食堂开始于1958年、在1960年解散，虽然它们并不都是同时开始和解散的；钱桃花（1997年访谈）证实1960年为大食堂解散的时间，她记得在这不久之后她女儿出生了。在全国范围内，有些大食堂早在1959年就解体了；中共在1961年6月正式废除了大食堂（沈迈克1987年，第165页）。

② 与钱桃花（1997年）、冯素梅（1997年）的访谈。

③ 与郑秀花的访谈，1999年。

④ 与何改珍的访谈，1999年。

⑤ 与李六斤的访谈，1997年。

⑥ 与周桂珍的访谈，1996年。

农民们把空闲时间和精力都用在了寻觅食物上。周桂珍评论道，“那个恓惶，把那榆树皮，榆叶轧的面，吃面。”① T村的李六斤说：“不够吃你就想办法呀，一天挂四两粮呀，在食堂里端一点稀饭回来，屋里我妈也勤俭嘛，园子里务些青菜，撇些青菜回来煮的pa（软）pa伙伙的，一炒，油的没的嘛，搁些盐煮pa了，把稀饭弄好，菜倒到里面一搅，就干一些，多一些，舀到给孙娃、孙女子吃。”② G村的向金娃因为叫已出嫁的女儿一起吃饭而同丈夫发生争吵：“人连吃的都没有，黄河滩里那马苳，连刀都没有，就这个拿手一挟，挟下那韭菜花花，沾上一点点面。出嫁了我娃在，那做好了叫我娃拿粮过来了。我老汉那倔的太，没文化，死记下娃那娘过去了，娃在这搭就不叫娃吃。屋里我连我老汉闹了，闹得凶，我就说：‘我不吃，把我饿死，我要叫我娃活了。’”③ 李凤莲说，村里也有一些慷慨惠赠的行为：“那回这边有人生了，没吃，饿的，就我妈还从屋里拿了馍过去。到今我还记得。”④

同1949年前很多家庭的情形一样，由于食物开始短缺，妇女纺织成了一项使家人免于挨饿的收入来源。* 现在关中地区的男人便带着他们的妻子纺的布到北部的山区去交易。山区的人们比平原地区的人更贫穷，且由于前者不种棉花，所以长期衣物不足。但山区的人们散居各处，组织集体大食堂不切实际，各家生产的作物也因此未被完全消耗，所以，他们有玉米和红薯出售——虽然不及小麦面粉，但总好过家里碾碎的槐树叶子面。⑤

何改珍描述了Z村的妇女是如何将当地特有的刺绣品拿到附近的山区去卖，但有关妇女工作的官方记录从未记载过这样的交易。“没我这表嫂子，都到山里去换么，换下了可叫小伙子到山里去拿么，咱拿不动么。你像我们这兰嫂子，这混饭的弄些花钱，做些鞋拿到山里头卖，那不会混饭吃的那

① 与周桂珍的访谈，1996年。

② 与李六斤的访谈，1997年。

③ 与向金娃的访谈，2001年。

④ 与李凤莲的访谈，2001年。

⑤ 与周桂珍（2006年）、刘真西（2006年）、雷彩娃（2001年）的访谈。

就，那同销一点粮还能够你吃？这都是妇女干的。那能干的，人家到山里去换粮食，那懒动弹的，就叫不上么。打那号草鞋，往日人穿哩，山里人上坡用得上，穿布鞋上坡的少太。还有这周河队里蒜，挖下去换。草鞋可以换，蒜可以换，花花线可以换，小娃鞋可以换，莫我穿的红稠子布都拿去换么。这都是妇女干的。你要换下粮食啰，我满道子记（把粮食记在路旁的各家各户里），高下了，拖拉机去，哦，那时还没有拖拉机，记下了，回来可叫掌柜的（丈夫）去，去盘。"①

除了采集野菜和拿土布去换粮食之外，离家外出工作男人的收入是维持生计的另一项重要来源。周桂珍的丈夫是B村附近一个镇上的教师，他省下一点工资去买粮票，每次回家时便可以把它们换成面粉。② 在村里，那些在集体经营的手工业工作并领工资的人，没有像他们邻居的那样饱受贫困之苦。何改珍的丈夫是Z村合作社的一名编席匠，用他挣的钱，何改珍便可以买合作社的饼干给孩子吃。③ 正如1949年之前的情形一样，不再从事农耕的男人们带来的非农业收入依然是让一个家庭生存下去的至关重要的来源。

"大跃进"失败之后，几项最雄心勃勃的试验也都废除了。④ 公社依然是农村组织的最高单位，但许多公社都被分割成更小的单位。例如，到了1962年，Z村的集镇被划分成六个小一些的单位。生产大队及其随后的生产队变成了基本的核算单位，粮食配额和工分都是依照这个单位计算和分配的。⑤ 村民们被准许在自留地上种萝卜、卷心菜、玉米、小麦以作自用。⑥ 据人们回忆，到了约1963年，生活开始变好，尽管全国依然有关于营养不

---

① 与何改珍的访谈，1999年。

② 与周桂珍的访谈，2006年。*

③ 与何改珍的访谈，1999年。

④ 例如在Z村，一条大型灌溉渠的修筑工作被中断，并最终未完成（陕西省丹凤县水利志编纂组1990年，第82页）。马若德1997年，第1—71页对"大跃进"后所作的调整作了一项调查。

⑤ 与颜盼娃的访谈，1999年。

⑥ 与刘冬梅（1999年）、郑秀花（1999年）的访谈。

良、佝偻病和其他问题的报道。①

Z 村的生产逐渐恢复正常。因为在“大跃进”之前，影响正常生产的因素是地少人多、作物收成不好。每年，粮食都卖给国家，现金的分配则按每个人挣取的工分为标准。在丰收的年头，一天的劳动都值不了 0.5 元，而在收成差的年头则降到 0.2 元。生产大队发展了少数小规模的副业生产如粮食加工、药草等，以增加集体收入。植棉的试验也终止了，布匹从关中地区获得，因为那里需要 Z 村的粮食。一个成人每年所需的粮食按一天一斤计算，这进一步表明了三年困难时期每个月 15 到 20 斤粮食的配额是远远不够的。

运动时间和时间的皱褶

妇女们，尤其是那些不是积极分子的农村妇女们，很少直接对国家政策进行评论。相反，她们讲述的是对“大跃进”式的农业丧失热情、养活家人的艰辛以及她们对孩子的关心。与蹲点干部和当地的妇女干部不同，一般的农村妇女将吃大食堂记忆为一个地方性的事件。* Z 村一位妇女与高小贤谈话的一个片段捕捉了这个记忆的框架：

高小贤：“吃食堂一天吃几顿饭?”

石冉娃：“两顿，这家里锅台都被打了么。”

高小贤：“不准在家做饭?”

石冉娃：“嗯，不准在家里做饭，粮食，那啥都盘到食堂去了。这吃食堂很普遍哦。”

高小贤：“嗯，普遍，全国都吃。”

石冉娃：“都吃哩吧?”②

* 对农村的妇女而言，如同 20 世纪 50 年代末的情形一样，大食堂的时候依然是一段深刻的个人的痛苦历史。它标志着妇女对集体化热情的终止，

---

① 与欧阳秀的访谈，2004 年。*

② 与石冉娃的访谈，1999 年。

而在集体剩下的时间里也不再有变革的故事出现。

妇女如何理解"大跃进"必须从两个途径来寻求答案：一个是从她们所选择讲述的事件，另一个则是从那些她们已弄乱、重组或直接忘记掉的事件。在B村，在曹竹香这样的劳模的影响下，所有我们访谈的妇女都能够说出运动时间的分类范畴，而不会出现太大偏差。但我们不能假定其他地区的记忆也都是这样。当我们在Z村——靠近省边界的陕西东南部的山区——采访时，我们发现了一种以遗忘为标记的记忆景观。①

山区人们的记忆并非没有平原地区的那般生动形象。我们已经看到，人们谈论解放前的盗匪，谈论婚姻法运动的歌曲，谈论纺织、育儿和大食堂。Z村既不像B村那样是劳模的家乡，也不像T村那样是个"发达"的地区，但这里的妇女们却相继地向我们讲述了一个令人费解的缩短了的故事。她们说，解放之后便是集体化，然后是大食堂。随后，如一个妇女所言，"过了一两年，土地再分回到家庭，后来日子就好过了"。

我们第一次听到这种说法时吓了一跳，因为大食堂是在1959年或1960年关闭的，而一直到了1980年初土地才包产到户。接着，几个妇女自发讲述了故事的另一种版本，并得到过路人或其他家庭成员的证实。有些说大食堂解散后，土地就立即被分给了家庭；有些人则说是在四五年之后；有些人还将时间确定为1971年。在这种叙述中，有二十年的时间消失不见了。我们正在见证，借用儿童作家玛德琳·伦格尔（Madeleine L'Engle）的话，"时间的皱褶"。②

我们要如何去理解这种现象？我们想，或许Z村的妇女们仅仅是在报告一种生产安排上的实际变动。杨大利发现，由于"大跃进"政策的灾难性失败，家庭承包的农业生产"在60年代初未经中央许可的情况下在全国得到广泛采用"，并不顾中央的反对，一直持续到了60年代中期。③ 当然也有

---

① 我借用了米山リサ（[Lisa Yoneyam] 1994年）的"记忆景观"一词，米山用"驯化记忆景观"一词来指广岛市在原子弹爆炸后的城市重建带来的影响。

② 伦格尔（L'Engle）1975（1962）年。

③ 杨大利1996年，第73页。*

可能是在“大跃进”之后，Z 村的土地被包产到户了一段时间。Z 村是一个偏远的山村，去县城的路每次暴雨后都被冲毁。考虑到这个村庄的位置，我们想，或许这里的村民们从未再次进行集体化，但难道竟没有人发现？随着越来越多的人告诉我们关于土地分配到户的故事，[①] 我们疯狂地在现存仅有的关于 Z 村的记录中搜寻材料，想看看 Z 村的经济改革是否是真的比中国其他地区早了二十年。但是 Z 村没有任何关于其土地在 60 年代初是如何被安排的记录。[②] 曾经可能主持过土地安排和分配的男人已经去世了，而妇女的记忆又含糊不清。*

最终，当我们每晚天黑前在起伏的山路上散步时，高小贤对我说，她觉得我们犯了一个错误。为了洞悉这些妇女理解自身经验时所使用的范畴，我们一直试图尽量不说出运动时间中的信号事件。相反，我们不提供任何范畴，而是让 Z 村的人们向我们讲述她们的生命。除了时间的皱褶之外，这种做法也产生了一些令人困惑和有趣的结果。那年我们与我们在村里的女房东的第一次采访，基本引出的是一个她在 12 年前，即 80 年代中期，如何被一个熟人欺骗的故事。她在叙述 50 年代时，则完完全全是在努力对一系列事件进行排序。另一次与一个曾是生产大队会计的男人的访谈，听起来则像是一本关于正确的、辉煌的共产党领导的教科书。他语速缓慢，这种速度更适合用于语言实验室里的录音实验，而不是访谈；我唯一的安慰是我能听懂他说的每一个字。我们总结道，我们所进行的完全开放式采访的试验，壮观却给了我们不少信息的失败。面对她们的闲扯漫谈，对最近的而不是已经消逝了几十年的 50 年代发生的事件的抱怨，我们承认，我们的不强加范畴，其实是在要求 Z 村的妇女们对她们的生命创造出一种按照时间顺序排列的

---

① 我们从何改珍（1999 年访谈）、张自珍（1999 年访谈）、石冉娃（1999 年访谈）及其他人那里听到了有关这个故事（大食堂解散，土地分配到户，人们有足够的东西可以吃）的不同版本。据石冉娃估算，大食堂解体和家庭承包制之间相隔了四五年。但是鲁玉莲（1999 年访谈）非常肯定地告诉我们，在 70 年代末或 80 年代初之前，并没有任何小规模的家庭承包。

② 村里仅有 1967 年、1977 年和 1984 年的记录，这些记录都没有提到任何 80 年代之前的家庭承包的信息。

叙述框架，而她们却并不习惯这样做。

在接下来的几天中，我们开始尝试性地问一些有关“文化大革命”和所有农业单位被敦促向模范生产大队大寨学习的全国运动的问题——有关20世纪60年代和70年代的问题。很快，事情变得很清晰：70年代人们在田里的劳动依然是按照工分来计算。集体化一直持续到80年代，当我们问起集体化如何运作时，人们记得其中的很多细节。在我们有关具体政策和社会安排的问题的提示下，消逝的几十年又重新出现了。

然而，为什么这几十年一直在个人和集体对乡村历史的讲述中缺席？这依然是棘手的问题。这个时间的皱褶，像伦格尔故事里那个一样，是事件发生的时间顺序和事件的叠缩。什么算是一个事件？这些妇女是不是只记得那些重塑了她们的家庭空间的事件，比如大食堂的出现？或许个人和集体的记忆都突出了那些对个人有深刻影响的事件：两次获得土地，一次是在50年代，另一次是在比这更晚些的时候。人们是不是将改革时期更持久的变革加入到了对早前历史的理解中，并为家庭耕作这种再度成为了理所当然的组织农村生活的方式提供谱系？是不是“大跃进”之后实行集体农业的那些年如此波澜不惊，以致它们不会主动引起人们的注意？是妇女们宁可忘记掉过去那些贫穷的岁月吗？还是因为集体化时期被抚养孩子、下田劳作以及各种无偿的易被忽视的生产劳动挤得满满当当，以致停留在记忆里的不过是一段精疲力竭、模糊不清的时间？如一些最优秀的口述历史学者们所指出的那样，遗忘和记错本身就是一种阐释。① 我们仍在进行的工作是让阐释变得明晰，然后对其意义不明确之处提出问题，虽然其中有些问题我们亦无法

① 卢萨·帕塞里尼（Luisa Passerini）在书写法西斯主义统治下都灵的大众记忆时指出，大部分人记得1919—1921年和1943—1945年，并把两次大战之间的时期放到了背景之中，“然而，从一个充满社会张力和集体认同的重要时刻到另一个重要时刻的心理跳跃并不只是对这个两个重要时刻之间被尘封的二十年保持缄默不语。这种心理跳跃本身就已经是一种历史阐释，一种避免失败的方式”（这里指的是意大利左翼工人阶级政治的失败；第68页）。亚里桑德罗·波特利（[Allessandro Portelli] 1991年，第68页）亦发表过类似的观点：当人们无法确定特定事件或日常生活描述的具体时间时，他们便可能暗示一种历史分期或阐释。

回答。*

消褪在记忆中的不是“大跃进”，而是随后的几年所带来的影响。虽然农村的妇女们没有这样说，但正是在这几年中，她们每天的农事参与由原本只是一种短期的危机管理措施，变成了日常生活中一项普通又艰巨的工作。“大跃进”后的数年也是我们所访谈的妇女们育儿最为紧张的几年。在农业这条战线上，这几年相对稳定，但人均农业增长却不稳定。* 正是通过跨越近半个世纪的时间鸿沟，妇女们才在改革经济中从晚年的有利角度去看待她们的青年岁月。

看不见的累积

任何的国家口号都未提及，却从 1960 年左右起便对国家的经济政策至关重要的一个重要变化是：陕西农业的女性化。① 农业女性化通常被描述成是毛泽东时代之后的经济改革时期的一个特征，但其实它在 50 年代的陕西就已经开始了。② 和炼钢、集体大食堂和浮夸风不一样，对妇女参加农事所进行的广泛动员一直持续到了“大跃进”之后的时期。有些男人担任了地里的监管和技术职位。有些虽然没有离开村庄，却在小型的集体企业工作。③ 还有一些从 70 年代起就基本上住在城市，当临时的建筑工人。越来越多的农事都由妇女白天完成。夜晚的时间则花在了家务上。

---

① 在其他地区，尤其在长江三角洲和华北这些商业植棉区，农业的女性化早在 19 世纪末和 20 世纪初就开始了。武凯芝（[Walker] 1993 年，1999 年，第 192—93 页）对长江三角洲的研究印证了这一点。如前文所提，在 1949 年前，陕西的妇女就已在地里劳作，但人数不多，并且通常是家庭遭遇灾难的妇女才到地里去干活。妇女全职参加农业劳动和男人退出集体农业工作并不是从“大跃进”才开始的，但肯定在“大跃进”期间加快了步伐。

② 贺萧（2007 年之三：第 76 页）概述了关于改革时期农业女性化的著述文字。郭于华（2003 年，第 51 页）发现陕北骥村情况却不太一样：善于干农活的男人继续干农活，而妇女则同一些男人一起参加“基建组”，“全年从事繁重的体力劳动——填沟、打坝、修造梯田”。

③ 有关这一点，见安德思（Andors）1983 年。

陕西有条俗谚，嘲讽的是20世纪70年代那条农民应该向模范农业生产大队大寨学习的标语。俗谚说道：“青壮劳力搞外快，妇女娃娃学大寨。”一位前妇联干部更是揶揄道：“因此你看妇女不仅顶半边天，在农业生产上能顶多半个天，百分之七八十的天，成为农业生产的主力军。”① 妇女进入田野从事农活得到了大量宣传，而男人离开田野和农业总体女性化却没有得到宣传。

妇女进入农业生产、家务劳动的负担丝毫没有减少、孩子不断增多，这些可能解释了记忆中皱褶存在的原因，以及为何她们在叙述饥荒后的年代时对细节的记忆模糊不清。在三年困难时期之后，记忆的社会性别景观基本变得毫无特色，这种情况一直持续到20世纪80年代。但农业女性化除了为我们了解社会主义建设的发展进程及其带来的不同影响提供线索外，还有一个原因使得它在全国范围内有举足轻重的作用。当时的经济主要依赖农业来产生剩余，从而为工业化提供资金。中国大陆学者温铁军将这一过程称为“国家资本的原始积累”。② 为这种积累提供了保证的社会性别劳动分工，即除了家务劳动外还将农活分配给妇女的做法，却没有在政治领域有关集体化时期的讨论中出现，这点倒格外引人注目。妇女在田间的劳动解放了男人，使他们不但能够去建设工程，还能在“大跃进”之后去发展小型的乡村工业。妇女也是经济学家们所说的“人力资本”的一个重要组成构件——在家的劳动得不到补偿，在田里的劳动得不到足够的补偿，却对两个领域的经济发展至关重要。*

考虑到陕西农村的情况，或许是时候讨论这种可能性了，即农村妇女是社会主义早期中国经济发展的关键，并相应地为占据了当代中国新闻报道头条的改革开放时代的经济繁荣奠定了基础。“国家资本原始累积”中一些重要的部分属于看不见的累积，基本的农事和种植如棉花这样国家要求的作物都主要成了妇女的工作，在那些年里得以完成。尽管有关睡眠不足和夜间

① 与张秀玉的访谈，1996年。

② 如温铁军（2001年，第293页）在论述集体化时期所取得的成就和付出的代价时所说的那样：“我们虽然有成千上万的农民在国家工业化的资本积累阶段丧生，但终以最短的时间跨越了这个阶段，形成了维护国家政治和经济独立所必需的工业基础。”*

做针线活的记忆留下了蛛丝马迹，这些兢兢业业的累积者们所从事的家务劳动却一样不为人所知。

提议将妇女在农业中的地位放到最突出的中心位置并不是声称要找到一个单一的、新的关键因素去阐释集体化时期的发展；没有单一的关键因素。① 然而，或许我们应该问的不只是“中国的妇女是否有革命”的问题，还应该问“如果没有中国妇女可见及不可见的劳动，中国的革命是否有可能发生”这个问题。如果我们不再将社会性别作为一个活跃的补充，而是将之放到历史的中心位置，那么我们有关中国历史的转折点以及更为普遍意义上的历史的故事会是什么情形呢？

① 我诚邀那些比我更懂经济史的人来探讨这个问题。面临的挑战有很多：如何量化那些离开基本农业的男人，尤其是这当中许多仍被登记为“农民”的男人？如何估算由男人生产、妇女担保（特别是在“大跃进”时期，鉴于许多企业都考虑不周全）的产品的价值？如何更好地区分“人力资本”中的社会性别差异，而不是用一般性的泛泛描述来区分这种差异？我感谢彭慕兰（Kenneth Pomeranz）鼓励我去思考这些问题。

第十章　叙述者

“现在我还经常对我孙女子说，婆那时最可怜了……（那时）剩一点饭啦，剩点焦锅巴，都舍不得摔了，都弄开水泡到喔，淘尽了搭点菜煮到吃了。你们现在这，早晨剩的挺白的饭。‘婆，扔了，喔没法吃！’你说是晚上或过一天不能吃，早晨才剩的饭嘛。‘喔咋能吃？婆，吃了把人肚子拉坏了咋办呀？’话也说的是实。可是我们五十年代的人过的那些日子恼火的啥一样的。我们老汉经常说我：你龟儿呀，得哟啥时把你饿死了投的胎？就是那话一颗粮食你细米的没法（注：特别珍惜）。”①

老年妇女从当下的制高点回望自己的青少年和中年。社会性别塑造了她们的寿命、自我理解和经济上的脆弱，就如同社会性别曾在集体化时期塑造了她们的劳动生活一样。她们强调自己的固有美德、最重要的功绩和深藏于心底的怨恨。每个故事都是一个说法，一种阐释，不仅经过了记忆、忘却和细节重组的编码组合，还经过了节奏、重点和声调的加工调试。这些都是我们的文本所无法完整再现的。老人们对自己的说法深信不疑，并对它们进行了精雕细琢，却又都是在某个特定时刻为某些特定的聆听者而发。诸多不同的因素都会影响这些说法的形成，比如访谈者是谁，受访妇女对青年时代记忆的清晰程度，访谈者所提出的问题及想要听到的回答，老年受访者当时的心情以及她想象中的家庭和社群听众。

还可以听到那些故事的时刻就快要结束。张秋香于 2000 年去世，山秀

---

① 与杨安秀的访谈，1997 年。

珍逝于2006年，[①] 曹竹香逝于2008年。当我在2004年返回G村再去采访乔引娣时，她已患了中风，基本无法说话。第五章开篇所提到的便是她在20世纪50年代搭车去新疆的故事。几个村庄的妇女都在缝制她们的寿衣或准备棺椁，但她们暂时还能说话。

她们关于青年时期的记忆和革命的记忆缠绕在一起。甚至那些记错了集体化的不同阶段或给政府发动的主要运动重新取了名字的妇女，通常都对50年代初的一些时刻有生动的记忆。她们记得歌唱自主婚姻的时刻，表演地方戏的时刻，或在秋收的时候挨家挨户地动员她们的邻居去加夜班扬谷的时刻。她们将最初的革命时刻记忆成是讲述她们自己的热情和发现自身可能性的地方。

那个最初的革命时刻之后常常紧接着的是对数十年的模糊记忆。在这几十年间，政治变革被新兴家庭的需求所遮盖，而革命虽然从未受到批判，却不再同不断扩大的可能性联系在一起。她们记忆起自己持续"恓惶"和不断被家务活及贫穷压垮的状态，在面对懒惰的公婆挑战自己耐心时仍能维持家庭和谐的能耐，辛劳工作和有效地利用稀少的家庭资源的能力。这些都是她们记忆的自己的美德，但她们经常发现，自己的孩子或孙辈们既不欣赏她们的成就，也不可能在这些事情上胜过她们。

农村妇女的记忆带有明显的社会性别特征和指向，但并不都是同一种意义上的特征和指向。劳模们追忆起她们对建设社会主义，尤其是在领导妇女植棉方面作出的贡献；前妇女主任们记忆起动员妇女去田里劳动的艰难过程，以及后来解释和贯彻不受大众欢迎的控制生育政策的艰辛；普通的农村妇女们讲述自己过去时则把家庭放在中心位置，在她们的故事中，家务劳动得到了应有的重视，大部分有关集体化时期的官方文件却并未提及这些家务劳动。

最终，在谈论当下时，这些年老（通常守寡）的妇女们指向的是使农村再一次历经了变革的经济改革。从80年代初期开始，国家主张回到一种

① 渭南党建网发布了一条题为"劳动模范山秀珍"的讣告。

建立在土地可长期租用、可继承，但并不为私人所有，并废除大部分集体化特征的基础上的家庭式农业生产。这项举措产生的结果矛盾而复杂：农村生活水平得到了提高，农村的年轻人大规模涌向城市，农村的土地为工业所侵占，地区与地区之间、家庭与家庭之间、城市和乡村之间的不平等兴起。

这些农村妇女们在一个繁荣程度和不安全感都不断增加的时代步入老年。她们的故事在一些方面表现出明显的乐观态度。她们对 1982 年后重塑了农村地区的经济改革的许多方面表示称赞，① 不厌其详地叙述物质生活如何比 50 年代要好得多。她们并不为集体的消失而感到遗憾，但她们也没有批判集体。* 很多妇女讲述的都是一个“生活两次变得更好”的故事，一次是在 20 世纪 50 年代，另一次是在 80 年代。在这个故事中，集体化和去集体化都是进步。虽然这些妇女们叙述的事件都表明了政策上的大变动，但她们却讲述了一个总体物质水平得到提高的故事。

然而，改革开放带来的社会巨变在农村的老年妇女们身上留下了令人不安的记号。她们在巨大的冷漠面前跟我们对话，并通过我们跟其他人对话。

中国宪法规定子女要赡养年迈的父母，禁止虐待老人。② 然而，当前改革时期的经济压力以及数十年来家庭结构的变化，都削弱了老人的地位。随着她们的子女结婚、组建新家庭、在竞争不断增强的市场上打拼且不一定能成功，这些老年妇女中的一些被忽视甚至被虐待，这在集体化时期很可能——我们不敢十分肯定——是无法被接受的。

一直以来，孝顺的儿媳都是确保农村老人能够得到照顾的关键人物。五六十年代结婚的妇女大体上延续了这一角色。当她们讲述起那些年的时

---

① 以下学者对农村改革进行了十分有益的讨论：柯丹青（Kelliher）1992 年；杰华（Jacka）1997 年；刘新 2000 年；熊景明 2000 年；齐新（音）1999 年；曹锦清 2003 年；蒋泽先 2005 年；陈桂棣和吴春桃 2006 年；高小贤 2006 年之二。

② 《中华人民共和国宪法》（1982 年）第四十九条规定：“父母有抚养教育未成年子女的义务，成年子女有赡养扶助父母的义务。禁止破坏婚姻自由，禁止虐待老人、妇女和儿童。”（http：//www.usconstitution.net/china.html#Article49）1998 年和 1993 年的宪法修正案依然保留了这些条款。

候，她们为公婆提供的照顾依然对她们叙述一个具有美好品德的自我至关重要。但现在到了她们去享受当婆婆的好处的时候——获得尊敬和得到物质上的支持——社会的期望却变了。她们的儿媳和儿子们更喜欢夫妻俩住在一起、组建一个富裕的“小家庭”，而不喜欢住在一个需要照顾老人的大家庭里。许多年老的妇女都是寡妇，“一个人吃饭”——只负责自己家里开销——的情况十分显著。很多时候她们只能偶尔从儿子，尤其是那些经济上有困难的儿子那里得到一点物质支持，但这种支持往往不够，或者干脆没有。即便她们和儿子们都住在同一个屋檐下，她们还是得自己照料自己。试图通过再婚以重建一个新家的年老寡妇和鳏夫们会发现，他们的婚事遭到害怕家里财产会因此而减少的成年子女的反对。尽管很多年老的妇女都同意当下的物质产品变得相对充裕，但她们也认为，当地的贫困状况和不断变化的家庭价值观念限制了她们去获得这些产品。

她们关于50年代的故事里，并没有表现出对自己年老体衰的悲悯或哀怜之情，① 而是表达出对家庭成员和社会的抗议。社会曾依赖并且要求她们付出大量的劳动，却普遍未认可这些劳动，而现在又逐渐将她们视为负担。这些故事提醒我们，农村的社会主义建设不仅依靠了妇女在棉田里所付出的艰苦卓绝的努力，还依靠了她们被全盘遮蔽了的家务劳动。它们表明，正如社会主义带有深刻的社会性别特征和指向一样，对社会主义的多层变革、困难和意义的记忆也是如此。

本章探究年迈的农村妇女所共同持有的进步叙事，在这种叙事中，她们塑造了一个英勇且有美德的过去，以挽回被贬低了的当下。本章亦探索改

① 此章的重点并非妇女身体上的病痛，但即使对其他方面皆感满意的妇女都提到了这个问题，并经常拿她们在50年代的青年时期与当前的病痛作比较。蒋秋娃（2001年的访谈）说道：“不是这疼了就是那搭疼了，没有个自然会，一天，哎，看这人一生这一辈子就没有说是平平安安地过过去。这有一问题，是？不是这个就是那个，老了有老人那难，你说是？做年轻忙忙碌碌，盼娃大了，怕娃不得大，真大了，你闲下来，我看都不胜（比）做年轻（注：年轻的时候）。做年轻那地里那活干上，戏唱上，歌唱上，那几年，到地里高兴的，哎呀锄地了就唱开戏了，那啥的，向天看上个秦腔戏，这都爽了几天。nie到zhen了年纪大了，好呀呀，今这了明那了过得没意思。”

革开放时期新家庭领域如何成为新的显性存在。家庭领域不再是一个无偿劳动的场所。在改革时期一次并不怎么成功的变革中，家庭领域成了一个使许多老年妇女边缘化的所在。此终章讲述妇女们叙述的关于新近过去的故事，突出她们继续为自己要求一席之地而不断作出的努力。

进 步

如妇女们所讲述的那样，1949 年革命带来了新的可能性。这些新的可能性不是通过改变妇女每天所做的工作得以实现，因为妇女一直都做这些工作。它们甚至不是通过抨击旧习俗得到实现：守寡守节只会使像曹竹香这样的新兴领导赢得尊敬。革命改变的是农村妇女工作的环境，消除了一些对安全和生计构成的最恶劣的威胁：征兵和流寇。革命减缓了长期食物匮乏带来的影响，在农闲时节提供种子和短期贷款。20 世纪 50 年代，妇女参与到了雄心勃勃的建设社会主义现代性的尝试当中。许多新的行为做法的出现创造了国家效果，产生并重现了区分国家和社会的模糊地带，这个模糊地带以前所未有的方式重新排列了农村的空间、时间以及农村妇女的生活。然而，仔细考察这种乐观的进步叙事就会发现其活泼欢快的表述中还包含了其他主题，这些主题中的每一个都至关重要、矛盾，并带有社会性别指向。

第一个主题关系到国家对土地所有制的政策问题。“生活两次变得更好”并不是一个无止境进步的故事，而是一个有两个节点的进步故事，它们对农民产生的效果都惊人地相似：50 年代的土地改革把土地分给家庭，80 年代的改革开放将土地包产到户。在这两种情况中，家庭都是最基本的生产单位。集体化不再出现在这个进步的版本中。

土地分配的两个时期（50 年代和 80 年代）并非完全相同，甚至在记忆中也不完全一样。妇女们的故事很明确地表明，第一个时期的物质水平极度不稳定。她们确实提到了互助组，虽然不喜欢，但也赞成初级生产合作社，并认为这两种安排都改进了她们的日常生活。但集体化初期带来的这些好处却不足以弥补“大跃进”那些年的混乱以及随之而来的物质萧条。这些农村妇女乐观的进步叙事中并没有着重提到那些年。

相反，当她们概括最重要的变革时刻时，她们获得土地的两个时刻凸显了出来。第一次土地分配标示着政治混乱（共同的记忆）和家庭脆弱性（个体的亦通常是痛苦的记忆）的结束。它终结了一个生命阶段（童年或青年时期，取决于她们的年龄），开启了一种乐观发展的视野。叙述土地革命时，妇女既往后看也向前看。* 她们把改革开放说成是一个可以更容易获得物质产品的时刻。例如，通过将她们结婚时收到的衣物和家用品件数同她们的女儿、儿媳或孙女们结婚时收到的进行对比，她们具体地道出了这种变化。B村的王西芹回忆，她在40年代末结婚的时候，“我结婚时娘家缝一个被子，这边家缝一个被子，他爸出去拿一个，屋里就剩一个被子。这么我连他爸要五六床被子，我媳妇要十几个被子呢，老早能比？”① 王西芹认为这些物质上的改善跟妇女地位的提高有密不可分的关系。“这么拿钱拿回来，咱就能用，老早人家把钱拿回来，你敢随便用，我屋是我当家呢。以前轮不上你……这么咱在屋说话算数呢，就连给亲戚行礼，咱说送啥就送啥，都由咱呢。老早你敢？我娘家亲戚过生日，我蒸了几个馍，我大都给我撇了，就还不准我出门去。”② 这样的描述反映了这样一个事实，即妇女生儿育女并且变老之后，她们在家庭中的权威提高了，但此处儿媳地位的普遍提高也很重要。③

进步叙事中的第二个主题涉及一些跟土地所有制没有直接关联，但妇女们理解为对她们有益的50年代的特征：婚姻法，扫盲课，盗匪的清除，可以参加会议、唱戏和跟除了近亲以外的人交往。对她们当中的很多人来说，50年代初期开拓了她们的社交世界，在各方面对随后的几十年有巨大的影响，激励她们在革命的光芒消散很久之后担任起责任重大的职位。对有些妇女而言，70年代初输卵管结扎的出现和她们子女在六七十年代获得教育的可能性的增加，是她们讲述令人欣慰、充满了成就感或满足感的故事里的重点。她们的故事带有社会性别的特征和指向，因为对男人来说这些进步

① 与王西芹的访谈，1996年。

② 与王西芹的访谈，1996年。

③ 有关这一事实，见阎云翔2003年，第180页。

的措施既没什么戏剧性，也没什么突出特点。*

尽管集中激烈的“文革”活动在农村地区持续时间不长，却对妇女如何理解“文革”之前的社会主义初期产生了影响。“文化大革命”增强了她们对在50年代所获得的成就和认可的依恋之情。她们重述50年代的故事，以避开那些“文革”时期投向她们的指责，并继续在改革开放时期讲述这些故事，作为对那些（通常早已去世）曾经攻击过她们的人的回应。T村的李六斤记得自己受到的伤害和激愤之情：“我这辛辛苦苦了十几年啦，我这问心都没的愧呀！给我栽了些啥呢，栽了些黑话，你说狗日的。人家给我栽的是：我把我娃儿抱到说的‘汽车走的嘟嘟嘟，喔里头坐的大肥猪’。噢，我侮辱了汽车里坐的这些人。就给你编的事情。所以吧，我就想不通这些事情！记得是抽稗子那个时候，七月份，我们到田里抽稗子，叫回来，给做了个尖尖帽，嘿，高得很，一米多高，扶到给我戴到脑壳上。哎呀！当地我那时呀，尖尖帽一戴，心里感到难受，我坐到我们北沟坎上，我说我一攒头钻到水里去死了。回心一想，我那六二年一个，六四年一个，两个小的，人家li bian（故意）斩草除根，我这一死两个娃儿（也）完了，我说只要留我这一条生命，我也慢慢地活。所以我二话没说呀，我就这么家哭。我口里没说，我辛辛苦苦从五几年干了这些年程，没的白天黑夜，上头布置任务，下头坚决完成，哪怕是黑了的会，回来说了都要一个个给传达，我都这么辛苦，给我戴个尖尖帽，我都想不通！我都哭，二话没说。”

“结果还有一路几个嘛，一直把我游到夏家庵，又到周家坪。我的侄娃在商店，出来一看，哎呀咋是我幺姑？——一下钻进去都哭了，我一直回来都没张腔，尖尖帽一搁哟，我睡到床上去，我说我辛辛苦苦干了这么多年，没一点下场，最后干到巴巴地把妇女干部都给取消了。我那时下的决心（是）啥？我说，我不但不在共产党手里干啦，我的儿子、孙子都不叫干啦，没得个啥下场！这六六年过了到六七年至六九年歇了这么三年。”

“六九呢，来了个‘放下包袱，开动机器’这么个政策，把你有冤屈叫‘放包袱’，包袱放下‘开机器’。哭了一晌午，我就把我的冤枉，苦处哭了一晌午，说了以后，轻松了一些。运动毕了叫我当妇女主任，‘不当’，再说我都不当。最后把我的档案材料翻开，照着我的材料才填表，又给我报上去叫我当妇女主任，又给我做工作，从六九年又当妇女干部，六九年当到七三年。七三年县上下来整组，整组毕了把我选成副支书。一直当到八四年。”

“这就对了嘛！不能说就认这个人那个性，个性要服从党性呢，还让党性来服从你个性咋得行呢？以国家的大事为要紧啦，所以这最后就又好好给人家干嘛。”①

对著名劳模山秀珍而言，她在“文革”时经历的艰辛促使她披露了一段隐秘而不为人知的家族史，这段历史并未在50年代初的土地改革时期被提及。1966年的一天，她发现自己在土改时期被分配的阶级标签——下中农——遭到了质疑。突然间她作为一个革命妇女领导的所有过往都遭到了批判：“把咱这妇女也给的咋（注：欺凌），妇女可怜的，黑了十冬腊月抱的娃不给我写些大字报，那么在学校就不能出来，我就嫌那姐妹太可怜啦，抱上娃，雪下的噢。”

“从你们来的路上，席子铺了几十张，到处都贴的大字报，从路上到我家门上，都贴满了，就差没给我身上贴。说我是走资本主义道路的当权派，不让我进大队的门。一天叫我到地里劳动哩，你是历史不清，你是资本主义的当权派嘛（大字报说自己的）。说你是反革命嘛！你是历史不清，是逃网地主呢。”

“一天都能把人封了（指：大字报特多），我看那大字报多的，这也太失现了。大字报上说我在旧社会美国人还到我屋里来过，唉，我说那旧社会我又不是蒋介石总统么，美国跑到我屋里弄啥来啦，大字报上说的。我看那不行，我不找我那婆家的历史不行啦。”

“我就问我这儿有九十多岁的一个老汉叫个老万盛，刘万盛，我说：‘叔叔，你给我说我爹在哪儿？我董家到底还有谁嘛，这大字报说我是漏网地主，说我在礼泉是漏网地主逃到这儿来的。我说我给地主干过活，我不是地主。’我说这大字报我不反对，那是马列主义嘛，马列主义的一张大字报嘛，

---

① 与李六斤的访谈，1997年。

我说你不怕啥，你给我说，我都不敢到学老师跟前去。”

“这下我万盛叔问我：‘这娃你问这些做啥哩嘛。’我说那我不知道，我回来也感到奇怪，我这儿连一个筷子碗都没有，咋还有八亩半地，咋来的嘛，那地现在还是一等地，我婆的娘家老舅种着哩。他说：‘那是你爷的命价，我爷给刘家做到过年了（注：做活），欠你爷两串麻麻钱，你爷给人家要钱哩。人家不给，把你爷打了一顿，你爷着气了就上到南厦子（指：老屋）顶弄了些洋烟一喝就死到那儿了。’”

“唉呀，我这下刀子把心扎得才更劲大了（注：厉害），我想想我这人老几辈咱这么可怜呢（哭），旧社会一个个都咋叫把命夺去啦，唉，唉呀，我心里心（注：更）难受啦。他说：‘那是你爷的命价’，后来那旧社会有那乡约，给你做活哩，做到过年还有老婆有娃哩，你不给他钱，你竟把他打得让他死了，不行他，他把我爷给埋啦，把我爷一埋，那地就是我娘婆两家子爷的命价。”

“我这下把我那人老几辈历史弄清了，我买了几张大白纸晚上悄悄到学校让宋老师给我写。我让广大群众，贫下中农把我也识别识别我到底是个啥人，是逃网地主呢还是人老几辈在旧社会把命短了。大字报出了后也没有人说啥，也没有人反对。”①

甚至在山秀珍被彻底正名之前，她还是带领妇女们去收割庄稼，而此时男人们则跑去干“文化大革命”去了。“当年的把两个主要干部打倒了，剩下会计张玉生和我。我两人一商量，队上男人都跑到潼关搞打、砸、抢去了，②我就给妇女开会，说咱们不敢跟着走，咱们还有一千多人口呢，还有老人、娃娃呢，庄稼收不下了，要饿肚子呢。妇女好得很，大家就收了麦，锄头地，管棉花。我说咱争口气，把庄稼种好。结果66年、67年我大队庄稼还是大丰收，口粮还高。”③

这样的故事提醒我们，我们从口头叙述中所了解到的一切不单单以时

---

① 与山秀珍的访谈，1997年。

② “打、砸、抢”是“文革”常用语。

③ 与山秀珍的访谈，1997年。

间的推移为标记，还以随后发生的事件为标记。这些事件影响了妇女们如何回顾她们早年的领导岁月。李六斤和山秀珍，先遭到蔑视，随后被平反，又开始担负起领导的职责，在某种程度上支撑她们的是50年代积极活动那些年所形成的自我意识。或许她们也知道并没有其他选择：即便有些社员反对攻击她们，她们的各种关系和利益仍然由她们所在的集体决定。

农村妇女们所叙述的单一的“向前进”的故事本身充满了省略，这些简省之处在故事的细节中重新显现出来。然而故事的情节却是向前的。* 农村的人们将集体化和改革开放都看成是党和国家所取得的成就，尽管他们也提到了一些具体的细节，如个人的失望之情、未达成的愿望以及当代生活的痛楚。我们访谈的那些当过干部的妇女依然关心国家进步的问题。她们担心党在地方上的活动会减少，妇女工作得不到重视。① 山秀珍为社会秩序的衰落和公共安全的下降而深感忧虑，她还担忧一个新发掘的金矿给潼关县带来了财富的同时也带来越来越严重的毒品问题。② 党和国家早已不再需要她们效劳，但她们依旧描述国家在她们村庄里产生的效应，尽管国家／社会的分界不再通过她们或她们贡献了自己政治生命的组织（妇联、生产队）而产生。

虽然社会主义现代性的愿景如今实际上已被抛弃，但它的印迹却依然留在女劳模们的记忆里，留在农民们讲述的故事中，留在她们现在视为理所当然的、对生活的期许中。正是这些期许——物质生活水平会提高，机会会越来越多——激发了改革开放的热情和支持。当改革在某些地方出现停滞、

---

① 一个曾任生产队长的妇女对改革时期妇联地方工作的减少表示失望：“村上不重视，乡上还是不重视。过去有个啥哦，不管有啥人来了，叫男的知道，还叫女的知道。现在，女的都不提。在七十年代以前，妇女工作搞得都好。现在村上都莫得妇女干部。我莫干以后，选了另外一个。我问过她，和这认后开会处理个啥？她说做个啥，你那个时候还能帮助解决问题哩，还能给人办事，做个啥。那这就，就不叫你去了，就不叫妇女去了。那个时候是啥，有点啥，不通过妇女，要执行啥我莫叫你就不敢。他弄啥还要来寻我。”她还说，这种情况似乎是政治活动普遍缺乏的一部分体现：60年代，党支部每两周或每个月都会开一次会，而从1999年夏季开始，党支部一整年都没有开过会，村里的某个领导还派了一个非党员去收党费。她对这种做法表示反对，说她无钱可交（与鲁玉莲的访谈，1999年）。

② 与山秀珍的访谈，1997年。

差错，或者产生腐败和地方暴政时，这些期许也可能是导致发生农民抗争的原因。①

核心家庭的风靡和对老人的排斥

党和国家的高层在80年代所首肯的现代性新设想加速了早在集体化时期就已经开始的农村家庭变革。当集体化在50年代废除土地的继承权时，它也开始逐渐破坏之前那种年迈父母跟已婚儿子在一个多代同堂的家庭一起居住的做法。常规的做法变成了，年轻的夫妻只在头几个孩子出生前跟夫家人住在一起，之后便分开住。② 第七章已表明，很多老人都为不跟一大群孙子孙女们同住一个屋檐下而高兴，因为这样就不需要照顾他们和给他们提供经济上的帮助。

20世纪末，激进的政治运动在陕西农村基本上成了历史。50年代那一代身强体壮的年轻妇女们曾参加过批斗地主大会，跳过秧歌，领导过妇女生产小组。半个世纪后，她们的女儿和孙女们则分别前往西安、沿海县市甚至国外去寻求就业机会。③ 一个女人自主选择丈夫也不再引起争议。童养媳、包办婚姻、长期屈从于专制的婆婆的做法也不再是定式。仍然住在农村的夫妻们通常一结婚或结婚不久之后便组建了他们自己的家庭。物质产品的丰富和收入的普遍上涨也免去了夜晚做针线活和扬谷的必要。

随着改革开放的深入，核心家庭作为一种现代性的表现进入公众的讨论。家庭空间曾经被忽视，现在则到处被颂扬。它作为消费和情感贮存的场所，出现在政府的著述、新兴的社会科学和流行的话语当中。它也成了经济

---

① 欧博文（O’Brien）和李连江2006年对近来中国农村抗争的介绍很有用。

② 阎云翔2003年。

③ 1999年，Z村一共由16个行政村所混合组成，4231户家庭的总人口为17000人。村里壮劳力的总数为6783人，差不多有一半是妇女。一千余户家庭从事刺绣出口活动，我们看见大街小巷的妇女都在用钩针编织东西。未算入壮劳力的2800余人都离开村子到外地工作去了，其中三成为女子且大多未婚。村里的领导告诉我们，妇女的农活担子要比男人的重（Z村简报，1999年）。

生产和创造财富的合法场所，国家经常发起的宣扬发家致富的运动即是明证。家庭成了党和国家的领导人高唱实现全民富裕的梦想的地方之一。虽说家庭被誉为是私人的领域，然而它却对公众的梦想至关重要。①

虽然“家庭”现在被认为是私人的领域，但是“私人的”却不局限于家庭空间。② 改革开放时期，“私人的”获得了新的含义，使用的范围从国家认可的私营企业延伸到新兴的流行文化中对个人私隐的情感生活的提倡。在城市里，公共的展现亲密和私隐的新形式，包括但不限于电话热线和卡拉OK厅，正重新定义个人的私生活；农村舞厅和新兴的县城里娱乐场所的激增也表明农村的私生活也可能会遭到类似的重新定义。*

然而 *，年老的妇女们曾在家庭不被公众关注的那些年维持了家庭的运转，而现在家庭领域的重构却是通过排斥和惩处她们的方式得以实现。有些妇女身陷困厄的境地。她们曾尽心尽职地照顾丈夫的双亲，而现在自己变老后却被自己的成年已婚子女抛弃。吸引她们子女的是一种新型的现代性，这种现代性的中心是敛财的、野心勃勃的、消费的家庭单位。这些成年子女也面临着前所未有的经济压力，面临着周遭的繁荣将永远无法惠及他们的可能。

有些老年妇女对儿子们有诸多抱怨，有的儿子不赡养她们或拒绝跟她们说话，有的儿子的老婆不让儿子给她们粮食，有的儿子打骂父母，有的儿子偶尔被她们告上法庭。她们描述了当下各种痛苦和困难的境况。她们讲述自己的模范行为并认为自己胜过后代的妇女们，T 村的李六斤就说道：“哎呀，那当乎那些女的，从艰苦日子过过来的，知道个盐米贵贱呢。这当乎这些女的，我就笑，就是个二十多岁呀，二三十岁这些子，这正是在蜂蜜罐罐里头，七几年生的这些子，都不知道个瞎好，都没过过艰苦日子，这当乎这些女的都还好，下不下苦，就是喔。”③ B 村的庄小霞强烈谴责了年轻女性的衣着和行为：“那才不一样，现在这吃饭、穿衣服、花钱，干啥都和我

① 有关民国时期对“小家庭”的讨论，见葛淑娴（Glosser）2003 年。

② 阎云翔（2003 年）对改革时期中国农村的这些问题的介绍引人入胜。

③ 与李六斤的访谈，1997 年。

不一样，那看不惯，穿裙子、凉鞋、皮鞋，烫头，潇洒太太，媳妇、女子都是和我还是不一样”① 她们尤其为年轻女子的性行为而苦恼。“看不惯有些胡来的，自己男人好好的离了婚，看上那年龄大的有钱，我可想跟，咱看不惯。”②

她们虽然总体上对年轻女子进行了谴责，却并没有抱怨自己的女儿。女儿通常都外嫁，父母也不期待她们提供赡养，但她们却在物质上很慷慨，跟她们母亲的关系也更融洽，从而挫败了世世代代对儿子的偏爱。③ 康汝清愉快地说：“大女儿给得我的零花钱，给我穿衣服，冬天夏天，人家都给我照管。”④ 钱桃花说：“要不是这些女子，人家光给你们些粮吃，我们这些女子，来就给你割肉呀，买营养品呀，副食呀，纺线呀，不是这些女子钱还紧张的很，她们知道你还受了些罪，爱戴呀，都是人家给买。”⑤ 她们既惊叹于女儿们生活水平的提高，也为之感到骄傲，并一直提起她们自己年轻的时候。康汝清说道：“你看过去，我们受得啥辛苦，我们过去都是草房，小娃穿都穿不上，说哪走出门去了，赶紧洗了，下了雨了赶紧拿火烤一下，烘一下，缝个衣把还没钱缝啊，赶到缝个衣服，赶紧编个筐么呀，背到去卖了，赶紧去给娃儿子扯个衣服，哪有啥。现在这都是，大女儿住的是楼房，屋里空去，各方面条件都挺好，铺地毯，地板砖。屋里叫的是小商店。”⑥

一些妇女对女儿和儿子都感到自豪，子女成年后的行为也印证了她们在教育方式上的成功。李六斤说道：“女子都是照我学出来的，一个个都能干得很！特别是烟厂里我喔女子，处人处事，对人，屋里外头，又会操心，安排，谁个都——那当乎教书，走到那个学校里，老师、学生都爱。教书

① 与庄小霞的访谈，1996 年。

② 与周桂珍的访谈，1996 年。

③ 关于这一点，见石瑞（Stafford）2000 年，第 110—126 页；阎云翔 2003 年，第 178—182 页。

④ 与康汝清的访谈，1997 年。

⑤ 与钱桃花的访谈，1997 年。

⑥ 与康汝清的访谈，1997 年。

呢，对学生教得也好，也认真，说个笑话言子，学生见了对她也好，这些老师们都对她好。所以我的这些娃儿女子出来都能干呀，都是那当乎管教的，都能干，走到谁家屋里都是喔，我到我喔亲家屋里去，哪个对我不尊敬？”①

作为老一辈的过来人，妇女们突出表达了她们在对待儿媳上的自豪感。何改珍说：“我媳妇进门，我没有给她考个啥。我一早起来把外道一扫，把屋里一扫，还把她房一扫，她把门给我留着哩。我烧水，端的放在她桌子上，饭做好了喊她起来吃。媳子咋，女子咋（都一样）。”她们也回忆起曾如何教自己的女儿成为好媳妇：“这女子一到人家家我就下压着在：不准让老的生气，能做了啥你就做。”②

然而，在这些比较圆满的故事之外，还有一些故事充斥着对儿子儿媳的怨恨和不满，因为他们不理解、珍惜或者回馈妇女们过去作出的牺牲。中国农村婚礼的费用逐渐增多。孩子在80年代或之后结婚的妇女们举债去置办布匹、日用织品、衣服以及其他一些娶亲必备的家庭用品。婚礼花费昂贵已不是什么新鲜事，婚礼仪式简单的50年代倒成了例外。但结婚这项不成文的社会契约的另一半要求，即父母为儿子娶妻并在年老后得到儿子儿媳赡养这一要求，却减弱了，在那些没有从改革开放中致富的家庭里更是如此。在这些情况下，儿媳就算不被描述成罪魁祸首，也被说成是挑起摩擦和争端的根源。

当我们让肖改叶将她自己当儿媳时的经历与她儿媳们的经历进行比较时，她径自挪用并改变了一个旧的有关政治解放的用语，提出了“翻身翻得太厉害了”的说法，而这句话在“翻身”一词的原语境中可能意思说不通：“现在人翻身了么，我那时还没翻起来么，还没翻起来，怕害羞，不敢惹老人，害怕把老人惹气着了。现在这媳子想她当家料事，小伙子是副手。我那时把丈夫敬得不得了，老人是一层天呢，对我怎么样，我反正到屋里把你叫妈叫爸，你对他好不好，我给你做媳子，你当老人，你活那么大年纪。现在

① 与李六斤的访谈，1997年。

② 与何改珍的访谈，1999年。

怕怕了，翻身翻得太过分了。翻得不养活老人了。”

“大地方没有，我到山西过黄河那边，到西安、成都，西安我都跑遍了。大地方都好，不要紧，就是我这山区，妇女翻身翻得太厉害了……噢，他媳妇不叫养活老人，娃子不敢犟，弄得人家的日子过不成。人都说给我了我吃，不给了就算了，咱为了咱这老的，使得人家两口子三捶四打吵架有啥意思。我这人是直杠杠，什么是家丑不可外扬，属实嘛，我心里有啥就直说，有些人都不说家里的情况，我活了 60 多了，我是直直子，我给你说。”①

“翻身翻得太厉害了”与加入革命集体形成对立；它意味着个人行为自私，只关心自己的小家庭，不管不顾年迈的公婆。她们塑造了一种错综复杂的叙事，在这种叙事中，她们过去的苦难同她们“吃苦”、胜任工作以及举止合乎道德的能力紧密相联。这种叙述的力量一方面来源于革命时期“诉苦”的做法，另一方面来源于苦难的母亲这一古老得多的文化比喻。相比之下，当代的年轻人却饫甘餍肥、娇生惯养甚至冷酷无情。马丽评论道：“咱那时做媳妇尊敬老人，现在尊敬谁哩，比老婆子还厉害。那时当媳妇回来了喂狸，洗锅，做浆水，做鞋，屋里大的，小的，老的，少的都得给做。现在这媳妇忙得，这忙得吃了饭出去玩去了，玩下午了回来做的一吃，到傍晚把娃引上又玩去了。”②

康汝清滔滔不绝地给我们讲了一个这样今昔对比的故事，故事一直从当下（1997）回溯到“大跃进”时期。“我们村上，这企业，人家大部分都把房修的，屋里沙发罗，这些冰箱罗，这些条件。过去见过这些东西吧？谁见过冰箱是个啥？沙发是个啥？谁见过？这，六一年，我们都是吃，买的个红萝卜、青菜，两分钱一斤，我们搞副业，就是外头下了雨了，农业社里外头，田坝里莫活了，编一点雨帽，就是下雨戴的这个斗篷，编点雨帽，一个雨帽才买人家一斤红萝卜，那日子，全家人一天吃一斤谷子，一斤谷子才半

① 与肖改叶的访谈，1999 年。

② 与马丽的访谈，1999 年。

斤米，还是烂谷子，你去吃么，看谁现在过这日子，红苕叶子我们吃过，洋芋叶子我们吃过，胡豆叶我们吃过，胡豆毛角角我们吃过，这红苕秆么我们还推了，连萝卜箩了，踏些面子，这吃糊糊都跟到，还不如现在这猪的饲料，煮糊糊，吃得这大人娃儿都拉不下来。”

“都过的那日子，六几年，现在这社会，你看这，白米细面，还这样不好吃，那样不好吃，都这，那些人都还是条件高得是不得了，我把我们那个时候过的日子，他们见都莫见过。”

1964年，34岁的汝清成了寡妇，独自抚养4个孩子，并一直拒绝改嫁。她两个儿子向她保证说老了会照顾她，但汝清跟两个儿媳的关系却不好。“小儿媳妇说是：‘为啥我们养活她？’说的我。小儿子说：‘她赶我们干的活多，她在屋里又要干家务事，她要养猪，都是养鸡。’都说：‘那一家养一年。’我们小儿媳妇的人家叫提出，一家一年，跟到大儿子一年。最后，我们女儿连和娘家妈，你另过叫他们给你拿粮，最后，八一年我都另过到的。”儿子们基本不养她，1984年她便离开村里到外面给别人做饭和当保姆，十年后身体渐渐吃不消的时候才又回到村里。

当汝清在1997年说起自己一辈子的辛劳工作时，她的叙述在集体化时期和当下之间来回展开，并轮番对儿子和儿媳们进行了激烈的指责，但他们都不在现场。“这计划生育，都是好得很，我们大儿子说：‘你养我一个，看你吃啥穿啥我都给你，你养我们这几姊妹，几弟兄，都是，都害怕吃了亏了。’他都不能给你，你烧一点柴，他也不愿意，他说他吃了亏了，都要分平，分平。儿子给，媳妇不让给，不让给我也不要，我这个人好说话。”

“过去哪台都是，田里有水呀，都去，都是你妇女去，去干活。五八年就是，田坝里做一天，回来，在食堂里舀饭。人对了给你舀点稠的，人不对了，面上给你点稀的，你回去弄些野菜，才调到锅里，烧呀吃，我们大娃所以说书没念出来，没有吃的，饿的都是没啥吃，书念出来做啥？饿都饿坏了，我们过去都是，少吃无穿，穿都穿不上。”

“我们结大媳妇，客都待不起，炒的随便菜，现在你看，都在现在还在递我的二话，说是，结她的时候，席都办不起，那是普遍的，都没有吃的，都没有谁家富裕，农业社里分粮人家给你分下来你才得吃，不给你分下，你吃的都没的。”

“有的说，没本事，你妈算个有本事，全大队还数人家有本事，老子活到五八年有病，还有养活个病人，还要养这些都是仔娃儿女，人家没本事？白天干活，白天外头干活，晚上了搞副业，挣几个盐钱，弄几个盐钱，都是没本事，没本事都是草房人家挖抓到，一年养些猪，猪不吃肉，不杀到吃肉，人家卖了还修瓦房哩，瓦房修了在你们手里头又修楼房，也帮助你们是，给你们干活，还算人家有本事，一个女流之辈把这些小娃盘大都够及了，还给你们媳妇结了，都把媳妇结了，女儿启发了，这孙子啥都给你们盘大，这人家还是有本事的，没本事，你们手里做了一下还有丈夫还有，都给你们劳动，人家一个女的家，人家这么多年把小孩盘大，都算有本事的。”

“现在这媳妇是打颠倒的，婆婆娘是媳妇，媳妇是婆婆娘，你给人家干活，人家现在媳妇都不能给干活，她连衣服都还不给你洗一件，你有时间了给她娃洗，给她大人洗，她都不能给你洗一件，那我这个人，我也不说谁个，我也不咋。你有活儿叫我给你干我就干，我也不多说话，往年子我多在外少在家，我也没啥做，你只要有我吃的一碗饭都对了，我也不争强，你给我了来我就要，你不给我了来我也不要你的。”①

即使儿子是有过失的那一方，但他们所在的地区都会认为儿媳才可能解决忽视老年人的问题。1996 年，我们第一次见刘凤琴时，她的丈夫还在世。四个儿子都已结婚并分了家，她帮他们带三个孙子。她和丈夫种着一小块地，种的粮食够他们自己吃。她的儿子们不帮她种地，女儿和女婿倒是有时来搭把手。她和丈夫准备好了棺材放在屋里。她对我们说，如果可以重来

① 与康汝清的访谈，1997 年。但康坚持说是她自己要一个人另过，也就是说，维持自己家作为一个独立经济单位的状态：“我另过的原因我都感觉到，生活自由、撇脱一点。他们吃干饭，我要吃点稀饭，他们吃的饭硬一点，我要吃软活一点，我都另过了这都十七年了。还是我娘家妈活到，都叫我单另过，儿女，跟到青年人过到一起，你一年添一岁，人家又爱吃个烘熬烘炒，你见到你一年添一岁，牙不行了，都是你跟到人家过的到一起吧。”

的话，她会只生一个女儿和一个儿子——要个儿子是因为儿子不会嫁出去，会一直在同一个村里。①

当我们在十年后的2006年再次见到她时，她已经80岁了，眼睛因白内障几近失明，医生说已不能动手术。她丈夫刚刚过世。当她离了婚的三儿子在外干活时，她大部分时间都在一张凌乱的床上度过，必要时则摸索着走到外屋或偶尔坐到门口跟路过的人闲聊。这个三儿子早上给她带些蒸馍，偶尔晚上做饭。她的女儿们都嫁到了其他村子，各有自己的孩子和责任。她们每隔几天带些食物过来，帮她整理屋子，清洗衣裳。但她其余三个儿子，其中两个就住在附近，却完全不管她。“这么留下我一个人，没人管，都没人管。”②

我们问她的邻居有什么解决方法，他们都认为刘凤琴的处境十分糟糕，却表示爱莫能助。B村的村民们向我们解释说，当地的习俗是老人跟一个孩子（如果有的话）住，老人只是那个孩子的责任，其余的孩子不负任何责任。大儿子是个鳏夫——也就是说，根本没有儿媳——因此不能照顾她。二儿子跟一位女干部结了婚，邻居们认为可以找她去说明情况。跟她住在一起的三儿子离了婚，因此也没有妻子可以照顾凤琴。四儿子可能因为一场财产纠纷的缘故，不跟她说话。总之，村民们认为问题的根源是缺乏尽责的儿媳去亲手照顾凤琴，而不是她儿子不够多。照顾老年人的安排很明显没有跟上一结婚便分家这种新做法的节奏。③

---

① 与刘凤琴的访谈，1996年。康汝清（1997年访谈）更为直接，说两个儿子以上的话会产生矛盾：“你跟到老大，他说你把啥给老二了，你跟老二，你说你把啥给老大了。”

② 与刘凤琴的访谈，1996年。

③ 这种令人唏嘘的情况在关中平原很普遍。我们在Z村采访了一个有5个儿子的妇女。依照安排，第一个和第五个儿子负责赡养她和为她送终，因为第二、三个儿子已赡养和埋葬了她十年前过世的丈夫。五儿子只供给她粮食。每个儿子都说愿意一个月给她5块钱，但没人真正给过。她靠着在集市上卖东西勉力维生，打算到了卖不动时就追着向儿子们要钱。她讲述自己故事的时候禁不住泪水涟涟。据她说，这种问题是同改革一起产生的（1999年与胡腊月的访谈；亦见1999年与肖改叶的访谈）。乡党委书记告诉我们，子女虐待老人的情况在山区更为严重，因为那些地方周围没有邻居会说你家里的闲话。

在G村，退休的干部和工人返回村子后组建了“老年协会”，提出每年的9月9日为在讲述当前的困难时，农村妇女们呼唤过去。她们说集体化时期形势严峻，需要她们付出牺牲和经受苦难。她们自豪地说起自己的品质：苦干的能力、积极分子的热情、管理难相处的人的能力、公正。她们接着说起当前的种种问题，身体日益衰弱，却没有从那些她们曾经付出最大心血照顾的孩子身上获得应有的回报。妇女们注意到了改革开放的中国物质水平极大提高这一事实，并将这个事实同年轻一代的个人和道德的失败联系在一起。她们的故事有时并不怎么协调地在进步叙事和叙述个人伤痛（我们能干、品德高尚却常被误解；我们遭到批评和指责；我们的孩子享用了我们一辈子辛勤劳动的果实却不理解我们所付出的代价；我们的孩子不管我们）之间交替进行。进步叙事为她们的美德和苦干赋予了社会意义。当这些妇女们对她们的生命作总结陈述时，却很少提及那些充满具体细节的伤痛，叙述伤痛仅为她们有美德却不被赏识这一事实提供了些许安慰。这些叙述记录了家庭如何成为新冲突而不是亲密和消费的场所。

婚姻已经在各方面发生了深刻的变化，这些变化都是50年代的秧歌积极分子们所憧憬和希冀的。但婚姻仍然对家庭财产有很大的影响——甚至影响更为深刻，因为改革开放已使家庭变成了经济活动的主要场所。一个令人悲伤的讽刺是，有时那些已经老去的前积极分子们却被她们要分家单独住的孩子们丢到了一边——这正是这些积极分子们在年轻时推行婚姻改革带来的远期结果。

"敬老日"。他们颁发"好媳妇""好婆婆"和"好孝子"等奖项，每年探望老人两次，并赞助了一个定期举行的敬老集，以方便老人买东西。协会有个四点计划：(1) 9月9日全家吃团圆饭；(2) 要有一次家庭圆桌讨论；(3) 老年人应该在力所能及的范围内给自己设一项任务；(4) 子女需为父母做一件事。类似的社区协会是否会在其他地方出现，或在解决农村老人需要方面取得进展，还需拭目以待。

有关中国其他地区养老问题的讨论，见郭于华2001年；阎云翔2003年，第162—189页；叶敬忠、何聪志2008年；叶敬忠、吴惠芳2007年。怀默霆（Whyte）认为，改革时期中国城市子女对父母的抚养义务感增强了。有关新农村建设环境中湖北和河南的老年人组织，见王习明2009年。有关中国城市和农村的老年妇女问题，见贾云竹2007年；黄鹂2007年。

何改珍就发现自己在80年代就处于这样一种情况中。1982年，改革开放准许农民离开自己的家乡，改珍的儿子便打算去新疆当合同工人。当时，改珍的丈夫刚去世不久，儿子将改珍、妻子和两个儿子留在了家里。家中的主要劳动力走了之后，改珍应儿子的要求去已故丈夫在河南的亲戚那里借钱，用七拼八凑来的钱做起了小生意。当她发现儿子每月从新疆给他妻子汇款以增加储蓄而不是帮她还清家里欠下的债时，她深感伤心。改珍懊悔自己识字——她是罕有的在1949年前上过四年学的人——因此能看懂儿子在信上说了什么。“我说，我最不识字，不看他那些信，我还不知道，我还不是都过啦。噢，把这些信一看，我说，娃子（注：儿子），咋样儿？那，那你咋弄？你给你媳子捎下钱，叫你媳子花，把数字点好花，用不了的钱啦，叫存下。你说，看你这挺着。你说，你打比（注：如果）你当老人，你心里难受不难受，嗯？你在屋都知道我莫得钱，叫我下河南背二百多块钱，你给你妻子邮的钱。我把这一回想，我说，人家娃子（就：孩子）心都瞎了吗？”

改珍似乎无法跟一个阴沉着脸、帮着不孝顺的儿子聚敛钱财的儿媳同住在一个屋檐下。她接受了一个鳏夫的提亲，但她搬去跟他和他的子女们住之后，却遭到了他的儿子们的强烈反对。“回去人家娃不愿意噢，不愿意就那别别扭扭，顿顿饭给那娃子解释，说哩噢。就那号（注：那样）回来，解释解释些。后来回来，后来些，我牙痛咧，那呀，那就怪，确定那就牙把我痛咂（注：痛的厉害）啦呀。牙痛是火么，一黑啦（注：一整夜）没有瞌睡。睡不差，白日不想吃饭。噢，有一顿端，吃半碗，有一顿吃一碗儿，有一顿还不端碗。这就做不了啥，就没有身体。”

尽管房子是自己的，改珍还是觉得不能回去跟儿媳一起住。她搬去跟一个亲戚住到了一起。她的新丈夫仍住在他自己家里，无法忍受子女的责骂。“我就在街道住着在。人家老汉（注：老头儿）来说屋里总是嘴碎啦哩（注：嘴多）。老汉儿来就抗抗颤颤（注：发抖，颤抖）。老汉说不断个抖，把鞋脱了，脱了睡炉上。那，老汉就这号（注：这样）说：老牛犁地刀尖死。都说，那有啥意思哎，‘老牛’：等于他这老人养活儿子，养活一辈子。这牛老啦，噢，这刀尖就把你捅（注：宰）了嘛，就不要你了嘛。老年犁地刀尖死嘛。骨头……肉吃啦，骨头还卖成钱啦么，牛肉吃啦，牛肉骨头都卖成钱哩么。就那几个解不开（注：理解不了），懂不下。然后就没有回来，就在那合作医疗。盖下的那棚棚，叫病人来，治病哩啰，做饭啥，就，就钻到那屋里，给上吊啦。”

“噢，就是为啥，就是儿子不愿意，在屋里总是嚷仗（注：发生口角）啦嘛，吵嘴啦嘛。我睡到这街道不知道么。过去，连老汉儿死，埋那一天才一百天。”

何改珍最后还是回去跟儿媳一起住，她儿子也从新疆回来了。她觉得自己有权这么做因为这是自己娘家的村子，她第一个丈夫是招赘进来的，房子是她自己建的。但是，是法院命令她儿子儿媳把她领回家的。“先到公社，这是给调解的噢。说叫等一会儿工夫，把人给叫去，人家看我在那儿坐，就爬起来跑啦。跑啦，最后人家那儿，乡上说，那咋样的，我给调解咧。他牛气（注：傲气）咋样的。看你在那儿坐，就跑啦。我俩上法庭，说理哩么。后来，到法庭，坐到桌子上，那法庭庭长把那衣裳都穿上，帽子戴上（她可能将当时的场景同从电视上看到的一部历史剧的有关细节弄混了；80年代地方上的法官并不穿袍子和戴帽子），说：大林，你往你妈跟前坐。庭长就给他准备啦，说，他大林要是不接受我，不认我，不认骨肉，说是，给他做个瓦样子（注：以法处置）哩，做个瓦样子，给他这青年人做个瓦样子，不赡养老人，给做个新样子，叫以后那些人看看。说是，你把你妈今晌引回去。这啥就不说啦。你要是不赡养你妈，再说。这他就爬起来走啦。庭长说。跟上子后（注：屁股后）一路儿，我回来啦。我媳子在墙门根听墙根儿（注：偷听谈话）。把女子抱上，媳子站那儿。回去。”

“媳子睡啦六天啊。睡了六天，我做六天饭。她也不上锅啦么。她不吃。我到小商店，给买水果吃。有哩么，噢，就是嘛，我还不见怪（注：生气）。就那就好啦，那过过她就好啦么。（我的邻居）前儿（注：前天）他娃子还打他咧。我娃子（注：儿子）可没打过我。我娃子还没骂过我。就是这咱人老啦，嫌你说话不行。我在屋我就不说话。我连他不多说话，有啥话说咧，没有话我就不说。惹他讨厌做啥。”①

这除了是个充满了痛苦细节的故事之外，还是一个更大的有关老年妇女尤其是在改革开放姗姗来迟的山区老年妇女的故事。改珍和邻居们的儿子都已届中年，年长于那些可以去往沿海或内陆城市寻求工作的年轻人。由于经济上的压力，成年的儿子对母亲（大多守寡）都态度恶劣，与此同时儿媳则尽力聚敛资源为她们自己的小家庭打算。何改珍的情况比较特别，由于她第一任丈夫是招赘进来的，房子属于她娘家的财产，所以她愿意夺回住在那里的权利。虽然跟儿子儿媳相处困难，她却没有对旧式的婚姻表示怀恋，也未质疑过自己年轻时行动激进的意义。相反，她多年的激进行为——再加上房子一直属于她而非属于儿子的父系那边这一事实——给了她一种权利的意识和闹上法庭的愤慨之情。但她也很明白地说道，尽管离婚姻法保证可以自主选择结婚伴侣已经过去几十年，曹竹香选择守节守寡、拒绝再嫁也已经是很久之前的事情，老年人再婚却依旧充满争议。②

高小贤：“都是，看你儿子和媳妇都是自由恋爱的。那为啥，这个，老年人再婚，一般儿子都反对？”

何改珍：“噢，反对哩么，说到老后面，这么才给宣传哩，叫说是给……说是，老人呀，可以，噢，找对象。噢，找老伴，往日，不兴么，娃子就闹狠啦么。”

高小贤：“那，你再没有想给自己找一个伴？”

何改珍：“我没有，以后再没想，我跟，我回到我屋，我再没有心想啦，我一心一间，照顾孙子，照顾孙女儿。”③

* 何改珍为农村的老年妇女们发声，对当下和未来作了简明扼要的评

---

① 与何改珍的访谈，1999 年。

② 《中华人民共和国妇女权益保障法》第 34、35 条特别规定了要保障丧偶妇女继承财产的权利：“丧偶妇女有权处分继承的财产，任何人不得干涉……丧偶妇女对公、婆尽了主要赡养义务的，作为公、婆的第一顺序法定继承人，其继承权不受子女代位继承的影响。”（即公婆子女的继承权；http：//www.china.org.cn/english/government/207405.htm）

③ 与何改珍的访谈，1999 年。

价，并在叙述中频繁地使用“可怜”一词。“我打草鞋么。前年合作社，收那柿子，旋柿饼，我那年旋柿子饼都挣啦，挣三毛钱就够一百块哩，你当。你看，我花这钱，我给我买洗衣粉，买牙膏。嗯，这磨苞谷（注：玉米）就磨这玉米，这我给掏钱。到轧面机，我去轧面我给掏钱。在一块儿吃么，我不提出问他要钱。那油、盐、酱、醋，那他管。那时候打草鞋钱多啦，我还给管咧，卖钱时候了，我就给啦。一天打两双鞋。一双鞋，那个，把袋子都抽的现成的。这，这后头，这双子这叫青绳，把这都搓的现成的。掏钱买下的。那你到我屋去，你看我那床底下都搁的是那。到河里去洗，用洗衣粉洗，洗得白白的，你弄得漂亮些么，你弄得黑吧，不是没人要，洗得白白地……老早一双卖五块哟。你说那咋样的。娃子，农民么，娃子挣不来钱么，你咋伸手问娃子要。”

“农村这儿么，人老啦可怜。你搞（注：挣）不来钱，你就坑着咧呀！你像我还要吸烟，不要买烟，还要……都是自己挣钱。我还能干么，我不做咋地，咱一家人咋办？做不动啦，那没方儿（注：没办法）啦么。”①

遗憾的是，尽管农村的经济生活已再次发生剧烈转变，50 年代那代妇女也早已过了生育的年龄，夜间干农活和针线活的那些年也逐渐远去，“可怜”依然是农村妇女们在评价自己生命时持续使用的一个词。她们使用这个词的原因已经变了。她们的青年时期是在一个赤贫和危险的社会中度过的。* 这些妇女当中许多都没有从她们的子女身上获得从前家庭所提供的那种支持。何改珍也发现不可能在晚年获得她在 50 年代所高唱的婚姻自由；新丈夫的子女们，以及持反对意见的村民们都异口同声地阻止这桩婚姻。“可怜”描述的不再是一种从遥远、抽象的社会力量中被动受苦的状态。如今妇女们用“可怜”一词描述的是，在一个孝道已经发生变化的环境中，她们晚年的烦忧。

诉苦仍是农村妇女熟悉的一种模式，我们听到的每个故事都带有诉苦

① 与何改珍的访谈，1999 年。庞丽华、布劳（Brauw）和罗思高（Rozelle）2004 年探究了老年人继续参加正式和非正式劳动的问题及其与居住方式和养老保障下降之间的紧密联系。

的痕迹。从压迫到解放的诉苦轨迹并没有详细论及这些故事呈现出来的各种各样的问题和难以实现的革命承诺。与此同时，“我们践行了美德但我们的后代却没有”的这种说法虽然出现在很多故事中，却通常与一种看法同时存在，这种看法认为，当今的女性拥有这些年老的讲述者们无法奢想的物质产品和机会。两个故事（“现在的妇女处在一个更美好的世界，但她们却不如从前的我们”）结合到一起更加表明了社会性别的安排遵循的不是一条从封建的过去到未来的线性的道路。

留给我们的是一种更为缓和适度的看法，我们要将社会性别看作是嵌套在一个不断变化的语境中的、视具体情形而定的实践和理解。在特别的时刻，如革命的时刻，社会性别的某些意义被剥离了。但大多数情况下，社会性别的意义逐渐增长并缓慢发生变化。这些故事里有许多元素对故事讲述者们的祖母来说都不会陌生。可以肯定的是，对自己辛勤劳动和巧妙维持家计的自豪感，以及在“我很可怜”这句话中体现出来的十足的委屈和不满，应和了女德中令人尊敬的元素。但展开那些故事的世界已加入了践行女德的新场所，与此同时还打压并清除了曾构成践行女德的核心的一些习俗。虽然在这些故事中，忠于母家的情形依然十分显著，但恪守贞洁已不再是故事的主要关注点。然而，能当好干部或能为集体劳动付出艰苦卓绝的努力都已变成了记忆中的美德行为的一部分。

有关中国 20 世纪革命中的妇女的学术研究聚焦的不再是党和国家的政策对妇女是好还是坏这一最初的关注点。① 这一问题虽然重要，却不够，除此之外，我们可以开始考察在明晰的政策内外，革命具备社会性别特征和指向的所有种种体现：革命对空间的重组，与非革命时间的关系，产生的具体的国家效应，甚至对社会主义累积的策略，都具有社会性别指向。*

这样的重新考量可能会迫使我们对关于中国革命的一些常识性假设进行修正。那种声称革命将妇女解放出来，使她们从“内部”领域转向“外部”领域，并认为后者是工作有报酬、政治公开和可获得解放的重要地方的

---

① 有关这种研究范围拓宽的具体表现，可见贺萧 2004 年，2007 年之三。

说法值得重新审视。当“内部”领域的劳动无法得到表达——残余、乏味、会在未来的某个时刻消亡——妇女日常生活的大部分都消失不见了，甚至她们自己都无法表述出来，只是在夜间针线活上才会用有关美德的语言来形容自己。然而，副业的消失、孩子的出现及养活他们的需要、大家庭的缓慢解体都使家庭时间的内容在集体化时期发生剧烈变化。妇女生活中家庭时间和运动时间之纠缠表明，那种一般的有关半数农村人口所历经的政治变革的故事从根本上来说是不完整的。

如果我们不关注社会性别，就无法理解中国革命。但是社会性别并不能完全解释单个的个人，更不用说一个集体。我们需要将社会性别放到一系列的权力关系中去理解。所有这些妇女的故事中深刻的代际烙印、她们对后来的妇女既担忧又认可的矛盾态度提醒我们，社会性别不只是唯一的有用的分析范畴，而且社会性别与其他范畴的交叉重叠必然会使其自身分化。“妇女”甚至“农村妇女”这一范畴皆受到年龄和地域变化的深刻影响，每一种变化都有一系列自己的附属、规范和越界——所有这些都同时在当代的中国流通传播。这些有关个人历史的社会性别叙述本身在发生变化，并对这些叙述被言说出来的当下时刻提出要求。

对历史学家来说，这些故事为中国农村在关键时期的转型提供了更为全面的报道。这份报道既起到丰富的作用也起到颠覆的作用，不但有充满感性的细节和强烈的情感色彩，还提供了新的主题和论点。这些故事表明，毛泽东时代的社会主义建设，以及最近的改革时期经济空前发展的基础，都在很大程度上仰赖于农村妇女未得到认可的劳动。当她们坚持认为她们所记忆的具有美好德行的自我并未随时间而改变。* 她们叙述了一个充满艰难困苦的世界，为我们指明了那些尚未被认出和言说的顽固的不平等。在精心塑造记忆的自我的过程中，她们从过去搜寻有用的故事，有力讲述了当前的伤痛和两难的困境。

妇女们的故事告诉我们，在远离中央机构的地方，对那些处境并未完全得到党和国家的策划者理解或重视的人而言，社会主义在地方上是什么？产生这些故事的世界已经消逝，能够听到叙述者们诉说的机会也在慢慢消失。老年农村妇女们、她们的故事和她们的记忆是否能够成为具有韧性的集体记忆的一部分，这点尚不清楚。[①] 农村妇女们讲述的记忆扩展了我们作为听众对一个消失了的过去的认识。这些记忆也应该对构建一个有价值的当下的伦理和政治至关重要。

---

① 保罗·康纳顿（1989年，第3页）在其《社会如何记忆》一书中写道："跨越不同的世代，不同系列的记忆通常通过隐晦的背景故事的形式与彼此相遇。这样一来，不同辈分的人虽然以身共处某一特定场合，但他们很可能会在精神上和感情上依然保持绝缘，在某种程度上，一代人的记忆便不可挽回地锁闭在了那代人的身体和大脑中。"关于记忆在代际之间的传递，见王斯福（Feuchtwang）（2000年，第65页）、贝尔托（Bertaux）和汤普森（Thompson）1993年的文章。

附录　访谈

名字	说明	地点	访谈日期
渭南，1996 年 8 月			
王西芹	化名	B 村	96 年 8 月 6 日
曹竹香	真名	B 村	96 年 8 月 2—4 日
周桂珍	化名	B 村	96 年 8 月 4 日
张秀玉，李秀娃，马如云，王梅花	化名	渭南市	96 年 8 月 9 日
刘凤琴	化名	B 村	96 年 8 月 8 日
马茹花	化名	B 村	96 年 8 月 5 日
张秋香	真名	B 村	96 年 8 月 7 日
庄小霞	化名	B 村	96 年 8 月 5 日
郑彩桂	化名	西安	96 年 8 月 14 日
鲁桂兰	真名	咸阳市	96 年 8 月 15 日
赵凤娥	化名	西安	96 年 8 月 12 日
刘招凤	化名	西安	96 年 8 月 13 日
潼关／华阴，1997 年 6 月			
山秀珍	真名	潼关	97 年 6 月 28 日、29 日
高贞贤	真名	华阴	97 年 6 月 29 日
南郑，1997 年 7 月			
王桂花	化名	汉中	97 年 7 月 2 日
徐妮妮	化名	汉中	97 年 7 月 3 日

名字	说明	地点	访谈日期
李秀兰	化名	Z村	97年7月6日
杨安秀	化名	Z村	97年7月7日
冯改霞	化名	Z村	97年7月7日
钱桃花	化名	Z村	97年7月5日
康汝清	化名	Z村	97年7月5日
孙吉秀	化名	Z村	97年7月5日
王芳芳	化名	Z村	97年7月6日
李六斤	化名	Z村	97年7月6日
冯素梅	化名	Z村	97年7月4日、7日
袁小丽	化名	Z村	97年7月4日
李小梅	化名	Z村	97年7月4日
宋玉芬	化名	Z村	97年7月5日
张秀丽	化名	Z村	97年7月4日
王友娜	化名	Z村	97年7月6日
丹凤，1999年7—8月			
何改珍	化名	Z村	99年7月28日
鲁玉莲	化名	Z村	99年7月27日
郑秀花	化名	Z村	99年7月30日
王彩珍	化名	Z村	99年8月2日
董桂枝	化名	Z村	99年8月3日
何双燕	化名	Z村	99年7月28日
李朵朵	化名	Z村	99年8月1日
马芳贤	化名	Z村	99年7月27日
张自珍	化名	Z村	99年7月27日
石冉娃	化名	Z村	99年7月31日
康杏芬	化名	Z村	99年7月29日
胡腊月	化名	Z村	99年8月1日

名字	说明	地点	访谈日期
肖改叶	化名	Z村	99年7月30日
刘冬梅	化名	Z村	99年7月26日、29日
李秀梅	化名	Z村	99年7月31日
颜盼娃	化名	Z村	99年7月26日
冯小芹	化名	Z村	99年8月1日
马丽	化名	Z村	99年7月28日、31日
屈桂月	化名	Z村	99年7月26日
刘冬梅，何改珍	化名	Z村	99年7月31日
合阳，2001年3月			
袁茜	化名	G村	01年3月25日
蒋秋娃	化名	G村	01年3月26日
乔引娣	化名	G村	01年3月26日
冯娜	化名	G村	01年3月31日
于小莉	化名	G村	01年3月25日
冯在财、王福贵	化名	G村	01年3月31日
向金桂	化名	G村	01年3月29日
张梅花	化名	G村	01年3月29日
雷彩娃	化名	G村	01年3月27日
雷彩娃，李凤莲，张秋绒，刘西凤，张梅花	化名	G村	01年3月29日
扬惠娥	化名	G村	01年3月24日
张朝凤	化名	G村	01年3月24日
刘存雨	化名	G村	01年3月28日
刘谷雨	化名	G村	01年3月28日
石翠玉	化名	G村	01年3月27日
合阳，2004年6月			
张秋绒	化名	G村	04年6月27日
李凤莲	化名	G村	04年6月27日

名字	说明	地点	访谈日期
刘谷雨	化名	G 村	04 年 6 月 27 日
欧阳秀	化名	G 村	04 年 6 月 28 日
张朝凤	化名	G 村	04 年 6 月 28 日
石翠玉	化名	G 村	04 年 6 月 28 日
彭贵民	化名	G 村	04 年 6 月 28 日
高育忠	化名	G 村	04 年 6 月 28 日
王兆如	化名	G 村	04 年 6 月 29 日
杨贵石	化名	G 村	04 年 6 月 29 日
乔引娣	化名	G 村	04 年 6 月 29 日
刘秀珍	化名	G 村	04 年 6 月 30 日
渭南，2006 年 8—9 月			
曹竹香	真名	B 村	06 年 8 月 29 日
王积极	真名	B 村	06 年 8 月 29 日
周桂珍	化名	B 村	06 年 8 月 29 日
王西芹	化名	B 村	06 年 8 月 30 日
王西芹，庄小霞	化名	B 村	06 年 8 月 30 日
陈春华	化名	B 村	06 年 8 月 30 日
庄小霞	化名	B 村	06 年 8 月 30 日
刘真西	化名	B 村	06 年 8 月 31 日
王妮兰	化名	B 村	06 年 8 月 31 日
周桂珍，王西芹，庄小霞	化名	B 村	06 年 8 月 31 日
刘凤琴	化名	B 村	06 年 8 月 30 日
西安，2006 年 9 月			
李晋昭	真名	西安	06 年 9 月 1 日

参考文献

"1957 nian 7–12 yue fen fuyou weisheng gongzuo anpai yijian" [An opinion about the arrangements for health care work among women and children, July–December 1957]. 1958. Report (printed). Weinan County Archives.

Abram, Jan, and Knud Hjulmand. 2007. *The Language of Winnicott: A Dictionary of Winnicott's Use of Words.* London: Karnac Books.

Ahern, Emily [Martin]. 1975. "The Power and Pollution of Chinese Women." In *Women in Chinese Society,* ed. Margery Wolf and Roxane Witke, pp. 193–214. Stanford, CA: Stanford University Press.

Ahn, Byungil. 2005. "Midwifery Reform, Modernization and Revolution in Twentieth-Century China." Unpublished paper, cited by permission.

Amin, Shahid. 1995. *Event, Metaphor, Memory: Chauri Chaura 1922–1992.* Berkeley: University of California Press.

Anagnost, Ann. 1997. *National Past-Times: Narrative, Representation, and Power in Modern China.* Durham, NC: Duke University Press.

Andors, Phyllis. 1983. *The Unfinished Liberation of Chinese Women, 1949–1980.* Bloomington: Indiana University Press.

Bachman, David M. 1991. *Bureaucracy, Economy, and Leadership in China: The Institutional Origins of the Great Leap Forward.* Cambridge: Cambridge University Press.

Bai Wei. 1951. *Du huang* [Pulling Through the Famine]. Shanghai: Xin wenyi chubanshe.

Banister, Judith. 1987. *China's Changing Population.* Stanford, CA: Stanford University Press.

Barlow, Tani E. 1994. "Theorizing Woman: *Funü, Guojia, Jiating.*" In *Body, Subject and Power in China,* ed. Angela Zito and Tani E. Barlow, pp. 253–89. Chicago: University of Chicago Press.

Becker, Jasper. 1996. *Hungry Ghosts.* New York: Free Press.

Belden, Jack. 1970. *China Shakes the World.* New York: Monthly Review Press.

Bennett, Gordon A. 1976. *Yundong: Mass Campaigns in Chinese Communist Leadership.* Berkeley: Center for Chinese Studies, University of California.

Bernstein, Thomas P. 1984. "Stalinism, Famine, and Chinese Peasants: Grain Procurements during the Great Leap Forward." *Theory and Society* 13, no. 3 (May): 339–77.

———. 2006. "Mao Zedong and the Famine of 1959–60: A Study in Willfulness." *China Quarterly,* no. 186 (June): 421–45.

Bertaux, Daniel, and Paul Thompson, eds. 1993. *Between Generations.* Vol. 2 of *International Yearbook of Oral History and Life Stories.* Oxford: Oxford University Press.

Billingsley, Phil. 1988. *Bandits in Republican China.* Stanford, CA: Stanford University Press.

Blake, C. Fred. 1979. "Love Songs and the Great Leap: The Role of a Youth Culture in the Revolutionary Phase of China's Economic Development." *American Ethnologist* 6, no. 1 (February): 41–54.

Bloch, Maurice. 1996. "Internal and External Memory: Different Ways of Being in History." In *Tense Past: Cultural Essays in Trauma and Memory,* ed. Paul Antze and Michael Lambek, pp. 215–33. New York: Routledge.

Bohannon, John Neil, III, and Victoria Louise Symons. 1992. "Flashbulb Memories: Confidence, Consistency, and Quantity." In *Affect and Accuracy in Recall: Studies of "Flashbulb" Memories,* ed. Eugene Winograd and Ulric Neisser, pp. 65–91. Cambridge: Cambridge University Press.

Bossen, Laurel. 2002. *Chinese Women and Rural Development: 60 Years of Change in Lu Village, Yunnan.* Lanham, MD: Rowman and Littlefield.

Bossler, Beverly. 2002. "Faithful Wives and Heroic Martyrs: State, Society and Discourse in the Song and Yuan." In *Chūgoku no rekishi sekai, tōgō no shisutemu to tagenteki hatten* [China's Historical World: Unified System and Diverse Developments], ed. Chūgokushi gakkai, pp. 507–56. Tokyo: Tokyo Metropolitan University Press.

Boyarin, Jonathan, ed. 1994a. *Remapping Memory: The Politics of TimeSpace.* Minneapolis: University of Minnesota Press.

———. 1994b. "Space, Time, and the Politics of Memory." In *Remapping Memory: The Politics of TimeSpace,* ed. Jonathan Boyarin, pp. 1–37. Minneapolis: University of Minnesota Press.

Bradley, Harriet. 1999. "The Seductions of the Archive: Voices Lost and Found." *History of the Human Sciences* 12, no. 2: 107–22.

Brown, Roger, and James Kulik. 2000. "Flashbulb Memories." In *Memory Observed: Remembering in Natural Contexts,* 2nd ed., ed. and comp. Ulric Neisser and Ira E. Hyman Jr., pp. 50–65. New York: Worth Publishers.

Brücker, Eva. 1996. "Clubmen and Functionaries: Male Memory in Two Berlin Working-Class Neighbourhoods from the 1920s to the 1980s." In *Gender and Memory.* Vol. 4 of *International Yearbook of Oral History and Life Stories,* ed. Selma Leydesdorff, Luisa Passerini, and Paul Thompson, pp. 45–58. Oxford: Oxford University Press.

Buck, John Lossing. 1964 [1937]. *Land Utilization in China.* New York: Paragon Book Reprint Corp.

Cao Jinqing. 2003. *Huanghe bian de Zhongguo: Yige xuezhe dui xiangcun shehui de guancha yu sikao* [China on the Banks of the Yellow River: A Scholar's Observations and Thoughts about Rural Society]. Shanghai: Shanghai wenyi chubanshe.

Cao Shuji. 2005. "1959–1961 nian Zhongguo de renkou siwang jiqi chengyin" [Population

Deaths in China 1959–1961 and Their Causes]. *Zhongguo renkou kexue* [Chinese Journal of Population Science], no. 1: 14–28.

"Cao Zhuxiang danxing cailiao [Individual Material on Cao Zhuxiang]. N.d. Women's Federation Archives, Shaanxi Provincial Archives, Xi'an.

"Cao Zhuxiang huzhu lianzu danxing cailiao" [Individual Material on the Cao Zhuxiang United Mutual Aid Group]. 1953. 178–209–009. Women's Federation Archives, Shaanxi Provincial Archives, Xi'an.

"Cao Zhuxiang huzhuzu mofan shijian danxing cailiao" [Individual Material on Model Incidents in the Cao Zhuxiang Mutual Aid Group]. 1952. 178–27–025. Women's Federation Archives, Shaanxi Provincial Archives, Xi'an.

"Cao Zhuxiang mofan shiji danxing cailiao" [Individual Material on the Model Activities of Cao Zhuxiang]. 1957. Records of Village B, Weinan. Handwritten ms.

Chan, Alfred L. 1992. "The Campaign for Agricultural Development in the Great Leap Forward: A Study of Policy-making and Implementation in Liaoning." *China Quarterly*, no. 129 (March): 52–71.

———. 2001. *Mao's Crusade: Politics and Policy Implementation in China's Great Leap Forward.* Oxford: Oxford University Press.

Chan, Anita, Richard Madsen, and Jonathan Unger. 2009. *Chen Village: Revolution to Globalization.* 3rd ed. Berkeley: University of California Press.

Chang, Gene Hsin, and Guanzhong James Wen. 1997. "Communal Dining and the Chinese Famine of 1958–1961." *Economic Development and Cultural Change* 46, no. 1 (October): 1–34.

———. 1998. "Food Availability versus Consumption Efficiency: Causes of the Chinese Famine." *China Economic Review* 9, no. 2 (Autumn): 157–65.

Chen, C.C. 1989. *Medicine in Rural China: A Personal Account.* Ed. Frederica M. Bunge. Berkeley: University of California Press.

Chen, Fan Pen Li. 2004. *Visions for the Masses: Chinese Shadow Plays from Shaanxi and Shanxi.* Ithaca, NY: East Asia Program, Cornell University.

Chen, Tina Mai. 2003. "Female Icons, Feminist Iconography? Socialist Rhetoric and Women's Agency in 1950s China." *Gender and History* 15, no. 2 (August): 268–95.

Chen Guidi and Wu Chuntao. 2006. *Will the Boat Sink the Water? The Life of China's Peasants.* New York: Public Affairs.

Chen Yiyuan. 2006. *Geming yu xiangcun: Jianguo chuqi nongcun jiceng zhengquan jianshe yanjiu, 1949–1957* [Revolution and the Countryside: Research on the Construction of Rural Grassroots Political Power in the Early Period of National Construction, 1949–1957]. Shanghai: Shanghai shehui kexue yuan chubanshe.

Chen Zhongshi. 1993. *Bai lu yuan* [White Deer Plain]. Beijing: Renmin wenxue chubanshe.

Chu Han. 1996. *Zhongguo 1959–1961: Sannian ziran zaihai changbian jishi* [China 1959–1961: A Draft Account of the Three Years of Natural Disaster]. Chengdu: Sichuan renmin chubanshe.

Chuan Shaan geming genjudi shiliao xuanji [Selection of Historical Material on the Sichuan-Shaanxi Revolutionary Base Area]. 1986. N.p.: Renmin chubanshe.

Cohen, Myron L. 2005. *Kinship, Contract, Community, and State: Anthropological Perspectives on China.* Stanford, CA: Stanford University Press.

Committee on the Economy of China. 1969. *Provincial Agricultural Statistics for Communist China*. Ithaca, NY: Social Science Research Council.

Confino, Alon. 1997. "Collective Memory and Cultural History: Problems of Method." *American Historical Review* 102, no. 5 (December): 1386–403.

Cong Jin. 1996. *Quzhe fazhan de suiye* [English title: The Stage of Winding Development]. Vol. 7 of *20 shiji de Zhongguo* [China in the Twentieth Century]. Zhengzhou: Henan renmin chubanshe.

Connerton, Paul. 1989. *How Societies Remember.* Cambridge: Cambridge University Press.

Conway, Martin A. 1997. "The Inventory of Experience: Memory and Identity." In *Collective Memory of Political Events: Social Psychological Perspectives,* ed. James W. Pennebaker, Dario Paez, and Bernard Rimé, pp. 21–45. Mahwah, NJ: Lawrence Erlbaum.

Crane, Susan A. 1997. "Writing the Individual Back into Collective Memory." *American Historical Review* 102, no. 5 (December): 1372–85.

Croll, Elisabeth. 1980. *Feminism and Socialism in China.* New York: Schocken Books.

———. 1994. *From Heaven to Earth: Images and Experiences of Development in China.* London: Routledge.

———. 1996. "Gendered Moments and Inscripted Memories: Girlhood in Twentieth-Century Chinese Autobiography." In *Gender and Memory*, ed. Selma Leydesdorff, Luisa Passerini, and Paul Thompson, pp. 117–31. Vol. 4 of *International Yearbook of Oral History and Life Stories.* Oxford: Oxford University Press.

Crook, Isabel, and David Crook. 1979. *Ten Mile Inn: Mass Movement in a Chinese Village.* New York: Pantheon Books.

Cruikshank, Julie, and Kitty Smith, in collaboration with Angela Sidney and Annie Ned. 1990. *Life Lived Like a Story.* Lincoln: University of Nebraska Press.

Dai Yingxin. 1977. *Guanzhong shuili shihua* [A Historical Account of Guanzhong Water Conservancy]. Xi'an: Shaanxi renmin chubanshe.

Danfeng disan qu Maoping xiang renmin zhengfu. 1955. "Danfeng xian disan qu Maoping xiang Chang Qinglian danxing cailiao" [Individual Material on Chang Qinglian from Maoping Township, the Third District of Danfeng County]. Danfeng County Archives.

Danfeng diyi qu Xihe xiang renmin zhengfu. 1955. "Danfeng xian diyi qu Xihe xiang Fulian zhuren Zhai Chunmei danxing cailiao" [Individual Material on Zhai Chunmei, the Women's Chair from Xihe Township in the First District of Danfeng County]. Danfeng County Archives.

Danfeng Fulian hui. 1955. "Danfeng xian dijiu qu Beiludao xiang gongzuo mofan Yang Chunlan danxing cailiao" [Individual Material of Work Model Yang Chunlan from Beiludao Township, Ninth District, Danfeng County]. Danfeng County Archives.

———. 1956. "Lianhe tongzhi" [Joint Announcement]. Danfeng County Archives.

———. 1957. "Guanyu saomang gongzuo" [On the Work of Sweeping Away Illiteracy]. Danfeng County Archives.

Danfeng xian Fulian. 1952a. "Danfeng xian funü gongzuo yinian lai de zongjie" [Summary of the Past Year of Women's Work in Danfeng County]. Danfeng County Archives.

———. 1952b. "Tongzhi" [Notice]. Nov. 3, Danfeng County Archives.

———. 1953a. "Danfeng xian yinian lai de funü gongzuo zongjie baogao" [Summary Report of the Past Year of Women's Work in Danfeng County]. Danfeng County Archives.

———. 1953b. "Guanche hunyinfa yundong yue zhong funü gongzuo de jidian yijian" [A Few Opinions on Woman's Work in the Course of Implementing Marriage Law Movement Month]. Mar. 1. Danfeng County Archives.

———. 1954. "Danfeng xian Fulian guanyu yinian ban de lai de funü gongzuo baogao" [Danfeng County Women's Federation Report on the Past Year and a Half of Woman's Work]. Aug. 27. Danfeng County Archives.

———. 1957a. "Danfeng xian Fulian yinian lai de funü gongzuo zongjie" [Danfeng County Women's Federation Summary on the Past Year of Woman's Work]. Jan. 27. Danfeng County Archives.

———. 1957b. "Guanyu jixu xuanchuan guanche hunyinfa yu jinxing shehuizhuyi daode pinzhi jiaoyu de lianhe tongzhi" [Unified Announcement on Continuing to Propagandize the Implementation of the Marriage Law and Conducting Socialist Moral Character Education]. Danfeng County Archives.

———. 1958. "Danfeng xian Fulian 57 nian funü gongzuo zongjie ji 58 nian yuan zhi san yue fen gongzuo yijian" [Danfeng County Women's Federation Summary of 1957 Woman's Work and a Look at Work for the First Three Months of 1958]. Jan. 16. Danfeng County Archives.

Danfeng xian minzhu funü lianhe hui. 1953. "Sanqu guanche hunyinfa yundong yi, er jieduan gongzuo baogao" [Report on First- and Second-Stage Implementation Work of the Marriage Law Movement]. Danfeng County Archives.

———. 1955. "Danfeng xian disi qu Zhulinguan xiang Liu Xihan mofan danxing cailiao" [Individual Material on Liu Xihan of Zhulinguan Township, the Fourth District, Danfeng County]. Danfeng County Archives.

Danfeng xianzhi bianji weiyuan hui. 1994. *Danfeng xianzhi* [Danfeng County Gazetteer]. Xi'an: Shaanxi renmin chubanshe.

Davin, Delia. 1975. "Women in the Countryside of China." In *Women in Chinese Society*, ed. Margery Wolf and Roxane Witke, pp. 243–73. Stanford, CA: Stanford University Press.

———. 1976. *Woman-Work: Women and the Party in Revolutionary China*. Oxford: Oxford University Press.

Day, Alexander F. 2007. "Return of the Peasant: History, Politics, and the Peasantry in Postsocialist China." Ph.D. diss., University of California, Santa Cruz.

Derrida, Jacques. 1995. *Archive Fever*. Chicago: University of Chicago Press.

Diamant, Neil J. 2000. *Revolutionizing the Family: Politics, Love, and Divorce in Urban and Rural China, 1949–1968*. Berkeley: University of California Press.

Diamant, Neil J., Stanley B. Lubman, and Kevin J. O'Brien, eds. 2005. *Engaging the Law in China: State, Society, and Possibilities for Justice*. Stanford, CA: Stanford University Press.

Diamond, Norma. 1975. "Collectivization, Kinship, and the Status of Women in Rural China." In *Toward an Anthropology of Women*, ed. Reyna R. Reiter, pp. 372–95. New York: Monthly Review Press.

Dikötter, Frank. 2010. *Mao's Great Famine: The History of China's Most Devastating Catastrophe, 1958–62*. London: Bloomsbury.

Ding Shiliang and Fang Zhao, eds. 1997. *Zhongguo difangzhi minsu ziliao huibian: Xibei juan* [Collection of Material on Folk Customs from Chinese Local Gazetteers: Northwest Volume]. Beijing: Beijing tushuguan chubanshe.

Domenach, Jean-Luc. 1995. *The Origins of the Great Leap Forward: The Case of One Chinese Province.* Boulder, CO: Westview Press.

Domes, Jurgen. 1980. *Socialism in the Chinese Countryside: Rural Societal Policies in the People's Republic of China, 1949–1979.* Trans. Margitta Wendling. London: C. Hurst.

Du Fangqin, ed. 1998. *Da shan de nüer: Jingyan, xinsheng, he xuyao* [Daughters of the Great Mountains: Experiences, Inner Voices, and Needs]. *Shanqu funü koushu* [Oral Histories of Mountain District Women]. Guiyang: Guizhou minzu chubanshe.

Dudley, Kathryn Marie. 1998. "In the Archive, in the Field: What Kind of Document Is an 'Oral History'?" In *Narrative and Genre,* ed. Mary Chamberlain and Paul Thompson, pp. 160–66. London: Routledge.

Dutton, Michael. 2005. *Policing Chinese Politics.* Durham, NC: Duke University Press.

"Editorial: Midwifery Training in Peking." 1928. *China Medical Journal* 42: 782–84.

Evans, Harriet. 1997. *Women and Sexuality in China: Dominant Discourses of Female Sexuality and Gender Since 1949.* London: Blackwell.

———. 2008. *The Subject of Gender: Daughters and Mothers in Urban China.* Lanham, MD: Rowman and Littlefield.

Felman, Shoshana, and Dori Laub. 1992. *Testimony: Crises of Witnessing in Literature, Psychoanalysis, and History.* New York: Routledge.

Feuchtwang, Stephan. 1998. "Distant Homes, Our Genre: Recognizing Chinese Lives as an Anthropologist." In *Narrative and Genre,* ed. Mary Chamberlain and Paul Thompson, pp. 126–41. London: Routledge.

———. 2000. "Reinscriptions: Commemoration, Restoration and the Interpersonal Transmission of Histories and Memories under Modern States in Asia and Europe." In *Memory and Methodology,* ed. Susannah Radstone, pp. 59–77. Oxford: Berg.

———. 2005. "Remembering Terror: The Great Leap Famine in Official Discourse and in Personal Accounts." Unpublished draft, cited by permission.

FL. Fulian [Women's Federation]. 1950s–1960s. Archival materials held at the Shaanxi Provincial Archives, Xi'an, Shaanxi.

Fong, Grace S. 2004. "Female Hands: Embroidery as a Knowledge Field in Women's Everyday Life in Late Imperial and Early Republican China." *Late Imperial China* 25, no. 1 (June): 1–58.

Freedman, Estelle B. 2002. *No Turning Back: The History of Feminism and the Future of Women.* New York: Ballantine Books.

Friedman, Edward, Paul G. Pickowicz, and Mark Selden. 2005. *Revolution, Resistance, and Reform in Village China.* New Haven, CT: Yale University Press.

Friedman, Edward, Paul G. Pickowicz, Mark Selden, with Kay Ann Johnson. 1991. *Chinese Village, Socialist State.* New Haven, CT: Yale University Press.

Friedman, Sara L. 2006. *Intimate Politics: Marriage, the Market, and State Power in Southeastern China.* Cambridge, MA: Harvard University Asia Center and Harvard University Press.

Fujian sheng minzhu funü lianhe hui fuli bu (comp.). 1956. *Zenyang ban nongcun tuoer zuzhi* [How to Run Village Childcare Organizations]. Fuzhou: Fujian renmin chubanshe.

Funü huabao [Women's Pictorial]. 1957–59. Xi'an.

"Funü minbing daibiao Zhang Chunfang tongzhi danxing cailiao" [Individual Material on Women's Militia Representative Zhang Chunfang]. 1958. Danfeng County Archives.

Furth, Charlotte. 1990. "The Patriarch's Legacy: Household Instructions and the Transmission of Orthodox Values." In *Orthodoxy in Late Imperial China,* ed. Kwang-ching Liu, pp. 187–211. Berkeley: University of California Press.

———. 1999. *A Flourishing Yin: Gender in China's Medical History, 960–1665.* Berkeley: University of California Press.

"Fuying weisheng gongzuo diaocha gongzuo" [Investigation and Work on Women and Children's Health Work]. Women's Federation Archives, n.d. (1950?).

Gamble, Sidney. 1970. *Chinese Village Plays from the Ting Hsien Region (Yang Ke Hsüan).* Amsterdam: Philo Press.

Gao, Mobo C. F. 1999. *Gao Village: A Portrait of Rural Life in Modern China.* London: Hurst.

Gao Hua. 2005. *Zai lishi de Fengling dukou* [English title: At the Fengling Du Ferry Crossing of the History]. Xianggang: Shidai guoji chuban youxian gongsi.

Gao Xiaoxian. 2000. "Hunyin, jiating, funü" [Marriage, Family, Women]. In *Jinru 21 shiji de Zhongguo nongcun* [English title: Come into Chinese Country of Twenty-one Century], ed. Xiong Jingming, pp. 164–206. Beijing: Guangming ribao chubanshe.

———. 2002. "Pinkun diqu funü yunchanqi baojian fuwu fenxi" [An Analysis of Health Care Services for Pregnancy and Childbirth in Poor Districts]. *Funü yanjiu,* no. 4: 59–62.

———. 2005. "'Yinhua sai': 1950 niandai nongcun funü yu xingbie fengong" ["The Silver Flower Contest": Rural Women in the 1950s and the Gendered Division of Labor]. In *Bainian Zhongguo nüquan sichao yanjiu* [Research on 100 Years of Feminist Thought], ed. Wang Zheng and Chen Yan, pp. 259–77. Shanghai: Fudan daxue chubanshe.

———. 2006a. "'The Silver Flower Contest': Rural Women in 1950s China and the Gendered Division of Labour." Trans. Yuanxi Ma. *Gender and History* 18, no. 3 (Nov.): 594–612.

———. 2006b. *Zhongguo shehui zhuanxing: nongcun funü yanjiu* [Chinese Social Transformation: Research on Rural Women]. Xi'an: Shaanxi renmin chubanshe.

Glosser, Susan L. 2003. *Chinese Visions of Family and State, 1915–1953.* Berkeley: University of California Press.

Goldstein, Joshua. 1998. "Scissors, Surveys, and Psycho-Prophylactics: Prenatal Health Care Campaigns and State Building in China, 1949–1954." *Journal of Historical Sociology* 11, no. 2 (June): 153–84.

Gongren ribao [Workers' Daily]. Beijing. 1959.

Greenhalgh, Susan. 1990. "The Evolution of the One-Child Policy in Shaanxi, 1979–88." *China Quarterly,* no. 122 (June): 191–229.

———. 1993. "The Peasantization of the One-Child Policy in Shaanxi." In *Chinese Families in the Post-Mao Era,* ed. Deborah Davis and Stevan Harrell, pp. 219–50. Berkeley: University of California Press.

———. 1994 "Controlling Births and Bodies in Village China." *American Ethnologist* 21, no. 1: 3–30.

———. 2008. *Just One Child: Science and Policy in Deng's China.* Berkeley: University of California Press.

Greenhalgh, Susan, and Jiali Li. 1995. "Engendering Reproductive Policy and Practice in Peasant China: For a Feminist Demography of Reproduction." *Signs* 20, no. 3 (Spring): 601–41.

Greenhalgh, Susan, and Edwin A. Winckler. 2005. *Governing China's Population: From Leninist to Neoliberal Biopolitics.* Stanford, CA: Stanford University Press.

Grele, Ronald J., ed. 1991. *Envelopes of Sound: The Art of Oral History.* New York: Praeger.

Gu Ximing. 1951. *Nongcun dazhong weisheng* [Public Health in Rural Areas]. Shanghai: Zhonghua shuju.

Gu Zhizhong. 1932. *Xixing ji* [Record of a Western Journey]. Shanghai: Lixing she.

Gu Zhizhong and Lu Yi. 1937. *Dao Qinghai qu* [To Qinghai]. Shanghai: Shangwu yinshu guan.

Guo Butao. 1932. *Xibei lüxing riji* [Diary of a Trip through the Northwest]. Shanghai: Dadong shuju.

Guo Fengzhou and Peiyuan Lan, eds. and comps. 1969 [1921]. *Xuxiu Nanzheng xianzhi* [Continuation of the Nanzheng Gazetteer]. 3 vols. Taipei: Chengwen chubanshe.

Guo Runzi. 1992. *Shaanxi minguo zhanzheng shi* [A Military History of Republican-era Shaanxi]. Vol. 1. Xi'an: Sanqin chubanshe.

Guo Yuhua. 2001. "Daiji guanxi zhong de gongping luoji jiqi bianqian: dui Hebei nongcun yanglao shijian de fenxi" [The Logic of Fairness and Its Change in Cross-generational Relations: An Analysis of Cases of Elderly Support in Rural Hebei]. *Zhongguo xueshu,* no. 4: 221–54.

———. 2003. "Psychological Collectivization: Cooperative Transformation of Agriculture in Jichun Village, Northern Shaanxi, as in *[sic]* the Memory of the Women." *Social Sciences in China,* no. 4: 48–61.

———. 2004. "Xinling de jitihua: Shaanbei Ji cun nongye hezuohua de nüxing jiyi [Collectivization of the Soul: Women's Memories of Agricultural Collectivization in Ji Village, Shaanbei]. Paper prepared for the conference Feminism in China since the Women's Bell, Fudan University, Shanghai.

Guo Yuhua and Liping Sun. 2002. "Suku: Yizhong nongmin guojia guannian xingcheng de zhongjie jizhi" [Pouring Out Grievances: A Mediated Mechanism for the Shaping of the Peasants' Idea of the State]. *Zhongguo xueshu,* no. 4: 130–57.

Guo Zhihua. 1993. "Zhou Zongli yu Zhang Qiuxiang [Premier Zhou and Zhang Qiuxiang]. *Weinan shi wenshi ziliao,* no. 5: 165–70.

Guojia nongye weiyuan hui. 1981. *Nongye jitihua zhongyao wenjian huibian 1949–57* [Compendium of Important Documents on Agricultural Collectivization, 1949–57]. Beijing: Zhongguo zhongyang dangxiao chubanshe.

Gupta, Akhil. 1994. "The Reincarnation of Souls and the Rebirth of Commodities: Representations of Time in 'East' and 'West.'" In *Remapping Memory: The Politics of TimeSpace,* ed. Jonathan Boyarin, pp. 161–83. Minneapolis: University of Minnesota Press.

Haaken, Janice. 1998. *Pillar of Salt: Gender, Memory, and the Perils of Looking Back.* New Brunswick, NJ: Rutgers University Press.

Halbwachs, Maurice. 1992. *On Collective Memory.* Ed. Lewis A. Coser. Chicago: University of Chicago Press.

Hamilton, Carrie. 2003. "Memories of Violence in Interviews with Basque Nationalist

Women." In *Contested Pasts: The Politics of Memory,* ed. Katharine Hodgkin and Susannah Radstone, pp. 120–35. London: Routledge.

Han, Kuo-Huang. 1989. "Chinese Music Theory." *Asian Music* 20.2 (Summer): 107–28.

Han Dongping. 2003. "The Great Leap Famine, the Cultural Revolution and Post Mao Rural Reform: The Lessons of Rural Development in Contemporary China." Apr. 1. http://chinastudygroup.net/2003/04/the-great-leap-famine-the-cultural-revolution-and-post-mao-rural-reform-the-lessons-of-rural-development-in-contemporary-china/.

Han Qixiang (performer) and Lin Shan (recorder/writer). 1953. *Zhang Yulan canjia xuanju hui* [Zhang Yulan Participates in the Election Meeting]. Xi'an: Xibei renmin chubanshe, July.

He Hanwei. 1980. *Guangxu chu nian (1876–79) Huabei de da han zai* [The Great Drought Disaster in North China, 1876–1879]. Xianggang: Zhongwen daxue chubanshe.

Heehs, Peter. 2000 "Shaped Like Themselves." *History and Theory,* no. 39 (October): 417–28.

Hershatter, Gail. 1986. *The Workers of Tianjin, 1900–1949.* Stanford, CA: Stanford University Press.

———. 1993. "The Subaltern Talks Back: Reflections on Subaltern Theory and Chinese History." *positions: east asia cultures critique* 1, no. 1 (Spring): 103–30.

———. 1997. *Dangerous Pleasures: Prostitution and Modernity in Twentieth-Century Shanghai.* Berkeley: University of California Press.

———. 2000. "Local Meanings of Gender and Work in Rural Shaanxi in the 1950s." In *Re-Drawing Boundaries: Work, Households, and Gender in China,* ed. Barbara Entwisle and Gail E. Henderson, pp. 79–96. Berkeley: University of California Press.

———. 2002. "The Gender of Memory: Rural Chinese Women and the 1950s." *Signs* 28, no. 1 (Fall): 43–70.

———. 2003. "Making the Visible Invisible: The Fate of 'the Private' in Revolutionary China." In *Wusheng zhi sheng: Jindai Zhongguo de funü yu guojia (1600–1950)* [Voices amid Silence: Women and the Nation in Modern China (1600–1950)], ed. Lü Fang-sheng, pp. 257–81. Taiwan: Zhongyang yanjiu yuan, Zhongguo jindaishi yanjiu suo [Institute of Modern History, Academia Sinica].

———. 2004. "State of the Field: Women in China's Long Twentieth Century." *Journal of Asian Studies* 63, no. 4 (November): 991–1065.

———. 2005. "Virtue at Work: Rural Shaanxi Women Remember the 1950s." In *Gender in Motion: Divisions of Labor and Cultural Change in Late Imperial and Modern China,* ed. Bryna Goodman and Wendy Larson, pp. 309–28. Lanham, MD: Rowman and Littlefield.

———. 2007a. "Birthing Stories: Rural Midwives in 1950s China." In *Dilemmas of Victory: The Early Years of the People's Republic of China,* ed. Jeremy Brown and Paul G. Pickowicz, pp. 337–58. Cambridge, MA: Harvard University Press.

———. 2007b. "Forget Remembering: Rural Women's Narratives of China's Collective Past." In *Re-envisioning the Chinese Revolution: The Politics and Poetics of Collective Memories in Reform China,* ed. Ching Kwan Lee and Guobin Yang, pp. 69–92. Washington, D.C., and Stanford, CA: Woodrow Wilson Center Press and Stanford University Press.

———. 2007c. *Women in China's Long Twentieth Century.* Berkeley: University of California Press.

———. 2011. "Getting a Life: The Production of 1950s Women Labor Models in Rural

Shaanxi." In *Beyond Exemplar Tales: Women's Biography in Chinese History,* ed. Hu Ying and Joan Judge. Berkeley: University of California Global, Area, and International Archive. http://escholarship.org. Print ed. University of California Press.

Heyang wenshi ziliao. Heyang. 1988.

Heyang xian jiaoyu ju jiaoyu zhi bianzuan bangong shi, ed. *Heyang xian jiaoyu zhi* [Heyang County Education Gazetteer]. 1998. Xi'an: Sanqin chubanshe.

Heyang xian quanzhi. 1970 [1769]. Zhongguo fangzhi congshu [China Gazetteers Series]. Taibei: Chengwen chubanshe.

Heyang xianzhi bianzuan weiyuan hui, ed. 1996. *Heyang xianzhi* [Heyang County Gazetteer]. Xi'an: Shaanxi renmin chubanshe.

Hinton, William. 1997 [1966]. *Fanshen: A Documentary of Revolution in a Chinese Village.* Berkeley: University of California Press.

Ho, Wing Chung. 2004. "The (Un-)Making of the Shanghai Socialist 'Model Community': From the Monolithic to Heterogeneous Appropriations(s) of the Past." *Journal of Asian and African Studies* 39, no. 5: 379–405.

———. 2006. "From Resistance to Collective Action in a Shanghai Socialist 'Model Community': From the Late 1940s to Early 1970s." *Journal of Social History* 40, no. 1: 86–117.

Hodgkin, Katharine, and Susannah Radstone. 2003. "Introduction: Contested Pasts." In *Contested Pasts: The Politics of Memory,* ed. Katharine Hodgkin and Susannah Radstone, pp. 1–21. London: Routledge.

Holm, David. 1991. *Art and Ideology in Revolutionary China.* Studies in Contemporary China, no.1. Oxford: Oxford University Press.

———. 2003. "The Death of *Tiaoxi* (the 'Leaping Play'): Ritual Theatre in the Northwest of China." *Modern Asian Studies* 37, no. 4: 863–84.

Honig, Emily. 1986. *Sisters and Strangers: Women in the Shanghai Cotton Mills, 1919–1949.* Stanford, CA: Stanford University Press.

———. 1997. "Getting to the Source: Striking Lives: Oral History and the Politics of Memory." *Journal of Women's History* 9, no. 1 (Spring): 139–57.

———. 2010. "The Life of a Slogan: Maoism, Gender, and the Cultural Revolution." Unpublished paper, cited by permission.

Honig, Emily, and Gail Hershatter. 1988. *Personal Voices: Chinese Women in the 1980s.* Stanford, CA: Stanford University Press.

Hooton, E. R. 1991. *The Greatest Tumult: The Chinese Civil War, 1936–49.* London: Brassey's.

Huang Lianshe. 2002. "Youhe shuiku zhan xinmao" [The You River Reservoir Gets a New Look]. *Weinan wenshi ziliao (Sanhe zhuanji)* [Three Rivers, special issue], no. 1: 191–93.

Huang Peng. 2007. "Guanzhu laonian funü wenti: Yi Anhui wei li fenxi" [Close Attention to the Problem of Older Women: An Analysis Using Anhui as an Example]. *Funü yanjiu,* no. 6: 38–41.

Hunyinfa tujie tongsu ben [The Marriage Law in Illustrations]. 1951. Shanghai: Huadong renmin chubanshe.

Huyssen, Andreas. 1995. *Twilight Memories: Marking Time in a Culture of Amnesia.* New York: Routledge.

Jacka, Tamara. 1997. *Women's Work in Rural China: Change and Continuity in an Era of Reform.* Cambridge: Cambridge University Press.

Jaschok, Maria, and Jingjun Shui. 2000. "'Outsider Within': Speaking to Excursions across Cultures." *Feminist Theory* 1, no. 1: 33–58.

Jensen, Lionel M. 1997. *Manufacturing Confucianism: Chinese Traditions and Universal Civilization.* Durham, NC: Duke University Press.

Jia Yunzhu. 2007. "Zhongguo laonian funü de jingji diwei zhuangkuang fenxi" [An Analysis of the Circumstances of the Economic Status of Older Women in China]. *Funü yanjiu,* no. 2: 43–50.

Jiang Xinghan and Cheng Wanli. 1958. "Diyige nongmin chushen de nü yanjiuyuan Zhang Qiuxiang" [Zhang Qiuxiang, the First Woman Researcher of Peasant Origin]. *Zhongguo funü,* October: 6–7.

Jiang Zexian. 2005. *Zhongguo nongmin shengsi baogao* [Report on the Life and Death of Chinese Peasants]. Nanchang: Jiangxi renmin chubanshe.

Jin Pusen. 2001. "To Feed a Country at War: China's Supply and Consumption of Grain During the War of Resistance." In *China in the Anti-Japanese War, 1937–1945: Politics, Culture, and Society,* ed. David P. Barrett and Larry N. Shyu, pp. 157–69. New York: Peter Lang.

Jing, Jun. 1996. *The Temple of Memories: History, Power, and Morality in a Chinese Village.* Stanford, CA: Stanford University Press.

———. 1997. "Rural Resettlement: Past Lessons for the Three Gorges Project." *China Journal,* no. 38 (July): 65–92.

———. 1999. "Villages Dammed, Villages Repossessed: A Memorial Movement in Northwest China." *American Ethnologist* 26, no. 2: 324–43.

———. 2001. "Male Ancestors and Female Deities: Finding Memories of Trauma in a Chinese Village." In *Disturbing Remains: Memory, History, and Crisis in the Twentieth Century,* ed. Michael S. Roth and Charles G. Salas, pp. 207–26. Los Angeles: Getty Research Institute.

Jing, Jun, and Meng Leng. 1999. "From China's Big Dams to the Battle of Sanmenxia." *Chinese Sociology and Anthropology* 31, no. 3 (Spring): 3–68.

Johnson, D. Gale. 1998. "China's Great Famine: Introductory Remarks." *China Economic Review* 9, no. 2 (Autumn): 103–9.

Johnson, Kay Ann. 1983. *Women, the Family, and Peasant Revolution in China.* Chicago: University of Chicago Press.

Judd, Ellen R. 1989. "Niangjia: Chinese Women and Their Natal Families." *Journal of Asian Studies* 48, no. 3 (August): 525–44.

———. 1998. "Reconsidering China's Marriage Law Campaign: Toward a De-Orientalized Feminist Perspective." *Asian Journal of Women's Studies* 4, no. 2 (June): 525–44, gw.proquest.com.

Kane, Penny. 1988. *Famine in China, 1959–1961: Demographic and Social Implications.* New York: St. Martin's Press.

Kaneff, Deema. 2004. *Who Owns the Past? The Politics of Time in a "Model" Bulgarian Village.* New York: Berghahn Books.

Kaplan Murray, Laura May. 1985. "New World Food Crops in China: Farms, Food, and Families in the Wei River Valley, 1650–1910." Ph.D. diss., University of Pennsylvania.

Karl, Rebecca E. 2002. "'Slavery,' Citizenship, and Gender in Late Qing China's Global Context." In *Rethinking the 1898 Reform Period: Political and Cultural Change in Late Qing China,* ed. Rebecca E. Karl and Peter Zarrow, pp. 212–44. Cambridge, MA: Harvard University Asia Center and Harvard University Press.

Kelliher, Daniel. 1992. *Peasant Power in China: The Era of Rural Reform, 1979–1989.* New Haven, CT: Yale University Press.

Kelly, Joan. 1984. *Women, History, and Theory: The Essays of Joan Kelly.* Women in Culture and Society Series. Chicago: University of Chicago Press.

Ko, Dorothy. 1994. *Teachers of the Inner Chambers: Women and Culture in Seventeenth-Century China.* Stanford, CA: Stanford University Press.

———. 2005. *Cinderella's Sisters: A Revisionist History of Footbinding.* Berkeley: University of California Press.

Kopijn, Yvette J. 1998. "The Oral History Interview in a Cross-Cultural Setting." In *Narrative and Genre,* ed. Mary Chamberlain and Paul Thompson, pp. 142–59. London: Routledge.

Kovács, András. 1992. "The Abduction of Imre Nagy and His Group: The 'Rashomon' Effect." In *Memory and Totalitarianism.* Vol. 1 of *International Yearbook of Oral History and Life Stories,* ed. Luisa Passerini, pp. 117–24. Oxford: Oxford University Press.

Lambek, Michael. 1996. "The Past Imperfect: Remembering as Moral Practice." In *Tense Past: Cultural Essays in Trauma and Memory,* ed. Paul Antze and Michael Lambek, pp. 235–55. New York: Routledge.

———. 2003. "Memory in a Maussian Universe." In *Regimes of Memory,* ed. Susannah Radstone and Katharine Hodgkin, pp. 202–16. London: Routledge.

"Lan Zhuren baogao guanche hunyinfa de zhixing qingkuang ji huihou yijian" [Director Lan's Report on the Circumstances of Marriage Law Implementation and Suggestions by Those Meeting]. 1955. July 13. Danfeng County Archives.

"Laodongmo Shan Xiuzhen" [Labor Model Shan Xiuzhen]. 2006. Weinan dang jianwang. http://wndj.org.cn/xgcl/2006/12/01082018l2.html.

Larsen, Steen F. 1992. "Potential Flashbulbs: Memories of Ordinary News as the Baseline." In *Affect and Accuracy in Recall: Studies of "Flashbulb" Memories,* ed. Eugene Winograd and Ulric Neisser, pp. 32–64. Cambridge: Cambridge University Press.

Lavely, William. 1991. "Marriage and Mobility under Rural Collectivism." In *Marriage and Inequality in Chinese Society,* ed. Rubie S. Watson and Patricia Buckley Ebrey, pp. 286–312. Berkeley: University of California Press.

Le Goff, Jacques. 1992. *History and Memory.* Trans. Steven Rendall and Elizabeth Claman. New York: Columbia University Press.

Lee, Peter. 2010. "China's Sorrow, China's Embarrassment: The Great Relocation That Failed." *Asia Times,* Oct. 13. http://atimes.com/atimes/China/LJ13Ad02.html, http://atimes.com/atimes/China/LJ13Ad03.html.

L'Engle, Madeleine. 1975 [1962]. *A Wrinkle in Time.* New York: Dell.

Leydesdorff, Selma, Luisa Passerini, and Paul Thompson, eds. 1996. *Gender and Memory.* Vol. 4 of *International Yearbook of Oral History and Life Stories.* Oxford: Oxford University Press,

Li, Huaiyin. 2005. "Life Cycle, Labour Remuneration, and Gender Inequality in a Chinese Agrarian Collective." *Journal of Peasant Studies* 32, no. 3 (Apr.): 277–303.

———. 2006. "The First Encounter: Peasant Resistance to State Control of Grain in East China in the Mid-1950s." *China Quarterly* 185 (Mar.): 145–62.

Li, Zhisui. 1994. *The Private Life of Chairman Mao.* Trans. Hung-chao Tai, with the editorial assistance of Anne F. Thurston. New York: Random House.

Li Rui. 1996a. *"Da yuejin" qinli ji* [A Personal Record of the Great Leap Forward]. Haikou: Nanfang chubanshe.

———. 1996b. *Lushan huiyi shilu* [A Veritable Record of the Lushan Plenum]. Zhengzhou: Henan sheng renmin chubanshe.

Li Ting'an. 1935. *Zhongguo xiangcun weisheng wenti* [Problems of Rural Health in China]. Shanghai: Shangwu yinshuguan.

Li Xiaojiang. 2003. *Rang nüren ziji shuohua* [Let Women Speak for Themselves]. 3 vols. Beijing: Sanlian shudian.

Li Yinhe. 1993. *Shengyu yu Zhongguo cunluo wenhua* [Reproduction and Chinese Village Culture]. Hong Kong: Oxford University Press.

Li Yunfeng and Wenwei Yuan. 2006. "Minguo shiqi de Xibei tufei yu xiangcun shehui weiji" [Northwest Bandits in the Republican Period and the Social Crisis in the Countryside]. In *Jindai Zhongguo de chengshi yu xiangcun* [City and Country in Modern China], ed. Li Changli and Zuo Yuhe, pp. 448–64. Beijing: Shehui kexue wenxian chubanshe.

Lieberthal, Kenneth G. 1980. *Revolution and Tradition in Tientsin, 1949–1952.* Stanford, CA: Stanford University Press.

Lim, Kahti. 1959. "Obstetrics and Gynecology in Past Ten Years." *Chinese Medical Journal* 79, no. 5 (Nov.): 375–83.

Lin, Justin Yifu. 1990. "Collectivization and China's Agricultural Crisis in 1959–1961." *Journal of Political Economy* 98, no. 6 (Dec.): 1228–52.

Lin, Justin Yifu, and Dennis Tao Yang. 1998. "On the Causes of China's Agricultural Crisis and the Great Leap Famine." *China Economic Review* 9, no. 2 (Autumn): 125–40.

———. 2000. "Food Availability, Entitlements, and the Chinese Famine of 1959–1961." *Economic Journal* 110, no. 460 (Jan.): 136–58.

Lin Chao, ed. 1982. *Chuanshaan geming genjudi lishi changbian* [Draft History of the Sichuan-Shaanxi Revolutionary Base Area]. Chengdu: Sichuan renmin chubanshe.

Ling Zhijun. 1997. *Lishi buzai paihuai: Renmin gongshe zai Zhongguo de xingqi he shibai* [History No Longer Hesitates: The Rise and Fall of People's Communes in China]. Beijing: Renmin chubanshe.

Liquan xian difang zhi bianzuan weihui, ed. 1999. *Liquan xianzhi* [Liquan County Gazetteer]. Shaanxi difang zhi congshu [Shaanxi Local Gazetteer Series]. Xi'an: Sanqin chubanshe.

Liu, Ching [Liu Qing]. 1977. *Builders of a New Life.* Trans. Sidney Shapiro. Peking: Foreign Languages Press.

Liu, Xin. 2000. *In One's Own Shadow: An Ethnographic Account of the Condition of Post-reform Rural China.* Berkeley: University of California Press.

Liu Qing. 1996. *Chuangye shi* [The Builders]. Xi'an: Shaanxi renmin chubanshe.

Liu Yanzhou. 1950. *Yang wawa* [Childbirth]. Shanghai: Xinhua shudian.

Liu Ziqian. 1981. "Di shiqilu jun yu hong si fangmian jun zai Shangluo zhanyi zhi huiyi" [Reminiscences of the Battle between the (Guomindang) 17th Route Army and the Red Fourth Front Army in Shangluo]. *Shaanxi wenshi ziliao,* no. 11 (Sept.): 240–43.

Lü, Xiaobo. 2000. *Cadres and Corruption: The Organizational Involution of the Chinese Communist Party.* Stanford, CA: Stanford University Press.

Lu Hong (ed.). 1950. *Lun cheng xiang hezuo* [On Cooperation between City and Countryside]. Beijing: Sanlian shudian.

Lu Hongyan. 2007. "Qujiang in Xi'an named park for cultural sector." *China Daily* (Aug. 13). http://www.chinadaily.com.cn/china/2007-08/13/content_6024102.htm.

Lu Xia. 1951. *Gaizao jiu chanpo jingyan jieshao* [Introduction to the Experience of Reforming Old Midwives]. Jinan: Shandong renmin chubanshe.

Lucas, AnElissa. 1982. *Chinese Medical Modernization: Comparative Policy Continuities, 1930–1980s.* New York: Praeger.

Luo Pinghan. 2001. *"Da guo fan": Gonggong shitang shimo* [One Big Pot: The Whole Story of the Public Dining Halls]. Nanning: Guangxi renmin chubanshe.

———. 2004. *Nongye hezuoshe yundong shi* [A History of the Agricultural Collectives]. Fuzhou: Fujian renmin chubanshe.

———. 2006 [2003]. *Nongcun renmin gongshe* shi [A History of the Rural People's Communes]. 2nd ed. Fuzhou: Fujian renmin chubanshe.

MacFarquhar, Roderick. 1974. *Contradictions among the People, 1956–1957.* Vol. 1 of *The Origins of the Cultural Revolution.* New York: Columbia University Press.

———. 1983. *The Great Leap Forward, 1958–1960.* Vol. 2 of *The Origins of the Cultural Revolution.* New York: Columbia University Press.

———. 1997. *The Coming of the Cataclysm, 1961–1966.* Vol. 3 of *The Origins of the Cultural Revolution.* New York: Columbia University Press.

Mai, Ding, comp. 1984. *Chinese Folk Songs: An Anthology of 25 Favorites with Piano Accompaniment.* Beijing: New World Press.

Malysheva, Marina, and Daniel Bertaux. 1996. "The Social Experiences of a Countrywoman in Soviet Russia." In *Gender and Memory,* vol. 4 of *International Yearbook of Oral History and Life Stories,* ed. Selma Leydesdorff, Luisa Passerini, and Paul Thompson, pp. 31–44. Oxford: Oxford University Press.

Mann, Susan. 1987. "Widows in the Kinship, Class, and Community Structures of Qing Dynasty China." *Journal of Asian Studies* 46, no. 1 (Feb.): 37–56.

———. 1997. *Precious Records: Women in China's Long Eighteenth Century.* Stanford, CA: Stanford University Press.

———. 2007. *The Talented Women of the Zhang Family.* Berkeley: University of California Press.

Manning, Kimberley Ens. 2005. "Marxist Maternalism, Memory, and the Mobilization of Women in the Great Leap Forward." *China Review* 5, no. 1 (Spring): 83–110.

———. 2006a. "The Gendered Politics of Woman-Work: Rethinking Radicalism in the Great Leap Forward." *Modern China* 32, no. 3 (July): 349–84.

———. 2006b. "Making a Great Leap Forward? The Politics of Women's Liberation in Maoist China." *Gender and History* 18, no. 3 (Nov.): 574–93.

———. 2007. "Communes, Canteens, and Creches: The Gendered Politics of Remembering the Great Leap Forward." In *Re-envisioning the Chinese Revolution: The Politics and Poetics of Collective Memories in Reform China,* ed. Ching Kwan Lee and Guobin Yang, pp. 93–118. Washington, D.C., and Stanford, CA: Woodrow Wilson Center Press and Stanford University Press.

Mao Zedong [Tse-tung]. 1967. *Selected Works of Mao Tse-tung.* Vol. 3. Beijing: Foreign Languages Press.

———. 1975. *Selected Works of Mao Tse-tung.* Vol. 1. Beijing: Foreign Languages Press.

———. 1977. *Selected Works of Mao Tse-tung.* Vol. 5. Beijing: Foreign Languages Press.

Mao Zedong and Roger R. Thompson. 1990. *Report from Xunwu.* Stanford, CA: Stanford University Press.

The Marriage Law of the People's Republic of China. 1975 [1950]. Peking: Foreign Languages Press.

McLaren, Anne E. 2000. "The Grievance Rhetoric of Chinese Women: From Lamentation to Revolution." *Intersections,* no. 4 (Sept.), wwwsshe.murdoch.edu.au/intersections/issue4/mclaren.html.

———. 2008. *Performing Grief: Bridal Laments in Rural China.* Honolulu: University of Hawai'i Press.

Meijer, Marinus Johan. 1971. *Marriage Law and Policy in the Chinese People's Republic.* Hong Kong: Hong Kong University Press.

Meng Yue and Dai Jinhua. 1989. *Fuchu lishi dibiao: Xiandai funü wenxue yanjiu* [Emerging onto the Horizon of History: Research on Modern Women's Literature]. Zhengzhou: Henan renmin chubanshe.

Mitchell, Timothy. 1991. "The Limits of the State: Beyond Statist Approaches and Their Critics." *American Political Science Review* 85, no. 1 (Mar.): 77–96.

———. 1999. "Society, Economy, and the State Effect." In *State/Culture: State-Formation after the Cultural Turn,* ed. George Steinmetz, pp. 76–97. Ithaca, NY: Cornell University Press.

Model Regulations for an Agricultural Producers' Co-operative. 1956. Beijing: Foreign Languages Press.

Moïse, Edwin E. 1983. *Land Reform in China and North Vietnam: Consolidating the Revolution at the Village Level.* Chapel Hill: University of North Carolina Press.

Mueggler, Erik. 2001. *The Age Of Wild Ghosts: Memory, Violence, and Place in Southwest China.* Berkeley: University of California Press.

———. 2007. "Spectral Chains: Remembering the Great Leap Forward Famine." In *Re-envisioning the Chinese Revolution: The Politics and Poetics of Collective Memories in Reform China,* ed. Ching-Kwan Lee and Guobin Yang, pp. 50–68. Washington, D.C., and Stanford, CA: Woodrow Wilson Center Press and Stanford University Press.

Mutual Aid and Cooperation in China's Agricultural Production. 1953. Beijing: Foreign Languages Press.

Myrdal, Jan. 1967. *Report from a Chinese Village.* Trans. Maurice Michael. Harmondsworth U.K.: Penguin Books.

MZT. *Mingzheng ting* [Civil Administration Office]. 1950s–1960s. Archival materials held at the Shaanxi Provincial Archives, Xi'an, Shaanxi.

Nanzheng xian difang zhi bianji weiyuan hui. 1990. *Nanzheng xianzhi* [Nanzheng County Gazetteer]. Beijing: Zhongguo renmin gong'an daxue chubanshe.

National Women's Federation of the People's Republic of China, ed. 1960. *Women in the People's Communes.* Beijing: Foreign Languages Press.

Neibu cankao [Internal Reference]. 1949–1952. Beijing: Zhonghua she cankao xiaoxi.

Neisser, Ulric. 1988. "What Is Ordinary Memory the Memory Of?" In *Remembering Re-*

considered: Ecological and Traditional Approaches to the Study of Memory, ed. Ulric Neisser and Eugene Winograd, pp. 356–73. New York: Cambridge University Press.

———. 2000a. "John Dean's Memory." In *Memory Observed: Remembering in Natural Contexts,* 2nd ed., ed. and comp. Ulric Neisser and Ira E. Hyman Jr., pp. 263–86. New York: Worth Publishers.

———. 2000b. "Memory: What Are the Important Questions?" In *Memory Observed: Remembering in Natural Contexts,* 2nd ed., ed. and comp. Ulric Neisser and Ira E. Hyman Jr., pp. 1–17. New York: Worth Publishers.

Neisser, Ulric, and Nicole Harsch. 1992. "Phantom Flashbulbs: False Recollections of Hearing the News about *Challenger.*" In *Affect and Accuracy in Recall: Studies of "Flashbulb" Memories,* ed. Eugene Winograd and Ulric Neisser, pp. 9–31. Cambridge: Cambridge University Press.

Neisser, Ulric, and Lisa K. Libby. 2000. "Remembering Life Experiences." In *The Oxford Handbook of Memory,* ed. Endel Tulving and Fergus I. M. Craik, pp. 315–32. New York: Oxford University Press.

Nichols, Francis H. 1902. *Through Hidden Shensi.* New York: Charles Scribner's Sons.

Nie, Jing-Bao. 2005. *Behind the Silence: Chinese Voices on Abortion.* Lanham, MD: Rowman and Littlefield.

Nora, Pierre. 1996. *Realms of Memory: The Construction of the French Past.* Vol. 1: *Conflicts and Divisions.* Ed. Lawrence D. Kritzman. Trans. Arthur Goldhammer. New York: Columbia University Press.

———. 1997. *Realms of Memory: The Construction of the French Past.* Vol. 2: *Traditions.* Ed. Lawrence D. Kritzman. Trans. Arthur Goldhammer. New York: Columbia University Press.

———. 1998. *Realms of Memory: The Construction of the French Past.* Vol. 3: *Symbols.* Ed. Lawrence D. Kritzman. Trans. Arthur Goldhammer. New York: Columbia University Press.

———. 2001. *Rethinking France: Les Lieux De Mémoire.* Trans. Mary Trouille. Chicago: University of Chicago Press.

"Nü zhuangyuan nü Zhuge da xian shengcai" [Women First-Ranked Scholars and Strategists Show Their Stature]. 1958 (or 1959?). Danfeng County Archives.

NYT. *Nongye ting* [Agriculture Office]. 1950s–1960s. Archival materials held at the Shaanxi Provincial Archives, Xi'an, Shaanxi.

Oakley, Ann. 1981. "Interviewing Women: A Contradiction in Terms." In *Doing Feminist Research,* ed. Helen Roberts, pp. 30–61. London: Routledge and Kegan Paul.

O'Brien, Kevin J., and Lianjiang Li. 2006. *Rightful Resistance in Rural China.* New York: Cambridge University Press.

Oi, Jean C. 1989. *State and Peasant in Contemporary China: The Political Economy of Village Government.* Berkeley: University of California Press.

———. 1999. *Rural China Takes Off: Institutional Foundations of Economic Reform.* Berkeley: University of California Press.

Osborne, Thomas. 1999. "The Ordinariness of the Archive." *History of the Human Sciences* 12, no. 2: 51–64.

Pai, Wei [Bai Wei]. 1954 (Chinese version 1950). *The Chus Reach Haven.* Trans. Yang Hsien-yi and Gladys Yang. Beijing: Foreign Languages Press.

Pang, Lihua, Alan de Brauw, and Scott Rozelle. 2004. "Working until You Drop: The Elderly of Rural China." *China Journal,* no. 52 (July): 73–94.

Passerini, Luisa. 1987. *Fascism in Popular Memory: The Cultural Experience of the Turin Working Class.* Trans. Robert Lumley and Jude Bloomfield. Cambridge: Cambridge University Press.

———. 2003. "Memories between Silence and Oblivion." In *Contested Pasts: The Politics of Memory,* ed. Katharine Hodgkin and Susannah Radstone, pp. 238–54. London: Routledge.

Pennebaker, James W. 1997. Introduction to *Collective Memory of Political Events: Social Psychological Perspectives,* ed. James W. Pennebaker, Dario Paez, and Bernard Rimé, pp. vii–xi. Mahwah, NJ: Lawrence Erlbaum.

Pennebaker, James W., and Becky L. Banasik. 1997. "On the Creation and Maintenance of Collective Memories: History as Social Psychology." In *Collective Memory of Political Events: Social Psychological Perspectives,* ed. James W. Pennebaker, Dario Paez, and Bernard Rimé, pp. 3–19. Mahwah, NJ: Lawrence Erlbaum.

Perelli, Carina. 1994. "*Memoria de Sangre:* Fear, Hope, and Disenchantment in Argentina." In *Remapping Memory: The Politics of TimeSpace,* ed. Jonathan Boyarin, pp. 39–66. Minneapolis: University of Minnesota Press.

Perry, Elizabeth J. 1994. "Trends in the Study of Chinese Politics: State-Society Relations." *China Quarterly,* no. 139 (Sept.): 704–13.

———. 2002. *Challenging the Mandate of Heaven: Social Protest and State Power in China.* Armonk, NY: M. E. Sharpe.

Phillips Johnson, Tina. 2006. "Building the Nation through Women's Health: Modern Midwifery in Early Twentieth-Century China." Ph.D. diss., University of Pittsburgh.

Pickowicz, Paul G. 1994. "Memories of Revolution and Collectivization in China: The Unauthorized Reminiscences of a Rural Intellectual." In *Memory, History, and Opposition under State Socialism,* ed. Rubie S. Watson, pp. 127–47. Santa Fe, NM: School of American Research Press.

———. 2007. "Rural Protest Letters: Local Perspectives on the State's Revolutionary War on Tillers, 1960–1990." In *Re-envisioning the Chinese Revolution: The Politics and Poetics of Collective Memories in Reform China,* ed. Ching Kwan Lee and Guobin Yang, pp. 21–49. Washington, D.C., and Stanford, CA: Woodrow Wilson Center Press and Stanford University Press.

Pillemer, David B. 1998. *Momentous Events, Vivid Memories.* Cambridge, MA: Harvard University Press.

———. 2000. "Personal Event Memories." In *Memory Observed: Remembering in Natural Contexts,* 2nd ed., ed. and comp. Ulric Neisser and Ira E. Hyman Jr., pp. 35–40. New York: Worth Publishers.

Piscitelli, Adriana. 1996. "Love and Ambition: Gender, Memory, and Stories from Brazilian Coffee Plantation Families." In *Gender and Memory,* vol. 4 of *International Yearbook of Oral History and Life Stories,* ed. Selma Leydesdorff, Luisa Passerini, and Paul Thompson, pp. 89–104. Oxford: Oxford University Press.

Pohlandt-McCormick, Helena. 2000. "'I Saw a Nightmare': Violence and the Construction of Memory (Soweto, June 16, 1976)." *History and Theory* 39 (Dec.): 23–44.

Portelli, Alessandro. 1991. *The Death of Luigi Trastulli and Other Stories.* Albany: State University of New York Press.

———. 1997. *The Battle of Valle Giulia: Oral History and the Art of Dialogue.* Madison: University of Wisconsin Press.

———. 1998. "Oral History as Genre." In *Narrative and Genre,* ed. Mary Chamberlain and Paul Thompson, pp. 23–45. London: Routledge.

———. 2003. "The Massacre at the Fosse Ardeatine: History, Myth, Ritual and Symbol." In *Contested Pasts: The Politics of Memory,* ed. Katharine Hodgkin and Susannah Radstone, pp. 29–41. London: Routledge.

"Proposed Program of Child Health and Welfare for China." 1948. Guoji ertong jinji jijin hui guanyu Zhongguo fuyou gongzuo de gezhong jihua he youguan cailiao [Plans and Related Material about Women's and Children's Health Work in China by the International Children's Emergency Foundation]. File 372.40, Number 2 Archives [Zhongguo di er lishi dang'an guan]. Nanjing.

Qi, Xin, et al. 1979. *China's New Democracy.* Hong Kong: Cosmos Books.

Qin Hui. 2001a. "Fengjian shehui de 'Guanzhong moshi' " [The "Guanzhong Model" in Feudal Society]. In *Kongjian, jiyi, shehui zhuanxing: "Xin shehui shi" yanjiu lunwen jingxuan ji* [Space, Memory, Social Transformation: Selected Essays on "New Social History" Research], ed. Yang Nianqun, pp. 284–308. Shanghai: Shanghai renmin chubanshe.

———. 2001b. " 'Guanzhong moshi' de shehui lishi yuanyuan: Qingchu zhi minguo—Guanzhong nongcun jingji yu shehui shi yanxi" [The Historical Origins of the Social History of the "Guanzhong Model": Early Qing to Republican Period—A Study of Guanzhong Village Economic and Social History]. In *Kongjian, jiyi, shehui zhuanxing: "Xin shehui shi" yanjiu lunwen jingxuan ji* [Space, Memory, Social Transformation: Selected Essays on "New Social History" Research], ed. Yang Nianqun, pp. 309–45. Shanghai: Shanghai renmin chubanshe.

Qin Hui and Su Wen. 1996. *Tianyuan shi yu kuangxiang qu: Guanzhong moshi yu qian jindai shehui de zai renshi* [English title: Pastorals and Rhapsodies: A Research for Peasant Societies and Peasant Culture]. Beijing: Zhongyang bianyi chubanshe.

Qin Yan and Yue Long. 1997. *Zouqu fengbi: Shaanbei funü hunyin yu shengyu 1900–1949* [Leaving Enclosure: Marriage and Childbirth among Women in North Shaanxi, 1900–1949]. Xian: Shaanxi renmin chubanshe.

Qingkuang fanying [Report on the Situation]. 1964, June 26. Weinan: Zhonggong Weinan diwei bangong shi.

Qingnian chengren yong guomin changshi keben (xia) [Textbook on Common Knowledge for Citizens, for the Use of Youths and Adults. Vol. 2]. 1947. N.p.: Zhonghua pingmin jiaoyu cujin hui.

Qunzhong ribao [Masses Daily]. 1950–53. Xi'an.

Radstone, Susannah, and Katharine Hodgkin. 2003. "Regimes of Memory: An Introduction." In *Regimes of Memory,* ed. Susannah Radstone and Katharine Hodgkin, pp. 1–22. London: Routledge.

Ran Guanghai. 1995. *Zhongguo tufei* [Chinese Bandits]. Chongqing: Chongqing chubanshe.

Raphals, Lisa. 1998. *Sharing the Light: Representations of Women and Virtue in Early China.* Albany: State University of New York Press.

Renmin chubanshe, ed. 1953. *Hunyinfa tongsu jiangjie cailiao* [Popular Explanation Material on the Marriage Law]. Beijing: Renmin chubanshe.

Renmin ribao [People's Daily]. 1951–57. Beijing.

Riskin, Carl. 1998. "Seven Questions about the Chinese Famine of 1959–61." *China Economic Review* 9, no. 2 (Autumn): 111–24.

———. 2009. Commentary, Columbia Modern China Seminar. Apr. 2.

Rofel, Lisa. 1999. *Other Modernities: Gendered Yearnings in China after Socialism.* Berkeley: University of California Press.

———. 2007. *Desiring China: Experiments in Neoliberalism, Sexuality, and Public Culture.* Durham, NC: Duke University Press.

Ruf, Gregory. 1998. *Cadres and Kin: Making a Socialist Village in West China, 1921–1991.* Stanford, CA: Stanford University Press.

Rui Qiaosong. 1955. *Zuguo de da xibei* [The Motherland's Great Northwest]. Beijing: Zhonghua quanguo kexue jishu puji xiehui.

Rutz, Henry J. 1992. "The Idea of a Politics of Time." In *The Politics of Time,* ed. Henry J. Rutz, pp. 1–17. Washington, D.C.: American Anthropological Association.

Schoenhals, Michael. 1987. *Saltationist Socialism: Mao Zedong and the Great Leap Forward, 1958.* Stockholm: JINAB.

Schurmann, Franz. 1968. *Ideology and Organization in Communist China.* Berkeley: University of California Press.

Schwarcz, Vera. 1986. *The Chinese Enlightenment: Intellectuals and the Legacy of the May Fourth Movement of 1919.* Berkeley: University of California Press.

Schwarz, Bill. 2003. " 'Already the Past': Memory and Historical Time." In *Regimes of Memory,* ed. Susannah Radstone and Katharine Hodgkin, pp. 135–51. London: Routledge.

Selden, Mark. 1995. *China in Revolution: The Yenan Way Revisited.* Armonk, NY: M. E. Sharpe.

Service, John S. 1974. *Lost Chance in China: The World War II Despatches of John S. Service.* Ed. Joseph W. Esherick. New York: Random House.

Seybolt, Peter J. 1996. *Throwing the Emperor from His Horse: Portrait of a Village Leader in China, 1923–1995.* Boulder, CO: Westview Press.

Shaanganning bianqu funü yundong dashi jishu [Record of Major Events in the Shaanganning Border Region Women's Movement]. 1987. N.p.: Shaanganning sanshengqu fulian.

Shaanganning bianqu funü yundong wenxian ziliao xuanbian [Selected Documentary Material on the Shaanganning Border Region Women's Movement]. 1982. N.p.: Shaanxi sheng funü lianhe hui.

Shaanganning bianqu funü yundong wenxian ziliao (xuji) [Documentary Material on the Shaanganning Border Region Women's Movement (cont.)]. 1985. N.p.: Shaanxi sheng funü lianhe hui.

Shaanxi funü yundong (1919–1937) [The Shaanxi Women's Movement (1919–1937)]. 1996. N.p.: Shaanxi renmin chubanshe.

Shaanxi ribao [Shaanxi Daily]. 1950s. Xi'an.

"Shaanxi sheng 1950 nian fuying weisheng diaocha zongjie" [Summary of an Investigation of Women's and Children's Health in Shaanxi Province in 1950]. 1950. Minzheng ting [Civil Administration] files, Shaanxi Provincial Archives, Xi'an.

"Shaanxi sheng 51 nian fuyou weisheng cailiao" [Material on Women's and Children's Health in Shaanxi Province, 1951]. 1951. Women's Federation Archives, Shaanxi Provincial Archives, Xi'an.

Shaanxi sheng Danfeng xian jiaotong ju, ed. 1990. *Danfeng jiaotong zhi* [Danfeng Transportation Gazetteer]. Shaanxi: Shaanxi sheng Danfeng xian jiaotong ju.

Shaanxi sheng Danfeng xian shuili zhi bianzuan zu, ed. 1990. *Danfeng Xian shuili zhi* [Gazetteer of Water Conservancy in Danfeng County]. Shaanxi difang zhi shuili zhi congshu [Shaanxi Local Gazetteer Water Conservancy Series]. Danfeng xian: Danfeng xian shuidian shui tu baochi ju.

Shaanxi sheng ditu ce [Mapbook of Shaanxi Province]. 1991. Xi'an: Xi'an ditu chubanshe.

Shaanxi sheng fulian bangong shi, ed. 1954. *Shaanxi sheng jiceng xuanju zhong funü gongzuo zongjie* [Summary of Womanwork during the Basic-Level Elections in Shaanxi Province]. Women's Federation Xibei sheng fulian bangong shi, Aug.

Shaanxi sheng fulian fuli bu. 1954. *Fuying weisheng gongzuo jingyan jieshao* [Introduction to the Experience of Work on Women's and Children's Health]. N.p.: N.p., Sept. Women's Federation Archives, Shaanxi Provincial Archives, Xi'an.

Shaanxi sheng funü lianhe hui, ed. 1994. *Shaanxi funü yundong 40 nian dashi ji 1949–1989.* [Major Events in the Past 40 Years of the Shaanxi Women's Movement, 1949–1989]. Xi'an: Shaanxi sheng funü lianhe hui.

Shaanxi sheng hunyin wenti xuanchuan diaocha zu [Shaanxi Provincial Marriage Problems Propaganda and Investigation Group]. 1952a. "Weinan xian dier qu Yin cun xiang hunyin wenti xuanchuan diaocha gongzuo zongjie baogao" [Summary Report of Propaganda and Investigative Work on Marriage Problems in Yin Village and Township, District 2, Weinan County]. May 26. Ms. no. 213. Weinan County Archives.

———. 1952b. "Weinan xian Xinyi qu de liu xiang gongzuo zongjie [Work Summary for Sixth Township, Xinyi District, Weinan County]. Report (handwritten), Apr. 1. Weinan County Archives.

Shaanxi sheng minzheng ting. 1940. *Shaanxi sheng zhengli baojia zong baogao* [General Report on the Reorganization of the Baojia System in Shaanxi Province]. Shaanxi sheng: Minzheng ting.

Shaanxi sheng minzhu fulian hui (ed.). 1952. *Funü gongzuo jianxun* [Women's Work Newsletter], nos. 13–18.

Shaanxi sheng minzhu funü lianhe hui (ed.). 1956. *Shaanxi sheng funü miantian guanli jingyan jiaoliu dahui zhuanji* [Special Collection on the Shaanxi Province Women's Meeting to Exchange Experiences of Cotton Field Management]. N.p. [Xian]: Shaanxi sheng minzhu funü lianhe hui, May.

Shaanxi sheng minzhu funü lianhe hui xuanchuan bu (ed.). 1957. *Nongcun funü de hao bangyang* [Good Models for Village Women]. Xi'an: Shaanxi renmin chubanshe, May.

Shaanxi sheng nonglin ting (ed.). 1958. *Jiuyuan nüjiang wumian liqi gong: Weinan xian Shuangwang xiang Bali dian she Zhang Qiuxiang wumian xiaozu jingyan* [The Immediate Outstanding Service of Nine Women Commanders Growing Cotton: The Experience of Zhang Qiuxiang's Cotton Growing Group in Bali dian Collective, Shuang Wang Township, Weinan County]. Xi'an: Shaanxi renmin chubanshe, April.

Shaanxi sheng nongye hezuo shi bianwei hui bian. 1993. *Shaanxi sheng nongye hezuo zhong-*

yao wenxian xuanbian [Selected Compilation of Documents on Shaanxi Province Agricultural Cooperatives]. In *Shaanxi sheng nongye hezuozhi shiliao congshu* [Collection of Historical Materials on the Agricultural Cooperative System in Shaanxi Province]. Xi'an: Shaanxi renmin chubanshe.

———. 1994. *Shaanxi sheng nongye hezuo dianxing cailiao xuanbian* [Selected Compilation of Representative Materials on Shaanxi Province Agricultural Cooperatives]. *Shaanxi sheng nongye hezuozhi shiliao congshu* [Collection of Historical Materials on the Agricultural Cooperative System in Shaanxi Province]. Xi'an: Shaanxi renmin chubanshe.

Shaanxi sheng nongye zhanlan hui (ed.). 1958. *Mianhua fengchan yimian hongqi: Weinan xian Zhang Qiuxiang zhimian xiaozu* [A Red Flag in the Cotton Bumper Crop: Zhang Qiuxiang's Cotton Growing Group in Weinan County]. N.p.: N.p., Nov. Women's Federation Archives, Shaanxi Provincial Archives, Xi'an.

"Shaanxi sheng weisheng chu gongzuo baogao" [Work Report of the Shaanxi Provincial Department of Health]. 1946. In *Guanyu Shaanxi, Gansu, Qinghai weisheng chu, Xibei yiyuan, Zhongshi yuan Sibei fenyuan zai quanguo weisheng huiyi shang tigong de gongzuo baogao cailiao* [Work Report Material Supplied to the National Health Congress by the Health Departments of Shaanxi, Gansu, and Qinghai, and the Xibei Hospital and Xibei Branch of the Zhongshi Hospital]. File 372.19, Number 2 Archives [Zhongguo di er lishi dang'an guan]. Nanjing.

Shaanxi sheng weisheng ting. 1957. "Guanyu jiji kaizhan biyun gongzuo de tongzhi" [Communiqué on Actively Developing Birth Control Work]. Weinan County Archives.

Shaanxi shida dili xi "Weinan diqu dili zhi" bianxie zu, ed. 1990. *Shaanxi sheng Weinan diqu dili zhi* [Geography Gazetteer for Weinan District, Shaanxi Province]. Xi'an: Shaanxi renmin chubanshe.

Shan Xiuzhen, guangrong de wuchan jieji zhanshi: jiceng funü ganbu xuexi ziliao [Shan Xiuzhen, Glorious Proletarian Fighter: Study Material for Grassroots Women's Cadres]. 1962. Pamphlet. N.p.: Shaanxi Fulian ying, Jan. 27. Women's Federation Archives 178–313–001 Shaanxi Provincial Archives, Xi'an.

Shanghai shi minzhu funü lianhe hui xuanjiao bu, ed. 1951. *Funü gongzuo shouce* [Handbook for Women-Work]. Shanghai: Xinhua shudian Huadong zongfen dian.

"Shangzhen zhen Shangshan she mofan danwei cailiao" [Individual Material on the Model Unit of Shangzhen Township, Shangshan Commune]. 1958. Danfeng County Archives.

Shen, Tsung-han. 1977. "Food Production and Distribution for Civilian and Military Needs in Wartime China, 1937–1945." In *Nationalist China During the Sino-Japanese War, 1937–45*, ed. Paul K. T. Sih, pp. 167–201. Hicksville, NY: Exposition Press.

"Shi Duozi." 1953. Danfeng County Archives.

Shi kan she [Poetry Magazine], ed. 1958a. *Da yuejin minge xuan yibai shou* [Selection of 100 Folk Songs from the Great Leap Forward]. Vol. 1 of *Xin minge bai shou* [One Hundred New Folk Songs]. Beijing: Zhongguo qingnian chubanshe.

———, ed. 1958b. *Xin minge bai shou* [One Hundred New Folk Songs], vol. 2. Beijing: Zhongguo qingnian chubanshe.

———, ed. 1959. *Xin minge bai shou* [One Hundred New Folk Songs], vol. 3. Beijing: Zhongguo qingnian chubanshe.

Shi Yaozeng. 1999. *Heyang fengqing* [Heyang Customs]. Xian: Shaanxi lüyou chubanshe.

Shue, Vivienne. 1980. *Peasant China in Transition: The Dynamics of Development toward Socialism, 1949–1956.* Berkeley: University of California Press.

———. 1988. *The Reach of the State: Sketches of the Chinese Body Politic.* Stanford, CA: Stanford University Press.

———. 1990. "Emerging State-Society Relations in Rural China." In *Remaking Peasant China: Problems of Rural Development and Institutions at the Start of the 1990s,* ed. Jørgen Delman, Clemens Stubbe Østeraard, and Flemming Christiansen, pp. 60–80. Aarhus, Denmark: Aarhus University Press.

Singer, Wendy. 1997. *Creating Histories: Oral Narratives and the Politics of History-Making.* Delhi: Oxford University Press.

Skultans, Vieda. 1998. *The Testimony of Lives: Narrative and Memory in Post-Soviet Latvia.* London: Routledge.

Smith, Arthur H. 1894. *Chinese Characteristics.* New York: Fleming H. Revell.

Smith, S[tephen]. A. 2006. "Talking Toads and Chinese Ghosts: The Politics of 'Superstitious' Rumors in the People's Republic of China, 1961–1965." *American Historical Review* 111, no. 2 (Apr.): 405–27.

Solinger, Dorothy J. 1984. *Chinese Business under Socialism: The Politics of Domestic Commerce, 1949–1980.* Berkeley: University of California Press.

Sommer, Matthew H. 2005. "Making Sex Work: Polyandry as a Survival Strategy in Qing Dynasty China." In *Gender in Motion,* ed. Bryna Goodman and Wendy Larson, pp. 29–54. Lanham, MD: Rowman and Littlefield.

St. Clair, David, Xu Mingqing, Wang Peng, Yu Yaqin, Fang Yourong, Zheng Feng, Zheng Xiaoying, Gu Niufan, Feng Guoyin, Sham Pak, and He Lin. 2005. "Rates of Adult Schizophrenia Following Prenatal Exposure to the Chinese Famine of 1959–1961." *Journal of the American Medical Association* 294, no. 5 (Aug.): 557–62.

Stacey, Judith. 1983. *Patriarchy and Socialist Revolution in China.* Berkeley: University of California Press.

Stafford, Charles. 2000. *Separation and Reunion in Modern China.* Cambridge: Cambridge University Press.

Steedman, Carolyn. 1998. "The Space of Memory: In an Archive." *History of the Human Sciences* 11, no. 4: 65–83.

———. 2002. *Dust: The Archive and Cultural History.* New Brunswick, NJ: Rutgers University Press.

Stoler, Ann Laura, with Karen Strassler. 2002. "Memory-Work in Java: A Cautionary Tale." In Ann Laura Stoler, *Carnal Knowledge and Imperial Power: Race and the Intimate in Colonial Rule,* pp. 162–203. Berkeley: University of California Press.

Stranahan, Patricia. 1983a. "Labor Heroines of Yan'an." *Modern China* 9, no. 2 (Apr.): 228–52.

———. 1983b. *Yan'an Women and the Communist Party.* Berkeley: Institute of East Asian Studies, University of California, Berkeley.

Sun Deshan and Wu Yan. 1982. *Sheyuan jiating fuye he jishi maoyi* [Commune Members' Household Sidelines and Trade and Periodic Markets]. Beijing: Nongye chubanshe.

Tai, Hue-Tam Ho, ed. 2001a. *The Country of Memory: Remaking the Past in Late Socialist Vietnam.* Berkeley: University of California Press.

———. 2001b. "Faces of Remembrance and Forgetting." In *The Country of Memory: Remaking the Past in Late Socialist Vietnam,* ed. Hue-Tam Ho Tai, pp. 167–95. Berkeley: University of California Press.

Teichman, Eric. 1921. *Travels of a Consular Officer in North-West China: With Original Maps of Shensi and Kansu and Illustrated by Photographs Taken by the Author.* Cambridge: Cambridge University Press.

Teiwes, Frederick C., with Warren Sun. 1999. *China's Road to Disaster: Mao, Central Politicians, and Provincial Leaders in the Unfolding of the Great Leap Forward 1955–1959.* Armonk, NY: M. E. Sharpe.

Thaxton, Ralph A., Jr. 1997. *Salt of the Earth: The Political Origins of Peasant Protest and Communist Revolution in China.* Berkeley: University of California Press.

———. 2008. *Catastrophe and Contention in Rural China: Mao's Great Leap Forward Famine and the Origins of Righteous Resistance in Da Fo Village.* Cambridge Studies in Contentious Politics. Cambridge: Cambridge University Press.

Tian He. 1999. *Hongse ren sheng: Laomo Shen Jilan* [The Life of a Red (Revolutionary): Labor Model Shen Jilan]. Taiyuan: Shanxi jiaoyu chubanshe.

Tian Xiquan. 2006. *Geming yu xiangcun: Guojia, sheng, xian yu liangshi tonggou tongxiao zhidu, 1953–1957* [Revolution and the Countryside: Nation, Province, County, and the System of Unified Purchase and Sale of Grain, 1953–1957]. Shanghai: Shanghai shehui kexue yuan chubanshe.

Tongguan juan [Tongguan Volume]. 1997. Zhongguo guoqing congshu—bai xian shi jingji shehui diaocha [Series on China's National Situation—Economic and Social Investigation of 100 Counties and Cities]. Beijing: Zhongguo da baike quanshu chubanshe.

Tongguan xianzhi bianzuan weiyuan hui. 1992. *Tongguan xianzhi* [Tongguan County Gazetteer]. Shaanxi sheng difang zhi congshu. Xi'an: Shaanxi renmin chubanshe.

Tonkin, Elizabeth. 1992. *Narrating Our Pasts: The Social Construction of Oral History.* Cambridge: Cambridge University Press.

Van de Ven, Hans J. 2003. *War and Nationalism in China, 1925–1945.* London: Routledge Curzon.

Vansina, Jan. 1965. *Oral Tradition: A Study in Historical Methodology.* Trans. H. M. Wright. Chicago: Aldine. [French edition 1961].

———. 1985. *Oral Tradition as History.* Madison: University of Wisconsin Press.

Verdery, Katherine. 1992. "The 'Etatization' of Time in Ceausescu's Romania." In *The Politics of Time,* ed. Henry J. Rutz, pp. 37–61. Washington, D.C.: American Anthropological Association.

Vermeer, Eduard. 1981. "Population and Agriculture in Guanzhong [Kuan-chung], 1935–1980." In *Leyden Studies in Sinology: Papers Presented at the Conference Held in Celebration of the Fiftieth Anniversary of the Sinological Institute of Leyden University, December 8–12, 1980,* ed. W. L. Idema, pp. 214–34. Leiden, Netherlands: Brill.

———. 1988. *Economic Development in Provincial China: The Central Shaanxi since 1930.* Cambridge: Cambridge University Press.

Village B briefing. 1996. Aug. 6. Current village leaders. Author's notes.

Village G briefing. 2001. Mar. 23. Party secretary and officials of the Senior Citizens Association. Author's notes.

Village T briefing. 1997. July 3. Current and former Party secretaries, township cadres, former village women's chairs, county Women's Federation representatives. Author's notes.

Village Z briefing. 1999. July 25. Township and village heads. Author's notes.

Visweswaran, Kamala. 1994. *Fictions of Feminist Ethnography.* Minneapolis: University of Minnesota Press.

Vogel, Ezra F. 1971. *Canton under Communism: Programs and Politics in a Provincial Capital, 1949–1968.* New York: Harper and Row.

Wakefield, David. 1998. *Fenjia: Household Division and Inheritance in Qing and Republican China.* Honolulu: University of Hawai'i Press.

Walker, Kathy Le Mons. 1993. "Economic Growth, Peasant Marginalization, and the Sexual Division of Labor in Early Twentieth-Century China." *Modern China* 19, no. 3 (July): 354–86.

———. 1999. *Chinese Modernity and the Peasant Path: Semicolonialism in the Northern Yangzi Delta.* Stanford, CA: Stanford University Press.

Wang, Joseph En-pao. 1976. *Selected Legal Documents of the People's Republic of China.* Arlington, VA: University Press of America.

Wang, Ximing. 2009. "Seniors' Organizations in China's New Rural Reconstruction: Experiments in Hubei and Henan." Trans. Matthew A. Hale. *Inter-Asia Cultural Studies* 10, no. 1: 138–53.

Wang, Zheng. 2006. "Dilemmas of Inside Agitators: Chinese State Feminists in 1957." *China Quarterly* 188 (Dec.): 913–32.

Wang Chengjing. 1950. *Xibei de nongtian shuili* [Irrigation and Water Conservancy in the Northwest]. Shanghai: Zhonghua shuju.

Wang Deyi. 1949. *Zhuchan changshi* [Elementary Knowledge of Midwifery]. Dalian: Dazhong shudian.

Wang Gengjin, Yang Xun, Wang Ziping, Liang Xiaodong, and Yang Guansan. 1989. *Xiangcun sanshi nian: Fengyang nongcun shehui jingji fazhan shilu (1949–1983 nian)* [Thirty Years in the Countryside: A Faithful Record of the Development of the Social Economy in the Villages of Fengyang, 1949–1983]. Beijing: Nongcun duwu chubanshe.

Wang Guohong. 1993. Personal interviews, Liquan, Wugong, and Xingping Counties, Shaanxi Province. Unpublished interview transcripts.

Wang Li. 1959. "Weinan xian funü lianhe hui xiang funü di wujie daibiao dahui de gongzuo baogao" [Weinan County Women's Federation Work Report to the Fifth Representative Congress of Women]. Weinan County Archives.

Wang Ruifang. 2005. "Chen Yun yu liangshi tonggou tongxiao" [Chen Yun and the Unified Purchase and Sale of Grain]. *Zhonggguo jingji shi luntan* [China Economic History Forum], no. 4 (28 Oct.), http://economy.guoxue.com/article.php/6770.

Wang Xingjian, ed. and comp. 1968 [1794]. *Nanzheng xianzhi* [Nanzheng County Gazetteer]. Taipei: Taiwan xuesheng shuju.

Weigelin-Schwiedrzik, Susanne. 2003. "Trauma and Memory: The Case of the Great Famine in the People's Republic of China (1959–1961)." *Historiography East and West* 1, no. 1: 1–67.

Weinan diqu difang zhi bianji weiyuan hui. 1996. *Weinan diqu zhi* [Gazetteer of Weinan District]. Shaanxi difang zhi congshu [Shaanxi Gazetteer Series]. Xi'an: Sanqin chubanshe.

Weinan diqu nongye hezuo shi bianwei hui bian [Editorial Committee on the History of Agricultural Cooperation in Weinan District]. Li Xiyuan, chair. 1993. *Weinan diqu nongye hezuo shiliao* [Historical Material on Agricultural Cooperation in Weinan District]. Xi'an: Shaanxi renmin chubanshe.

Weinan ribao [Weinan Daily]. Weinan.

"Weinan xian 1957 nian fuxun jiesheng yuan gongzuo jihua" [Plans for the Work of Retraining Midwives in Weinan County in 1957]. 1956. Weinan County Archives.

"Weinan xian Baiyang gongshe Hongxing shengchan dadui dang zhibu shuji Cao Zhuxiang mofan shiji danxing cailiao" [Individual Material on the Model Activities of Party Branch Secretary Cao Zhuxiang, Red Star Production Brigade, Baiyang Commune, Weinan County]. 1962. Records of Village B, Weinan.

Weinan xian funü lianhe hui. 1956. "Weinan xian Fulian guanyu xunlian tuoer huzhu gugan de qingkuang zongjie baogao" [Weinan County Women's Federation Summary Report on the Circumstances of Training Childcare Mutual Aid Backbone Cadres]. May 25. Weinan County Archives.

Weinan xian guanche hunyinfa yundong weiyuan hui [Weinan County Committee on the Campaign to Carry Out the Marriage Law]. 1953a. "Weinan xian guanche hunyinfa yundong" [Weinan County Movment to Carry Out the Marriage Law]. Weinan County Archives.

———. 1953b. "Weinan xian guanche hunyinfa yundong shouci baogao" [Initial Report on the Movement to Carry Out the Marriage Law in Weinan County]. Weinan County Archives.

———. 1953c. "Weinan xian guanche hunyinfa yundong erci baogao" [Second Report on the Movement to Carry Out the Marriage Law in Weinan County]. Weinan County Archives.

———. 1953d. "Weinan xian guanche hunyinfa yundong zongjie" [Summary Report on the Movement to Carry Out the Marriage Law in Weinan County]. Weinan County Archives.

Weinan xian minzhu funü lianhe hui. 1952a. "Weinan xian diwu qu liu xiang Cao Zhuxiang pingwei xian mianhua fengchan hu danxing cailiao" [Individual Material on Cao Zhuxiang of the Sixth Township, Fifth District, Weinan County, Being Chosen as a Bumper Cotton Crop Household]. 178–27–026. Women's Federation Archives, Shaanxi Provincial Archives, Xi'an.

———. 1952b. "Weinan xian diyi jie funü daibiao da hui zongjie baogao" [Summary Report of the First Representative Congress of Weinan County Women]. Weinan County Archives.

———. 1958. "Weinan xian 1957 nian funü gongzuo zongjie baogao" [Weinan County Summary Report on Women-Work in 1957]. Feb. 11. Weinan County Archives.

Weinan xian renmin weiyuan hui. 1956. "Guanyu gei nongyeshe xunlian weisheng yuan he jiesheng yuan de tongzhi" [Communiqué on Training Health Personnel and Midwives for the Agricultural Collectives]. Nov. 26. Weinan County Archives.

———. 1957. "1957 nian 1 zhi 6 yue fen fuyou weisheng gongzuo jihua" [Plan of Women's and Children's Health Work, January–June 1957]. Report (handwritten). Weinan County Archives.

Weinan xian [Weinan County]. *Weinan xian dang'an guan* [Weinan County Archives]. Weinan, Shaanxi.

Weinan xianzhi bianji weiyuan hui. 1987. *Weinan xianzhi* [Weinan County Gazetteer]. Shaanxi: Sanqin chubanshe.

Weisheng xuanchuan gongzuo [Hygiene Propaganda Work]. 1951–52. Beijing: Zhongyang renmin zhengfu weisheng bu weisheng xuanchuan chu.

Wemheuer, Felix. 2009. "Regime Changes of Memory: Creating the Official History of the Ukrainian and Chinese Famines under State Socialism and after the Cold War." *Kritika: Explorations in Russian and Eurasian History* 10, no. 1 (Winter): 31–59.

Wen Tiejun. 1999. " 'Sannong wenti': Shiji mo de fansi" [Reflections at Century's End on the "Threefold Problem of the Rural Areas"]. *Dushu*, no. 12 (Dec.): 3–11.

———. 2000. *Zhongguo nongcun jiben jingji zhidu yanjiu: "Sannong" wenti de shiji fansi* [Research on the Basic Economic System of China's Rural Areas: Centenary Reflections on the "Threefold Problem of the Rural Areas"]. Beijing: Zhongguo jingji chubanshe.

———. 2001. "Centenary Reflections on the 'Three Dimensional Problem' of Rural China." Trans. Petrus Liu. *Inter-Asia Cultural Studies* 2, no. 2: 287–95.

Wen Xianmei, ed. 1987. *Chuan Shaan geming genjudi luncong* [Collected Essays on the Sichuan-Shaanxi Revolutionary Base Area]. Chengdu: Sichuan daxue chubanshe.

Wertsch, James V. 2002. *Voices of Collective Remembering.* Cambridge: Cambridge University Press.

Westad, Odd Arne. 2003. *Decisive Encounters: The Chinese Civil War, 1946–1950.* Stanford, CA: Stanford University Press.

White, Luise. 2000a. *Speaking with Vampires: Rumor and History in Colonial Africa.* Berkeley: University of California Press.

———. 2000b. "Telling More: Lies, Secrets, and History." *History and Theory* 39 (Dec.): 11–22.

———. 2004. "True Confessions." *Journal of Women's History* 15, no. 4 (Winter): 142–44.

White, Luise, Stephan F. Miescher, and David William Cohen, eds. 2001. *African Words, African Voices: Critical Practices in Oral History.* Bloomington: Indiana University Press.

White, Richard. 1998. *Remembering Ahanagran: Storytelling in a Family's Past.* New York: Hill and Wang.

White, Tyrene. 1994. "The Origins of China's Birth Planning Policy." In *Engendering China: Women, Culture, and the State,* ed. Christina K. Gilmartin, Gail Hershatter, Lisa Rofel, and Tyrene White, pp. 250–78. Cambridge, MA: Harvard University Press.

———. 2006. *China's Longest Campaign: Birth Planning in the People's Republic, 1949–2005.* Ithaca, NY: Cornell University Press.

Whyte, Martin King. 1997. "The Fate of Filial Obligations in Urban China." *China Journal,* no. 38 (July): 1–31.

Wolf, Margery. 1972. *Women and the Family in Rural Taiwan.* Stanford, CA: Stanford University Press.

———. 1975. "Women and Suicide in China." In *Women in Chinese Society,* ed. Margery Wolf and Roxane Witke, pp. 111–41. Stanford, CA: Stanford University Press.

———. 1985. *Revolution Postponed: Women in Contemporary China.* Stanford, CA: Stanford University Press.

Wu, Yi-Li. 2002. "Ghost Fetuses, False Pregnancies, and the Parameters of Medical Uncertainty in Classical Chinese Gynecology." *Nan Nü* 4, no. 2: 170–206.

———. 2010. *Reproducing Women: Medicine, Metaphor, and Childbirth in Late Imperial China*. Berkeley: University of California Press.

Wu Wen. 1995. *Yong bu banjie de huang tudi—Qinlong wenhua lun* [Yellow Earth That Never Hardens: On the Culture of Qinlong]. Beijing: Renmin chubanshe.

"Wu yi she funü jiti mofan danxing cailiao" [Individual Material on the Model Women's Collective from May First Commune]. 1958. Sept. 15. Danfeng County Archives.

Xi Jianfang [oral history]. 1988. "Da dizhu" [Strike the Landlords]. *Heyang wenshi ziliao* 2 (Oct.): 46.

Xia Mingfang. 2000. *Minguo shiqi ziran zaihai yu xiangcun shehui* [Republican-era Natural Disasters and Village Society]. Beijing: Zhonghua shuju.

Xiang Hui and Wang Senwen, eds. and comps. 1969. *Xu Tongguan xianzhi* [Continuation of Tongguan Gazetteer]. Taipei: Chengwen chubanshe.

"Xianyang xian Weibin xiang yinian lai fuyou weisheng gongzuo qingkuang [Conditions of Women's and Children's Health Work in the Past Year in Xianyang County, Weibin Township]. 1956. 178–153–081. Women's Federation Archives, Shaanxi Provincial Archives, Xi'an.

Xibei funü huabao [Northwest Women's Pictorial]. 1953–56 Xi'an Xibei minzhu funü lianhe hui shengchan bu, ed. 1952. *Xibei funü shengchan jianxun* [News in Brief on Production by Women in the Northwest], no. 6, Nov. Xibei minzhu funü lianhe hui shengchan bu.

Xibei minzhu funü lianhe hui xuanchuan bu, ed. 1952. *Yinian lai Xibei funü zai kang Mei yuan Chao zhong de huodong* [The Activities of Northwest Women During the Past Year in Resisting America and Aiding Korea]. Feb. Xibei minzhu funü lianhe hui shengchan bu.

Xibei xiangdao [Guide to the Northwest]. 1936. June-Dec. Xi'an Xie Chuntao. 1990. *Da yuejin kuanglan* [Raging Waves of the Great Leap Forward]. Henan: Henan renmin chubanshe.

Xin Zhongguo funü [Women of New China]. 1949–55. Beijing.

Xingzheng yuan nongcun fuxing weiyuan hui [Rural Rehabilitation Committee of the Executive Yuan], ed. 1934. *Shaanxi sheng nongcun diaocha* [Investigation of Shaanxi Rural Areas]. Shanghai: Shangwu yinshu guan.

Xinjiang sheng minzhu funü lianhe hui, ed. 1953. *Funü canjia shengchan wawa zenmaban* [What to Do with the Children When Women Join in Production]. May. Dihua: Xinjiang renmin chubanshe.

Xiong Jingming, ed. 2000. *Jinru 21 shiji de Zhongguo nongcun* [English title: Come into Chinese Country of Twenty-one Century]. Beijing: Guangming ribao chubanshe.

Xu Haidong. 1982. *Shengping zishu* [My Life in My Own Words]. Beijing: Shenghuo dushu xinzhi sanlian shudian.

Xu Xiuli. 2006. "20 shiji 30 niandai de xiangcun gongwu renyuan—jianzhiyu nongcun fuxing weiyuan hui de diaocha" [Government Functionaries in the Countryside in the 1930s, as Seen from the Investigations of the Village Revitalization Committee]. In *Jindai Zhongguo de chengshi yu xiangcun* [City and Country in Modern China], ed. Li Changli and Zuo Yuhe, pp. 263–306. Beijing: Shehui kexue wenxian chubanshe.

Yan, Hairong. 2003. "Spectralization of the Rural: Reinterpreting the Labor Mobility of Rural Young Women in Post-Mao China." *American Ethnologist* 30, no. 4 (Nov.): 578–96.

Yan, Yunxiang. 1996. *The Flow of Gifts: Reciprocity and Social Networks in a Chinese Village*. Stanford, CA: Stanford University Press.

———. 2003. *Private Life under Socialism: Love, Intimacy, and Family Change in a Chinese Village, 1949–1999*. Stanford, CA: Stanford University Press.

Yan Shulin and Jiao Lianjia, eds. and comps. 1969. *Xinxu Weinan xianzhi* [New Continuation of Weinan Gazetteer]. 3 vols. Taipei: Chengwen chubanshe.

Yang, C. K. 1969. *Chinese Communist Society: The Family and the Village*. Cambridge, MA: MIT Press.

Yang, Dali L. 1996. *Calamity and Reform in China: State, Rural Society, and Institutional Change since the Great Leap Famine*. Stanford, CA: Stanford University Press.

———. 1997. "Surviving the Great Leap Famine: The Struggle over Rural Policy, 1958–1962." In *New Perspectives on State Socialism in China*, ed. Timothy Cheek and Tony Saich, pp. 262–302. Armonk, NY: M. E. Sharpe.

Yang, Dali L., and Fubing Su. 1998. "The Politics of Famine and Reform in Rural China." *China Economic Review* 9, no. 2: 141–55.

Yang, Marion. 1928. "Midwifery Training in China." *China Medical Journal* 42: 768–75.

———. 1930. "Control of Practicing Midwives in China." *China Medical Journal* 44, no. 5: 428–31.

Yang Duanben, ed. and comp. 1967 [1685, rep. 1931]. *Tongguan xianzhi* [Tongguan Gazetteer]. Taipei: Chengwen chubanshe.

Yang Nianqun. 2006. *Zaizao "bingren": Zhong xi yi chongtu xia de kongjian zhengzhi (1832–1985)* [Remaking "Patients": Spatial Politics in the Conflict between Chinese and Western Medicine, 1832–1985]. Beijing: Zhongguo renmin daxue chubanshe.

"Yang zhu nengshou Liu Xianzhen cailiao" [Material on Pig-Raising Expert Liu Xianzhen]. N.d. Danfeng County Archives.

Ye Jingzhong and He Congzhi. 2008. *Jingmo xiyang: Zhongguo nongcun liushou laoren* [English title: Lonely Sunsets: Old People Left Behind in Rural China]. Beijing: Shehui kexue wenxian chubanshe.

Ye Jingzhong and Wu Huifang. 2008. *Qianmo duwu: Zhongguo nongcun liushou funü* [English title: Dancing Solo: Women Left Behind in Rural China]. Beijing: Shehui kexue wenxian chubanshe.

Yip, Ka-che. 1995. *Health and National Reconstruction in Nationalist China: The Development of Modern Health Services, 1928–1937*. Ann Arbor, MI: Association for Asian Studies.

Yoneyama, Lisa. 1994. "Taming the Memoryscape: Hiroshima's Urban Renewal." In *Remapping Memory: The Politics of TimeSpace*, ed. Jonathan Boyarin, pp. 99–134. Minneapolis: University of Minnesota Press.

Yu, Hua. 1996. *The Past and the Punishments*. Trans. Andrew F. Jones. Honolulu: University of Hawaii.

Yu Xiguang, ed. 2005. *Da yuejin, ku rizi shang shu ji* [Great Leap Forward, Days of Privation: Collection of Statements Submitted to the Higher Authorities]. Xianggang: Shidai chaoliu chubanshe.

Zeitlin, Judith. 2007. *The Phantom Heroine: Ghosts and Gender in Seventeenth-Century Chinese Literature*. Honolulu: University of Hawai'i Press.

Zhang, Naihua. 1996. "The All-China Women's Federation, Chinese Women and the Women's Movement, 1949–1993." Ph.D. diss., Michigan State University.

Zhang Jianzhong, ed. 2000a. *Guanzhong. Shaanxi minsu caifeng* [Collecting Folk Customs of Shaanxi: Guanzhong]. Vol. 1. Xi'an: Xi'an ditu chubanshe.

———, ed. 2000b. *Shaannan, Shaanbei. Shaanxi minsu caifeng* [Collecting Folk Customs of Shaanxi: Shaannan, Shaanbei]. Vol. 2. Xi'an: Xi'an ditu chubanshe.

Zhang Lin. 1982. *Xu Haidong jiangjun zhuan* [Biography of General Xu Haidong]. Beijing: Jiefang jun wenyi chubanshe.

Zhang Ruyun, Zhang Ziqian, and Zhao Guoxi. 1992. "Dang zhengjiu he peiyang le wo: Fang quanguo laomo Shan Xiuzhen tongzhi" [The Party Saved and Trained Me: An Interview with National Labor Model Comrade Shan Xiuzhen]. *Tongguan wenshi ziliao*, no. 6 (June): 12–31.

Zhang Shao. 1997. *Xijiang miaozu funü koushushi yanjiu* [A Study of Oral Histories of Miao Women from West River]. Guiyang: Guozhou renmin chubanshe.

Zhang Tie. 1982. "Huiyi dongfu wugong dui de chengli he Heyang deng xian youjidui de geming huodong" [Remembering the Founding of the Armed Worker Corps of Dongfu and the Revolutionary Activities of the Guerrilla Corps in Heyang and Other Counties]. *Shaanxi wenshi ziliao* 13 (July): 36–48.

Zhonggong Heyang xianwei zuzhi bu. 2000. *Zhongguo gongchandang Shaanxi sheng Heyang xian zuzhi shi ziliao* [Historical Materials on the Organization of the CCP in Heyang County, Shaanxi]. Vol. 2. 1987.11–1993.5. Xi'an: Shaanxi renmin chubanshe.

Zhonggong Shaanxi shengwei. 1958. "Zhonggong Shaanxi shengwei guanyu zuohao mianhua bozhong he tuiguang Zhang Qiuxiang zhimian jingyan de zhishi" [Directive by the Shaanxi Provincial Committee of the CCP on Doing a Good Job of Sowing Cotton Seeds and Promoting the Cotton-Growing Experience of Zhang Qiuxiang]. Mar. 25. 178–27–012. Women's Federation Archives, Shaanxi Provincial Archives, Xi'an.

Zhonggong Shaanxi shengwei bangong ting bian, ed. 1956. *Shaanxi nongcun de shehuizhuyi jianshe* [Socialist Construction in Shaanxi Villages]. Vol. 1. Xi'an: Shaanxi renmin chubanshe.

Zhonggong Tongguan xianwei dangshi yanjiu shi. 2001. *Zhongguo gongchandang Tongguan xian lishi dashiji (1919.5–2000.12)* [Major Events in the History of the CCP in Tongguan County (1919.5–2000.12)]. Xi'an: Shaanxi renmin chubanshe.

Zhonggong Weinan xianwei bianzhu xiaozu, ed. 1959a. *"Huangmao nüzi" fangchu le "mianhua weixing"* ["Silly Girls" Launch a "Cotton Satellite"]. May. Xi'an: Shaanxi renmin chubanshe.

———. 1959b. *Women ganshangle Zhang Qiuxiang* [We Caught Up with Zhang Qiuxiang]. May. Xi'an: Shaanxi renmin chubanshe.

Zhonggong zhongyang bangong ting, ed. 1956. *Zhongguo nongcun de shehui zhuyi gaochao* [The High Tide of Socialism in the Chinese Countryside]. 3 vols. Beijing: Renmin chubanshe.

Zhongguo funü [Women of China]. 1956–58. Beijing: Zhongguo funüshe.

Zhongguo gongchandang Danfeng xian Zhulinguan qu weiyuan hui. 1956. "Danfeng xian Zhulinguan qu fenhui Tang Qiufang danxing cailiao danxing cailiao" [Individual Material on Tang Qiufang of Zhulinguan District Branch, Danfeng County]. Danfeng County Archives.

Zhongguo gongchandang Weinan difang weiyuan hui [Chinese Communist Party Weinan Local Party Committee]. 1953. "Weinan zhuanqu guanche hunyinfa shiban gongzuo jiben zongjie" [Basic Summary of Pilot Work in Carrying Through the Marriage Law in Weinan Special District]. Weinan County Archives.

Zhongguo renmin yinhang Shaanxi sheng fenhang, ed. 1958. *Weinan he Chaoyi liang xian nongcun jinrong gongzuo jingyan huibian* [Compilation on Experience of Rural Financial Work in Weinan and Chaoyi Counties]. Beijing: Jinrong chubanshe.

Zhongguo renmin zhengzhi xieshang huiyi Heyang xian weiyuan hui wenshi xuexi zuguo tongyi weiyuan hui, ed. 2004. *Heyang wenshi ziliao, 8: xiqu zhuanji* [Heyang Materials on Culture and History, no. 8: Special Issue on Traditional Opera]. Aug.

Zhongguo renmin zhengzhi xieshang huiyi Shaanxi sheng Nanzheng xian weiyuan hui wenshi ziliao yanjiu weiyuan hui, ed. 1987. *Nanzheng xian wenshi ziliao* [Nanzheng County Materials on Culture and History] 4 (Sept.): 15–50.

———, ed. 1990. *Nanzheng xian wenshi ziliao* [Nanzheng County Materials on Culture and History] 7 (Feb.): 97–99.

Zhongguo renmin zhengzhi xieshang huiyi Shaanxi sheng Tongguan xian weiyuan hui wenshi ziliao weiyuan hui, ed. 1999. "Qindong dadi de yike mingzhu" [A Bright Pearl from the Vast Earth of Eastern Shaanxi]. In *Xiongguan zhuhun* [Impregnable Pass, Molder of Souls]. *Tongguan wenshi ziliao,* 9: 3–6.

Zhonghua quanguo minzhu funü lianhe hui [All-China Democratic Women's Federation], ed. 1952. *Funü ertong fuli gongzuo jingyan* [Experience in Women's and Children's Welfare Work]. Beijing: Zhonghua quanguo minzhu funü lianhe hui.

Zhonghua quanguo minzhu funü lianhe hui xuanchuan jiaoyu bu [All-China Democratic Women's Federation Propaganda and Education Department], ed. 1949. *Xin Zhongguo de xin funü: Zhongguo funü diyici quanguo daibiao dahui daibiaotuan ji dianxing renwu jieshao* [The New Women of New China: An Introduction to the Delegation and Exemplary Characters of the First Chinese Women's All-China Representative Meeting]. N.p.: Zhongguo quanguo minzhu funü lianhe hui. Aug. Distributed by Xinhua shudian.

Zhou Gunian, comp. 1952. *Nongmang tuoer suo* [Childcare for the Busy Agricultural Season]. Shanghai: Huadong renmin chubanshe. Dec.

Zhou Lishun. 1971. "Shaannan qisu 'mohei'" [The Strange Shaannan Custom of "Smearing Black"]. *Shaanxi wenxian,* no. 6 (July): 23.

Zhu Futang. 1959. "Jianguo shinian lai ertong baojian shiye de chengjiu" [Achievements in the Enterprise of Children's Health in the Past Ten Years Since the Founding of the PRC]. *Zhonghua erke zazhi* [Chinese Journal of Pediatrics] 10, no. 5 (Oct.): 367–73.

ONLINE RESOURCES

http://aes.iupui.edu/rwise/banknotes/china/chi079_f.jpg.

http://aes.iupui.edu/rwise/banknotes/china/ChinaP73-10Yuan-1934-donated_f.jpg.

http://aes.iupui.edu/rwise/banknotes/china/ChinaP218d-10Yuan-1936_f.jpg.

http://aes.iupui.edu/rwise/banknotes/china/ChinaP460-50Cents-1936_f.jpg.

http://shaanxi.cnwest.com/content/2007-01/17/content_405559.htm.

http://zh.wikipedia.org/wiki/%E7%BB%9F%E8%B4%AD%E7%BB%9F%E9%94%80.
www.constitution.org/cons/china.txt.
www.international.ucla.edu/eas/restricted/marriage.htm.
www.sparklingredstarmovie.com/.
www.tianya.cn/publicforum/Content/music/1/147036.shtml.
www.women.org.cn/english/english/laws/02.htm.

责任编辑:武丛伟
封面设计:林芝玉

图书在版编目(CIP)数据

记忆的性别:农村妇女和中国集体化历史/(美)贺萧(Gail Hershatter)著;
张赟 译. —北京:人民出版社,2017.4(2025.12 重印)
ISBN 978-7-01-016781-7

Ⅰ.①记… Ⅱ.①贺…②张… Ⅲ.①农村-妇女-研究-中国 Ⅳ.①D669.68

中国版本图书馆 CIP 数据核字(2016)第 235481 号

书名原文:The Gender of Memory:Rural Women and China's Collective Past

记忆的性别
JIYI DE XINGBIE
——农村妇女和中国集体化历史

【美】贺萧(Gail Hershatter) 著 张赟 译

人民出版社 出版发行
(100706 北京市东城区隆福寺街 99 号)

北京新华印刷有限公司印刷 新华书店经销

2017 年 4 月第 1 版 2025 年 12 月北京第 9 次印刷
开本:710 毫米×1000 毫米 1/16 印张:28.5 插页:1
字数:400 千字

ISBN 978-7-01-016781-7 定价:88.00 元

邮购地址 100706 北京市东城区隆福寺街 99 号
人民东方图书销售中心 电话 (010)65250042 65289539